韩昇

从封建到大一统

《史记》中的历史中国

生活·讀書·新知 三联书店

Copyright © 2023 by SDX Joint Publishing Company.
All Rights Reserved.

本作品版权由生活·读书·新知三联书店所有。
未经许可，不得翻印。

图书在版编目（CIP）数据

从封建到大一统：《史记》中的历史中国/韩昇著.—北京：生活·读书·新知三联书店，2023.5（2024.6 重印）
ISBN 978-7-108-05094-6

Ⅰ.①从… Ⅱ.①韩… Ⅲ.①中国历史－古代史－纪传体②《史记》－通俗读物 Ⅳ.① K204.2-49

中国国家版本馆 CIP 数据核字(2023) 第 043125 号

责任编辑	张　龙
装帧设计	薛　宇
责任校对	张国荣　曹忠苓
责任印制	董　欢

出版发行　生活·讀書·新知 三联书店
　　　　　（北京市东城区美术馆东街 22 号 100010）
网　　址　www.sdxjpc.com
经　　销　新华书店
印　　刷　天津裕同印刷有限公司
版　　次　2023 年 5 月北京第 1 版
　　　　　2024 年 6 月北京第 4 次印刷
开　　本　720 毫米 × 1020 毫米　1/16　印张 34.5
字　　数　479 千字　图 134 幅
印　　数　21,001－27,000 册
定　　价　128.00 元

（印装查询：01064002715；邮购查询：01084010542）

上下五千年,
纵横几万里,
天道自然,
世事沧桑,
要读懂中国,
就从《史记》开始。

目录

序论 3

上编 时间轴线上的历史演变

第一章 黄金时代：中华民族始祖传说的意涵 35
第一节 人文始祖：黄帝 35
第二节 政治楷模：尧舜禹 46

第二章 青铜时代：从满天星斗到众星拱月 67
第一节 夏朝：从『禅让』到『家天下』的剧变 67
第二节 商朝：有文字证据的文明 77
第三节 周朝：农业文明的确立 94

第三章 春秋霸业 165
第一节 齐国 165
第二节 晋国 178
第三节 宋国 190

第三节　秦朝君临天下 319

第四节　政变迭起与民众暴动 336

第六章　楚汉战争 353

第一节　项家军 353

第二节　刘邦起义 365

第三节　鸿门宴 377

第四节　破局：项羽失策兼失人 384

第五节　正合奇胜 404

第七章　汉朝：帝制的扎根与定型 423

第一节　推行文治，与民休息 423

第二节　从经验主义向理性主义的转变 433

第三节　制度结构性矛盾：帝制与封建制 438

第四节　治国理念的提升：从『与民休息』到『黄老之治』 447

第五节　国家意识形态的建立 453

第四节　楚国 194

第五节　吴国 198

第六节　越国 206

第七节　秦国 212

第八节　何谓『春秋』 223

第四章　战国争雄 229

第一节　三家分晋 229

第二节　变法运动 240

第三节　弱国外交：合纵联盟 266

第四节　强国外交：连横 273

第五节　高超的谋略：远交近攻 278

第六节　奠定胜势：长平之战 286

第五章　秦朝：最初的帝制王朝 295

第一节　制造秦始皇 295

第二节　征服六国 307

下编 空间轴线上的自然与社会

第八章 历史地理与风土人情 469
- 第一节 九州攸同 469
- 第二节 得关中者王天下 478
- 第三节 鼎立中原 481
- 第四节 百里不同风 487
- 第五节 南北不同俗 494

第九章 商人与侠士：永远的利益和变动的道义 509
- 第一节 经济法则与商业伦理 509
- 第二节 商人的逐利活动 516
- 第三节 上古伦理的义和侠 524
- 第四节 侠义的式微 531

后记 543

历史是真实的,也是建构的。我们既要探明真相,也要揭示建构的过程,尤其是这些建构对于思想、观念乃至传统的价值、意义和影响。这样我们才能明白自己原来一直生活在真实与虚构之中,沉浸在现实与幻想之间。那些关于历史的记载,都是观察与思考的产物,客观的记述和主观的建构所形成的文字,凝练成为后人不断重读的『史实』。

序　论

一　人生必须读历史

（一）

历史是什么？我们为什么要读历史？

在日常生活中，很多人都提出过这样的疑问。在他们看来，历史更多的是讲故事，茶余饭后，谈古论今，评论人物，大家喜闻乐见，满足感情宣泄，几乎没有什么实际用处。所以，一般人多把历史当作娱乐，他们的历史知识往往来自小说、影视节目，还有短平快的微信段子。在知识界，对历史缺乏系统性知识的人以为读读教科书便懂得了历史，堆砌知识和观点，把问题割裂成破碎的片段，看不到历史现象背后深刻的原因，却喜欢高谈阔论，用一堆碎片拼凑出所谓的历史规律。至于考据专家则常年埋首于浩瀚的史籍之中，对于历史发展的脉络漠不关心，却将比较文献记载的差异作为高尚的志业，直接把史料代替史学。其实，清朝擅长考据的历史学家章学诚曾经一针见血地指出："整辑排比，谓之史纂。参互搜讨，谓之史考。皆非史学。"[1]

那么，历史究竟是什么呢？

首先，历史是远古以来人类所进行的各种活动的记载。这些活动的成功经验与失败教训以及有关这些活动的各种动机和思考，社会各种力量的相互作用等，都是历史学要研究的问题。里面有悲欢离合，也充满智慧与创造。中国有悠远的历史，多少杰出的人物在

---

[1] 章学诚著，叶瑛校注《文史通义校注》，"内篇二·浙东学术"条，中华书局，1985年。

这片土地上尽情表演，我们今天能够想到的处世方法，古人早已想到，并且付诸实践，其结果也早已印记在历史上。熟读历史就能够洞悉这一切，获得巨大的启发，给心灵注入智慧。历史是人类的共同记忆，灵魂所在。

历史最重要的是还原事实，揭示真相。只有基于真实的反思，才有启发和智慧。反之，建立在虚假描述基础上的总结，纯属自欺欺人。然而，逝去的人、物、事都不会再现，记载这些的史籍都来自某个特定角度的观察，不同的记录者会有不同的叙述，或者互为补充，或者迥然各异。人物和事件越复杂，记载的矛盾就越大，需要读史的人善于体察和整合，并且吸收新史料、新方法和新的研究手段，例如考古、碳-14、基因鉴定等，本着追求真实的原则，不断接近事实。当然，研究者无法完全排除自身的立场和观点，乃至时代背景，因此，无法断言后人的研究就是事实，而只能是根据历史遗存还原的"史实"。从"史实"到"事实"，是历史学家追求的目标，他们不断尝试着去接近它，而影子总在前方。

其次，历史是后人对于过去发生的事情的思辨性认识与建构。已经消逝的过去，靠着记忆而流传，通过历史学家的整理而形成历史记述。中国自商代形成比较成熟的文字记录系统之后，就有了历史文献的遗存。传世的历史著作当以孔子编纂的《春秋》为祖，此后系统性的通史巨峰便是《史记》。战国以来，史著日多。综而观之，皆是采撷传说、剪裁史料而成。或取或弃，或褒或贬，并非全凭个人感情用事，而是作者对于往事的理解所做的整理，试图勾勒出社会演进的脉络，塑造政治与文化的传统。孔子身居礼崩乐坏的时代，试图通过《春秋》树立政治的正统性与合法性，令"乱臣贼子惧"。司马迁则处于帝制大一统的盛世，通过系统整理古史传说理出一个国家海纳百川的兴盛历程，揭示文化赓续而形成的悠远传统。孔子、司马迁等史学家并不是改窜历史，而是在叙述历史进程中揭示其深刻的意义。此一层面，亦即后人对于历史的认识和获得的启发，实际上是在同历史的对话中引起的理论性思考。

历史是今人与古人的对话，人常新，史常在，这个对话永无终结，庶民可以获得茶余饭后的娱乐，思考者可以受到心灵智慧的启发，可谓士庶咸宜，各得其所。这个对话为什么永无终结呢？其最深刻且不变的原因在于不同的读者和变幻的时代。每个想从历史中获得启发的人都有各自不同的阅历，形成不同的理解，带着不同的需求，在内心中产生各不相同的碰撞与激荡。宏观层面上，时代的变迁让人们一次次面对未知的世界，出现集体性的思索，解决新的时代问题只有既往的历史经验，所以变化越激烈的时代，人们对于历史的热情便越高涨，问题常异，启发常新。在快速发展并迈向现代社会的历史阶段，我们更有必要认真读史，从中汲取成长的智慧。

再次，历史是借鉴古代探索未来的学问。人类的智慧源自对过去的不断反思和总结进而悟出蕴含其中的深刻道理。没有对过去的记载，就没有悟道的基础，宛如失忆之人，失魂落魄。一代又一代人不断重读历史，与之对话，不只是为了探明过去，最重要的是通过以往的轨迹给今日定位，从而确定我们是谁，从何而来，处于什么时代，继承了怎样的历史文化传统，并将走向何方。在这一思索的过程中我们才能把握自己的命运，深刻理解当下的时代，知道该走什么样的路，做什么样的事。如何给自己创造未来，这才是我们学习历史的真正目的。历史点亮了今日的明灯，照向未来。

先哲告诉世人，要想变得更有智慧就应该多读历史。因为历史是几千年来贤能智者思想和行为的记录，蕴含着林林总总得失成败的经验和智慧。读懂历史，就明白了其中最深刻的道理，人的胸怀和视野将得到最大的提升，从而从容淡定观察世事变幻，看清、看懂、看透，超然物外，卓然而立。

历史和历史经典著作是无尽的宝藏，经得住一代又一代人从不同角度不断地审视，历久弥新，人类就在不断重读历史中逐渐成长。无视人类社会跋涉演进的过程及其成功与失败的经验和教训，便容易妄自尊大。不读历史必将重蹈覆辙。一个民族的成熟在于对历史的铭记和反思。

（二）

历史启迪智慧。智慧基于对人性、事物和道理的认识及领悟层次。

第一个层面是对人的认识。人的社会属性决定了人与人之间时时刻刻都要打交道，因此，识人是立身处世的重要方面。高层领导者更需要具备识人之明。帮助汉高祖刘邦打天下的天才统帅韩信就特别注重对人的分析与把握。鸿门宴之后，刘邦被打发到汉中，在萧何等人的强力推荐下任用韩信为大将军统率大军。刘邦召见韩信分析对项羽作战的胜算。作为即将统兵出征的韩信并没有分析双方军力优劣等军事问题，而是直接要刘邦比较双方最高领导人的品质，提出最高领导人要符合"勇、悍、仁、强"四个指标。由此可知，韩信更看重领袖的品格素养，而不是一目了然的物质条件。基于此，韩信认为刘邦能够胜任领袖之位。在敌我力量悬殊的当时，这简直是出人意料的推断。韩信的依据是什么呢？他注意到项羽的贵族出身。贵族"贵"在有学识、有教养，待人谦和，古今中外都一样，这才是"贵"气所在，也是项羽的特点。别看他在战场上叱咤风云，一声怒吼千人披靡，但是他对人言语温和，彬彬有礼。项羽的优点，大家都看得到，却很少有人看到他性格的另一面，那就是过于"惜物"。项羽的基业是靠自己打下来的，来之不易而备感珍惜，故舍不得分人，不够大气，获胜封赏之时总是把赏品放在手中反复掂量，到最后封赏出去的时候，与部下的期望值颇有差距，招致不满。长此以往，部下越打越没劲，便会离心离德。这是项羽的命门所在，他不能把人紧紧团结在一起。因此，他将走向衰落。与之相反，刘邦白手起家，靠众人努力而有所斩获，这些东西都不是自己攒下来的家底，所以他很清楚事儿靠大家做，东西大家分，分完了人心振奋，下次可以做得更大。因此，队伍会越战越勇，天下人才也会络绎不绝地投奔而来。项羽和刘邦分析和处理问题的方式大相径庭，故刘邦终将取得胜利。韩信的分析精辟到位，并且在楚汉战争中得到充分的证明。韩信从人性的角度看懂了"天下者天下人之天下"的道理，谁想独吞都将被唾弃。

在人类社会立身处世，识人之明是第一个需要学习的，识人方能做事。但这只是一个维度，仅凭人缘关系能够无往不胜吗？

还是说回韩信。当他率军席卷北方半个中国，到达今天山东的时候，一位叫蒯通的谋略家前来拜访，问他为何对项羽苦苦相逼。蒯通分析天下形势，认为当时已经形成刘邦、项羽和韩信三大武装集团，韩信虽说是刘邦的部下，但他显赫的地位有赖于项羽的存在。所以，蒯通劝韩信放过项羽，促成三足鼎立的局面，确保自己的安全和利益。可是，韩信明确拒绝了，因为他念着刘邦"载我以其车，衣我以其衣，食我以其食"[1]的恩情，不能向利背义。显然，韩信始终坚信对人的判断，以此战胜所有的军事对手，并推及政治领域，信任刘邦和他的"义"，显示出在政治上的幼稚。军事家思考问题大多是当时当地的平面维度，而政治家则要复杂深刻得多，两者不在一个层次上，故军事家往往不是政治家的对手。作为政治谋略家的旁观者，蒯通对此看得很清楚，而韩信则要到垓下之战结束后被刘邦褫夺齐王，甚至后来被削去楚王的分封屈居朝廷虚位时，才明白自己只是个将兵之人，刘邦则是将将之人，但为时已晚。将兵就是做事的军事家，而将将则是统领全局的政治家。

从韩信身上可以看出囿于识人者的局限性。人是善变的，最难把握，仅凭看人而欲独立于世者终败于人。思想片面的人容易偏执，且将陷入人治的泥淖，难以成就大业。

第二个层面是对于形势的清醒认识和预判。形势分析是对于自然地理、社会民情、实力消长等多方面因素的综合研判。战国时代苏秦对于六国同秦国形势的分析，堪称经典。

秦国经过商鞅变法之后，军事实力大增，穷兵黩武，不断攻打六国。六国被动防御，纷纷采取忍让屈从的政策，试图缓和秦国的进攻。谋略家苏秦觉得非常奇怪，六国如果联合起来，其疆域面积占中国的4/5，人力、物力也占4/5，为什么要向秦国屈服呢？割地退让是以有限的国土去填秦国无尽的欲壑，虽然可拖延一时，却必死无疑。他逐个说服六国联合抗秦，辗转来到东方大国齐国，向齐

[1] 《史记》卷92《淮阴侯列传》。

王分析形势道：齐国南有泰山，东有琅琊，西有清河，北有渤海，堪称四塞之国；疆域辽阔，达二千余里，精兵数十万，粮食堆积如山，齐民富庶，车水马龙，摩肩接踵，连衽成帷，举袂成幕，挥汗成雨，意气昂扬。齐国的强盛无人能比，却屈服于秦国，让人感到羞愧啊！

苏秦的形势分析基于两点：一是山川形胜，二是人力物力条件，前者为先天性存在，后者则是可以改变的。但所有的改变都应该建立在尊重自然、顺应法则的基础之上，亦即因地制宜。笼统地说，中国或者世界都只有抽象的意义，要在中国适宜地生存发展，首先必须深切了解中国的自然条件，以此构成决策的基础，进而考虑利用自然以求社会发展。把自然与人结合起来，就能看清许多迷蒙的问题。苏秦熟悉中国的地理，所以，他准确地指出了秦军行军作战的弱点以及应对之策。秦国据关中之险，环山带水，自守有余，但要远攻六国，必须穿过艰险的山地，路隘崎岖，容易遭受攻击。那么为什么韩国和魏国不愿意积极抵抗呢？苏秦分析道：韩、魏两国正面挡住秦国东进之道，秦国志在必得，而韩、魏独自抵挡秦军，即使胜利了也伤亡惨重，更不用说战败，因此，韩、魏两国竭尽全力抵挡秦国东进，除了保卫国家不致灭亡的意义外，还在为东方各国拱卫大门；但如果归顺秦国则可以减少损失，把祸水引向东方。苏秦透过地理形势与国家利益的关联道出了地缘政治的关键。因此，东方各国即使从自身的利益出发也应该坚决支援韩、魏，才能互助自保，如果各怀鬼胎企图把秦国祸水引向别国，最多只能拖延被各个击破的时间。道理讲透了，六国君王看清其中的利害得失，便接受苏秦的建议而结成共同抗秦的"合纵"联盟，令秦国十余年不敢觊觎东方。

识人和分析形势，基本上是根据当时当地的即时性认识，属于平面型思维。人和利益随时变化，人际或者国际关系也随之变幻难测，所以必须懂得利益的原则，但绝不能只凭利益为基础。苏秦的"合纵"联盟在他死后随即瓦解，亦属必然。要想让此联盟更加牢固，必须对各国的历史、文化和传统有深刻的认识，相互理解和尊重是建立利益协调机制的基础，许多冲突是因为相互不了解甚至是基于自我想象来判断对方而造成的。有了历史的思考，我们的认识就从平面变为立体，有深度便有了更为重要的领悟，从而就进入第三个层面。

第三个层面是对历史的深刻认识。刘邦打败项羽之后，选择洛阳作为西汉王朝的首都。他的根据主要有三点：第一，洛阳居天下之中；第二，洛阳西南方向有中条山、崤山、熊耳山和外方山，北临黄河，东据成皋，可以据守；第三，东周以此为都，有历史传统。刘邦内心深处还有与周朝比肩的向往。这三点从天时地利人和的角度看，皆有道理。然而，事物的道理必须和它的性质、规模相匹配。如果是个小国，洛阳地势确实很好；但如果是统一的中央王朝，洛阳周边山水包裹的腹地太小，难以回旋，则是块"死地"。第三条更为重要，刘邦的谋臣刘（娄）敬分析道：周朝建国后分封商朝及其前代的诸侯酋长，显示出包容天下的胸怀和公正，因此得到各方的拥戴，其都城为万邦来朝的中心，基本不用设防；而您却是血战数年，尸横遍野，社会充满哀怨仇恨，因此，都城需要重兵防御，与周朝无法比拟，不能选择地势不完整的洛阳为都城。刘邦听懂了其中的道理，马上定都于关中长安。

自从进入帝制国家之后，都城选建得当与否关乎王朝的盛衰甚至成败。项羽建立西楚王国，定都于彭城。这是一块四战之地，从作为都城的角度而言，实为下下之域。但项羽无视历史与山川形势，甚至烹杀劝他定都于关中的谋士，一意孤行，结果西楚政权没有一年安宁，自己也在短短数载后自刎于乌江。眼界和格局决定事业的规模与成败。

学会历史地看问题极其重要。历史教会我们完整地、系统地看问题，避免支离破碎的片段性思维。很多人思考问题的时候，只摘取与之密切相关的一些片段，而没有从全过程去认识。缺乏历史思维的人只见树木而不见森林，看到问题却不能看透其本质。基于特定时间与空间的片段性思考，得出的观点和结论经常诱人坠入陷阱。可悲的是，因此失败的人往往对于自己的片面性观点深信不疑，司马迁悲叹项羽至死不悟，是一位博大的历史学家对偏执型政治家的痛惜。

汉初的张良之所以能成为出类拔萃的战略家，是因为他不仅懂得看人，懂得山川地理形势，还懂得从历史发展的全过程把握其脉络，看穿现象，直击本质，从利益关系、地缘政治和历史传统三个维度进行分析，从而超越苏秦、韩信之辈，辅佐刘邦建立稳固的汉朝。

学习历史是人生的进阶，拾级而上，一层一层地走进去，我们的人生，我们对整个社会的理解也在逐步地提升，所以人生必须读历史。

二　史家之绝唱《史记》

（一）

中国是世界古文明的发源地之一，具有悠久的历史。世界上，像中国这种从古代到现代不间断地延续下来，并且拥有系统完整的历史记载的国家，实属罕见。历史的记载是民族和国家得以维系和延续的灵魂所在。没有可靠的历史记载，就不能形成文化的传统，而没有文化传统的政权无法长期维持下去。世界上，有比我们起源更早的民族，也有更加强大的国家，但是它们大多数要么消失了，要么衰败了，至于多次出现的军事强权，即使曾经野蛮生长过，也很快因不能适应它所统治的社会与民众的要求而土崩瓦解，或者被其他民族打败驱逐，荡然无存。回首数千年历史，能够传承下来的文明少之又少，其绵延不

司马迁像　出自《三才图会》

绝的根本原因必定是文化和制度先进且广为传播移植，信仰崇高坚定且深入人心，能够赢得广大民众的支持。

人类自从形成文字系统后便进入了历史时期。就中国而言，从商朝出现甲骨文字之后，三千多年来积累了浩瀚的历史记述，对后人而言，最为关键的是要读真正的历史，选对一部真实可信且思想深邃的历史著作，等于找到了一条正确的路。真正的历史著作不是教科书，而是经过千百年反复检验后公认的经典。中国古代积淀丰厚的历史著作中，首选之作便是司马迁撰写的《史记》和司马光编著的《资治通鉴》。尤其是《史记》，被称为古代纪传体正史的开山之作，以后历朝历代的历史学家都难以超越，只能遵循它的范式亦步亦趋。所以，想理解中国、了解其文化传统就必须读《史记》。请注意我说的是理

《史记》书影
明万历二十四年
（1596）南京国子监本

解中国，而不是了解中国。了解中国需要的只是关于中国的知识，从历史学的角度说，只要把中国历史的过程搞清楚就可以了。而理解中国就必须穿透历史的过程，去领悟一个民族在成长中经历兴衰成败而感悟到人类社会、天地自然、人与自然相处的真谛，以及建立在此感悟基础上的世界观和价值观，从而引导自己应对各种挑战，坚韧不拔地生存并走向繁荣的因应之道。历史上各种礼仪、制度、规则和思想，都源于所在社会的文化传统。《史记》所揭示的正在于此。

《史记》是一部宏大叙事的历史著作，在正史中，它是第一部完整记述从黄帝到司马迁生活的汉武帝时代的通史，上下三千年，讲述了我们这个民族从哪里来，如何在强敌如林的环境中坚韧不拔地崛起，建立的文化为什么能够有如此魅力，将周边的部落族群先后吸引

序　论　11

而至，从而成为泱泱大国。从民族成长到文化传统形成，其中又有多少启发心智的根本道理。本书以《史记》的记载为基本主线，论述中国这段最激动人心、也最具有决定性意义的历史，通过对每一个重要节点的探讨，把握历史演进的脉络。

《史记》能达到如此高度，源自司马迁的自律与自觉。他给自己定下的目标是"究天人之际，通古今之变，成一家之言"[1]。这三句话包含着家学渊源、时代文化积淀和个人生命体验的深厚内容，交汇融炼，足令后世学者难以望其项背。

"究天人之际"本于司马迁远祖家世，原为黄帝之孙颛顼身边负责通天地、掌历法的辅弼。这个职位在上古时代颇为重要。古代部落首领进行重大决策的时候，需要综合两个方面的信息做出决断：一为"巫"，一为"史"。"巫"负责祭祀问卜，通天地鬼神，预测吉凶，为首领提供天意的参考信息。[2]古代巫觋探知天意的法术手段，诸如观察天象、望气、占卜、祝祓等，需要领悟神性的专门知识和训练，非一般人可以自学入门。商代留存了十余万枚甲骨卜辞，可知龟策卜问运用之广及其专业程度之高。吉凶预测会得到验证，因此，一个经历千年的巫觋家族的预测必有相当高的准确性，否则不可能长期延续下来，后世甚至把神机妙算的高人称为"蓍龟"。[3]其间每一代人积累的经验和心得构成秘不外传的家学传授给子孙。司马迁远祖就是代代相传的"巫觋"家族[4]，精于天文星历及其与人类的呼应关系，而他本人显然深谙此学问，故在汉武帝时期受命参加历法编修，且在《史记》中不时流露出此方面的知识，例如在《货殖列传》中多处提到星象与穰灾丰歉的关系："故岁在金，穰；水，毁；木，饥；火，旱"——观察木星的位置，如果在金位则丰收，在水位则歉收，在木位则饥馑，在火位则旱灾，据此预做准备。这是基于东周至西汉间"岁星纪年法"的认识，依据木星在天体中运行的规律来纪年并预测年景。这是他敢于给自己树立"究天人之际"目标的底气。在他之后的历史学家恐怕就难有此抱负了，这是研读《史记》时需要注意之处。司马迁对于社会人事根本法则的领悟相当程度上基于此方面的知

[1] 司马迁《报任少卿书》，收于萧统编，李善注《文选》卷41，上海古籍出版社，1986年。

[2] 《史记》卷128《龟策列传》称："王者决定诸疑，参以卜筮，断以蓍龟，不易之道也。"

[3] 袁宏《后汉纪》卷7《光武帝纪》称："子房玄筹，高祖之蓍龟也。"

[4] 司马迁家世，见《史记》卷130《太史公自序》；他在《报任少卿书》中也说道："仆之先，非有剖符丹书之功，文史星历，近乎卜祝之间，固主上所戏弄，倡优所蓄，流俗之所轻也。"

识，而这往往是读史者所缺乏的。

司马迁的第二个目标是"通古今之变"。根据他的自述，其先祖在周宣王（前828—前782年在位）时转而成为周朝史官，称"司马氏"。司马家族有多个支族，留在关中的这一支便是司马迁直系祖。由"巫"转"史"可能是商朝以后"巫"的作用下降的缘故。上古时代人少而环境严峻，人们更崇拜超自然的神力，注重对自然的探索，例如观天象定历法之事发达，"巫觋"遂获得崇高的地位。随着金属的广泛利用和国家组织的发展，以及经验积累的丰富，人们对大自然的认识逐渐提高，对神力的敬畏逐渐下降，而对历史的倚重则不断提高，从"巫"和"史"并行逐渐变成以"史"为重。当此之际，司马氏由"巫"转向了"史"。正因为如此，故其家族兼有"巫"和"史"两方面的知识。

从西周到东周，历春秋而战国，正是中国古代社会的大变局，各种思想和学说勃然而生，磅礴于世。以周天子为中心的封建大一统经过几百年的内外冲击逐渐衰落，其外有边族入侵，内有诸侯僭越，上陵下替，礼崩乐坏，急功近利的权谋计策杂然纷呈，各国君主变法改制，弃道求术，交相征伐，世事变迁，给世人提供了最丰富的成例鉴戒。史家将这些记载下来，探索其中隐藏的道理，根据以往的反应研判今后的动向，向君主提供重要的决策参考。史学随着时代剧变也获得了长足发展。

以往的事例及其经验教训，本来是决策时的参考，其关键性前提在于是否客观真实地记录历史。用伪造的事实总结出来的东西，犹如蒙着眼睛吹口哨，除了欺骗大众、麻痹自己、自我壮胆以外，还会将自己诱导至失败的陷阱。只有建立在历史真相的基础之上，历史才具有启发的价值。历史视野越宽广，经验越丰富，对于人性和社会百态，乃至事物变化的趋势就洞察得越深刻明了。中国古代对此早有认识。相传黄帝身边已经有专门的史官，负责记录言行、事件与制度变迁。

对于史官而言，有两个境界：第一个是客观真实地记载历史，这既属于职业道德而必须如此，却也是被动的。第二个是要通过人物和事件找到其背后推动社会变迁的要因，厘清历史演变的脉络，看出未来发展的趋势走向，历史学的价值和意义更在于此。它产生于历史学家自觉进行的主动性探索，并由此迈入理论的层面，把历史看得更深更透。司马迁的《史记》从对历史的客观记载，到对历史学家的自觉，二者皆备，成为古代史学著作的典范。

司马氏世代为史官，从周宣王到汉武帝，恰好跨越封建制和帝制，上古巨变尽在其中，故司马迁敢称"通古今之变"。所谓"古今之变"毕竟只是社会变迁，有领悟力的历史学家可以做到，也是他们治史的目标，司马迁之后"通古今之变"的皇皇巨著首推《资治通鉴》，但它并不是一部记述完备的通史，而是学者型政治家对于中国古代政治社会变迁提纲挈领的提炼，其意在"通"，其价值在"鉴"。用"天人之际"的慧眼"通古今之变"，除了司马迁，恐怕无人敢以此自励。

历史学家有了自觉才会结晶为"成一家之言"。这不是对历史人物或事件的主观随意评论，而是历史学家用全副心血和智慧对历史的体悟。从人性到政治过程、社会经济、文化创造，凡有洞见者必是个体生命阅历与整体世界交相激荡而迸发出穿透性的电闪火光，照亮幽暗，直击人心，充满个性的魅力，没有这种阅历、没有开悟之人是无从产生此等思想的。所以，每一篇启发至深的文章，后面必是个体生命独一无二的精神跋涉。阅历不同则感悟殊异，既闪现个性的光芒，又契合人类与自然社会的法则。人类的文化世界是这些个性创造的集合体，它们或曲高和寡，或轰轰烈烈，在不同的广度和深度引领着人类社会。

司马迁"成一家之言"的个体生命阅历，可以他替李陵辩护而受刑为界分成前后两个阶段。前段是在顺境中走读成长，意气风发；后段则是正直招祸引发的深刻反思、豁然开悟。在这期间，司马迁对于历史的理解有三次提升，两次发生在前段，一次在后段。

第一次是通过实地考察提升认识与积累，打开眼界。少年时他在家乡龙门（今陕西韩城）躬耕诵读，二十岁沿着大禹治水踪迹，游历名山大川，南游江淮，登九嶷山，泛舟沅水、湘江之上，东抵会稽，探寻禹穴，转而北上，涉水汶、泗，讲学齐鲁，体会孔子礼教遗风，折而向西，受困于鄱、薛、彭城，考察楚汉决战之地，经河南，越河东，回到家乡。后来又作为朝廷使者踏足巴蜀，南下昆明而返。这一大圈，几乎走遍中国最主要的地区。古人教导我们要"读万卷书，行万里路"，书本的知识只有通过实践才能体会而掌握。司马迁正是这一理念的实践者，不是关在家里埋头读书，而是亲身去考察体验各地的风俗民情，用自己的脚踏访山川形胜，了解中国各大区块的区分根据和形势要地。笼统地讲中国，只有抽象的意义却欠缺实践的价值。同一个中国，为什么周行封建制而国祚绵长，秦行帝制却倏忽灭亡呢？中国太辽阔，各地民情相去太远，难道不是其中一个重要的原因吗？许许多多的历史事件，若不到现场，再讲也难以明白，亲力亲为是让知识融会贯通的要窍。伟大的历史学家必须洞察自然与人文地理的关键，司马迁之后的司马光也有相似的成长历程：青年时期到各地寻访，积累了丰富的感性知识。这两位司马氏旅行归来再读书，多少疑难迎刃而解，分别写下《史记》和《资治通鉴》两部不朽的史学经典，由此可见，地理学对于了解和把握中国有多么重要。

第二次是承担使命与境界提升。司马迁旅行回来后在朝廷任职，不久遇到汉武帝封禅泰山的盛事。时任朝廷史官的太史公其父司马谈，因为滞留在洛阳不能参加封禅，愧恨而卒。临终前拉着司马迁的手交代道：我死后你必定成为太史公，千万记住完成修史大事。孝始于敬事父母，中于忠君报国，成于立身扬名。扬名于世，光宗耀祖，是最大的孝。周兴而孔子修史，垂范至今。汉朝一统海内，却至今未有史载，念兹在兹，你要努力啊！[1] 司马谈给儿子压了一副沉甸甸的担子。修史乃国之

---

[1] 《史记》卷130《太史公自序》记载："太史公留滞周南，不得与从事，故发愤且卒……太史公执迁手而泣曰：'余先周室之太史也。自上世尝显功名于虞夏，典天官事。后世中衰，绝于予乎？汝复为太史，则续吾祖矣。今天子接千岁之统，封泰山，而余不得从行，是命也夫，命也夫！余死，汝必为太史；为太史，无忘吾所欲论著矣。且夫孝始于事亲，中于事君，终于立身。扬名于后世，以显父母，此孝之大者。夫天下称诵周公，言其能论歌文武之德，宣周邵之风，达太王王季之思虑，爰及公刘，以尊后稷也。幽厉之后，王道缺，礼乐衰，孔子修旧起废，论诗书，作春秋，则学者至今则之。自获麟以来四百有余岁，而诸侯相兼，史记放绝。今汉兴，海内一统，明主贤君忠臣死义之士，余为太史而弗论载，废天下之史文，余甚惧焉，汝其念哉！'迁俯首流涕曰：'小子不敏，请悉论先人所次旧闻，弗敢阙。'"

大统,周朝之所以长盛,不在于推翻了殷朝,而在于积德爱民以此奠定中国的政治文化传统,且有赖于孔子记述下来而发扬光大,成为国本而将广大民众凝聚在共同的价值观下,形成华夏这一文化民族。司马谈讲述史学源流,就是要司马迁继承这一传统,为国家和民族修史,使之成为新兴大一统帝国的崭新根基。他要司马迁站在为天地立心的高度编纂一部继往开来的史学巨著,成为孔子《春秋》之后的又一座丰碑,这副担子的一头足有千钧。担子的另一头则是家族的荣耀与使命,从颛顼以来历周朝而延续至今,兼具"巫、史"两门学问,历史何其久远而为世人敬仰的家族,要在你手里发扬光大,这个托付亦重千钧。对司马迁而言,于公于私,修纂一部屹立于天地之间的史书成为生命的唯一价值和义不容辞的使命,这已远远超过了个人的名利。明乎此,才能理解司马迁在《报任安书》中诉说其甘愿忍受奇耻大辱厚颜偷生的莫大委屈,都是为着这部让他生死与共的《史记》,为着民族长存,为着家族荣誉,个人即使有再大的屈辱都可以在众人耻笑下吞咽下去,这需要极大的勇气和坚韧。逞一时意气而死乃浅薄匹夫,人固有一死,或重于泰山,或轻于鸿毛。当使命达成之时,司马迁才把胸中积郁长久的羞愤诉诸笔端,再无顾忌,获得解脱,《报任安书》字字喷血,入木三分,成为他的绝笔,或许是绝命之书,司马迁此后下落不明。他以此明志,证明自己是一位充满激情的慷慨义士,完成了自我的人格展示。

崇高的使命极大提升了司马迁修史的起点,那不再是个人的事业,他必须站在文化传统继往开来的高度,记载社会各个阶层的存在形态,揭示社会发展与国家治理的基本原理。至于能否做到,颇可置疑。因为此时的司马迁,生活与仕途都顺风顺水。一个身处顺境的人,能够看到事物的现象,却往往看不穿内里,眼中的世界总是色彩斑斓,充满理想和正义,因而缺乏洞察力。现实社会不久将要让他体验生活的另一面,而这一天的降临就揭开了司马迁生命历程的后半段,带给他第三次升华。

第三次是因言获罪后的深沉反思,遂臻悟境。天汉二年(前99),

汉武帝派遣贰师将军李广利率主力出击匈奴，李陵率领五千步兵为偏师。不料与匈奴主力遭遇的却是李陵，被八万敌军团团包围，李陵率部血战八日，杀敌万余，退到距汉朝边塞百余里地却得不到救援，矢尽枪折，力屈而降。这本来是一曲英雄的赞歌，朝廷官员却同声谴责李陵，以便将李广利军折损乏功的责任推到李陵头上，要求给予严惩。汉武帝有所踌躇，询问司马迁的看法。当时的司马迁正意气风发，以为凡事皆循道义，便慨然直言，为李陵辩护。司马迁太天真了，没能真正看透官场上争功推过、不讲是非只求利益的真情。而且，李广利是汉武帝的大舅子，用人不当的责任再明显不过。官僚们知道其中利害，故李陵是推诿责任的最佳选择，否则大家都下不了台。既然司马迁要强出头申辩道理，那就连他一起牺牲掉，了结此案。于是汉武帝勃然大怒，将司马迁逮捕入狱，处以死刑，最后以宫刑替代。

古代医疗水平不高，受刑伤残者死亡颇多，宫刑后被投入称作"蚕室"的密闭暗房等待自愈，扛得过去者便苟全一命。在牢房里，司马迁度过了人生的至暗时刻，却在生不如死的辗转反侧中看透政治，洞察人性，悟性的光芒直射进来，照亮幽暗，再无窒碍。司马迁活过来了，虽然躯体犹如行尸走肉，对政治不公再无一言，却获得精神上的涅槃重生，以理性智慧的如炬之眼静观世事，追本溯源，洞彻其理，予以同情之理解。为利而生，为义而死，那是人生的升华，也是社会的进化。从利到义，从金钱到信仰，每一层递进提升必有向纯尚真的艺术之美展现，个体生命的历程只是最终停留于某一站，但所见到的风景却大不相同。这一切对于未曾进阶之人难以言明，可谓夏虫不可语冰。

洞悉事物本性之人总喜欢把问题放在原点上观察，例如司马迁在考察社会经济活动的时候，其出发点是认识人性，指出人们的经济活动不是出于道德或慈善，而是追逐利益，趋利是人类经济活动的驱动力，激发人们改善生活状态，提高生活品质，只有在解决温饱之后才谈得上礼义荣辱，因此，不努力劳动而深陷贫困却奢谈道德之人是可鄙的。这同现代经济学说相通。恩格斯在总结马克思的发现时指出，他同样是从原点透视人类经济活动的。[1]到了东汉，社会上弥漫着道德说教，把最原始本真的东西大加粉饰而迷失，故班固《汉书·司马迁传》批评道："述货殖则崇势利而羞贱贫。"此言显现两汉思想差异之一斑，以及司马迁同其他史家认识境界之不同。重大挫折后反思，可以让人洗尽铅华，返璞归真。

站在司马迁故乡龙门山上望去，东面是由北往南的黄河奔腾而下，流淌过的黄土高原带入大量的泥沙把河床抬高，每经几十年后黄河就改道从另一侧低地通过，来来回回，产生了"三十年河东，三十年河西"的谚语。在这块土地上长大的司马迁对此再熟悉不过了，只是年少得志时不一定懂其深意，身心受辱之后别有一番感悟。世事沧桑，人生跌宕，再望着母亲河的变迁，盛衰荣辱皆非永恒，看淡无常，所有的事物都在变化中显露本色，洞悉其中的道理，笔下春秋愈发厚重，鞭辟入里。

（二）

司马迁从父亲司马谈领受撰著《史记》的使命，三年后继承父职担任太史令，专心收集各种史料。秦始皇焚书坑儒开中国文化劫难之先河，当时就造成了巨大的破坏，国家图书文籍一片狼藉。汉兴以来，朝廷致力于收集图书，重建文化，诗书典籍开始重现市面，经过将近百年的奖掖，到司马迁接掌太史令之时，已经汇聚了"天下遗文古事"，为纂修新史打下了文献基础。又过了十年左右，司马迁罹祸，遇大赦复出，就任中书令，亦即由宦官担任皇帝身边掌管图文诏令的总管。这个任用或许是汉武帝对司马迁的补偿吧。在这个位置上，司马迁从中枢位置亲历遍阅朝廷政治的过程，对于理解以政治为轴的历史非常重要。这是没有从政过的纯粹学者难以了解的，司马迁和司马光对历史揭示之深，皆得益于朝廷中枢任职的经历。司马迁充分利用有利的条件，网罗逸闻旧载，认真辨析体悟，终于写成上溯黄帝，下及当朝的通史，其体大精深，垂

---

[1] 恩格斯《在马克思墓前的讲话》指出："正像达尔文发现有机界的发展规律一样，马克思发现了人类历史的发展规律，即历来为繁芜丛杂的意识形态所掩盖着的一个简单事实：人们首先必须吃、喝、住、穿，然后才能从事政治、科学、艺术、宗教等等；所以，直接的物质的生活资料的生产，从而一个民族或一个时代的一定的经济发展阶段，便构成基础，人们的国家设施、法的观点、艺术以至宗教观念，就是从这个基础上发展起来的，因而，也必须由这个基础来解释，而不是像过去那样做得相反。"见《马克思恩格斯全集》第19卷，人民出版社，2006年。

太史公祠 韩宇摄

范于世。[1] 此后史家公推《史记》为正史的范式，依其体例编纂各朝历史，从《史记》至《明史》共成"二十四史"，称作"正史"，构成中国古代历史记述的主流。

《史记》对于中国史学贡献巨大，主要体现在两个方面：第一是建立起中国正史的编撰体例，贯穿于整个中国古代，不但影响了中国2000多年，还成为东亚其他国家编撰历史的样板。第二是建立起中国古代的历史观，构成中国古代文化传统的历史基础。仅此两点，已经是后世历史学家难以企及的。下面分别介绍这两方面的贡献。

第一是完成历史撰述范式的转变，建立全新的编撰体例。

在《史记》之前作为历史撰述的范本的是孔子整理修订的《春秋》。《春秋》是一部编年体史书，原本是鲁国史官按照年、季、月、日的时间顺序对各国发生的重大事件所做的记录。古代重视春秋两季的祭祀，《诗·鲁颂·閟宫》歌咏："春秋匪解，享祀不忒"，可知"春秋"很早就被用来表示年，故编年体史书被称作《春秋》。这部书记录了从鲁隐公元年（前722）到鲁哀公十四年（前481）共242年的大事。这段时间大致涵盖了东周前半期，故历史学家据此将这个历史阶段称为"春秋时代"。[2]

《春秋》流传至今的版本，全书仅16000多字，古人见到的版本也就18000多字。[3] 用这么少的篇幅记录242年各国大事，只能是个相当简略的概述。而且，在众多社会事件中选择影响最大的，就只能记录高层政治事件了。因此，《春秋》可以说是一部政治大事记。这样的政治大事记对于广大读者具有什么价值和意义呢？孔子要向后人传达什么呢？这值得我们深思。

司马迁对此作了回答，说孔子在鲁国担任执掌司法的司寇，他的政治主张无人赞同，言不见从，道不见行，一筹莫展，与其空谈，莫如将东周242年的是非善恶记载下来，让后人引以为鉴。本着这个目的，孔子整理编撰《春秋》，批评无道的天子，斥责为非的诸侯，声讨乱政的大夫，力图使国家政治走上正轨。[4] 由此看来，《春秋》更是一部政治原则的劝诫书。

---

[1] 《史记》卷130《太史公自序》说："秦拨去古文，焚灭诗书，故明堂石室金匮玉版图籍散乱。于是汉兴，萧何次律令，韩信申军法，张苍为章程，叔孙通定礼仪，则文学彬彬稍进，诗书往往间出矣。自曹参荐盖公言黄老，而贾生、晁错明申、商，公孙弘以儒显，百年之间，天下遗文古事靡不毕集太史公。太史公仍父子相续纂其职……罔罗天下放失旧闻，王迹所兴，原始察终，见盛观衰……"

[2] 历史上的春秋时代，上限起自周平王东迁（前770），下限止于何时，有周敬王四十四年（前476）说，以及公元前453年韩、赵、魏灭智氏说，公元前403年韩、赵、魏三家分晋说。

[3] 《史记》卷130《太史公自序》集解记载三国曹魏时人张晏说："《春秋》万八千字"；《春秋公羊传》卷22"昭公十二年"条收录唐人徐彦引《春秋说》记载："孔子作《春秋》，一万八千字。"

历史学家是如何评价《春秋》的呢？司马迁认为，《春秋》阐明王道是非，辨别人事纪纲，扬善惩恶，尊重贤能，蔑视不肖，恢复灭亡的国家和断绝的家世，补救衰敝之事，振兴废弛之业，这是最大的王道。也就是说，历史学所要达到的目的，是弘扬王道正统。

对于司马迁的这段评价，可以有不同的解读。第一种解读是就其字面意义出发，认为史学应该从属于政治，成为对政治原则的阐释，担负起对历史的道德审判，乃至成为对政治的宣传。越往帝制时代后期，专制统治者越醉心于此，历史学被扭曲为政治的附庸，史实变得模糊，而主观性评价凸显出来，甚至刻意歪曲事实去迎合官定的评价，历史变成任人打扮的小姑娘，造成以主观性价值评判为基调的史学，往往以论代史。这类史学对于当下的描述是伪善的，对于未来的展望则是空洞的。然而这些努力都枉费心机，因为时过境迁，后人不会接受前人强加的结论，而会基于史实重新审视。于是历史事件和人物的评价颠来倒去，看似混乱，其实是对这种非历史强制的反思和批判。

第二种解读是尊重中国自古以来的历史记述传统，秉笔直书，客观记述人物与事件，对历史怀有求真的敬畏。孔子本人曾经评价自己整理古籍的原则是"述而不作，信而好古"[5]。亦即他追求客观真实地记录历史，而不是改篡历史。司马迁也继承了这一史家原则，吸取已有史家著作，例如《左传》《国语》《世本》《战国策》《楚汉春秋》及诸子百家的撰述，同时网罗天下散失的旧闻，依据国家文书档案，结合自己的实地调查，缀述旧事，整理人物家世传记。他强调自己只是还原历史，而非创作[6]，与孔子的自我评述毫无二致。由此看来，司马迁对于《春秋》的赞扬，首先是基于历史学的原则，也就是客观真实。那么，上述第一种解释并非孔子的史学编撰原则，而据此指责孔子，将《春秋》排斥于历史著作之外，落入了统治者误导的陷阱。

如此说来，司马迁对《春秋》的介绍是不是落空了呢？也不是。孔子编撰《春秋》，在史实记载上是靠得住的，因为他遵循"述而不作"的原则。但这并不是说对于事件没有自己的看法，只是孔子把自

---

[4] 《史记》卷130《太史公自序》记载，太史公曰："余闻董生曰：'周道衰废，孔子为鲁司寇，诸侯害之，大夫壅之。孔子知言之不用，道之不行也，是非二百四十二年之中，以为天下仪表，贬天子，退诸侯，讨大夫，以达王事而已矣。'子曰：'我欲载之空言，不如见之于行事之深切著明也。'夫春秋，上明三王之道，下辨人事之纪，别嫌疑，明是非，定犹豫，善善恶恶，贤贤贱不肖，存亡国，继绝世，补敝起废，王道之大者也。"

[5] 《论语·述而第七》。

[6] 《史记》卷130《太史公自序》记载："余所谓述故事，整齐其世传，非所谓作也。"又说："罔罗天下放失旧闻，王迹所兴，原始察终，见盛观衰，论考之行事，略推三代，录秦汉，上记轩辕，下至于兹……"

己的评判隐晦地表露出来，体现在所谓的"微言大义"上。例如臣下杀害君王，孔子不写作"杀"，而写作"弑"，用字本身隐藏着犯上作乱的含义，以及对于破坏政治秩序与伦理的谴责。孔子以此捍卫西周政治伦理，这就是司马迁称赞的褒贬。显然，孔子不是通过歪曲史实，或者用评论代替记述，而是寓褒贬于叙事之中。只要是有思想的历史学家，对于人物和事件都会根据自己的伦理道德立场做出评判，不可能绝对客观。但是，忠于史实是最根本的原则。孔子做到了，故其《春秋》开创了中国古代历史记述的范式和体例。

将此范式做个小结。第一是编年体，按照时间顺序记载。第二是非常扼要地记载事件结果，没有过程和细节的介绍。第三是在不改变记述真实性的基础上，通过遣词用字，蕴含褒贬。

这就是司马迁之前中国历史记述的主流，与现代史学相比，两者差异巨大。现代史学追求的不仅是客观、公正、真实地记述人物和事件，而且还要求倚重第一手材料，多角度、多层面、详细记述其过程和细节，提供后人审视与判断的史实基础。从这个角度考察，就可以理解为什么现代史学家对于《春秋》不以为然。

司马迁赞扬《春秋》，以孔子史学继承者自居、自勉。但须注意，其赞扬集中于孔子捍卫政治原则与伦理方面，而非涵盖一切。显然，司马迁对于孔子的史学体例有自己的独到见解，看到了其不足，所以，他另辟蹊径，建立新的史学编撰体例。这就是《史记》开创的"纪传体"。

《史记》总共130卷，分为12本纪，10表，8书，30世家，70列传，是一部526500字的鸿篇巨制。从篇目即可一目了然，这是全新的编撰体例，与前相比，编年史单一的时间轴变成了时间加空间的双轴，片面的政治叙事变成了立体的综合性记述，以专题展开，人物和事件都被置于不同的视角进行观察，从政治、经济、社会、文化等多个层面切入，大量使用各国各地保存的史料旧闻，记载的面更加宽广，不能纳入狭隘的政治领域的各种经济、文化活动，乃至山川地理、世俗民风、芸芸众生的日常生活，都留下生动而详细的记载，让人印象深刻。《史记》完全突破了政治史的框架，是第一部翔实的社会史，极大地拓展了历史记载的范围。

这么丰富的内容，并不是互不关涉、散落而成的大拼盘。司马迁有一个比喻，说各篇之间就像是二十八星宿，或者像三十根轮辐构成的车轮[1]，都围绕着一个中心旋转。群星绕北斗，轮辐绕车轴，而这个中心就是开创时代的核心领导。司马迁据此理解并编撰历史，组成内部紧密联系的立体结构。

每个历史时代的核心人物，司马迁将他们单列出来，设立"本纪"来记载。《史记》裴松之注记载，追溯本源称作"本"，统理万事称作"纪"，所谓"本纪"，就是全书的纲纪，追本溯源，纲举目张。"本纪"依照时间记录帝王的重要言行政绩，列入"本纪"的分别为五帝、夏、殷、周、秦、秦始皇、楚霸王项羽、汉高祖刘邦、高后吕雉、汉文帝刘恒、汉景帝刘启、汉武帝刘彻。项羽虽然最终惨败，但他是秦朝的实际终结者，所以被列入"本纪"。由此可见，司马迁对于历史人物的评价不在于他们的成败，而在于他们对历史的贡献。不以成败论英雄，这样的历史著作才没有功利主义者对权力的献媚，比较真实可靠。

本纪这个中心，因辅以"表"和"书"而更加充实饱满。"表"严格考订时间年代，据此记录自推翻秦朝到汉武帝时代政治大事以及王侯功臣的世系。秦朝以前为封建制，人物世系传承有自，脉络清晰。推翻秦朝则是中国第一次大规模的底层革命，寂寂无名之辈崛起，开后代家系之源，故须厘清。"书"则叙述礼乐音律、天文历法、河渠水利、社会经济等制度的沿革变迁，如果说政治活动中心在于人，那么，国家治理的中心则在于制度，时间的推移和制度的空间展开，像经纬一般把历史织成铺天盖地的大网。

在历史舞台上活跃的人物，根据贡献度分别列入"世家"和"列传"。"世家"包括子孙世袭的王侯封国史迹以及特别重要的人物事迹。不够进入"世家"的社会各个方面的代表人物，则编入"列传"，此外还收录了周边民族的历史。

陈胜出身低微，起义不久就被杀，没有完成改朝换代的事业，犹

---

[1] 《史记》卷130《太史公自序》说："二十八宿环北辰，三十辐共一毂，运行无穷，辅拂股肱之臣配焉，忠信行道，以奉主上……"

如昙花一现。但是，司马迁将他列入"世家"。道理就在于他敢以微弱之躯挑战秦朝强权，揭竿而起，吹响了全社会共同推翻秦朝的号角，促使后来治国者深刻反思秦朝暴政的教训，才有了汉朝"与民休息"的理性政治。从首倡大义到警示后人，陈胜出现的意义都十分重要。司马迁对其人品不以为然，对其功绩却给予超高评价，并不因其出身贫贱而贬低他。由此可见，司马迁既不以成败，也不以出身论英雄，而是依据人物所扮演角色的重要性和社会贡献度来评判，坚持历史的公正与理性。

如何评价丰功伟绩呢？轰轰烈烈的事件，席卷天下的战绩，足以当选吧。刘邦建立汉朝后，认为贡献最大的是萧何、张良和韩信三人。他们理应平起平坐，可是，《史记》将萧何与张良编入世家，独独把韩信归于列传。这是什么道理呢？韩信是天才的军事统帅，但他以为武力可以定天下，崇尚强权而不识治国之道与历史趋势，所以，他以军事胜出，也以军事败北，在人心思治的汉初图谋用武力推翻政权，其失败的结局是合理的。在迷信暴力的秦朝迅速崩塌之后，历史反思尤其深刻，韩信不入"世家"是其结果，体现了司马迁的历史观，也就是不推崇暴力，而强调治理之道。

从编年体的《春秋》到纪传体的《史记》，完成了中国古代历史编撰体例的创新，给历史学家搭起了立体大舞台，使之得以充分记载社会各个阶层、各种人物的活动，从政治史拓展到制度史、经济史、社会史、文化史、科学技术史等方方面面，既在时间轴线上看清历史推演的来龙去脉、前因后果；又在空间轴线上看懂事物的本质和内在关联。司马迁开启了中国史学编撰的传统，这是《史记》的巨大贡献。司马迁之后的历史学家都采纳了纪传体范式，延续到近代，完成了"二十四史"的正史系统。

纪传体史学不但成为中国古代历史编撰的主流，而且影响了汉字文化所及的各国，例如日本、朝鲜半岛诸国及越南的古代史典籍。朝鲜半岛最初的史籍《三国史记》采用纪传体体例，日本的"六国史"[1]和越南的《大越史记》表面上看是编年体体例，实际上是把专题记载

---

[1] 从公元720年到901年，日本先后编撰了六部史籍，分别是《日本书纪》《续日本纪》《日本后纪》《续日本后纪》《日本文德天皇实录》《日本三代实录》，合称"六国史"。

插入编年之中,乃编年体形式的纪传体史籍。纪传体的长处十分明显,影响深远。

司马迁的第二个巨大贡献是建立中国古代的历史观,形成民族与文化传统的建构。

由于体例的创新,从单一的时间轴转变为时间与空间交织两条轴线,从人物到事件、地理形势、社会制度,人与自然,人与社会,全方位展开,历史便生动活泼、饱满丰富地展现出来,人与事层出不穷,每个人都能从中获得深刻的启发,从而影响当下的行为,乃至思维模式。因此,从特定民族、国家诞生的人,在其身上能够看到历史的影响。历史在塑造人的世界观和价值观上能产生根本性的影响。历史从来都不是对过去的单向怀旧,而是探寻过去的轨迹以规范现在、迈向未来的双向探索,以至于思想家从哲学的角度说"一切历史都是当代史"[2],更是面向未来的学问。

历史学重在启发未来。历史学家记述历史的时候不可能写成一本流水账。像司马迁这样深具学术素养,又擅于思考的历史学家,一定不会甘于记流水账。司马迁在《史记·太史公自序》中说自己要考察帝王兴起的全过程,溯源探终,见盛观衰,研讨各代所行之事,亦即在完整的历史过程中探索兴衰成败的道理。司马迁关注的是治理之道,在"道"而不是在"术"的层面探究人类社会演进的根本原理。

历史学的巨大优势在于它能够提供足够长的时间,让后人完整地考察历史演进的过程,见其然而知其所以然。在时间的轴线上把许多看似孤立的人与事串联起来,便可呈现出相互之间的关联性,看出其中的因果关系。历史学对于人类社会发展脉络的探究,不是建立在先验的哲学思考上,不能支离破碎地就事论事,更不允许人为地剪裁拼接甚至篡改历史来迎合"理论",它是对历史真实进程的深入细致的客观考察,完整、综合地加以把握,从而提升出具有理论意义的根本性原理。历史原理的高度同历史学家的领悟力息息相关,因历史学家的不同而构成不同高度与不同境界的理解。处于不同领悟层面的领袖,相当程度上左右着其所领导的群体的命运和限度。历史是

---

[2] 19世纪意大利历史哲学家贝奈戴托·克罗齐《历史学的理论和实际》所论,傅任敢译,商务印书馆,1982年。

在对现实过程真实且完整把握基础上的总结，理性的审视和深刻的反思，是对人类社会发展具有思辨性、前瞻性的认识，可以鉴古知今，启示未来。

孔子撰《春秋》的目的是通过东周历史告诫春秋纷乱时代各国的统治者要遵循王道，司马迁撰《史记》则是要探究人类社会发展的基本原理。因此，司马迁不能停留于某个时代的历史考察，而必须对于中国有史以来的历史过程进行整体把握，也就是他所提出的"原始察终，见盛观衰"，故而诞生了中国第一部纪传体通史，上起黄帝，下至汉武帝，涵盖2000多年，古代各种社会形态全都述及。如此波澜壮阔的历史画卷，空前未有。

以《史记》为线索，我以为司马迁描述的历史过程可以进行如下的整理和分期，构成几个重要的历史阶段，它们相互衔接却有质变，从而把握住中国形成至定型的基本脉络：

第一阶段是"五帝"时代，始于黄帝，继起为尧，发展在舜，成形在禹。从比较原始的初期国家建立，直至天下为公的时代。

在这个阶段，司马迁给后世建立起两大传统：

一、树立华夏民族的人文始祖黄帝。

二、树立尧舜禹为治理国家的政治领袖。

第二阶段是夏商时代，天下为公蜕变为家天下。

在这个阶段，司马迁揭示了民为邦本的治国理念，顺之者昌，逆之者亡，荒淫残暴的君主丧失了政治合法性，因此，推翻暴政的"易姓革命"具有正义性。

第三阶段是周朝，分封诸侯建立封建制度，进入典型的农业社会。

在这个阶段，司马迁揭示封建制度下的政治伦理、宗法制度的天下一家观念、推广礼仪文明"以夏变夷"的民族融合道路。

周朝王权衰落之后，春秋到战国时代是一大变局，表现为诸侯国礼仪文明优越性之争，亦即文化主导权之争，逐渐蜕变为政治服属与扩张国土的利益之争；通过勤王以夺取政治领导权蜕变为兼并天下的征服战。

第四阶段是秦汉时代。秦朝征服六国，结束了分层权力结构的封建制度，中国从此进入高度集权的帝制时代。秦朝是对周朝封建制度及其礼乐文明的否定，而汉朝则是对秦朝暴政的再否定，从而在帝制架构下最大限度地吸纳传统文化，建立稳固的国家政权。

在这个阶段，司马迁通过秦朝的失败和汉朝的大治，树立帝制下的民本原则，揭示政治与经济制度的运行原理，探索建设帝制意识形态及政权合法性的基础。

四个历史阶段的演进中，大浪淘沙，中国政治与文化传统逐步建立起来，并深入人心：政治上以民为本，经济上轻徭薄赋，文化上天人合一。夏代以来的朝代更替，时代风尚呈现出"忠"（夏）→"敬"（殷）→"文"（周）的推移[1]，文明渐次成长，人际间朴素的感情日淡而规范性的礼仪越发重要，人文郁郁，思想勃发，衍生出文化繁荣的泱泱大国。

司马迁确立黄帝为华夏族的始祖，把其后各个部族的兴起和发展都并入黄帝这一脉，从而建构了同出一源的华夏族兴盛历史。以现代考古学，以及近年在中国崛起的以遗传基因鉴定为基础的历史人类学的研究成果来检验[2]，此建构的真实情况及其意义何在呢？上溯远古，中国广袤的大地上诞生了没有血缘关系的各个部族，河姆渡文化、仰韶文化、石峁文化、陶寺文化、三星堆文化等，呈现出来的是满天星斗的景象。然而，石峁文化同良渚文化迢迢相隔，却出土同样构想的玉琮，显然各个文化并非绝缘孤立。从夏商的方国联盟到周朝

---

[1] 孙希旦《礼记集解》（中华书局，1989年）卷51《表记》引孔子之言："夏道尊命，事鬼敬神而远之，近人而忠焉，先禄而后威，先赏而后罚，亲而不尊；其民之敝：蠢而愚，乔而野，朴而不文。殷人尊神，率民以事神，先鬼而后礼，先罚而后赏，尊而不亲；其民之敝：荡而不静，胜而无耻。周人尊礼尚施，事鬼敬神而远之，近人而忠焉，其赏罚用爵列，亲而不尊；其民之敝：利而巧，文而不惭，贼而蔽。"夏尚忠，殷尚敬，周尚文，是汉儒的普遍看法。司马迁在《史记·高祖本纪》结语中据此评论道："夏之政忠。忠之敝，小人以野，故殷人承之以敬。敬之敝，小人以鬼，故周人承之以文。文之敝，小人以僿，故救僿莫若以忠。三王之道若循环，终而复始。周秦之间，可谓文敝矣。秦政不改，反酷刑法，岂不缪乎？故汉兴，承敝易变，使人不倦，得天统矣。"亦即人类社会从上古的淳朴而粗鄙走向敬天祭祖，却沉湎于宗教鬼神，故后继者推崇礼仪秩序，但人们虔诚的感情变得浇薄。救其敝理应回归于纯真情感的忠诚，然而，秦朝统治者不明世道推演的原理，采取严刑酷法的手段，反而把社会风尚糟蹋得极其功利险薄，导致民众揭竿而起，政权崩溃。汉朝统治者从秦朝教训悟到"忠、敬、文"三者相互补救的道理，无为而治，回归简朴，故得天道而获长治久安。

[2] 2010年复旦大学跨学科团队运用分子生物学的手段，根据历史记载、族谱分析和姓族分布调查，成功寻找到曹操家族基因，以此为标志，建立起文理科高度融合的历史人类学科，进行了一系列历史上的民族、家族和人物的个案研究。2020年，韩昇团队承担国家社科重大项目"三到九世纪北方民族谱系研究"，逐步推进"中华民族形成史"的研究。

的遍地分封，各个部族逐渐融合，汉朝统一的帝制国家形态稳定下来后，"国族"取代了"部族"，融合为"汉族"这个文化民族。当此之际，把各个部族的始祖安置于黄帝世系之中，是民族凝聚力的重构，并且获得各部族的认同。司马迁以此整理历史演进的脉络，成为后人追溯族源的叙述样板，每一次重要的民族融入新时代，便有更加遥远的始祖诞生，故先有"五帝"，后出"三皇"[1]，海内一家亲的血缘纽带建构，凝聚着中华民族绵延不绝，并日益壮大。司马迁贡献殊伟。

如此具有洞察力的历史观与宏大叙事，令司马迁独领史学风骚。从史学新体例到文化史观的创立，《史记》贡献卓著，鲁迅称之为"史家之绝唱，无韵之《离骚》"[2]。

三 用生命体悟历史

从民族初兴，历经禅让、封建直到帝制，2000多年的时间里中国古代社会形态全部依次上演，这是后面的2000年所没有的巨变。司马迁从这幅波澜壮阔的历史长卷中，感悟的深刻道理，正是理解中国的重要启发，我们要通过品读《史记》去获得它。

司马迁是一位极善讲故事的文学巨匠。他往往把深刻的道理蕴含于生动感人的事迹之中，没有说教。在他笔下，各个阶层的芸芸众生是如何应对如此巨大的社会变动的呢？不同的理解决定了不同的命运。他们的悲欢沉浮，被描写得栩栩如生，把读者感动到难以自持，许多人因而沉浸于故事之中，将《史记》当作文学经典，捕捉不到故事所要传达的深刻含义。难怪不少人，甚至是《史记》的讲解者，读完《史记》以后完全没有感到历史的强烈震撼，只留下一堆碎片

---

[1] 内藤湖南（1866—1934）早在1921年就注意到"五帝"之后才出现"三皇"的现象，指出："现在中国的书籍中给予最古老位置的，是最新的传说；而置于比较新的时代的，则是比较古老的传说。"见夏应元选编内藤湖南《中国史通论》（上）之《中国上古史》第一章，社会科学文献出版社，2004年。顾颉刚（1893—1980）亦提出"层累地造成的中国古史"的学说。从"五帝""三皇"形成史来看，"五帝"本为四方部族的首领，西汉司马迁编撰《史记》时将他们整合为黄帝一脉，以此叙述具有共同血缘关系的上古史。"三皇"多见于东汉纬书，众说纷纭，东汉晋代以后才逐渐定型。据我认为除了纬书将儒经神学化的因素之外，将汉代以后进入中国的周边民族纳入华夏血脉亦是重要因素。故有新的民族融入中国，则中国古史传说将向前延伸，以解决既有始祖传说未能容纳新民族的问题。此种建构既本于汉族视海内为一家的观念，亦出自新入民族融入中原的需要。创世始祖传说形成史颇为复杂，值得做系统的研究。

[2] 鲁迅《汉文学史纲要》第十篇《司马相如与司马迁》，人民文学出版社，1958年。

化的记忆或者孤立的故事。司马迁又是学识极其渊博的学者,《史记》中谈到许多专门的领域,例如天文律历、蓍龟卜筮、风水地理等,没有相当的知识储备则难以卒读,只能割爱舍弃。凡此种种都制约着人们对于《史记》的解读。所以,重读《史记》的关键在于通过感人的文字,真正摄取蕴藏其中的理性思辨之精华,从文学到史学,进而达到对于人类命运线索的理解。这对于同样处在历史大变动时代的我们,何其重要。

司马迁用130个篇目刻画2000多年的历史,它们不是零碎的片段,而是全方位多视角的考察,并构成了有机的整体。司马迁进行整体思考的"钥匙",因为其个人的不幸而永远消失了。因此,我们必须对《史记》反复阅读、细心体悟,吸收当代多学科研究的成果,才能将这些篇章的脉络打通,重新拼接出全图来。

所以,要读懂《史记》就必须重做梳理。

第一步必须对其记载进行重构。纪传体记述方法的优点是以时间为主线,交错推进人物、事件与制度等专题的叙述,把一件事情分散在各处记载。这就需要进行综合整理,把所有记载整合在一起,订正史料,构成全景。更进一步的整理则是按照司马迁的思路,立体、多视角地观察事物,例如他在讲述中国历史的时候,不是抽象地谈中国,而是一再强调中国的多样性,分别在《夏本纪》和《货殖列传》中从行政区划到山川地理的角度介绍中国。《夏本纪》讲的是远古的中国,《货殖列传》讲的是战国秦汉的中国,亦即在每一个历史时期讲述中国,都是从具体的区块的山川民风入手来认识各地人们的思维与行为方式,从多样性与统一性的互动观察中国,显得细致而可靠。历史学的思维从来都是具体的,追求全方位多视角的深入细致观察,强调入木三分,而不是大而笼统的抽象理论,注重揭示真相而反对动辄进行价值判断。

第二步是印证。今天存世的史籍,其记载仅仅描绘了一个点或者一个方面,而且只是某一方的视角,可信度如何呢?有人更直接地认为历史都是胜利者书写的,不可置信。历史学家从不接受如此笼统武断的推论，因为它首先必须证明凡胜利者必撒谎。即使从社会学统计的结果也可知道，社会地位越高、掌握资源越多的人，撒谎的代价也越大。古代贤臣告诫君王不可轻易撒谎时讲的就是这个道理。胜利者会撒谎，但不见得凡事皆撒谎。因此，上述说法缺乏实证支持，不能构成历史学家判断的依据。现代学科给古代历史记载提供了很多验证的手段，例如陶寺遗址考古证明了尧舜时代天文历法的惊人成就，二里头遗址丰富了夏商时代的历史，西安考古证明了项羽的确焚烧了秦朝宫殿，历史人类学用基因检测探明了古人的迁徙、分布与血缘传承情况等。与其凭空怀疑，不如科学验证，并用新学科的研究成果去填补历史记载的空白，使之更加丰富饱满。

第三步是理解。中国古人写文章崇尚言简意赅，《老子》论述天地人三才世界仅有五千言，《孙子》讲述战略战术的根本原理也只用了六千字，完全不同于西方学者动辄数十万言的论述方式。后者喜欢从各个角度考察分析，思虑周详，层层递进，展示论证过程与逻辑关系，把道理讲深讲透。中国古人的论述则是彻悟者结论的呈现，严密的思考和论证尽在不言之中，悟者饮之如甘露，当头棒喝，豁然开朗；不明者如坠云雾，四顾茫然。所以，中国古代贤人名著不是靠勤奋和积累知识就能够读懂的，既需要有名师指点，又要用自己全部的心智和阅历去体悟。《史记》也有这个特点，有时候把故事讲得扣人心弦让人欲罢不能，却没有点破究竟要传达什么精微道理；有时候则寥寥数语，把至深的原理和盘托出。例如《货殖列传》开头就讲治国的境界无非五种："善者因之，其次利道之，其次教诲之，其次整齐之，最下者与之争"，却没有展开论证，明者自明，不明者常不明，难怪许多人读《史记》只记得惊心动魄的故事，却将紧要之处忽略而过。或许古人只为明白人写书？真可谓"酒逢知己千钟少，话不投机半句多"。因此，《史记》不能仅仅就着字面阅读，必须从史实叙述中把握中国历史的脉络和文化传统，发现灵魂所在。

学习无非经历从积累知识到激发悟性，进而开阔视野、提升境界的三个层次。经历了第一个阶段的积累知识，必须尽快向激发悟性的第二个阶段提升，切不可裹足不前。不能开悟的知识堆砌会造成人的偏执，视野局促，以知识多而瞧不起人，自以为是。更严重的是知识堆砌还会造成对其他知识的排斥，听不进别的意见，变得心胸狭隘而偏激。领悟《史记》也是学习从字面解读到精神领悟的进阶。只有对中国历史深刻的了解和理性的热爱，才能用生命唤回写出中国人灵魂的《史记》。

从整体史的角度对中国历史进行分期，阐述社会发展的不同形态及其演变过程，进而发现历史演进的法则，并从中抽取出长期影响中国人行为与思维模式的基本要素，是本书以《史记》的叙事为主线努力探索的方向。根据《史记》的叙事特点，我将从时间和空间两条轴线展开《史记》的历史记述。在时间的轴线上，将展开从早期部族向国家的进化、从封建制向专制帝制的政治形态转变，涵盖了三皇五帝、夏、商、周、春秋、战国、秦、汉初等各个历史时期。在空间的轴线上，将讲述山和水构成的中国大风水。山川地理形态造成一个个相对独立的片区，涵育了各地的风俗民情，因此，必须从人与自然的角度观察中国。而且，还要讲述各个社会阶层的样貌、时代风气的演变、制度变迁、历史进程中的各种历史人物。一部《史记》，就是两千多年中国的百科全书。通过学习历史，看懂中国，理解我们的传统和发展的轨迹，才能对未来有理性的前瞻。

经典的魅力在于常读常新，可不断发掘出新的意义，启发后人。或许也因为对经典的不断重读，后人源源不绝地给它注入了新的生命力。经典常在，宛如满天繁星，闪烁于心中；思想的闪电，来时开天辟地，去时寂无影踪，留下无尽的苍茫，于静谧深处放射出智慧的光芒；求知的人仰望星空，踽踽而行。

上编

时间轴线上的历史演变

人们把纷繁无序的事件,按照先后顺序排列起来,于是,事情变得清晰,可以理解和把握。我们把这根延伸的轴线称作『时间』。只要时间的长度足够,人们便容易看出貌似孤立的事件之间的内在联系,它们持续且深刻地影响着事物的演进。在时间轴线上揭示出来的命运线索就是因果律。

第一章 黄金时代：中华民族始祖传说的意涵

第一节 人文始祖：黄帝

每个民族都有自己的创世始祖及相关记述。从人性的角度而言，人们会关心最初的祖先是谁，他从哪里来。从文化和政治的角度来说，始祖代表着一个民族的基本特点，构成文化传统和政治的合法性。《史记》作为全面叙述中国历史的奠基性著作，必须正面回答这个具有根本意义的问题，而它也确实这么做了，开篇就是《五帝本纪》，首先讲的便是黄帝，将他立为华夏族的始祖。

这么重要的划时代人物，《史记》是如何描述的？《五帝本纪》说：

> 黄帝者，少典之子，姓公孙，名曰轩辕。生而神灵，弱而能言，幼而徇齐，长而敦敏，成而聪明。

这段话包含了几个方面的内容。首先，黄帝是少典的儿子。读到这里，我们是不是有点异样的感觉？黄帝的身份是"少典"的儿子。那么，他显然不是世界上第一个人，为什么不从他爹"少典"讲起呢？世界上第一个人，才能被称作"始祖"吧。大凡古老的民族，他们的始祖必须是开天辟地的第一个人。通过这个人，人们要知道属于我们的这个世界是如何形成的，以及为什么属于我们。比如说，西方在讲述人类始祖的时候，会讲《圣经》的故事：上帝亲手用泥土捏出了人，名叫亚当，他是世界上第一个人。埃及、希腊、印度的神话里，人类的始祖也是从神衍生而来的。神创造了人，这一点非常重要，它赋予了人在世界上仅次于神的高贵地位，因此人的生命和基本权利必须得到尊重。其次，神高于人，决定了世俗权力的限度：只有神才具有绝对的权威，并拥有真理。世俗权力对此必须怀有敬畏之心，不敢凌驾于神权之上。再次，人类的始祖是神创造的，他之前没有人，他之后都是他的子孙，因此只要他不违反天意，这个始祖就具有相当于神的代言人的权威，具有一定程度的神圣性和绝对性。这三点构成了西方文化的起点。

和西方文明相比，中华民族的始祖不是神创造的，从一开始就是个人。在世界诞生的神话里面，中国也不存在主宰一切的神。开天辟地的人被称作"盘古"，他也不是神。秦汉以来的民间传说认为盘古生在一个混沌的世界，与天地一同成长：天一日高一丈，地一日厚一丈，盘古也一日长一丈，长了一万八千岁，天变得很高，地变得很深，天地之间的距离变得很大。[1]

大，在中国的计量系统中如何表达呢？例如三、六、九皆有大的含义，"九"更是表达无限之数，所以天地之间高达九万里，《庄子·逍遥游》就说"抟扶摇而上者九万里"。盘古开天辟地的距离也是九万里。九万里表示的是无限大。盘古撑开天地之后，年老去世，头部化成东岳，腹部化成中岳，左臂化成南岳，右臂化成北岳，腿脚化成西岳，眼泪流成江河，呼吸成风，声音成雷，眼珠成电，高兴则为晴天，发怒便降大雨。

问题是如此神勇的盘古竟然也会死掉。而且，他和凡人一样有爱情，娶了妻子，故有"阴阳"；还生了很多孩子，以至于传说其后人生存于南海，以盘古为姓氏，直到六朝时

---

[1] 唐代欧阳询所编类书《艺文类聚》卷1引三国吴人徐整《三五历纪》说："天日高一丈，地日厚一丈，盘古日长一丈，如此万八千岁……故天去地九万里。"

[2] 文献记载中的盘古传说最初见于三国吴人徐整所著纬书《五运历年纪》，明代董斯张《广博物志》所引《五运历年纪》以及清代马骕《绎史》所引《五运历年纪》说盘古龙首蛇身，死后化为山川风雷。南朝梁代任昉著《述异记》（四库全书本）卷上记载其事，且介绍了先秦至汉代盘古传说的变化与各地民间祭祀风俗，说道："昔盘古氏之死也，头为四岳，目为日月，脂膏为江海，毛发为草木。秦汉间俗说盘古氏头为东岳，腹为中岳，左臂为南岳，右臂为北岳，足为西岳。先儒说：盘古氏泣为江河，气为风，声为雷，目瞳为电。古说：盘古氏喜为晴，怒为阴。吴楚间说：盘古氏夫妻阴阳之始也。今南海有盘古氏墓，亘三百余里，俗云后人追葬盘古之魂也。桂林有盘古氏庙，今人祝祀。南海中盘古国，今人皆以盘古为姓。昉按：盘古氏天地万物之祖也，然则生物始于盘古。"

南海还有盘古庙，祭祀香火旺盛；[2]乃至后人知道其生日为十月十六日。这些说法越补充越活灵活现，而盘古也就越发与凡人无异了。由此可见，中国开天辟地的仍然是人。

在中国古人的观念中，什么是人，什么是神？世间所有的人都是人。但是，生前积德行善政、为百姓建立丰功伟绩的人普遍受到景仰，死后获得世人祭祀，就升华为神。民族始祖和开天辟地的人死后，当然被供奉为神。所以，盘古和黄帝生前是人，死后成神；人们永远地缅怀他们，并祈愿他们继续福佑众生，余泽绵长。显然，司马迁要给后人建立的历史传统并不在乎这个人是不是第一个人。由此可以归结出两点：第一，中国人不是神创造出来的，什么人都不具有那种神圣性。第二，既然人不是神创造的，也就不具有绝对性。

神圣性和绝对性不存在，对于世界上所谓"第一个人"的追求便只有生物学的意义，而不构成重要的文化价值。如此一来，中国文化的传统不能建立在绝对的神性之上，而只能建立在俗世的人文基础上。这一点是我们的文化同西方文化的根本区别之一，十分重要。

在人与神之间，中国的古人没有找到创造人类始祖的神，却反过来给神找到了来自人类的始祖。这应该是西周以来的观念。因为商朝人是信仰鬼神的，周朝讲的是敬天保民。由此可见，中国的神和西方的神迥然不同，并非主宰一切的绝对存在。

根据这样的认识，我们不会诞生神创造出来的始祖，而必须另辟蹊径，建立起自己的始祖来。而且，还必须说明他能够成为始祖的道理。既然始祖不是自开天辟地以来第一人，而且这个人是人生出来的，那么黄帝作为"少典之子"就可以成立了。人们关心的不是他到底是不是第一个人，而是他为什么成为始祖？远古时代可以作为始祖的有哪些选择呢？这就不能不追溯到"三皇五帝"了。

按照"三皇五帝"的顺序，在"五帝"之前应该有"三皇"。《史记》将黄帝列为"五帝"之一，那么为什么不选更久远的"三皇"作为始祖呢？

从古史记载追寻"三皇五帝"的踪迹及其传说形成的年代，结果让人惊愕不已。不但"三皇"传说的诞生年代晚于"五帝"传说，而且"三皇"到底是哪三位也说不清楚。

最早记载的"三皇"为天皇、地皇和人皇，其实就源自古代的天、地、人"三才"思想，这在《易经·说卦》中即可见到。司马迁当然了解"三皇"说，在《史记·秦始皇本纪》里引述李斯的话说："古有天皇，有地皇，有泰皇，泰皇最贵。""泰皇"就是"人皇"。对人类而言，天地的运行只有和人相关才具有意义。所以，天、地、人三者之中须以人为本，故"泰皇最贵"。但是，这里所说的"天皇"和"地皇"都不具有人格，不可能成为人类的始祖。

此后"三皇"逐渐被人所替代，成为燧人氏、伏羲氏、神农氏，或伏羲氏、女娲氏、神农氏，或伏羲氏、神农氏、黄帝。此外还有很多说法，兹不枚举。这些说法形成的年代都在汉晋之间，主要出现于经传纬书。纬书是对儒经的解释，附会神学，多为谶纬占卜之类的内容，其中出现了"三皇"之说。这里最重要的变化是用伟人替代天地之神，完成了"三皇"的人格化改造。由于是个替代的过程，所以产生了各种替代的方案，才出现"三皇"的各种说法，黄帝亦成为其中一说的人选。由此可见"帝"和"皇"之间的混淆。天地存在于人类之前，所以置换后的"三皇"，就只能插在"五帝"之前。但是，从传说形成的过程来看，人格化的"三皇"说是后出现的，从"三皇"到"五帝"的历史根本不存在，而仅仅是后代的一种文化建构。司马迁不采用"三皇"作为华夏族的始祖，秉持的是忠实于历史的立场和严谨的学术态度。

在秦朝以前，"五帝"作为上古时代的领袖人物已经成为一种常识。秦朝李斯与众博士讨论秦始皇的帝号时，认为秦始皇一统天下，功劳远超上古时代的"五帝"，因此秦始皇的称号中才有了皇帝的"帝"字。从其论述可知，司马迁以"五帝"之一的黄帝作为华夏族的始祖，符合当时士人的共识。

那么"五帝"到底是哪几位呢？《史记·五帝本纪》列出来的是黄帝、颛顼、帝喾、尧和舜，《左传·昭公十七年》的记载则为黄帝、

黄帝像　出自《三才图会》

颛顼像　出自《三才图会》

帝喾像　出自《三才图会》

尧像　出自《三才图会》

炎帝、共工、太昊、少昊。"五帝"也和"三皇"一样有各种说法，难以逐一列举。《史记》的说法最根本的要点是什么呢？是串起了一条有内在联系的血缘纽带，也就是说黄帝以后的"四帝"全部是黄帝的后裔。在《左传》的说法里，除了少昊以外，其他都是各方的首长，没有血缘关系，这个说法应该更具有合理性。"五帝"应该是由各方首长组成，反映的正好是华夏族由多民族融合而成的历史，所以各部族的首长就成了我们共同的历史奠基人。

各地部落首长"五帝"身后被祭祀为神，分别位于东南西北中。这是怎么分布的呢？黄帝居中；苍帝太昊住在东面，亦称作青帝；白帝少昊住在西面；赤帝祝融即炎帝，居住在南面；黑帝颛顼住在北面。《左传·昭公十七年》记载了宋国是大辰的旧墟，陈国是太昊的旧墟，郑国是祝融的旧墟，卫国是颛顼的旧墟。《左传·定公四年》则记载鲁国是少昊的旧墟。旧墟就是遗址、故址的意思。这些旧墟恰好就是"五帝"的故居。

舜像 出自《三才图会》

这些旧墟和"五帝"所处的方位对比，大多不能对应。比如应该在东方的太昊，其旧墟跑到了南方的陈国，而西方少昊的旧墟则跑到东方的鲁国，南方祝融的旧墟跑到西方的郑国，五个里面就错了三个。这到底是怎么回事呢？这种情况恰好说明"五帝"原来是各地部族的首长，后来各部族融合了，他们被尊为共同的首长。五行理论形成以后，这些平行的首长被编入了五行理论中，分别被安置于东南西北中各个方位，并配上青红白黑黄的颜色，由此构成系统完整的苍帝、赤帝、白帝、黄帝、黑帝"五帝"。因为这是人为编造的，所以同历史遗留下来的旧墟对应不上。上古的地方首长有很多，最终只选出五个，明显是为了迎合五行说。

"五帝"到底是哪几位，可以有不同的说法。但是，"五"这个数字是不能突破的。因为在中国古代的术数体系里，三是天数，五是地数，人适用五三。五三循环的构成在秦朝以前已经很多了。李斯说"五帝"和"三代"不相延续，各治天下。他说的"三代"是"五帝"以后的夏商周三代，正好呈现出五三的变化。[1]孟子讲"三王五霸"[2]，也是五三的结构。如前所述，人格化的"三皇"形成以后，只能置于"五帝"之前，这才符合术数的原理。据此可知，"三皇五帝"是后来在术数理论支撑下的产物。从历史的角度来看，"五帝"代表的是上古多民族融合的时代。司马迁不取天、地、人的"三皇"，而取黄帝、颛顼、帝喾、尧、舜"五帝"开启上古史，并以黄帝作为华夏族的始祖，符合社会演进的进程，独具慧眼。

通过这些论述，可知华夏始祖不建立在神的绝对性上，而建立在获得万民拥戴的社会基础之上，故华夏始祖是人文始祖。这决定了中国文化的第一个重要特点，那就是人本主义。

破除了神的绝对性，那么，很多人都有可能成为我们这个民族的始祖。事实也确实如此。在中国古代神话中，被尊为创始者的人物不在少数，如前述开天辟地的盘古，以及炼石补天的女娲、观天察地的伏羲，等等。在这些远古英雄中，司马迁选中黄帝作为华夏族始祖的道理何在？这就不能不讨论成为华夏族始祖最重要的条件是什么？这也构成了此后政治领袖及其政权的合法性根据，并成为古代的政治传统。

首先来看黄帝、颛顼、帝喾、尧、舜五位为什么被称作"帝"？"帝"意味着什么？

东汉末年儒学大师郑玄注释《史记》时引述《中候敕省图》说："德合五帝坐星者，称帝。"亦即认为"帝"代表人品道德，只有德高望重堪与其地位相配者方能称"帝"。他还引用《坤灵图》说："德配天地，在正不在私"[3]，进一步阐发"德"要堂堂正正，不谋私利，以天下苍生为念。由此可知，所谓"五帝"时代乃"天下为公"，而非

---

[1] 《史记》卷6《秦始皇本纪》记载李斯所言："五帝不相复，三代不相袭，各以治，非其相反，时变异也。"

[2] 《孟子·告子下》说："五霸者，三王之罪人也。"赵岐注："三王，夏禹、商汤、周文武是也。"

[3] 见《史记》卷1《五帝本纪》《正义》注释。

"家天下"的时代。

关于"帝",司马迁问道:布衣匹夫起家之人,其后代能够无缘无故地崛起吗?毫无可能。必须是恩德厚重之人,其子孙才会被百姓立为天帝。先世积下什么厚德呢?为民请命,不管什么暴风骤雨都替百姓遮挡;如果有灾难降临,则替百姓赎命,万死不辞。如此之人方有万世之德,黄帝就是这等人物。

显而易见,成为华夏族始祖的根本条件是为天下民众建立丰功伟绩,积善积德。故中国的政治传统强调民为邦本。司马迁在叙述早期周族崛起的时候,专门讲了公亶父面临戎狄进攻的关头,不忍百姓为其个人权位而牺牲时说:百姓拥立君王是要为他们谋利益。[1]故而自己出走,避难于岐山之下。此举深得民心,遂致四方来归,成就了周族的崛起。这段叙事并不全面,但透露出司马迁对民本主义的强调。

其次,黄帝是怎样一位人物,为何被尊为华夏族始祖呢?

《五帝本纪》称黄帝"生而神灵……成而聪明"。"聪明"后来被进一步捧高为"圣明",是作为领袖人物必不可少的内在条件,并且有着特定的严格要求。司马迁接下来在《尧本纪》中将其展开,且待后述。

黄帝当时面对的形势非常严峻:神农氏衰败而局面失控,各部族相互征伐,侵害百姓,胡作非为。例如蚩尤部落欺凌弱小,炎帝部落也企图欺压周邻。于是各部族纷纷投向黄帝。黄帝团结本族,充实内功,积极修武,打了几场大胜仗:一是对炎帝部族的阪泉之战,战而胜之;二是联合炎帝部族发动涿鹿之战,打败蚩尤部族。

黄帝安定各部后,开始巡行四方:向东走到海边,登上了丸山(在今山东临朐东北,渤海之滨)、泰山;向西来到崆峒山(也作"空同""空桐",在今甘肃平凉西北),登鸡头山(即六盘山,在今宁夏泾源境内);向南一直走到湘江;向北驱逐游牧民族,深入漠北。如果在地图上把黄帝的行迹画出来,就能看出这段记载的意义。从海边一直到崆峒山,从北方草原一直到南边的湘江,包括了中国的中心地域。在此之前的部落首长,不管是盘古、炎帝,或者是神农氏,所据

[1] 《史记》卷4《周本纪》记载:古公曰"有民立君,将以利之……民欲以我故战,杀人父子而君之,予不忍为"。

炎帝像　出自
《三才图会》

2
《史记》卷1《五帝本纪》记载："轩辕之时，神农氏世衰。诸侯相侵伐，暴虐百姓，而神农氏弗能征。于是轩辕乃习用干戈，以征不享，诸侯咸来宾从。"

3
《史记》卷1《五帝本纪》记载："炎帝欲侵陵诸侯，诸侯咸归轩辕。轩辕乃修德振兵……与炎帝战于阪泉之野。三战，然后得其志。"炎帝和神农氏是同一支还是别为两支，学界一直有争论，这里不讨论。

4
《史记》卷1《五帝本纪》记载："蚩尤作乱，不用帝命。于是黄帝乃征师诸侯，与蚩尤战于涿鹿之野，遂禽杀蚩尤。"

有的地盘都很小，几乎就是一些地方性的部落首长，黄帝则大不相同，开辟了地域更加广袤、部族众多的统一国家，对内建立起更强大的权力中心，对外则平定不服从的部族。

总结黄帝的功绩和政治品德，主要有三个方面。

第一，结束纷争，恢复社会秩序与安定。体现在三点：1. 神农氏失去对社会的控制，诸侯征战不息，黄帝讨平叛乱。² 2. 炎帝一族侵凌诸侯，黄帝与之大战于阪泉，制止了恃强凌弱。³ 3. 蚩尤作乱，黄帝率领诸侯与之大战于涿鹿，杀蚩尤。⁴

黄帝的胜利完成了权力转换，取代神农氏，被各部族共同推举为"天子"，称作"黄帝"。

为什么称作"黄帝"呢？原来是根据五行而来的。五行的五大元素金、木、水、火、土，土的颜色为黄色，处于中央的位置。"黄帝"的称号标志着他成为中央的统治者，这成为后来中国皇帝制度的重要象征。

在黄帝事迹的叙述中，司马迁建立起中国古代政治领袖最为根本的条件，那就是除暴安良、顺应民心。这显然是基于人文的条件，而不是由上天命定。这一条构成了中国政治最重要的合法性根源：天下不是一人一姓的天下，天命无常，唯有德者居之。司马迁据此建构起中国历史的传统，给华夏族树立起人文的始祖。

武功最重要的不是扩张，而是给百姓提供社会安定的保证。光凭武功并不足以成为华夏族的始祖。《史记·黄帝本纪》仅有400多字，武功和文治的事迹各占一半，可见发展社会文化和经济何其重要。黄帝的文治功绩如何？

第二，建立制度，顺应天时，发展生产，治国安民。体现在六条：1．建立国家管理制度，分司设职。2．祭祀山川神灵，推算历数，以顺天时。3．选贤任能，安抚四方，治理万民。4．播种百谷，驯养牲畜。5．开山凿路，通达各地。6．制定礼仪，总结治国道理。

这些反映出黄帝是国家各项制度的奠基人，并且取得了天下归顺的成就，被后人颂扬，继承光大，因此是理所当然的始祖人物。

和武功相对应，发展生产，安辑四方，让百姓安居乐业，是中国古代政治领袖的另一条重要的合法性依据。

第三，兢兢业业，克勤克俭。

黄帝当政期间，呕心沥血谋划国家治理，走遍东西南北，虚心学习，教化百姓利用山川林野，按照自然规律进行生产活动，遵循时令。他还强调一个重要原则，人对于自然应该取之有度，用之有节，才能使得生产长久持续。黄帝为治理国家付出了巨大心血，以至于一生未曾好好享乐过。在此，司马迁给后人树立起政治领袖必须具有的品德，那就是勤政安民，顺应时势。

黄帝在这三个方面成为后世的楷模。有人说他活了111岁，执政100年。也有人说他活了300岁。孔子的优秀学生宰我曾经就这个问题请教，孔子解释道："生而人得其利百年，死而人畏其神百年，亡而人用其教百年。"[1] 亦即黄帝在世时，百姓享受他的良好治理达百年之久；去世之后，世人敬畏他百年；再后面的人运用他的治国教诲又达百年，所以说他活了三百年。简言之，黄帝治国之道被后世所遵循，永垂不朽。

黄帝所处的年代大致距今4500年。在这个时期，中国出现了相当规模的城，北方石峁文化遗址发现了面积约425万平方米的古城，南方良渚文化遗址也发现了面积约290万平方米的古城。城的出现表

[1] 《史记》卷1《五帝本纪》《索隐》引用《大戴礼》。

石峁城址平面分布图

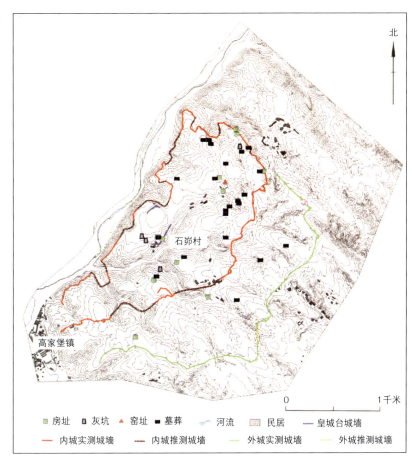

良渚遗址平面分布图

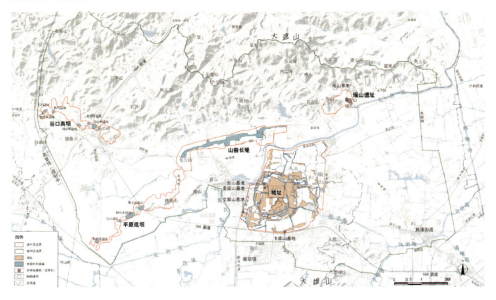

明已经形成了中心地，再辐射出去控制周边，出现了早期的国家。黄帝代表的正是国家形成的年代。

早期国家的形成应该具有的几大要素：第一，要有城；第二，要有文字；第三，要出现金属文明。黄帝时代具备了上述要素：考古上见到了城；发现了早于商代的上古文字；青铜也已经进入中国，人们开始使用铜制工具。中国上古的国家在此时期形成了。司马迁记述的黄帝时代恰好和历史上的国家起源完全吻合，颇有见地。

《史记》还讲到黄帝重视种植五谷，大力发展农业。黍、高粱、小米这些起源于中国的农作物，在黄帝之前就已经出现了，在黄帝时代得到了大规模的种植，所以他奠定了一个国家的农业基础。

此外，黄帝特别注重气候星象。中国古人根据天象探索天地运行的道理，产生了对天地的认识，用五行说、《周易》阴阳转化的道理做解释。五行有金木水火土，分别对应春夏秋冬四季、东西南北中五方、赤黄青白黑五色等。东西南北环绕中央，其色为黄，属性为土，黄帝恰好居于这个位置，乃华夏族当之无愧的始祖。

第二节　政治楷模：尧舜禹

一　政治文化传统的建构

《五帝本纪》的记载，关于黄帝文治功绩的细节大多语焉不详，只是用笼统的语言进行描述。这说明黄帝时代的事迹，到西汉司马迁时代已经相当模糊了，人们虽然都在称颂他，却难以说得清楚。这些史实的不足，今天可以通过考古发现进行验证和补充，并借以理解司马迁通过这些始祖人物要给我们建立什么文化传统。

"五帝"里面，黄帝的接班人是其孙高阳，即"五帝"之一的颛顼。颛顼的接班人是他的侄儿、黄帝的曾孙高辛，即帝喾，他也是"五帝"之一。高辛的儿子就是尧。颛顼和帝喾都身居"五帝"之列，无疑十分重要。但是《五帝本纪》对他们的记载非常简略，大致就是"敬鬼神，顺天时，仁爱百姓"之类，他们的事迹加起来不超过

300字，没有什么可以特别称道的。可是到了尧和舜，记载又丰富起来了。由此可见，颛顼和帝喾只起到过渡的作用，构成从黄帝到尧的桥梁。他们的重要性在于将尧舜同黄帝连接起来，构成一以贯之的血脉关系。

我在前面讲过，真实的"五帝"应该是各个地方部族的首长。但是，在《史记》的谱系里，"五帝"则有血脉关系，这很可能出自虚构。关于五帝，先秦史籍记载颇不相同，例如《左传》里面的"五帝"之间就没有血缘关系。用血缘关系将他们串联起来，反映出民族融合的进程及其基本原则，即必须给予各地部族首长以领袖级的"帝"的地位，同时还必须阐明融合体中的主体原则，这个主体就是华夏族，并以此将周边民族融合进来。融合以后，天下一家，四海之内皆兄弟。既然是一家，我们就用虚构的血缘关系作为纽带，紧紧地联系在一起。

这是实现了大一统的汉朝对于民族问题的认识和基本原则，也是对秦朝失败教训的汲取。秦朝在征服六国的过程及其后的统治中采取了血腥屠杀和强力压制的手段，激起激烈的反抗。汉朝摒弃秦朝的失败政策，恢复周朝的民族融合方针，以国家认同为基础重构"国族"，将境内各个民族融合为"汉族"。司马迁正处于西汉鼎盛的时代，《五帝本纪》正是这种民族融合政策在历史记载上的反映，所以非常强调血脉的继承性。

尧舜禹所处的时代号称清明"治世"的黄金时代，他们是儒家着重歌颂的上代圣人，成为以后历朝历代实现"天下大治"的永远的楷模。一个政治传统与样板树立起来了，长久地影响着民众对于国家治理的评价和中国政治的走向。

尧是三代圣人的第一位，具有开辟新时代的重要意义。尧也被称作华夏族的"人文始祖"，也就是说他开创了中国古代的人文传统。故司马迁对其记载颇费心思，别具一格。尧的出场不同凡响，一落笔就大书特书其崇高品德：尧的仁慈像天一样宽广，接近他就像接近太阳一般温暖，仰望他，他犹如彩云，覆盖滋润着大地。他富有却不骄傲，地位尊贵却不放纵。他尊敬有德之人，让各族和睦相亲。他关爱百姓，使社会清明，万邦和平相处。[1]

这段记载主要在阐述仁政与圣君的基本点：第一，尧具有很强的亲和力，对内仁慈，和睦部众；对外宽厚，团结各族。这凸显出儒家治国的第一个根本原则，那就是强调"仁"。没有仁，国家不可能长治久安。"仁者爱人"，执政者不爱广大民众，民众怎会爱你？政权何以稳固？这是儒家政治学说同法家的根本区别。在此首先把"仁"的原则确立起来了。

第二，尧完美地表现了谦虚的品德。尧很富贵，但是不骄傲，也不放纵自己。"谦"既是中国古代文化中做人的高贵品德，也是执政的美德和原则。

《周易》六十四卦，每一个卦都预测此卦的吉凶。所谓吉凶无非是顺应人们希望的发展方向，或者与之背道而驰。大凡事物的发展都有与人相适应或者相悖的方面，古人所谓的祸福相倚讲的就是这个道理。然而，六十四卦里却有一个每爻皆吉的"谦"卦，但仅此而已。"谦"的卦体上为坤，为地；下为艮，为山。本来山在地上，此处却在地下，表示高大却不外露，用在人生方面，则功高不自居，名高不自誉，位高不自傲，屈躬下物，先人后己，这样的人做什么事情都会顺畅。

"谦"更主要的是针对有权势地位的人而言的，他们最容易败在目空一切、骄傲蛮横上。唐太宗一再告诫自己和大臣们，大权在握的执政者一定要战战兢兢、如履薄冰。[2]统治者一旦居功自傲，自以为无所不能，那就非常危险了。《史记》记载了许多国破家亡的历史教训，其起因大多源于"骄"。因此，给统治者树立政治楷模至关重要。

尧是怎么做的呢？他本人生活十分简朴，住茅草屋，喝野菜汤，穿粗布衣服。与此同时，他非常注重倾听百姓的意见。按照先秦诸子对尧的描述，尧在简陋的宫门前设立欲谏之鼓，百姓想提建议的时候可以敲鼓，尧闻声而出，倾听诉说。而且，他还让人在路旁设立诽谤

---

[1] 《史记》卷1《五帝本纪》记载："帝尧者，放勋。其仁如天，其知如神。就之如日，望之如云。富而不骄，贵而不舒。黄收纯衣，彤车乘白马。能明驯德，以亲九族。九族既睦，便章百姓。百姓昭明，合和万国。"

[2] 李世民《帝范·序》说："战战兢兢，若临深而御朽；日慎一日，思善始而令终。"

之木，鼓励批评政治，通过听取意见了解民间疾苦，治理国家。"纳谏"是谦以治国的表现，也显示了尧内心充满的自信。那是对治理国家的自信，也是对百姓的自信。只有自信的人才能敞开胸怀，听取不同意见，从而推进国家治理日臻完善。"谦"成为领袖必须具备的政治品德，"纳谏"则成为中国政治文化的优良传统。

第三，治理国家必须遵循自然与社会的规律法则，顺应时势，而不能自以为是，逆潮流而动。尧的成功和后述鲧治水的失败构成鲜明的对照，揭示的就是这个道理。

尧在位时取得了一项重要的成果，那就是制定历法。《五帝本纪》记载，尧命令羲仲、羲叔、和仲、和叔四个人，到东西南北四个方位，去观测日月星辰运行的情况，据以制定历法。这四个人在典籍里被简称为"羲、和"。他们观测并记载的日月星辰的运行轨迹，成为研究古代天文史的宝贵资料。

据此记载，中国最初观测天象以制定历法，产生于尧时代，其意义重大。它反映出该时代农业在社会生产中的重要性日益显著。农业与气候关系密切，因此必须掌握天象与四季的变化规律进行生产。古人由此认识到人类活动要顺应大自然的规律，法天则地[3]，不能违背自然规律，逆天而动。顺从自然规律，则万物生长，但这必须建立在对自然万物的客观精确的观察基础上，根据春夏秋冬四季的变化来决定耕种收藏。领导人必须充分吸收"羲、和"之类专业人士的研究成果，指导民众的生产生活，这就是"敬授民时"。由此扩及国家治理，同样必须顺应社会运行的法则，发展生产，丰衣足食，安居乐业，进而提升至诗书礼乐的精神文化生活层面。

中国上古时代对于大自然，尤其对天文历法的认识果真如此发达吗？

1978年以来，中国社会科学院考古研究所和山西考古队一起在临汾对陶寺文化遗址进行了大规模发掘，取得了一系列重大发现。改变了以前认为陶寺遗址没有城墙的看法，发掘出规模较大的城，东西1800米，南北1500米，整个遗址的面积约280万平方米。陶寺

[3] 《史记》卷130《太史公自序》说："维昔黄帝，法天则地，四圣遵序，各成法度。"

遗址使我们对上古史的认识有六个方面的重要突破：1. 发现了到目前为止最早的测日影的天文观测系统。2. 发现了遗址里有最早的文字，比夏的文字还要早。3. 发现了中国古老的乐器，其中出土的鼍鼓和特磬都是迄今所知同类乐器中最早的，这也使鼍鼓与特磬配组的历史从殷商上溯一千多年。4. 发现了中原地区最早的龙的图腾。5. 发现了世界上最早的建筑材料板瓦。6. 发现了黄河中游史前最大的墓葬。

陶寺遗址的意义非常重大。现在考古学界很多人根据历史的记载，推测陶寺遗址也许是尧舜的都城，当然这还有待进一步的研究去证实。

关于第一点，最重要的发现是观象台。它在2003年被发掘出来，由13根夯土的柱子组成，构成一个半圆形，半径10.5米，弧长19.5米。可以在观测点通过土柱的狭缝来观测日出的方位，根据方位来确定季节和节气。考古队对原址模型进行复原，确认当时的方位测定已经可以确定冬至、夏至、春分、秋分。在年代上，它恰好和尧所处的时代相吻合，这让司马迁关于尧时代观测天时、制定历法的记载得到考古的证明。

第四，尧治理国家非常重视选贤任能。据说尧有功臣九人，也有人说是十一人，可他还担心人才未被发现，因此经常深入各地走访贤能。《庄子·逍遥游》讲了尧任用许由的故事。相传许由是一位高尚清节之士，尧痛感儿子不肖，难以托付天下，曾经想传位给许由，许由推辞不受，逃到箕山下，农耕而食。许由的故事流传甚广，司马迁曾经拜谒过他的墓[1]，但事迹已难得其详，故仅在记述高义之士伯夷、叔齐时略做记载，而在《尧本纪》中详述了任用舜的经过。

尧晚年让"四岳"推荐接班人。四岳应该是各部族的代表，反映了早期的民主制度。大家推荐了舜，因为他把家庭关系处理得非常妥当，感化家人改恶从善。尧没有光凭推荐让位给舜，而是把两个女儿嫁给舜，就近考查其德行，看看他是否能胜任。女儿向尧汇报，舜内外行事皆循礼制，且能教导民众做到父义、母慈、兄友、

[1] 《史记》卷61《伯夷列传》记载："余登箕山，其上盖有许由冢云。"

陶寺遗址位置示意图

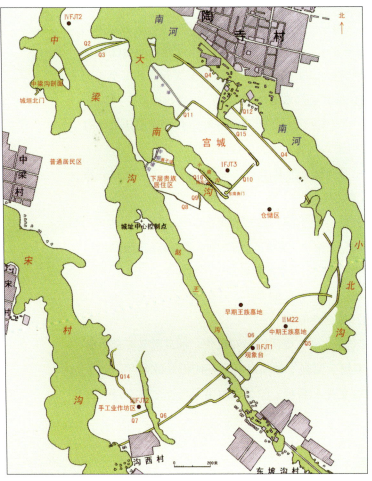

陶寺城址示意图

弟恭、子孝。这五种品质恰好是儒家讲的人伦道德，亦即舜完全按照人伦道德立身处世。

人品的考察通过后，尧让舜总管百官，处理政务，舜管理得井然有序。于是尧让舜到明堂四门接待四方来的诸侯，看他应对外部事务的能力。舜以礼接待四方宾客，博得声誉。尧让舜独自到森林去接受大自然的考验，舜在暴风雨中没有迷失方向，展现出很强的生活能力，表明他有领导国家的体魄和气质。经历三年的各种考察之后，尧确认，舜说话办事都非常可靠，相信他一定能够建功立业，最终决定把帝位传给舜。尧隆重举行仪式，禅让逊位。

第五，尧树立了君王权力非私有的禅让政治传统。禅让是中国古代政治的一个核心问题，代表的是政权的合法性让渡。

首先，在中国的始祖传说中，人不是神创造的，故世俗权力没有神的加持，并无绝对的合法性。其相对的合法性何在？它建立在人文基础之上。亦即要善待百姓，讲仁、讲理、讲谦和，从而获得民众的支持，故称"得人心者得天下"。君王的继承者通过禅让而合法地接受权力，由此获得合法性，这是政治权力过渡的重要方式，以至于进入帝制时代以后，改朝换代还经常上演"禅让"的戏。

其次，"禅让"表明国家权力乃公器，不可私有，只能让渡给有贤德之能人，这又是中国古代非常重要的政治观念。

"禅让"的真相已难确认，但其影响既深且远。《史记》通过尧树立了中国古代的政治文化传统。

尧退位28年后去世，天下的百姓如丧父母，四方都为他举哀。孔子对尧有很高的评价，《论语·泰伯》赞颂道："大哉尧之为君也！巍巍乎！唯天为大，唯尧则之。"尧的功勋堪比天地。

二 家族政治伦理与民族融合原则

五帝的最后一位是舜，称有虞氏，名叫重华。据说舜是五帝中颛顼的六世孙，《五帝本纪》罗列了颛顼以下舜各代祖先的名字，依序为穷蝉、敬康、句望、桥牛、瞽叟，除了"敬康"之外，都不似中原人名,"句望"则更像东夷人氏,至于"瞽叟"显然不是人名,而是乡间所称之盲叟,对应其父"桥牛",皆属乡鄙称号。故司马迁不得不补上一句,说从颛顼以下历代皆为庶人,这句话倒比较可靠。舜起自民间,与颛顼的血缘关系属于附会"华夏一脉"的建构。

舜的事迹记载不太多,早年在历山耕田,十分谦让,不与人争。受他的影响,他所在的地区,乡民都不争田界。这在古代较为罕见。农业社会乡民常常为田界争斗,例如吴楚两国交伐,起因是边境乡民争夺一棵桑树[1]。日后人口稠密,地界纷争的事件更多见。清代桐城"六尺巷"(亦称"三尺巷")的故事颇为著名。据说当年张家的邻居建房子,越界前推三尺,占了张家的地。张家人张英在朝中当大官,故乡间亲戚给他写信告状,希望他收拾一下横行霸道的强邻。张英给家人回信,送来一首诗:"千里修书只为墙,让他三尺又何妨。万里长城今犹在,不见当年秦始皇。"亲戚读后醒悟,主动向后退出三尺。邻人见状也受感动,后退三尺,遂空出六尺宽的小路来。从这些故事可见农村让地实属不易之事,故舜的谦让受到赞颂,乡民乐意同他相处,纷纷聚拢而来,两三年间遂成邑落。

这则记载表现的是舜谦让的美德。前面介绍尧的时候已经说到他树立起领导人谦虚的品德楷模,故舜这则记载只是对此做出呼应,未见新意。

其次讲的是舜在位做了两件为人称道的事情。其一是任用贤能。当时有十六个贤能家族,号称"八恺"和"八元",尧时未受重用。舜上台后马上将他们提到重要的位置上,治理民政,颇见成效。其二是罢黜恶人。当时有四个部族酋长的后嗣,仗势为恶,称作"四凶",尧没能罢黜他们。舜当政后果断地将他们放逐出去。选贤任能,放逐小人,清明政治,这就是舜治理国家的成功经验。然而,这也是尧时代留下的政治遗训。

舜当政期间,巡狩四方,整顿礼制,减轻刑罚,统一度量衡,提出如下政治原则:"行厚德",积德行善;"远佞人",罢黜拍马溜须、进谗言的小人;"直而温",为人正直、正派,待人和气,强调温良恭

---

[1]《史记》卷31《吴太伯世家》记载:"初,楚边邑卑梁氏之处女与吴边邑之女争桑,二女家怒相灭,两国边邑长闻之,怒而相攻,灭吴之边邑。吴王怒,故遂伐楚,取两都而去。"

俭让;"宽而栗",治国理政要从宽,而非从苛;领导人要"刚而毋虐""简而毋傲",亦即性格刚强,但刚强并非残酷对待部下和百姓,国家治理要简明扼要,不要妄生事端,不要居功自傲。这些他传下来的治国之要,成为后世样板。

就以上记载来看,舜尚未构成新的政治标杆。那么,舜的意义何在呢?有两件事情提供了理解的线索,可以从中发现其意义。

第一,舜树立了忠孝为本的家族政治伦理。

舜当年为什么被"四岳"推荐并获得尧的首肯呢?是因为他很好地处理了家庭关系。舜的父亲被称作"瞽叟",并不是真的目盲,而是有眼无珠,不识儿子乃人中凤凰,百般残害。由此可知其家庭关系颇为凶险。舜的父亲娶了后妻,生下名叫"象"的儿子,倍加疼爱,遂嫌弃舜,必欲除之,以利于象单独继承家产。舜从此身边险象丛生。

有一次,瞽叟让舜爬上屋顶修补仓库,然后悄悄拆掉楼梯,放一把火要烧死他。舜算是命大,抓着斗笠跳下来,逃过一死。回到家中,他好像什么都没发生,一如既往地孝顺父母。可是,父母还是想除掉他。这一回派他去挖井,到了深处,父亲从上面填土把井埋了,看他往哪里逃生。然而,神奇的事情出现了,舜在打井的时候鬼使神差地打了一条旁道,竟然从地底下钻了出来。家里人认定他死了,将他所有的东西,连同两位妻子都分给弟弟象。象兴高采烈地坐在舜的房间里,弹着哥哥的琴,幻想今后快活的日子。这时候舜突然出现在眼前,让他惊恐不已。但是,舜依然跟往常一样爱护弟弟,恭顺父母,甚至比以前更加体贴周到。舜的家庭故事要传达什么呢?那就是孝的家庭伦理。

中国以农耕为主的定居文化,同地中海起源的西方文明差异甚大。地中海文明流动性很大,人们擦肩而过,难得再会,因此形成以契约合同明确规定双方利益和交往条件的关系形式,突出强调对于规则的遵守。中国的农耕定居社会,成千上万的族人集中居住在一起,抬头不见低头见,很多利益关系不能也不需要即刻清楚划定,人们愿意在长期相处中通过各种形式做替代补偿，维持内部团结的方式是强调尊卑秩序，形成礼的规范，通过长者的威权来协调、裁判族群内部的人际关系。重要时刻可以到列祖列宗神灵所在的祠堂裁定，平日里则强调互让包涵。利益和规则的界定因相互之间的关系而异，相对模糊。个人虽然心里明白，行事时却"难得糊涂"，过于强调界限和规则反而招人嫌恶。

礼强调谦让，但谦让并非没有原则，它的底线是人伦辈分。辈分决定应持的立场态度和处事分寸，称作"规矩"。比如晚辈对长辈恭敬礼让，长辈对晚辈要仁慈爱护。在家族内部，首先要求纵向秩序的服从，形成以孝为核心的家族伦理。这些家族伦理被儒家提炼为人际关系的基本规则，构成其理论基础。孔子通过孝强化人伦关系和家族亲情，让人数众多的家族和睦相处，紧密团结。由家到族，再到社会组织，最终扩大到国家，一圈一圈向外扩展，把散布于各地的族群聚拢起来，形成强大的民族与国家。家族伦理推及政治社会关系则表现为导孝为忠的演变，建构以"忠"为核心的政治原则。在家强调孝，在朝突出忠，忠孝一体，养成温顺性格。舜的形象刻画最重要的意义就在于此，如果对尧的记述侧重于仁慈谦和，那么，对舜的记述则强调忠孝为本的政治伦理。

秦朝以前以孔子为代表的儒家学说讲求父慈子孝，是双向的；到了帝制时代则变为臣子对君父单方面的绝对义务，不问是非，必须盲从。"孝"是中国古代文化最具有特色的方面，突出显示了农业社会的生产与生活特性。

第二，舜确立了以夏变夷的民族融合关系。

舜到底是什么地方的人？按照《史记》的说法，无疑出自华夏族。实际上这个说法出现较迟，司马迁毕竟是汉代的人。战国时期的孟子就明言："舜生于诸冯，迁于负夏，卒于鸣条，东夷之人也。"[1] 舜是东夷人，他活动的具体地点虽然学者的考证有所不同，但在大方向上基本一致，那就是山东菏泽一带。先秦诸子及其后的史料称舜为河北人。古代讲的河北指黄河以北，恰好是上古时代东夷族居住的地

[1]《孟子·离娄下》。

方。舜在成长过程中学习礼仪文明，深受浸染，恪守孝道，身上展现出来的正是华夏族的家庭美德。

尧作为华夏族领袖，毫不犹豫地提拔东夷人作为接班人，把国家权力交给了外族人。由此可见，当时华夏族充满自信，并不狭隘排外，敢于选贤任能以担负领导华夏的重任。然而，成为华夏族领袖必须遵循一条根本原则，即坚守并光大华夏文明，孟子将它抽象为"用夏变夷"的理论[1]。即用中国的文化去影响周边民族，提升他们。当他们达到华夏标准，就具有了成为华夏族领导人的资格。用文明提升推进民族融合，是中华民族不断壮大的历史途径。生物基因的研究证明，中华民族是在长期历史过程中多民族融合而成的集合体，并非种族意义上的民族，而是文化意义上的民族。舜成为华夏族领袖一事，已经使人看到远在上古就开始了的民族融合的进程。

综上所述，舜形象的建构对中国历史有两个重要意义：一是从以孝为核心的家族伦理发展出国家政治原则；二是树立以文化提升为本的民族融合原则，形成"用夏变夷"的理论。

三 建立在功绩之上的合法性与禅让

从时代划分的角度看，禹比较特殊。《史记》所列的五帝分别为黄帝、颛顼、帝喾、尧和舜，代表四方部族融合成华夏族，并由此形成以家族孝道为基础的仁礼宽容的政治传统。禹紧接在五帝之后，做出的贡献不亚于尧舜，却因为古代五三循环的术数原理而被排除于五帝之外。可是，黄帝、颛顼和帝喾的事迹实在缥缈，故后人往往将尧舜禹并称。就历史记载的连续性以及上古政治传统的建构而言，尧舜禹并称更妥。然而，从上古所谓"禅让"到"家天下"的演变来看，禹另列更能显示历史的分期性。由此可见，禹乃承前启后的人物，其定位介于两可之间。

在上古政治传统建构中，禹具有重要的意义。

先从禹的事迹说起。在历史记载中，大概从尧的时代开始就一直存在着严重的水患，其景象堪称洪水滔天。尧的都城大概在今天山西

[1] 《孟子·滕文公上》。

临汾一带，恰好处于黄河龙门地区。黄河水进入龙门，两边的崇山峻岭，把河水压缩在狭窄的河床里，再往前，则又变得开阔。河水在这里汹涌澎湃，雨季极易造成水灾。此地考古也证实不少遗址曾经被水淹没，故水患记载是真实的。

如何治理水患？尧对此忧心忡忡地询问："洪水滔天，涤荡大地，百姓忧愁，谁能治理？"左右向他推荐了鲧，即禹的父亲。尧用鲧治水，九年没有成效。到了舜的时代，舜前往视察，看到的是一片混乱，不但劳民伤财，而且情况变得更加严重。舜问责杀了鲧，命令臣下推荐新人接任，大家推荐了鲧的儿子禹。禹就是在如此严峻且艰难的情况下，如履薄冰，承担了治水重任。对内而言，他是罪人之子，

禹门口　惠怀杰摄

父亲鲧刚因治水不力而受诛；对外而言，滔滔水患，历经尧舜都治理不了，良策何在？

君子知耻而后勇，禹愤然而起，砥砺前行。他披星戴月在外奔波，整整13年栉风沐雨、筚路蓝缕，考察地形和水势，曾三过家门而不入，殚精竭虑，寝食不安。他几乎走遍了当时的中国大地，活动区域空前广大，远超前人。从龙门向东，他一直走到今日浙江，甚至长眠于绍兴，留下大禹陵做证，感动了司马迁前来致敬凭吊，载入史册。禹一路用标尺测量山水，绘制水文地图。经过全面探察，他发现了父亲治水失败的原因在于采用封堵的办法，筑大坝拦水。但是青山遮不住，毕竟东流去，水漫之日，巨浪滔天，坝毁人亡，千里苍凉。有鉴于此，禹改弦更张，采用因势利导的方法。他左手拿着准绳，右手拿着测量工具规和矩，按照天地四时的水文规律，建立一道一道木桩作为标志，根据各地的地形地貌做出整体治水规划，付诸建设。他的努力获得巨大成功，疏通了大江大河，让水顺势而流。在容易泛滥的地方，修筑堤坝、陂塘来蓄水，既消除水患，又灌溉土地，耕种稻谷，使得大片土地开辟出来。经过他的这番彻底整治，"通九道，陂九泽，度九山"，天地相谐，各得风水，遂形成上古之"九州"[1]，成为中国的代称。

[1] 《史记》卷2《夏本纪》。

总结大禹治水的成功经验，最主要的有两条。第一，善于汲取前人失败的教训。第二，进行总体治理，而不是局部治水。如果不是贯通江河首尾，治水绝难成功。能够进行总体治理则意味着当时华夏族所控制的区域已经扩展至出海口。根据《史记》，禹的活动范围远远突破了尧舜所在的空间。尧在临汾一带，舜大致在山西南部，而禹的活动范围已经到达浙江。从北到南，从东到西，华夏族的活动范围和控制区域大大拓展了，基本覆盖了黄河、淮河与长江全流域，禹的行迹勾画出一个大中国，我以为这才是问题的关键所在。

据此反思，从鲧到禹，大家都推荐他们父子治水，可见这个家族擅长治水，无可替代。作为治水专家，鲧不至于不明白水堵不住的道理，自寻失败。然而，历史记载中鲧确实采用堵水的方案。为什么

禹像 出自《三才图会》

呢？最直接的原因就是他能控制的区域过小，只能进行局部性治理，通过筑坝尽可能蓄水，至少可以应付不是太大的水患。但是，遇到大水来临，便无能为力了。这恐怕是总体上无计可施的局部方案，只能如此。这种情况在现实中何曾少见？知其不可为而勉力补救，则鲧乃替罪羊；知其可为而不为，则鲧难辞其咎。

长期为患的水灾，在禹时代获得根本性治理，对华夏族而言是前所未有的巨大成就。舜有22位贤明的部下分管不同的部门，禹的功绩最大，无人能比。在民众心中，禹成为无所不能的英雄，后来被不断推崇而近乎神，天大、地大、禹大。所以，他被推举为舜的接班人。

尧选拔舜，舜起用禹，实现天下大治，体现了古代国家治理在人事问题上的重要原则，那就是领导人的重要任务之一是选贤任能。自己再能干，也只能算是个匠人；调动并组织许许多多能干的人同心协力做事，才是真正统领全局的领袖。尧舜禹身上都有这种领袖的特质。

禹的身世和事迹，给后世建立了什么样的观念和传统呢？

首先，任人唯贤，英雄不问出身。如何选贤任能？禹是罪人的后代，舜杀了禹的父亲却没有株连后裔，反而大胆起用禹，让他担负治水大任，那是要有胸怀和气魄的。舜做得正，感染了禹，他也表现出公心，创造出一番伟业。前面讲到舜并非出自华夏族，而是来自东夷，尧没有狭隘的族群排外观念，选舜为接班人，结果出现了一代明君。一个罪人后裔，一个外族之人，都因为个人的杰出而得到重用。历史的经验证明，用人是治国之本，而得人的法宝在于广开门路，唯贤是举，绝不能狭隘排外。这里体现的是一种兼收并包的文化格局以及这种文化熏陶下政治领导人的气度。用天下英才，才能成就天下伟业。奋一己之智而欲驾驭天下，除了表现出狭隘的自大外，没有成功的道理。

其次，选贤任能，必然走向"禅让"。在《史记》记载中，从黄帝到夏商周三代的创始人都出自黄帝血脉。这其实是民族大融合之后在"四海一家"的观念下形成的谱系，真实的情况是他们分别来自不同的部族，不断地融合在一起，形成新的更大的族群。在这个大的族群里，领导人不能世袭，而是通过酝酿和推荐的程序，选出品行高洁、才能卓著的人，让他们负责重要的工作，经过严格的考验，在得到族群内部主要人物的认可后，上一代的领导人把族群的领导权正式转交给他，实现权力的合法转移，这称作"禅让"。

权力的非世袭性体现出天下为公的理念，禅让则体现了权力的合法性来源。对于贤能的判定在于其是否深孚众望，由此产生"得人心者得天下"或者"天意即民意"的结论。

尧舜禹所处的时代是后世高度推崇的上古黄金时代，他们自然成为上古圣人。关于他们事迹的记载都非常简略，赞美多于叙事。最早赞颂尧舜禹的孔子，并没有编纂这个时代的历史，据说是因为史料不足所致。[1] 然而，比孔子晚了300多年的司马迁却撰写了《五帝本纪》，难道司马迁见到的史料比孔子还多吗？恐怕未必。这从五帝事迹大多语焉不详可见一斑。应该说，撰写五帝以为历史发端，其价值和意义不在记述历史，而在于建构历史传统。

五帝血统源于黄帝，实际上他们分别来自中国北方的西部、中部和东部。在上古时代，各地分布着血统不同的部族，五帝是他们的头领。对汉族基因的全面调查研究，由复旦大学生命科学学院现代人类学教育部重点实验室带头进行。生物遗传学基因检测鉴定，从科学的角度证明了华夏族由多部族融合而成，主体有来自中原的O3，来自草原的C3，来自南方的O2等各种基因类型，并非血统上一脉相承的民族。

考古学也证明了相同的情况，中原的仰韶文化，北方的红山文

[1] 《史记》卷13《三代世表》说："太史公曰：五帝、三代之记，尚矣。自殷以前诸侯不可得而谱，周以来乃颇可著。"

东亚人群迁徙路线图 李辉绘

化,南方的良渚文化,起源于距今5000年前,它们各自独立发展,自成体系,经过千年以上的扩展、迁徙、斗争,最后融合在一起。[2]

这些知识,司马迁虽然不会知道,但上古部族林立的旧闻与传说,他了解得比我们要多,也如实地记录在《史记》中,例如黄帝战胜神农、炎帝、蚩尤;尧舜放逐共工、驩兜、鲧和三苗等,他们正是东西南北四方的部落首长,反映的是后来成为主导部族的华夏族同四裔斗争的历史。失败的部族或者被征服放逐,或者融入胜利者的族群中,结局各不相同。《史记》用黄帝的血脉将融入华夏族的各部族串了起来,形成同出一源的华夏族形

[2] 中国新石器时代考古发掘证明了中华民族多元一体的融合过程。考古学家苏秉琦将新石器遗址划分为六大板块:一是以仰韶文化为代表的中原文化,也就是传统意义上的黄河文化中心;二是以泰山地区大汶口文化为代表的山东、苏北、豫东地区的文化,其突出特点是不同于仰韶文化红陶的黑陶文化;三是湖北及其相邻地区,其代表是巴蜀文化和楚文化;四是长江下游地区,最具代表性的是浙江余姚的河姆渡文化;五是西南地区,从江西的鄱阳湖到广东的珠江三角洲;六是从陇东到河套再到辽西的长城以北地区,最具代表性的是内蒙古赤峰的红山文化和甘肃的大河湾文化。详见苏秉琦著《中国文明起源新探》,生活·读书·新知三联书店,2000年。

鱼纹彩陶盆（半坡遗址出土）

玉龙，红山文化

玉琮，良渚文化

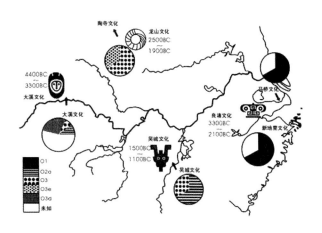

各考古遗址及基因类群分布图
李辉绘

成史。这部分显然出自司马迁的历史建构，是汉代帝制巩固时代的产物，奠定了大一统的历史基础。

同源同种说得以成立，并且越往后越深入人心，还在于它有着广泛的社会认同。先秦以来就有炎黄子孙的说法[1]，而黄帝和炎帝本为二族，并且相互征战，但最后融合起来，新成立的华夏族遂以"炎黄子孙"自称，全然没有抵牾之感。

治理多部族融合而成的华夏族，必须善于包容，对外团结各部，对内凝聚家族，共同创造美好的家园。于是，司马迁通过尧舜禹三人，分别树立起治理华夏的榜样与原则。尧的事迹着重于法天则地，谦恭仁和；舜的事迹强调孝悌守礼，选贤任能；禹的事迹则强调建功立业，勤政为民。他们三人的美德合在一起，便构成了古代帝王应该追求的品德修养与治国之道。古人总结历史，认为能够永垂不朽的事业不外三种：立德、立功、立言。[2]尧和舜代表的是立德，禹则为立功。至于传承文明、启迪后人的思想家，便属于立言，例如老子、孔子等。

立德在于给民族建立道德、伦理原则，据此形成一系列行为规范和礼仪。立功指的是建立惠及万民、泽被后世的功业，并非那些征服战争的胜者或者残虐百姓的暴君的所作所为。例如蜀地传颂李冰父子治理岷江、修建都江堰的事迹，成都平原因此变成天府之国，历经千

---

[1] 《国语》卷1《周语下·太子晋谏灵王壅谷水》记载："皇天嘉之，祚以天下，赐姓曰'姒'、氏曰'有夏'，谓其能以嘉祉殷富生物也。祚四岳国，命以侯伯，赐姓曰'姜'、氏曰'有吕'，谓其能为禹股肱心膂，以养物丰民人也……皆黄、炎之后也。"《史记》卷28《封禅书》记载："秦灵公作吴阳上畤，祭黄帝；作下畤，祭炎帝。"已经并祭黄帝和炎帝。

[2] 《左传》卷35"襄公二十四年"条记载："太上有立德，其次有立功，其次有立言，虽久不废，此之谓不朽。"

第一章　黄金时代：中华民族始祖传说的意涵

年，蜀人无不称颂。大禹治水便是立功的早期楷模，功绩巨大，深得百姓拥戴。

尧舜禹之间的禅让表现出以天下苍生为己任的宽阔胸怀，他们所处的时代因而成为上古黄金时代。至此，古代政治领袖的高大形象和优秀政治原则建构起来了，无形中成为众人对于政治领袖的道德期望与衡量标准，构成后世重要的政治传统。

至于这个历史叙述是否都是真实的，已经不重要，对它的质疑也无法成为主流声音。司马迁并没有伪造历史，他记载了尧舜禹禅让的经过：尧禅让之后去世，舜让位于尧的儿子丹朱，可是，诸侯们不去丹朱那里，却纷纷前来朝觐舜，舜只好回都城即位。[1]相似的情形也发生在禹接受舜的禅让之后，禹让位于舜的儿子商均，结果诸侯们离开商均而前来朝觐禹，禹这才即天子位。[2]两事高度相似，让人怀疑是不是一种仪式，其背后要说的是民心向背才是决定性的，传达了禅让的意义和真谛，这是最重要的。至于真相如何，古人早就有所怀疑。西晋出土了号称出自春秋战国史官之手的《竹书纪年》，记载尧晚年被舜囚禁，并且阻断其子丹朱与之会面。[3]但是，这种质疑不被主流社会采纳而沦为异闻，甚至被人忘却。近年发现的战国楚简显示禅让说流传悠久，受到先秦时代儒家、墨家等的推崇，法家亦传其说。[4]为什么呢？其实它反映出社会精英与民众对良性政治的企盼，故客观真相退居次要位置，主观选择为众人接受。在此问题上，真相的研究更多地具有学术价值，而禅让说却具有重要的政治与文化意义。而且，它还具有非常重要的价值，那就是回应了华夏始祖非神所造而带来的困惑。其他民族历史的开端是神启动的，神的神圣性和绝对性提供了最初的世俗领袖乃至后来的国家政权合法性来源。

[1] 《史记》卷1《五帝本纪》记载："尧崩，三年之丧毕，舜让辟丹朱于南河之南。诸侯朝觐者不之丹朱而之舜，狱讼者不之丹朱而之舜，讴歌者不讴歌丹朱而讴歌舜。舜曰：'天也！'夫而后之中国践天子位焉，是为帝舜。"

[2] 《史记》卷2《夏本纪》记载："舜崩，三年丧毕，禹辞辟舜之子商均于阳城。天下诸侯皆去商均而朝禹。禹于是遂即天子位，南面朝天下，国号曰夏后，姓姒氏。"

[3] 《晋书》卷51《束皙传》记载，晋武帝太康二年（281），汲郡（今河南卫辉）人盗发魏王墓，获得竹书数十车，故称《汲冢书》《古文纪年》。主要为先秦历史文献，其记载与《史记》颇有不同，中唐时散佚，至南宋有今本流传，清人辑佚考订，后有王国维《古本竹书纪年辑校》、范祥雍《古本竹书纪年辑校订补》和方诗铭、王修龄《古本竹书纪年辑证》（修订本）。唐朝张守节《史记正义》记载："《竹书》云：舜囚尧，复偃塞丹朱，使不与父相见也。"

[4] 参阅裘锡圭《新出土先秦文献与古史传说》，载《北京大学中国古文献研究中心集刊》（四），北京大学出版社，2004年。

华夏族始祖不是神缔造的，那么，他的领导权乃至后世各朝政权的合法性何在？司马迁通过五帝直至禹的记载，将它树立起来，那就是天下为公、四海一家大原则下，法天则地、仁慈谦恭、孝悌包容、勤政建功的基本原则，它包括德性与功绩。由此可以明白，为什么中国古代从君主、百官到民众都极其看重政治的品德与功绩，即使乱作为也强于不作为。绝对的神缺位后，相对的政绩构成政权合法性的基础，因而带来不断追逐事功的焦虑，甚至出现偏离"天下为公"的人文轨道、迷失于追逐功利之中的现象。华夏族的始祖及国家是建立在人文基础之上的，儒家所强调的"修身齐家治国平天下"正是这个传统的概括。

用品德和功绩代替神，建构世俗社会的政治合法性，成为中国古代的重要政治原则，并形成传统。品德和功绩都要置于万众审视之下，这既是对权力的制约，也会造成压在心头的政治焦虑，产生始料不及的后果。古代政治领袖有多少人具备高尚品德，难以确论。但是，个人品德几乎成了政治斗争的常规武器，品德标准在相互攻讦中不断提升，到了凡人难以企及的高度，遂成为道德主义。它可以有效地剥夺人的话语权，变成实现专制的核武器。同时，在社会上则用道德主义作为苛责他人的大棒，形成金要足赤、人要完人的风气。上下结合，为进入帝制社会做好了道德主义的准备。

人不是神。神无上圣洁，从不犯错，故其所为，人没有资格去质疑，只能为他解释并且顺从。与之相对，人没有那么高尚，也必定会犯错。世人将一切美好都归于神，构成内心永远的楷模与追求；把所有的错误归于人，从人性上给予理解。不用神的标准要求人，是对人宽容的基础。所以，以神为后盾的世俗权力在对人的品德和功绩方面的要求要淡然得多。既然人都会犯错，因此，对其最有效的约束便是要求其遵守规则，不是对道德的渴求，而是对规则的严守，成为社会共同的底线，不可逾越，跨过这条线便不可原谅。

没有了神，人们用神的标准约束自我，追求成圣，不仅表现在道德方面，还表现在对功绩的渴望方面。这激励着人们不断地工作、创造，以证明自己的存在价值与意义。儒学从提升个人道德发展到后期的道德主义，从勤劳工作到追求丰功伟绩，把人性不断架高到神性，出现的结果是内在发展理路合乎逻辑的必然。

第二章　**青铜时代：
从满天星斗到众星拱月**

第一节　夏朝：从"禅让"到"家天下"的剧变

　　根据《史记》的记述，尧舜禹三代一直实行着选贤任能的禅让，不分种族、不分贵贱，选拔贤德之人接班。儒家的文献里面，称赞此举是"天下为公"，认为中国历史是从这里开始的，这成为后世代代缅怀的理想和渴望回归的传统，构成其心中的"理想国"，驱动人们在帝制时代不懈地推动良性政治，要求约束专制，进行有利于社会和民生的改革。直至近代，清代帝制一朝覆灭，人们义无反顾地走向共和，企图恢复帝制的人，诸如袁世凯之流，马上被万众唾弃。由此可知，中国文化的深层扎着"天下为公"的根，并且一直悄然无声地影响着人们去追求平等。

　　司马迁与古代历史学家塑造了一个上古英雄与禅让的历史时代，深入人心。这段辉煌因为一个人的巨大功绩而被完全改变，这个人就是禹。

　　大禹治水与开辟九州的功绩实在太大了，无人可比，赢得了部众的衷心爱戴，成为英雄偶像般的存在。因此，其子启就很容易获得拥护，或者取得权力，继承禹的首领位置，从而终结禅让，改写历史，瓦解氏族制，进入父位子传的"家天下"王国时代。

　　最高权力化公为私，功勋是重要的资本，但其合法性的根据并不充足，否则今后有功之人皆可篡位，这是政治大忌，所以，在进入

"家天下"之前,必须做些合法性的准备,以防止权力的恶性膨胀。前面一再论及中国历史开端不具有神性而强调人文,因此,良性政治及其文化必须成为后世政权的依据,以树立国家权力的合法性。

所以,在禹治水大功告成之后,舜专门召集部下讨论如何治理国家。和尧、舜、禹并列而称作"上古四圣"的皋陶说道:第一,要努力提升自身品德修养,坚持不懈,具有远见卓识。也就是说,领导人首先要提升自我,成为明君,这样才能获得四方百姓的敬佩和拥戴。

第二,对内要敦睦同族,对外要团结各部,选拔贤能,任用有见识的人为辅佐,由近及远,治理四方。这里体现的正是"仁政"主张。

第三,要善于理解人,长于安抚民众。知人者智,安民者惠,因材施用,百姓感怀。这里讲的是施政要公正,公平惠民,公正用人,风气正了,奸邪小人便无隙可乘。

以上三点就是中国古代良性政治的基本要求和主张。要推行德政,古人十分重视领导人的品格和胸怀,认为它极其重要。所以,皋陶特别对禹说道:行事有九德,要做到"宽而栗,柔而立,愿而共,治而敬,扰而毅,直而温,简而廉,刚而实,强而义"[1],亦即宽厚而又威严,温和而又决断,诚恳而又恭敬,能干而又谨慎,柔顺而又坚毅,正直而又和善,简约而又廉洁,果断而又实在,刚强而又讲理。

为什么如此重视领导人的品格呢?因为这将决定事情的成败。皋陶接着说道:一个人每天能够坚守其中三项,就能够成为大夫;如果每天坚守六项,就能够成为诸侯;天子如果能够贯彻九德,就能够任用贤能,令百官恭谨严肃。不要鼓励追逐功利而走歪门邪道的奇谋,不要用非其人,否则会扰乱国家和社会。

对于不遵守规则和道德的人,必须加以处罚,所以说上天讨伐有罪,设立五种刑罚,惩罚五种罪行。

皋陶讲的侧重于政治品德,禹用自己的成功做了补充,认为天下大治是因为他在治水的过程中,把开发出来的土地交给百姓耕种,向他们提供粮食;在粮食不足的地区,从外面富余之地调剂,或者将百

[1] 以上据《史记》卷2《夏本纪》。此句原典出自《尚书·虞夏书·皋陶谟》,文字略有异:"宽而栗,柔而立,愿而恭,乱而敬,扰而毅,直而温,简而廉,刚而塞,强而义。"

姓迁居到粮食充足地区，让百姓安居乐业，各地自然得到治理而稳定。

最后，舜做了总结，强调要开言路，要大臣们仔细听取各地的意见，了解民情，把真实的情况汇报上来，下情上达。特别要指出自己不正确的言行，纠正错误，不能当面奉承，背后指责。要坚决罢黜搬弄是非的佞臣，以德治天下。

以上几点归纳起来就是：明君、德政、惠民、任贤、止恶、开言路。这正是中国古代一直推崇的理想政治。上循天道，下顺民情，古代治国之道的精髓在于顺势而为。这个道理从大禹治水中获得很大的启发。成功治水的经验表明，水只能疏而不能堵，堵只是延缓水患的发生，水量的积蓄势必造成更大的甚至是毁灭性的灾难。举一反三，由此延展到国家与民众治理，古人得出了治民如治水，一样要疏导而不靠高压的认识。所以，禹不但是治水英雄，还是治国之道的先觉者。

对《史记·夏本纪》内容的构成和篇幅进行分析，可以看到，最长的篇幅用来记述九州山川地理，其次描述禹治水的事迹，第三是阐扬政治伦理，余下叙述夏朝历史的部分却只有其世系传承的大概，显得名不副实。由此可知，司马迁对于夏朝的历史已经知之不详，故而长篇摘录《尚书·禹贡》所述山川地理来填充。至于上述政治伦理的内容，明显不属于夏朝的思想，而是基于春秋战国以后形成的政治文化，颇多汉朝士人的观念。这样的写法目的在于表彰禹的品德和功绩，表明九州的形成始于大禹治水，他功比天高。如果黄帝是华夏族的始祖，开血脉之源，尧和舜分别构成顺天应人、内外和睦的政治道德里程碑，那么禹则是中国（九州）的缔造者，开启了黄帝之后的新时代。在司马迁的历史建构中，禹具有承上启下的特殊地位。

禹的特殊地位还在于他是禅让时代最后一位领袖，又是"家天下"时代的第一位君王，中国从此进入"家天下"时代：从夏、商比较松散的城邦联盟到周朝的天下共主封建制，从秦朝开始走进帝制，一姓专宰天下的程度越来越高。此发展脉络有一条极为重要的依据，那就是功绩。功绩成为权力的合法性来源，顺着这个逻辑，功绩越大则在位的理据越强，功比天高便可以垄断权力，由此发展成为"打天下者坐天下"的道理，并且被广为接受。这种情况并非中国所独有，古代罗马帝国也由于领土扩张和元首的功绩而发展为后期的帝制，不同的是其权力的最终合法性依然源于神授。

禹被立为舜的接班人的经过，透露了评功摆好的关键一幕。舜晚年召集大臣议政，禹发言称：我娶的是涂山氏之女，新婚四天就离家奔赴工作，无暇抚育亲生儿子启。因为公而忘私，所以取得了治水的重大成功。我襄助君王设置五服，把天下分成由亲及疏的五个层次，范围达到五千里；每一周动用三万劳力，开辟四方直至边荒；每五个诸侯国设立一位首领，令其恪尽职守，功勋卓著；贬黜三苗凶顽及无功食禄之人，希望君王记住这些功绩。

禹的以上发言非常强势，故舜表态：推广我的德行，靠的是你的功绩。于是乐师谱写乐曲，隆重演奏九通，凤凰听闻翩跹而至，这就是著名的《箫韶》。

孔子的音乐理论称功成修乐。故音乐不仅是艺术，更是政治。禹陈述完自己的丰功伟绩，音乐便响起，举朝欢欣鼓舞。据说当时天下推崇禹精通音律，尊奉他为山川神主，能够代替山川之神施行号令。所以，这段记载看似赞美舜，其实是对禹的歌颂。舜谢幕，禹登台，故而功成奏乐。显而易见，到舜的晚年，禹已经拥有莫大的影响力，继承王统顺理成章。

上古时代的权力真的是通过禅让转移的吗？有没有世袭的影子呢？实际上，《史记》早就做了不少铺垫，例如尧去世之后，继任的舜让位于尧之子丹朱，因为诸侯不去朝觐丹朱而都到舜这里来，舜才回都城继位。舜去世后，禹同样让位给舜的儿子商均，自己下放到阳城，因为诸侯弃商均而朝觐禹，禹才入继大统。假设这些记载为真，则说明存在着从世袭到让位的过渡，这并非只是惺惺作态的表演，而是表现继承者谦逊美德与权力合法性转移的重要形式，直到帝制时期的改朝换代还经常见到"禅代"仪式。

禹之后的权力转移来了个大逆转，变成由"禅让"过渡到"世袭"。亦即禹没有把王位传给儿子，而是首先任命年迈的皋陶为接班人，皋陶死后，后人被封在许昌、淮南一带；接着任命益为接班人。禹去世后，益服丧三年，再将权力传给禹的儿子启。这恐怕是对禹的美化，不让他承担废"禅让"为"世袭"的历史责任。这里应该有司马迁的良苦用心。

身处帝制时代且深受残害的司马迁，看清了权力不受制约的害处，怀念上古比较宽松的年代，相信儒家的政治理想。他整理历史，希望建构理性的政治伦理，为国家的长治久安提供历史理论。所以，他把政治理想放在各个重要的时期进行历史的建构。而在"家天下"时代的开端大篇幅阐扬国家政治伦理，是要给帝制树立典范，希望皇帝们有天下情怀，以苍生为念，对权力的恣肆有所约束。他不采用尧舜禹三代继承发生流血战争的说法，坚持国家权力通过选贤任能的理性"禅让"立场，把黄帝同尧、舜、禹这三者合起来，勾画出上古政治理想时代，同时也对春秋战国以来良性政治理念进行提炼，使之流传于世，构成政治文化传统。

从禅让走向世袭王权的标志是禹死后由其子启继立。启是禹的正妻涂山氏女儿之子，他继位已经包含着嫡长子继承的要素，其后嫡长子继承制逐步固化。中国第一个父位子承的世袭政权建立起来了，夏成为开启王朝史的朝代。

禅让代表着势均力敌的部族联合的时代，例如炎帝和黄帝部落通过战争而走向联合，足相抗衡，遂成"炎黄"系；华夏族为中原与东夷部族的联合体，故有舜承尧位的情况，东夷部落首长在华夏族中一直保持重要地位和影响；周族所祭祀的祖先并列姬姓和姜姓。徐旭生先生认为中国古代部族的分野，大致可分为华夏、东夷、苗蛮三个集团。这三大集团相互斗争，后又和平共处，终于完全同化，逐渐形成后来的汉族。[1]因此，在部落联盟的早期阶段，联盟内部进行推举，领导人在不同部族首长中间轮替，这应该是《五帝本纪》所记载的"禅让"真相。

世袭王权的出现是多个部族联合体中主体部族强大的表现。禹功劳巨大，使得其部族强大到对其他部族具有显著的优势，故权力轮

---

[1] 徐旭生《中国古史的传说时代》，文物出版社，1985年。近年来相关的研究可参阅高光晶《中国国家起源及形成》，湖南人民出版社，1998年；杜勇《中国早期国家的形成与国家结构》，中国社会科学出版社，2013年；等等。

第二章 青铜时代：从满天星斗到众星拱月

替蜕变为某一族垄断，其族内则为父位子承，周以下典型的农业民族又进一步发展出了嫡长子继承制度。禅让并非出自仁慈，公平乃时势使然，世袭的出现亦是如此。这一切都是历史的演化，而不是观念指导下的产物。诗意般的禅让，对天下为公的讴歌，皆是春秋战国以来士人塑造出来的观念。司马迁欲借此劝导帝制从善，犹如夏日蝉鸣，但其中包含的崇高理想和公平公正原理却在现代社会重焕光芒，如火如炬。

权力世袭意味着对其他部族的不公，因此，反抗和不适应必然而至。有扈氏反叛了。有扈氏在什么地方呢？古人推测在陕西一带，但根据考古分析，夏主要活动区域在河南西部及山西南部，故近代学者更倾向于认为有扈氏存在于夏活动的中心地。启亲率大军征伐，在"甘"地爆发了大规模战斗。[1] 战斗开始之前，启召集"六卿"誓师道：六军将士们，我发布誓词告诫你们，有扈氏蔑视五行法则，背弃天地人的正道，因此上天要绝其大命。我恭行上天的责罚。战车左边的将士不从左边射击敌人，战车右边的将士不从右边刺杀敌人，驾驭的车手不能使车马阵列整齐，就是不服从命令。服从命令者，胜利后我将在祖宗神灵面前奖赏，不服从命令者将在社神前处死，家属没为奴婢。[2]

在启的激励下，夏军消灭了有扈氏，各国都来朝拜。从《甘誓》可知，夏王朝是通过武力建立起来的。

《史记》对于夏朝的历史语焉不详，而且，有许多地方显然是后世的撰述，例如启征伐有扈氏时召唤"六卿"，这是周以后的官职，不应该出现在夏朝初创之际。《史记》此处引用的是《尚书·甘誓》，它同样属于后人的记述。这样的疑点还有不少。更重要的是，关于夏

启像　出自《三才图会》

[1] 顾颉刚、刘起釪《〈尚书·甘誓〉校释译论》（载《中国史研究》1979年第1期）认为有扈氏在今郑州北部原阳一带，甘在洛阳西南。

[2] 《史记》卷2《夏本纪》引用的启誓师之词，见于《尚书·甘誓》。

朝的叙述，最早出现的也在其灭亡一千多年以后。而且，推翻夏朝的商朝，其留下的数量庞大的甲骨文中没有提到夏。凡此种种，都引起历史学家怀疑夏朝是否真实存在过。

夏朝是否存在，既是一个历史的问题，也是一个学术的问题。中国历史悠久，在商朝之前存在某种形态的社会，这没有疑问。至于它叫不叫作"夏"，则是历史学研究的课题。历史学的根本原则是必须建立在证据之上。许多感觉上确信存在的事情，因为没有证据，甚至证据不过硬，都不能说，最多只能做点推测。基于这个道理，关于夏朝是否存在的研究的关键在于寻找过硬的证据。就文献而言，其所记载的都是相隔甚远的后人叙述，难以构成有力的证据。只要没有像殷墟甲骨文之类新史料的发现，在现有文献中煞费苦心做新解释，都无济于事。疑古派对于夏朝存在的质疑，并没有压缩中国历史的企图，反而给研究指出新的方向，那就是另辟蹊径，通过考古去寻找新的证据。

1952年，河南登封玉村遗址的发现，揭开了夏朝考古学研究的大幕。1959年，徐旭生先生率考古队在豫西进行夏墟调查，探查了告成、石羊关、阎砦、谷水河、二里头等重要遗址，模糊不清的夏朝问题看到了通过田野调查和考古发掘进行实证的可能性，以此为目的，有组织的考古研究渐次展开。[3] 徐旭生先生认为有两个地区应该特别注意：一是豫西地区的洛阳平原以及嵩山周围，尤其是颍水谷的上游登封、禹县一带；二是山西省西南汾水下游一带。考古工作者在上述地区持续进行发掘调查，1959年发掘河南偃师二里头遗址更具有典型性，而且，其碳-14测定的年代集中于公元前15世纪，乃至更早的时期，与夏朝存在的年代相合。中国科学院考古研究所随后在此地集中进行发掘，将其命名为"二里头文化"，它是探索夏朝的关键性对象。

20世纪80年代以来，考古发掘的二里头文化遗址数以百计，分布在河南全省及山西南部到陕西东部，北面到达河北南部。从年代来看，它早于邻近的郑州二里岗商文化遗址，所以，很多人推测它很可能就是历史记载中的夏朝遗址。进一步将它放到整个中原考古遗址中做定位，则呈现出仰韶文化→中原龙山文化→二里头文化→二里岗商

[3] 徐旭生《1959年夏豫西调查"夏墟"的初步报告》，《考古》1959年第11期。

登封王城岗古城遗址外景

文化的序列,可以看出一条新石器时代以来文明发展的脉络。

二里头文化最重要的特点是出现了夯土城,城内部发现宫殿城垣,说明存在过宫城;中部是井字形街道,分布着大中型夯土台基、地面式建筑和半地穴式房屋等,表明整座城是经过规划而建造的。这种有目的、有规划的筑城活动是一个新的现象,反映出人类活动水平的提高以及族群规模扩大、聚合度提高、对外独立性增强。古史传说也留下许多痕迹,诸如皋陶氏、伯益氏、有扈氏、有穷氏、斟灌氏等,这些氏族部落的名称,往往与其居地相合。例如有穷氏居住在河南穷谷,斟灌氏相传居住在青州寿光。由此可知,这个时期夯土筑城的技术已经成熟,氏族普遍筑城,从而形成大大小小松散且相对独立的氏族酋长国群体,苏秉琦先生形容为满天星斗般地分布在中国大地上。[1] 古人对城进行区分,有宗庙的城称作"都",没有的称作"邑"。[2] 据此,可以认为这是一个都邑方国的时代。

[1] 苏秉琦《中国文明起源新探》,生活·读书·新知三联书店,2000年。

[2] 《左传》卷10"庄公二十八年"条记载:"凡邑,有宗庙先君之主曰都,无曰邑。邑曰筑,都曰城。"

夏大概是这些方国中实力雄厚、文化先进的大方国，除了直辖都邑，城外还有广袤的土地。城内称为"国"，城外近处称为"郊"，远处称为"野"，再往外去就是"封"，更远处称作"鄙"。二里头文化的聚落也反映出这种情况，有超大型都邑，如二里头遗址；还有区域性中心聚落。都邑外面有中小型村落和墓地，墓葬的规模、葬具和随葬品高下有差，显现出社会的分化。夏是这些都邑群体的盟主，领导众多松散的方国。这同我们以前所认识的夏朝有很大的差别。过去用高度集权的王朝体制描述夏朝，似乎它也是一个自上而下一元化的国家。根据考古发掘的情况重读《史记》有关上古的记载，不能不纠正以前的误读。夏不是一元化的王朝，而是方国联盟的盟主，处在众多方国逐渐集中组合的历史阶段。

从二里头遗址的情况来看，夏成为盟主是因为它具有更加先进的技术与文化。这里首先出现了青铜爵和青铜鼎，有铸铜作坊，掌握了使用复合范制造青铜礼器的高超技术。青铜器是人类从石器时代初进金属时代的标志。在整个东亚，夏具有最早进入青铜时代的"核心文化"，令人瞩目。

偃师二里头遗址卫星影像

二里头遗址出土的绿松石龙形器和青铜铃

  青铜爵和青铜鼎属于礼器，与之相配的是出土了不少陶制礼器，包括爵、觚、盉等。礼器不同于日常生活的器具，是权力和地位的象征，具有很强的独占性，在国家礼仪活动中具有重要作用，并且通过最高领导人赐予的形式扩散到各个方国，从而形成方国联盟的文化圈，规定各国的地位，促进中心区域礼乐制度等先进文化向周边的扩张。

  二里头遗址还有一项重要的发现，那就是最早的中国龙。距今3700年前大型绿松石龙形器，总长达到70.2厘米，由2000余片各种形状的绿松石片组合而成，每片绿松石的长度仅有0.2至0.9厘米，厚度仅0.1厘米左右。其用工之巨、制作之精、体量之大，在中国早期龙形文物中都是十分罕见的。

  优势的技术和文化附着于器物向四面八方传播。二里头风格的陶礼器，如盉、爵等向北出现在长城之外燕山以北的内蒙古敖汉旗大甸子遗址，向南出现在由浙江直至四川的长江流域一带，向西到达甘肃、青海。起源于山东海岱地区的玉璋等玉礼器，又以二里头都邑为扩散起点，向长江中上游甚至岭南一带传播，直至传到越南北部。[1]

  由此可见二里头文化影响之大，它无疑是当时的中心，且与历史记载的夏朝年代一致。所以，许多考古学者推断二里头文化正属于夏朝。当然，二里头文化遗址缺少文字出土，造成学者踌躇于下最终结

[1] 杜金鹏、许宏主编《偃师二里头遗址研究》，科学出版社，2005年。

论，不能像商朝有甲骨文证据那般确定无疑。但是，二里头所代表的夏文化，是中华文化的源头，其建筑样式、礼器所表现的礼仪、龙形器等，被后代所继承，在商朝乃至周朝都能看到其影响，绵延不绝。《史记》把夏作为中国第一个王朝历史时代，具有坚实的根据。

第二节　商朝：有文字证据的文明

夏朝因何而衰落，且待后述。取代夏朝的是商朝，商朝从哪里来，因何而崛起呢？在一般教科书的叙述中，夏朝是统治全国的中央政权，被其下属的商推翻，建立了新的全国性政权商朝。因此，在时间轴上，夏先于商，它们既是政治上的继承关系，又呈现为时间上的先后关系。然而，实际情况如何呢？

《史记》开篇的《五帝本纪》说，尧时代任用了禹、皋陶、契、后稷（弃）、伯夷、夔、龙、倕、益、彭祖等十人。舜的时代，让契担任司徒，以五教治民；让后稷播种五谷。契是商人先祖，后稷（弃）是周人先祖。显然，夏、商、周三代并不是先后继起，而是从远古以来就同时并存。细心阅读史料还可以发现，《史记》在叙述氏族源流的时候，讲到"自黄帝至舜、禹，皆同姓而异其国号"，也就是他们同出一源。前已阐述，这是大一统时代对于民族血脉的整合性记载。可是，从夏开始出现了新的变化。前面的五帝都是只有氏号，例如黄帝称有熊氏，颛顼称高阳氏，帝喾称高辛氏，帝尧称陶唐氏，帝舜称有虞氏。接下来的帝禹为夏后氏，变成以国为氏，而且出现了姓，叫作"姒"。商和周都承袭下来，契为商氏，姓"子"；弃为周氏，姓"姬"。姓从氏独立出来，自成一支。姓的出现，出于氏族扩展的需要，以后演化成纷繁复杂的姓族，恰好与华夏族向各地迁徙、繁衍、自立、开国的过程相一致。夏显然是这个变化的开端。

夏、商、周三代的始祖同时出现，改变了用大一统帝制的眼光看待上古时代的误解。那个时代都邑方国林立，从夏开始，也就是公元前2000年左右，出现了都邑方国的整合趋势，形成了若干氏族联盟，夏首先成为中原氏族联盟的盟主，传了十四世十七君。因为夏朝统治者在位时称"后"，所以也称十七后。夏传到最后一代君主桀，传说他荒淫无道，都邑方国纷纷背离了他。在东方的商，正值强势的领袖汤在位，便起来号召方国一起推翻夏，于是爆发了战争，商汤率领七十辆战车，六千勇士出战，桀败走鸣条，被商汤放逐而死。

这就是史书上说的汤武革命，经过帝制时代人们的想象与粉饰，这仿佛成了一场改天换地的壮举。实际的真相是更换都邑方国的盟主，来自东方的商取代了中原的夏，成为新的方国领袖。随着时代推演，人口繁育，盟主的权力逐渐加大，对于各个方国的控制力也在增强，这是总的趋势，或许在当时看得不一定很清楚，经过一个长时段之后再回望，就能够显露无遗。这是几百年甚至上千年的演进过程。

取代夏的商，来自何方呢？《史记·殷本纪》介绍商族始祖为

商灭夏示意图，据《地图上的中国史》

商汤像 出自《三才图会》

契,其母亲简狄外出沐浴时,见玄鸟飞过,产下一枚卵,简狄捡来吞食,因而怀孕,生下契。契长大后辅助禹治水有功,被封于商,故其部族称作商。从契到汤,十四代君主,共迁徙八次,可知商部族习惯流动,后来他们还一再迁徙,到盘庚时迁都到殷地西亳,改号殷亳,故后人也称商为殷。

这段历史隐藏着几点重要的信息。

第一,商始祖是母亲吞食玄鸟之卵而降生的。上古神话往往保存着真实的历史,不能简单地将其当作故事摒弃。我收集古代汉字文化圈的始祖神话,分类整理,发现了有趣的现象:来自东方的部族也就是所谓"东夷"[1],其始祖都由卵生。例如《后汉书·东夷列传》记载,夫余王出自北夷索离国王的侍儿,因为望见天上有气团蒸腾,如鸡蛋大小,投于其身,遂怀孕,生一男孩,名叫东明,长大擅于弓箭,遭国王猜忌而出逃,称王于夫余。

[1] 古代称东方部族为"夷",种类繁多,以"九"统称,则作"九夷"。《论语·子罕》:"子欲居九夷。"疏:"东有九夷:一曰玄菟、二曰乐浪、三曰高骊、四曰满饰、五曰凫更、六曰索家、七曰东屠、八曰倭人、九曰天鄙。"《后汉书·东夷列传》云:"夷有九种,曰畎夷、于夷、方夷、黄夷、白夷、赤夷、玄夷、风夷、阳夷。"

第二章 青铜时代:从满天星斗到众星拱月

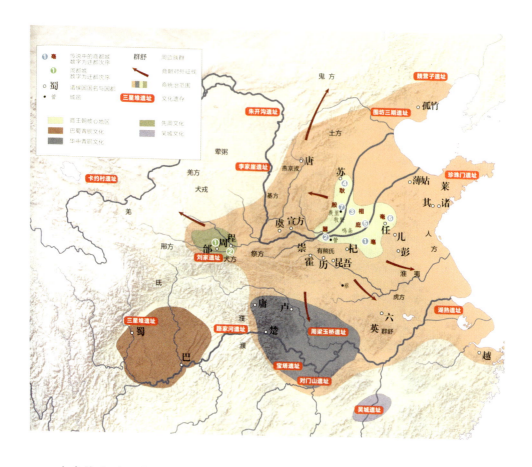

商时期形势图,据《中华文明地图》

夫余族南下,形成后来的高句丽和百济。高句丽始祖朱蒙出自夫余族。夫余国王解夫娄年老无子,祭山川求嗣,见大石头相对流泪,不由奇怪,转动石头,发现有一小儿,金色蛙形。国王以为天赐,收而养之,长大立为太子,继承王位。金娃在太白山河边邂逅河伯之女柳花,相携而归。柳花在屋内照射阳光,便有了身孕,生一大卵。金娃将大卵弃之猪圈道旁,猪狗皆不食,牛马避让;想剖开来却敲不破,只好交还给柳花。柳花将它放在温暖处,不久有男儿破壳而出,相貌英伟,七岁就成为神射手。夫余语言称神射手为"朱蒙",故此男儿被叫作朱蒙。后来朱蒙从夫余南下,来到沸流水边定居,称其地为高句丽。[1]

东夷始祖神话中相似的故事还有很多,兹不赘述。为什么东夷会

[1] 《三国史记》卷13《高句丽本纪第一》,(日本)学习院大学东洋文化研究所,1950年。

产生卵生神话呢？这同他们的生活形态紧密相关。他们被称作"夷"，这个字最初并不具有歧视性，表示的是其具有代表性的特点。"夷"字由"大"和"弓"构成，东夷显然是善于射箭的部族。对于飞禽而言，弓箭是最有效的工具。而飞禽的繁衍是通过孵卵实现的，东夷经常接触的是飞禽，甚至表现在其图腾上，因此，在想象自己始祖诞生的时候，很自然联想到卵生。

如果将各个民族始祖诞生神话，按照东西南北分类，相互不同，但同一方向的却颇为相似，呈现各自的特点。例如来自西北的部族，周人的始祖后稷，其母亲姜嫄是在原野见到巨人足迹，感到惊奇，用自己的脚踩上去比试，遂有了身孕。西北民族始祖神话中见不到卵生的故事，南方民族亦不见。

夷所反映的东部民族特点，与商始祖传说正相吻合，以至于有学者认为商后来被称作"殷"，源于"夷"字。这两个字的音相近，是有可能的。根据文字学的解释，"殷"的字义是制作盛大的乐舞，其根据是殷字左边的部分表示转身，右边的部分表示手持器具。[2]同样根据文字的象形，也有学者解释为持针进行针灸治病。[3]这些解释都是后起的。在当时，商人自称"商"，哪怕盘庚迁都于南亳，亦未称殷，而是称"大邑商"。[4]倒是周灭商之后，称商为殷，或带轻蔑之意。

第二，商来自东方，屡屡迁徙，从契到汤有过八次迁徙，汤至盘庚则迁都五次，大致范围在今天河南、河北到山东一带，显然不是安土重迁的定居民族，这与后来的周朝颇不同。周部族是典型的农业民族，而商并非如此，固然有农业，但非农业的生产活动甚为活跃，至于商一再迁徙是为了什么，张光直先生认为是在追逐铜锡矿产。[5]金属器在当时的重要性不言而喻，商人一再迁徙是否可以归结为这个理由，尚难论断。但是，商文化与后来的周文化差别甚大，似无可疑。而且，我们不能断言中国自古就是一个农业民族国家，只能说周以后确实演变为典型的农业社会。

《世本》称："相土作乘马，王亥作服牛。"[6]相土和王亥都是商人先公，而"乘马""服牛"被特别标举为他们的功绩。此外，《山海

[2] 许慎著，段玉裁注《说文解字注》，上海古籍出版社，1988年。

[3] 于省吾《甲骨文字释林》，中华书局，1999年。胡厚宣《论殷人治疗疾病之方法》，载《中原文物》1984年第4期。

[4] 罗振玉《殷虚书契续编》，1933年。

[5] 张光直《考古学专题六讲》，文物出版社，1986年。

[6] 《世本八种》，商务印书馆，1959年。

经》中也提到王亥赶着牛群到有易,在此地被夺走了牛群。《易经》中的两个卦,出现有易。一个是"大壮"卦,辞中有"丧羊于易";另外在"旅"卦中,则是"丧牛于易"。史料虽然有限,但综合起来提供了重要的线索。王亥是商族发展中重要的领袖,留在后人记忆中的功业和牛羊畜牧有关。王亥这一代经历了商族发展上的大挫折,他们和一个叫有易的部落或方国起了冲突,冲突的焦点也是牛羊。在甲骨文及古文献中,还找到上甲微,亦即排在王亥后面的先公,也同有易争战,或许是为王亥所受的挫折复仇。管仲向齐桓公讲述上古历史时指出,商族畜牧牛马利于民众,从而获得天下拥戴。[1] 从相土到王亥,商族有效地驯服了牛马,畜牧业成为重要的产业,并形成其文明。

商族非安土重迁,且畜牧业发达,与后来的周族颇不相同,未见得是农业民族,至少不是以农为本。夏朝的主要生产形态尚不清楚。考古发掘表明,商受到夏的影响而成长起来,不但拥有成熟的筑城本领,而且有更加高超的青铜铸造技术,还创造了丰富的文字,一个新的时代来临了。

在方国林立的时代,商推翻盟主夏,理由是什么呢?

《史记·夏本纪》说夏到了孔甲当政,迷信鬼神,专事淫乱,所以诸侯国渐渐叛离了他。再传三代到末代君主桀,"不务德而武伤百姓",也就是桀不修德行,却以武力伤害各家大族。这个谴责相当空洞,没能列举出桀的罪恶。那么,我们来看看商人是怎么说的。《尚书》保存着几篇重要的文献,最重要的是《汤誓》,它说:"夏王桀耗尽民力,为害夏朝都城,民众大多疲惫而不愿拥护他。"[2] 夏桀缺乏领导人的品德,在自己的都城祸害百姓,似乎并不构成商推翻夏的充分理由。《尚书》其他几篇诰文指责夏桀欺骗百姓,轻慢贤人,好色,施酷刑,残忍,罪行逐渐增多,但《仲虺之诰》《汤诰》都是后人之作,甚至连《汤誓》都不似当时的文辞,这些很可能是周朝人所作。而且,夏桀迫害商汤同商朝末主纣王迫害周文王的情节几乎出自同一模子。《史记·夏本纪》记载,夏桀看到商强大起来就将其领袖汤召来,囚禁于夏台,后来释放了他。商汤回去后起兵推翻夏,桀后悔当

[1] 黎翔凤撰,梁运华整理《管子校注》(中华书局,2004年)卷24《轻重戊第八十四》记载:"殷人之王,立帛牢,服牛马以为民利,而天下化之。"或以为"帛"乃"阜"之讹,意为"阜以养马,牢以养牛";或以为"帛牢"乃祭祀之礼。但都认为商族养牛放马,故可确认其畜牧业发达。

[2] 李民、王健撰《尚书译注·商书·汤誓》(上海古籍出版社,2000年)说:"夏王率遏众力,率割夏邑,有众率怠弗协。"

商朝迁都示意图,据《地图上的中国史》

初没有杀掉汤。而商纣王同样召周文王入朝,囚禁于羑里,后来释放。这里说是历史的重演,不如说更像是故事的复制。周人用几乎相同的情节来证明自己起兵推翻商朝的历史正义性。所以,夏桀到底犯了什么滔天罪恶已经不得而知,今天能够确认的是商部族强大了,取代夏成为新的盟主。或许众多方国之中强者取代弱者不是什么惊天动地之事,所以至今发现的商朝甲骨文中就没有多加记载。

显然,商汤也知道自己起兵推翻夏朝,劳民伤财,民众会有怨言,所以,他才在出师誓言中告诉部众:"现在你们众人当中,或许有人会说:'我们的君王不体恤我们众人,为何使我们荒废农事,而去征伐夏朝呢?'我已经听到了你们的话,但夏朝确实有罪。"[3]

现实中的正义性并不充分,所以,商汤用新的权威来鼓舞民众,

3 ——
《尚书译注·汤誓》:"汝曰:'我后不恤我众,舍我穑事,而割正夏?'予惟闻汝众言,夏氏有罪。"

第二章 青铜时代:从满天星斗到众星拱月

建立自己的合法性，那就是神的召唤。商汤誓言："不是我胆敢发难。夏朝犯了许多罪恶，上帝命令我去诛灭它……我畏惧上帝，不敢不去征伐。"[1]

商汤灭夏未必是后人描述的一个王朝推翻另一个王朝的轰轰烈烈的革命。但在这个过程中，对商朝至关重要的是，所谓的"上帝"权威被树立起来，由神明主导的文化形态亦出现了。

商人崇信鬼神是出了名的，这在方方面面都有所反映，尤其在代表商文化的甲骨文和青铜器上更加突出。

首先是甲骨文。迄今出土的甲骨已经超过15万片，上面刻的文字，多为卜辞。商人凡事祈问鬼神，从日常生活到国家大事，诸如出门、生育、做梦、病患、收成、田猎、祭祀、气候、征伐，无不卜问，预测吉凶祸福以决定行止，祈求神明保佑。

商人最崇敬的是"帝"，相信自然界有诸多神灵存在，人们必须祭祀鬼神，顺从神意。《礼记·表记》中孔子说："殷人尊神，率民以事神，先鬼而后礼。"[2]国王处理国务要占卜，朝廷为此设置了专门机构和卜官。司马迁讲到其先祖从颛顼以来，历夏商都是负责问天地神明的卜官。卜问的内容及应验与否皆刻于甲骨之上，保存下来，从而积累了丰富的文字记载，成为研究商朝社会历史最重要的第一手材料。

其次是青铜器。青铜器到商朝铸造技术已经相当发达，而且，商朝人的艺术想象力非常丰富，夸张而超脱，不似周朝农业文明那样注重写实。

青铜器重要者为祭祀礼器，商朝贵族用于祭神。这里介绍一尊具有代表性的青铜器——妇好鸮尊，1976年从妇好墓出土一对，是迄今发现最早的鸟形酒尊，现在一件收藏于国家博物馆，另一件收藏于河南博物院。尊是大型容酒器。鸮，俗称"猫头鹰"，在商文化中，鸮鸟充满神秘感，是顶礼膜拜的对象，故商朝青铜器中有不少鸮鸟形象的器物，例如鸮方罍、鸮方彝、鸮纹卣、鸮纹觯等。殷墟王陵还出土了鸮形玉石器。鸮形器具出土自商朝高级贵族墓葬，颇

[1] 《尚书译注·汤誓》："非台小子敢行称乱，有夏多罪，天命殛之……夏氏有罪，予畏上帝，不敢不正。"

[2] 《礼记集解》卷51《表记》。

刻辞卜骨,河南安阳小屯村南出土

妇好青铜鸮尊,商王武丁时期,1976年河南安阳殷墟妇好墓出土

受瞩目。

河南博物院收藏的妇好鸮尊，通高46厘米，重16.7千克，竖耳圆目，高冠宽喙，颇为夸张。头部略扬，敛翅挺胸，双足粗壮，与宽尾构成三个支撑点，使尊沉稳站立。盖子前端站立一只小鸮鸟，小鸮鸟后面跟随着一条小夔龙。鸮尊颈部还有一只弯曲变形的鸮鸟，巧妙地构成了把手，使整件器物集完美艺术和实用于一身，浑然天成。鸮尊的喙部和胸部的纹饰为蝉纹，颈部两侧装饰了夔龙纹，两边翅膀对称装饰了盘绕的蛇纹，尾部还有一只展翅欲飞的鸮鸟纹样，整个铜尊的花纹布局可以说是平面线条和立体纹饰的精妙结合。在通高仅有46厘米的鸮尊之上，布满了饕餮纹、云雷纹、蟠蛇纹、羽纹、蝉纹、夔龙纹等八种纹样，每一种纹饰既可以独立表现，也可以相互勾连缠绕，将这个神秘的夜的使者装扮得肃穆凝重，同时还透露出几分稚气。商代以后鸮鸟器形物就十分少见了，它无疑属于商代青铜器的代表作品。

商人喜爱鸮鸟器形物，当与商朝始祖有关，所谓"天命玄鸟，降而生商"。这个传说令商人对飞禽有特殊亲近之感，塑造出各种形象，用以通神。

商朝文化处处透露出鬼神崇拜的气息。人们应对自然界的能力越低，越对超自然力量产生畏惧和崇拜。在社会组织方面也是如此，控制力越低，越难以令人信服，这时候自然要请出上帝和鬼神，以不容置疑的权威来增强凝聚力。商汤用"上帝"号召部众推翻夏，在此过程中，鬼神崇拜的新文化建立起来了。孔子曾经比较过夏和商文明的不同之处："夏道尊命，事鬼敬神而远之……殷人尊神。"[1]

一个新王朝建立，要想稳定且持久，必须伴随着新文化的生成。所以，改朝换代也是新文化取代旧文化的过程。夏人远鬼神而商人崇拜上帝神灵，这是一个大的文化转变。前面一再指出，华夏始祖是由人生育而来，而不是神创造的，这是中西文化的根本不同。在世俗社会，且生产力低下的时代，光靠人力建立稳固且服众的统治，绝非易事。商朝能够取代夏朝，除了在筑城、青铜铸造、经商致富

[1] 《礼记集解》卷51《表记》。

"侑于上甲"刻辞卜甲,商王武丁时期,其上所刻内容涉及对商先公上甲(微)的祭祀

等方面实现了对夏朝的超越之外,它还试图建立崇敬天帝神灵的新文化,以强化凝聚与威慑的力量。在这一点上,商意识到神灵缺失的无力,因而尝试在俗世尊神做弥补。事事问神占卜,似乎变得神神秘秘,却展现出强大的力量,给后人留下极富艺术性的青铜器瑰宝和大量的甲骨文字,商因此成为中国历史上第一个有同时性文字传世的王朝。

20世纪中国史学研究取得了多项重大突破，其中一项就是殷商史研究。

中国是世界古文明的起源地之一，必然引起世界的关注。关于中国远古的文明形态，留下的记述几乎都是文献中的传说，缺乏历史文物的证据。中国古代文献留存比较丰富，造成古代学者过于依赖传世文献，而长期不重视实物证据的发现。即使在文献方面，也轻视第一手材料，埋头于正史之类史家著述里。这同近代历史学有很大的差距。近代史学强调的是第一手证据或者材料，站在这个立场，国外史学家和国内的胡适、顾颉刚、钱玄同等疑古学者怀疑古史传说的真实性，商朝也在怀疑之列。

疑古学派的观点权且不论，他们的怀疑精神却是近代学术的真谛，促进了学术研究的蓬勃展开。寻找历史证据，推动着近代考古学的建立。瑞典考古学家、地质学家安特生发现"北京人"，发掘"仰韶文化遗址"，引起了古史从传说到史实的重大转变，丁文江、李济等中国学者奋起开拓，中国近代考古学科建立起来了。李济先生从1928年起主持安阳殷墟的发掘，同王懿荣、刘鹗、罗振玉等人发现并创建的"甲骨学"相互印证，让殷商史发生质变，从传说变成信史，不再单凭传世文献，而是在甲骨文和考古发掘的实证基础上，去伪存真。

王国维先生最早发现了出土甲骨中有记载商朝先祖名称的商世系卜骨，据此提出了用考古发掘和传世文献相互印证的"二重证据法"，并且取得突破性进展。《史记·殷本纪》共列出了17世31位君王。王国维《古史新证》《殷卜辞中所见先公先王考》《殷卜辞中所见先公先王续考》和罗振玉1915年发表的《殷墟书契考释》中，考证了18位商先王庙号。此后，董作宾先生又在整理数万片甲骨的过程中，对商王世系做出更加缜密的考证，论证了甲骨断代学说，确定了甲骨文的十项断代标准，并将殷墟出土的甲骨文划分为五个时期，商朝历史越发变得清晰可靠，今日商朝历史的叙述完全建立在他们及后来学者的学术贡献之上，并被国际学术界所接受。

20世纪历史学最重要的进步史料革命，让历史叙述建立在实物证据和第一手材料之上,敦煌文书、秦汉简牍的发现和利用都属于此范畴。进入21世纪,科学飞速发展,大踏步进入了社会和人文学科领域,遗传生物学、材料学同历史学、考古学的结合,将推动新一轮学术研究的突破。

根据司马迁的记述,商朝大约存在于公元前1600年到公元前1046年,前后传17世31王,延续500多年,代表着这个时代主流的中原文明。当然,该时期还平行存在着发达的非中原文明,诸如长江下游、三星堆等文化遗址。

商汤革命之后,曾经想变更夏朝社神,可这社神是远古共工氏之子句龙,能平水土,无人可及,所以没能换成,依然保留。[1] 这件事情很重要,反映出商对于夏文化的态度,从最初打算彻底更换到择善而从,兼收并包。正因为如此,汤才赢得诸侯的归心顺从,得以登上王位。从考古发掘来看,夏二里头遗址的宫殿,到商朝仍然沿用,与《史记·殷本纪》所述一致。

汤以后三代至太宗朝,实际权力掌握在大臣伊尹手中,他继续执行汤既定的勤政安民方针治理国家。太宗时代,贤相伊尹去世。又过四代,商朝衰落了,诸侯不至。下一代中宗修德图治,让商朝重新振起。可是好景不长,后面四代,一再迁都,商朝内部政局不稳。可知的原因是继承制度没能确立,经常是兄终弟及,嫡庶混淆,造成王族内部争夺王位,斗争激烈,国家衰落。

一直到盘庚即位,将都城从奄(今山东曲阜附近)迁回汤故地亳(今河南商丘小屯村一带),团结贵族旧臣,整顿政治,发展经济,政局才稳定下来,商朝中兴,从此历经8代12位君王,在此定都达273年之久。

盘庚之后,隔两代又出现了新的强势领袖武丁,他即位后谋划复兴商朝。他深知为政之道要言不烦,且须贤人辅佐,所以,三年不发表政见,让冢宰决定国政,自己慎重观察国家风气,暗中物色人才。三年以后,武丁王位已稳,时机成熟,他在朝廷上说,夜里做梦,有圣人前来辅佐。根据他对圣人相貌的描述,将大臣逐个比对,都对不

---

[1] 《史记》卷3《殷本纪》记载:"汤既胜夏,欲迁其社,不可,作《夏社》。"

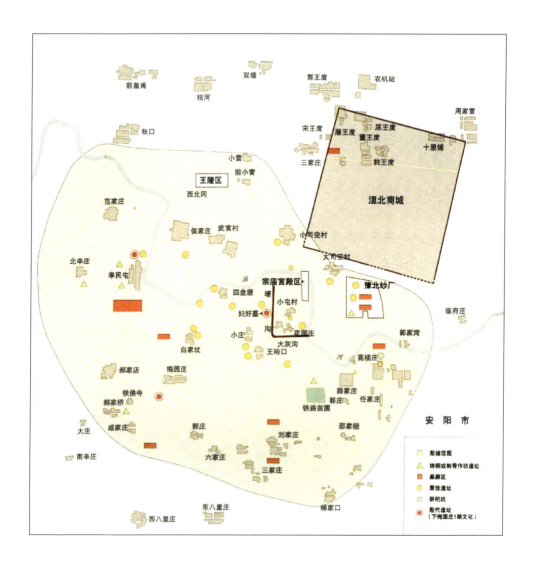

安阳殷墟遗址分布图

上,便在全国寻找,最后在民间找到这个人,名叫傅说,混迹于刑徒中筑路。武丁亲自同他交谈,发现两人对于治国理政的看法完全相合。武丁大喜,任命傅说为相,委以国政,结果天下大治。这是一则传诵千古的选贤任能的经典事例,说明人才往往起自底层,只有深入社会,才能了解百姓心声,治理好国家。统治者要善于发现人才,不被社会地位、年龄资历等条件束缚。

国家能不能治理好,还取决于领导人是否心系百姓,一心为公。

有一次武丁祭汤王的时候，野鸡飞来嘶鸣，颇为不祥。武丁感到恐惧，大臣祖己劝慰道："王勿忧，先修政事。"[1]为什么不用害怕呢？祖己开导说：上天监察下民是着眼于他们的道义，您专心于民事，循礼合规，什么都不能加害于您。武丁听从劝告，修政行德，终成一代明君。

安阳殷墟发现的妇好墓，还提供了史籍无载的武丁事迹。武丁的王后是妇好。当时北方发生战事，妇好自告奋勇，带兵出征。武丁踌躇，占卜问神之后才同意。妇好不负期望，大胜而归。此后，妇好频频出征，打败20多个方国，在对羌方作战的时候，曾经统率13万大

[1] 《史记》卷3《殷本纪》。

"土方征于我东鄙"刻辞卜骨，商王武丁时期，内容涉及商与土方等之间的战事，是研究商代地理、方国及军事的重要参考

第二章 青铜时代：从满天星斗到众星拱月

军,这是商朝用兵规模最大的记录。[1]

武丁是商朝鼎盛时代的君王,庙号高宗。他去世后,商朝一路衰败下去。末代君王纣,年少聪颖,气力过人,能徒手与猛兽格斗,俨然一位古代勇士。《史记》用大量的篇幅控诉他的邪恶,主要有以下罪行:

聪明善辩,饰非拒谏,刚愎自用。喜好吹嘘,夸耀自我,以为天下无人比得上自己。他痛恨讲真话、敢进谏的大臣。忠臣比干劝谏他,他竟然将比干剖腹掏心。正直之人要么装疯,要么逃亡。朝廷没人敢进谏,言路封闭,贤人远离,奸邪小人充斥朝廷,像费仲这种盘剥百姓的聚敛之臣,恶来这等谗言毁谤的佞幸之徒,纷纷受到重用,国家便在胡作非为和大胆狂妄中一天天衰败下去。

贪酒好色,日夜宣淫。纣王宠幸妲己,为她极尽奢靡,对她百依百顺。他以酒为池,悬肉为林,纵情声色,让男女赤身裸体,在其间追逐戏闹。九侯的美丽女儿被纳入后宫,因为不喜淫荡,被纣王杀了,他还把九侯也剁成肉酱。鄂侯看不下去,竭力劝谏,也被杀害,做成肉干。

强征暴敛,赋税沉重。鹿台钱库和巨桥粮仓堆满金钱粮食,老百姓却衣不蔽体。他大兴土木,扩建沙丘的园林楼台,四方搜集狗马飞禽、奇珍异宝,填满宫室。

国人对纣王的荒淫有怨言,他便制定严刑酷法,其中令人发指的是"炮烙之法"——让人在涂满油的铜柱上爬行,下面点燃炭火,爬不动就会掉到炭火里被烧死。他和妲己饮酒观看,受刑人的各种惨叫,引起他们的畅快大笑。

[1] 见郭沫若主编,胡厚宣总编辑《甲骨文合集》第6412、6480,中华书局,1978年至1982年。

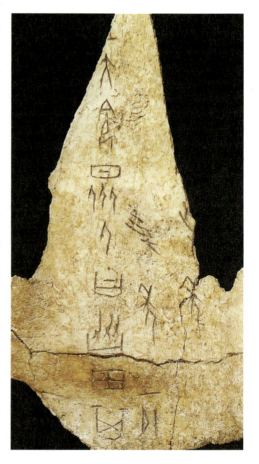

"王大令众人曰协田"刻辞卜骨,商王武丁时期

后母戊青铜方鼎,商王武丁时期,1939年河南安阳武官村出土,重832.84千克,是已知中国古代最重的青铜器

后母辛青铜觥,商王武丁时期,1976年河南安阳殷墟妇好墓出土,后母辛是妇好的庙号

纣王是中国历史上第一位荒淫暴君，司马迁对他的揭露，目的在于让后世引以为戒，并同前面通过尧舜禹树立起来的政治道德和原则构成鲜明的对照，从领导人的层面，揭示国家兴亡的正反面原因。在后面的篇章里，司马迁还将从各个层面深刻讲述国家与社会治乱的经验教训。至于纣王是否如此不堪，近代学者从各个角度做了研究。纣王似乎志向宏大，却独断专行，他不恤民生，铺张建设，穷兵黩武，耗尽国力，终于露出败象，被潜心发展的周人所推翻。

第三节　周朝：农业文明的确立

一　农耕民族的成长

周人来自大西北，发祥于今陕西宝鸡岐山县、扶风县和眉县一带，称作"周原"。在西汉宣帝时代，周原就有青铜鼎出土，君臣热议，引起很大的关注。[1] 1943年，中央研究院历史语言研究所石璋如先生在岐山岐阳堡一带开展考古调查，最早提出这一带就是公亶父所迁之岐。1976年开始，陕西省文化局、陕西省文物管理委员会、陕西省博物馆和北京大学历史学系考古专业、西北大学历史学系考古专业等多家单位联合组成了周原考古队，在周原遗址展开了大规模的考古工作，取得了丰硕的成果，印证了历史记载的周人发展历史，确定周原为周族发祥地。

周族始祖后稷，舜帝时受封于邰，亦即古武功城。周人从这里成长起来。宝鸡号称"六山一水三分田"，南、西、北三面环山，田地不多，春暖秋凉，海拔高，温差大，依靠渭河浇灌植被，不属于农业优耕地区，如果同东面的咸阳、西安相比，更显得偏僻且局促。周人为什么居住于此呢？从周人始祖后稷的身世，或许可以得到一些启发。

后稷的母亲姜嫄，有一天外出见到地上有巨人足迹，非常好奇，用自己的小脚踩上去比试，因此怀孕，生下后稷。因为后稷的生父不明，所以大家认为这是不祥之事，将婴儿抛弃在窄路上，但牛马不敢踩踏；打算扔到树林里，不巧那里人多；弃于河渠冰面上，结果飞鸟

[1] 《汉书》卷25下《郊祀志下》记载："是时，美阳得鼎，献之。下有司议，多以为宜荐见宗庙，如元鼎时故事。"美阳当时为扶风属县。

纷纷飞来，用翅膀盖在婴儿身上，或者垫在他身下。姜嫄觉得十分神奇，便把婴儿抱回来养大。因为这段经历，故后稷的名字叫作"弃"。这段身世当然有神话的成分，但是有一点值得重视，那就是他的名字"弃"，表明是人所不取者。后稷所处的周原，也正是边荒之地，反映出这个部族当初弱小，只能在强者不要的地方居住，艰难度日。或许后稷的名字反映的是周人初起时的卑微。

弃逐渐成长，有一个与众不同的爱好，就是喜欢耕种庄稼，例如麻和豆子，种得非常好。长大以后，他更是专心务农，寻找适合耕种的田地，开辟种植，周围的人纷纷效仿。他的才能得到尧的赞扬，被举为农师，天下百姓都受益。他因此功劳，被舜帝封于邰，称号为"后稷"。

根据以上记述，可知周也是一个古老的部族，与夏、商部族同样悠久，只是它不在富饶的中原，而在西北边地，发展比夏、商要晚得多。据《史记·周本纪》记载的周先祖世系，后稷之后经14代至周文王，历夏、商两朝一千多年，显然时间太短而对不上。究其原因，或是世系有遗漏，或是周先祖事迹难以详载。总之，周较夏、商，属于后起部族。

后稷之后，周人非但没有起色，反而因为不明的原因，迁往靠近戎的地区。《史记·周本纪》说是因为夏朝放弃农业，所以周部族头领不窋失去官职而奔往戎狄之间。夏朝这个方国盟主似乎尚未控制西北，故此说法难以成立，更可能是周人卑微，一旦有什么变故，只能再往更加边远之处寻求立足之地。后来周人被迫迁徙，也是同样的原因。

三代之后，周族出了一位标志性人物公刘，领导周族重新回归农业，率领他们来到渭水之滨，整治田畴，做到行者有资粮，居者有积蓄，远近百姓都跑过来投靠他，周族迎来一次发展的小高潮，出现蓬勃兴起的气势。公刘的事迹在民间传颂，《诗经·大雅·公刘》吟唱道："笃公刘，匪居匪康。乃埸乃疆，乃积乃仓；乃裹糇粮，于橐于囊。思辑用光，弓矢斯张；干戈戚扬，爰方启行。"

公刘为周族选中了新的中心地[1],迁都于豳,豳同邠,即今陕西旬邑、彬州一带。这次迁徙反映出周族的成长。首先是农业的拓展,需要获得更多的耕垦地。其次是周族更加定居化,需要建立中心都城。这个都城必须容易防守,豳属陇东黄土高原塬梁丘陵沟壑区,可以满足这一需要。建立中心都城,对于远近更具有号召力和凝聚力。

周族在豳生活了八代,到了又一代标志性人物公亶父的时代。经过长期默默的发展,豳地已成为一个富裕的地方。一个民族没有经过磨难的历练,是不会真正崛起的。周族以前卑微贫穷,蜗居在偏僻之地,丝毫不引人注意,可以比较和平地发展。现在,周族逐渐强大起来,有自己的都城,积蓄了不少财产,成为一股地方势力,便开始引起周边强势民族的注意,尤其是游牧民族,一支叫作"薰育"的敌人出现了。

"薰育"其实就是后来汉朝所称的"匈奴",其骁勇好战,见到周族富裕,便来抢掠,周族遇到了重大的考验。族人纷纷请战。捍卫家园,对外抗战,这是最容易鼓舞人心的机会,领导人利用这个机会能够轻易获得压倒性支持,从而极大地强化自己的政治地位。然而,一位真正为民族谋划的领导人,这个时刻需要冷静,要全盘掂量战与和的得失,以及对于民族造成的后果。理智而冷静的领导人,或许在当时不被狂热的民众所理解,甚至被斥责,但他却愿意以个人的牺牲去换取整个民族的长远利益。一个民族是不是成熟,不看它的狂热程度,而看它在大起大落的时候是否从容而具有对长远趋势的洞察力,看它有没有充满公心且深谋远虑的领导人。用冲动取代理智,用暴力残害智者的民族,必定衰亡。

在周族生死存亡的考验时刻,公亶父的决断,让他不是获得欢呼,而是被永远地记录在历史的伟人名册里。公亶父深知,不够强大的农业民族贸然同游牧民族决战的代价,或者是失败亡国,或者胜利却元气大伤,甚至一蹶不振。他分析道:"百姓推举领袖,是因为他能够为百姓谋利益。现在戎狄来犯,目的在于争夺土地和人民。对于

[1] 根据《史记·周本纪》的记载,迁都于豳在公刘之子庆节时代。然而,《诗经·大雅·公刘》及《毛传》都说公刘迁都,当代学者多从此说,见杨宽《西周史》,上海人民出版社,1999年。

百姓来说,在我还是在戎狄治下,过日子都是一样的。百姓为我的地位而战,害死人家的父子而统治他们,我不忍做这种事情。"公亶父选择了避敌锋芒,带着身边的人翻山越岭,来到岐山之下,重新开辟家园,避免了周族可能覆灭的危机。[2] 从事后来看,这是一次正确的决断。周族不但没有遭受重大打击,反而重新团结起来,他们扶老携幼,辗转迁徙到岐山,显示出强大的凝聚力。经过灾难而理性成熟的民族,必将更快地成长起来。

重新聚起的周族,经历过灾难的筛选,人心更齐,公亶父可以对他们进行文化的再造。周边部族见到周族大难不死,甚至更加强大,便汇聚而来,要求加入周部族。公亶父便要求他们抛弃戎狄的习俗,遵循周族礼俗。他用文化整合部众,构成强大的聚合纽带,使万众一心,重新营造更大的都城——分区规划,按部筑邑,阡陌屋室,井然有序。再设立五官,进行管理。周人唱诵:"后稷之孙,实维太王,居岐之阳,实始翦商。"[3] 一个内部团结、有组织管理、文化整合的新周族出现了。到这个时期,它的崛起已经隐然成形。周族代表的是一种新的生产方式和文化形态,它不再是简单的众多方国中某一强国了,已今非昔比。

周族登上中国历史大舞台,并且成为主体民族,是中国历史的巨大转变,其意义尤其深远,可以说自从周朝建立以后,其文化直至今日都在各个方面保持着深刻的影响。至于周以前的文化则早已经式微,对于今日社会影响甚少。所以,必须更加透彻地了解周文化。

首先,从社会生产形态来看,周确立了中国成为典型的农业民族国家。

从黄帝到商朝的历史记载中,看不到能够确定其主要生产方式的记载,只有到了周族才明确清晰地记载其为农业民族,靠播种五谷自立。周族的每一个发展阶段,都被清楚记载着是因为专心务农而取得成就的。其他部族并不是没有农业,但是,他们的主营生产是什么并不明确,显然不是典型的农业民族。因此,我们可以确定,中国从周开始成为典型的农业社会。

---

[2] 《史记》卷4《周本纪》载:"薰育戎狄攻之,欲得财物,予之。已复攻,欲得地与民。民皆怒,欲战。古公曰:'有民立君,将以利之。今戎狄所为攻战,以吾地与民。民之在我,与其在彼,何异?民欲以我故战,杀人父子而君之,予不忍为。'乃与私属遂去豳,度漆、沮,逾梁山,止于岐下。"

[3] 《诗经》卷20《鲁颂·閟宫》。

农业最重要的特点就是定居，因为作物要从播撒种子开始守候到收成。开春要翻耕田地，种子发芽后要浇水灌溉，拔草除虫，秋天果实累累时要收割曝晒，脱粒收藏，一环套着一环，根本脱不开身，否则庄稼不是被野兽糟蹋，就是杂草丛生，干枯荒芜。秋收之后，大西北刮起凛冽的寒风，紧接着冰封大地，只能躲在屋里等待来年开春。如此周而复始，定居成为周族的常态，不同于非农业民族的时常迁徙流动。如果放到世界范围中，我们可以看到中西文明其实从一开始就走着迥然不同的发展道路，从而形成差异甚大的文化与思维模式。

构成今日西方主流的文化，起自地中海。上古时代，该地区活跃的是航海与游牧的族群，他们的共同特点是流动性很大，人们匆匆交错而过，没有再次相逢的预期，如果要选择一个词语来表现其特点的话，我采用"后会无期"。因此，人们若处理相互之间的关系，无论是生意上的还是生活上的事情，需要在短暂的相会中完成，有什么利益诉求都要明确提出，锱铢必较，毫不含糊，达成妥协，完成利益交换。如果这个场合不提出来，以后可能就没有机会了。双方把谈妥的事项记录在案，便形成必须遵守的合同。在此之前双方的争吵，不管有多激烈，都是为了达成妥协，而不是为了决裂，其间并不造成对个人感情的伤害。这就是他们可以争吵却仍然是伙伴的原因。要达成有效的合同，就必须相互确认对方是具有履行合同行为能力的人，也就是说，双方必须是具有法律权利的人，同时还具有经济能力。为了让交易顺利，并且不管到哪里都能够进行，人们会希望对方是自由且富裕之人，大家能够通过生意各获其利。也就是大家都希望伙伴好，而不是相反，这样才能有利可图。从自然到法律的人身自由，达成不受胁迫的平等合同，完成互利共赢的生意，这些成为经济活动，甚至上升为社会的基本原则，由此产生了追求平等的契约文明。

与之相比，周族所形成的规则很不相同。农业生产形成的定居生活使得人们不仅一辈子居住在一起，甚至子子孙孙还将相守一地，因此，大家有大把的时间在一起。如果同样要用一个词语来表现其特点的话，便是"后会有期"。世世代代在一起生活，人们强调的就不是短期内的锱铢必较，而是长期性的利益补偿，什么事情都不用着急，可以寄希望于将来。在这里，利益诉求过于清楚，反而破坏了相互共处的感情，会被斥为"太厉害""太精明"，讨人嫌弃。今天你吃亏，明天会用别的形式补偿你的，我们有的是无尽的未来。因此，在利益问题上隐藏着欠账式的人情，契约常常含混不清。在这里，围绕着契约中利益的争议，会迅速演变为感情问题，进而上升到双方的合作与存在基础层面，遂成决裂，因为伤了"面子"。低层次的具体利益之争，就此莫名其妙地变成高层次的大义甚至政治斗争。不是争而后和，而是和而不争，和稀泥也得和，这才是最高原则。因此，人们不习惯于就事论事的计较和争论。遇到矛盾，常见的解决办法不是先分清是非原则，而是脱离接触，各让一步，让争斗先缓和下来，再图解决。而解决的时候，年齿、辈分和社会地位的高下起着非常重要的作用。身份性的规定体现在"礼"的秩序里。

东西方文化的差异，来源于各自的生产方式与生活形态，最初是"后会无期"与"后会有期"的即时性处事方式的不同，进而衍生为规则性与思维模式的差异，反映出商业文明与农业文明各自的特点。

在处理事务的时候，商业社会的方式是先确定原则与规则，接着进行利益的谈判。源于农业礼制社会的方式则是先疏通人际关系，事情可以先放在一边，大家聚在一起喝喝酒，暗中摸索各自的身份、利益，找到能够紧密联系在一起的共同点，例如同姓、同乡、同学、共同的朋友等，一旦找到便迅速拉近关系，酒酣耳热，称兄道弟，这时候再来谈事情就顺畅多了，问题甚至迎刃而解。在现代社会，可以看到西方的简餐与东方的盛宴的不同，因为前者是事务性、礼仪性的，而后者则是原则性、关键性的。前者重视运作规则，后者重视人际关系。

其次，周族是一个复合型的族群，他们在介绍始祖的时候，一定会介绍母系的姜嫄作为养育其的伟大母亲，《诗经·大雅·生民》曾赞颂道"厥初生民，时惟姜嫄"。而且，对于姜嫄的赞美体现于神圣的祭祀坛上。周人祭祖，同时祭祀先祖后稷和先妣姜嫄，他们被并列为始祖。一般的祭祖，往往只祭祀男性祖宗，而周人是生父生母并祭，颇具特色。

周族祭祀姜嫄，不仅因为她是后稷的母亲。整理周朝金文和古文献，可以发现超乎人们想象的情况，西周十一代十二位君王，隔一代就出现一位姜姓王后，单数代都如此，而且，在周族历史上起重要作用的王，如公亶父、武王等[1]，王后都出自姜姓。据此可知，姬姜联盟是长期且牢靠的，密不可分，姜姓在周族中的地位不言而喻。

如果认真追溯历史，姬姓部族和姜姓部族最初未必是友好的。姜嫄出自有邰氏，相传是炎帝后人。姬姓出自黄帝这一支。炎帝和黄帝两个族群最初是竞争和敌对的，经过斗争，它们最终融合在一起，密不可分，以至于今日说起华夏民族的创始人时，总是"炎黄"并称，我们也自称"炎黄子孙"，丝毫没有任何异样的感觉，很少想到他们是两个人。把两个部族的始祖并列祭祀，成为共同的祖先，在周族的祭祀上见到姬姜并祀，由此可知，将"炎黄"并列，也是出自周人的历史叙述。

这个历史叙述对于后来的大发展具有决定性的意义，因为它规定了民族的构成不是基于血统的原则，而是建立在文化认同的基础之上：有共同的价值观、共同的生产方式和生活习俗、共同的礼仪文化，便可以紧密融合在一起。具体的表现之一是婚姻关系，商和周截然不同。商朝实行的是族内婚，而周朝实行的是族外婚，女儿外嫁，再从外族迎娶媳妇，形成了"同姓不婚"的规则。族内婚重视血统，靠的是自身的繁衍；而族外婚则通过联姻迅速扩大部族联盟，具有很强的扩张力。周朝的崛起，在人口增长方面依靠的正是这个优势。在古代社会，人口优势常常具有至关重要的意义。

种族性民族非常重视血统，文化性民族则重视礼仪文明。当然，文化性民族也深知血缘关系的强大凝聚力，所以，他们也在相当程度上模拟血缘关系以建立制度，例如后面将论述的宗法制度等等。模拟血缘关系从本质上说是非种族性的，但是，它采用许多方法，将非血

[1] 见《诗·大雅·绵》；《左传》"昭公元年"条。

缘关系笼罩在血统原理建立的制度之内，让全体成员产生血缘关系的认同，从而强化其凝聚力。周朝的制度文化强烈地反映出这个特点。由于此后的王朝所继承的是周文明，故周朝的这些制度文化规定了中华文化的众多方面。

二 政权更替与文化转变

把不同的种族整合在一起，需要具有强大的文化力量，中国古代一直致力于此。

周原考古发掘，把大约三千年前周人的生活形态活生生地展现出来，在许多方面提供了新鲜的知识。这个典型的农业民族的居住形态是怎样的呢？

我们先来看一张周原考古的房屋复原图。

这张复原图会让现代的中国人感到亲切，仿佛是自家居住的院子。显然，几千年来，中国的住房建筑样式没有太大的改变。而且，不管是北方或者南方，也不管是古代或者近代，它们都具有一以贯之的特性。

这个特点首先是盖围墙。把房屋院子四周的围墙盖起来，外墙很高，直抵屋顶，不开窗。一般在南面开门，朝南的大门除了贵客光临或者隆重的节庆日子一般不开，门前或者门后要有遮挡的照壁。日常进出往往走旁边的小门。这实际上构成了一个封闭的空间，风水上说是聚气——金玉满堂，气不可泄。其实它最初是出于防御的需要：抵挡外敌入侵、野兽袭击，还有西北凛冽的寒风，所以要把自己紧紧地包裹起来。

周原凤雏村甲组基址复原

其次是院内坐北朝南盖高大的厅堂，厅门以开间多少论贵贱，中堂直达房梁，顶天立地，前置条案，正中两旁有两张高椅，供家长端坐，两侧座椅东西成对，按辈分入座。大厅两边主房，为家长居室。厅堂是整座建筑的中心，家族威仪气势尽显。东西两侧盖厢房，低于厅堂，给子女居住。家族内部的辈分高低，在建筑上充分反映出来。

最后，主房和厢房围成方形，便是天井，通天接地，整个院子的通风采光全赖于此，房门窗子都朝向它开。除了建筑上的功能外，天井成为家族的公共空间，白天大家在此相聚，小孩玩耍，其乐融融。

这种建筑样式最基本的特点是对外封闭，对内开放。北方的四合院，南方的徽派建筑，都是这种格局。居住环境对人有着很大的影响，在这种封闭的围子里世代生息的人们，很容易形成排外的性格。在处理人际关系的时候，首先要被接受，融入小圈子，才会敞开来交流，否则始终是外人，这就形成了小圈子文化。圈子可以扩大，或者可以联合，但是，不成为圈内人便会格格不入。西周实行的很多政策，骨子里是圈子文化的做法，后世的王朝亦是如此。

封闭的院子，大门一关，自成天地。在这个天地里面是严格的辈分关系，各人按照自己的辈分、嫡庶、年龄等身份性条件确定在家族中的纵向地位，并根据自己的地位发言行事。从小适应这种规则，自然习惯等级制度。有很多话，不存在对与错，重在出自何人之口，与身份不符便是错误。人际关系的原则规定着是非的判定。

家族内部的人际关系十分复杂。虽说都是亲人，但是，大家聚居在一个院落，一个灶间，简陋的生活设施，子女各家的经济状况不同，甚至小孩之间的冲突，都易造成内部的矛盾，产生明争暗斗。处理亲人之间的矛盾很难采用严格的是非原则，最起作用的办法是区别辈分，小辈服从；接下来是退让与利益补偿的和稀泥手法，总之，亲属之间应该以和睦为最高原则。家族要展现亲密和谐，内部的各种矛盾都不应向外泄露，所谓"家丑不可外扬"。

在古代，家族的规模甚大，现代小家庭社会的人难以想象那种大家族。在中古时代的门阀士族社会，大家族内部包含千家万户，号称跨郡连州，在地名上还留下痕迹，例如李家庄、刘家堡等，以一姓命名，显然是强宗大族聚居之地。其内部的关系错综复杂。紧紧维系着家族生生不息的坚韧纽带是历代祖宗，故大族必有祠堂。在列祖列宗面前，所有的家族成员必须肃穆庄重，任何事情都必须服从家族整体存续的需要和原则。在此神圣之地，确立每个家族成员的身份地位、说话分寸、行事规矩，形成一套宗法制度和礼制规范。周族的农业形态、同族聚居和封闭式住房，造成其内向型发展模式，它以家为归依之根，家在人就不散，不管经历什么劫难都有复兴的希望。而家以祖宗为旗帜，不管家人今后身在何处，都会聚拢在一起。有了这个坚强的团体，才有可能向外拓展。"家和万事兴"的道理就在于此，而"攘外必先安内"的思想亦源于此。所以，周族形成了一套繁缛的礼仪规矩，这是其生存之本。

周族把中国导向了典型的农业社会，它创造出来的文化便成为中国的主流文化，不同于游牧民族以流动为基础所形成的文化。农业文明以内部整合为本，游牧文明则以向外拓展为动力；农业民族以纵向的秩序和礼让为原则，游牧民族则强调横向的平等和规则；农业社会以人际关系为纲去解决问题，游牧社会则讲究按规则互相界定利益来处理事务。

人类社会的早期，生产方式规定着生活形态，它们又一起决定着价值取向与文化形态。周文化的基础是定居型的农业形态，同商朝文化大相径庭。周取代商不仅仅是方国盟主的变换，也不仅仅是中央王朝对各地诸侯控制力的划时代增强，更重要的是一种文明形态取代了另一种，从此确立了中国农业社会的性质及其文明形态。

在同商朝的竞争中，周族的优势显现出来了，最主要的有两个方面：第一是组织优势。宗族礼法组成的家族，内部团结，井然有序，进而扩大到部族的管理，逐渐形成国家统治的宗法原理与制度，明显优于商朝。

第二是人口优势。定居和农业，生产出丰富的粮食，而且五谷容易储存，尽可保证稳定的生活来源。这一点在严寒的冬季尤为重要。冬天的食物匮乏和严寒极大地限制了游牧民族的人口繁育，而农业民族则能够轻易地解决这些问题并转化为人口的快速增长。人口数量足以弥补战斗力的不足,一旦达到一定的数量,便取得了对游牧民族的长期优势。

当然,一个民族的发展历程是曲折艰难的,能够发展壮大,必定需要智慧与气度,冲动与冒进带来的往往是重大挫折甚至毁灭,周的领导人是怎么率领部族崛起的呢?

周族崛起是一个百折不挠的过程。其立国在公刘迁都于豳之际,大约在此时得名称"周"。"周"的甲骨文字形,在"田"里面加四个点,像一大块方整而有田界的农田,种植着茂盛的农作物。"周原"则是一个发达的农业区的美称。

公刘建立周国,营建都城,屯驻军队,其规模可观。周人的发展,引起了方国盟主商朝的注意。适逢商朝出了一位强势的领袖武丁,多次出兵征伐周[1],迫使周族臣服,成为属国。[2]此后,新的打击再度降临,边疆民族入侵,公亶父不得不迁徙到岐山之下,重新建立根据地。这次挫折对于周族不啻浴火重生,因为迁都也是一次淘汰,把不坚定的人筛掉,重新聚拢而来的是忠心耿耿的族人,他们空前团结,诚心诚意信服公亶父。公亶父可以充分利用这个机会对部族进行整编,奠定崛起的牢固根基。

伟大事业的成功,需要具备成熟的内外条件,古人总结为天时、地利、人和。公亶父在挫折中不是埋怨和悲观,而是看到了更加有利的条件,首先是遇到了很好的外部形势,那就是商朝在强势领袖武丁之后,连着出现几代昏君,丧失了民心,尤其是武乙当政时,荒淫残暴,致使属国叛离,边疆民族入侵,商朝失去了掌控大局的能力。[3]这给了周族壮大的机会,他们趁势扩张势力。从公亶父迁徙的方向来看,是从山区向更加宽阔肥美的关中平原移动。以后周族继续沿着这个方向东迁,直至进入中心地咸阳。所以,周人将公亶父视为取代商朝的最初领袖。

公亶父选择的岐山地区,包括陕西宝鸡的岐山县、扶风县和眉县的一部分。北面群山,构成有利的防御屏障,可以防备戎狄侵扰,因此,他可以安心地经营内部。从1976年起在岐山县凤雏村和扶风县

[1] 见罗振玉《殷虚书契前编》(1932年修订版)卷7,第31页;卷4,第32页。

[2] 参阅杨宽《西周史》,上海人民出版社,1999年,第39页。

[3]《后汉书》卷87《西羌传》记载:"及武乙暴虐,犬戎寇边,周古公逾梁山而避于岐下。"

召陈村发掘出两个大型建筑遗址。召陈村建筑遗址规模宏大,柱础直径达1.9米,柱础还形成了网状结构。这里原来可能是座巍峨壮丽的宫殿建筑。《诗经·大雅·緜》赞颂宫城,从诗中可知,宫外有一道高大的皋门,上面建有门楼。进入主道,来到宫殿前面,又有一道宽阔的宫门。正门称作应门,东方和西方的诸侯分别从正门两边的边门进入。通过门楼和雄伟的宫殿建筑,造成空间上的威严与压迫感,展现周族的力量。后来周朝确立了宫室三门和三朝的制度,应该是在岐山宫殿制度上的进一步发展。宫殿成为全族的政治中心,给族人以信心,同时给外族以威慑,这是建筑语言所要表达的意义。

定居民族宛如一棵大树,必须深深扎根才能岿然不动,而这个根就是对祖宗与土地神的崇拜与祭祀。公亶父在国都中创立了宗庙和社稷的制度,考古发掘发现凤雏村建筑遗址南北长46米,东西宽23.5米,面积1081平方米。房屋坐北朝南,以影壁、门道、中院、大厅、过廊、后室为中轴线,两边排列有东西厢房和耳房,其间都有回廊连接,是一座两进院的封闭式建筑,为中国目前发现的最早的对称严密的四合院式建筑,它很可能是西周早期的"太庙"。太庙既是文化中心,也是政治中心,更是全族的灵魂所在。中国人说的叶落归根,归依的便是太庙宗祠,一旦死后不能进入祠堂,就成为孤魂野鬼。逢年过节,族人不管身在何方,都要赶回家乡,不只是为了家族团聚,最重要的活动是祭祖大典,这是农业民族最坚韧的凝聚力。公亶父把周人心中的归依之根牢牢地扎下来了。

在此基础上,公亶父建立了国家制度,《史记·周本纪》说:"古公乃贬戎狄之俗,而营筑城郭室屋,而邑别居之。作五官有司。"去除戎狄之俗,是周族认同的文化建构,而将族人按照区划居住,使之隶属于各自的单位进行管理,再层层递进,形成国家组织形式。周朝"五官",在《礼记·曲礼下》记载为司徒、司马、司空、司士、司寇。在《诗经·大雅·緜》歌词里出现了司空和司徒。虽然没有其他记载证明另外三种官职也出现了,但据此可见公亶父建立职官制度的记载是可信的。

周族的强大在于它以祖宗祭祀为中心的凝聚力，以及高于商朝的严格的国家组织。高度团结、组织有方的族群，便具有强大的力量。

周族有如此引人注目的活动且日益坐大，不能不引起商朝的高度警惕。《史记·殷本纪》记载："武乙猎于河渭之间，暴雷，武乙震死。"这条记载令人生疑。前面介绍过，武乙是残暴的商王，其都城在中原，怎么会突然跑到关中的渭河地区打猎呢？古文字里，征伐的委婉说法也叫作"猎"。武乙率军队来到周族的地盘，应该是来教训周这个被武丁征服的部族。然而，这次的结果大不一样，武乙失败，而且死在了那里。这是商周关系此消彼长的关节点，从此以后，周族势不可当地崛起了。

公亶父有三个儿子，长子太伯，次子仲雍，三子季历。公亶父看好三儿子所生的孙子昌，认为能够让周族兴盛的当是此人，想传位于他。长子和次子知道父亲的心事，便主动出走，奔往东方，把王位继承权让给了三子季历，以便将来传给昌。

值得注意的是，昌的母亲太任，出自挚国。挚国据传是夏朝奚仲的封地，在今河南正阳县汝南埠镇。商汤崛起，奚仲后代仲虺被任命为右相。这样一个商朝重要的氏族同周族联姻，无疑是一个重要的变化，可以看到周族在争取商朝所辖势力支持方面取得了很大进展，同时也反映出商朝最高统治阶层内部的分裂。统治者或者出于专权好事的性格，或者出于对形势纷乱的担忧，往往采取凌驾于法律和制度之上的最大限度集中权力的方法，力图掌控全局。而权力高度集中的同时，几乎没有例外地会造成社会矛盾的激化，以及瓜分巨大权力和利益所造成的最高统治集团的内讧与分裂，结果不但无法实现集权的目的，反而形成权力失落或者社会失控的局面，甚至是政权的覆灭。挚国任氏在商朝专权暴君武乙时代同周族联姻，就是一个例证，类似的事例将来还会层出不穷，反复证明这个道理。

昌不是姬姓和姜姓联姻所生，而是姬姓和任姓联姻的儿子，这个身份对于他后来瓦解商朝势力大有作用。昌继位，便是后来赫赫有名的周文王，被尊为周朝的奠基人。

公亶父生前，已经预见到周族将兴起，并且会取代商朝。他对此做了非常重要的谋划与安排。《史记·周本纪》所说太伯和仲雍出走，把王位继承权让给弟弟季历一事，虽尚无其他可以证明的材料，但是，无论如何，太伯和仲雍东迁，在周族的历史上都是前所未见的。公亶父之前，周族活动的区域在今陕西宝鸡一带，并逐步向东发展。到公亶父时期，太伯和仲雍竟然一举越过黄河，进入山西，在虞（今山西平陆）建立国家。这无疑是一个划时代的行动，标志着周人的活动范围大大拓展，直接向商朝的中心区域挺进。他们里应外合，从黄河东面来配合周族向东扩张。据说太伯后来还进一步深入商朝薄弱的东南方向，建立吴国。这个成功的经验后来演变成为新的扩张模式，即由周族重要人物率领所部奔向四面八方，建立一系列国家，构成全国性的封建制度。

周族东扩的另一个成功经验是积极联合各地势力，通过联姻形成血缘关系，以此为纽带整合出新的部族，把全国各族紧密地团结在周天子周围，以宗庙为核心，通过共同的祭祖仪式，建立模拟血缘关系的宗法体系。有些外国学者发现，融入中国的各族，乃至没有融入中国的周边民族，都有出自中国的始祖传说，就此推断是中国古代的大国沙文主义，把自己的祖宗强加于外族。这是非历史的结论，属于以今推古的臆断。追溯远祖，一同塑造共同的始祖，例如前面介绍的从黄帝到尧舜这些始祖型人物，都不是中国强大以后强加于人的产物，而是各个部族处于弱小而寻求联合时代创造出来的。正因为如此，各族的祖宗世系越清楚，塑造出来的共同始祖必定要追溯得越久远，此即越后世塑造的始祖年代越久远的道理所在。它所反映的并不是当时中国的强大，恰恰相反，是其不强大的表现。后来发现这是融合各族为一体的有效方法而加以重视，于是创造出更多的神话来。

周族的扩张和谋求成为霸主，是从季历时代开始的。《后汉书·西羌传》记载，季历发动了针对西戎的战争。"戎"是古人对西部民族的称呼。季历讨伐西戎，见于记载的就有三次，而且规模甚

周文王像 出自《三才图会》

大,持续的时间也很长。因为取得了胜利,所以,商王太丁封季历为"牧师"。"牧师"高于一般的诸侯,表明太丁委任季历负责西戎事务。于是,季历更加积极地讨伐西戎,先后打败西落鬼戎、余无之戎、始呼之戎和翳徒之戎,还曾讨伐燕京之戎,使其遭到重创。从这些记载可以看出,西戎分为许多部族,季历对它们各个击破,取得很大的成功。对于农业民族周人而言,发展的方向应该是广阔平坦的东部,而季历却一心一意攻打西戎,这似乎不是出自季历个人的好恶或者恩怨,而是周族坚定不移的战略。周文王继位之后,仍然坚持西征北伐,"遂攘戎狄而戎之,莫不宾服"[1]。

季历和文王为什么要拼力攻打戎狄呢?从这些戎狄分布的区域能够看出一点儿端倪。他们当时分布于今陕北、河套、山西北部。商朝衰落,西北地区的戎狄向南迁移,尤其在山西北部相当活跃,他们步步南下,对商朝构成威胁。季历积极讨伐他们,可以向商朝效忠,获

[1] 《后汉书》卷87《西羌传》。

得提升重用，在商朝羽翼下迅速扩大自己的实力。这是周族崛起的战略。季历被封为"牧师"，显然达到了目的。但是，周族势力日益壮大，也引起了商朝的警觉，《古本竹书纪年》说季历被商王文丁害死。[2]

周文王继位之后，依然执行季历的政策，更加卖力地征伐戎狄，建立功勋，被商朝纣王封为"西伯"，同样是高于诸侯的地位，遂成为西方各国之长。这件事见于周原甲骨卜辞，获得了第一手史料的证实。[3]周文王利用这个地位，一方面对商纣王谦卑恭顺[4]，另一方面则团结诸侯，打着为商朝征伐叛逆的旗号，驱逐戎狄，讨平异己，成为名副其实的西方霸主。[5]

然而，周族征伐戎狄并不全是为了获得商朝的欢心，那是周族利用商朝来发展自己的谋略，同时也是构建稳固的大后方，为自己今后大举东进解除后顾之忧。

周文王巩固政权后首先动手征讨犬戎和密须，用意十分清楚。犬戎和密须在周族西北方，泾水上游。密须建国地点在今甘肃灵台西。如前所述，周族在公亶父时代曾经遭受戎狄入侵而不得不举族南迁至岐山，此事令周人刻骨铭心，使其确保后方安全的认识无比深刻。故周文王断然进攻犬戎和密须，并取得大胜。此事不仅《史记·周本纪》有记载，《诗经·大雅·皇矣》也赞颂道："密人不恭，敢距大邦，侵阮徂共。王赫斯怒，爰整其旅，以按徂旅。以笃于周祜，以对于天下。"周文王非常看重这次胜利，举行献俘仪式，将缴获的密须战鼓等封赏给诸侯，以示激励。

周族崛起的战略是充分利用商朝来发展自己，获得统辖西部的大义名分，同时通过讨伐戎狄，大力扩张势力，巩固后方，为进而推翻商朝做准备。

从公亶父以来，周族蒸蒸日上，得益于两个方面，一是连续几代出现优秀的领导人，二是制定了宏远的战略，耐心而坚定地贯彻执行。

根据《史记·周本纪》记载，周文王在位时行善积德，尊敬长者，爱护幼小，礼遇贤人，网罗人才，以至于废寝忘食。孤竹国贤人

---

[2] 参阅杨宽《西周史》第三章。

[3] 参阅陈全方《周原与周文化》，上海人民出版社，1988年。

[4] 《吕氏春秋》卷9《顺民》说："文王处岐事纣，冤侮雅逊，朝夕必时，上贡必适，祭祀必敬，纣喜，命文王称西伯，赐之千里之地。"周原甲骨也有周人祭祀商王祖先的记载，见杨宽《西周史》，第71页。

[5] 《后汉书》卷87《西羌传》说周文王"乃率西戎，征殷之叛国以事纣"。

伯夷和叔齐，听到周文王的美德，便从冀东前来投奔，轰动一时。一大批贤能之士闻风而来，济济立于周廷，他们成为日后推翻商朝的辅佐良臣。国运兴衰系于人才得失，周文王得人，崛起可期。

商纣王身边大臣当然看到了，崇侯虎提醒纣王说："西伯积善得人，必定图谋不利于商朝。"纣王便将文王召入朝中，囚禁起来。由此可知，商纣王并不是昏君，他对周始终保持着警惕。但是，国家间的竞争，领导人及其最高统帅部的眼界、胸怀、决断和智慧是决定性的。最高决策班子差了，就算看懂了局势也拿不出良策，应对失误，结局只能是"无可奈何花落去"。

周文王延揽而来的闳夭等人急在心头，他们找来美女和骏马及各种奇珍异宝，进贡给纣王，以换回周文王。这段囚禁的经历，对于周文王乃至周族都十分重要。人在危难境地，面临死亡却能够静下心来，往往会获得深邃的感悟，并灵光闪现。推翻商朝的战略步骤，乃至《周易》六十四卦在此期间都变得清晰起来。所以，当纣王释放他的时候，周文王马上将洛西的土地进献给纣王，表面上是为获取纣王欢心，实际上却借此请求纣王取消不得人心的"炮烙"酷刑，这一下子就把进献土地的性质改变了，成了损己利人的为民请命，争取了天下人心。傲慢的纣王竟然同意了周文王的请求，以自己的愚蠢成就了周族。

周文王变挫折为战果，仿佛王者归来，其战略越发高超而明确，他采用近抚远攻战略，步步逼向中原的商朝。

首先，文王采取中立的立场，积极化解周围的社会矛盾。因为公正，所以获得了很高的信誉，远近发生问题都来找文王裁断。虞国和芮国发生争端——前者在今山西平陆，后者在今陕西大荔以东，都是姬姓国家——相约来到周国请文王裁决，一路上他们看到周国农夫相让于道，民人敬老礼让，自己感觉惭愧，说道："我们所争的是周人所不齿的，我们为什么还要去请求裁判呢？那只会自取其辱。"于是，两国相让，问题得以解决。诸侯各国听闻此事，都认为周文王是上膺天命之君，诚心拥戴。

周文王通过排解争端，成为众望所归的公正领袖，借此把周围国家团结起来，构成将来推翻商朝的基本力量。

建立起自己的联盟，文王开始挺进中原，征伐不顺从者。首先讨伐了西方的犬戎和密须，巩固了大后方。接着掉头东进，进攻黎国。[1] 黎国位于战略要地上党，即今山西长治。其重要性在于控制了太行山，向东便可居高临下进攻地势平坦的中原，对商朝都城构成重大威胁。这表明周族的势力已经坐大，可以正面挑战商朝了。

商朝重臣祖伊对周人的这次军事行动相当紧张，赶紧向纣王报告。其实，祖伊知道导致目前这个局面的根本原因不是周族强大，而是商纣王独断专行、荒淫残暴，造成众叛亲离，各地诸侯纷纷背弃商而转向周。纣王面对严峻的形势拿不出良策，又厌恶身边有人进谏直言，所以，把大家公认的贤臣王子比干剖腹剜心，罢黜贤臣商容，封人之口，采取鸵鸟之伎，自己将头钻进沙里，看不见便是不存在。祖伊来报告，纣王自我安慰，说周文王没有天命，能怎么样呢？又说自己有天命在，不必畏惧。虽说商人信命，但最高领导人只用天命做挡箭牌，却无所作为，怎能不亡？恐怕纣王已经无能为力了，只剩下对内滥施淫威来维持统治了。

周文王的前进步伐越来越快。攻下黎国之后，接着再克邘国。邘国在今河南沁阳西北的邘邰，是商王的狩猎区域，可知文王正在大踏步地向商朝中心地挺进。最激烈的战斗爆发在崇侯虎盘踞的崇国，也就是今河南嵩县。周文王对崇侯虎有切齿之恨，因为崇侯虎提醒过商纣王，差一点儿要了周文王的命。当然，崇侯虎为商朝尽忠，无可非议。而且，他也有恃无恐，依恃崇国的嵩山构筑高大城墙，以抵挡千军万马。双方战斗十分激烈，这或许是周文王东进以来最艰苦的战斗。《诗经·大雅·皇矣》叙述道："临冲闲闲，崇墉言言。执讯连连，攸馘安安。是类是祃，是致是附，四方以无侮。"从诗中仿佛可以看见成队的攻城战车冲向高耸的城墙，呼声震天动地，将士们蜂拥而上，奋力攀援，前面跌落，后面顶上，终于攻破敌城，捉到大批俘虏，割下耳朵来领赏。这个重要的胜利，打出了周族的军威，远近诸

[1] 《史记》卷4《周本纪》记载："明年，败耆国。"《正义》注释："即黎国也……孔安国云黎在上党东北。"

侯没人敢轻视周族了。

从邘国到崇国，周人沿着黄河南北两岸挺进，扫清重要的障碍，获得继续进攻的基地，东北方向的商朝首都已经暴露出来了。而且，周占据了上党，进可攻，退可守，已构筑起十分有利的战略态势。

为了配合东进，周文王又做出一项重大决定，把都城向东迁移到丰，亦即今西安市长安区沣河西岸。这里是关中平原的中心，迁都于丰，不仅有利于东征，更重要的是周族终于从山区走出来，选择最适合构建全国政治中心的地方建立都城。从此以后，直到唐朝灭亡，中国古代王朝的都城基本都在这个区域内，关中得天独厚的地理优势得到充分发挥。

周已经构筑起对商朝发动进攻的有利态势，天下诸侯等着看弦上之箭如何射出。然而，这一刻没有如期而至，因为领导全局的周文王在此时病逝，壮志未酬，没能亲自完成灭商大业。

周文王去世对于周无疑是重大损失，也延迟了夺取政权的进程。

武王伐纣示意图，据《地图上的中国史》

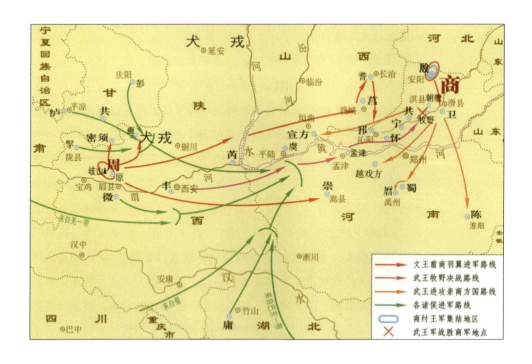

但是，这一天终究是要来的。大到一个国家、一个民族，小到一个单位，不能把前途和命运系于某个人身上，那是不成熟的表现，应该寄托在一套成熟的制度、法律规则和有共同价值观的文化体系之上。发达的文化能源源不断地哺育出一代又一代人才，构成稳定的连续性，从而获得长期的战略优势。周在这个历史的关键点上推出了自己的接班人，表明它已经成熟了。

周武王即位，近乎完美地继承了文王的遗志，继续顺利向前推进事业。这是值得肯定的。

首先，周武王在人事方面继承了文王的团队。在古代，最高权力的继承变更，往往伴随着人事的动荡以及政策的改变。周文王为了周的崛起，网罗一时精英，留下一个深谋远虑的领导团队。这是文王的重要遗产。怎样对待这批人？自信心不足的继承人见手下大臣越有才干就越忧惧，所以常常弃之不用，另起炉灶，甚至进行政治清洗，导致政策上发生重大改变，影响政治稳定性。周武王则不然，他尊重老臣，信任不疑，稳定住最高层的人事，从而确保了政策的一贯性。

其次，周武王继承了文王的国家治理方针。周文王在位时间特别长，有五十年，能够从容进行内政外交的谋划。文王治国是以内政为本，通过奖励生产、保护小民，让百姓安居乐业，构建稳固的基础。内政不稳，对外拓展必定乏力，甚至存在因为内乱而颠覆国家的危险。内政的安定表现为人心归附。文王时期远近士人纷纷前来，连纣王身边的谏诤之臣也来投奔。得到这批人的帮助后，文王着手建立了一套以卿士为首的官制，形成了比较健全的政权机构。武王完全继承了文王的政治路线，紧密团结臣民，先安内，再谋外。周族从公刘以来，发展的历程具有稳定的连续性，从自身的崛起到推翻商朝的战略谋划，在好几代人之间继承发展，逐步推进。如果和商朝的历史做比较，不难看出，商朝政权流动性强，政治起伏大，而周族则显现出农业民族的耐心和定力。

再次，周武王延续文王制定的灭商战略，很好地掌握了节奏，推进得有条不紊，不急不躁，充满自信。他还善于捕捉时机，具有很强的决断力，既不盲动，也不怯敌。

《史记·周本纪》说，武王即位后，以姜太公为军师，以弟弟周公为辅佐，重用召公、毕公等一班良臣，专心于内政。等到第二年，武王率领大军西行至毕，依据文王之礼，在这里祭祀天神。然后，转向东方，在中军竖起文王的大木牌，自称太子发，出征商朝。武王的做法，其用意在于对上祈佑于神明以凝聚人心，对部众则宣誓继承文王遗志，并非自己轻举妄动。

武王的队伍在盟津（孟津）集中。盟津在今河南孟州西南，位于黄河北岸。武王传令远近诸侯在此会师，《史记·周本纪》称："诸侯不期而会盟津者八百诸侯。"这句话如何解释呢？有人认为当时天下没有那么多诸侯国，所以是夸大之辞。实际上，当时尚未发展到西周的封建制阶段，中心国商朝对于各国的控制力也没有那么大，国与国的关系主要以军事和文化实力为基础，所以不能按照西周封建之下的诸侯国来看商代的情况。简言之，当时仍然处于都邑方国时代，有众多方国，不一定达到八百之多，但也为数不少。[1] "八百"是形容响应周武王的方国众多。所谓"不期而会"，就当时的通信条件而言，确实很难同远近诸侯约定一个具体的时间会师。更可能的情况是周武王第一次传令天下，号召大家一起推翻商朝。这是一个号召，也是一次试探。没想到传令出去，得到如此广泛的响应，许多没有同周族结盟的国家也举兵前来，故而称之为"不期而会"。

商朝为什么会变得如此不得人心呢？细读周文王崛起与商纣王衰败的历史记载可以发现，最主要的是政治公平的问题。在都邑方国时代，每个国家的实力都不是那么强大，作为中心国的商朝，一方面依靠强于诸侯的军事实力，另一方面更加重要，是依靠文化优势，这主要体现在垄断对于神的信仰和解释。在人类应对自然界的能力比较低下的时代，对于超自然力量的崇拜就更加强烈，在商代表现为对于上帝鬼神的崇拜。出土的数以万计的商朝甲骨文辞，差不多都是占卦问卜的内容，可见当时鬼神信仰之盛行，而具有通鬼神祈佑庇能力的就是商朝统治者。考古发掘反映出当时只有商这一支发展出了最为完整

[1] 《战国策》卷6《赵策·赵惠文王三十年》说："古者，四海之内，分为万国。城虽大，无过三百丈者；人虽众，无过三千家者。"

的文字系统，这套象形文字主要用来问卜，其他部族都不具有这个能力。因此，商对于各个方国拥有文化信仰上的压倒性优势。这就能够解释为什么当周文王挺进中原时，商纣王不太在意，说周族未获天命能有什么作为呢。由此可知，商朝统治的重要依据是对于鬼神崇拜的垄断。

借助鬼神的权威来团结或者威压众多方国，在日常事务中表现为公正地调解裁断各个方国之间的矛盾，得到大家的信服。在《史记·殷本纪》的记述中，大凡商王权力衰落都是因为不敬鬼神。不敬鬼神必定需要强化世俗权力，而世俗权力又威信不足，其公正性受到质疑，方国便产生异心，造成商王权力的衰落。神权支撑下的政治公正，是商朝维持统治的秘密。对此不甚了了的统治者，比如纣王，个人能力超强，甚至可以与猛兽格斗，所以敢于无视神明，自作主张，这就损害了代天理政的传统权威，在统治集团中被视为另类。如前所述，中华始祖非源于神，而人的权威颇有限度，企图超越神明，甚至想自我神化的统治者，几乎逃不脱被唾弃的结局。所以，人们一方面在塑造神，利用神权统治俗世；另一方面则在限制世俗权力，否定绝对的人治，以求得相对的政治公正。纣王在政治原理上犯了大忌，独断专行又破坏规则，处理事务的公正性遭到质疑乃至否定，故其越有作为遇到的阻力便越大。为了排除阻力，纣王采取强化王权的举措，设立苛法酷刑，排斥不听话的大臣，甚至诛杀敢于提出反对意见者，例如王子比干，造成商朝内部离心离德，国政陷入恶性循环之中。

商朝属于方国联盟政权，很多大臣是方国的代表，例如被杀害的九侯、鄂侯，遭囚禁的周文王、箕子等。纣王通过高压来集中权力，被视为不公正，加快了众叛亲离的速度。周武王盟津会师，就是利用这个形势。但是，周武王也没有把握，难以掌握商纣王丧失人心的程度，故其行动表面上轰轰烈烈，实际上举步慎重。当众多诸侯前来会师请战时，周武王断然予以否决，认为时机尚未成熟。他很清楚，对纣王的怨恨尚不足以构成自己征伐的政治合法性，难以形成坚强的战斗力。所以，周武王退兵了。"盟津之誓"是周武王检验商朝实力的行动，是团结众多方国推翻商朝的号召——当全社会形成共识，失去人心的政权便不可能继续存在了。

周武王在等待什么呢？他一方面在积极推进反商联盟，加大外部压力，促进商朝统治集团分裂，另一方面则在加强自身文化权威，用新的文化来聚合天下。

周武王非常清楚，建立新的全国性政权，不仅仅是军事较量，更是文化建设，不能树立新的文化，就不可能建立强大的新政权。武王为此呕心沥血。在盟津会师的时候，有一幕非常值得注意，那就是武王率众渡河之际，有一条白鱼跃入他的船中，武王俯拾白鱼祭神，周师安然渡河。这时天上出现一团火球，流转而下，到达武王居室之上，化为赤乌，声音安然。全军目睹这一壮观的景象，赞叹膺服。这场景说明什么问题呢？根据五行说法，商朝属于金德，其色尚白，周朝属于火德，其色尚赤。周武王捉白鱼，天降赤乌，正符合火克金之理，显现了周兴商亡的天意。有研究者以为这是汉代五行家的附会之说，其实未必。附会能够深入人心，往往基于当时的传说，后人再将它系统化、理论化。周武王伐商的事迹，一直有种种传说，是后世记载的依据。传说中的火球乃太阳，赤乌为太阳的象征，此形象出现历史悠久，远远早于周初，三星堆遗址有巨大的铜制扶桑树，枝头九头赤乌，可为一证。不难想象，周武王在晴天下誓师，背对着太阳，场面壮观，因此产生赤乌降临的传说。结合武王在舟中用白鱼祭神，便有了上面这段记载。

《史记·周本纪》不吝笔墨记下此事，绝非闲笔。如上所述，商朝对各方诸侯拥有的强大力量在于垄断对天神的祭祀，周要取代商，

周武王像　出自《三才图会》

就必须获得神的支持，也就是拥有传达神意的能力，否则不足以服众。因此，武王出征时先到毕祭天，竖立文王木牌，目的在于获得神的授权。在盟津誓师的重要场合，更需要显示天意的支持，才能够凝聚人心。由此方能理解周武王的所作所为。而且，周夺取政权之后，从出土的周朝甲骨文中也能看到不少占卜问神的内容，说明周朝继承了商朝对鬼神的祭祀权。

如果只是继承商朝的鬼神祭祀权，周朝的文化是建立不起来的，只能是商朝的延续。在此方面，周朝进行了重大变革。在取代商朝之后的甲骨文中，占卜问神的东西显著减少，说明周朝在降低商朝鬼神的作用。同时，周朝着手建立自己的文化。这些情况在《尚书·泰誓》中得到了反映。盟津誓师是十分重要的活动，周武王向全军和诸侯宣布的商纣王的罪行，主要是不敬天神，残害忠良，虐待百姓，其中反复强调商纣王违背天意，宣布他为上帝所抛弃，剥夺其宗教权，以此证明自己发动推翻商朝战争的正义性，是遵循上帝的指示，具有合法性。这些都是政治斗争的常见手法，但批判政敌只能说明挑战既定社会政治秩序的正当性，却没有告诉大家要建立的新政权的宗旨及与旧政权的区分。如果不能建立新文化，那么，新政权只是新瓶装旧酒，松弛某些不得人心的苛政而已。中国古代的改朝换代大多属于此类性质，周取代商也只是换了个主子吗？我们应该重视《泰誓》所强调的新文化观念。周武王在誓师大会上公开宣誓：

> 天矜于民，民之所欲，天必从之。（上帝怜悯民众，民众的愿望，上帝一定会顺从。）
>
> 天视自我民视，天听自我民听。（上帝所见，来自我们民众所见；上帝所闻，来自我们民众所闻。）
>
> 天佑下民，作之君，作之师，惟其克相上帝，宠绥四方。（上帝佑助天下万民，为他们选立君王，为他们选立百官，因为他们能够辅助上帝，爱护和安定四方。）
>
> 惟天惠民，惟辟奉天。（上帝惠爱民众，君王恭奉上帝。）

这是全新的政治宣言，激动人心，光彩夺目。周虽然不敢公然否定上帝鬼神，但接掌了商朝的鬼神崇拜。周用"民"来充实"上帝"，实质上取代了"上帝"，让国家政治基础不是建立于鬼神崇拜之上，而是建立在以民为本之上，树立起了此后中国政治文化传统的民本主义。

"天"和"上帝"都是十分抽象的观念，对于上古生产能力非常低下的人而言，唯有崇拜祈祷，它们遂成为酋长国王建立统治的有力工具。现在周武王用大家触摸可及的现实民众来充实"天"和"上帝"，天看到的就是民众看到的东西，天要做的就是民众希望做的事情，天顺从民意，保佑万民。在这里，"天"和"上帝"实质上被"民"取代了，天就是民，天意就是民意。因此，得人心者得天下的逻辑打通了。"天"和"上帝"是如何实现对于民间的管理的呢？是通过为民众选立君王、设立百官而实现。君王不是民众的主宰，而是顺从"天意"、恭奉上天、爱护和安定四方民众的代天执政者。"天意"即"民意"，则君王便是顺从民意的管理者，因此，国家安定的根本在于富裕民生，"民可近，不可下。民惟邦本，本固邦宁"（民众只可亲近，不可贱视。民众是国家的根本，根本坚固国家才会安宁。见《尚书·五子之歌》）。民与"天"或者"上帝"，以及君王与民众关系的根本，得以确立。前者决定了周朝新的宗教信仰，后者决定了国家治理的政治根本原则，归根结底，周朝新文化的精髓体现为"敬天保民"，它从此成为中国政治文化的传统，不管是真心实行还是假意敷衍，统治者总得把它挂在嘴上。

或者有人会说，《古文尚书》中的《泰誓》是后人所作，能真实反映周初的思想吗？首先，《泰誓》是真实存在的。《史记·周本纪》明确记载，周武王率众于盟津作"泰誓"。至于《泰誓》的文辞，虽然不能确定就是今天见到的文本，但是，成书于战国时代的《孟子·万章上》说："《太誓》曰：'天视自我民视，天听自我民听'，此之谓也。"这句话与传世文本相同，说明周朝树立民本主义作为国家政治基础，毋庸置疑。

周朝树立以民为本的政治思想，完成了文化的重建，标志着一个新的时代的开始。从世界史来看，航海、游牧等流动性民族更容易崇拜天神，创立宗教，而农业等定居性民族则倾向于对现实社会与人生的深入思辨。西周以前的中国文化，今天已经很难再现了，后人接触到的周前文化记载，都是经过周文化改造过的叙述，更多反映的是周的思想。即使是出土文物，也都是无言的器具，任由后人解释。

周取代商，是农业民族取代了农牧混合型民族，是人文主义取代了神明崇拜，是更加强大的封建制国家取代了都邑方国体制。

面对强势的周族步步紧逼，纣王无计可施。因为周不同于其他挑战者，周文王殚精竭虑归纳整理出《周易》六十四卦，足与商争夺宗教解释权。周武王的人本主义宣誓又夺走了商朝众多的诸侯国，文化的力量决定了双方的胜负。商纣王对外失去了影响力，只能回过头来在内部滥施淫威，让众臣住嘴，似乎视而不见便是不存在。其结果是内部进一步分裂，纣王杀害谏诤之臣比干，囚禁箕子，太师和少师如此重要的大臣也带着乐器投奔周朝了。人走了，文化也随之而去，纣王唯一仰仗的只剩下压倒周朝的军事力量。但是，欲以离心离德之众抗拒同仇敌忾之师，商纣王的孤注一掷能挽狂澜于既倒吗？

盟津会师之后两年，商朝内部到了分崩离析的边缘，表面上纣王大大强化了权力，凡是不听话的、有不同看法的、对国家前途担忧而提出劝谏的人，统统处以极刑，同时还封锁消息，上下钳口。到了这地步，国人对纣王已经不抱任何希望，而是阳奉阴违，装聋作哑，内心都在诅咒他。周武王看到这情形，判断时机成熟了，向天下诸侯发出通告，宣布商朝犯下重罪，誓言彻底推翻商朝。周武王亲自率领三百辆战车、三千虎贲之士、四万五千精兵，东征商朝。

关于周武王出兵行军的时间，《史记》有两种记载，《周本纪》称十一年十二月军队在盟津集中；《齐世家》则记载为十一年正月甲子于牧野誓师。根据王国维《周开国年表》和杨宽《西周史》的考证，可以排出这场大战的日子：周武王于一月二十六日从周国都城出征，行军25天，渡河来到盟津。在这里同起兵响应的诸侯国会师。根据《尚书·牧誓》，参照《古本竹书纪年》，率部前来参战的是西南部诸侯，有来自今甘肃南部的羌，陕西眉县的微，四川至汉中一带的蜀，重庆一带的濮，湖北的庸、卢、彭，以及山西南部的髳。从周师构成而言，此役或可视为西部对东部的决战。

面对周师进攻，商纣王征发大军镇压。商朝军队有多少呢？《史记·周本纪》记载为"七十万"，战国时代的著作如《战国策》《韩非子》甚至记载为"甲兵百万"。这些记载都失之夸张，当时不可能有数十万军队。但是，商朝拥有军事优势，毋庸置疑。但正是这一点加速了商纣王的灭亡。历史上统治者的失败，经常是出于对军事力量的盲目迷信。

二月二十六日夜，周师进至牧野，亦即商朝都城朝歌（今河南鹤壁市淇县）南郊，在雨中构筑阵地。面对强大的商朝军队，周武王采取了大胆的进攻战略，没有等候周六师会齐，而是命令精锐部队向牧野发动进攻。二月甲子，亦即二十七日晨，周武王出现在阵中，他左手拿着黄铜大斧，右手挥舞白旄旗帜，对着苍天和部众，庄严发出《牧誓》，号令全军，在前线统帅吕尚的指挥下前进。战鼓擂起，震天动地，48000人的主攻兵团勇猛冲锋，兵车在前，甲兵列阵推进，滚滚压向敌人。让周师意想不到的场面出现了，旌旗如林的商军阵营突然乱了起来，他们不是迎向敌人，而是拔腿向后奔跑。许多商军临阵倒戈，加入周师。此情此景，诚如周武王两年前盟津誓师所言：纣王纵有亿万军民，却离心离德；我虽然只有治乱之臣十人，却同心协力。周师全力追击，下午就攻入了朝歌。在王宫的纣王见大势已去，奔往鹿台之上，自焚而死。

牧野之战把商朝政治高压下的内部真相暴露无遗：纣王集权于上，臣民叛离于下；朝廷敛财禁言，社会穷困思变。一旦有外部力量介入，内部顿时失控，土崩瓦解。从诸侯国叛离，特别是边疆各国响应周族的情况来看，商纣王扩张势力，讨伐夷狄，既伤国力，又失与国，造成了内外交困的危险局面。此时天下有人领头起事，各种矛盾

利簋,周武王时期,1976年陕西临潼零口出土,器内底铸铭文记载甲子日清晨"武王伐纣"这一重大历史事件

汇聚到一起而总爆发,局势便无法挽回。由此看出纣王统治的无方与无能,他不是及时从根本上消除矛盾,而是用高压掩盖,结果自己也不明白问题积累到多么严重的程度,坐在随时喷发的火山口上,还自以为站在泰山之巅而踌躇满志。

周武王大胜,率领诸侯进入朝歌,朝歌民众纷纷出城迎接,但内心充满疑惧。武王让臣下发安民告示,宣布天降喜庆,赐福于民。武王来到纣王自尽之处,射出三支箭,然后下车,持剑轻刺,再拿黄钺斩下纣王首级,悬于旗杆之上,返身回到军中。

第二天,武王在大臣们的簇拥下来到商朝大社,隆重祭奠,敬告天神,宣布铲除了商朝末代暴君纣王,自己是上膺天命，换代革命。接着，武王立纣王的儿子武庚（《史记·周本纪》称作"禄父"）管理商朝故地，任命自己的弟弟管叔鲜、蔡叔度监护。派召公释放商朝忠臣箕子和被囚禁的民众，旌表贤德之臣商容的里巷，给谏诤之臣比干扫墓祭奠。

武王这一系列动作，以及进入商朝都城路上的各种宣示，都在完成推翻商朝的仪式。在不同的场合，武王反复强调自己是奉"上帝"和"天"命吊民伐罪，诛除恶贯满盈的"独夫"（孟子称"一夫"），[1] 即独夫民贼纣王。这是在向商文化影响下的民众和诸侯宣布自己的正义性，说明战争的目的在于推翻商朝统治者，而不是对商朝臣民的征服，以安定人心，获得拥护。

武王派出四路兵马，向全国进军，夺取平定商朝全境的胜利。周朝的军事行动在一些地区遭到商朝势力的抵抗。例如在中原的战斗，俘虏商朝臣下四十多人，缴获战车八百多辆，可知此役规模之大。后来秦国的先君蜚廉和恶来，率领嬴姓部众抵抗周师，经过激烈的战斗，周师取得胜利，一直追击到海边，杀死蜚廉和恶来，才告平定。

《逸周书·世俘解》记载了武王平定全国的战果，一共征伐99个诸侯，斩首177779人，俘虏300230人，降服652国。有学者认为这些数字难以相信，被严重夸大了。这些都属于没有文献记载和实物证据可以验证的推断。如果从当时都邑方国的状态来看，上述记载反映了其数量众多，原来臣属于商朝的方国，或者倒向周，或者因抵抗而被镇压下去，而抵抗周的地区虽颇广，但毕竟群龙无首，先后被镇压了。这个过程在四月初结束，仅用了两个月。看来商朝残存地方势力不能形成有效的抵抗，同时反映出纣王专制独裁确实造成了离心离德的后果。

周武王实现了推翻商朝的目标，留下部分军队监视商朝故地，自己则率领大军回到关中。如何统治偌大的商朝故地，这是周武王不能不认真思考的问题。商朝原来是统治全国的大国，周只是西部政权，而推翻商朝的胜利来得太突然了，如此迅速的进程，估计周领导者都没有预料到。所以，他们尽管对于灭商战争做过精心的谋划，却没有

---

[1] 《尚书·泰誓下》记载，周武王誓师指斥纣为"独夫受洪惟作威，乃汝世仇"。《尚书孔氏传》解释道："言独夫，失君道也。"蔡沈《尚书集传》进一步解释："独夫，言天命已绝人心已去，但一独夫耳。"《孟子·梁惠王下》称之为"一夫"："残贼之人，谓之一夫。闻诛一夫纣矣，未闻弑君也。""吊民伐罪"源自《孟子·滕文公下》："诛其君，吊其民，如时雨降，民大悦。"

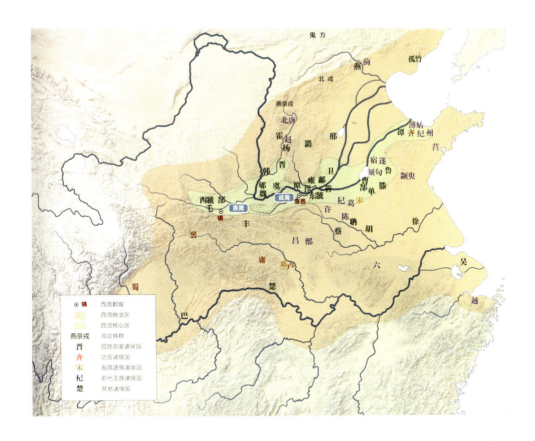

西周时期形势图,据《中华文明地图》

对于夺取全国胜利后的国家治理有周密的预案。这从周武王安定朝歌之后很快退回关中一事看得出来。当时采取的措施显然没有深谋远虑。周立商纣王之子武庚来管理商都,分割商朝王畿,分封给周武王的弟弟监视武庚。至于商朝大部分地方,基本维持原来的格局,交给归顺周的原诸侯继续统治。这种情况同以前更替方国联盟领袖的情况没有太大的区别。

周武王应该也意识到了这种格局对于周朝建立强人的国家政权是不利的,仅就当时而言,周都城偏于西部,对东方总有鞭长莫及之感。因此,周武王回到关中之后马上做了一件重要的事情,将周都城进一步向东迁移,从丰邑迁到镐京(今西安市长安区)。两地虽然相距不远,但镐京是一个新规划的都城,强化了政治中心的建筑,以水环绕辟雍,中间高地筑宫室,建明堂——兼具祭天、祭祖、发布政

天亡青铜簋,周武王时期,清道光年间陕西眉县出土,器内铭文,记载周武王举行盛大典礼,祭祀上帝、周文王

令、举行重大活动的礼仪场所，又是贵族学问教育的中心，力图通过都城的建设来提高政治中心的能力。

都城向东迁移，既出于新形势的需要，也反映出周武王内心的不安。根据《史记·周本纪》记载，推翻商朝之后，周武王反而"自夜不寐"。他登上周朝京城的土山，眺望东方，心事重重。见此情形，周公关切地问他为何事担忧？周武王说道：从我出生到现在，上天不接受商朝的祭祀已经60多年了，以至于郊外怪兽成群，害虫遍野，谄佞小人荣显于朝廷，忠贤君子贬黜于荒外。正是因为上天不保佑商朝，我们才取得胜利。所以，我思考着如何永保周朝的国运不衰落，哪里顾得上睡觉啊。我们必须日夜勤勉努力，办好每一件事情，惩奸除恶，让功德照耀四方。而且，我们必须确定都城，建设明堂祭祀上帝。从洛水到伊水这一带，地势平坦而无险固，是夏朝旧居之地。我南望三涂，北眺太行，观察黄河，在伊洛之间建立都城，应该是离天室最近之处。于是，周武王派人在洛邑进行测量规划。

周武王夜不能寐，可见他对于突然取得重大胜利之后的全国统治忧心忡忡，因为周朝对于东方的控制相当薄弱，现在采取的临时处置充满危险，所以，武王才会想到在东方再建设一座都城。

更加重要的是周朝推翻商朝，并不只是以往更替都邑方国盟主的事件。周朝打算建设能够更加有力地控制四方的新的国家体制。毕竟人口增加了，定居的农业民族可以比流动性大的农牧混合型民族实行更强有力的统治。统治的主体民族变了，统治理念也变了，整个时代都将发生变化。

周武王的担心，很快变成现实。他在推翻商朝两年之后，积劳成疾，加上年龄过大，很快去世了。太子继位，便是周成王。成王年幼，难以承担大任，而周朝正处于关键的历史时刻：推翻商朝带来的巨大的挑战，使得周朝不可能回到从前继续埋头于西北一地的自我发展，必须谋划全局，建立起大国治理的新体制。如果失败则天下必将大乱，周朝也自身难保。

据说周武王有十多位兄弟，其中管叔、蔡叔和霍叔，被分封在原商朝王畿，史称"三监"[1]。管叔分封于管（今河南郑州），奉周武王之命控制东方，相当于方伯，为"三监"之首，是周朝在东方最重要的诸侯。蔡叔分封于蔡（今河南上蔡），霍叔分封于霍（今山西临汾霍州市西南）。他们的主要任务是监督周朝所立的武庚，控制原商朝地区。

"三监"和武王，以及掌握朝政的周公都是兄弟，周公最具有才干，一直留在武王身边辅佐。但是，从兄弟排行而言，周公是管叔之弟。武王死后，兄弟彼此不服，自可想见。武王对此并非全然没有感知，根据《逸周书·度邑解》记载，武王把建设新都城的任务交给周公的时候，有意传位于他，周公拒绝了。

武王去世后，周公辅佐成王继承大位，担心主少国疑，诸侯叛乱，就自己践天子之位，摄政称王，管治天下。这显然是为形势所迫而采取的紧急措施，因为商朝贵族的势力还相当强大，而且，东方不少夷族尚未归附周朝，很容易趁机叛乱。周公担忧的是商朝贵族势力，然而，真正发动叛乱的却是周朝贵族，正所谓祸起萧墙。

周公践位称王，马上引起管叔等人的反弹。管叔是周公的兄长，颇有政治野心，所以，他非常注意朝廷的动向。见到周公践位称王，便认定周公篡位。于是，他联合蔡叔和霍叔起来造反。更严重的是，他鼓动商朝武庚共同起兵，而且还联合东夷等部族一同作乱，使得这场争夺最高权力的内斗演变为颠覆周朝政权的战争。

商朝灭亡之后，其贵族势力还很强大，武庚也不是周朝的顺臣，一直有复辟商朝之心。东夷、淮夷所在区域甚广，包括今辽宁、河北、山东、江苏北部沿海地区，他们以游牧和狩猎为主要生产方式，骁勇好斗。商朝后期，不断同东夷发生战斗，包括纣王在内的多位商王曾经大规模征伐东夷，消耗了大量的人力和物力，有学者甚至认为周朝能够顺利推翻商朝，很大程度得益于纣王对东夷的战争。在周推翻商的过程中，东夷持观望态度，故周武王表面上似乎顺利地招抚了东夷，其实不然，武王对此也怀有忧惧。现在受到管叔等人的煽动，东夷也认为是挺进中原的绝好机会，便大举响应。

[1] 关于"三监"，自古就有多种不同的说法，杨宽《西周史》做了比较完整的介绍和分析，可参阅。

周公所处的形势非常严峻,内部反叛势力、商朝复辟势力和东夷扩张势力这三股势力合流,声势浩大。周朝内部人心惶惶,担心、动摇、悲观丧气的大有人在。面对如此严峻的形势,周公表现出了领导人的冷静和团结人心、审时度势的智慧。他明白,大敌当前,最重要的是内部团结,给大家信心。周公祭出了周文王的法宝,用其留下的大龟向上帝占卜,向部下宣言:[2]

> 2　周公问卜的宣言,见于《尚书·大诰》,其文字佶屈聱牙,非常接近周代金文,是西周初的重要文献。

> 近来上天不断给我们周朝降下灾祸,我不敢把这一重要的事情掩盖起来,而要用文王传给我们的大宝神龟来卜问上帝的命令。命辞上说:"有很大的灾祸降临到周朝,就是周朝内部也有人不安静。"于是这些叛乱分子蠢蠢欲动,殷人的小王武庚竟然妄想复辟他们已经灭绝的王统。不少地方的人起来响应叛乱。

周公的智慧在于敢把真相告诉大家,而不是封锁消息。信任是信心最重要的基础。大敌当前,商纣王隐瞒真相,甚至用高压禁止部下谈论,结果导致信心崩溃,谣言四起。周公汲取纣王的教训,坦言形势严峻,那么,应该怎么办呢?周公说道:

> 我已经得到了吉利的卜兆,我要带着你们众多诸侯国的军队去讨伐那些殷人的亡命叛臣。我这个年轻的王,绝不敢废弃上帝的命令。上帝嘉美文王,才使得我们小小的周国兴盛起来。文王遵循着占卜的旨意行事,所以能够继承天命。现在,上帝又要援助我的民众,况且,这也是按占卜的旨意行事。啊呀,天命威严,帮助我成就伟大的功业吧!

周公用文王听从上帝旨意而崛起的历史,结合自己占卜获得的吉兆,归结为天意再次把胜利降临给周朝,用至高无上的天意,坚定大家的信心,以使众志成城。

周公东征相当不易,整整用了三年的时间,才镇压了东方的叛

保尊,西周早期,河南博物院藏,铭文记载周王命保平定武庚叛乱的史实

乱，诛杀了武庚和管叔，流放了蔡叔和霍叔。《孟子·滕文公下》说"灭国者五十"，这未必是准确的数字，但说明这场战争让周朝消灭掉不少反对者，而且，周朝的权力范围大大拓展，延伸到东部海边。

平定"三监"之乱的意义非常重大。武王灭商之后，商朝贵族的势力仍然强大，武王采取怀柔安抚的手段，仍由他们盘踞于中原，实行自治。而更远方的东夷、淮夷，则是鞭长莫及。所以，在武王时期，周朝取代商朝，实质上与更换都邑方国盟主没有太大的区别。虽然周武王对此不满意，有不少计划，却不敢轻易启动。现在是对手发动叛乱，正好给了周朝第二次平定东方的机会。周公看透了这个关键问题，采取强硬对策，出兵镇压，不惜耗费巨大代价，坚持打了三年，直到取得彻底胜利。到这时候，再没有能够对抗周朝的势力了。这是自夏朝以来从未有过的情形。在这个基础之上，周公可以实现对于全国的有效统治。

"三监"之乱固然是一场危及国本的叛乱，但是，周朝执政者善于因势利导，变坏事为好事，获得极大的成功。因为他们深知为何而战，所以，战争开始以后，周朝就没有局限于平叛的低级层面，而是利用机会把此战演变为推进掌控全国的进程，并且通过军事手段实现了目标。诚然，军事手段在初期是最直接有效的，但是，如果没有后续的政治手段和一系列配套的制度建设，军事胜利将显现出极大的脆弱性。在历史上，军事帝国总是昙花一现，就是这个道理。

三　汲取殷鉴，强调惠民守法

周朝要如何管理偌大的中国呢？从灭商以来，周朝的执政者为此思虑再三。《史记·周本纪》记载，周武王胜利之后，曾经虚心地向商朝名臣箕子请教商朝灭亡的原因。如何治理国家？这是非常严肃的问题，绝不能根据空想，应该首先找到引起社会革命的病根所在，对症下药。毋庸赘论，总结历史是治理国家的起点，前朝所失，便是后继王朝最需要立即纠正之处，拨乱反正，方得人心。

周朝是中国古代历史上存续时间最长的朝代，其国家治理无疑非常成功，之所以取得如此成就，其中一条重要的经验就是善于总结历史的经验教训，汲取前车之鉴。这条经验给了后来的执政者很大的启发，形成了一个很好的传统，那就是建国伊始便组织政治家和历史学家客观地为前朝修史，找到社会弊病所在，确立新政权的治理方向。中国古代两大盛世王朝汉和唐都善于总结历史教训，汉朝念念不忘秦朝失败的原因，刘邦让陆贾编纂《新语》；唐太宗命宰相房玄龄和魏征主持编修前朝各代史书，不断借鉴隋朝灭亡的教训，提出"以史为鉴"，故其执政者能够克制急功近利的冲动，避开前朝落入的发展陷阱，使唐朝成为帝制时代存续时间较长的王朝。

周文王、周武王、周公以及召公、姜太公等周初政治家，亲身经历了商朝的统治，眼见商纣王是如何自毁根基、走向失败的。因此，他们当政以后一直在汲取商朝灭亡的惨痛教训。《尚书》保存着多篇周初重要的政治文件，留下许多宝贵的治国理政思想和成功的经验。

商朝的终结者是纣王，但不能简单地给他贴上暴君的标签。用价值评判取代深入分析，是把历史当作小说阅读者的普遍倾向。如果把启智心灵的乳汁当消毒水或者兴奋剂喝了，不仅迷茫照旧，还会增加偏执。历史是前人所作所为的记载，是社会上真实发生过的绝好案例，是智慧和经验的宝库。要从历史中获得启发，首先要客观地对待历史，抛开贴标签的价值评判，贴近史实，贴近历史人物，用我们全部的心灵智慧和人生阅历去理解，去感悟，从而开拓自己的眼界、胸怀，探明历史的前因后果，洞彻人生与社会的存在与演化。

纣王如果只是一位愚蠢狂妄的人，那我们就不必费神去分析他了，只能怪商朝命逢大劫。真实的纣王聪明过人，体魄雄健。社会上常见的聪明人，往往好静而不壮；体格魁梧的人则常常智商一般。纣王心智体健，属于难得一遇的人才。身体强健，使得他好动；思维敏捷，使得他点子多。所以，他多才多艺，经常想出一些匪夷所思的主意，说做就做，比如亲自同猛兽格斗，制作新巧乐舞，开裸体舞会，把治理国家当作游戏，自信天下无敌，谁都不放在眼里。从这些记载来看，纣王属于有小聪明且好动的类型。历史上的杀身亡国之君多属于此类。因为真正的智慧来自深远的洞彻，所谓"宁静致远"就是这个道理。

小聪明与鬼点子，用于国家治理，出台时自鸣得意，很快就四处碰壁，国家和民众的利益也受到损害。于是，大臣和百姓有了意见。缺乏自信又自视甚高的逆反性格的人，最听不进不同意见，又死不认错。所以，他只能使出一招：禁言。周朝总结，商朝就是从这里开始走向衰败的。禁言必定容不下有头脑的大臣，因而出现了忠直者遭迫害，拍马进谗者充斥朝廷的现象。丈夫抱着襁褓中的婴儿，携带妻女，悲哀地呼号上帝，诅咒纣王灭亡，惶惶不可终日。[1]

从这个教训，周公告诫成王，商朝和周朝的通达明君，当有人告诉他们"民众在怨恨你，咒骂你"的时候，他们会加倍恭敬地以德办事；他们有了过错，会坦诚地说"这是我的错"。他们不但不怨恨进言者，反而十分乐意听取意见，检讨自己的得失。听不到实话，百官就会互相欺瞒。假如有人告诉你："民众在怨恨你，咒骂你。"你就轻信了，不能虚怀若谷，不把法度放在心上，胡乱惩罚无罪之人，滥杀无辜，民众的怨恨一旦汇合起来，便集中到你的身上。[2]

周公从纣王的失败教训中总结出必须广开言路的道理，提倡开明的政风。

从纣王的成长经历来看，其刚愎自用的性格主要因为生长于宫中，完全不了解稼穑艰难和民间疾苦。从小予求予取的人，东西来得太容易，便不懂得珍惜，更不会体恤他人，只顾自己享乐，恣意妄为。纣王经常酗酒，酣睡不醒，丧失威仪，臣民无不痛心疾首，而他却一无所知，直到商朝灭亡前夕，他还不懂得忧虑。家教失败的结果是出败家子。周公说，君子做官不应该贪图安逸享乐。如果了解耕种收获的辛苦，就会知道农人的艰难。看看那些农人，父母辛勤劳作，儿子却不知其苦，贪图安逸享乐，行为放肆，举止粗鲁，乃至于轻视侮慢他们的父母说："上了年纪的人，什么也不懂。"

商朝能够崛起，并且存世数百年，说明其间有许多贤明的领袖。

[1] 《尚书·召诰》。

[2] 《尚书·无逸》。

创建商朝的成汤固不待言，成汤去世后，历经三代，到其嫡孙太甲继位，贤相伊尹辅佐，专门写了《伊训》《肆命》《徂后》三篇训诫来阐述治国之要。但是，太甲刚愎，不爱学习，暴虐放肆，伊尹干脆将他放逐禁锢于桐宫三年，自己摄政当国。太甲在桐宫反省，悔过自责，下决心痛改前非，伊尹把他迎回复位。太甲了解民众疾苦，施惠于民，宽仁修德，获得诸侯国的拥护，纷纷前来朝觐，百姓安居乐业。

商朝中宗严肃庄重，心存敬畏，以天命自律，恭谨理政，不敢怠惰。有一次，都城亳出了怪事，桑树和榖树共生在朝堂上，一个晚上长成两手合抱那么粗。中宗非常害怕，问贤相伊陟怎么办。伊陟跟他讲："我听说妖异不能战胜有德之人，会不会是您的施政有什么失误啊？您修养德行吧。"中宗听从伊陟谏言，怪树不久枯死了。所以，中宗享有王位七十五年。

商朝高宗做太子时，曾经长期在外服役，惠爱民众；等到登上王位，心想大治天下，却苦于没有贤人相助。他三年间沉默不语，让宰相主持国政，自己观察国情民风，偶尔谈及国事，深得大臣们的赞同。他梦中遇见贤能，醒来在国内遍访，终于找到服劳役的傅说，拔擢为相，把商朝治理得太平安康。有一次，高宗祭祀先祖成汤，次日有野鸡飞来，立于鼎耳上嘶鸣。高宗大惧，贤臣祖己劝慰他说："大王不必担忧，先办好政务。"祖己进一步开导说："上天监察下民是根据他们的道义。人寿有长短，不是上天让人夭折，而是人自绝性命。有人不遵循道德，不肯服罪，等到上天降下符命来纠正，他们才悲呼奈何。所以，大王只需努力给民众办事，不要做不符天意的事情；按照常规祭祀，不采用应该抛弃的邪道法术，自可无忧。"高宗采纳祖己的意见，修行德政，全国上下欢欣鼓舞，从民众到百官，无人抱怨。因此，高宗享有王位五十九年。

高宗以后继位的君王，生来就贪图安逸，他们不了解耕作之艰辛、民众之劳苦，沉湎于享乐之中，商朝君王就没有能够长久在位的了。[1]

一部商朝盛衰的历史，成为周朝的治国明镜。周公语重深长地对

[1] 以上参阅《尚书·无逸》和《史记·殷本纪》。

盂青铜鼎铭文，周康王时期，铭文中，周康王向盂讲述文王、武王的立国经验，告诫盂要效法其祖先，衷心辅佐王室。铭文中"丕显文王受天有大命"，体现了周人天命观；"我闻殷坠命，唯殷边侯甸与殷正百辟，率肆于酒，故丧师矣"，则是周康王告诫盂，商内外臣僚沉湎于酒，以至于亡国，透露出周人对于商人嗜酒误国这一前车之鉴的警示

周成王讲述商朝历史，指出其兴盛在于心存敬畏、勤俭爱民；其失败则始于宫中成长的后嗣无知而狂傲，肆意妄为。商朝治乱交替，正好同君王俭奢变换完全吻合。所以，周公再三告诫成王要"无淫于观、于逸、于游、于田"[2]，即切勿过度游览、享乐、田猎。《酒诰》篇则专门讲述商初因戒酒而兴、商末因酗酒而亡的教训。奢侈糜烂的生活，必定导致出现奸邪当道的现象，这是周初力戒的主要问题。

周朝执政者一直提醒自己，身居高位要慎重行事，谨敬德行，加强自身的道德修养。同时，要研读历史，不能不以夏代为鉴，以商朝为鉴。[3]所以，要深入到商朝百姓之中，广泛访求商朝圣明先王的治

[2] 《尚书·无逸》。

[3] 《尚书·召诰》载："王敬作所，不可不敬德，我不可不监于有夏，亦不可不监于有殷。"

国之道，以此来安定、治理民众；还要进一步寻求并了解古代圣明君王的治国之道，用以保民，达到安康。[1]

社会问题纷繁复杂，执政者一方面要根据现实社会和民众的现状，积极探索管理的方法、手段、制度和法律，另一方面则应该从前人的治理经验中得到启发。尤其像中国这种具有悠久文明的国度，积累了非常丰厚的历史经验，从中汲取智慧是一条真正的捷径。

周朝的成功，在于不断地从历史中学习。周文王灭商之前花费心血整理《易》和历史，深刻认识到国家兴衰的道理，走出一条发展壮大的道路。灭商之后，以周公为代表的周朝执政者，更是言必称历史，《尚书》的记载，反映得非常清楚。周取代商，也是文化的一大转变。商朝留下来的文献，主要是问神占卜的记录，而周朝则转变为深入了解历史、重视人文传统的人本主义文化时代，从而把国家治理从以神为尊转变为以人为本。

夏朝和商朝为什么会灭亡呢？周朝执政者不能完全否定"天意"，因为他们也需要借用"天意"来建立自己的合法性。召公说：我不知道，夏承受上帝赐予的大命，有多长的时间……我不知道，殷承受上帝赐予的大命，有多长的时间。显然，夏和商的成立，是获得了天命，所以，现在周取代商，也是因为获得了天命。[2]

获得天命就能高枕无忧吗？夏和商的灭亡证明，天命无常。因此，周取得政权后对此必须保持高度的警惕，天命可以获得，也会丧失，得之则兴，失之则亡。

夏朝是怎样失去天命的呢？周公说：夏桀偏重天命，不能长久恭敬祭祀，于是上帝便给夏国降下了深知天命的人，而夏国统治者却大肆安逸享乐，不肯慰勉百姓，淫逸昏乱，不能勤勉地按照上帝的教导办事。夏桀虽然考虑到上帝的命令，却不能明白民众的苦难，并把他们从灾难的网罗中解脱出来，上帝便降下严厉的惩罚，颠覆夏朝。这完全是夏桀咎由自取。夏桀习惯在国内为非作歹，不按照上帝的旨意办事，一味搜刮财产，大肆荼毒民众。正因为如此，忿戾之风日盛，残暴横行于夏都，故上帝寻找可以做民众君主的人，于是降下美好的

[1] 《尚书·康诰》载："绍闻衣德言，往敷求于殷先哲王，用保乂民……别求闻由古先哲王，用康保民。"

[2] 《尚书·召诰》。

大命给汤，命汤灭掉夏国。商朝灭亡几乎是夏朝历史的重演。

周公在此对夏和商灭亡的历史进程做了重要的阐释。第一，王朝要有天命才能兴起。第二，王朝统治者要懂天命才能维系。夏和商的末代君王不懂天命，上天便降下懂天命的人来帮他们，但他们不悟。这就解释了王朝末期头脑清醒的忠良之臣遭到排斥的现象。第三，如果统治者不悟天命而肆意作孽，便会有新的负有天命的人降生，于是就发生改朝换代的革命。周公用周朝取代商朝的历史讲解道：上帝为了使殷纣悔悟，等待了五年的时间，让他继续做民众的君王，但他仍然没有恭敬听从。上帝也同样要求四方诸侯，降下大灾以示警告，开导他们顾念上帝，但是四方诸侯不能承担上帝的命令，只有周国君王善于秉承上帝的旨意，广布德教，接受上帝所赐予的大命。因此，上帝就把善美的道路送给我们，选择了我们，赐予我们殷国的大命，统治四方诸侯。[3]

周公认为可以向上天争取"天命"转移。那么，上天根据什么做选择呢？周成王做出响亮的回答："皇天无亲，惟德是辅。"[4] 上天不偏不倚，谁有德就选中谁。因此，执政者必须不断地积善积德，在位的可以保有天命，在野的可以争取被上帝选中。周朝已经夺取政权，意味着被上天选中了。但是，如何治理好国家却是生手，毫无经验。怎么办呢？周朝执政者不但提出从历史中汲取智慧，还提出向商朝学习治国经验。

周公发出命令：前往殷人的故土，广泛访求商朝圣明先王的治国之道，以此来安定、治理民众。[5] 他没有把商朝抹黑得一无是处，而是对其治绩给予充分肯定，展现周朝执政者的谦虚态度和宽阔胸怀。周公认为，商朝从汤到帝乙，没有不努力实行教化、谨慎祭祀上帝的。[6] 因此，成汤受到四方诸侯的拥戴，代替夏桀做了民众的君王。他谨慎地施行刑律，劝导百姓走上正道。他对犯罪的人使用刑罚，是为了劝诫他们弃恶从善。[7]

周公据此论述了国家治理的目标，说道：引导民众走上正道，才会安定。这里我们要思考殷商圣明先王的德政，以治理民众达到安康

---

[3] 《尚书·多方》。

[4] 《尚书·蔡仲之命》。

[5] 《尚书·康诰》。

[6] 《尚书·多士》。

[7] 《尚书·多方》。

作为最终目的。¹

引导民众走正道,关键在于执政者必须以德行为先,民众才会依法度行于天下。²推行德政,诸侯国君就会常来朝觐,带来各国的贡享,招徕远方,辅助王室,民众心悦诚服。要想周朝万年长存,周王的子子孙孙都要永远保护人民安康。³

周朝的执政者清醒地认识到,王朝不可能要求民众永远忠诚,想要得到民众的拥护,只有为他们谋利益。因此,周成王敢于公开宣言:"民心无常,惟惠之怀。"⁴（民众的忠心不是固定不变的,只是怀念爱抚他们的君王）执政者没有权力去指责百姓,诚如古训所言"人,无于水鉴,当于民鉴",⁵亦即不要只拿水做镜子,还应该把民众作为镜子来观察自己。以民为本,就是根据历史经验提出来的。要怎么做呢？周公树立周文王作为楷模,说道：文王心地善良仁慈,态度和蔼恭谨,关心爱护人民,把恩惠施于那些鳏寡孤独无依无靠的人。从早晨到中午,直至黄昏,忙碌得无暇吃饭,为的是让万民和谐地生活。文王不敢沉湎于游逸玩乐,使归附的方国诸侯都勤勉于治理国家。⁶

实行德政的关键是让民众心悦诚服,做不到这一点,即使执政者屡加训导也无法同心同德,那是执政者的错,上帝要惩罚的。对此,周公说我们不能埋怨。执政者一定要谨慎,不要引起民众的怨恨,不要使用阴谋诡计,不要违背国家大法,那会闭塞自己的诚心。要努力施行德政,以安定民众的心,眷顾他们的德行。治理百姓的方法要深谋远虑,这样才能使民众安定下来,执政者也才得以不犯过失,不会遭到灭顶之灾。⁷

国家一定要遵循法治,周公指出：处理诉讼案件,要公布有关的法律,以约束民众,显示殷商法律的合理公允。执法要公正,不能权大于法。周公告诫道：审判要依据殷商法律,列示相关法律条文,做出合理的判决,不得以执政者的个人意志为准。假如完全按照执政者的意志,还说是顺从上帝的旨意,那就称不上断案完满。断案必须遵循德政原则。

依法治理还要有伦理道德相辅,才能彰显效果,令民众心服。所

---

1 《尚书·康诰》。

2 《尚书·召诰》。

3 《尚书·梓材》。

4 《尚书·蔡仲之命》。

5 《尚书·酒诰》。

6 《尚书·无逸》。

7 《尚书·康诰》。

以,周公说:首恶罪犯就是不孝不友之人。做儿子的不恭敬地服侍父亲,会深深伤害父亲的心;做父亲的不能爱自己的儿子,就会厌恶儿子;做弟弟的不能顾念上帝的天命,就不尊敬自己的兄长;做兄长的不能顾念弟弟的痛苦,就不友爱弟弟。如果发生这种情况,执政者不逮捕惩罚,上帝赋予其统治人民的法律就会被破坏殆尽。周族是定居型农业民族,所以对维护家庭和睦极其重视。这里显示出礼法结合的治理思路。

对依法治理的危害还来自行政方面。例如诸侯国、各级官吏另搞一套,发布政令,造谣惑众,欺骗人民,以博取声誉,对于国家的大法根本不放在心上,危害自己的君主,这就助长了邪恶,必须根据他们的罪行,依法铲除。

官吏欺压百姓,也是损害国家治理的严重问题,必须予以打击。对于作威作福、违背国王命令、阳奉阴违的官吏,不是用德政可以治理好的,必须予以严厉整顿。[8]

> [8] 以上各段要旨均见于《尚书·康诰》。

惠民、善政、法治,这些都是周朝总结历史经验得出的国家治理原则,将其归结为"敬天保民",由此形成中国古代的国家政治理念和传统,影响深远。

四 基于家族原理的分封、宗法、井田与礼法制度

国家理念要靠国家制度来贯彻。国家制度随着时间的推移,才能够将其内涵展现出来,看出设计者的意图及其得失成败。周在灭商之后,颁布实行了新的制度,同商朝很不一样,产生了长久的影响。只有深入了解西周的分封制度、宗法制度、井田制和礼制这四大支柱,才能理解长达八百年的周朝,以及受其影响而形成的政治文化传统。

西周最初实行的是分封制。

周武王进入商朝都城朝歌,深深感到周是小国,要统治大国商非常不容易。中原的商朝贵族势力相当强大,周也没有做好统治全国的准备,时刻担心商朝贵族卷土重来。出于多重考虑,周实行了分封制度。

首先,立纣王的儿子武庚继承商祀,落实周进军过程中一再宣称

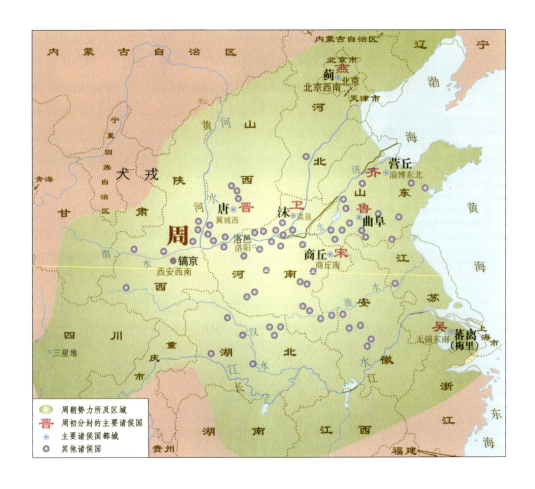

周初分封示意图。据《地图上的中国史》

的诛除暴君纣王、不株连其他人的诺言。周的承诺符合当时社会的一般认识。夏商周三代是从都邑方国演变到封建制的时代，迄至周兴，夏商两代革命实际上是更换方国盟主，各个方国也是用这种眼光看待周人东征的，周不可能超越时代和现实格局，征服各国。孔子《论语·尧曰》称赞周"兴灭国，继绝世，举逸民，天下之民归心焉"。说明当时社会视兴灭继绝为仁人善政，符合政治通则。反之，对政敌征服灭族，株连旁系，会引起恐慌和反抗。所以，周按照规则行事，大幅度降低敌意，收拢人心，实为明智之举。

对商朝的分封不限于武庚，商朝忠良也得到重用。微子启是纣王的长兄，曾经多次劝谏纣王，但不受待见。他见纣王一意孤行，甚至公然杀害劝谏大臣，只好退隐而去。周武王灭商，他肉袒面缚，持祭器来到军门，向武王投诚。武王亲释其缚，命他复位，将宋国封给他，让他统治黄河以南商旧都周围地区。武庚称兵作乱被镇压之后，周朝让微子代为商王室之后，奉其先祀，不绝商胤。任用商朝贤良实行自我管理，是周朝统治东方的方针之一，有利于迅速将商朝部众纳入周朝。

周朝命微子继承商祀时对他发布训词：你要谨慎履行职事和使命，遵循常法，成为周王室的屏障；弘扬你显赫先祖的功绩，用法律约束你的人民，长久安定你的上贡之位，辅弼我。[1] 可知周朝让微子在其封国实行商朝法律制度，不改其政。周朝平定武庚叛乱之后，仍然分封了不少商朝贵族大臣，在其权利和义务方面，周朝向他们宣告：你们仍然可以保有你们的土地，也可以安心地劳作和休息，只要你们能恭敬我周国，上帝便会给你们以怜悯；如果你们不恭敬我周国，你们不但不能保有土地，我还要把上帝的惩罚加到你们身上。[2] 由此可知，周朝对商的统治，不是征服奴役，而是保证其利益，吸收于周朝之内，使之与周朝融为一体。

其次，商朝的实力实在强大，周武王一直放心不下，所以，他干脆扩大分封，走出第二步，分封"三恪"。"恪"的意思为"敬"；"三"为天数，内含"多"义，故不是确指。周要礼敬哪些伟人呢？有学者把"三"作实数解，考证周朝礼敬虞、夏、殷三代。虞舜后代阏父，在周任陶正，周武王将元女（长女）嫁给其子阏满，封于陈（今河南淮阳），为陈国始祖胡公；封夏氏之后于杞（今河南杞县）；将虞舜后嗣，与夏商二王之后祀，并为"三恪"。

封"三恪"体现的是追尊上代圣君的精神，如果只上溯至虞舜，其精神难以完全展现。实际上，周追封得更远，文献记载可以见到分封黄帝之后于铸（今山东肥城南），"铸"与"祝"是一声之转。铸国到春秋时代还存在，有青铜器"铸公簠"的铭文为证，孟妊车的母亲为铸公之女，姓"妊"，亦即"任"，为黄帝后嗣之姓。封唐尧之后于黎。

据此可知，周武王从商朝一直追溯到黄帝，分封了黄帝、尧、

[1] 《尚书·微子之命》

[2] 《尚书·多士》

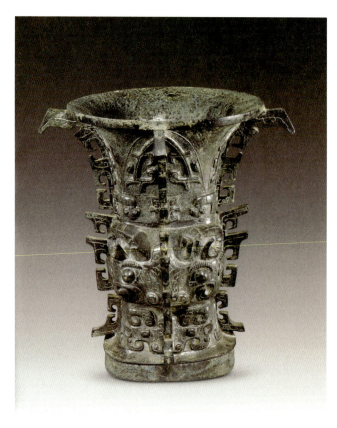

何尊,西周成王时期,1963年陕西省宝鸡市贾村镇出土

舜、禹、汤后嗣。此事之所以重要,在于体现了尊重先王和传统、一体公平的精神。如果只立商朝之后嗣,可以理解为对商朝贵族的笼络,属于常人所用的政治手法。现在对黄帝以来的圣君后嗣全部分封,便消除了政治上的刻意,体现出包容天下的胸怀和公平,实际上也形成了对商朝贵族的制约,这无疑是周朝高明之处。所以,后世的王朝纷纷效仿,立国后也追尊"三恪"。

最后,分封周族功臣。武王分封的

主要功臣有姜太公吕尚，封于齐国；周公封于鲁国；召公封于燕国，以及管叔、蔡叔和霍叔"三监"等。这次分封的规模不大，除了最重要的"三监"处在商朝王畿的中心地带，姜太公、周公和召公都分封在遥远的东方（那里尚属于待开发之地），主要用意在于从东方控制商朝贵族集中的中原地区。

平定"三监"及武庚叛乱之后，周朝汲取以前对东方控制不力的教训，做了很大的改变。周武王灭商后就想在东方建立中心都邑，改变周朝都城偏在西部、对东方鞭长莫及的状态。平"三监"之乱后，周公马上实行这一计划，兴建洛邑作为东都，称作"成周"。成周居中国之中，西北紧靠关中，东面通往中原和山东，平敞开阔，既可以同周朝镐京相呼应，又便于迅速到达中原各地，掌控东方。成周建成之后，周朝对全国的控制力空前强化。1963年，陕西宝鸡出土了何尊，其铭文讲述营建成周的经过，同传世文献记载相吻合，其中说道：

盠青铜方彝铭文，西周昭王、穆王时期，其内容涉及西周职官中的"司徒""司马""司空"以及军队编制中的"六师""八师"

"余其宅兹中国,自之乂民。"这是最早出现的"中国"记载,中国就是以成周为中心逐步拓展而成为全国的名称。

成周建成之后,周朝将各地的"殷顽民",亦即商朝贵族旧部迁徙到这里,分封土地,命他们在此重新营造产业,并加强监督和利用,防止再次叛乱。周朝在此地驻扎了强大的军队,号称"成周八师",震慑胆敢反叛的商朝贵族以及地方诸侯和蛮夷。

通过平定"三监"之乱,周朝的势力得到很大的增强,周成王、周公得以推行比武王更强硬的政策。早期分封的时候,周武王还很重视平衡各方势力,到周成王时则转变为主要分封周人。《左传》说:武王克商,分封兄弟之国15个、姬姓之国40个。[1] 到周公时,建立71国,姬姓国就占了53个,亦即姬姓封国占到将近75%,政策倾向非常明显。

从姬姓国家分布的情况也可以看出周朝的政治意图。姬姓国家朝东、北、南三方面拓展,安置在交通要冲和主要的农业地区。

[1] 《左传》"昭公二十八年"条记载:"武王克商,光有天下,其兄弟之国者十有五人,姬姓之国者四十人。"

匽侯青铜盂

义铜方彝,西周,盖内和器内底铸有铭文,记载周武王赏赐义二十朋贝。义属于丙族,身份为殷移民,反映了周灭商后,还保留了殷商移民较高的政治地位

东线沿着黄河两岸向东展开,最为重要。黄河北岸有魏、虞、单、邢、原、雍、凡、共、卫等国;黄河南岸有焦、北虢、东虢、祭、胙等国。今山东境内有曹、茅、郜、极、郕、鲁、滕等国。黄河是北方命脉,周朝通过分封牢牢控制了黄河流域。

北线有耿、韩、郇、贾、晋、杨、霍等国,在今山西境内;邢、燕两国,在今河北境内。

南线有应、蔡、息、蒋、随、唐等国,在今河南境内;宜,在今江苏丹徒。

周的众多封国分布在中原地区,进而深入到长江下游和江南地区[1],这是中国有史以来从未有过的情况。

西周实行的分封制度,范围很广,内容也相当复杂,各个时期有所不同。其中,以平定"三监"之乱以后,由周公和周成王主导的分封,意义最为重大。

平叛的胜利,让周朝执政者可以携战胜之威,以压倒性的优势强力改变社会现状,把全国纳入周朝统治之下,成为控制全国的王朝。也就是说,以前像满天星斗的方国,其地位发生了重大变化,出现了像太阳一般的中心朝廷后,所有的方国都必须变成行星,围绕太阳旋转。

把各个方国纳入这个系统的主要途径,就是面向全国的分封。以往没有方国的地方,派人前去开发,封土建国;有方国的地方,则必须重新得到周朝的承认,接受分封,变成臣属于周朝的诸侯国。全国的方国重新洗牌,全面转换。[2]

第一,以周朝姬姓为主,作为封君,派往四面八方。

第二,最难处置的商朝贵族:1. 殷顽民一部分迁往成周,也就是洛阳,在周朝的严密监督下,重新置业。2. 商朝旧贵族、旧官僚被分配给周朝的封君,一同前往新的领地,共同创业。封国建设起来后,封君成为诸侯国国王,随同前往的商朝旧贵族变成国人。

第三,商朝的方国君主、贵族,也被分配给封君,待遇与商朝旧贵族一样。

---

[1] 杨宽《西周史》,上海人民出版社,1999年。

[2] 参阅杨希枚《先秦赐姓制度理论的商榷》,《"中研院"历史语言研究所集刊》第26本,1955年。清朝学者顾栋高《春秋大事表》提到,在春秋诸国中,有20个国家曾经迁移过。陈槃《春秋大事表列国爵姓及存灭表撰异》,《"中研院"历史语言研究所专刊》52,1969年;《不见于春秋大事表之春秋方国考稿》,《"中研院"历史语言研究所专刊》59,1970年。陈槃先生发现明确发生国土迁移的国家,高达71个,并且详细记录在地图上。据此可见,春秋诸国的迁移,有一定方向,几乎毫无例外,都是从比较接近宗周或成周的核心地区,逐步往外移。例如,鲁国最早的封地在今河南鲁山;燕国原在今河南郾城,郾和燕是相通的;郑国最早封地在今陕西,大约到周穆王时改迁到河南,至今留下地名痕迹:新郑。

例如东方的鲁国分得殷民六族，分别是条氏、徐氏、萧氏、索氏、长勺氏、尾勺氏。这六族要带领自己的族人以及他们的部众一同到鲁国去辅助周公，用周的制度治理鲁地。卫国分得殷民七族，分别是陶氏、施氏、繁氏、锜氏、樊氏、饥氏、终葵氏，追随康叔去开发卫国。唐国分得怀姓九宗[3]，当是听命于商朝的赤狄族隗姓方国[4]。

这些殷民大多是世臣大族，诸侯国建立以后，他们就变成了"国人"。国人享有一定的政治与经济权利：首先，国家有大事要征询他们的意见；其次，他们有缴纳军赋和充当甲士的责任，成为国君和贵族在政治上和军事上的支柱。因此，他们在国内政治的关键时刻，常常能够发挥举足轻重的作用，例如国君的废立、卿大夫之间内讧的胜负，往往取决于"国人"的态度。

根据文献记载，国人在诸侯国内保留其原有的社会形态。例如鲁国阳虎欲专擅国政，便到周社同周系贵族立誓，去亳社同商系国人结盟。[5]由此可知，商族臣民到各个诸侯国演变为国人以后，还保持着自己的文化传统，并且建立了源自商朝亳都分脉的亳社，祭祀先祖，凝聚族群，成为中心之地。

商朝贵族挈领"类丑"随同封君前往各地。所谓的"类丑"属于商贵族的奴隶。[6]亦即商朝旧权贵依然保有自己的奴隶，在新的国家获得土地，保持原来的生活形态。周朝不改变商朝的社会结构，尊重权贵阶层的既得利益，只变换其所忠诚的君主，将其纳入周朝体制之中。

周朝推行的封建制度，属于权力与义务分层的结构。总的来说，通过把政治、经济、宗教、文化等社会权力逐级分层分配，权力的大小与责任义务的轻重相匹配，若非下一级必须承担的义务，上级不介入下级的内部事务，例如周天子一般不介入诸侯国内部事务，诸侯王得以独立行使权力。分层权力结构柔软，有利于适应差异性甚大的复杂社会与众多族群，使它们先纳入其中，再求融合。周朝借此实现以下目标：

第一，周朝通过把商朝分配给周的封君，辅佐其开辟新领地，封疆建国，实现一个非常重要的目标，那就是化解周和商之间的矛

---

[3] 《左传》"定公四年"条记载："殷民六族——条氏、徐氏、萧氏、索氏、长勺氏、尾勺氏，使率其宗氏，辑其分族，将其类丑，以法则周公，用即命于周，是使之职事于鲁，以昭周公之明德——殷民七族——陶氏、施氏、繁氏、锜氏、樊氏、饥氏、终葵氏，封畛土，略自武父以南，及圃田之北……分唐叔以大路密须之鼓，阙巩沽洗，怀姓九宗，职官五正"。

[4] 参阅王国维《鬼方昆夷玁狁考》，收于《观堂集林》卷13，《王国维遗书》，上海古籍出版社，1983年。

[5] 《左传》"定公六年"条记载："阳虎又盟公及三桓于周社，盟国人于亳社。"

[6] 《左传》"定公四年"条记载，殷民"帅其宗氏，辑其分族，将其类丑……"

蔡侯匜,西周晚期,上海博物馆藏,蔡国姬姓,是周武王之弟叔度的封国

宜侯青铜簋,周康王时期,器底内铭文是研究西周早期分封制度的重要史料

盾，消除商贵族在其原有地区对周朝所造成的威胁。通过向外开拓、共同对付外敌的办法把周和商族结合成为命运共同体，把内部的矛盾转化为利益一致的对外斗争，一方面极大拓展了国家的空间，另一方面则增强了内部的凝聚力。周朝化敌为友的政策，令周朝政权迅速稳固，并且实现了对于全国各地有效的统治，远非夏商两朝可以比拟。

第二，既有的诸侯国和边裔方国，以及周朝所封诸侯国内部发生权力继承的时候，必须履行承嗣再命的程序，重新获得确认。亦即所有的诸侯国君、周朝封爵，原则上为世袭，但每一代继承者都必须得到周天子的承认和册命，代代宣誓服属效忠于周朝。

第三，周朝利用商朝旧贵族官僚来帮助其实现全国各地的统治。在国家治理方面，周朝不如商朝经验丰富且成熟，因此，将商朝贵族官僚吸收到周朝国家体制里，可以让新王朝的国家治理跃升到较高的水平，不至于造成社会管理上的脱节和倒退。

通过推行封建制度，周朝把分散于各地的都邑方国实质性统一起来，形成疆域广阔、族群众多、以周文化为本兼容并包的泱泱大国。

周朝推翻商朝及其推行分封制的过程，展现了周朝政治的特点：兼容重于征服。周灭商后，没有对商族进行整体性的征服奴役，而是采取和解政策，只要承认周朝的领导地位就保护商族的利益和社会地位，将其吸纳进周朝的体制之中。

对于其他方国，周朝也采取相同的政策，甚至在一定程度上改善他们的社会地位和处境。在周人重点开发的齐、鲁等东方地区，面临着叛服无常的东夷，周朝提升了商奄之民与夷族的地位，使其从被商朝掳掠为奴隶的对象变成了束缚于土地上的农民。[1]

上述周朝政治特点同周族自身为典型农业民族密切相关。周族最初力量过于弱小，无力与人竞争，只能在恶劣的山区务农，遂发展成为典型的农耕民族。其他强有力的部族，例如与之同期的商族早就占据了丰沃的中原，农牧并举，从事金属冶炼，掌握先进技术，得以征服四方。从商朝贵族墓葬中出现的大量人殉，可知虏获的奴隶颇多，

---

[1] 参阅杨向奎《中国古代社会与古代思想研究》上册（上海人民出版社，1962年），他还指出西周的奴隶不是农业奴隶，因此西周并非奴隶制社会。

其社会构成当与周朝差异甚大。周族的社会阶层形成了部族内部的贫富分化。沦落于贫穷的部众却有共同的血缘关系，笼罩于浓厚家族伦理之中的周贵族难以像掳掠来的奴隶一般对待他们，因此可以成为贵族的依附人口，从事各种生活服务活动，虽地位卑下，却不能完全剥夺他们的人身权利。在西周乃至汉代关于奴仆的记载中，倔强自尊的事例屡见不鲜。《诗经》所见的底层农夫颇为自立，只要服从领主并安分守己，接受命运的安排与现实，便可以在族内获得立锥之地，继续生存下去。[1] 如此发展起来的周族具有较大的包容性和稳定性，这成为他们不断壮大的经验，并用于处理同周边部族的关系，周文王获得四邻拥戴得益于此，故而周武王和周公等政治领袖亦将之用于商族，衍生出以政治服属为中心的相互关系和国家体制，对于政治的强调远超经济利益，实质形态各异的政治服属宛如橡皮筋把各种类型的部族聚拢起来，富有弹性。弹性源于妥协，以获得更大的适应性，但也在相当程度上牺牲了一视同仁的公平性，乃至原则性。它产生于长期共同生存的农业民族的社会，与流动性很大的民族大不相同。前者注重包容与长期性的利益交换（或者补偿），后者强调原则与清晰的界定，更具刚性。由此可见，古代中西文化各自的特点自始不同，社会基础、观察思考及价值取向也各不相同。

在西周文化哺育下成长的老子对于刚和柔做了深刻的思考，认为"坚强者死之徒，柔弱者生之徒……木强则折"，故"柔弱胜刚强"。最柔者为水，水无形却无不适应，无不淹没，利万物而不争，天下却莫能与之争，因此，他主张从做人到治理国家的最高境界是"上善若水"。[2] 水最强大之处在于其无形，随器成形，故无往不胜。这是典型的西周文化思想，在做人上强调"谦让"，推演到国家治理上则强调"包容"，打造出从"华夏"到"汉族"再到"中华民族"不断扩大的文化民族，并使之成为其一脉相承的文化特性。

这同西方文化的发展显然殊途迥异，故非简单的优劣长短可论。然而，正因为包容与征服殊途，故以西方社会形态论来裁量中国会产生误解。在古代西方，从早期城邦到后期国家之间的征服性战争，产

[1] 参阅孙作云《诗经与周代社会研究》，中华书局，1966年。汉代奴仆的存在形态，可以从西汉人王褒所作《僮约》窥见一斑。

[2] 分别见于《道德经》第76章、第36章和第8章。

生了大量的战俘，失败者被整体奴役；地中海地区商业繁荣的另一面是造成众多破产的债务奴隶，他们同胜利者并无血缘关系，也非农业族群内部贫富分化的结果，因而形成刚性的奴役关系，大量被用于生产领域，这构成了古代西方的奴隶制社会。用西方奴隶制社会的基本构成要素比附中国，呈现出来的则是周朝没有改变商朝的社会结构，也没有对商朝进行整体征服，而是将其臣服的贵族官僚吸收到周朝国家体制内部，和周人融合成新的民族、新的国家。西周虽然有人身依附的奴婢存在，却主要不从事农业生产，并非农业奴隶，不构成作为奴隶社会基本要素的生产阶层，因此不能认定西周社会为奴隶社会。西周封建制已经带领中国走向另一条道路，而不是西方的奴隶制社会道路。

周朝实行封爵建国的封建制度，亦即将王侯等爵位以及与之相应的土地分封给各个诸侯，让他们在各自领地内建立国家，尊崇周天子，成为周朝的藩屏。这套制度在承认现实的基础上，把中国各个方国纳入周朝体制之内，实现了周朝在全国的领导权，获得了很大的成功。周朝对于各地方国的控制和影响，是商朝不能比拟的。如前所述，周把封君派往全国各地，封君携带原商朝旧贵族官僚一同前往，共同建国，成为新的一支地方诸侯统治阶层。随着他们建国成功，在地方站稳脚跟，羽翼日渐丰满，他们同周王朝的关系会不会越来越疏远，朝廷对于地方的控制会不会逐渐弱化呢？如果是这样，不就重蹈商朝覆辙了吗？

周朝统治者对此早有思考，并且做了卓有远见的谋划。他们通过一套严密复杂的制度来规范朝廷与地方的关系，不仅在政治上维持强有力的服属，而且还衍生出紧密的亲缘关系，亦即用政治和血缘这两条强有力的纽带维持朝廷与各诸侯国的关系。同分封制相配套，周朝建立了一套宗法制度，织成一张血缘关系的大网，将各地诸侯笼罩其中。用政治原则与宗法伦理织成覆盖全国的这张网，随着时代的推移不断将网络之外的部族与方国整合进去，滚雪球般扩大。周天子同众诸侯之间的血脉关系是否真实，就像黄帝等五帝是否同出一脉，显然是一种建构，亦即模拟的血缘关系。但这并不重要，重要的是获得诸侯们的认同，久而久之，虚拟的东西变得确定无疑，便成为真实。因此，宗法关系是周朝民族融合的重要途径。

西周宗法制度的真谛，是把构成农业民族社会根基的家族血缘关系运用于国家政治之中，同分封制配套，连同井田、乡邑、礼法一同成为西周政权支柱性制度。

宗法制度的基本原理是把分散在全国各地的族群，通过血缘的宗法纽带整合进国家体系之中，以周天子为共同宗主，形成四海一家的观念，推动族群大融合，形成新的国族。

对定居型的农业民族而言，聚居带来人口的快速繁衍，人际关系变得十分复杂。在这些关系中，首先必须认祖归宗，其次是明确辈分，第三是要确定平辈之间的座次。这就像太阳系一样，首先要确定中心的太阳，所有的行星都归属于它，然后是一层层由里及外的扩展。只要属于这个星系，必须按照其运行规则定位和运动。西周的封爵建国，一方面是自身的急速扩大，向四面八方伸张，另一方面则是将商以及各地各类族群吸纳进西周国家之内。

周采取的办法是首先尊奉周天子为天下共主，他同时也是各个族群的共同宗主，政治统属与血缘关系互为表里，紧紧结合在一起。有了这个核心，天下各族便成为一家。基于这个理念，非周部族同周的血缘关系可以往前追溯，由此产生的新国族越来越大，始祖诞生传说也越追越远，直至黄帝。只要追溯得足够久远，就一定能够涵盖各个族群——从黄帝往下，原来各族始祖都是黄帝的子孙。这一切建构都是为了证明国族本是一家，那么，周天子成为天下共同的宗主便毋庸置疑。这是以古立今的有效方法。

周天子的宗主地位树立起来，最关键的这一步做到了，后面便可以推而广之，顺理成章地建构起民族大树来。

家族内部必须有一位族长。周王既是周族最高政治领袖，也是同姓贵族的最高族长，他这一支即是全天下的大宗。

农业民族的稳定性，有助于周族建立起严格的嫡长子继承制度。

族长的位置由嫡长子继承，周朝君主继嗣亦是如此。《公羊传·隐公元年》说："立适（嫡）以长不以贤，立子以贵不以长。"这里首先确定的是立嫡不立庶的宗族继嗣第一条原则。在嫡夫人诸子之中，则以年长而立，此为第二条原则。当嫡夫人无子时，其他诸子或者选择年长者，或者选择高贵者，后来进一步细化为"年均以德，德均以卜"[1]。在年龄相仿时才考虑品德，实在区分不出高低，就采用占卜决定，此为第三条原则。综观立嗣三原则，嫡庶之分最重要，其次是年齿上下，最后才是贤德与否。显然，个人品德没有太大的作用。这样做突出了维持家族稳定而达到团结的最高原则，防止家族因争夺嗣子之位而发生内乱，可谋求家族安定和宗法制度的巩固。

嫡长子这一支成为家族内部的大宗，其他子弟如果从宗家分出去自立成家，必须尊奉祖先，在家族内成为小宗。再到下一代，凡继承家业的嫡长子在其本支内为大宗，其余子弟自立成家者皆为小宗。一代接一代，都按照这个宗法规则传承。

在周朝，周天子为天下大宗，天子的诸子受命为封君，率领随从到新的地方建立诸侯国，他们对于周天子来说是小宗，从而形成了以周天子为核心的"家天下"局面。这是运用宗法原理实施国家政治统治。

在诸侯国内部，诸侯王及其后继的嫡长子为大宗，其余诸子分封为卿大夫，相对于诸侯王为小宗，但在其本家则为大宗。大宗和小宗是相对于不同对象时的称呼。继承家业的嫡长子在家族内部始终是大宗，成为宗法制度这张网的经线；得到分封的诸子则相对于嫡长子称小宗，但在自家内部却是大宗，他们是宗法制度这张网的纬线。这张网顺着经线（嫡长子）逐级上升，一直通达顶点，就是周天子。全国各地的同姓诸侯王和贵族都会被编织进宗法制度的网里。所以，古人说"四海之内皆兄弟"，是有依据的。

这张网最初是在同姓宗族内编织，但从长期实行的情况来看，因为周族封君贵族在全国各地居于领导地位，十分强势，造成许多地方非同姓实力人物也通过各种方法努力把自己编入这张网。古文献中见

[1]《左传》"昭公二十六年"条。

"颂"青铜壶铭文，西周晚期，该铭文较完整详细地记录了西周职官任命的隆重典礼——册命

到不少边远地区的诸侯或者酋长，拥有源自周王族的祖先记载，甚至远在海外的国家也有相似情况，诸如倭国自称是"太伯"之后，等等。这并不是中国强加于周边诸国的，而大抵是其主动附会，以求通过周朝宗法体系或者攀援中国血脉关系以提升自身权力地位。

宗法制度的核心物质形态是宗庙，这里是祭祀历代祖宗的地方，庄严神圣。宗族族长称"宗子"，由他掌管宗庙，主持这里的各种活动，因此也称作"宗主"。宗主主持祭祀便掌握了宗族的神权而具有最高地位。

宗庙的神圣性使得宗族的重大事务与典礼都在此举办。首先是祭祖活动，在此仪式上确定每位宗族成员的位置，人与人之间的纵向秩序一旦确立，身份等级便随之确定，相处的名分礼节也相应成立。

宗族的重要典礼要在宗庙举办。例如家族成员的婚丧嫁娶、男子成年的"冠礼"等。如果没有"告庙"而先迎娶，事后再"告庙"，则属于"先配而后祖"的非礼行为。在宗庙举办"冠礼"，表示"尊先祖"、承担起宗族的义务。

周天子、诸侯王及贵族必须在宗庙举行政治大典。天子、国君即位要朝于庙；卿大夫就任官职要"告庙"。国家的重大决策，诸如朝聘、会盟、出征，行前要到宗庙报告，事后还得再来汇报，举办酒会，称为"饮至"，把功勋写在简策上，称作"策勋"。诸侯朝见天子的"觐礼"，卿大夫会见邻国国君的"聘礼"，天子任命或者赏赐臣下的"策命礼"等，都在宗庙举办。至于国家最重要的大事——征伐，更是全程在宗庙举行，其中包括出师前的"受命"，决策过程的"庙算"，出征的"发令"，仪式上授予兵器的"授兵"，胜利班师的"告捷"与"献俘"，等等。

周用宗庙来凝聚人心，使宗族成员听命于祖先，勇敢承担使命，并祈求祖先和神明的保佑，用超自然的祖宗神灵和现实中的宗法制度作为坚韧的纽带，把宗族紧紧团结在一起。宗子主管宗族共同财产，行使家法。宗族成员有必须听命于宗子的义务，而宗子则有承担保护和帮助宗族成员的责任，这样就构成了颇具力量的宗族。

周天子将宗法关系运用于统治国家。全国以姬姓贵族为主，联合其他异姓贵族，或把他们分封于各地，或让封君携带异姓贵族一同建国，并推行贵族的等级内婚制，规定同姓不婚原则，同异姓贵族结成姻亲，使之被纳入宗法关系这张大网之中。

宗法关系往往比政治关系更加亲密、忠诚而有效，在国家权力相当有限的上古时代，宗法制度经常起到更有力的作用，得到了周朝的充分利用，在周朝形成了政治与宗法两条纽带，一条刚性而威严，一条柔性而亲密，把诸侯国以及各国贵族整合得犹如一家。

西周封建制不仅是国家政治体制，它还具有社会基层的支撑，得以从上层到底层都落实下来，构成一个系统。国家最上层是周天子所代表的周王朝，下一层是分布于全国各地的诸侯国，诸侯国之下是卿大夫的封邑，最下层则是实行井田制度的农村。井田制是封建制度的基础。

井田制的基础是存在于北方的大田。上古的人们把土地平整出来，用田埂分割成适合一家人耕种的区块，再挖出沟渠，将河水引入灌溉。因为河水的流向不断改变，所以，田地的走向也要顺着水流方向修整，例如河水东流，田地的方向也就是东西向，称为"东亩"；水流南北向，田地顺其方向修整，称作"南亩"。这些称呼出现在《诗经》里面，真实而形象。由上往下眺望，大地沿着河流纵横交错，青苗绿叶，五谷起伏，一派田园风光，而这正是上古时代的农村景象。

在此基础上，把田地修整成一百亩一个小块，九百亩一个大方块，大方块里面有两横两纵的田埂沟洫交错，宛如九宫格，在大地上刻写出一个"井"字。这种大田制度被称作井田制。是不是所有的农田都能修整成一个个井字形方块地呢？恐怕未必。井田制不能机械地理解，其基本点是北方农村常见的大田。

农田需要灌溉，还要有道路通行。相隔千亩之遥开沟引水，由北往南，古人称之为"阡"；以百亩为距，道路东西向穿过，称之为"陌"。[1]纵横交错的沟渠道路称作"阡陌"，它将大田分割成一块块方地。每块方地以百亩为单位，构成一个合理的份地，既便于灌溉，也利于分配和生产。

九百亩田地构成一井。将它九等分，交给八家农民来耕种，每家拥有养活自己的100亩田地。根据古代度量衡的研究，战国时代的100亩大约相当于今日的31亩。土地为什么分成百亩的道理就水落石出了，那是为了维持一户农家生活所需要的生产资料，它是西周以来村社分配份地的标准面积，据此形成了中国古代根深蒂固的小农思想："一夫百亩"，其样板源于西周的井田制。

这九百亩地属于主人家所有，八家农户耕种的800亩地，是作为给主人耕种100亩地的劳动报酬，只有耕种好主人的100亩地，这八家农户才能够获得养活自家的百亩份地。据此计算，农夫相当于缴纳1/10强的地租。当时不实行货币地租，也不采用实物地租，所以，井田制上实行的是力役地租。这就是《孟子·滕文公上》所描绘的井田制："方里而井，井九百亩，其中为公田。八家皆私百亩，同养公田，公事毕，然后敢治私事。"

[1] 应劭著，吴树平校释《风俗通义校释》（天津人民出版社，1980年）说："南北曰阡，东西曰陌。"程瑶田《沟洫疆理小记》解释道："遂上有径，当百亩之间，故谓之陌，其径东西行，故曰'东西曰陌'也。遂上之径东西行，则沟上之畛必南北行，畛当千亩之间，故谓之阡，而曰'南北曰阡'也。"

孟子说的"公田",就是属于领主的田地,农夫首先耕种好公田,然后才能耕种自家田地,这不是文人虚构的情景,而是当时的真实写照。《诗经·小雅·大田》里,农夫吟诵:"雨我公田,遂及我私。"下雨的时候,农夫满心祈祷的是雨下久一点,先浇灌主人家的公田,然后再浇灌我家的私田。先公后私的精神由此形成。

上古农村公社时代非常重视分配上的公平,所以,不但田地要划分得整齐,面积相等,而且,土地的肥沃程度也要相同。这就难以做到了。于是,古人采取了变通的办法,按照肥力将土地分成上中下三等,上田可以年年耕种,中田两年耕种一次,下田三年耕种一次。每隔三年,重新分配一次土地,农夫相互更换田地,叫作"换土易居",以体现公平精神。

公正原则的追求,还表现在对于田地边界的重视。《礼记》的《月令》篇说道,每年正月,也就是农闲时候,国家让农人修整田界,加以确认。田界确定清楚,才能保证田地分配公平,利益不受侵害,农人这才"不惑",民间也就不会有争执。春秋时代管仲治理齐国,也讲过这个道理[2],可知它是上古以来的传统。所以,孟子强调:"夫仁政必自经界始。经界不正,井地不均,谷禄不平。是故暴君污吏必慢其经界。经界既正,分田制禄,可坐而定也。"公平公正从明确个人之间的利益边界开始,而侵害百姓的暴君贪官,必定有意破坏这条界线。

井田不仅是土地分封的基础单位,而且还是一个聚落,一井构成一个最小的农村居住单位,亦即古文献上所称的"十室之邑"。"邑"是古人居住地的通称,可大可小,可以是农村,也可以是都市。战国时代有十室之邑、百室之邑,还有更大的千室之邑。散布在田野的十室之邑,也就是 井之邑,构成最常见的聚落,它人数虽少,但邑中之人共同劳动,相互依靠。孟子介绍说:"乡田同井,出入相友,守望相助,疾病相扶持,则百姓亲睦。"孔子也对这样的农村聚落给予了很高的评价,说道:"十室之邑,必有忠信如孔丘者焉。"[3]邻里都是天天在一起生活的人,这么小的聚落,如果不相互帮助,恐怕难以

---

[2] 《管子》卷8《小匡》说:"陵陆丘井田畴均,则民不惑。"

[3] 孟子所言俱见于《孟子·滕文公上》;孔子所言见于《论语·公冶长》。

生存。因此，他们真诚共处，形成了朴实厚道的民风。不但孔子、孟子对此赞颂有加，老子也认为国家治理的理想状态是小国寡民，他所指的也就是这样的上古农村。

封建制度之下，周天子把自己的国土划出来，其余分封给各个诸侯国。诸侯国国王依此逐级分封，把自己领地以外的土地分封给卿大夫，最后落到农村，便是领主拥有若干井田，由井田农民为之耕种，获得收入。所以，封建制度是层层分封，在经济上是各自拥有土地所有权，政治上则是分层权力结构，各级领主同其上一级具有权力和义务的规定，拥有的权力越大，承担的义务也必须相应增加。在属于自己的领地上，领主拥有土地所有权，以及独立的经营管理权力。

井田上的农民，与领主之间公私分明，相互之间个人利益清楚，拥有自己的家庭经济，下田耕作的时候，农妇带着孩子送饭到田头。他们盼望着早点种好主人家的田地，回家经营自己的一份私田。从描写西周时期农村景象的诗篇，可以看到封建制度最终落实到基层的形态。中国古代社会是从农村公社逐步演变过来的，同西方的奴隶制度社会形态存在着质的区别，难以同日而语。

五 西周的衰落

西周建立了封建制、宗法制、井田制等一整套制度，分层权力结构使得王朝获得稳固的基础，社会各个阶层安于其业。从武王灭商，经历成王至康王，社会风气良好，民不犯法，史称"天下安宁，刑错四十余年不用"[1]。

从第五代王周穆王开始，周朝趋于守成，乏善可陈。到第十代王周厉王时，重用荣夷公，专事牟利，垄断百姓赖以生活的山林川泽。如前所述，西周实行的是政治权力与经济田产层层分封、各司其职的制度，周天子的经济利益有制度性规定。周厉王牟利，必定要扩张自己的利益范畴，从而伤害下属及民众，扭曲既定制度。大臣芮良夫劝谏厉王不可贪财，说道："财利乃万物所生，天地所有，众人共享，故不可独占，否则触犯众怒，将有大难降临。统治万民的国王本来应

[1] 《史记》卷4《周本纪》。

该开辟财源分配给上下臣民，让神祇与民众各得其利。即便如此，还要警惕民怨，怎能垄断利益，违背周朝执政传统呢！独占财利称作强盗，重用荣夷公，周朝必败。"厉王根本不听劝谏，反而更加重用荣夷公，觉得他能干，能够马上带来利益。

厉王苛酷聚敛民财，更加富足，也就越发放纵骄傲，国人觉得他暴虐无道，公开议论其过失。大臣召穆公向他报告民不堪命的实情，厉王发怒，找来卫国巫师监听言论，发现议论者便抓来杀掉。如此一来，没人敢再说话，而且，诸侯国也不来朝拜了。厉王以为行之有效，进一步强化禁言措施，国人路上相遇只能互递眼色示意，这就是"道路以目"的出典。厉王得意扬扬地对劝谏他的召穆公炫耀消除民间非议的本事。召穆公忧心恳切地陈说开言路的重要性，告诉厉王禁言并不能消除民众内心的真实想法，只是把话堵在民众心头而已。这就像治水一样，只能疏通而不能堵塞，堵住的水积蓄多了，堵不住了决口时，祸害会极其惨烈。治理国家也是这个道理，必须开放言论，让公卿以下直到列士都敢于进呈讽喻朝政得失的诗篇，盲人乐师献奏反映民情的乐曲，史官编撰足资借鉴的史书，观察天地的专家坦诚禀告箴诫之言，百官率直进谏，百姓下情上达，天子斟酌而行，这样才能将事情做得顺当，不犯错误。民众有嘴，宛如大地有山林川泽，原野有饶田沃壤，财货器用、衣物粮食都从这里生产出来。民众把心里话说出来，政务善恶也就能看得清楚。善者行之，败者备之，政通人和。民众畅所欲言，心想事成，就像大地出产粮食衣物一般生生不息。如果堵住他们的嘴巴，能维持多久呢！

厉王置若罔闻，不听劝谏。噤若寒蝉的国人又忍耐了三年，终于起来造反，袭击厉王。厉王逃亡到彘（今山西霍州）。驱逐了厉王，朝廷由召穆公和周定公二位辅相共同执掌，史称"共和"[1]。这一年是公元前841年，成为矗立于历史上的里程碑，中国古代的历史纪年往往从共和元年开始记录。

共和十四年（前828），厉王死于彘地。太子静在召穆公家长大成

[1] 关于"共和"，史书上有不同的说法。司马迁时代已经有人提出驱逐厉王后由"共伯和"主持朝政，故"共和"乃指共伯和。"共"是国名，其爵位为伯，名字称和，因此叫"共伯和"。《史记》"索隐"否定此说，正史基本采用召公和周公共同执政而称作"共和"的说法。

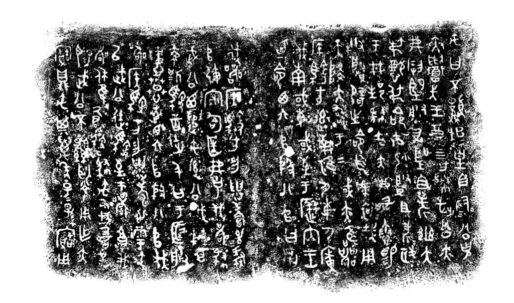

禹青铜鼎铭文，周厉王时期，记载噩侯驭方率南淮夷、东夷侵犯周王朝东部、南部疆土，周厉王命"西六师""殷八师"前往征讨

人，二位辅相扶立他为王，这就是周宣王。宣王即位后，修明政事，师法文王、武王、成王、康王之遗风，王室再兴，诸侯又来朝贡。宣王十二年（前816），鲁武公前来朝拜天子。但是，宣王称不上真正的中兴君王，有两件事暴露了其短。

第一件事是他不行籍田之礼。按周礼，每年孟春正月，天子要率领大臣、诸侯举行耕田典礼，以为表率，奖励农耕，祈求年岁丰登。周乃典型的农业民族，籍田礼尤其重要，备受重视，历朝历代相沿成习，建立了春季大礼传统。宣王不行籍田礼有悖周族习俗，虢文公力陈不可，但宣王拒谏不纳，显然不是不懂礼典，而是对于农业不够重视，且带头不遵守传统规则，向天下发出错误的信号，对于周族造成相当负面的影响，故史家特别记载于史，引以为戒。

第二件事是在宣王三十九年（前789），周与姜戎在千亩（今山西介休南）打了一仗，结果大败。于是宣王打算在太原"料民"，亦即清点人口以备征兵。仲山甫进谏劝阻，宣王不听，断然实行"料民"。为什么不可清点人口呢？因为实行封建制，土地上的农民属于领主，领主则根据井田数量承担兵役。清点人口意味着周朝无视层层分封的权力结构，任意扩权至基层，侵害了臣民的利益。当时人认为权力必须有边界，如果上面可以任意扩权，那么下面的贵族也将起而效法，规则就被破坏了，将导致社会秩序混乱，最终受伤害最大的将是周王朝。可是宣王顾不上这些道理，眼前利益压倒了长远利益。宣王以后，周朝乱象丛生，终于导致政权倾覆。历史学家总结王朝失败的教训必须追根溯源，才能给后世以真相的启发，故而将西周后期丧乱的发轫归咎于宣王。

四十六年（前782），宣王去世，其子幽王继位。幽王二年（前780），都城附近的泾水、渭水、洛水三条河一带发生了地震。上古时代的人们往往将自然灾害与社会人文联系在一起思考，认为天灾同社会异变、国家命运、个人前途密切相关，是上天的预告或者警示。伯阳甫分析三川地震的原因，认为天地间有阴阳两股气有序运转，如果人为地使秩序颠倒错乱，让阳气下沉，阴气压在上面，阳气不能上升，积蓄久了终将爆发，造成大地震。三川地震正是这个原因，而且，阳气被阴气压制，便会阻塞水源，造成河流干涸。水土通气才能供民众生产所用。土地若得不到滋润，民众就会财用匮乏，到了这地步，国家不亡何待！国家的生存一定要依赖于山川，高山崩塌，河川枯竭，这是亡国的征象。从前伊水、洛水干涸，夏朝就灭亡了；黄河枯竭，商朝就灭亡了。现在周朝的气数也和商朝末年相似，不到十年，将会灭亡。

说来也很神奇，这一年果然岐山崩塌，三川枯竭。人们心里都有不祥的预兆。但是，幽王不信这一套。三年（前779），幽王宠爱的褒姒生下儿子伯服，幽王因此打算废掉王后和太子宜臼，改立褒姒和伯服。周太史伯阳知道了这件事情，扼腕感叹，讲述了一段秘闻：夏后氏衰落的时候，有两条神龙降落在夏帝的宫廷，自称是褒国的两位先君。夏王不知如何处置，命人占卜，结果宰杀、驱赶和留下都不吉，必须保藏其唾液方吉利。于是夏王书写简策，陈设币帛祭物祷告，二龙留下唾液而去，夏王将龙涎珍重藏于木匣。夏亡传之商，商亡传之周，连续三代无人敢开匣，直至周厉王末年竟然擅自打开，龙涎溢于殿堂，清洗不去。厉王命令宫中美女赤身裸体对着龙涎呼叫，龙涎顿时变成一只黑色的大蜥蜴，爬进厉王后宫。宫内有一个六七岁的小宫女，才换新牙，碰到大蜥蜴，成年后竟然无夫怀孕，生下孩子。她非常害怕，扔掉了孩子。周宣王时，女童传唱歌谣"山桑弓，箕木袋，灭亡周国的祸害"。正巧有一对卖山桑弓和箕木箭袋的夫妻经过，宣王便命人将他们抓来杀掉。这对夫妻大惊逃亡，路上见到被抛弃的婴孩，便收养了她，一路逃到褒国。后来褒国得罪周朝，就进贡这位弃婴女给厉王，以求赎罪。因为是褒国所献，故称"褒姒"。见幽王如此宠爱褒姒和伯服，太史伯阳感伤道："祸乱已成，无可奈何啊！"

褒姒不爱笑，幽王为了让她笑，用尽各种办法，甚至点燃了报警的烽火。周朝从边疆到都城设置烽火台，敌人来犯时点燃报警。诸侯见烽烟腾起，率众驰援，到都城却是虚惊一场。见到诸侯们上当受骗的神态，褒姒开心了，哈哈大笑。周幽王终于找到让美人开怀的办法，一再点燃烽火。诸侯们受骗多次，渐渐地都不来了。

周幽王任用虢石父为卿秉政，此人奸诈乖巧，擅于阿谀奉承，又贪图财利，国人非常怨恨他。周幽王所废的王后是申侯之女，申侯怒火中烧，遂联合缯国、犬戎一起攻打幽王。幽王点燃烽火召集诸侯救援，这回大家以为又是恶作剧，无人前来。申侯攻破都城，把幽王杀死在骊山脚下，俘虏褒姒，将周朝珍宝掳掠一空。众诸侯与申侯会商，共立幽王的前太子宜臼为王，由他来继承周朝的祭祀，这就是周平王。

申侯能够团结缯国，尤其是团结犬戎打进西周都城，背后有着深远的历史恩怨。

周族崛起之初曾经打败过来自西部的犬戎，拓展了领地，由此逐渐向东迁徙到咸阳一带，故犬戎和周族本是西部相邻的族群，互为竞争对手。周族胜利了，犬戎依附于周，但依然是一个独立的部族。周朝第五代王穆王的时候，曾经动念要再次攻打犬戎。大臣祭公劝周穆王不可无故征伐犬戎，讲到周族先王依靠的是以德服人，而不是炫耀武力。

祭公叙述周族崛起的历史，从最初担任农师以来，尽心辅佐虞舜、夏禹。夏朝衰落的时候，废弃农师，不务农事，以至于不窋失掉官职，流落到戎狄地区，但他丝毫不敢懈怠农事，时时宣扬始祖弃的德行，继承他的事业，修习他的教化，遵循他的法度，敦厚笃实、忠贞恭谨地身体力行。子孙们继承他的美德，无愧于先人。到文王、武王的时候，光大先祖德行，尊奉神明，慈祥和善地保护民众，普天之下无不心悦诚服。商纣王暴虐，犯下滔天罪恶，民众再也无法忍受，这才拥戴周武王发动牧野之战。因此，周族先王并不崇尚武力，而是勤恳体恤民众疾苦，除暴安良。所以百姓歌颂文王：收起干戈，藏好弓箭，求贤重德，永保王业。先王治国之道要在端正百姓的品德，使其性情纯厚，增加财产，改善器用，懂得利害之所在，施以礼法文教，令其专心致力于有利的生产而躲避有害的事情，心怀德政而惧怕刑威，如此方能保住先王的事业世代相承，日益壮大。

在处理与周边部族关系方面，祭公说道：先王设立五服制度，规定周朝国内为甸服，甸服以外为侯服，侯服以外为宾服，蛮夷地区为要服，戎狄地区为荒服。甸服地区要供日祭，亦即供给天子祭祀祖父、父亲的祭品；侯服地区要供月祀，亦即供给天子祭祀高祖、曾祖的祀品；宾服地区要供时享，亦即供给天子祭祀远祖的祭品；要服地区要供岁贡，亦即供给天子祭神的祭品；荒服地区要来朝见天子。祭祀祖父、父亲，每日一次；祭祀高祖、曾祖，每月一次；祭祀远祖，每季一次；祭神，每年一次；朝见天子，终生一次。先王留下这样的遗训：有不供日祭者，就检讨自己的思想；有不供月祀者，就检讨自己的言论；有不供时享者，就检讨自己的法律制度；有不供岁贡者，就检讨上下尊卑的名分；有不来朝见者，就检讨仁义礼乐等教化。以上几点都依次检讨完毕，仍然有不来进献朝见者，就检讨刑罚。因此，有时会惩罚不祭，攻伐不祀，征讨不享，谴责不贡，告谕不来朝见者，于是便有了惩罚的法律、攻伐的军队、征讨的装备、严厉谴责的命令以及告谕的文辞。如果宣布命令，发出文告，仍有不来进献朝

逨盘,西周宣王时期,陕西宝鸡眉县杨家村出土,其铭文记载单氏家族八代人辅佐周王室的历史,明确记载西周时期文王至宣王十二位天子的世系变迁及重大史实,可与《史记·周本纪》相互印证

见者，就进一步检讨自己的德行，而不是随便地劳民远征。如此则近无不听，远无不服。如今犬戎各族按照荒服的职分前来朝见，而您却要用宾服不享的罪名征伐他们，岂不是违背先王的遗训吗？我听说犬戎已经建立起敦厚的风尚，遵守祖先传下来的美德，始终如一地坚守终生入朝的职分，因此是有力量对抗我们的。

穆王不听劝谏，还是发动了征伐西戎的战争，结果只获得四只白狼和四只白鹿回来。从此以后和犬戎结仇，荒服地区再不来朝见天子了。

根据祭公的论述，可以知道从周朝第五代王穆王开始，已经和犬戎交恶，甚至兵戎相见。因此，周幽王废黜王后时，申侯很容易号召犬戎起来洗雪怨仇，合力攻克周朝都城，推翻幽王。

周平王继位以后，因为西部民族已经强大起来了，周朝无力压制他们，不得不把都城迁到洛阳，以躲避犬戎的侵扰。都城东迁，西周结束，从此开始了东周时代。

平王时代以降，周王室进一步衰微，各个诸侯以强并弱，齐国、楚国、秦国、晋国开始强大起来，朝廷政事要得到诸侯首肯才能执行，上陵下替，礼崩乐坏。史家把东周分为前后两期，前期为春秋时代，后期为战国时代。

《史记·周本纪》在叙述西周衰落的时候，大篇幅引述西周贤臣关于治国理政与处理对外关系的基本思想，并且同周文王、武王崛起的历史经验做对照，显然不是闲笔赘述。把这些论述同国家兴盛或者衰亡的过程做对照，用事实来揭示国家治理的根本原理，那就是要以民为本，行仁政，富民生，开言路，依法治，任贤能，友邻邦，慎用武，执政者必须谦虚惕厉，公而忘私。这些思想经过古代文士归纳整理成为基本政治原则，西汉的《新语》，初唐的《贞观政要》，所思所论皆相吻合，遵循者兴，悖逆者亡。站在国家的角度，用历史事实系统阐扬政治原理者，司马迁堪称先驱。

第三章　春秋霸业

第一节　齐　国

　　周平王为了躲避西部犬戎等族的威胁，不得已将王朝都城迁徙到洛阳。洛阳虽然也是周朝的都城，但当初是为了监视并控制商朝旧部而建立，仅仅起到辅助的作用，周的大本营依然在关中。现在周朝丧失了关中根据地，整个经济和军事的实力极大降低，政治权威更是一落千丈。这如同大家族的族长失去了自己的本家，不得不居住在祠堂，微薄的田产不足以支撑起符合族长身份的体面生活，只能依靠宗族成员的捧场和接济，而宗亲支族已经强大了，有些甚至强过族长，不时摆谱给脸色，族长不能奋发图强，只好在衰颓中沦落到仰人鼻息的地步。

　　迁都洛阳的周平王，碌碌一生，高龄去世。太子等不到继位就死了，孙子接班，是为周桓王。周桓王还摆天子的架子，对前来朝觐的郑国庄公不屑理睬，竟然没有按照礼节接待，招来郑庄公怨恨。回国后的郑庄公干脆同鲁国交换土地，占有了周天子用来祭祀泰山的许。这简直是破天荒的事情，诸侯竟敢侵吞周天子土地。周桓王没有意识到这是周朝权威失坠的残酷现实，兴兵征伐郑国。郑国也不客气，悍然起兵应战，甚至允许兵将攻击周天子，射伤周桓王的肩膀。周桓王灰溜溜地逃了回去，颜面扫地。

　　破败中的王朝，和虚张声势的"大国"一样，可以张牙舞爪，却万万不可动真，一旦露馅就"无可奈何花落去"了。然而，处于这种境地的统治者往往不懂得这个道理，还以为真有实力，或者昔日的荣耀依旧可以震慑四方，所以轻率冒险，结果遭到惨败，后面便越发不可收拾了。周族崛起的历史告诉后人的宝贵经验，就是弱的时候要善于守拙，自强不息，而不是自我膨胀、不自量力地同强敌决战。

周王室的气球被戳破后，内外形势变得险恶起来。在内部，大夫臣下图谋更换君主，犯上作乱。在外部，诸侯国竟然开始打周王朝的主意。周桓王去世后，发生大臣企图政变的事件，幸好被发现而失败。但是开了坏的头，后面就层出不穷。周惠王强夺部下的园林，大夫边伯等五人起来作乱，勾结燕国和卫国的军队攻打惠王。周惠王逃亡郑国。边伯等人立惠王的叔叔为王。郑国不同意，联合虢国一起出兵平乱，杀死新王，送周惠王还政。这样的闹剧不断上演，恕不一一罗列。东周王朝真的是内外交困。

局势严峻，能不能保持定力，不失分寸，即可看出是不是个人物。周惠王之后的周襄王即位后总担心后母所生的弟弟叔带篡位，想谋害他。叔带逃往齐国。齐国执政管仲入朝劝和，调解东周和西戎的关系。周襄王十分感激，便以高规格的上卿之礼招待管仲。管仲当场拒绝，说自己在齐国只是下卿，上面有周王亲自任命的齐王，以及两位上卿，如果他们入朝，周襄王要用什么规格之礼招待他们呢？管仲坚持只接受下卿之礼。这件事颇为重要。周王朝重要的政治权威在于由它规定了各诸侯国乃至卿大夫的身份等级和礼节，以此维护周王朝的政治秩序。现在周襄王自己破坏这套规定，用高规格取媚于人，就像用钱收买朋友一样，不但不会获得真心的支持，反会遭到鄙视，还将引起纷争，开启礼崩乐坏的乱源。这种投机的趋利主义者，没有原则，没有底线，为一时之利，种下长期祸害，因此，周王朝重新振作起来的希望显得十分渺茫，而周王朝的衰败，最主要的原因还在于自身。

这个时期，新的强权崛起了。首先成为霸主的是齐桓公。

齐国是周朝建立之初分封的国家，开国君王是周文王主要谋士

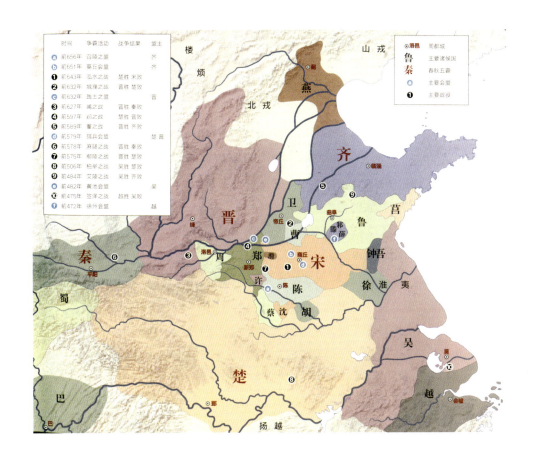

春秋形势图，据《中华文明地图》

太公望吕尚，姜姓，世称姜太公。吕尚早年的经历颇富传奇，屠宰贩卖，做过多种工作，浪迹各地，见闻广博，对社会民情体察至深。他善于思考，足智多谋。相传古稀之年，看透人生，垂钓于关中岐山兹泉。北魏郦道元走访各地时，到过太公钓处，著录于《水经注》中。吕尚在此同图谋颠覆商政权的周文王相会，促膝交谈，多献兵略奇谋，令文王激动，动情说道："自从我先君太公说有圣人来助周兴，我们盼望等待您很久了。"故称吕尚为"太公望"，相携而归，拜为王师。[1]

姜太公为周文王谋划"翦商"事业，提出首先周要做得公正，修文德以争取周边方国的归附，以削弱商朝。文王听从其计，公平裁断虞、芮两国争讼，博得赞誉，成为西部方国的中心。其次是出兵讨伐西部戎狄，稳定后方；又巧妙迎合商朝需要，逐个击破东部商朝属

---

[1] 《史记》卷32《齐太公世家》。

第三章 春秋霸业　　167

国，扩张势力和影响。

周武王时代，周族在西部已经坐大，姜太公力劝周武王断然伐商，以少胜多。在这场大决战中，姜太公担任总指挥，身先士卒，冲锋在前，终于完成灭商事业。

姜太公居功甚伟，周武王将齐分封给他，姜太公日夜兼程赶往营丘建国。从战略布局来看，齐国非常重要。周朝根据地在西部关中，对于东方难以掌控。所以，在地处中原的商朝东方建立牢靠的周朝诸侯国，造成对商朝旧地东西监控的有利态势，至关重要。实际上，周初最重要的大臣姜太公、周公和召公分别分封于齐、鲁和燕三国，足见周朝对于东方的高度重视。

姜太公到达营丘的时候，这里尚待开发。满眼望去，皆盐碱之地，物产贫瘠，夷族交争，困难重重。不愧是姜太公，他没有把周族的农业经济模式生搬硬套地强加给齐国，而是因地制宜，探索出一条适合齐国发展的经济道路。他引导妇女针织刺绣，设计精美的服装向外销售，使当地成为誉满天下的衣冠之乡；他动员男夫下海捕鱼，煮海制盐，将鱼虾腌制后贩卖，行销各地，换回粮食，获得丰厚利润；为使经济与民俗相适应，姜太公简化烦琐的礼仪，务实发展，让齐国迅速富裕起来，远近百姓闻风而至，齐蔚然大国。周成王时发生"三监之乱"，齐国坚定支持周朝中央，获得了在东方行使征伐的大权，真正成为周王朝的东方大国。

到了东周，齐国出了一位荒唐残暴的国王齐襄公。鲁国桓公携夫人来访，他竟然和鲁桓公夫人私通，被发觉后派力士彭生勒死桓公，再归罪于彭生，将他处死，算是给鲁国一个交代。齐襄公同父异母的弟弟无知少时和他打斗，襄公即位后收拾无知，无知便暗中联络被他虐待的部属，乘襄公打猎坠车负伤的机会发动宫廷政变，将他杀死。但是，无知结仇也不少，仇家在无知出游时将其杀死。齐国出现王位空缺。

齐襄公在位时的残暴，让弟弟们害怕出逃。大弟公子纠逃亡鲁国，得到管仲等人的支持；二弟公子小白逃亡至莒，得到鲍叔牙的支持，还同都城朝中大夫高傒等人关系深厚。现在齐国王位空缺，公子纠和公子小白争相回国夺取王位。鲁国派军队护送纠，让管仲率部拦截小白。管仲和小白途中相遇，爆发战斗，管仲用箭射中小白衣裳带钩。小白顺势倒下装死，部下将他装入运尸车，管仲没有生疑，以为小白真死了，报告鲁军。鲁国大意了，军队缓缓而行，六天后到达齐国。小白却抢先进入齐都，登基称王，便是五霸之一的齐桓公。他发兵阻击鲁军。双方大战，鲁军败走，被齐军包围。齐桓公致书鲁国，要求杀死公子纠，交出管仲，发誓将其剁为肉酱。齐桓公和管仲有一箭之仇，为切齿之恨。鲍叔牙跟齐桓公说："如果您只想治理好齐国，有我和高傒就足够了。但是，如果您想称霸天下，那么就一定需要管仲的辅佐。管仲在哪个国家，哪个国家就为人所重，所以，此人不可失去。"齐桓公虽然痛恨管仲，但为了齐国壮大，压下胸中怒火，决定重用管仲。管仲被押解到齐国，鲍叔牙亲自到边境迎接，给他解开桎梏，让他沐浴斋戒，入朝觐见齐桓公。齐桓公用隆重的礼节接待管仲，任命他为大夫，和鲍叔牙、高傒等人一起主持国政。一个人也好，一个国家也罢，事业的大小取决于胸怀的宽狭和眼光的远近，此等境界又决定于心念的公私正偏。

管仲上台后马上对齐国的内政外交进行全面治理，采取强本路线，发展国内经济，充实国本，再向外拓展。管仲把全国城乡居民按照职业分片定居，每五家为一轨，每十轨为一里，四里为一连，十连为一乡，并依据新编成的乡里组织征调赋税和兵役，大大增强了国家的征税与征兵能力。管仲运用国家财力来平衡物价，稳定钱币，同时制定了捕鱼、煮盐的法规，保持国家的经济平稳运行。这似乎属于强化国家经济管理的思想，但与此同时，他又尊重经济运行的法则，不随意做人为设定与限制，提倡通过刺激消费来发展生产。[1]在生产能力有限的古代，古人往往强调节俭来积累财富，管仲则超越几乎所有同时代的经济管理者，提出国家要善于增进有效的消费，从而构成经济发展的强大动力。这种经济思想非常先进，以至于在相当长的古代社会，执政者一直难以深刻领悟，而陷入不断强化国家统制、压抑消

[1] 《管子》卷12《侈靡》。

齐国丞相管仲衣冠冢（位于山东省淄博市临淄区）

费的套路中，造成经济发展动力长期不足，囿于小农经济模式之中。

在管仲的治理下，齐国快速强大起来，而这个时候，东周需要有强国支撑，齐国称霸，恰逢其时。管仲是如何对外塑造国家形象与扩大影响的呢？

首先是树立国家信用。齐国讨伐鲁国，鲁国战败，鲁庄公献地求和，齐桓公应允，两国君王会盟。在盟会场上，鲁国将领曹沫突然拔出匕首，挟持齐桓公，逼迫他交还鲁国的土地。齐桓公不得已答应了。曹沫放下匕首，回到自己的座位上。齐桓公脱离危险，马上反悔，想杀掉曹沫，不归还鲁地。管仲劝阻道："您被迫答应后再背信杀人，逞的是一时之小快，却背信于诸侯，失去天下援助，因小失大，切不可行。"齐桓公听从管仲的谏言，把三次战胜获得的土地都还给了鲁国。天下诸侯得知此事，觉得齐桓公讲信用，靠得住，纷纷追随齐国。齐桓公声望大增，得以大会诸侯，成为霸主。其次是积极维护礼仪秩序。燕国在齐国北方，面对外部的山戎入侵，力有不逮，向齐国求援。齐桓公亲率大军征伐山戎，一直打到东北边城孤竹（在今河北秦皇岛卢龙县），大胜而归。燕王非常感激，一路欢送齐军，出了国境，直到齐国地界。齐桓公说道："礼有规定，若非天子，诸侯之间相送不可出境。我如果接受燕王这番送别，等于对他失礼。"于是，齐桓公在燕王所至之处重新划出国境线，将这块地割给了燕王。同时要求燕王重修其建国者召公的政治，向周天子纳贡，竭尽臣礼。众诸侯听闻后，无不感服，听命于齐国。再次是维护公正，执法不偏袒。鲁国国王湣公的母亲哀姜是齐桓公的妹妹。哀姜和鲁国公子庆父私通，庆父便杀害湣公。哀姜打算立庆父为鲁王，但是，鲁国王族选择僖公继位。齐桓公了解到情况，把哀姜召回国处死。哀姜败坏家礼名誉，干政乱国，齐桓公不偏袒，做得公正，诸侯们更加信服于他。最后是捍卫华夏同族。卫国发生狄人动乱，向齐国告急。齐桓公通告诸侯各国，率领他们一起干预，拥立卫国君主。

　　齐桓公做的这几件事，件件公正而具有很大的道德力量，令人钦佩。诸侯不由得对他肃然起敬，心悦诚服。于是，齐桓公率领诸侯们一起去征伐楚国。楚成王陈兵抵抗，质问齐国为何兴兵侵犯。管仲明白地告诉楚王："西周初，召公和康公命令我国先君太公：'五侯九伯，你都有权征伐，以辅佐周室。'授权征伐的疆域，东至大海，西至黄河，南至穆陵，北至无棣。"然后，管仲公布楚王的罪状："第一条，周天子祭祀的时候，规定楚国必须进贡包茅，楚国竟敢不进献，害得周天子祭祀用品不全，因此前来督责。第二条，周昭王南征，死在南方，所以前来问罪。"楚王回答道："楚国确实没有进贡包茅，这是我的罪过，今后不敢不呈献。至于周昭王南渡不归，请您向汉水问罪吧。"齐楚两军对峙，最后楚将屈完同齐国签订条约，齐桓公才率师回国。

　　能够调集诸侯共同征伐楚国，齐桓公已经大获成功了，成为当时诸侯各国中最具权威的政治人物。他借势两度召集天下诸侯到葵丘（今河南商丘民权县林七乡王小庄村东的葵丘寺内）举行盟会。关于这两次盟会，《春秋左传》"僖公九年"条和《史记·齐太公世家》都记载了时间，分别在周襄王元年（前651）的夏天和秋天。《孟子·告子下》则进一步详细记载了盟会达成的盟约，共有五条：

> 初命曰："诛不孝，无易树子，无以妾为妻。"再命曰："尊贤育才，以彰有德。"三命曰："敬老慈幼，无忘宾旅。"四命曰："士无世官，官事无摄，取士必得，无专杀大夫。"五命曰："无曲防，无遏籴，无有封而不告。"曰："凡我同盟之人，既盟之后，言归于好。"

这五条中最重要的是第一条，诛除不孝之人，不得擅改世子，不得以妾为妻。由此可知，这次盟会是为确立东周王室继承权而举行的。几年前，周惠王曾经想废太子郑，立爱姬之子叔带。齐桓公为此事召集诸侯在首止（今河南睢县东南）拜会太子郑，巩固了他的地位。这一年太子郑即位，就是周襄王。齐桓公再次大会诸侯，共同盟誓不废太子的原则，显然不是无的放矢。申明妻妾嫡庶的名分之别，即为捍卫周礼原则。其次四条，如尊贤育才，表彰德行；敬老爱幼，关心宾客；官不世袭，求贤任事，用人得当，不得擅杀大夫；不得截水牟利，不得阻拦救荒，不得擅自封国邑而不报告天子，都属于公共道义与国家关系原则，理应有所规定。诸侯国承认上述原则，便构成拥有共同价值观与行为规则的共同体，缔结盟约之后，有义务共同遵守，和平相处。不管以前有什么矛盾，自缔约之后皆须言归于好。

周襄王非常感激齐桓公帮助他巩固太子地位，以至登基称王。所以，齐桓公大会诸侯于葵丘时，周襄王专门派遣使者宰孔出席，等于给齐桓公背书。不仅如此，周襄王还赐予齐桓公祭祀周文王、周武王的祭肉，以及丹彩装饰的弓箭、诸侯朝觐乘坐的车子，特命齐桓公不必下拜谢恩。齐桓公想接受周襄王之命，管仲谏阻道："为君者不讲君威，为臣者不讲臣礼，这是造成祸乱的本源啊。"[1] 齐桓公听懂了，坚持下拜稽首，恭敬接受周天子的赏赐。诸侯见齐桓公能够恪守周朝臣子之礼，颇予称颂。

葵丘会盟，确立了齐桓公统领诸侯的地位，他自此成为春秋时代

[1] 《国语》卷6《齐语·葵丘之会天子致胙于桓公》记载："桓公召管子而谋，管子对曰：'为君不君，为臣不臣，乱之本也。'"

第一位霸主。齐桓公数次乘车参加盟会，召集诸侯，一起制定规则，匡正天下，尊奉周王，团结华夏，一再展现其领导力。齐桓公做的这些事情，本应周天子所为方是，出现这种情况是因为特定的历史条件。《史记·齐太公世家》分析道："当此之时，周朝王室衰微，天下只有齐、楚、秦、晋四国强盛。晋国刚刚参加盟会，晋献公便死去，国内大乱。秦穆公地处偏远，不参加中原诸侯的会盟。楚成王刚刚将荆蛮之地占为己有，自认为是夷狄之邦。故只有齐国能够召集中原诸侯盟会，而齐桓公又能宣示其德，以至各国诸侯无不宾服而来盟会。"

齐桓公能够达成如此成就，主要依靠管仲、宁戚、隰朋、宾胥无、鲍叔牙等一班贤能之臣的辅佐，其中管仲的贡献最为突出。所以，孔子曾经感叹道："管仲辅佐齐桓公，称霸诸侯，匡正天下，人民至今仍受其恩泽。如果不是管仲在，我们将披发左衽，沦为夷狄之人。"[2]

孔子归功于管仲符合事实，也颇有道理。因为齐桓公称霸之后，自我膨胀起来，竟然想封禅泰山，大言道："寡人南征至召陵，眺望熊耳山；北伐山戎、离枝、孤竹国；西征大夏，远涉流沙，束马悬车登太行，直至卑耳山而还。诸侯无人违抗寡人。寡人召集兵车盟会三次，乘车盟会六次，纠合诸侯，匡正天下于一统。昔日三代受命，与此有何不同！"志得意满的骄矜样态，溢于言表。封禅之举虽然被管仲阻止了，但是，君主一旦骄傲，做事就开始出格，逐渐变得独断专行，喜欢听吹捧的话，任用奸邪谄媚之人，诸侯逐渐背离，事业很快衰败，自己甚至不得善终。

管仲年老去世，齐桓公在病榻前向他征询对后任的看法，提出三个人选，分别是易牙、开方和竖刀，管仲回答道："易牙杀子邀宠，开方背亲求进，竖刀自宫献媚，都是不近人情之辈，不可任用。"齐桓公不听，重用三人，此三人果然专权乱政。

齐桓公多内宠，子息颇众，各结帮派，觊觎王位。齐桓公一死，易牙和竖刀杀朝中大夫，废太子昭，立公子无诡。其他公子举兵称乱，无暇安葬齐桓公，竟让他陈尸六十七日，长满蛆虫，直到无诡即

[2] 《论语·宪问》记载："子曰：'桓公九合诸侯，不以兵车，管仲之力也。如其仁！如其仁！'"又说道："子曰：'管仲相桓公，霸诸侯，一匡天下，民到于今受其赐。微管仲，吾其被发左衽矣。'"

位才使桓公得以下葬。无诡继位缺乏合法性，故宋国出兵护送原太子昭回国，平定齐国内乱，立为齐孝公。

齐国称霸的局面仅限于桓公一代，短暂而终。从齐桓公打算封禅，可以看出他并未深明成功的缘故，所以霸权难以维持。齐国失去霸权之后，再也没能重新称霸，其原因何在呢？

从称霸的角度讲，齐桓公是成功的；从维持霸权讲，他又是失败的。其中蕴含着什么道理呢？我们还记得齐桓公成功登基后，打算杀管仲解恨，鲍叔牙劝谏道："如果您只想治理好齐国，有我和高傒就足够了。但是，如果您想称霸天下，那么就一定需要管仲的辅佐。"齐桓公的成功与失败都在这句话里。用管仲则称霸天下，回归自己则只能治理齐国。从根本上说，齐桓公没能管束住自己，故也未能实现从治齐国到匡正天下的超越。

先看看管仲是怎么辅佐齐桓公称霸的。在处理诸侯国关系的时候，管仲谨守君臣之礼，尊崇东周王室。齐桓公曾经帮助周襄王巩固太子地位，登基称王，周襄王出于感激，让齐桓公不必下拜行礼。但管仲劝齐桓公恪守臣礼。他自己也是这么做的，周襄王待他以上卿之礼，他坚决按照自己下卿身份行事。这是一条底线原则，那就是尊崇周王室，恪守名分，严守周礼。其意义在于维护周朝至高地位，以及由此确立的政治秩序。

当时称颂的"匡正天下"有什么意义呢？不是指齐国凭借自己实力，威压诸侯，称霸天下。所谓"匡正"，是纠正诸侯国不尊崇周王室、不守臣节与周礼的不正行为，回复到以周朝为核心的天下秩序。

周平王东迁之后，王室实力不振，所以诸侯国敢于挑战周王室，从而造成天下乱局，纷争扰扰。实际上，周王室再衰颓，仍然是当时的天下共主，具有政治合法性，这是任何一个诸侯国都不具有的。政治合法性强于实力。没有政治合法性，不论哪个国家逞强，只会引来各个诸侯国的敌视，成为众矢之的，最后自取灭亡。管仲看透了这一点，所以，他的底线划在这里，坚定不移地尊崇周王室。

高明的政治家比别人看得更透彻，也更深远，因此，他的做法便高人一筹。当时的诸侯们看到的是不尊重周王室而获得的眼前利益，管仲看到的则是尊崇周王室才是做大做强自己的正确途径。以尊王为号召，天下不敢不从。通过尊王，自己获得了君虚臣实之利，以周朝为旗帜号令天下，齐国顺势成为真正的政治中心，这就是顺势而为。如果像其他诸侯国以欺凌周王室来夸耀实力，则是倒行逆施，必定身败名裂。给自己正确定位，当退则退，绝不冒进，更不浮夸，这就是战略定力。

有战略定力的人堪称罕见。齐桓公一旦称霸，马上得意忘形，甚至企图封禅。这明显属于僭越行为，侵犯了周天子专有的权力，管仲一再劝谏，齐桓公都不明白，最后管仲只能以备不齐封禅用的奇珍异宝为借口，才阻止了齐桓公的张狂。即便如此，齐桓公的骄傲神态已经流露出来，参加葵丘会盟的诸侯看在眼里，以前对他的敬重消失了，《公羊传》记载当时就有九国叛离。齐桓公恐怕没有真正明白，其成功借重的是"尊王"这块金字招牌。一旦自我膨胀到以为如今之局面全凭自家实力所致，则身上光环顿时失色。而且，像齐这样的大国，还有晋、秦、楚等，相互牵制着，容不得任何国家僭越篡权。出席葵丘盟会的晋侯生病而迟到，路上遇到周天子派来的使者宰孔，宰孔劝他别去，因为齐桓公太骄傲了。所以，齐桓公成功而骄傲之日，就是其事业由盛转衰之时。成败背后的关键就在于"尊王"与否。

"尊王"之所以如此重要，说到底是当时没有一个诸侯国具有取代周王室的能力。为什么不能重演周推翻商的新剧呢？前面的商取代夏，周取代商，发生在方国联盟时代，那时一个强权可以奋起成为方国联盟的盟主。商朝意识到这个问题，着手建立以上帝天神信仰为核心的文化领导权。周朝取代商朝的过程，也是新文化取代旧文化的转变，周朝用"民"充实了商朝的"天"，以顺应自然、满足民生作为"敬天保民"的文化核心，在此基础上进行了一系列制度建设，如封建制、宗法制、井田制、礼制，把松散的方国重组为以周天子为核心、用等级制度进行规定的政治体系，再套上宗法关系的亲缘纽带，形成一个比较严密的国家关系和大义名分的文化领导权。政治、文化、宗法三大纽带拧成一股绳，对全国的掌控力远非商朝能够比拟。这时候仅凭实力是难以取代中央王朝的，必须有适应当时社会的制度和文化作为基础。而周朝的制度和文化正符合当时的社会发展水平，有着强大的生命力。因此，周王室的内乱和诸侯国争霸，都无法推翻周朝。

周朝的制度和文化建设有两个方面：一方面是通过宗法制来强化中央与地方的关系，造成血缘一体化的天下一家观念；另一方面则是通过封建制把政治权力和经济利益层层分配，用礼制确定各自的身份地位，形成严格的等级制来确保分层权力结构和财产所有权。

国家创建者的水平有高、中、低，高明者着眼于包容顺应，谋求以共同利益为最大公约数的长治久安，周人称之为"天下为公"。到了帝制时代，利益垄断，胸怀已狭，善治者着力于制度化管理，适当约束特权阶层，即所谓的"开明"，此为中者。动乱时期，统治者最大限度攫取利益，强化镇压，与民争利，此为低者。与此相对应，一个制度的优劣，不在于顺境时的高效，而在于危机时的坚韧。就像开车，一般人以高速为快，而智者却以安全为上。车速高容易出事故，还常常走错路，欲速则不达。路正车稳，则不疾而速。周朝建立的制度和文化值得深思。西周以国家的强大力量推进分层权力结构，到东周时代，周王室虽然衰颓，却无人能够取代，也不敢取代，展现出强大的生命力。西周存续275年，东周却存续了514年。东周危而不倒，就在于其权力结构犹如一座大楼，有许多诸侯作为柱子支撑着，虽然柱子逐渐倒掉，但只要有几根不倒，依然撑得住大厦。权力分层，利益分散，矛盾也就分化了。如果一座大楼仅有一根柱子，例如中心柱式的塔楼，虽然柱子粗壮，但万一出现问题，再无其他支撑，大楼便轰然倒塌。

尊崇周王室是旗帜，而诚信公正与攘外护国则是感召力，因而可以获得诸侯国的拥护。管仲让齐桓公宁可利益受损也不食言，以及处死乱政的亲属，极大地提高了齐桓公的公信力。《国语》说道，齐桓公与诸侯国相处时，给各国许多好处，"拘之以利，结之以信，示之以武"，让诸侯国"就其利而信其仁、畏其武"。[1]当外部的戎狄入侵

[1] 《国语》卷6《齐语·桓公霸诸侯》。

洹子孟姜青铜壶,春秋齐

齐侯盂,春秋晚期,洛阳中州大渠出土,其腹壁上铭文,反映了周王室与诸侯国之间的政治联姻

时，齐桓公挺身抵御，建立了许多边防据点，保卫华夏安全，因而大受称颂。显然，霸主不是靠武力威逼诸侯而取得的。

春秋时代的盟国领袖称为"霸"，故有"春秋五霸"之称，不同于战国时代的称"雄"。"霸"源于"把"，表示"把持天子政令，纠率同盟"[1]。春秋时代的霸主属于什么性质呢？和帝制时代专制垄断的皇帝截然不同，也和战国时代互相征服的群雄形似实异。战国时代进行的是消灭敌国的征服战，而春秋时代是争霸战，所争夺的是号令众多诸侯尊崇周朝王室、恪守周礼制度、勤王御外的领导权。犹如大家族中宗主衰弱，族众不孝，家族将因此分崩离析。这时候需要有力的族子起来团结族众，承担义务。遇到有不服从者，则不惜以武力制伏，令其顺从，共尊宗主。春秋时代的争霸战，在中国历史上非常独特，各方都颂扬道德与正义，依照周朝规则交战，胜者主政，败者服从，不屠杀，不掠夺，到战国时代进入征服战之后，这种贵族决斗式的战争就绝迹了。

为什么要争当霸主呢？因为霸主的领导权实际上是代天子行事，哪怕表面上说得冠冕堂皇，骨子里却挟私图谋做大自身。这也说明当时周天子的无可替代，周朝制度的根深蒂固。因此，霸主权力受到很多制约，何况四周还有强国虎视眈眈。这种制约维持着中国的大一统局面，也促进了文化的多元发展。

第二节 晋　国

齐桓公称霸，一代而终。实际上，东周时期称霸时间最久的是晋国。

晋国创立者唐叔虞是周武王的儿子、周成王的弟弟，其分封是因为一次游戏：唐国内乱，周公将其诛灭。周成王很高兴，削桐树作珪，戏言分封给叔虞。没想到臣下史佚站出来请求成王择日分封叔虞。周成王说这是开玩笑。史佚坚持说："天子无戏言。言则史书之，礼成之，乐歌之。"周成王不得已将唐封给叔虞，至叔虞之子燮父因

[1] 应劭著，王利器校注《风俗通义校注》，中华书局，2010年第2版，卷1《皇霸·五伯》记载："霸者，把也，驳也。言把持天子政令，纠率同盟也。"

唐尧之墟有晋水，改称晋。东周初，晋昭侯把曲沃封给叔叔成师，种下后来的乱源。曲沃比晋国都城大，成师颇得人心，有识之人担忧道："末大于本而得民心，不乱何待！"[2]果然，67年后，曲沃这支坐大，曲沃武公攻占都城，灭晋侯缗，取而代之。此事发生在公元前679年，也就是齐桓公开始称霸之时。

[2] 以上引文俱见于《史记》卷39《晋世家》。

晋国在此期间发生了许多复杂的内部斗争，风云变幻，谁势力大了就可能凭借实力篡夺王位，没能形成比较公认的政权合法性，造成严重的内部猜忌。国王的合法性不足，权威受到轻视和伤害，卿大夫的权力大大提高，甚至左右王位继承，这时候王室的内讧往往演变为政坛斗争。

武公代晋二年去世，其子献公继位，征伐骊戎，得骊姬，宠幸无比，生子奚齐。谋士劝献公尽诛晋公子，以免他们复辟作乱。晋献公果然这么做了，漏网的晋公子逃亡国外，引他国武装干涉晋国。晋献公接着清理自家的事务，打算废掉太子申生，改立奚齐。为此他把非骊姬所生的几个儿子打发到外地，让申生到曲沃，重耳到蒲，夷吾到屈，奚齐留在都城绛。从这番布置，明眼人都能看出晋献公的意思。外放的三个儿子都比较能干，而且，他们的母亲都有来头。申生的母亲是齐桓公的女儿齐姜，去世较早，而他的妹妹为秦穆公夫人；重耳的母亲是翟国狐氏女儿，他的亲姨妈是夷吾的母亲。所以，晋献公一时还下不了手。

过了将近十年，奚齐长大了，晋献公又算计起来，与骊姬说起废太子的事情。骊姬坚决反对，说如果因为宠爱她而废立太子，自己宁愿自杀。这番话让晋献公对骊姬敬佩不已，信任有加。

有一天，骊姬告诉太子申生君王梦见齐姜了，让他赶快祭祀母亲，将祭品献给父王。申生照办，献上祭肉。晋献公刚好出去打猎，祭肉先放在宫内。晋献公回来后，见到祭肉拿来要吃，骊姬拦阻，说这祭肉从远地带回来，不知道能不能吃，先让狗试试吧。没想到狗一吃下去立即死亡。再让小臣食用，也马上死掉了。骊姬大哭起来，说没想到太子这么狠心，想早日登基而不惜谋害亲爹。她边抽泣边哀求献公道：太子这么做一定是因为我们母子俩，干脆让我们流亡他国，或者早点自杀，省得日后落入太子手中。这番话低调却暗藏杀机，还让人听了觉得可怜。

太子申生听说宫内发生的事情，吓坏了，有口难辩，慌忙逃回曲沃新城。晋献公勃然大怒，杀了太子的师傅。太子身边的人劝他回去向父王解释，证明毒药是骊姬下的。太子拒绝了，他说父王年纪大了，身边不能没有骊姬服侍，而且辩白以后，父王也要动怒伤身，不可以这么做。有人劝他流亡国外，太子也拒绝了，说背负谋害父亲的名声出逃，谁也不会收留我的。太子申生选择了自杀。

这时候，重耳和夷吾正好入朝，骊姬便向晋献公检举，说他俩知道申生下毒的事情。重耳和夷吾得到线报，狼狈逃回各自驻地。晋献公派兵讨伐，重耳逃到翟国，夷吾逃往梁国。

四年后，晋献公死去，奚齐继位。他毕竟年少无知，朝中大臣不服，里克起兵接连诛杀奚齐兄弟，派人到翟国迎接重耳。重耳拒绝了，说自己违背父命，无颜回国，请立其他兄弟。里克只好去迎接夷吾。夷吾的谋士说，朝中还有其他兄弟在，为什么舍近求远来迎接您呢？恐怕有诈。建议夷吾重金贿赂秦国，以强援为后盾入朝。夷吾便以割让河西之地为条件，换取秦国出兵帮助他登上王位。秦穆公同意了。齐桓公听说晋国发生内乱，也率领诸侯出兵。夷吾在诸国支持下继立，是为晋惠公。

晋惠公上台后，马上食言，拒绝割让河西之地给秦国。而且，他在国内诛杀大臣，逼迫里克自尽。东周派使者向晋惠公致礼，晋惠公倨傲怠慢，得意忘形。很快晋国发生饥荒，不得已向邻近的秦国请求粮食赈济。秦穆公询问大臣百里奚的意见，百里奚说谁都避免不了天灾，救灾恤邻乃为国之道，应该给晋国粮食。晋国流亡而来的公子邳豹主张借此良机征伐晋国，秦穆公回应道："其君是恶，其民何罪！"[1] 不乘人之危，把统治者同老百姓区分开来，实行人道主义的赈灾救恤，这些政治思考和做法在中国古代早已存在，体现的是道义的原则。

可是，到了第二年，秦国也发生饥荒，向晋国求粮。晋惠公和

[1]《史记》卷39《晋世家》。

大臣商议，庆郑认为秦国帮助惠公即位，又运送粮食赈灾，而我们背弃承诺不割让河西之地，现在当然应该给秦国粮食，这根本不需要商议。晋惠公舅父虢射则以为，往年是上天将晋国赐予秦国，秦国不懂得获取，现在上天将秦国赐予晋国，我们怎能不取。惠公采纳虢射的意见，发兵攻打秦国。背信弃义已经失信于天下，现在还要践踏救死扶伤的人道主义，晋惠公把政治的恶淋漓尽致地发挥出来。这种行为极大地刺激了秦军的战斗意志，即兵法所谓的"哀兵必胜"。激烈交战的结果是晋惠公先胜，围住秦穆公，却遭到秦军的坚强抵抗和拼死反击，晋军败退，晋惠公反被秦军俘虏。

秦国打算拿晋惠公来告捷祭天，而晋惠公的姐姐是秦穆公夫人，为他求情。秦穆公说晋国是大国，岂能被灭，故设宴款待晋惠公，与之订盟。秦穆公准备释放晋惠公回国，他询问晋国臣子吕省，晋国会团结起来吗？吕省回答说不会的，因为一般小民害怕失去君王和亲人，誓言报仇，哪怕去侍奉戎狄异族也要出这口气；而真正明白事理的君子，爱国护君，亦知此事晋国理亏，因而在等候秦国的决定，如果秦国释放晋惠公，他们会知恩图报。两种意见截然对立，因此国家不会团结。秦穆公听后，更加放心，礼送晋惠公回国。

晋惠公回去后，马上杀掉主张守信和秦的庆郑，重整国政。底气不足的统治者在遇到挫折时，会更加疑神疑鬼，集权且内斗。晋惠公担心位子不稳，想起了流亡在外的重耳，派人去暗杀他。重耳赶快逃往齐国。

晋惠公把太子圉送往秦国做人质。秦国为他娶妻，待他不薄。一住五年，晋惠公病重，太子圉闻讯，不辞而别，潜逃回晋国，让秦国非常生气。不久，晋惠公死去，太子圉继位，史称晋怀公。

晋怀公的地位更加脆弱，所以变本加厉寻找可能的政敌，意欲彻底铲除，以巩固王位。他最担心的还是流亡在外的重耳，可又抓不到他，于是下令追随重耳流亡的人限期投案自首，否则尽灭其家。狐突有两个儿子追随重耳在秦国，不肯回来投案，晋怀公将狐突抓起来，狐突对怀公说：我儿子跟从重耳很多年了，现在召他们回来，岂不是教人背叛君主吗？我怎么跟他们说呢？晋怀公不听，杀了狐突。这一行为让卿大夫惶恐不安，不知道后面还有什么残酷的命令。主弱国疑，秦国见机发兵护送重耳回国，秘密通知晋国卿士做内应，杀掉了晋怀公，扶立重耳，亦即赫赫有名的晋文公。

从晋惠公到晋怀公，都是弱势君主，政治合法性不足，导致个人不自信而猜忌，对内集权，对外树敌，这些近乎动物自卫本能的手段，暴露其智商甚低，得不到国中掌握社会资源的卿大夫的尊重，矛盾不断聚集并激化，一旦有什么风吹草动，便会迅速演变为风暴突起。这段历史足可为鉴。晋文公从中汲取了什么教训呢？

晋文公重耳是晋献公之子，情商高，善交友，身边常有贤士追随。晋献公听信骊姬谗言而欲杀太子申生及夷吾、重耳，重耳流亡到母亲出生的国家翟，那年他已经43岁了。这把年纪过流亡生涯，一定比年轻人更艰苦，但感触也更深。他亲身了解社会民生，体会各国之间关系的现实性，在世态炎凉中对政治真谛有了更加深沉的思考和领悟。恰如孟子所言："天将降大任于是人也，必先苦其心志，劳其筋骨，饿其体肤，空乏其身，行拂乱其所为，所以动心忍性，曾益其所不能。"[1]

重耳是有远大政治志向的人，不甘于苟且偷生，而他身边的赵衰等人也个个属于人杰。赵衰劝重耳前往齐国，因为管仲、隰朋等贤相去世了，齐桓公又在延揽人才，意图继续称霸。重耳便动身前往，路过卫国时，卫文公根本不理睬他。重耳饥饿困乏而向农人乞食，得到一钵泥土。好不容易来到齐国，齐桓公隆重接待他，给他20乘车马，还将宗女嫁给他。重耳过上了安逸体面的日子。两年后，齐桓公去世，齐国发生内乱，诸侯起兵干涉，重耳目睹这些事件，却安于现状，不思进取，连齐人妻子都为他贪图安乐感到害臊，力促他奋起，重耳不听，齐妻与赵衰合谋，灌醉重耳，车载而行。重耳醒来大怒，也无可奈何。

他们一行人来到曹国，不受待见，转而投向宋国。恰逢宋襄公兵败于楚军，礼遇重耳，欲有所用。宋国大臣劝重耳身边的人，说宋是

[1] 《孟子》卷12《告子下》。

小国，新近挫败，不足以成大事。重耳遂离去，来到郑国。郑文公不予理睬，其大臣劝郑文公礼遇重耳，因为他和身边的人都非同一般，不然就杀了他，以免留下后患。郑文公均不采纳。重耳只能离开，前往楚国。

楚成王用接待诸侯王的规格欢迎重耳，并问重耳："您很快将要回国，将来要如何回报我呢？"重耳回答道："奇珍异宝，于您多余。万一不幸和您兵戎相见，我避退三舍。"这就是有名的退避三舍之约。重耳即便身在窘境也不出卖国家利益，表现出个人的品德，说出来的话可以相信，远胜于没有底线的政客，因此，楚王不怪罪他，以礼相待。

在楚国住了几个月，发生了晋国太子圉从秦国潜逃回国的事件，秦穆公怨恨，听说重耳在楚国，派人前来迎接。楚成王也对重耳直言相告，说楚国遥远，和晋相隔数国，不如秦国与晋相邻，晋国要是有变，秦国相助容易，应该到秦国去，鼓励重耳努力，并厚送出境。

重耳来到秦国，秦穆公把五位宗女嫁给他。不久之后，晋惠公去世，太子圉即位，晋国大臣听说重耳就在邻邦秦国，暗中纷纷前来联络，希望他回国。赵衰看到时机成熟，先行潜回晋国，召集众多内应。秦穆公遂发兵护送重耳回国，重耳登基称王。至此，重耳在外面已流亡了19年，已经是62岁的迟暮之人了。

重耳颠沛流离，先后流亡七个国家，见到过强国霸主的大气，也领教了小国君臣的势利，曾经乞讨而知道民生疾苦，目睹社会百态，在春秋时代，有哪位君王有过如此丰富的社会阅历呢？从最初政争失败的心灰意懒乃至贪图安逸，到历经艰险砥砺而意气勃发，在花甲之年奋起执政，也许是晋国国运所在，大难不死的勇者带着深沉的思考回来了。

就当时的国情而言，因为政治权利和经济利益通过封建制层层分封下去了，所以，只要维护好政治原则和伦理道义，宽厚容人，不随便猜忌引发内斗，国内的形势就能够迅速稳定。晋国动乱不已，皆因君主虚荣猜忌而引发，内斗招致外患。晋文公明白了这个道理，上台以后，一方面"施惠百姓"[2]，修明政治，安定社会；另一方面则通

---

2 《史记》卷39《晋世家》。

过奖赏和重塑政治伦理,强调道义。他封赏了追随其流亡并立功的臣下,大者封邑,小者尊爵。文公的封赏有什么特殊的意涵吗?

壶叔身份低贱,追随晋文公。文公三次封赏,都没有他的份儿,因而有怨言,向文公问个究竟。文公对他说:"用仁义引导我,用道德恩义规范我,这种人受上等奖赏;以行动辅佐我,令我成功立业,这种人受次等奖赏;甘冒矢石危险,立下汗马功劳,这种人受再次等封赏;如果是效力服侍我,而没有补救我的过错,这种人受再次一等奖赏。前三种奖赏完成之后,很快将要轮到您了。"[1] 晋国人听了,都心悦诚服。

晋文公的奖赏等级分明,非常重视仁德,亦即突出治国之道,而不是处世之术。他在齐国期间,见到一代霸主齐桓公晚年的国政乖谬,以至尸骨未寒,旋生内乱。再看看自己身在其中的晋国三代君王,无不耽于术而荒于政。这么多治乱的经验教训,让晋文公深深领悟到国家最需要的是确立治国理念和政治道义,遵循文化传统。所以,他把政治道义放在第一位,其次是政治辅佐,第三是军功,第四才是绩效。只有公平正义才能实现长治久安,这个道理不理解的人会经常挂在嘴边夸夸其谈,口是心非,只有真正有所感悟的人才会切实贯彻,而这样的人史不多见。晋文公虽然还达不到如此高度,但至少是有所感悟,并身体力行。晋楚城濮之战,晋国大胜,作战谋划贡献最大的是先轸,而晋文公却评定狐偃功劳最大。不服者有所议论,晋文公回应说,我采用先轸的谋略取得胜利,但这是一时之见;狐偃劝我不要言而无信,这是万世之功,怎么能把一时之见取得的胜利放在万世之功前面呢?因此,狐偃得首功。

晋文公说的是他流亡楚国期间,曾经对楚成王承诺万一两国兵戎相见,晋国将退避三舍。城濮之战时,狐偃提醒晋文公,晋军果然后退九十里地,兑现了诺言。取信于天下,远比一场战役的胜利重要得多。国无信不立,这就是晋文公所说的万世之功。晋文公的形象树立起来了,晋国的形象树立起来了,取得诸侯和百姓的信任,奠定了晋国百年称霸的根基。

[1] 《史记》卷39《晋世家》记载:"从亡贱臣壶叔曰:'君三行赏,赏不及臣,敢请罪。'文公报曰:'夫导我以仁义,防我以德惠,此受上赏。辅我以行,卒以成立,此受次赏。矢石之难,汗马之劳,此复受次赏。若以力事我而无补吾缺者,此再复受次赏。三赏之后,故且及子。'晋人闻之,皆说。"

晋国虽然是大国，但一直到晋文公，在诸侯国里并没有起到领导作用，其重要原因是内部长期处于激烈的斗争中，前期是晋侯与曲沃争斗，延续了将近70年，以曲沃获胜告终，很快又陷入王室内部的斗争，直到晋文公登基。内部动荡，国家声望不高，就难以在诸侯国里称雄。

晋文公成功地安定了内政，树立起国家信誉，作为一个大国，必然在对外关系上有所作为。特别是晋文公年事已高，更有迫切之感。在错综复杂的国家关系中，应该从何处着手呢？

晋文公即位当年，周朝发生内乱，周襄王因为弟弟发难，出居郑地，向晋国告急。晋文公内政未稳，就把这件事按下。第二年开春，秦国出兵，要入朝扶助周襄王。晋国大臣赵衰向文王建议："追求霸业，没有比扶助天子、尊崇周室更好的了。而且，周朝和晋国同姓，晋国不先入朝勤王，反而落在异姓的秦国后面，将来如何号令天下？现在尊王，就是晋国的资本。"真是英雄所见略同，齐桓公身边的管仲最先懂得尊王的真谛，所以，齐国成为第一位霸主。现在晋国的赵衰也深明其中奥义，提出相似的建议。春秋霸业的成功关键，就在于登高倡导尊王攘夷。晋文公听懂了，马上采取行动，出兵拥护周襄王，入朝杀死作难的周王弟弟，扶襄王重回都城。周襄王非常感激，把晋军首先集结之地河内阳樊（今河南辉县市西北）赐予晋文公。

这次行动最大的成果，不是获得阳樊之地，而是在诸侯各国中树立起晋国的领导地位，新一代霸主因而呼之欲出。此后，晋国成功同齐国会盟，进一步确立其在中原的领导地位。

真正的盟主还需要经过严峻的考验，而考验很快就到来了。楚成王出兵进攻宋国。

东周初期，礼仪文明没有达到东周标准的国家被视为野蛮之邦，诸如西方的秦国，南方的楚国、吴国和越国，都属于这类国家。宋国出自商朝一脉，不同于周族姬姓，但周承商祚，故宋国属于中原文明国度，乃华夏大家族成员之一。所谓"华夏"是一个动态的概念，最初指的是西周都城，例如在陕西宝鸡出土的青铜器何尊上面首次见到

第三章　春秋霸业

"中国",指的是西周的洛阳。以后华夏的范围逐渐扩大到周朝分封的诸侯国,进而扩大到实行周朝礼仪制度的文明国家。我曾经在《东亚世界形成史论》一书中做过专门的讨论。[1]动态的变化显示出中华民族的基本特点:不是一成不变的血统性种族,而是基于文化认同的多民族融合体。破除血统的排外性,强调的是文化标准,是在共同的文化价值观、伦理道德和制度规范基础上,包容不同的民族和国家,融合成为新的"华夏"民族与"中国"。

秦、楚、吴、越在当时属于非文明之邦,因此,遇到中原"华夏"国家遭受外来入侵的时候,有团结一致共同对敌的道义与责任。在东周王室衰颓的情况下,挺身而出领导诸侯一起抵御外敌的国家,会得到大家的拥护而成为盟主。

晋文公接到宋国告急求助,大臣先轸认为报答宋国曾经帮助重耳之恩、争取天下霸权的机会来了。狐偃建议,楚国刚刚得到曹国归附,又同卫国结亲,如果我们进攻曹、卫两国,楚国必定去救,宋国就可以解围了。晋文公采纳此计,出兵曹、卫。卫国国人不愿同楚国结盟,奋起赶走国王;曹国则被晋军攻入都城。楚国救援卫国,没有成功,便一心一意攻打宋国,形势危急。晋文公也觉得难办,因为自己流亡时楚成王有恩于己,所以不愿直接攻楚;同时也不愿意舍弃宋国,因为宋国也曾帮助过自己,颇为踌躇。先轸建议俘虏曹国君主,把曹国和卫国的土地分给宋国,楚国要救曹、卫,就不能不停止进攻宋国。晋文公依计实行,楚成王果然退兵。

楚国将军子玉觉得受到轻侮,很生气。楚成王对他说:"晋文公在外流亡十九年,饱经磨难和历练,深知各地形势,能够调动人民,不可阻挡。"子玉不听,坚决请战。楚王不高兴,给予他少量兵马。子玉致书晋国,提出晋国恢复曹、卫两国,则楚国也停止伐宋。晋国大臣认为子玉身份低下,却对晋国国君出言不逊,要以一换二,实在无礼,不能同意。先轸则认为拒绝就失策了。因为子玉一言而安定三国,而我们拒绝就等于一言而失去三国。不如私下与曹、卫两国媾和以引诱他们,同时扣押楚国使者以激怒子玉,等交战以后再见机行

[1] 韩昇《东亚世界形成史论》,复旦大学出版社,2009年;新版,生活·读书·新知三联书店,即出。

事。晋文公十分赞赏，依计实行，曹、卫两国果然同楚国断绝关系。晋楚两国的外交战，楚国落败了。

楚将子玉大怒，挥师挺进，攻击晋军。晋文公下令后撤。晋国将士愤怒了，询问是何道理。晋文公说道："往日我在楚国时承诺退避三舍，岂能背信食言！"晋军后撤是一步好棋：从道义上证明晋文公是一位恪守承诺的信义之人；在舆论上显示晋国谦让而楚国咄咄逼人，争取各国的同情；在军事上则缩短己方后勤线，同时拉长楚军馈运之道，并且能够先期进入己方选定的战场，以逸待劳。晋文公争取到多国支持，统率宋、齐和秦国联军进入城濮布好军阵，等待远道而来的楚军。楚军谋士劝子玉退兵，因为晋军后退，楚国已经获得面子，不宜深入求战。但是，子玉缺乏政治头脑，刚愎自用，轻率冒进，同晋军在城濮相遇，爆发大战。

在周礼的时代，社会上非常重视等级身份及礼仪。晋文公是一国之君，地位尊贵，子玉是楚臣，身份远低于晋文公。不同身份的人相遇，理应身份低下的人退让，这是公理。现在倒过来了，晋文公后退，子玉却继续进逼，以下犯上，行为失礼，会激起公愤和晋军的斗志。子玉在礼的世界中失礼，已经输掉了政治战。鲁莽的军人是难以同老谋深算的政治家相对抗的。

晋文公抓住了躁进之敌的弱点，诱敌深入，在己方布置好的坚固阵地迎战楚军。楚军右翼为陈、蔡联军，晋军抓住其协调性差、战斗力不强的弱点，发动进攻，先将其击败。子玉不顾右翼之败，命令中军和左翼猛烈进攻。晋军后退，楚军追击，左翼过于深入，遭到晋军反击，被拦腰截断。晋国中军也掉转方向，进攻楚军左翼，左右合击，打得楚军溃散而逃。子玉见大势已去，为了防止被晋军围歼，不得不带领中军退出战斗，失败而归。城濮之战是晋文公登基之后第一场对外战争的重要胜利，成为晋国称霸中原的里程碑。

击败楚军，晋国大臣们欢欣鼓舞，可是晋文公却面色凝重，轻轻叹息，略显忧虑。大臣问其缘故，原来晋文公担心的是楚将子玉，他

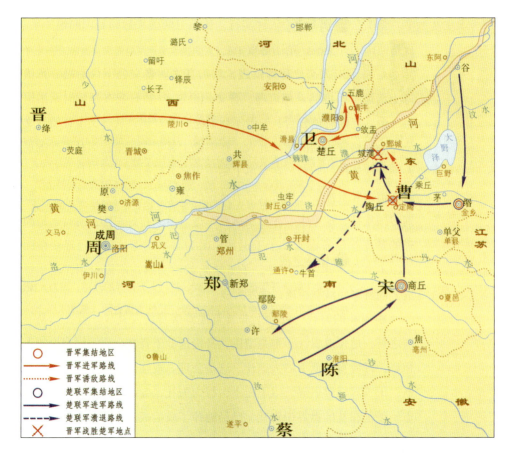

城濮之战示意图,据《地图上的中国史》

虽然在城濮之战中显得骄躁,却是楚国数得上的人才。此人心高气傲,必定不会服输,晋楚之战尚未结束,下次如果子玉再来,将是晋国的劲敌。胜而不骄,谋略深长,十九年流亡生涯锤炼出来的晋文公,确有过人之处。

然而,晋文公的忧虑竟然很快烟消云散。楚成王恼怒子玉不听话,轻敌冒进,狠狠地谴责他。子玉羞愤自杀。消息传来,晋文公心头的一块石头放下了,喜道:"我击其外,楚诛其内,内外相应。"[1] 楚成王这一怒,自断臂膀。其实,城濮之战的失败,楚成王也负有不可推卸的责任。他既然知道晋文公不可小觑,就应该坚决制止子玉请战;既然批准子玉出兵,就必须全力支持,但他却首鼠两端,患得患失。君主战斗意志不坚定又想投机,主将轻敌骄傲,撞上了略不世出

[1] 《史记》卷39《晋世家》。

的强大对手，楚国的失败可以料见。晋楚两国君臣谋略与能力对比，楚国明显居下，要想到中原争霸，尚待时机成熟。楚成王没能负起自己的领导责任，却将错误全都推给部下子玉，致其自杀，造成满盘皆输。此时楚国应该做的是痛定思痛，不怪罪推诿，如果好好汲取教训，那么此败仗将成为通向崛起的铺垫。

晋楚城濮之战标志着晋国的崛起。在双方战前的较量中，楚国的盟友卫国和曹国倒向了晋国；战后，帮助楚国的郑国非常恐惧，请求同晋国结盟，也倒向了晋国。连同此前结盟的齐、秦、宋三国，晋文公已经成为中原的盟主。于是，晋文公把城濮之战俘虏的楚国将士一千人，驷马战车一百辆，隆重献给周朝，举行告捷仪式。周天子策命晋文公为"伯"，赐予金饰大车、红色与黑色的弓箭、香酒、玉器和三百虎贲之士。晋文公依礼推让三次才接受，稽首叩谢。周天子所赏属于礼仪祭祀之具，表示承认晋国在诸侯国中的领导地位。

周天子封晋文公为"伯"，但晋文公能不能获得天下诸侯的拥护呢？晋文公城濮之战胜利后，仍然愤恨曹国追随楚国，率领诸侯围攻曹国。曹国请和，向晋文公陈述道："齐桓公虽然称霸，大会诸侯，但其为异姓之国。曹国出自周王室叔振铎之后，与晋国都属于同姓之国。您怎么可以率诸侯攻打自己的兄弟国家呢？这不符合周礼。"晋文公听后，罢兵言和。

这件事颇为重要。在周朝封建体制框架内，血缘宗法关系和礼法秩序是两大纽带，两个基本原则：依据血缘关系区分亲疏，依据礼仪文明区分尊卑。

周朝融合各部族为一体时，有其内部层次结构，犹如同心圆，核心是周王室，最内一圈是同宗共祖的血亲宗族，外面一圈是西周功臣，再外一圈为周族以外的各个部族，由里及外，亲疏关系各不相同，越靠近周王室的越亲密。但这并不是绝对的，还存在着礼法秩序的第二个原则，那就是遵循周礼而形成的文明，如果不遵守周礼，不尊崇周王室，便从"华夏"沦落为"夷狄"；相反，如果"夷狄"的文明提升，尊王守礼，则可跻身于"华夏"之列。

基于上述原则，作为中原霸主，必须首先团结血亲同族。齐桓公与周王族非同姓同宗，而晋国源出周王室，这是他们的不同。晋国有义务保护同族，因此，晋文公不应该率领诸侯讨伐同族的曹国，失了周礼。晋文公也认同曹国的主张，退兵结盟。从这件事可以看出春秋盟主遵循的政治伦理，那就是首先要保护同族，再扩大为保护"华夏"，共同抵御外族入侵。

作为春秋霸主，最重要的是率领诸侯尊崇周王室。故晋文公称霸后，当年大会诸侯，率领他们朝觐周天子。此时周王室更加衰落，晋文公派人同周天子讲，请天子外出到河阳之地，晋文公到这里朝觐天子。就周礼而言，没有诸侯召天子的道理，但是，晋文公却这么做了，表面上说也是朝觐天子，实际上是召天子外出相会，明显依仗实力压低天子。由此可知，周朝日暮西山，而诸侯僭越的行动愈演愈烈，政治逐渐失序，一步步走向礼崩乐坏。

第三节　宋　国

"春秋五霸"到底是哪几国，历史上说法各异，齐、晋、秦、楚比较一致，都是大国。其余者有说是宋国的，也有不少学者反对。这究竟是怎么回事呢？

宋国出自商朝王族，对于周朝具有特殊的意义。商朝末期，纣王政治残暴，不恤民生，朝廷内外怨声载道。纣王不思改过，而是严厉镇压，百姓钳口，道路以目。有三位贤臣，分别是比干、箕子和微子，都是纣王的同族亲人，劝谏朝政，结果比干被残忍杀害；箕子披发佯狂，鼓琴自悲；微子隐居。周朝建立后，周武王呕心沥血思考如何建立稳定繁荣的新政权，他知道首先要做的是废除纣王的恶政，总结商朝失败的教训，才能回应民众的需要，解决社会问题。因此，新政权不是不加甄别地破除商朝的一切事物，而是批判性地吸收和继承，扬其善，正其恶。但是，到底哪些是好，哪些是坏？这不但需要旁观者如周族的观察，还需要商朝自己从内部的分析，才能找准找对。有鉴于此，周武王亲自造访箕子，向他请教。

箕子虽然拥护周朝新政，但他毕竟是商朝贵族，不忍心说自己国家的坏话，所以，他正面阐述国家应该树立什么样的政治理念，如何治理好民生与社会。周武王和箕子之间的对话，构成了西周以来中国古代政治文化的基础，至关重要。

周武王谦虚地向箕子询问道："上天默默地护佑百姓，使他们安居和睦，我却不知道上天安定万民的常理和秩序。"

箕子对此做了全面且系统的回答，说道：

> 从前鲧堵塞大水，扰乱了五行规律，天帝震怒，不赐予天道大法，九种常理因此败坏。鲧被杀死，禹接续而兴。上天赐给禹天道大法九种，常理有序。
>
> 所谓九种大法：第一五行，第二五事，第三八政，第四五纪，第五皇极，第六三德，第七稽疑，第八庶征，第九向用五福，惧用六极。
>
> 五行：一是水，二是火，三是木，四是金，五是土。水的常性是润物下行，火的常性是燃烧上升，木可弯曲变直，金可销熔变形，土可耕种收获。润物下行呈咸味，燃烧上升呈苦味，曲直呈酸味，销熔呈辛味，稼穑呈甜味。
>
> 五事：一是容貌，二是言语，三是观察，四是听闻，五是思维。容貌要恭敬，言语要服人，观察要透彻，听闻要明敏，思维要通达。恭敬使人严肃，服人则可治国，洞彻能够明察，明敏可以谋划，通达顺畅可至圣明。
>
> 八政：一是粮食，二是财货，三是祭祀，四是营建，五是教化，六是除奸，七是宾礼，八是军事。
>
> 五纪：一是年，二是月，三是日，四是星辰，五是历数。
>
> 皇极：至高的治国原则。君主治理国家必须制定政治规则，给民众带来福祉，获得大家的拥护并自觉遵守政治规则。臣民不得结党营私，而应全心全意为国家工作。君主要宽宏容人，

和蔼待下，奖掖尊崇道德之人，不要欺压无依无靠的鳏夫寡妇，却畏惧声势煊赫的豪强。对于有能力且有作为的人，要给予表彰，任用正直之臣，赏罚得当。如果对社稷做出贡献的人得不到拔擢，他们将借故离去；任用那些于国无益之人，他们会诱导君王结怨于百姓。君王必须公正无偏，遵循先王正道与法则，汇聚按照原则办事之人，引导百姓遵守规则，关爱民众，做他们的圣明君王。

三德：一是正直，二是刚强，三是柔和。世有道，则正直布德；世无道，则刚猛致治；世道顺，则柔和善政。对敌人强硬，对君子温和。君王掌握刑赏，臣下不得分享。否则将祸国殃民。要懂得天时地利，依照自然规律办事。符合天道，政通人和；悖逆自然，政昏国乱。

五福：一是长寿，二是富有，三是平安，四是有美德，五是善终。

六极（六种灾祸）：一是早死，二是多病，三是多愁，四是贫穷，五是丑陋，六是懦弱。

箕子这番政治伦理原则的阐述，主要强调的是遵循自然与社会发展的法则，政治公平公正，顺从民意，厚植民生，任用贤良，除暴安良，凝聚人心，共致太平。这些思想与西周提倡的人本主义精神相一致，对于西周乃至后世的儒家政治理念，都产生了积极的影响。宋国正是商朝人文政治的继承者，保留着商朝文化的传统，必须明白这一点，才能理解宋国的行为。

周武王赞同箕子的见解，将他分封到朝鲜，并秉承兴灭国、继绝世的政治伦理，立纣王之子武庚来继承商朝血脉。后来"三监之乱"时，武庚参与反叛遭到镇压，周朝重新立微子来存续商祀。微子是纣王的庶出兄长，政治主张同箕子一致，周武王推翻商朝，他持商朝祭器，肉袒面缚，代商朝向天下谢罪，投降周朝。

因为源出商朝，宋国怀有文化自负。东周时代，齐桓公称霸，宋国也跃跃欲试。齐桓公死的时候，正值宋襄公在位。他以为机会已到，决定在宋国鹿上之地，召集诸侯举办盟会，自己充当领袖，号令天下。

宋国公子目夷知道行不通，劝谏宋襄公道："小国争盟，祸也。"[1] 当盟主必须具有强人一头的实力，宋国根本不具备，如果要强出头，只会招来大国的愤怒，给国家带来祸害。争抢高出自己文化影响与实力甚多的大利，非但没有任何好处，反而必有重大危险，这就是《周易》所谓"德不配位，必有灾殃"的道理。但是，智慧与定力不足之人，往往好大喜功，妄自尊大，不懂得《周易》谆谆告诫的三种危机，那就是"德薄而位尊，智小而谋大，力小而任重，鲜不及矣"。宋襄公正是这样的人，哪里听得进目夷的冷静之言。

果然，宋襄公邀请楚国来会，楚成王恼怒宋襄公托大，表面上同意参会，实际上到会场就把宋襄公抓了起来，羞辱一通，再放回宋国。宋襄公丢了脸，还不懂得收敛。回国后出兵讨伐依附楚国的郑国，想出口恶气。这回招来更大的灾难，楚国哪能容得下宋国张狂，出兵攻打宋国。宋襄公上次盟会上被楚国偷袭，很想报仇，所以决心应战。宋国大臣子鱼进谏："上天抛弃商朝已经很久了，所以，我们无力与楚国对抗。"宋襄公不听，率军来到泓水结阵，准备狠狠教训楚国。

楚成王命令楚军渡河。宋公子目夷见状，向宋襄公建议："敌众我寡，趁现在楚军半渡，尚未成阵，赶快发起进攻。"宋襄公拒绝了。等楚军渡河完毕，正在整理队伍、布置阵势时目夷再次建议出击，又被宋襄公拒绝了，说要等楚军布阵完毕再决战。

宋襄公到底在想什么呢？他认为打仗必须堂堂正正，什么偷袭、半渡而击、乘人之危、对于结阵未成而发起进攻等，都是胜之不武的小人行为，为君子所不齿。所以，他一定要等到楚军摆好阵势，双方像君子一般决战，赢得光明正大，输得轰轰烈烈，充满艺术凄艳之美。这一仗的结局没有悬念，不是悲壮，而是悲惨，宋襄公身负重伤，回去后不久便去世了。

[1] 《史记》卷38《宋微子世家》。

宋襄公的行为一直为后人所诟病耻笑，批评他迂腐且愚蠢。其实，造成他失败的关键不是这场战争，而是他不自量力的称霸企图。就此役而言，反映出来的是不同时代的精神。东周王室衰颓，诸侯雄起，频繁攻伐，以往的战争观逐步改变了，战争不再是捍卫理念、遵循规则的力的较量。追求胜利的现实利益压倒了一切，规则就逐渐变得无足轻重。一旦竞争没有了底线，功利主义将高昂奋进，这在春秋时代才开了个头，随着时代推移将愈演愈烈。从时代精神的变化来看，宋襄公会变得越来越可笑，成为食古不化的象征。功利时代是难以理解上古的骑士精神的。

第四节　楚　国

和宋襄公作战的楚国，是春秋五霸中的南方大国。在争夺中原霸权的斗争中，楚国的加入是重要的事件，标志着"中国"的扩大，并在南方取得重大进展。

如前所述，最初的"中国"有着严格的地域和文化的限定性。"中国"一称，最早见于记载的是陕西宝鸡周原出土的何尊，写作"中或"，年代为西周初。"中"表示天下之中，而"国"字原作"或"，表示有人持戈守卫的土地。这块地在哪里呢？在今河南洛阳。西周在此建设了新的都城，用来监督东方的商部族。由此可知，"中国"最初指的是西周的都城。

都城为实行周朝制度和礼仪文化的首善之地。从这个意义出发，"中国"成为先进文明的象征。实行周朝制度文化之地，就被纳入"中国"。用文明程度作为标准，把推行周礼的文明之邦吸收进来，进而扩大到举凡服属周朝并达到其文明标准的国家，"中国"便不断地变动，不断地扩大。因此，"中国"是一个文化的概念和标准，和"华夏"一样，纳入"中国"也就成为"华夏"之一员。这一文化含义反映出"中国"与"华夏"的基本特点。

根据此标准来衡量楚国，这个国家号称出自黄帝之颛顼高阳氏。

《史记》在整理中国远祖世系的时候，把各地部族基本都联系于黄帝轩辕氏，这是为了塑造"华夏"一家的观念。故楚国先祖的记述应该放在这个视角去理解。

楚国先祖掌管火正，称为"祝融"，这应该是根据五行配合东西南北方位所做的推演。其祖承关系所反映的是楚民族源远流长，到西周以"熊"为氏，分出芈姓一支。熊氏一直在江汉之间活动，甚得民心，但不被中原各国所待见，直至西周后期，楚乘周室衰颓、诸侯相攻伐之机，扩张疆土，不受约束。楚酋长自称："我蛮夷也，不与中国之号谥"[1]，我行我素，自认另类。

东周早期，楚国取得较大发展，开始谋划进入中原诸侯国圈子，于是出兵攻打西周姬姓国家"随"。随国同楚国讲理，称自己无罪。楚人回答："我蛮夷也。今诸侯皆为叛相侵，或相杀。我有敝甲，欲以观中国之政，请王室尊吾号。"[2]我们注意到此时楚人仍以"蛮夷"自称，其诉求是脱"蛮夷"，希望获得周朝册封，成为中原诸侯之一员。随国为楚国向东周请封，遭到拒绝，反映出当时楚国的文明程度还达不到东周诸侯国的水平。楚君怒而自立，称"武王"。这是楚国称王之始，也是其致力于融入中原诸侯之初。

东周朝廷斥责随国同意立楚王，且与之结盟。楚王得知此事，起兵伐随。此后经常攻打邻近的诸侯国，日益坐大，小国都畏惧它。到楚成王时，实行睦邻政策，派人向周天子朝贡。周天子赐给楚国祭肉，告诫道："镇尔南方夷越之乱，无侵中国。"[3]这等于变相承认楚国在南方的强国地位。楚国拥有了控制南方千里之地的权力。

齐桓公称霸，兴兵伐楚，问其不向周朝进贡祭品包茅之罪，楚君认错。实际上此役楚国所获更大，等于中原盟主齐国承认楚国为周朝诸侯国，所以才有向周朝进贡祭祀用品之说。从此楚国跻身中原诸侯国之列，并凭借实力不时攻伐诸侯国。

宋襄公托大，召集诸侯国会盟，招致楚国攻伐，身被俘虏，后虽被释放，却已自取其辱，以后更是被入侵的楚军射成重伤，不治而死。楚国自此更加肆无忌惮地进攻中原诸侯国。

---

[1] 《史记》卷40《楚世家》。

[2] 《史记》卷40《楚世家》。

[3] 《史记》卷40《楚世家》。

楚国向中原的扩张，遇到晋文公这位强敌，遭受城濮之战的惨败，吃了大亏，不得不有所收敛。到楚庄王继立，楚国揭开了新的一页。

楚庄王即位后，不理朝政，沉湎于淫乐之中，整整三年，不出号令。而且，他还公开宣布："有敢谏者死无赦！"[1]大臣们非常忧惧，却无可奈何。伍举看不下去，冒死入宫觐见庄王进谏，只见他左抱郑姬，右抱越女，坐在钟鼓之间，好生快活。伍举走上前去，问庄王："有什么鸟，落脚在山冈之上，三年不飞也不鸣叫呢？"庄王回答："三年不飞，一飞冲天；三年不鸣，一鸣惊人。你可以退下，我知道你的意思了。"过了好几个月，庄王非但没有收敛，反而越发淫乐。大夫苏从叩宫进谏，庄王呵斥道："你没听到进谏者死的命令吗？"苏从勇敢回答："杀身进谏，是我所愿。"庄王见状，肃然而起，撤除美女钟鼓，上朝听政。他一出手就杀掉几百个奸邪之人，任用了几百个忠正之臣，像伍举、苏从这样的骨鲠之士都获得重用，朝政一新，上下喜悦。原来楚国腐朽势力颇大，所以庄王故意摆出昏君姿态，从旁冷静观察，等到忠直大臣为国忧愁到不惜以死进谏的时候，楚庄王感觉到时机成熟了，断然出手，一举端掉腐朽势力。楚国从此奋发而起，这就是有名的"三年不鸣，一鸣惊人"的典故。

清理内政之后，楚庄王出兵中原，打败宋国，进而伐戎，直抵洛阳，在周朝畿外阅兵。周定王派遣王孙满前来慰问，楚庄王问他周鼎的轻重。鼎是王权的象征，庄王之问相当傲慢，将其政治野心暴露无遗。王孙满答道："在德不在鼎。"庄王听出王孙满语含讥讽，更加露骨地说道："不要以为九鼎有多珍贵，我楚国只要切下剑戟尖锋，就足以铸成九鼎。"王孙满说道："大王您是否忘记了，虞舜夏禹隆盛之时，远国朝觐，九州献铜，铸成九鼎，雕刻百物，让百姓辨明神鬼。夏桀乱德，鼎迁于殷，传承六百年；商纣暴虐，鼎迁于周。由此可知，德美则鼎重，不可迁移；政乱则鼎轻，虽大亦失。周朝现在虽然衰落，但天命犹在，故不可问鼎之轻重。"楚庄王讨了个无趣，罢兵回国。此后人们把觊觎最高政权称为问鼎。

[1] 《史记》卷40《楚世家》。

王子午青铜鼎（附匕），春秋楚。王子午是文献记载中楚庄王的儿子子庚，楚共王时任司马，曾率军队大败吴军；楚康王时任令尹

楚国争霸之志并未减退，楚庄王破陈国，克郑国，大败晋国救兵。庄王死后，共王、康王屡屡伐郑，与中原霸主晋国激烈交战，互有胜负。楚灵王即位，召集中原诸侯到楚国申地会盟，采用齐桓公会盟的礼仪，俨然以霸主自居。中原主要的国家如晋、宋、鲁、卫等国都不来参会，但还是有一些国家畏惧楚国侵伐，出席盟会，总算让楚灵王挣到面子，实现了争霸的目标。和齐桓公、晋文公相比，楚国这个盟主相当牵强，中原并未服从。楚国始终没能明白霸权的建立，实力只是基础，让各国心悦诚服才是根本，亦即"在德不在鼎"的道理。以为靠实力就可以定天下。楚灵王完成会盟后，志得意满。伍举告诫他："夏桀、商纣和周幽王，都是在大会诸侯国以后，骄狂而引来叛乱，以至亡国。所以，大王要谨慎。"清醒的话对于狂妄之人，除了讨嫌外毫无用处，而预言将因此变成现实，让后人唏嘘不已。

第五节　吴　国

楚庄王称霸，是被视为蛮夷的南方国家首次融入中原文化圈的重要事件，标志着南方开发取得了很大的进展。此后，南方国家进入中原将越来越多，地域也越来越广。紧随楚国之后融入中原的是吴、越两国。

吴国的创始人据说是周太王的大儿子太伯和二儿子仲雍，太王想把王位让给小儿子季历，以便进一步传给他最看好的季历之子昌，亦即后来的周文王。于是太伯和仲雍逃入荆蛮，断发文身，融入被视为野蛮人的当地土著民中，表明绝不返回中原的态度，以利于季历接班。由于兄长退隐，季历顺利成为周族之王，后来传给儿子昌，实现了周太王的政治构想。而此时期，荆蛮土著人赞赏太伯的道义，有数千家追随他，建立句吴。太伯无子，死后由仲雍接班，又传了三代，时值周武王灭商建周，派人寻找太伯和仲雍后人，找到了吴国国君周章，将吴国分封给他，还把原来的夏都故地分封给周章的弟弟虞仲，使之成为中原诸侯。虞仲这一支回到中原，后来却被晋献公灭亡了。

周章留在吴国。可是，从其嗣子熊遂开始，各代子孙名字都与中原颇异，诸如柯相、强鸠夷、馀桥疑、柯卢、周繇、屈羽、夷吾、禽处、转、颇高、句卑、去齐等，更似吴语套用汉字的名字，说明周章这一支或者已经完全融入当地土著，或者是太伯以来的传说颇含虚构。总之，此时期的吴国不被中原诸侯所承认，被视为蛮夷。

到了梦寿时期，吴国日益强大，国君自称为王，俨然与中原诸侯分庭抗礼。从太伯奔吴算起，经历了十九代，吴国逐渐发展起来，其间经历的起伏变化，今日已经难以辨识，只知道到此时吴国开始进入中原诸侯的视野，并且与之发生激烈的冲突与深入的交流。

梦寿时期的发展，得益于外部先进思想与技术的传入。楚国比吴国更早融入中原，学到不少先进的技术。楚国统治集团的内部斗争，导致大夫申公巫臣出逃晋国，后担任晋国使者来到吴国。他教吴国用兵之术和车战之法，还让自己的儿子在吴国当官，加速了吴国的发展，并且开始同中原诸侯交往，更多地吸收中原礼仪文明，同楚国竞争，遂爆发战争。

梦寿有四个儿子，分别是诸樊、馀祭、馀昧和季札。季札最贤明，梦寿想传位于他，但季札坚决不接受，只好传位给长子诸樊。诸樊给父王服丧期满，就要让位给季札，季札断然拒绝。于是，诸樊晚年把王位传给弟弟馀祭，馀祭再传给馀昧，兄弟齐心要实现父亲将王位传给季札的愿望。但他们都想错了，季札真心不想当王，所以馀昧要将王位传给他时，他还是坚拒不受，吴人只好立馀昧的儿子僚为王。从王位传承来看，吴国尚未形成长子继承的制度，而是兄终弟及，类似西周太王传位给周文王的事迹。

在族长乃至王位继承问题上，历来存在两种模式，一种是选贤继承，一种是长子继承。草原游牧民族往往采用前者，农业民族稳定后往往采用后者。贤能继承制着眼于部族或者国家的发展，尤其在生存条件严酷、外部敌人威胁的大环境中，非贤能无以率领部族生存壮大，故选贤任能占主导地位。周族崛起之初，四周强敌环伺，所以也曾经采用选贤继承的办法。选贤制也存在很多问题，最突出的是造成无底线的伪装表演和激烈的内斗，致使骨肉相残，往往有一次继承，就有一次血腥斗争。对于农业民族而言，并不经常存在生死危机，反而是内讧造成的破坏更加致命，因此，当存立无大忧时，就会致力于建设稳定内部的继承制度，采用嫡长子继承制度，消弭争端，为此不惜对企图以贤能问鼎者做出种种严格的限制，以稳定压倒一切。吴国并非典型的农业民族，梦寿时期吴国尚且弱小，故长子继承制度未能确立，才出现上述兄终弟及的情况，而且，颇为吴人所接受。

如前所述，嫡长子传宗是西周宗法制度的核心，吴国要融入中原诸侯国，就必须实行周朝礼制。那么，其实行的兄终弟及继承制将受到挑战。吴国后来发生的王位争斗，应该放在这个过程中考察。

馀昧的儿子僚当上吴王，引来公子光的强烈不满。公子光是诸樊的儿子，他认为按照兄终弟及的继承办法，馀昧应该把王位回归到长兄诸樊的儿子，亦即传给自己，重新开始新一轮的兄终弟及过程。这当然是他个人的想法。因为传到第二代，每家都有多位子女，如何传承呢？各家有各家的说法，无法判定孰是孰非。这里暴露了兄终弟及继承制的破绽，说明此制终不可行。

公子光把野心埋在内心深处，用他的王族身份，积极为吴国作战，屡立军功。同时，积极延揽人才，暗中培育自己的势力。公子光麻痹了吴王僚，每每遇到对楚国作战，总是获得重用，打得有声有色。楚国比吴国更早学习中原文化，国土大，军事强，却因为国王唯我独尊，蔑视人才，造成能人出走、资敌复仇的局面。伍子胥就是其中之一。关于伍子胥的身世，后面再介绍。他的父兄都被楚王杀害，怀着满腔仇恨逃亡到吴国，见到吴王僚便积极劝说吴国出兵讨伐楚国。公子光却在一旁大泼冷水，指斥伍子胥为报一己私仇而挑唆两国相斗，对于吴国毫无利益可言。伍子胥被骂醒了，从初来乍到的不知深浅，看懂了吴国内部错综复杂的政情，连忙收回自己的主张，潜心观察，寻找机会。他看清公子光别有企图，便主动迎合，在社会上结交杀手，发现一位名叫专诸的勇士，介绍给公子光，大受赞赏。伍子胥找到了自己攀缘而上的机会，公子光也获得谋士相助，伺机而动。

这时传来楚平王去世的消息。吴国想趁楚国权力交替的不稳定时刻捞一把好处，起兵攻打楚国。吴王僚派公子盖馀和烛庸率领大军进攻楚国，同时派遣季札到晋国观望诸侯国的反应。晋国是中原诸侯国的领袖，只要中原各国不动，吴国就可以放心攻打楚国。吴王僚的算盘打得精，却没有想到这次行动要了自己的命。能够影响吴国局势的实力人物都派遣出去了，造成中枢权力空虚，野心家就有了机会。吴军挺进楚国，却被楚军切断退路，进退两难。留在国内的公子光兴奋起来，认为机不可失，连忙找来专诸，命他动手杀掉吴王僚，夺回王位，相信季札回来也不会废掉自己。专诸也认为吴王僚身边没有忠诚刚正的大臣，母亲老，儿子小，无法对付他们。他俩合计下来，由公子光出面请吴王僚到家里来喝酒议政，在地下室埋伏甲士，发动政变。

吴王僚没有察觉，带着卫队来到公子光家中，布下严密的岗哨警戒，开怀痛饮。席间，公子光谎称脚痛，下到地下室，让隐藏于此的专诸把匕首放进鱼腹，端上去进献给吴王僚。献鱼时，专诸突然拔出匕首，插入吴王僚胸膛。这一切都发生在瞬间，完全出乎意料，等卫队反应过来，吴王僚已经一命归西了。公子光迅速控制住局面，登上王位，便是吴王阖闾。

吴国发生的这场政变，暴露出兄终弟及继承办法的内在缺陷。很难判定吴王僚与公子光孰是孰非，亦即他们都拥有一定的权力合法性，也都受到质疑，这就使得国家最高权力根基不稳，促使后世的权力继承越来越严格地限制于嫡长子继承，其他的权力继承方式只是变通的办法，缺乏广泛的认同。这一点在当时已经表现出来了。季札从晋国回来，见到这个局面，说只要吴国社稷在，先王有人祭祀，民众有君主，我接受既成事实。季札对于政局具有相当的影响力，公子光发动政变时曾经考虑过他的反应，可见其并非无足轻重之人。但他对这场政变不持异议，顺其自然；而公子光即位后，也没有清洗吴王僚的后嗣，反而封其子为卿。这些情况都表明这场政变在吴国是被接受的，其意义囿于王位的继承权。

吴王阖闾即位后，吴国发展迅速，强大到能够挑战中原霸权的地步。其发展主要得益于外部人才的流入，最引人注目的是来自楚国的人才，这究竟是怎么回事呢？

楚灵王实现称霸中原后，得意忘形，对内苦役不断，对外恃强凌弱。受其迫害的内外政敌相互呼应，趁其外出行乐之际控制都城，杀死太子，另立公子比为王。楚灵王逃入山中，饥饿死去。但都城中无人知道，他们找不到楚灵王的行踪，整日担忧他杀回来。看来楚灵王的残暴让百姓谈之色变。公子弃疾见人心惶惶，便派人乘船在都城外面呼喊，称楚灵王回来了，又派人进城恫吓楚王比，说灵王要回来报复，老百姓也将起来响应，吓得楚王比自杀了。于是，弃疾堂而皇之地登上王位，成为楚平王。

楚平王为太子迎娶秦女。见此女艳丽动人，负责办理此事的臣下费无忌便抢先一步赶回都城，建议平王将此女留下，另外再给太子娶妻，平王欣然同意。费无忌因此成为平王身边的红人。他与太子关系不好，便在平王面前挑拨离间。太子的母亲来自蔡国，不受平王宠爱，太子也逐渐被疏远了。

有一天，费无忌又在平王面前中伤太子，说太子对于父王夺妻一事怀恨在心，他手中握有兵权，而且结交诸侯作为外援，图谋进攻都城。平王大怒，把太子的师傅伍奢召来训斥。伍奢知道是费无忌的谗害，据实辩白，劝平王不要被小人离间。费无忌在一旁挑唆，平王把伍奢抓起来，派人传诏太子，打算杀了他。太子吓得逃亡到宋国。

伍奢有两个儿子，费无忌劝平王斩草除根，以免留下后患。他们设计让伍奢召他儿子入宫，如果来了就赦免他。知子莫如父，伍奢告诉平王，大儿子伍尚仁慈孝顺，会舍身前来营救父亲，二儿子足智多谋，争强勇敢，知道来了必死，肯定不会来的，而他将成为楚国的忧患。结果如伍奢所料，伍尚来了，和父亲一道被杀害；二儿子逃到吴国，立志灭楚复仇，他就是大名鼎鼎的伍子胥。如前所述，伍子胥帮助吴国公子光夺取了政权，受到重用。

就在此时，楚国又发生政治内斗，著名的权门伯州犁被杀，其子郤宛官至楚国左尹，功名显赫。这个家族同样遭到费无忌的嫉妒，被进谗中伤，全家人都被杀了。伯州犁的孙子伯嚭逃了出来，听说伍子胥受吴王重用，便来投奔。伍子胥与伯嚭并无深交，但相似的身世让他们团结在一起。伍子胥向吴王推荐伯嚭，使他获得任用。这几位逃亡到吴国的人，都很有才干，而且对楚国君臣恨之入骨，一心一意要报仇雪恨。他们在楚国的敌人吴国聚集起来，为之尽心谋划，变革旧俗，采行先进的制度，教习车战，让吴国的军队迅速强大起来。

吴国征伐楚国是在一批能人辅佐下精心谋划的战争，不同于以往吴楚两国时常爆发的边境战争，诸如阖闾尚为公子之时，楚国边邑卑梁氏与吴国边邑农妇为争夺桑树而爆发械斗，进而演变为吴楚两国的战争。那些争端是突发、偶然的，其规模也有限。阖闾称王之后的吴楚战争，在吴国方面则是深谋远虑的整体战，目标在于灭亡楚国，从而改变了两国战争的性质和规模。楚国仍然专注于内部的争斗，低估了吴国的决心和意图，招致大祸。

阖闾三年（前512），吴王与伍子胥、伯嚭等起兵伐楚，攻克舒（今安徽庐江），颇有斩获。阖闾想趁势进攻楚国都城，谋臣劝阻了他，认为吴国百姓已经疲惫，不可恋战。吴王能够抑制自己急于求成之心，听从劝谏，量力而行，保持冷静，这一点是吴国终获成功的领导因素。吴王听从谋臣的意见，对楚国展开积极的持久战。所以，此后连续多年，吴国都对楚国发动有限的攻击，不停地骚扰楚国。

到阖闾九年（前506），经过六年的作战，吴王问谋臣伍子胥和孙武："现在可以进攻楚国的都城了吗？"他们分析形势：楚国的主将子常贪婪，不得军心，而唐国和蔡国痛恨楚国，如果联合这两个国家，就可以直捣楚国都城。阖闾依计行事，联合唐、蔡两国进攻楚国，阖闾的弟弟夫概冲锋陷阵，猛烈攻击楚军。楚军大败，溃不成军。吴军五战五捷，攻入楚国都城郢。

吴军进入郢，伍子胥和伯嚭直奔楚平王陵墓，刨开棺木，将尸首拖出，挥鞭痛抽，一泄心头压抑多年的父仇家恨。这就是著名的"鞭尸"典故，告诫人们生前不要做坏事，以免死后被讨伐。

楚昭王狼狈出逃，路上差点被地方实力人物杀死，好不容易跑到随国。吴军追击而来，对随国说："周朝分封在长江和汉水的子弟国家，都被楚国吞并消灭了，你们还是把楚昭王交出来的好。"吴军志在必得，楚昭王部下子綦眼看楚王不保，便自己冒充楚昭王，让随国将他交给吴军。楚人很相信神灵，占卜问天，结果不吉。于是，随国欺骗吴军，说楚昭王没有逃到这里，恰好吴国后方起火，吴军也就不了了之，撤军班师。楚昭王逃得一命。

吴国获得灭亡楚国的重大胜利，声势大振，俨然成为南方一霸。然而，其内部的问题很快暴露出来。阖闾的弟弟夫槩在灭楚战役中立下头功，滋长起政治野心。楚国申包胥从秦国借来援军，反攻楚地；越国了解到阖闾率领吴国主力在楚国作战，国内空虚，便起兵进攻吴国。夫槩企图趁乱夺权，便在吴军对秦军作战失利的关头，率部回国，自立为王。阖闾知道了这个消息，马上回师进攻夫槩，将其打败。夫槩逃亡到楚国，楚昭王封他于堂溪，号堂溪氏。因为吴国发生这场变乱，楚昭王有机会夺回郢都，复兴了楚国。

阖闾平定内乱之后，命令太子夫差讨伐楚国，迫使楚昭王把都城从郢（今湖北江陵）迁到鄀（今湖北宜城东南）。几年后，阖闾亲率大军征伐越国，越王勾践迎战，两军相遇于槜李（今浙江嘉兴）。越国派出死士出阵挑战，前进到吴军阵前，大声呼喊，然后于阵前自刭。吴军将士被这种怪异的表演惊呆了，一时走神，越军马上发动进攻，快速冲锋，打败了吴军，阖闾负伤，后退七里才稳住阵脚。阖闾伤重不治，临终立太子夫差，要他牢记父仇。

吴王夫差青铜剑，春秋吴，1976年河南辉县出土夫差即位后，任用伯嚭为太宰，整军练武，誓言复仇。翌年，夫差亲率精兵大举讨伐越国，将士奋勇，势不可当。越军惨败，勾践仅剩五千甲兵，困守于会稽山，陷入重围。越王派遣大夫文种求和。传说文种向伯嚭行贿，送他八位越国美女，请他在夫差面前为越国讨饶，称越国愿意成为吴国附庸。吴王夫差不听伍子胥的劝阻，同意议和，越国逃过了灭顶之灾。

夫差饶过勾践的原因已经难以说清了，恐怕他有更大的企图心，那就是北上争霸于中原。吴国破楚、降越，在整个南方已无敌手。然而，这个地区被中原诸侯视为蛮夷之地，在此称雄，夫差并不满足，他要到中原去做霸主，那才是真正的英雄。

夫差七年（前489），吴王抓住齐景公死去、新君弱而大臣争宠的机会，兴师北伐，连败齐军，推进到琅琊地区，占领了齐鲁之南。此后几年，夫差多次讨伐齐国，耀武扬威。十四年（前482），吴王夫差在黄池（今河南封丘）召集中原诸侯会盟，力图实现称霸之梦。

然而，黄池之会对于吴国而言，没有成为圆梦之会，反而成为由盛而衰的转折点。因为越国抓住吴王夫差北上之机，开始了复仇的反攻，打入吴国，俘获吴国太子友。国内派人向夫差报告，夫差担心走漏消息影响他成为盟主，竟然连杀报信的使者七人，企图封锁消息。此外，吴国军事崛起得益于晋国的帮助，但晋国是中原称霸最久的国家，根本看不起后起的吴国。吴国费力举办了黄池之会，晋国却在会上要当盟主。夫差大怒，对晋国说自己是西周太王嫡长子一系，理应成为盟主。晋国却说自己在姬姓国家中一贯为尊，必须成为盟主。晋国赵鞅拍案而起，要列阵与夫差一较长短。夫差北有强晋，南有仇越，前后夹击，不得不让步，以晋定公为长，勉强完成盟会仪式，也算是称雄于中原。

夫差匆忙回国，师老兵疲，只能花重金向勾践请和退兵。勾践看穿了吴国已经虚弱的真相，屡屡进攻吴国，并在几年后将其灭亡。

春秋争霸的诸国中，吴国犹如泡影一般。夫差稍有成就便张扬到自以为天下第一，耗费国力去争夺霸权，结果是内外交困，迅速幻灭。

第六节　越　国

粉碎吴王夫差称霸天下的是越王勾践。

越国相传是大禹的后裔，真实的情况已不清楚，恐怕只是传说。越国风俗断发文身，披草蔽体，与中原颇不相同。西周以来传承二十几代，寂寂无闻于中原，故史无记述，仅知道与吴王阖闾作战的越王为允常，结仇甚深。允常死后，其子勾践继立。

中国历史的记载，流传于世的都出自中原，并以中原文化为尺度衡量四方，因此视南方为蛮荒之地，简陋落后，无足称道。而且，南方的生产与生活形态与中原差距甚大，北方种植旱地五谷杂粮，南方为水田稻种；北方地高原广，南方丘陵蜿蜒；北方干燥风劲，南方潮湿温润，自然地理环境迥异，养育出来的人文习俗，乃至思维方式各不相同。长期以来，南北相互视为怪异。以前的史书将南方的断发文身、刀耕火种等视为未开化的陋俗，其实是北方对于南方的不理解。然而，千百年来，中国历史一直被北方话语所笼罩。

从考古学来看，南方文明兴起甚早，例如距今5300—4300年的良渚文化，中心地在钱塘江流域和太湖流域，正是《史记》记载的越国地区。当时，该地区的农业已经相当先进，稻谷有籼稻和粳稻的区分，是最早普及栽培稻作的地区。与稻作相配套，普遍使用了石犁和石镰。而且，还有水平较高的手工业，琢制出精美的玉器，有玉琮、玉璧、玉璜、玉钺、玉环、玉珠等，种类丰富，达到史前玉器制作的高峰。后来出土的丝织品残片，是我国迄今发现最早的丝织实物，堪称"世界第一片丝绸"。杭州城北18公里处余杭区良渚镇发现了面积290万平方米的古城，莫角山遗址巨大的土墩台基宛如一座"土筑金字塔"。总体来看，良渚文化已经进入农耕社会，形成信仰、祭祀、礼制等文化形态。这些发现都极大地改变了以往对于南方文化起源和发展水平的认识。

越国的历史应置于上古南方社会文化发展的轨迹中考察。最大的缺憾是南方文化未能形成系统的文字而留下记载，所以司马迁笔下的越国历史，主要落墨于越王勾践。

吴国的崛起比较张扬，同邻国关系紧张。越王允常去世，吴王阖闾借机进攻越国，结果打了败仗，自己负伤而死，遗言继承人夫差报仇雪恨。夫差摩拳擦掌，日夜练兵。越王勾践十分担忧，想在吴军练成之前，先发制人。谋臣范蠡试图谏阻，勾践不听，进攻吴国。这回是越国打上门来，吴国同仇敌忾，倾力反击，勾践惨败，仅剩五千兵卒困守于会稽山，被夫差团团包围，眼看国将不国。

勾践向范蠡承认错误，请求退敌之计。范蠡说道："能够完满保住功业的人，必定效法天道盈而不溢；能够扭转倾覆的人，一定懂得人道而崇尚谦卑；能够财生万物的人，必然遵循地道而节用制宜。现在您应该对吴王言辞谦卑，进献厚礼以求和，如果他不答应，您就亲自去侍奉他，以身利国。"

勾践同意了，派大夫文种到吴王营中，膝行叩首，向夫差请降，转达了勾践愿意夫妻到吴国为质、侍奉吴王的意思。夫差准备接受勾践的条件，伍子胥反对，要灭亡越国以绝后患。文种回来报告，勾践眼见投降不成，便欲杀妻焚宝，拼死一战。文种劝阻勾践，献计称吴国太宰伯嚭贪婪，可以重金引诱他为越国求情。勾践依计而行，用美女和珍宝贿赂伯嚭。伯嚭果然上钩，说服夫差接受越国投降。伍子胥强烈反对，告诫道："今日不趁势灭亡越国，将来必定后悔莫及。勾践是贤君，文种和范蠡是良臣，放虎归山，必将为乱。"吴王不听，罢兵归国。

勾践把国政交代给文种，携范蠡到吴国做人质。勾践行前悲伤绝望，以为此去不复返了。文种激励他，讲了商汤、周文王、晋文公、齐桓公，都曾遭受囚禁或者流亡国外，备尝艰辛才成就大业的故事，所以，此去吴国未必不是福啊。

勾践在吴国整整做了七年人质，受尽屈辱，好不容易让吴王夫差相信他再也不敢有异心，这才宽赦了他，释放回国。

回来后，勾践居陋室，卧草席，尝苦胆，磨砺自己不忘洗雪仇恨。他鼓励耕垦，发展经济，采取措施促进人口繁育，训练了一支精良的军队。勾践的做法看似励精图治，非常给力，其实并不聪明。越国崛起的关键在于国家有冷静而睿智之人，勾践能够屈尊倾听，改过从善。谋士逢同劝谏勾践，说国家刚从破败中恢复过来，稍微殷实，便复仇心切，致力整军备战，必然引起吴国的警惕和恐惧，那么，新的灾难就将降临。现在吴国正在讨伐齐国和晋国，与楚国和越国结仇，看似名声显赫，其实危害周王室。夫差德薄而功多，必定骄狂。所以，越国正确的做法是结交齐国，亲近楚国，归附晋国，厚待吴国。让吴国志向更加高远，它一定骄傲轻战，而我们联合各方势力，让三国与吴国作战，趁其疲敝而出击，必可攻克。

国家出灾祸，往往因为执政者志大而智小，对内施淫威，对外谋出气，做一系列超过自身实力的事情。所以，在处理重大利害关系的时候，基于客观冷静的观察和分析，实事求是，找到最合适的途径，才能避开陷阱和壁垒。勾践前期的失败和后期的成功，证明了这个道理。

勾践听懂了，他难得之处在于克制内心的急躁，耐心地等待时机，而机会总是留给有心之人的。

过了两年，吴王夫差准备讨伐齐国。伍子胥劝谏道："我听说越王食不重味，与百姓同甘共苦。此人不死，必为国家大患。齐国充其量不过是块疥癣，所以我们应该先除去此腹心之疾。"吴王不听，执意攻打齐国，取得了胜利。夫差很得意，回来斥问伍子胥，伍子胥以为无足可喜。吴王勃然大怒，伍子胥差点自杀谢罪，两人的关系由此产生了很深的罅裂。

这时候的吴国出现两条不同的对外路线，一条是吴王夫差好大喜功、心骄气傲、志在必得，欲称霸中原而北上伐齐的路线；另一条是伍子胥坚持的南下灭越的路线。伍子胥看穿了越王勾践的伪装，知道其复仇之志乃致命之祸，关乎吴国的生存之基。然而，理智经常被狂热所压倒，毕竟历史不都是理性的篇章。

吴国发生的事情，越国通过密报知道得一清二楚。文种向勾践建

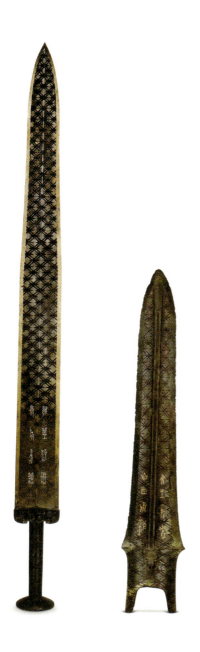

越王勾践剑（左），春秋时期，1965年湖北江陵县望山1号墓出土；吴王夫差矛（右），1983年湖北江陵县马山5号墓出土

议向吴国借粮食，试探夫差自以为是到什么程度。夫差同意放贷，伍子胥反对，夫差根本不听，直接借给了越国。文种非常高兴，知道吴王已经完全听不进不同意见了。越国加紧做工作，派人以重宝贿赂伯嚭，让他推动夫差伐齐，越国承诺出兵相助。

伯嚭当年投奔吴国，是伍子胥将其推荐给吴王的。伯嚭善于逢迎，为官贪婪，其政见和作风都同伍子胥格格不入。伯嚭因为凡事都迎合吴王夫差而受重用，把敢于直言且见地深刻的伍子胥视为障碍，看到夫差与伍子胥意见不合，就站出来和伍子胥辩论对越计策，一方面表现自己对夫差的支持，另一方面则要凸显伍子胥固执己见，加大夫差对他的嫌恶，还不时挑拨离间，向夫差进谗言："伍子胥貌似忠诚，其实阴险残忍，他能够眼睁睁地看着父亲和兄长死去，不管不顾，怎么会忠诚于您呢？您讨伐齐国的时候，他极力反对。伐齐获胜，他又心怀怨恨。您如果不防备他，他一定会作乱。"

夫差最初没有听信谗言，还相信伍子胥，派遣他出使齐国。临行前，伍子胥对儿子说："我多次劝谏吴王，不被采纳，我可以看见吴国即将灭亡。你和吴国一起死，毫无益处。"伍子胥到齐国后，把自己的儿子嘱托给齐国大夫。伯

第三章 春秋霸业

嚭打听到这件事情，马上向夫差告发，建议对伍子胥下手。夫差闻讯果然大怒，确信伍子胥叛国谋反，派人送一把利剑给他，赐他自尽。伍子胥仰天长叹："伯嚭谗言祸乱国家，我反而被杀。我扶助先王登基，你未立之时，诸公子争夺，要不是我在先王面前拼死相争，险些立你不成；你上台后要分吴国给我，我坚决拒绝。现在你竟然听信谀臣谗言来杀长者啊！"伍子胥悲凉愤恨，交代手下人道："在我的坟上种梓树，可以做棺材。剜下我的眼睛挂在吴都东门上，我要看越寇进城灭吴。"说完自刎而死。夫差听说后，怒火中烧，用马革包裹伍子胥的尸体，投入江中。吴国人可怜伍子胥，在太湖边为他立祠。

伍子胥被杀，越国窃喜，推波助澜让夫差大举征伐齐国、一心一意争取霸权。越王勾践暗中摩拳擦掌，等待了三年，准备伐吴，谋臣劝他继续等待，不可过早暴露实力和战略意图，需要有更大的定力来克制内心的冲动。勾践的崛起是隐忍者的范例。

越国等待的时机终于来了。吴王夫差倾尽全力北上争霸，大会中原诸侯于黄池，国内仅留下太子和老弱兵卒。越国谋臣范蠡判断时机成熟，勾践大点兵，集中将近五万之众进攻吴国，以雷霆之击打败吴军，俘虏了吴国太子。夫差虽然在前方封锁消息，斩杀报信之人，但内心着实恐惧，匆匆与晋国妥协，回师救援。此时吴军师老兵疲，难以大战，夫差只好用重金换取勾践退兵。

勾践冷静权衡形势，越国实力还不足以一举灭亡吴国，就做出了议和退兵的决定。回国休整四年后，越国再度大举进攻吴国。吴国在这些年同中原作战中丧失了大量青壮年精锐兵力，短短几年恢复不过来，无力抵御，一路败退，夫差被越军包围于姑苏之山。夫差派出的使者公孙雄肉袒膝行，来到勾践面前请降，转达夫差的哀求，希望勾践念在当年被宽赦的分儿上，也宽赦自己。勾践被打动了，在一旁的范蠡提醒道："您卧薪尝胆二十二年，好不容易报仇雪恨，难道愿意将成果付之东流吗？天予弗取，反受其咎。"勾践尚有所不忍，范蠡下令驱逐吴使，他们号泣而去。越王派人向夫差宣告，可以饶他一命，安置在甬东，亦即今浙江宁波海边，随从侍者百家。夫差见求和不成，自己做不出勾践忍辱侍奉仇人的事情，便蒙上脸面自杀了，因为他后悔不听伍子胥的劝告，觉得无颜在地下相见。越王勾践进入吴国都城，立即处斩了谀臣伯嚭。

吴越之争，给后人留下深刻的教训。吴王夫差的失败在于不能冷静分析形势，看清谁是真正的敌人，却听从内心虚荣的情感，超越国家实力去争取个人的傲视群雄的风光，最后落得国家衰颓，百姓伤亡，后继无力，国破人亡。分清敌友，量力而行，切忌轻狂，是吴王夫差留下的最主要教训。

越王勾践的成功，在于面对失败和强敌，学会冷静应对，甚至屈尊谋国，相机而动，有极大的战略耐心和定力。

平吴之后，勾践举兵北上，渡过淮河，与齐、晋等诸侯在徐州盟会，共同向周王室进贡。周元王派人赏赐勾践祭肉，封他为"伯"。越王勾践南归，将淮北土地交给楚国，将吴国侵夺的土地归还宋国，还把泗水东方百里之地交给鲁国，越国军队纵横于江淮东南大地，中原诸侯国前来庆贺，勾践遂成霸主。

勾践去世之后，越国的情况缺乏记载，到六代之后，已经进入战国时代，越王无疆在位，国力似乎不弱，甚至北伐齐国，西征楚国，与中原诸侯争强。齐国派人劝说越王无疆进攻楚国，以实现称王称霸的梦想，并且分析形势，说楚国分兵进攻曲沃、齐鲁和南阳，力量分散，战线太长，而仇、庞、长沙三地是楚国粮食产地，竟泽陵是木材产地，越国出兵攻占无假关，这四地就不能向楚国进贡产品，其失败可期，所以，越国应该抓住好时机进攻楚国。

无疆觉得有道理，放弃攻打齐国，转而集中力量攻打楚国。楚威王迎战，大败越军，杀死越王无疆，夺取原来吴国的土地，占领浙江，在徐州战胜齐国军队。经此一战，越国分崩离析，各族子弟争夺权位，有的称王，有的称君，居住在长江南部沿海一带，依附于楚国，朝觐纳贡。

曾经灭亡吴国、打败楚国的越国，不但没能保持强大，反而遭到灭顶之灾，其结局和吴国大同小异。吴越两国骤然兴起，都没能保持，越国虽然多撑了一些时间，同样没有逃脱灭亡的命运。它们失败的共同之处在于不能清醒地认识自我，追求不切实际的称霸梦想。

当时的中国南方地广人稀，开发不易，整体实力远逊于北方。就南方而言，吴国和越国的地域小于楚国，发展程度也颇不如。国家间争霸，归根结底还是要靠国力和发展水平，否则只会是昙花一现。吴国和越国不是大力发展经济和文化，充实国本，而是倾注全部国力去争霸，但其国力不济，不能持久，便寄希望于一两次战役的胜利，颇有打肿脸充胖子的味道。因此，其失败既无悬念，也无意外。

第七节　秦　国

楚、吴、越三国先后崛起，可以看作中国南方发展的一个重要阶段，一方面是南方国家强大起来，加速融入华夏族，并在某种程度上同中原诸国抗衡争霸；另一方面则是中原文化向南方传播，以文化融合为主要标准的"中国"在扩大之中。上述情况不仅表现在南方，在西方也表现得十分显著，其重要的标志是秦国的崛起。

秦部族历史十分久远，《史记·秦本纪》记载，其先祖为颛顼之苗裔孙，名叫女脩。女脩织布的时候看见天上的玄鸟生下蛋来，便拾起吞食，因而怀孕，产下儿子大业。大业娶少典之女，生下大费，帮助禹治水成功，舜很高兴，赐予旌旗，将姚姓玉女许配给他为妻。大费后来帮助舜调训鸟兽，称作柏翳，舜赐给他"嬴"姓，遂为秦族先祖。大费有两个儿子，一位名叫大廉，为鸟俗氏；一位名叫若木，为费氏。大费的子孙都擅长畜牧，夏商之际，他们从夏归附商，为商汤驾驭车马，战胜夏桀；以后仍为商王御马，世代立功受赏。

大费子孙的形貌为"鸟身人言"[1]，似乎是这一族人多见的特征，例如后世的秦始皇，"蜂准，长目，鸷鸟膺，豺声"[2]。"鸷鸟膺"处疑有脱文，《太平御览》卷729所引《史记》作"鸷喙鸟膺"。[3] "鸷喙"就是鸟一般的尖嘴，"豺声"如月夜狼嚎，声高而锐，而"鸟身"与"鸟膺"相通，张守节《史记正义》解释为："膺突向前，其性悍勇"，

[1] 《史记》卷5《秦本纪》。

[2] 《史记》卷6《秦始皇本纪》。

[3] 见点校本二十四史修订本《史记》卷6《秦始皇本纪》校勘记，中华书局，2013年，第366页。

亦即医学所称之"pectus carinatum",俗称"鸡胸"或者"鸽胸",过半发生在少年发育时期,源于家族史的占1/4,故怀疑有遗传因素所致。此形貌特征与其"鸟俗氏"相符,且与其先祖出自玄鸟卵生的传说密切相关。前述商朝先祖契亦为玄鸟卵生,与秦族如出一辙。我研究中国古代神话,以为东西南北四方古族的先祖传说,具有各自的共同性,故可分类区别。东夷古族先祖为各种形态的卵生,使用的标志性工具或武器为弓箭,故"夷"字实为"大"与"弓"的叠加组合,反映了东夷族的普遍特征。禽类繁衍形态为卵生,引发古人想象自身先祖亦出于此。

东夷族图腾多为禽类,其形貌亦有鸷喙、鸟膺、豺声,秦族首领的上述记载,若合符节。秦人性格悍勇,秦始皇的大臣尉缭说他残忍,"少恩而虎狼心"[4]。秦族主业为畜牧,非勇悍者难以胜任,其先人确实呈现出宁折不弯的个性。大廉后裔蜚廉,与其子恶来,"俱以材力事殷纣"[5],为之与周武王血战到底,先后战死,直到蜚廉孙子孟增才完全归顺于周朝。

据此推断,秦族本来不居于西北,而是东方部族。西北部族先祖神话中,唯秦是卵生,与众不同,尤显另类。若其先出自东夷而后被周朝强迁至西北,则此种乖异便可豁然冰释。《禹贡》称:冀州"岛夷皮服",青州"莱夷作牧",徐州"淮夷蠙珠暨鱼",扬州"鸟夷卉服",[6]可知东夷分布在辽东至河北、山东、江淮一带,皆为鸟夷种属。淮夷之"淮"字,从"水"从"隹","隹"为短尾鸟之总称。《世本·氏姓篇》记载:"淮夷,嬴姓";"徐奄皆嬴姓";"江黄皆嬴氏国"。嬴姓出自五帝之少昊,《说文》段玉裁注:"按秦、徐、江、黄、郯、莒皆嬴姓也。"东夷常以鸟名官,与秦族先人大廉为鸟俗氏正相符合。综上所述,秦族原来属于东方夷族,可获诸多证明。

秦族起源很早,女脩之子大业娶少典之女。令人想起黄帝出身为少典之子,可知秦族历史之久远。秦族拥护商纣王,抵御周师,先人蜚廉与恶来父子均死于王事。西周封建,少部分商朝王族封于中原,大部分贵族随周人迁往各个封国,开疆拓土。还有一部分则迁徙至边

---

[4] 《史记》卷6《秦始皇本纪》。

[5] 《史记》卷5《秦本纪》。

[6] 《尚书·禹贡》。

远地区，不驯服的秦族即是，被周朝迁往山西、陕西和陇西，形成后来的晋国赵氏、陇西的骆秦和陇东的嬴秦。

归顺于周成王的秦族先人孟增，其孙造父以善御而被周穆王重用，巡狩西方。东南徐偃王作乱，造父为周穆王驾车，长驱归周，一日千里奔驰救乱，功勋卓著，被周穆王封于赵城，成为后来三家分晋的赵氏。另一支出自蜚廉子恶来，生子女防，四世子孙皆姓赵氏，其重孙非子擅长牧马，周孝王让他到汧渭之间放牧，牲畜繁育，大有成就。周孝王遂封他于秦邑，续嬴氏之祀，号称秦嬴，开启关中秦嬴一族的历史。

秦嬴曾孙秦仲，已处周厉王之世。周厉王无道，诸侯叛离，西戎起兵，厉王出奔而死。周宣王即位，以秦仲为大夫，讨伐西戎。秦仲在位二十三年，奋勇出击，最后战死沙场，留下五个儿子，长子为庄公。周宣王召见庄公兄弟五人，给他们七千兵马，继续征伐西戎，他们取得胜利，收复了犬戎故地，得以继承秦仲，被封为西垂大夫，秦人活动中心也转移到西戎，而秦人遂得以继承大骆，由小宗跃居大宗，故秦庄公成为秦氏十分重要的人物。[1]

庄公生三男，长子为世父，立志征伐西戎，为祖父报仇，遂让其弟襄公被立为太子。庄公在位四十四年，在西戎环视中奋力开拓，占得一席之地。他死后，襄公继位。西戎趁机入侵，包围秦根据地犬丘。世父拼死出击，没有打败西戎，反而被俘虏，关押一年多才被放回来。可知西戎势力之强。

周幽王宠爱褒姒而废太子，烽火戏诸侯，激起犬戎造反，攻破都城，将幽王杀死于骊山之下。秦襄公率部救援周朝，虽然无力回天，却是作战得力，颇立功勋。周平王挡不住西戎攻势，不得不迁都洛阳，秦襄公率军护送，因此受赐岐山以西之地，获得封爵，跻身于诸侯之列。周朝赐予秦襄公的土地并不是现成的，而是已经沦陷于犬戎之手，周平王让秦襄公有本事自己夺回来，就赐予他，以之开国；没本事便自生自灭，周朝无以为援。秦国当初就是在恶劣的环境里自己打出天地来的，因此非常坚韧强悍，带有不少野蛮的风俗，例如常

[1] 参阅李零《〈史记〉中所见秦早期都邑葬地》，收于其著《我们的中国》之《茫茫禹迹》分册，生活·读书·新知三联书店，2016年。

常以活人殉葬，相当残忍。经过十来年的苦战，秦国将西戎驱逐至岐山，有了自己的一块土地。秦襄公开国称王，开始与中原诸侯国交往，采用周朝的外交礼仪，建立祭祀上帝的场所，用马、牛、羊为祭品，逐步创立了礼仪制度。

秦襄公之后是文公，在位五十年，挥师东进，一直攻打到汧渭之会，占据岐周之地，营建新都邑，建立祭庙，他首次将重要事情记录下来，成为历史；还制定了诛父母、兄弟和妻子三族的严厉刑罚；对外积极讨伐西戎，收编西周余民。此后几代秦王都采取东西开拓的方针，攻灭西戎部族，将其驱逐到岐山以西；向东推进到华山，据有关中盆地，至秦德公之时，都城东迁到雍城，饮马于龙门之河。秦国至此已经成为西部一股重要的力量，毗邻晋国，开始把视野拓展到中原诸侯国。此时正是东方的齐桓公称霸的时代，而西方的秦国也扎扎实实地充实国力，逐步壮大起来，很快将与东周诸侯国逐鹿于中原。

在秦国此后崛起的过程中，出现了几位标志性的人物，发生了一些重要事件。第一位要提的是秦穆公，大约与齐桓公同时。此时的秦国已经拓展到黄河边，与晋国为邻。秦穆公迎娶晋国宗女，亦即晋国太子申生的姐姐，开"秦晋之好"。

秦国地处西隅，周围有西戎各部族，偏离东周文明中心之地，发展比较落后。国家落后表面上看是经济问题，其实更根本的是思想观念和人才问题。这两方面又互为因果，思想封闭，关门自夸，导致人的视野狭隘，格局不高，冒进偏执，与邻为壑，这又加剧了孤芳自赏，更加封闭，形成恶性循环。因此，要促进发展必须打破这个状态，甚至从外部延揽人才。秦国发展的历史，就是一部积极吸引人才、转变观念的生动写照。

秦穆公当政之初，积极寻找国家栋梁之材，首先注意到的就是百里奚。

百里奚是何人？他出身贫寒，好学苦读，知识渊博。学成之后，他打算外出谋求一官半职。出门那一天，家里揭不开锅，妻子杜氏却

秦公青铜簋铭文，春秋秦，其内容记述了秦国的祖先已建都12代，做器者要继承前辈事业，永保四方土地

秦公镈，春秋早期，陕西宝鸡太公庙出土

秦金釭，陕西凤翔秦都雍城遗址出土

早早起来宰杀了家里仅有的一只下蛋的母鸡，劈门闩清炖，煮了一锅小米饭，为丈夫饯行。百里奚出南阳求仕，历经宋、齐等国，都因为朝中无人而未得录用。在齐国时百里奚一度贫困到沿街乞讨，穷困潦倒。但他也有意外的收获，在齐国郅地遇见蹇叔，交谈片刻，竟如故交，聊得十分投机。蹇叔推荐百里奚到虞国做了大夫。

虞国君主嗜财如命，晋国给他送来珍宝，商量借道虞国去消灭邻国虢国。虢国和虞国同姓，是同盟国。百里奚向虞国君主讲述唇亡齿寒的道理，劝他拒绝晋国的请求。但是，虞国君主贪恋钱财，不听劝说，百里奚只好闭口不言。但他出来后摇头叹息，向同僚说道，对蠢人直言相劝，无异于把珍宝丢弃在路上。果然晋国灭了虢国之后，回过头来灭掉虞国，俘虏了虞国国君和百里奚。百里奚拒绝在晋国做官，被黜为奴隶。晋国将穆姬嫁给秦穆公的时候，百里奚陪嫁到秦国。他半道逃跑到楚国。楚成王听说百里奚善于养牛，就让他去牧牛。

登基不久的秦穆公胸怀大志，听说了百里奚劝谏虞国君主的事迹，认为百里奚是个人才，很想用重金赎回他。谋臣劝说道："楚成王一定不知道百里奚的才能，才让他去养牛。若用重金赎他，不就等于告诉人家百里奚是个千载难逢的人才吗？其实珍宝可以有贱买的办法，我们用一个奴隶的市价，也就是五张羊皮去讨百里奚，楚成王一定不会起疑心的。"秦穆公依计而行，果然要回来了百里奚。这时候的百里奚已经七十多岁。

秦穆公解除了对他的禁锢，跟他谈论国家大事。百里奚推辞道："我是亡国之臣，哪里值得您来询问呢？"秦穆公说："虞国君主不能任用您，所以才亡国，这不是您的罪过。"见到秦穆公如此虚心，百里奚打开心扉，讲述了治国之道，秦穆公非常高兴，把国家政务交给他处理，号称"五羖大夫"。百里奚向秦穆公推荐蹇叔，叙述往事道："我比不上蹇叔。他很有才能，却没人知道。我曾经外出游学求仕，被困在齐国，流落到郅的街头讨饭，蹇叔收留了我。我想出仕齐国，是他阻止了我，我才得以逃过齐国政变的灾难。到了周朝，周王子颓喜欢牛，我凭着养牛的本事求取禄位。虢想任用我的时候，蹇叔再一次劝阻了我。我离开了虢，才没有跟虢一起被杀。事奉虞君的时候，蹇叔也劝过我，我虽然知道虞君不能重用我，但内心实在贪图利禄爵位，便留了下来。我两次听从蹇叔的劝说，两次逃离险境；一次没听就遇上虞国灭亡的灾难。因此我知道蹇叔很有才能。"于是秦穆公派人带厚礼迎接蹇叔，任命他为大夫。

晋献公去世，立了骊姬的儿子奚齐，臣子里克杀了奚齐，派人迎接逃亡在外的夷吾回来继任国王。秦穆公支持夷吾，派百里奚率兵护送他回国。夷吾为了换取秦国的支持，向秦穆公承诺即位后将晋国在黄河西岸的五座城池割让给秦国。然而夷吾上台后马上后悔食言。后来晋国发生了灾荒，派人向秦国请求粮食援助。秦穆公征询百里奚的意见，百里奚认为得罪秦穆公的是夷吾，不关百姓的事，而救助百姓却是人道。秦穆公赞同，送粮食给晋国。可是到了第二年秦国发生了灾荒，向晋国求助。晋国不但不送来粮食，反而乘人之危，派兵攻打秦国。结果这一仗晋国大败，晋惠公被秦国俘虏。百里奚主张不要杀掉晋惠公，保持秦晋友好关系。晋惠公死后，百里奚建议秦穆公设法从楚国将晋国公子重耳接过来，护送回国，驱逐晋惠公之子，立重耳为君，亦即史上著名的晋文公。

百里奚在辅佐秦穆公争霸的过程中，还经历了周王室之乱。公元前636年，周朝都城洛阳发生战乱，周襄王逃到竹川避难，百里奚劝秦穆公把周襄王接到秦国，趁机称霸。由于秦穆公担心夹在中间的晋国阻拦，半途而废，让晋文公抢先勤王，争取到了称霸的首功。晋文公称霸以后，百里奚修复秦晋友好关系。显然，保持秦晋友好是百里奚坚持的对外方针。

晋文公一死，秦穆公便急于称霸中原。秦国的内应向秦穆公汇报，说他掌管着郑国的城门，可以来偷袭郑国。秦穆公问计蹇叔和百里奚，两人都认为："去郑国要经过好几个国家的地界，到千里之外去袭击别人，很少能占到便宜。再说既然有人出卖郑国，怎么知道我们国家就没有人把我们的实际情况告诉郑国呢？因此不能袭击郑国。"

秦穆公说："你们不懂，我已经决定了。"于是派百里奚的儿子孟明视、蹇叔的儿子西乞术和白乙丙统兵出征。

出征那天，百里奚和蹇叔两人对着军队大哭。秦穆公非常生气，责备他俩。他俩解释道："我们不敢阻拦军队，只是我们的儿子也出征，而我们岁数都很大了，担忧他们回来晚了就见不着了，所以才痛哭。"两位老人退下来后，悄悄对自己的儿子说："你们的部队如果失败，一定是在崤山险要之处。"

这一年的春天，秦国的军队向东出发，穿过晋国，从周朝都城北门通过，周朝的王孙满目睹秦军后说道："秦军不懂礼仪，不败何待。"

孟明视率部推进到距离郑国80公里的滑国（今河南偃师东南），遇到郑国商人弦高赶着一群牛到洛阳贩卖。弦高遇到秦军，立刻伪装成郑国的使臣，把牛群赶往秦兵的营地，自称是奉郑国国君之命前来犒军。孟明视以为郑国知道了秦军的偷袭，严阵以待，遂改变计划，灭掉滑国，班师回国。弦高假称王命犒劳秦军，挽救了郑国。

这时候晋文公尚未下葬，晋襄公怒道："秦国欺负我刚刚丧父，趁我办丧事的时候破我滑国。"于是发兵崤山，阻绝秦军，还把衣服染成黑色，方便行军作战。

崤山主峰1850米，峰下群山裂出一线，悬崖绝壁，世称崤山峡谷，仅容一车通过的小道，一侧是万丈深渊，盘旋曲折。秦军中了晋国的埋伏，三百乘战车和数千将士全部战死，孟明视、西乞术和白乙丙都被俘虏。

晋文公的夫人是秦穆公的女儿，听说秦国三位将领被俘虏，就对晋襄公说："这三个人挑拨我们两国国君的关系，我父亲早就对他们恨之入骨，不如放他们回去，让我父亲把他们活活煮死。"晋襄公同意了，释放这三人回秦国，晋文公夫人机智地救了他们。

秦穆公非常后悔自己轻率且固执征伐郑国的决定，听说三位将领被放回来，便身穿素服，哭着出城，到郊外迎接他们，悔恨交集地说道："我不听蹇叔的话，让你们三位受耻。你们没有错，今后要专心谋划报仇雪恨，不可松懈。"秦穆公恢复了三人的官职，让孟明视继续统兵。

此后，百里奚发动对晋国的复仇战争，却遭到失败。他静心反思多次失败的教训，认识到国家最重要的政务是整修国政，发展民生，让秦国真正强大起来，便专心于此，史称"谋无不当，举必有功"[1]。

两年后的公元前624年，孟明视再次率秦军渡过黄河进入晋国，将渡船全部焚毁，表示决一死战的决心，终于大败晋国，夺取了王官（今山西闻喜西）和鄗地，洗雪了仇恨。经过这次较量，晋国君臣意识到秦国业已强大，且兵锋锐利，便采取守势，紧闭城门不出来迎战。秦穆公从茅津渡过黄河，来到黄河南岸的崤地，在当年的战场上哭祭战死将士，发丧三日，发表了著名的《秦誓》，深刻检讨自己往日不听谏言的错误，总结教训，告诫当权者不要只听曲意顺从的话，憎恶不同意见的人，自己就曾因此而招致挫败，所以现在要改弦更张，广泛听取意见，重视经验丰富的老臣的肺腑之言。秦穆公还强调国家治理中必须重用胸怀宽广、善于发现他人优点并大力推荐的良臣，这样才能让秦国子孙永享王业，造福黎民百姓。相反，任用嫉贤妒能、心胸狭隘压制人才的臣子，将使国家陷于危险之中。国家的安危成败，都是君主所作所为的结果。秦穆公所强调的听取意见和任用贤能两条重要原则，正是后来秦国发展壮大的关键。《秦誓》因此受到重视，被收录于《尚书》之中。

秦穆公战胜晋国，不仅报了崤山惨败之仇，更是秦国强大的标志。在这次战役中，秦穆公展现了勇于反省自己、不推诿责任的领导作风。凝聚人心是最重要的领导力，它在秦穆公身上一再表现出来。

前面曾经讲过，秦国发生自然灾荒时，向晋国求助，晋惠公此前屡屡背弃对秦国的承诺，这一次更是乘人之危大举讨伐秦国。秦穆公率军抵抗，战斗打得十分激烈。晋惠公求胜心切，亲自冲锋，突入秦阵，直奔秦穆公而来，被秦军击退，回撤时车马陷入泥泞之中。秦穆公见状，率部反击，猛扑过来。恰在此时，晋军大队人马赶到，秦穆公反而被晋军团团包围，眼看就要束手就擒了。情势万分紧急，突然晋军后方杀入一队人马，个个奋不顾身，逢人便砍，硬生生

[1] 《吕氏春秋》卷14。

闯出一条血路，直冲到秦穆公跟前护驾。这一突如其来的变化，不单是救了秦穆公，竟然把晋军的阵势给冲乱了，晋军士卒没见过如此不要命的人，纷纷后退，转身逃跑。形势再一次戏剧性地逆转，晋惠公战败被俘。

战斗结束以后，秦穆公召见杀入重围解救他的人马，他们到底是何方救星呢？到跟前一看，是一群土头土脑的山里人。那么他们为什么舍命营救秦穆公呢？原来在几年前，秦穆公得到一批骏马，非常珍爱，细心喂养。不料一天早上起来发现全都不见了。手下人四处寻找，好不容易探听到这批骏马被山里人偷走了，他们不识好马，竟然全都宰杀吃掉了。秦人气坏了，报告秦穆公，准备血洗山村，诛杀这群野蛮人。秦穆公听了汇报，心头当然有气，但他转念一想，山里人出于无知，而不是蓄意屠宰他的骏马，事已至此，再找这些不明事理的人算账，于事无补。于是，秦穆公对手下人说道："山里人不懂事，杀了他们，咱们的马也活不过来，徒增孽障，就这样算了吧。"山里人因此躲过了一场灭顶之灾。后来他们听说了此事，羞愧和感激交加，只恨自己无能，无法报答秦穆公，等到秦晋大战这一天，总算有了报恩的机会，所以个个以死相报，一举扭转了险恶的战局。

这件事，联系上面讲的任用百里奚、躬身反省等事迹，可以看懂秦国崛起的道理，那就是做人要有境界，一是要看得远、看得透，既要看懂世界发展的大趋势，还要勇于看清自身存在的问题，不造假，不虚饰，敢于担责，善于聚人。二是要有胸怀，破除封闭，用人之长，容人小过，事业的成就有多高取决于人的胸怀有多广。人的成就因眼界和胸怀而不同，而眼界和胸怀在学习和开悟中改变，秦穆公的变化便是一个好例证。

秦国的早期开发是在同戎狄的艰苦斗争中进行的，到秦穆公时代已经相对戎狄具有相当大的优势，并视其为未开化的蛮族。有一次，戎王派遣由余出使秦国。由余的先人乃晋国人，后来流亡到西戎，能说晋国语言。戎王听说秦穆公贤明，派由余前去观察。周朝诸侯国每逢外国使者来到，总喜欢装饰街道，张灯结彩，肃清行人，展示一派歌舞升平欣欣向荣的繁荣景象，秦穆公也不例外，让由余参观雄伟的宫殿城楼、丰富的仓储物资，以显示秦国的富庶与威武，在夸耀财富的同时，另有震慑敌国之意。

不料由余观看后丝毫没有赞叹之意，反而长叹道："如此浩大的工程，让鬼来做，鬼都要劳神疲惫，让人来做，百姓更是不堪其苦啊。"

秦穆公听后觉得戎狄不知文明，开导说："中国以诗书礼乐为法度治理国家，仍不时发生动乱。你们戎狄没有文化，治理国家岂不难哉！"

由余哈哈大笑，回答道："这就是中国发生动乱的原因。自从上古圣君黄帝制定礼乐法度，律己遵循，最多也就达到小治初安。到了后世，君王日益骄淫，以刑立威，督责臣民，小民痛苦至极，便抱怨上面不施仁义。上下交争抱怨，相互残杀，甚至灭族，皆缘于此。戎夷国家则不同，上面之人厚德待下，下面之人忠信尽力，一国之政犹如一身之治，说不清何以如此健康，这才是真正的圣人之治。"

秦穆公听得暗自惊叹，退席后询问大臣道："我听说邻国有圣人乃敌国之忧患。由余贤能将是我们的祸患，如何是好？"谋士献计道："戎王身居偏僻荒陋之地，未闻中国声乐。因此，我们可以赠其美女倡优，以消磨他的意志；替由余说话求请，以疏离他们的君臣关系；留住由余，让他不能按时回国。如此一来，戎王必定猜疑由余。君臣之间有了隔阂，就可以虏获他。戎王一旦耽迷于声乐，必定荒于政事。"

秦穆公称善，隆重招待由余，让他破格坐到自己身边，共用餐具相传进食。秦穆公借机详细询问西戎的山川地理，聊得十分投机。同时，秦国派人给戎王送去一批美女倡优，戎王大喜，留下来享用，整年都不送回来。这时候秦国才送由余回国。由余回来一看，非常不对劲，连连向戎王进谏，却不被接纳。秦穆公暗中派人到戎国做由余的工作，离间他们君臣关系。由余眼看自己无用武之地，最终离开了戎王，归顺秦穆公，受到礼遇。

秦穆公任用由余，向他请教讨伐西戎的计策。在由余的帮助下，秦穆公征戎大获成功，兼并了12个国家，开疆拓土千余里，称霸西域。周天子接到秦国捷报，专门派遣召公向秦穆公祝贺，赐予金鼓。秦穆公成为秦国第一位称霸西戎的国王，并且得到了东周的承认，令中原诸侯国不敢小觑，开始加速融入中原华夏文明圈。

两年以后，秦穆公去世。他所完成的事业在秦国历史上堪称卓著，颇可自豪。秦国为他举行了隆重的安葬仪式，用177人殉葬，其中有秦国良臣3人。这三位的事迹史无记载，司马迁只告诉后人，秦国的老百姓非常眷念他们，想来他们一定给百姓做了不少好事，铭刻于人民心中。这样优秀的大臣要为秦穆公殉葬，老百姓对秦穆公的赞颂变成了批判，他们作《黄鸟》诗吟唱道："秦穆公拓展疆土增强国力，东服强晋，西霸戎夷，却当不上诸侯盟主，真是活该。因为他死的时候抛弃人民，让良臣为他殉葬。古时先王驾崩，还遗留良好的道德法律，而他却夺走了百姓哀矜的善人良臣，由此可知秦国不能再次东征了。"[1]

应该说秦穆公为秦崛起做出很大的贡献。但是，一个人不管有多大的功绩，都没有权力侵害老百姓的利益。秦国百姓对于秦穆公的批评揭示的就是这个道理。

第八节 何谓"春秋"

以上讲述了东周五霸的发展历史，这段时期史称"春秋"时代，具有四点重要的历史意义。

第一点，确定了中国发展的方向。西周政权原在西部，后从贫瘠的宝鸡一带逐渐迁移到富庶的关中平原，并且逐步向东拓展，构成周朝乃至古代中国的发展方向。

周族是典型的农业民族。关中封闭性的盆地足以令其自给自足，且腹地宽阔，可以发展富裕的农业经济。纵观中国古代历史，规模小的盆地往往利于世家大族的滋生，只有大型盆地方能支撑大型国家，

---

[1] 《诗·国风·秦风·黄鸟》："交交黄鸟，止于棘。谁从穆公？子车奄息。维此奄息，百夫之特。临其穴，惴惴其栗。彼苍者天，歼我良人！如可赎兮，人百其身！交交黄鸟，止于桑。谁从穆公？子车仲行。维此仲行，百夫之防。临其穴，惴惴其栗。彼苍者天，歼我良人！如可赎兮，人百其身！交交黄鸟，止于楚。谁从穆公？子车针虎。维此针虎，百夫之御。临其穴，惴惴其栗。彼苍者天，歼我良人！如可赎兮，人百其身！"

而关中条件最为优越，故从周朝到唐朝大多定都于此。

中国地形西高东低，位于西部的关中地区占有地理优势，对东方呈现居高临下的态势。关中通往四方的出路，分别由萧关、散关、武关和函谷关四大关隘扼守，易守难攻。面对中原国家的路，东向函谷关，经黄河天险和吕梁山脉；南出武关，丹水切开秦岭东段山岭，山涧崎岖。立国于关中可以群山为长城，很难被别人征服。西周据此为本，君临中国，极大地改变了中国的历史和文化面貌。

西周之前存在的夏朝和商朝究竟是何种社会，尚难下结论，但肯定不是典型的农业社会。西周取代商朝，是典型的农业文明完全覆盖了夏商文化，中国从此演变为农业社会，不曾回首。

周朝都城东迁后地理形势发生了很大变化。都城洛阳西北和南面有山，构成其天然屏障，通往关中的山路险峻，秦晋两国曾经在此爆发崤山之战。但是洛阳东面是平原，大门敞开，从古代防御的角度看，地形不完整。西周建设洛阳原以关中为依托，用来监督东方。周朝丧失关中根据地之后，只能拿监管之地将就做都城，其腹地不足，难以支撑起强大的王朝，不得不借助周边诸侯国的帮助。正因为这个弱点，反而增强了中国向东方的发展，肥沃的华北大平原的经济和文化潜力得以开发出来。

如果把中国历史放到三千年的时段里考察，整体发展方向便清楚地显现出来：由西往东。唐朝以前的政治、文化中心在咸阳和长安，依托关中为根据地。按照《史记·货殖列传》的评价，关中据有天下财富6/10，乃无可置疑的经济中心区域。都城从长安东迁后，相当长时间没有找对落脚点，例如宋朝选择开封实为不得已之举，宋太祖赵匡胤亦觉不妥，打算迁回长安，其子孙未能完成其嘱托。但是，倒退回关中并非善策，因为中国的经济重心早已东移，在高度集权的帝制下，政治中心不能长期脱离经济中心，这应该也是北宋嗣君不得不考虑的问题。元明清三代终于在东方找到了合适之地，那就是北京。从地形上看，它北面有阴山和燕山山脉，西面有太行山脉，东面临海，南面有黄河。在水上力量较弱的古代，其东南方面的地理形势固然差强人意，但其优势颇为显著，即腹地广袤，坐拥经济中心区域，自然条件远胜于西部，人文条件颇佳，故定都之后难以动摇。在地图上把迁都轨迹标出，明确显示出自西向东的方向；进一步提炼，则是从长安到北京。

周朝都城东迁开启了这个进程，带领中国走出关中黄土高原，挺进到河南，指向华北大平原，具有重要意义。

第二点，政治合法性与道义原则形成。因为周王室衰落，有赖于诸侯国辅助，所以造成了诸侯国崛起，遂有了春秋五霸的局面，推动了地方的强有力发展，并促进了政治形态的演变。

春秋五霸争夺的目标是什么？它同其后的战争有何不同？直截了当地说，何谓"春秋"时代？

春秋时代的战争属于争霸战性质，争夺的是号令天下诸侯共同辅助周王室的领导权，故有其政治上的大义和原则，受到周朝礼制的约束，即使成为霸者亦不敢僭越，更不敢妄生取代周王室的企图。亦即必须以匡扶王室作为最高的政治旗号，才具有政治正当性与合法性，周天子是诸侯角力的限度与平衡点。政治正当性与合法性原则构成角斗场的外壳，战争可以激烈，却不能违背最高原则，具有道义和伦理上的制约。一旦有人胆敢打破这个外壳，道义和伦理的底线便被向下极大地突破，会造成政治的大变局和社会形态的根本改变。

因此，如"春秋五霸"所示，各国所争的是通过拥戴王室来实现自己的霸权。这一点很重要，因为它决定了这个时期的战争不是征服战，只能是领导权的争夺战，所以历史上将它定义为争霸。

争霸战还决定了争霸国家不能肆意征服小国。既然要挟天子以令诸侯，那么天子的虚弱性将在争霸过程中演化为政治道德。

政治道德是什么呢？大国必须张扬正义，维护秩序原理，以争取人心。因此，强国不但不能欺侮弱国，还要保护它们，要对内维护周礼秩序，对外抵御异族入侵。

基于上述政治道德，春秋时代经常见到领导型大国对中原诸侯国伸出援手，帮助它们解决危机的情况。帮助诸侯国抵御外族入侵属于天经地义，而且还必须帮助克服内乱。内政与内乱不同，根据既定政治规则发生的政治行为，不论和平与否，属于内政；挑战甚至破坏既定政治秩序与规则，侵犯封建宗法伦理，则为内乱。帮助诸侯国平定内乱，诛灭乱臣贼子，不但不是干涉内政，反而可以获得内外各国的赞许，提高自身威望，维护周朝政治与宗法秩序的政治道义。一言以蔽之，尊王攘夷是霸者的义务，也是春秋时代的最高政治原则。

第三点，揭示了国家实力运用的道理。诸侯国要通过争霸来实现自己的政治意图，除了要在争霸战中获胜，拥戴王室以占据最为重要的政治道德、政治伦理制高点之外，还需要做强自己，发展经济，增强国力，训练一支强大的军队。谁先做到，谁就夺得先机而称霸。最早明白此道理的齐桓公在管仲的辅佐下依托齐国广阔的国土及蓬勃的经济，打出了尊王的旗号，成为第一个霸主。以后诸侯国明白过来，便出现了"春秋五霸"格局。

春秋五霸是哪五国，众说纷纭。齐桓公概无争议，后面则有晋国、吴国、越国、楚国、秦国，有人把宋国、郑国也包括在其中。比较而言，齐、晋、楚、秦四国较少争议，皆为大国。由此可知，欲争霸者必须拥有强大的国家实力。因此，发展本国的经济、刺激国内生产蓬勃发展至关重要。至于吴国、越国，它们几乎都是昙花一现，原因何在？它们都是小国，国力不足以支撑争霸，其他国家也不会服从。无视自身条件限制，好大喜功，倾注全国力量，弃百姓利益于不顾，不但霸权无法持久，而且将重伤国本，遂致衰败。吴越衰亡的教训警示后人，国际领导权并非依靠暴力夺得，其所凭恃者乃强大的国力。国力不仅表现为经济实力，更表现为拥有足以服众的政治道义、伦理道德、礼法规则和文化力量。夺取领导权的方式固然不同，但是，领导权得以长期维持的要素则大同小异。清醒者谋远，德高者服众。

春秋五霸中霸权持续最久者当属晋国，自晋文公重耳以来维持了数代之久[1]，道理何在？

首先是地理优势。晋国处在中国的地形分界线上，黄土高原与华北大平原在太行山脉上相衔接，形成很大的落差，太行山脉隆起于

[1] 清朝全祖望《鲒埼亭集外编》载："然则五霸之目，究以谁当之？曰齐一而晋四也。终晋之霸，由文襄至昭顷，凡十君，然实止四世。文公垂老而得国，急于求霸，既有成矣，而围郑之役，见欺于秦，此其所深恨也。幸襄公真肖子足以继霸，自灵以后而始衰成公，以邲之败几失霸，至景公而复振，至厉公而又衰，中兴于悼，其规模赫然有先公风，平公以后至昭顷，则无讥矣。故文也襄也景也悼也。"

此，构成高原晋国的天然屏障，得以居高临下俯瞰华北，有利于向东方拓展。反之，华北方面如果要西进则须仰攻，处于不利的地形。因为这个地形特点，故北方游牧民族南下，往往选择从山西切入，雁门关、宁武关、偏头关皆为兵家必争之地。如果控制了山西，便可将中国北方切为两段。抵挡不住游牧民族南下，则中原国家便暴露于游牧民族的铁蹄之前。无论从东西或者南北的角度看，晋国都是关键性的战略要地。同时，由于晋为四战之地，必须保持强大的军队，只要国王善待民众，发展经济，维护周礼秩序，繁荣文化，就足以称霸。

其次，晋乃大国，地理跨度大，从南面黄土高原向北进入绵延山地，再跨入北方游牧区域，农林牧皆备。晋中、晋南为华夏民族起源之地。今运城一带属平原，可以提供有力的经济支撑。晋北古为游牧民族活动地区，春秋时期有戎、狄活跃。社会形态与民族的多样性，使晋国人才众多、民风强悍。春秋时代，晋国最为强大，北抗戎狄南侵，南阻楚人北上，西挡秦人东进，成为捍卫中国安宁的关键，故能获得中原诸侯国的拥护，长期维持霸主地位。

春秋争霸的得失成败揭示了国家强力不可直接使用，必须转化为文化与规则，通过政治道义才能获得广泛拥戴的道理。不明此理而恃力强取者如吴、越、楚，一知半解而先恭后倨如齐桓公皆失败了，而保卫中原安宁功劳最大的晋国称霸时间最长。

再次，文化性民族的成长壮大。春秋五霸由哪些部族国家组成？晋国出自姬姓周族。齐桓公虽不姓姬，却出自周族强大过程中最重要的谋士姜太公这一支。姬姓与姜姓两部长期联盟，密不可分，故齐国亦属周朝势力。晋和齐原属周族势力，分封后成为中原诸侯国的代表，它们构成了周朝华夏族群的核心圈。宋国本出于商朝贵族，在周初动乱中完全归依周朝，代表的是周与商的联合，构成周朝华夏族群的第二圈。具有更大意义的是吴国、越国、楚国和秦国的崛起。这四国从族源来说都不属于周族。吴、越代表了东南民族的崛起，而楚国则是南方民族、秦国是西部民族的崛起象征。

周王东迁把整个政治中心放到中原以后，推动了周边地区的发展,它们先后接受中原文化的影响,在中原宗法礼仪的框架内振兴内政、训练军队、发展经济,走上了以农业为本的发展道路,并采用周朝的礼乐文明,融入其封建体制之内。

这些国家的始祖传说中颇含虚构,用以证明其族源原本亦出自周族,这实际上反映的是周边各国融入中国而做的整合,或者被动,或者主动。被动整合者多出现于被兼并或征服的部族,主动整合者则本于落后部族积极融入先进文明的愿望。这四国皆属于后者,构成了春秋时代新华夏族的外圈。

外族采行周朝礼仪文明制度进行文化改造便被吸收进入华夏族大家庭之中,这是华夏族的重要特点。华夏族不是血统规定的单一民族,中国也不是种族性质的国家。周朝通过宗法制度、礼仪规则建立起文化标准,塑造共同的价值观,形成民族认同和国家认同。赞同并采行者即可融入其中,依其融入时间和融合程度,华夏族的核心圈不断向外圈扩大,而吸收新融入的部族为外圈,遂出现了华夏族演变为汉族乃至中华民族的进程。中华民族是基于文化标准融合而成的民族,和基于血统的种族不同,具有文化的多样性,这就是中国的特点。

第四章　战国争雄

第一节　三家分晋

　　战争对人类社会造成多方面深刻而长远的影响。就东周而言，历史学家将它一分为二，前期称为"春秋时代"，后期称为"战国时代"。它们之间不是时间的切分，而具有质的不同：前期进行的是争夺领导权的"争霸战"，后期则演变为扩张领土的"征服战"。随着征服国家实力的增强，它们敢于公然蔑视以前所尊奉的周朝王室，哪怕是作为旗号或者幌子，周朝毕竟是作为"天下共主"的合法性代表。强大的诸侯国做起了取代周王室的梦，不啻"犯上作乱"。

　　观念变了，上上下下都照样仿效，诸侯国可以蔑视周天子，诸侯国之下的卿大夫也可以蔑视诸侯王，自下而上的政治僭越现象普遍发生，导致社会阶层和社会秩序发生剧烈变化而重组，亦即所谓"礼崩乐坏"。西周"礼乐征伐自天子出"，东周演变为"礼乐征伐自诸侯出"，甚至"礼乐征伐自大夫出"，原来作为天子、诸侯的"陪臣"执掌权柄，史称"陪臣执国命"。文化上也出现了由贵族向社会一般民众推移的情况，失去封地的贵族人大，以及掌握文化的"士"，靠文化知识谋生，聚徒讲学，游说各国，推动了"百家争鸣"的文化繁荣。这个历史大变局是逐渐形成的，主要推动者为"陪臣"，亦即天子、诸侯身边的政治辅佐之臣，他们在政治变动中实力增强而蔑视主君，并逐步取而代之。这个变化首先出现在晋国，一系列政治推演的结果是出现了"三家分晋","战国时代"由此开启。

为什么首先是晋国呢？历史上不少重大变端始于偶然。此事缘起于晋国王室内讧而导致王子重耳流亡国外，一群卿大夫子弟跟着出走，为他出谋划策，游说各国，最终帮助他回国称王。十九年流亡生涯中，这群人跟重耳平等生活，没有森严的上下等级礼仪。重耳对他们言听计从，登基后重用他们治国称霸。因此，这些人在晋国的政治地位甚高，经营自身的城邑作为根据地，势力日渐坐大，赵氏是其中颇具代表性的一族。

赵氏与秦嬴同源，其先人造父因为擅长驾驭车马而得到周穆王赏识，又在平定徐偃王之乱中立功，被封于赵城，称作赵氏。赵衰追随重耳流亡，助其登基称霸，功勋殊伟，故赵氏长期主导晋国朝政。赵衰死后，其子赵盾执政。晋襄公去世，赵盾一度打算废太子，另立襄公之弟，后来因为王后日夜泣求才作罢。由此可知，赵氏权势之大，足以废立国君，且卿大夫势力已增长到堪与诸侯公室相抗衡。这种情况在诸侯各国中先后发生，逐渐成为普遍现象。

分层权力结构的封建制度，其维护一靠诸侯公室实力上的优势；二靠严格的等级秩序，要求各守分际，不得逾越；三靠据此形成的身份等级观念和礼仪，它构成政治权力的合法性而获得公认，这就是孔子、孟子十分强调"正名"和"礼"的精要所在。政治合法性存在，下克上的行为就会受道义的谴责而遭受围攻，从而产生有效的制约。从这三条可知，封建制要全力以赴地维护身份等级，对社会实行固化管制。然而，现实社会是动态发展的，卿大夫的实力增强，在国家事务中起的作用越来越大，加上正统观念的动摇和礼制崩坏，他们便觊觎王位，同王室的矛盾日益尖锐，这是双方关系演变中的第一个阶段，表现为权臣把持国政的现象。晋文公取得王位的经历比较特殊，使得晋国的这一演变来得最早。

第二个阶段是卿大夫实力增强而形成几家权力巨头，他们之间展开激烈的权力角逐，最终出现足以掌控全局的势力，这在晋国体现为六卿向三卿的推移；在东周则体现为战国七雄的出现。为了取得优势,各家或者各个诸侯国内部纷纷出现集中资源的所谓"变法",这逐渐改变了分层权力的封建结构,形成了集权的中央朝廷。

第三个阶段是上述权力巨头取代王室:晋国出现了韩、赵、魏"三家分晋",卿大夫取代晋王室;东周则由秦征服六国、消灭周王室,建立高度集权的帝制国家。这不仅是王朝的更迭,更是国家体制和社会形态的变更,从此以后,帝制取代了封建制,王朝不断强化对于社会的全方位控制。

赵氏同晋王室的矛盾,应该放在上述第一个阶段来考察。其典型事件是著名的"搜孤救孤",发生在晋景公时代。

前面讲到赵盾秉持国政,图谋变更晋襄公后嗣未遂,但最后还是立了太子为晋灵公,但赵盾权势也更大了。史载晋灵公残暴,厨师为他烹饪熊掌不熟,竟被杀死。赵盾看见厨师的尸首,入内进谏,晋灵公令手下击斩赵盾。赵盾在武士的掩护下逃脱,远走国境,其弟赵穿反击,杀死晋灵公,另立晋成公。此事恐怕没那么简单,晋灵公不至于因一时冲动就杀死赵盾。赵氏专权已久,晋灵公即位十四年,犹如傀儡,双方矛盾积累,终于演变为赵氏弑君的重大事件。当时史官就直接把此事记载为"赵盾弑其君"[1],应该比较接近事实。

赵盾死后,其子赵朔继续专权,且娶晋成公姐姐为妻,权势更加显赫。晋国也由成公之子景公继任,此后历经三代国王,暗中都在图谋恢复王权,铲除赵氏。晋景公三年,屠岸贾担任司寇,主掌司法。屠岸贾原来是晋灵公的臣子,晋景公重用他,显然是针对赵氏,故有赵盾曾经做梦见到赵氏归晋始祖叔带悲恸的传说[2],可知赵氏已经感觉到不祥之兆。果然,屠岸贾追查晋灵公被害案件,遍告"诸将"赵氏罪状,获得支持,只有韩厥反对,颇为孤立。"诸将"就是晋国掌权的几大家族人物,由此可知赵氏专权甚久,朝中积怨甚深,故晋景公得以施展手段。晋国各家联合,屠岸贾率兵攻打赵氏,杀赵朔、赵同、赵括、赵婴齐,灭其族。

赵朔妻子是晋成公姐姐,已经怀孕,她逃入王宫之中,幸免于难。赵朔门人公孙杵臼找到赵氏密友程婴,两人相约守候赵氏遗孤出

---

[1] 《史记》卷43《赵世家》记载:"君子讥盾'为正卿,亡不出境,反不讨贼',故太史书曰'赵盾弑其君'。"

[2] 《史记》卷43《赵世家》记载:"初,赵盾在时,梦见叔带持要而哭,甚悲;已而笑,拊手且歌。盾卜之,兆绝而后好。"

生。不久，孩子生下来，是男儿。屠岸贾听到消息，入宫搜索，赵朔妻子将婴儿藏在裙内，逃过一劫。公孙杵臼和程婴合计，屠岸贾还会反复搜查，在劫难逃。他们定下计策，用别人家的孩子顶替赵氏孤儿，演一场苦肉计，舍命保存赵家血脉。

计议已定，公孙杵臼抱着别人家的婴儿藏匿于山中。程婴则向屠岸贾告密，索求重金，当向导带兵卒到公孙杵臼藏身之处，搜出婴儿。公孙杵臼痛骂程婴卖主求荣，被兵卒杀死，婴儿当然活不下来。程婴获得重赏，屠岸贾铲除赵氏，各遂所愿。

十二年后，晋景公患病，卜告神明，说是绝嗣鬼魂作祟。韩厥趁机进言，称赵氏被灭族，其先人立有大功，国人哀怜，应验此卦。晋景公恐惧，询问赵氏尚有后人否？韩厥遂告以实情。于是晋景公让韩厥将赵氏孤儿赵武秘密带入宫中，等待诸将前来问候之时，让韩厥带赵武出来相见，并以武士胁迫，晋景公宣布恢复赵氏。诸将不得已，只得附和，并将当年惨祸的责任全部推到屠岸贾头上。赵武和程婴遍拜诸将，获得支持，率兵攻灭屠岸贾一族，赵氏复兴，赵武重新跻身晋国大臣之列。而程婴完成保存赵氏遗孤的使命后，自杀成仁，实践与公孙杵臼的约定。

"搜孤救孤"反映的是封建时代舍生取义的文化精神，以及当时社会的生命价值观，它通过对道义的维护，淋漓尽致地展示生命的意义，对后世影响深远。此事亦可看出王室与卿大夫之间激烈的矛盾，以及各股政治势力错综复杂的关系。赵氏根深蒂固，与韩氏等家族结成紧密的权力网络，相互照应，以致晋景公难以将其彻底铲除，可知权势家族已经尾大不掉了。

卿大夫的势力越来越强大，反映在两个方面，一是对王室越来越强势，二是权力下移后，权势家族之间的矛盾越来越尖锐，斗争激烈。典型的例子是，在赵氏复起十一年后，晋厉公贸然对强势的大夫家族动手，杀了三郤。据说栾书畏惧祸及自身，遂杀晋厉公，改立晋悼公。这应该不是简单偶然的事件，背后是王室同大夫势力激烈的争斗，结果晋王室失败，大夫的势力难以抑制地膨胀起来。

晋国发生的上述变化，别国政治家作为旁观者看得十分清楚。晋悼公十三年（前560），吴国来访的季子通过观察，对晋国未来的发展做出准确的预测，认为晋国政权终将归于赵氏、韩氏和魏氏三家。齐国著名的政治家晏子对晋国大臣叔向说，齐国将来政归田氏；而叔向也对晏子说，晋国之政将归于六卿。从政治人物之间的对话可以看出，卿大夫势力强大的现象，在多国都出现了，大国内部发展得更显著。晋国权力实际上已经掌控在六卿手中了。

晋顷公十二年（前514），赵国六卿公然诛杀公族祁氏和羊舌氏，把他们两家的封邑分割成十个县。卿大夫势力凌驾于王室之上到了这份儿上，已势不可当。

这里值得注意的是"县"的设置。封建制下，土地层层分封，直到最基层的井田。卿大夫拥有私属封地，建立起一个个的封邑。现在六卿把私有土地没收，将封邑废掉，新设置属于国家的"县"，"县"是公有地。这种新的形态随着战国兼并的加剧而不断扩充，与私有封邑此消彼长，演变为战国中后期废除私有领地、急剧扩充国有土地的"变法"。国有土地大量形成、普遍设立"县"之后，在其上设立了更高一级的国家管理机构——"郡"。至此，国—郡—县的国家三级行政体制逐步形成，最终完成了郡县制取代封建制的大转变。在郡县制下，郡和县都是朝廷派出的管理机构，管理地方上属于国家的土地和人民，其管理者为国家官员，他们对其管辖的土地和人民不拥有所有权。这同封邑有着质的不同。封邑下土地和人民均属于领主。有些地方官员没有完全弄明白这个区别，在相当长的时间内还俨然像旧封君一般作为，公权私有，结果只能落得悲惨下场。这场大演变在晋国产生端绪后，便开始了难以逆转的进程。

卿大夫当然清楚诛杀公族的意义，所以出现了天帝托梦的谶言。事出赵简子患病，五日不知人事，大夫都害怕，请来名医扁鹊。扁鹊看过之后，告诉大夫没事，赵简子和秦穆公患的是一样的病，只是神游而已，魂归自然醒。

相传秦穆公曾经七天不知人事，醒来告诉大臣自己去了天帝之处，天帝告诉他晋国将发生大乱，五世不安，之后称霸，霸主的儿子纵欲淫乱。这个梦很快应验了，晋国果然从献公时起纷乱不已，直到晋文公出现才结束；晋文公称霸中原，其子襄公却在崤山大败秦师后骄傲而放纵。这一一对应了秦穆公梦中的谶言。那么，赵简子将传达什么谶言呢？

两天半后，赵简子果然清醒过来，告诉家臣董安于说，我到了天帝的地方和众神一起游览赏乐，此时有一头熊向我扑来，天帝让我将熊射杀；紧接着又有一头罴冲过来，我又将它射死。天帝甚喜，赐给我两个竹筐，皆有小筐相配。我看到一小孩在天帝身边，天帝送给我一匹翟犬，交代说等我的儿子长大后送给他。天帝还告诉我，晋国将衰败，七世而亡，嬴姓将在范魁西部大败周人，但他不能据之为己有。现在我想起了虞舜的功勋，将其后裔之女孟姚许配给你的七世孙子。

董安于将此记录下来。这个谶言明显在预告晋国将在内战中衰亡。据说不久后赵简子外出，遇到天帝派来为他解梦的人告诉他：射杀熊罴就是天帝命令他消灭二卿；两个竹筐有小筐配套，是在翟地打败两个子姓的国家；儿子长大给他翟犬，是其子将拥有代国，因为翟犬是代人的祖先。这些谶言出自赵简子之口，可知当时卿大夫所思所想。

赵简子有不少儿子，他专门请来善相者姑布子卿给儿子们看相。看过一遍，说没有一个堪任将军。赵简子感到恐惧，询问赵氏是否会灭亡？姑布子卿说刚才在半道上遇见一少年，应该是令郎吧。赵简子把这少年叫出来，是他的庶子无恤，因为母亲身份低贱，所以不受待见。姑布子卿见到无恤，站起来连连称赞道："此真将军矣！"从此以后，赵简子关注起无恤，常常在和儿子们讨论问题时，发现无恤最有见地。

赵简子决定确立接班人，他出了道题目，说在常山之上藏了宝藏，看谁能找到。儿子们忙活一通，空手而归，只有无恤说找到了。赵简子问他找到什么，无恤回答："从常山居高面临代国，代国可取!"无恤看到的不是物质宝藏,而是赵所拥有的优势,很有眼光。赵简子通过这次考察确认无恤最贤能,下定决心废掉太子,改立无恤,也就是后来的赵襄子。

赵氏安定了内部,便开始向外扩张。赵简子向邯郸大夫午索要卫国进贡的五百家士人。邯郸午答应后食言,赵简子以此为由抓捕邯郸午,将他带回自家据点晋阳处死,要邯郸人另立大夫。这件事引发了晋国六卿之间的大博弈,于是,六卿专权进入了相互兼并的第二个阶段。

邯郸午是荀寅的外甥,荀寅是范吉射的姻亲。赵氏从范阳介入邯郸的事务,就侵害到荀氏、范氏和中行氏的势力。邯郸午的儿子赵稷首先起来反抗赵简子,据守邯郸。晋国出兵包围邯郸,范氏和中行氏也起兵攻打赵氏。赵简子退守晋阳,和赵氏关系紧密的韩氏、魏氏奉晋侯之命讨伐范氏和中行氏。范氏和中行氏大怒,称兵作乱,进攻晋定公,没想到打了个大败仗。韩氏和魏氏出面斡旋,赵氏回到绛城,在晋定公的宫中立下盟誓。晋定公十八年(前494),赵简子围攻范氏、中行氏,中行文子逃到邯郸。

晋定公二十一年(前491),赵简子攻占邯郸,中行文子逃到柏人。赵简子紧接着进攻柏人,中行文子、范昭子都逃往齐国。赵简子竟然占了邯郸、柏人。范氏、中行氏的其他封邑都被收归晋国公室。赵简子名义上是晋国的卿,实际上专擅晋国政权,其封邑几乎可与晋室相埒。在晋国六卿的角逐中,赵氏、韩氏和魏氏联合起来,攻灭了范氏、中行氏,应验了赵简子梦中的谶言。

晋国主要有六卿,原来都是国王的下属,现在他们可以完全无视国王,相互攻伐。韩、赵、魏三家联合起来灭掉范氏和中行氏,冲破作为臣子的底线,宣告了晋室的式微,晋国的权柄已完全掌握在卿阶层手里。

春秋到战国是一个质变的过程,从原来的争霸战演变为征服战,这在晋国六卿内斗中已经清楚展示出来。韩、赵、魏三家灭掉范氏和中行氏,将其封邑收归己有,直接吞并。此后的战争,胜利者都将吞没失败者的土地、财产，这就是征服战，它改变了春秋时期争夺领导权的争霸战的性质。

一个单位，一个国家，一个民族，必须要有始终坚守的底线，不能让眼前的利益冲破制度、规矩、礼和原则。例如，争霸战的原则是争夺领导权，一旦它被利益冲破，变成剥夺失败者的财产，那么就演变为征服掠夺的战争，底线就被冲破了。原则一旦被冲破以后，就进入了"丛林时代"：没有了道义，以及避免坠入深渊的最后一道行为规则的底线，谁都可以为所欲为，不择手段，欺骗和阴谋大行其道。从此以后，人人自危，相互吞噬，每个人都劣迹斑斑，也伤痕累累。纵观世界历史，有道义和文化的民族或者政权，一旦堕落到唯利是图的程度，就将真正陷入万劫不复的境地而彻底衰亡，永远消失于历史的泥潭之中。

下面将进一步详细叙述灭亡范氏、中行氏之后，四卿间激烈争斗，最终发生"三家分晋"的过程，从中看出一个重大的社会演变，是如何从具体事情一点点慢慢地积聚发生的。我们要把转变的过程看清楚，才知道必须在何处坚定地守住底线和原则。

韩、赵、魏三家灭掉了范氏和中行氏。其实在他们背后还有一个更强大的家族——智氏。智伯在范氏和中行氏被灭掉后的四卿里，是最强大的一家。所以有些记载说实际上是智伯牵头领导灭掉范氏和中行氏的。

智伯对韩、赵、魏三家盯得很紧，他注意到在赵氏家族里最重要的谋士是董安于，亦即在范氏和中行氏准备联合进攻赵氏的时候为赵简子打探消息的家臣。待到消灭范氏和中行氏的翌年，智伯找赵鞅问罪："这场祸乱固然是范氏和中行氏作乱，但你们家的董安于参与其中。晋国法律规定始作乱者处死。现在范氏和中行氏已经服罪，总不能让董安于逍遥法外吧。"这明显是在索要董安于的命。赵鞅非常犹豫，董安于反而劝慰他说："我死可让赵氏稳定、晋国安宁，死得太晚了。"于是自尽。赵氏得以向智伯交代，遂获粗安。由此可见，这四家的明争暗斗也颇为激烈，智氏时刻提防其他三家的势力超越自己。

晋出公十一年（前464），智氏代表晋国讨伐郑国。赵简子生病，派其太子赵无恤率领军队跟随智氏出征。有一天智氏喝醉了，用酒灌赵无恤，而且用酒器击打无恤。无恤的部下非常愤怒，想要起身杀掉智氏。无恤制止他们，说道："咱们君主之所以用我，就是因为我能够忍受耻辱。"他把这口气忍了下来，内心着实讨厌智氏。智氏酒醒后，知道得罪了赵无恤，一不做二不休，直接找赵简子要他废黜太子赵无恤。此举直接干涉赵氏内政，赵简子当然不答应，赵无恤也更加痛恨智伯。

智氏带领韩、赵、魏三家垄断晋国朝政，合伙将范氏、中行氏原有封地尽数瓜分，而且完全不向晋王禀报。晋出公十分恼怒，却苦于没有实力挑战这四家，便想出一招，向齐国和鲁国告急，请求他们发兵讨伐晋国四卿，企图借助外援消灭国内权臣。四卿得到消息，感到恐惧，就联合起来共同攻打晋出公。晋出公仓皇逃往齐国，死在半道上。智伯拥立晋昭公的曾孙骄为国君，是为晋懿公。四卿敢于联合起来，公然进攻国王，甚至把国王驱逐出去，可见晋国已经气息奄奄了。

此事让智伯越发骄横，开始向韩、赵、魏三家索取土地。他先向韩氏提出来，韩康子原本不给，但是，手下谋臣段规劝谏道："智氏贪财好利，又很残忍，他来索求土地，我们如果不给，他一定会出兵攻打我们。所以，我们应该把土地给他。如此一来，他会接着向别家索要，总会有人不给他，便可将这场祸乱导向他处。"韩康子觉得有理，就把万户之邑送给了智伯。

智伯越发得意，接着向魏家索要土地。魏氏也不准备给，但其谋士赵葭献计道："智伯向韩氏要地，韩氏给了他，如果我们不给，那么智氏一定会攻打我们。所以，我们还是应该把土地给他。"魏宣子无可奈何，也给了智伯一个万户之邑。

智伯就向第三家赵氏索地，赵襄子也就是和智伯结怨的赵无恤决意不给，向其谋臣张孟谈问计道："智伯此人表面亲热，内心刻忌。

他向韩、魏要到了土地，现在我不把土地给他，他一定会加兵于我们。如何是好？"张孟谈说："当年董安于为赵家治理晋阳，把城墙修筑得非常坚固，足以据守，故可退守晋阳，抵抗智伯。"赵襄子觉得有道理，派人先到晋阳预做准备。

他们到晋阳一看，当年董安于经营的晋阳城固然十分坚固、仓库充实，可是有两样东西不足：一是弓箭，二是制作兵器的铜料。张孟谈显得十分轻松，淡定地告诉赵襄子："没关系，董安于很有智慧，当年建筑工程时用大量的荆棘材木筑成高墙。现在只要把墙拆开，便是制作弓箭的材料；他还收集了很多宫殿的铜铸大柱，也是为今日制作兵器预做的准备。"赵襄子按照张孟谈的指点行事，果然充实了军备，便断然拒绝了智伯的要求。

智伯大怒，联络韩、魏两家共同出兵，进攻赵家。赵襄子退守晋阳，三家猛攻，却打不下来。于是他们退兵高地，引汾河水淹灌晋阳城。战争整整持续了三年，晋阳城岿然不动，但是城里的粮食紧张起来，军用物资也相当匮乏，得不到外部的接济，眼看危在旦夕。

赵襄子召张孟谈商议对策，张孟谈说："如果我不能帮助您守住晋阳城，便是失职。现在您派我出城活动吧。"他来到韩、魏两家，游说道："如果赵家灭亡，那么韩、魏两家都会被智伯依次灭掉。智伯的志向是要取代晋国君主。"韩、魏两家都明白利害关系，所以他们和张孟谈私下订立盟约，准备临阵反水，一举消灭智伯。

智伯还沉浸在胜利在望的迷梦中，掰着手指头算计攻陷晋阳城的日子。此时韩、赵、魏三家已经联合起来。在一个夜晚韩、魏两家掘开河堤，水淹智伯军队，把猝不及防的智伯军营冲得落花流水。赵军趁势出城，直取智伯大营。智伯兵败被俘，最后被杀死。

智氏被灭后，晋国形成了韩、赵、魏三家并立的局面。不久，三家一起灭掉晋国，瓜分土地。周天子派人分封韩、赵、魏三家为诸侯，这就是历史上著名的"三家分晋"事件，这是从春秋时代进入战国时代的里程碑。晋国六卿的内斗，从灭亡范氏和中行氏、没收失败者的土地和财产开始，愈演愈烈，内争并不出于政治路线的

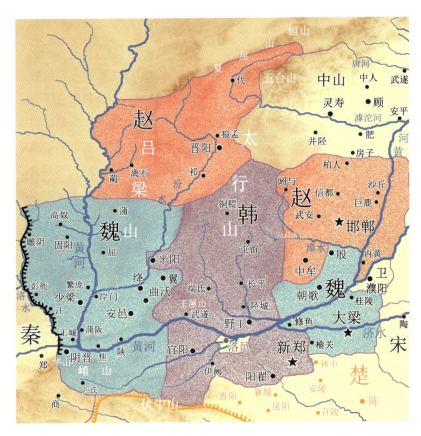

战国时期三晋图

分歧，或者领导权的争夺，而缘起于赤裸裸的土地扩张，其目的在于征服和掠夺。智氏和韩、赵、魏三家的斗争即因此而爆发，毫无政治道义可言。从内政扩大到对外关系，战国时代各国争雄也围绕领土扩张的轴心展开，从春秋时代的争霸战演变为领土扩张的征服战，都属于利益的争夺，故人称战国时代的战争为"不义战"。战争性质变了，中国社会也将因此发生谁都意料不到的剧变。有许多事情最初因为眼前的利益而开其端，便走上了无法预知结果的不归路，等到结果出来，却非原来所料、所愿。人的认识有很大的盲点和限度，却往往对自己坚信不疑而轻启事端，以后的历史演变就不以人的意志为转移了。

第二节　变法运动

"三家分晋"标志着战争进入了一个新的阶段，其最主要的特点是各国进行以扩张领土和兼并人民为目标的征服战。征服战对于失败者而言，便是失去所有的领地、财产，甚至生命。因此，这是谁都输不起的战争。这时候的战争已经不是军事领域的问题，而是基于国家实力的总体战。因此，各国想尽办法增强国力，以赢得胜利。所谓国力的具体物质形态由国家所能掌握的财力、人力和资源组成，国力的文化形态则由制度、法律、组织能力、思想文化等组成。增强国力必须从两个方面着手：变更制度；强化国家对于人、财、物的直接掌控，尽可能把社会资源集中在国家手里，让国家可以调动一切力量同其他国家进行整体战争。这是当时的紧迫任务，各国各行其道，推出各种措施，引发了一系列"变法"运动，中国历史的大变局也因此拉开了大幕。

一　魏国李悝变法

战国时代的变法运动首先出现在魏国，是什么道理呢？因为"三家分晋"后，魏国和赵国相比实力较弱，国土也相对贫瘠。在不义战的战国争雄中，弱肉强食，迫使弱国不得不采取措施变法自强。历史上一再出现弱国励精图治奋发图强而崛起，甚至逆转形势成为最后胜利者的成功事例，春秋时代吴越秦楚的崛起皆为近鉴，这给后进者展示了现实的可能性而激励了他们。魏文侯首先推行变法，足可理解。其变法的目的非常明确，就是增强国家实力，强化国家对社会资源的控制，非常务实。

主持变法的是李悝（前455—前395），魏国人，法家的代表人物，早年师从孔子门下颇具经世思想的学生子夏，受其影响。李悝在政治和社会问题上，是一个重刑主义者；在经济问题上，是一个重农主义者。不管是重刑主义还是重农主义，两相结合用于社会变革，表现为现实主义者，所推行的是法家的实用主义政治。法家侧重于使用政治权术与技巧等实用手段解决政治社会问题。

法家基本的治国思想是什么呢？司马迁在《史记·太史公自序》中有个归纳，说法家的特点是"不别亲疏，不殊贵贱，一断于法"。亦即法家治国不分人际关系的亲疏，也不分身份关系的贵贱，一切以法为准。至于什么是法，法家各派的说法并不相同，或为法律，或为法术，似乎更多的是后者，实质上是人治。在运用法律或者法术进行管理的时候，法家强调严刑峻法，从重惩罚，以期造成威吓效果而令被统治者匍匐顺从，即所谓重刑主义。这种治国方法可以在短时间内获得立竿见影的效果，但也会留下严重的后患。

孔子曾经说过，一个国家如果仅用政令和刑罚治民，则百姓虽能免于犯罪却无羞耻之心；如果用道德和礼教治民，则百姓懂得羞耻且正派心服。[1]用什么样的手段治民将得到什么样的百姓。如果百姓只是想着如何规避法律，不去触犯法律以避免惩罚，将其作为行为标准，就不会产生是非善恶的道德感，变得不知羞耻、非常功利。因此，必须用道德和礼义去感召和提升国民素质，如果人人有道德、有荣誉、有向上之心，就不会沦落到犯法的境地。

道德是我们一生向往并为之努力的目标，它可以规范我们的行为。或许我们一生很难完全做到事事合乎道德，但是如果有一种向上的精神力量构成人的本质的道德观、价值观、世界观，那么这样的人就会是一个文明的、高尚的人。因此，从儒家的角度来看法家，司马迁认为法家的特点就是刻薄少恩，追求的是某个时期的行政高效率，但其手段不可持久，"可以行一时之计，而不可长用也"[2]。如果国家要达到长治久安，还必须强调道德和礼。但是，对法家人物而言，他们要解决的是局限于当时的问题，不做长远的考虑。因此，其务实的政治家往往会表现得非常实用，十分能干。同时，实用主义政治人物往往缺乏长远的战略目标。他们不惜突破做人的底线，不择手段去实现目标，追求即时的效果，至于使用这些手段将造成什么长久的影响，则无暇顾及，甚至不予考虑。前述"三家分晋"的事例中，晋国六卿相互争斗，胜利者如何处理失败者的财产呢？当时想到的最实惠

[1] 《史记》卷122《酷吏列传》载：孔子曰："导之以政，齐之以刑，民免而无耻。导之以德，齐之以礼，有耻且格。"

[2] 《史记》卷130《太史公自序》。

的解决办法就是由他们瓜分掉,或者是充公间接瓜分,或者是私人直接瓜分。可是,这一举动开启了侵夺失败者财产的方向,导致战争性质发生质变,变成以掠夺为目的、以剥夺有产者而获利的战争,从而使中国历史进入到征服战时代。从历史的细节中仔细观察,可以看清每一个具体的演变及其后果所造成的方向性更改。出台每一项政策将引发的后果,是有长远战略眼光的政治家必须严肃考虑的重要问题。然而,这往往是法家人物所欠缺的。

李悝的治国思想可以从政治和经济两个方面考察。在政治上,他认为对国家最大的犯罪是盗和贼。在其主持制定的《法经》中,《盗法》涉及对公有和私有财产的侵犯,以及对此行为的法律惩处。《贼法》则规定了对危及政权稳定以及人身安全的犯罪行为的法律惩罚。这两篇最为重要。李悝主张公私财产不受侵犯,可知其国家治理建立在维持原有体制的基础之上,亦即用法律保护封建制所规定的各个等级阶层的社会身份地位及其拥有的财产。因此,李悝变法不涉及封建制下社会等级制度和财产制度的根本性改变。在此前提下,他提出一些变革措施,提出按劳分配和论功行赏的原则,剥夺世袭特权子弟享受的俸禄,招揽四方之士,选贤任能,赏罚公正,削弱贵族特权。[1]

李悝变法的着力点在经济方面,他主张重农主义,提倡"尽地力之教"[2],重点在于督促农民勤恳耕作,尽最大可能提高生产水平,鼓励农民在原有土地上增加产量,开垦更多的土地,扩大生产。

为了维护经济的平稳运行,必须让老百姓的生活得到保障。在古代农业社会中,对农民生活造成重大影响的是丰收年和灾荒年,它们交替出现,造成社会上粮食价格的巨大波动。丰收年往往粮价过于低贱而伤害农民种田的积极性,灾荒年则粮价踊贵,导致穷人买不起而破产。李悝对此提出解决办法,由国家储备大批粮食和战略性物资。在粮价低的时候,国家以平价买入,粮价高时也以平价卖出,从而起到平抑物价、稳定民生的作用,保障人民能够平稳进行农业生产,同时通过稳定社会和提高生产率来增强国家实力。

---

[1] 刘向《说苑》(《百子全书》,扫叶山房,1919年石印本)卷7《政理》记载:"魏文侯问李克曰:'为国如何?'对曰:'臣闻为国之道,食有劳而禄有功,使有能而赏必行,罚必当……夺淫民之禄,以来四方之士。'"

[2] 《史记》卷74《孟子荀卿列传》。

错金银马首形青铜軎，战国魏，1951年河南辉县出土

李悝变法归纳起来有两点，第一是不改变既成社会等级阶层框架；第二是尽量提高社会的劳动生产水平。他用法的形式把这两点规定下来。

战国初期，各国推行的改革大多本于这种思路，例如齐国邹忌变法颇受李悝的影响。其变法一是开言路，鼓励吏民进谏；二是制定法律，严明赏罚，监督管理；三是提高生产率，扩大生产，使国家富强起来。

这些变法的着眼点在于富国强兵，通过增强国家实力，赢得对外战争的胜利。

二 法家与韩国申不害变法

为赢得战争而进行的变法一旦开启，各国将纷纷跟进，以免落后挨打。

魏国的邻邦韩国不久也任用申不害（前385—前337）为宰相，主政十五年，推行变法。《史记·老子列传》的附录申不害传记，称其为"京人也"，原是郑国"贱臣"，学问"本于黄老而主刑名"，衍生出法家一个重要的流派，由此亦可见法家的思想来源颇杂，流派众多。申不害属于"术"一脉。

法家的思想渊源，一派出自儒家，一派出自道家。

儒家学说的核心理论，一是仁，一是礼。儒家理论建立在善与爱的基础之上，认为人与生俱来的天性是善良的，故人际关系应该追求和睦、和谐、相生，人人相爱，互助共存，这就是"仁"，它构成人与人的关系，进而成为社会关系和国家治理的出发点。如何做到仁？应该用"礼"对人际关系进行规范，按照辈分、年齿、尊卑确立相互之间的纵向关系，横向的平辈关系则应该相互谦让。这样，通过一套复杂的人伦规则把每个人的位置确定下来，从而形成纵横交织的秩序。

儒家的"礼"产生于农业民族的家族原理，在汉字构成上有清楚的表达。"禮（礼）"字的左边偏旁"礻"代表祭祀，所组的字大多与祭祀、崇拜、祷祝有关。其右上方是"曲"字，指的是酒曲，乃纯酿之酒母；右下方为"豆"字，是古代高圈足盛肉等食物的食器，像高脚盘，用作祭祀礼器。这两个字始见于商代甲骨文及金文，可知古人是用最美好的酒肉毕恭毕敬地祭祀祖宗的，其场面庄严肃穆，与祭者饱含深情。祭祀时，族长主祭，族众按照辈分年齿，在祖宗面前摆正各自的位置，长幼有序地列队献祭。通过祭祖可以确立宗族成员的秩序，让每个人懂得自己的分际、处理相互关系时应该掌握的分寸，执守其礼，诸如孔子所谓父慈子孝、兄良弟悌等，由此形成一整套的礼制。

把宗族礼法逐级推广到乡里、团体乃至国家，确定上下等级关系及其权利与义务，力图以此将社会管理得井然有序，使人们各守分际。礼的意义首先在于规定人际的关系秩序，这一条最为重要，因为人际纷争往往源自关系尤其是纵向关系秩序的不确定。如果有合理的规则可资遵循，相互关系得以确定，并据此规定其地位和利益，便可和睦相处，人与人息争，也无法争，除非破坏礼所规定的相互边界，甚至否定礼的规则。中国古代的政治原理就是从宗族礼制发展而来的。

礼要得到有效实施必须有仁爱的道德基础。就儒家而言，礼并非终极目标，而是实现目的的手段。儒家的政治理想是要建立以仁爱为本的大同社会。孔子以后的儒家学说分成几支，最重要的有孟子和荀子，孟子强调仁的学说，荀子则专攻礼制。荀子一脉的学生越走越远，他们抽出礼制中对于悖礼违教者的惩处来重塑理论。本来宗族对于悖逆者就有一定的强制手段，虽然达不到法的强度，但也不容轻视。因此，礼具有刚性的外壳。从儒家脱胎换骨而来的法家突出强调刚性的惩罚手段，并将其上升到首要地位，同法结合起来，形成以强制性惩罚为主要手段统治百姓的国家治理学说。

　　法家的另一支源自道家思想。道家认为自然界存在着人们不能完全认识的基本规则，并依此有序运行。所以，老子认为人所设定的一系列法则，都是基于对根本规则无知的自作聪明，是故讲仁乃因为不仁，行善则会造成不善。那么，人们应该怎么办呢？应该让自己静默下来，潜心修行。只有在宁静之中才能逐渐参悟自然运行的法则，亦即道家所谓之"道"。把道家进行实用主义政治改造的学生，构成法家的另一支，其核心是将人难尽知的自然法则改换为"君王之道"，看起来高深莫测，让臣民畏惧战栗，不敢不从。申不害的"术"家属于这一路。

　　申不害认为统治国家需要强势的君主。君主强在哪里呢？关键在于精通驾驭臣下之术，以达到集中权力的目的。他为此专门研究帝王的"南面术"。擅长驾驭臣民的君主，首先要做到的是深藏不露，沉默寡言，遇事不要轻易表态，更不能流露出喜怒哀乐，要面无表情，宛如行尸走肉，这样，臣下就无法揣摩他的心思，也就无从投机迎合。不露声色使得自己始终处于暗处，而把臣民暴露于明处，君主可以看清每一个人，臣下对他却莫测恩威。所以，驾驭臣民要处处用心，玩弄权术。这就是把道家所谓自然法则的"道"进行实用政治改造的君王驭下之"道"，说穿了就是政治手段的"术"。如果说源出儒家"礼"而成的法家还讲一点用于统治民众的法律与制度规则的话，那么，源出道家而成的法家则完全走上了权谋术势的路径，并在以后数以千载的岁月里逐渐发展得高度成熟而磨砺出锋利的统治术利刃。他们用政治斗争统治国家，针对什么人物，面对什么事件，应该使用什么手段，如何设置圈套，让臣下尽情跳梁，等待时机成熟给予毁灭性打击，等等，都用心至极。

　　申不害同韩昭侯讲：要国家强大就必须朝廷集权，实行君主专制体制。在君臣关系上，君应该像车轴的轴心，臣子像车轮的辐条，轴心驾驭辐条。君主必须紧盯国相与大臣，因为他们会根据您的政治意图有选择地做汇报，经过臣下过滤后的情报起着十分恶劣的作用，将蒙蔽君主的双眼，使君主听不到真实消息。臣下如果蒙蔽住君主，就能够专擅国政，而权臣甚至可以弑君篡国。因此，申不害帮助韩昭侯设置了一整套驾驭臣下的办法，提到："君设其本，臣操其末；君治其要，臣行其详；君操其柄，臣事其常。"[1] 亦即君主独揽大权，专断决策，臣下不容置喙，绝对服从，贯彻落实，细致周详。如此则有如身体指挥手臂，统一协调，国家就能够强大起来。

韩国在韩、赵、魏三国里土地最为狭小，国力也不强大，魏国变法而强大的经验给韩国很大的刺激。韩昭侯很希望找到像李悝一般的能臣助他强国，听了申不害的建议，一拍即合，公元前355年用其为相，申不害从此主政长达15年，一度让韩国强大起来，并对外扩张，取得了相当的成果。

申不害的变革与李悝颇不同，根本的区别在于他不订立法律，不规定权力与规则。从申不害提倡的君主南面之术来说，如果把权力和法则规定清楚，臣民就明白了如何行事，君主也就失去了任意予夺的君威。因此，君主不应该让臣民猜透。不立法则便于驾驭臣民，令其对君主深怀畏惧，从而实现集权统治，国家便强大了。人治达到集权是历史一再重现的路径，集权而强国却不存在必然性，申不害变法的结果也证明此路前方未必一定风和日丽，更常见到的是断崖深渊。集权犹如激素，可以激发兴奋，至于走向何方却同激素无关。显而易见，申不害实行的是一套人治变革，可以在短期内迅速达到富强的效果。但是，正如司马迁分析法家治国学说时指出的，用权术驾驭臣下乃至治理国家难以长期维持下去。因此，申不害罢相、韩昭侯死后，韩国迅速衰落并非因命运不济，而是内在逻辑早已确定的结果。一出戏行将落幕的时候，总有人出来采取激进的行为，将内在能量在短时间内挤压喷发，结果因其不可持续而加速枯萎。政治家考虑的是后果的长远影响和可持续性机理，政客贪图的是短暂的激情欢愉；政治家

---

[1] 《申子治要·大体篇》，收录于魏征、虞世南、褚遂良等编《群书治要》卷36，团结出版社，2011年。

是清醒的，政客是盲目的。长远的战略洞见难以说服久旱盼雨的大众，而立竿见影的跳神煽动则能轻易掀起滔天巨浪。集体情感宣泄之后，便是一个时代的惨淡落幕。能否从中获得深刻的反思和鉴戒，检验着群体的成熟程度。

三　吴起及其在楚国的变法

从李悝到申不害，其变法有一个共同点，那就是不改变现行国家体制，试图通过扩大生产或者提高君主威权来实现强国的目标。这种做法很快会遇到体制的壁垒而达到其限度，但各国渴望强大的需求又如此迫切。因此，变法继续开展下去势必越来越激烈，并且冲击旧的体制。

对于楚国和秦国而言，本来在国家体制和思想文化上落后于中原国家，后来通过学习仿效中原国家而有所起色，现在见到中原国家先后变法，更感到起而效法的紧要性与迫切性。落后国家的变法展示了另一种变法的形态。

楚国主持变法的是吴起（前440—前381）。他原来是卫国人，特长主要在军事方面，精通兵法，著有《吴子兵法》，流行当世，声名甚至超过《孙子兵法》。其道理在于《吴子兵法》更具有实用性，如教授如何排兵布阵，遇到何种地形应该布置何种阵势，等等，可以现学现用，十分方便。至于《孙子兵法》传授的则是战争的基本原理、克敌制胜的深刻内因及行军作战的基本原则等，缺乏常规的实用内容讲授。两相比较，《吴子兵法》讲的是战争之"术"，《孙子兵法》探究的则是战争之"道"。智识一般且不好思考者喜爱能迅速上手的"术"，故技术性著作从来销售更多。实用性强的必定贴合当时当地的技术手段，一旦时代变迁，兵器进步，作战形式也不得不随之而变，则实用性著作不可避免地会遭到淘汰。越实用的书籍淘汰越快，最实用者莫过于说明书，但转瞬即被弃之不顾。所以，从车战、步战到骑战，从冷兵器时代到热兵器时代，《吴子兵法》渐渐销声匿迹，而《孙子兵法》声名鹊起，成为当今世界各国军事院校的军事理论教材。当然，在战国时代，《吴子兵法》声誉正隆，吴起也以其辉煌战绩为之背书。

有一年，吴起在鲁国，强邻齐国来侵，鲁军节节败退。鲁王想任用吴起带兵抗齐，遭到反对。什么缘故呢？因为他妻子是齐国人，怎会忠诚于鲁国？这点确实让人担忧，所以鲁王没敢起用他。吴起满怀希望等待鲁王的任命，结果迟迟没有消息。他急了，一打听原来是这么回事，马上回家杀死妻子，向鲁王效忠，终于获得任命，统率鲁军战胜齐军。

但是，吴起料想不到因为杀妻，他遭到鲁国人的鄙视。在大家眼里，吴起是个为了当官不择手段，什么都能出卖，连妻子都可以随便杀掉的残忍小人。人们议论纷纷，把他早年的事情都翻了出来。据说他性格非常专制，少年时富有的家境，支撑他外出游学求官，他却一无所获，把家都给败掉了。乡里人嘲笑他，传他的笑话。吴起很生气，把嘲笑他的乡亲都杀了，死了三十多人。然后，他离开卫国，在都城东门和母亲诀别，咬破手臂发誓："我若非官至卿相，绝不再回卫国。"吴起投入孔子学生曾子门下，求学期间母亲去世，吴起竟然真的不回去奔丧。曾子以孝道著称，不能忍受无视基本人伦道德之人，将吴起视为禽兽不如，遂与之断绝师生关系。由此可见吴起卑劣人品之一斑。

吴起杀妻求官的事传开之后，为人所不齿，造成他在官场郁郁不得志的后果，掌权者不敢信任他这种毫无底线之人。后来，吴起听说魏文侯开明，招贤变法，便去投奔，希望得到重用。魏文侯征询正受重用的大臣李悝的意见，李悝介绍吴起的性格，一是贪，二是好色。

为什么说吴起贪呢？如果从经济角度来说，吴起真不贪，他善待士卒，与之生活在一起，吃一锅饭，穿一样的衣服，同甘共苦，毫不特殊。士卒战伤或者生病，吴起亲自为他们疗伤，甚至用嘴吸吮士卒化脓的伤口，把将士们感动得死心塌地。士卒之母听说了此事，哭着向吴起哀求千万不要如此对待其子，因为当年其夫就是被吴起的关爱彻底感动而丧生于疆场的，现在儿子再次被感动，下次作战必死无疑。从这件事可以知道，吴起深受将士们拥戴，能够激起士兵强大的战斗意志，无疑是一位良将，并不贪财。李悝说的"贪"是指他贪图名誉、地位和权力，欲望颇大，并为此不择手段。至于第二点好色，亦属贪欲。

当然，李悝也客观地评价吴起道："此人善于用兵，堪比当时最著名的将军司马穰苴。"魏文侯听了这番介绍，任用吴起为将，令其伐秦，攻占了秦国五座城市。胜利归来后，魏文侯任命他为西河守，向西防御秦国。

魏文侯去世，儿子武侯继位，任命田文为相。军功显赫的吴起很不服气，刚烈的性情驱动他去质问田文凭什么主持国政，要和他比一比功劳。吴起摆出三条：第一，统率三军，令士卒英勇奋战，让敌人不敢轻举妄动；第二，治理百官，亲和万民，充实国家府库；第三，驻守西河，令秦国不敢向东扩张，韩、赵两国都听从于我们，试问谁做得更好？田文答称自己不如吴起，但眼下国君去世，新君年幼，大臣猜疑犹豫，百姓观望不安，都在担忧政权交接之际的人事更替是否会引起政局动荡。在人心惶惶的时刻，您看是我当国相好，还是您当国相好？吴起沉默思忖了很久，毕竟有自知之明，回答说还是你来当好。为什么呢？因为吴起知道，他个人情商不高，虽然功勋卓著，但是猜忌、畏惧和算计他的大有人在，朝廷上下很多人想要把他挤走。

吴起为人粗率果敢，在战场上骁勇善战，让敌人胆寒；在治政上采用强硬手段，追求高效率，政绩突出，但其霸道的作风也树敌甚多。国相田文为人平和，宽厚容人，在他的协调下，吴起倒也平安。等到田文去世，公叔痤继任为相，问题就来了。公叔痤的政绩、声望都不如吴起，可他娶的是魏国公主，有政治靠山。公叔痤非常忌妒吴起，想方设法要排挤他。公叔痤手下想出一计，让公叔痤向国王大力推荐吴起，同时表示担心魏国弱小而留不住人，建议国王把公主下嫁吴起做试探，如果拒绝就表明他不愿留下，心怀二志。公叔痤手下十分了解吴起的性情：清廉却好名，城府不深又受不了气。他们要利用的就是吴起的刚强性格。此计表面上看似乎在捧吴起，实际上是一个陷阱。公叔痤向国王建议后，很热情地邀请吴起到家中做客，宴席上公叔夫人当众羞辱夫君，颐指气使，傲慢无礼，令人生畏。吴起见到公主如此难伺候，回绝了这门婚事。公叔家的宴会其实是预先安排好的一场戏，吴起果然落入圈套。等到吴起发现魏王猜疑自己的时候，事情已经无法挽救了，为了避免遭到陷害，他不得不黯然出走，来到楚国。楚悼王知道吴起有才干，重用他来主持楚国变法。

此事对吴起而言，心里一定留下了很深的阴影。在他看来，这帮王公贵族并不是真心为国操劳，而是在官场里钩心斗角，甚至损害国家利益。国家供养这批人有什么用呢？所以，吴起到了楚国以后，为楚国设计的变法方案，核心在于"损有余，补不足"[1]。

什么叫"损有余"呢？就是剥夺部分旧贵族财产、官爵，用来充实军政开支。此变法方案对社会阶层进行了结构性调整，对封君的子孙实行"三世而收爵禄"的政策[2]，以前分封的世袭爵禄经三代即予收回，亦即实行削夺贵族阶层利益、集中资源、强化国家军力的变法。封建制在楚国已经实行很长时间了，如果按三代收回爵禄，那么权贵们就要人人自危，每一家都有随时被褫夺的可能。在对待失去爵禄的封君上，吴起采用了更加激烈的手段，把他们迁徙到荒凉偏僻之地。楚国的边地何种光景，需要稍做一点介绍。

春秋战国时期各国版图显示，黄河流域开发得比较充分，故此地带的国家领土相对狭小，人口密集；相反，国土面积特别辽阔的国家，往往人口稀少，发展落后，楚国就属于这种情况。其核心地区集中在长江边上，而长江以南的广大地区则人烟稀少、相当荒凉，史籍上多描写为瘴气弥漫、疫鬼出没之地，可知生活条件相当恶劣。吴起不但剥夺了封君的财产，还把人强制迁徙到这种地方，说是开发边荒地区，实际上不啻流放。这个举动让所有世袭封建贵族无不惊恐，陷入了动荡不安的境地，引起他们的刻骨仇恨。变法涉及利益结构的调整，法家政治人物一味采用高压手段推行，看似轰轰烈烈，实际给自己增加了许多阻力，甚至把许多可以争取的社会力量推向了对立面，当力量不济之时，形势就迅速逆转，法家高压政治

[1] 刘向《说苑》卷15《指武》记载："吴起曰：'将均楚国之爵而平其禄，损其有余而继其不足，厉甲兵以时争于天下。'"《史记》卷65《吴起列传》则记载吴起相楚，"明法审令，捐不急之官，废公族疏远者，以抚养战斗之士"。

[2] 陈奇猷校注《韩非子新校注》卷4《和氏》记载："不如使封君之子孙三世而收爵禄，绝灭百吏之禄秩。"陈奇猷注认为"绝灭"即"裁减"之讹。

"鄂君启"错金青铜节,战国楚,1957年安徽寿县出土

几乎都是这种结局。

在国家决策方面,吴起主张执政者独揽政治和经济大权,无须同臣下讨论,只要国君想清楚了,就公布实行,不允许臣下提出任何意见。如果有人敢提意见,就严厉惩办。他认为这样做有利于推行变法,免得众议纷扰,导致变法犹豫不决而难产。

吴起变法不同于此前李悝、申不害等人的变法,主要体现在两个方面:

第一,以前的变法是在不改变现有社会结构的情况下,提高君主权威,扩大生产,以达到强国的目的。吴起的变法在这个根本问题上发生了重大的改变,它要改变社会阶层的结构,去除一部分既得利益阶层,以此来调整国家的利益分配格局,集中资源。

第二,吴起的变法突出的是强兵,而此前的变法更强调的是强国。吴起认为,国家变法的目标是建设强大的军队,这样才能在各国间的征服战中立于不败之地。其变法目标非常明确：富国强兵。

吴起断然推行的楚国变法，在短时期内效果显著。《史记》介绍吴起的政绩称：变法以后，南面平定百越，北面兼并陈国、蔡国，打退了韩、赵、魏三国，向西讨伐秦国，周边诸侯国都害怕楚国。[1] 表面上轰轰烈烈，实际只是增强军力后的扩张，至于楚国的民生与文化则未有建树，亦即军力强大没有带来国力强盛，故而难以为继，并且得罪了楚国权贵，造成国内政局的高度紧张，在内部遭到很大的抵抗。楚悼王去世后，楚国贵族马上纠集起来要清算吴起。

吴起见势不妙，知道在劫难逃，狂奔至灵堂，紧紧搂抱住灵柩内的楚悼王尸体。仇恨填膺的王公贵族无暇多想，见到吴起便乱箭齐射，吴起瞬间变得像刺猬一般，一命呜呼。但是，楚悼王不免也被乱箭穿身，这可成了十恶不赦的大罪，等权贵们明白过来时已经无可挽救了。新即位的楚王虽然也痛恨吴起，但不能听凭父王尸首遭受这般凌辱，下令严惩击射王尸者，灭族七十余家，由此可见吴起在权贵中结仇之广。吴起在生命的最后一刻，尽其黠灵，成功地为自己复了仇，拉上这些权贵做了垫背。

吴起开启了变法的新思路，亦即对社会阶层进行结构性调整，削夺权贵及封建领主的财产，快速强化国家力量。这个思路出笼之后，马上成为此后变法最主要的路径，其集大成者为秦国的商鞅变法。

四　秦国的商鞅变法

战国时代的变法运动，到商鞅变法堪称集大成者，它荟萃了战国时代各国变法最有成效的手段，实行得最为彻底。经过这次变法，秦国的社会阶层结构和国家体制都发生了根本性变化，标志着其封建制度的结束，并义无反顾地走向帝制。

商鞅的经历与吴起有相近的一面。商鞅原为卫国君主妾生之子，姓公孙，祖先出自姬姓。商鞅年轻时是刻苦好学之人，学问丰富驳杂[2]，颇有才干。他在魏国随相国公叔痤任中庶子。公叔痤很了解商鞅，一直想将他推荐给魏王，还没找到合适的机会公叔痤就得了重

[1] 《史记》卷65《吴起列传》记载："于是南平百越；北并陈、蔡，却三晋；西伐秦。诸侯患楚之强。"

[2] "驳杂"见《太平御览》（中华书局影印本，1960年）卷403引桓谭《新论》称："三皇以道治，五帝以德化。王道纯粹，其德如彼；霸道驳杂，其功如此。"

病。魏惠王亲自来探疾，问道："您病得这么重，万一有个闪失，国家如何是好？"公叔痤借机推荐商鞅，说道："商鞅虽然年轻，但有特殊才干，希望大王能把国家大事交付给他。"魏惠王听后沉默不语，公叔痤知道推荐不成。待到魏惠王要离开的时候，公叔痤让左右都退下，郑重地对魏惠王说："大王如果不能任用商鞅，就一定要杀掉他，不能让他离境出走。"魏惠王满口答应。魏惠王走后，公叔痤把商鞅找来，跟他讲："我刚才向国王推荐了你，看国王的神色不会答应。我首先必须忠于国家和国王，所以，我又劝国王如果不能用你，就必须诛除你，现在你赶快跑吧！"商鞅听后淡然说道："大王既然不能听您的话用我，又怎么会听您的话杀我呢？"商鞅安之若素。如商鞅所料，魏惠王回宫后对左右说道："公叔痤实在病得太重了，劝我把国家大事交给商鞅，真是老糊涂了。"完全把公叔痤的话当作耳旁风。

商鞅在面临生命危险的时候，能够清醒判定魏惠王根本不会听从公叔痤的劝告，由此可以看出商鞅的性格和为人——头脑冷静，思维敏捷，遇到大事很有定力。

公叔痤死后，商鞅因为在魏国得不到重用，且听说邻国秦孝公下了求贤令，希望向东收复失地，重整秦穆公的霸业，觉得是个难得的机会，便向西进入秦国。

商鞅认识秦孝公的宠臣景监，通过他求见秦孝公。第一次见面时，商鞅向秦孝公讲了很多治国之道，听得秦孝公昏昏入睡，根本就没听进去。商鞅退下后，秦孝公很不高兴，把景监叫来训斥道："你介绍的客人是个无知妄言之徒，怎么能用呢？"景监跑去责备商鞅，商鞅回应说："我跟秦公讲的是帝道，看来他完全不能领悟。"

过了五天，商鞅又请景监帮助他再次求见秦孝公。这次依然谈了很久，秦孝公仍然不得要领，再次责备景监。景监再次怪罪商鞅，商鞅说："我跟秦公讲的是王道，他还是听不进去，我知道他想要什么，请您务必再安排一次见面。"商鞅第三次谒见秦孝公，讲的内容让秦孝公颇为心动，改变了对商鞅的印象，但没有马上采纳他的建议。等商鞅走后，秦孝公对景监说："你介绍的客人还不错，可以再和他谈谈。"景监转告商鞅，商鞅说："这回我讲的是霸道，看来秦公要用我了。如果再蒙召见，我知道该说什么了。"没过几日，秦孝公果然再次召见商鞅，谈得非常投机。秦孝公唯恐漏听一句，不知不觉把自己的座位不断前移，直到两人膝盖相触。古代席地酬宾，正襟危坐，今日称作"正坐"，亦即采用跪坐姿势，臀部置于脚踝，上身挺直，双手规矩地放在膝上。两个人靠得太近，膝盖便先接触。形容此般亲密交谈的光景，诞生了"促膝谈心"的成语。

商鞅讲了什么让秦孝公如此动心呢？他传授的是急功近利、严刑苛法的治国手段。前面两次，商鞅讲国家长治久安的帝道、王道，秦孝公毫无兴趣，于是商鞅明白了秦孝公不关心未来的美好，只想要眼前立竿见影的效果，这样的君王渴求的是实用性手段，崇尚权力。因此，他不再跟秦孝公讲"道"，而是专门讲"术"，果然博得欢心。商鞅对于秦孝公心理的把握，在他向景监介绍谈话经过中透露无遗。商鞅说："我跟秦公讲三皇五帝治国的历史，劝他引以为榜样，秦公说那太费时日了，我没时间等待，贤能之人都希望在世之日扬名天下，怎能无声无息地等上几十年、上百年才成就帝王大业呢？所以我用强国之术打动他，果然兴奋喜悦。但是，用这种办法治国，秦国难以同商周两朝相提并论。"[1]从这番话可以看出两点：第一，秦孝公乃急功近利之君，并无宏图远略，故容易被权术治绩所打动。第二，商鞅亦非为理想而奋斗的政治家，仅仅是善于迎合投机、谋求个人飞黄腾达的游士政客，明知对于国家和民族长远利益绝非善策也照样兜售，以逞一己之私。这样一个见机行事、按照病人要求开处方的江湖郎中，如何配得上"伟大的改革家"称号呢？这种人做事必定不择手段，把秦国做成各方利益博弈的大磨盘，其所能达成的效果早在意料之中，而其个人结局同样不出意料。私欲压倒公心的变法，短期内必演变为利益之争，长期则误国殃民。

秦孝公任用商鞅主持变法，他虽然有变法的方案，但非常担心在缺失信用的秦国百姓不肯相信朝廷的承诺，于是，想出一个办法来，

[1] 商鞅早年的经历、被秦孝公任用的经过及其建言，具见《史记》卷68《商君列传》。本节所叙，皆本于此传。

在咸阳市场南面立下一根三丈长的木杆，宣布有人能把这根木杆搬到北门，奖赏十金。百姓围观皆不敢相信，商鞅便提高赏金至五十。重赏之下必有勇夫，有一个人真的把木杆搬到北门，商鞅当场给他五十金，秦民从怀疑变成追悔，从此相信当今朝廷令出必行，并非欺骗。商鞅用一个简洁明了的办法赢得了秦民的相信，由此可知此人善于掌握民心。商鞅由此一举扭转了秦国官府在百姓中威信甚低的状况。

一个急功近利的国王，一个投其所好的政客，在一个官民互不信任的国家，启动了前所未有的"变法"大业。

秦国变法的功利性目的非常明确，那就是短时间内让秦国迅速强大起来，在同邻国的兼并战中取得压倒性优势。商鞅为实现此目标设计的变法方案，主要可以分为两个阶段。第一阶段的变法包含以下几点：

第一，改造乡里组织，推行"什伍之制"。全国百姓以几家为一个单位，十家组成一个"什"，五家组成一个"伍"，集中居住，互相监督，互相检举，一家犯法，十家连坐。什伍内犯罪，不告发者腰斩，告发者与杀敌同等奖赏，窝藏罪犯则与降敌同等受罚。[2]什伍之制包含两方面意义，首先是把全国百姓按照军事编制加以组织，建立举国军事化体制，便于对外发动战争。其次是对内奖励告密和互相检举揭发，使得人人自危，便无条件地服从于国家。国家通过恐怖的政治手段将民众完全彻底组织并控制起来。什伍之制改变了西周以来的乡里社会结构。周朝实行井田制，八家共耕一井（900亩）之地，居住于田间农舍，十来家组成一个小邑落。乡井散布于中原大地，《诗》载劳作之歌，老子描述小国寡民之景，一派田园风光。现在商鞅将百姓集中起来，统一居住，实行兵营化管理，使之井然有序，一心耕垦习武，再无闲情吟唱。

第二，设立军功爵制度，奖励战士杀敌立功，按照功劳获得爵位和相应的物质奖赏。[3]商鞅认为秦国百姓好私斗，你死我活，必须严厉禁止，并且按照情节轻重处以刑罚。同时，他把私人逞勇斗狠转移到为国家进行的征服战争上，百姓不但可以由此获得丰厚的奖赏，还

---

[2] 商鞅变法后秦国连坐制的具体形态，因为云梦出土的《秦律》而变得更加具体清晰，详阅《睡虎地秦墓竹简》，文物出版社，1978年。

[3] 关于二十等军功爵及其与秦汉帝国的关系，系统性研究详见西嶋定生『《中國古代帝國の形成と構造——二十等爵制の研究》』，東京大學出版會，1961年。最初的中文译本为武尚清译《二十等爵制》，国际文化出版社，1992年；此后由中华书局再版，书名按照原著译为《中国古代帝国的形成与结构——二十等爵制研究》，2004年。

可以根据军功提升社会地位,乃至升官授爵。他开启的杀敌的直接利益结算之门,在相当程度上改变了战争的性质,使之从实现政治意图的武力手段演变为军人升官发财的捷径。实行军功授爵制度后的秦军战斗力直线上升,还每每出现大规模的杀降现象,这完全符合设立军功爵制度的逻辑。什伍之制同二十等军功爵制相结合,使秦国被整编成严密的军事体制。

第三,实行重农抑商、奖励耕织,特别是奖励垦荒的政策。商鞅变法规定,凡是提高农业产量、增产粮食布帛者,免除本人的徭役和赋税。把从事工商业以及在乡村因为懒惰而贫穷者,强制收编到官府中,变成奴婢。这其实就是重农抑商政策的发端。

商鞅鼓励农民积极垦荒,因为秦国尚有大片关中土地没有开发,主要原因是缺少劳动力。在古代,人口对于国家富庶与军事强大至关重要。因此,秦国积极向东方六国吸纳人口,推行"徕民政策",鼓励六国农民到秦国来开垦发展。新开发的地区归郡县管理,根本上属于国家所有,农民直接向国家缴纳赋税,以增强国家实力。人口与垦田的大幅度增加,有力地支撑了秦国即将展开的对六国的征服战争。

至于旧贵族,包括国君的亲属、贵族的旁支,他们已经拥有的权益,比如土地、爵位、社会地位等,能否长期保持?商鞅变法对此也做了改变,如果他们没有立下战功,经过评议将从贵族谱籍里被剔除,亦即除籍,其所拥有的特权也随之消失。这同吴起变法的做法同出一辙,都在改造社会阶层结构。

为了顺利推行这一系列强力的国家政策,商鞅采取文化高压管制政策,焚烧儒家经典,禁止游宦之民,亦即禁止言论自由,禁止对秦国政策提出不同意见,不鼓励百姓读书和学习儒家学说。儒家经典就是商鞅最初向秦孝公游说时讲的三皇五帝治国之道,这些政治学说和法家的治国理念相冲突,故商鞅掉转枪口,把儒家经典统统列入焚烧之列,禁止谈论,强力贯彻法家路线,进行大刀阔斧的变法。

商鞅变法之初,秦孝公很担心国人非议,商鞅鼓励他说:"如果在行动上犹豫不决,将一事无成;在事业上瞻前顾后,难以建功立业。超出常人的行为，本来就会受到世俗的非难；具有独到见解的人，必定会受到常人的诋毁。愚蠢之人对既有事实都想不清楚，而聪明之人却能料事于前。因此，谋划大事不能跟民众商量，只能在事成之后和他们分享利益。"由此可见，商鞅主张密室政治，亦即由极少数人垄断权力、独断专行，认为只有这样做才能取得成功。秦孝公认同他的政治见解，却也担心大臣们的反对，而争论果然爆发了。

秦国的权贵和官僚大多反对商鞅的变法，其代表人物是甘龙，他认为变法不能改变以往的规矩，说道："圣人不改换民众而推行教化，聪明人不改变法度而治理国家。顺应民俗而施教化，不费力就能成功；沿袭成法而治理国家，官吏习惯而百姓安定。"甘龙所主张的和商鞅的区别在哪里？并不是说甘龙反对变法、反对国家富强，而是怎么变、怎么做的问题。对秦国官吏而言，他们主张在不改变社会现状和法度的基础上推行教化。这同商鞅的构想完全冲突。商鞅变法的核心就是推翻既有法规和社会结构，人为建立全新的社会及其规则。因此，双方的矛盾不可调和。

为什么甘龙等官吏反对变法呢？他们主要是基于得失的计算。另一位大臣杜挚说得更明白："没有百倍的利益，就不改变成法；没有十倍的功效，就不更换旧器物。依照成法没有过失，遵循旧礼不出偏差。"亦即新旧更替需要把握的原则应是利远大于弊，否则得不偿失，而且，标新立异必须承担巨大风险，得不偿失。显然他们反对的不是变法这一手段，而是变法所得到的结果是否比现在的社会好很多。要证明这一点，商鞅是无法做到的。因为他很清楚，使国家和民众都得利的途径只有创造有利于经济与文化发展的社会环境和法律制度，这就是他最初向秦孝公提出的长治久安政治学说，但那已经遭到秦孝公的否定，因为走这条路需要时间，秦孝公不愿意等待，因此只能在朝廷和民众之间舍弃一方，这才有了激进变法，它不是做大蛋糕，而是用新法切蛋糕，是社会财富向某一方的完全转移，而不是扩大社会再生产。正因为如此，商鞅才强烈要求禁止讨论，焚烧了儒家经典。同时，高扬起破除既定法规、推翻贵族统治的旗帜，是很容易获得民众支持的。

商鞅绕开变法得失的讨论，直接提出国家治理从来没有一成不变的法则，只要有利于国家就不需要遵循旧法，夏商周三代就法制不同。这里提出另一个关于国家治理的重大问题。夏商嬗替，没有多少史料留存可以讲清楚。西周取代商朝的史实比较清楚，西周采取的是融合商族的封建制，让商族追随周族一同去新地建国，从而形成国家制度上继承性革新的政治传统。融合旧族，吸收旧制优点，获得广泛的赞同与支持再去建设新的法律制度，这是上古中国的温和政治传统。到战国后期，出于战争的需要，各国相继变法，急功近利。商鞅最为彻底，不但要改变旧制，还要改变施政传统，推行激进的变法，强调破除，摒弃继承，事不法古，毋论历史。

在朝廷上的这场辩论中，虽然商鞅遭到众多官员的反对，但是，秦孝公坚决支持他，从而取得了压制性胜利，得以断然推行变法。随着第一阶段变法取得实效，秦国被整编为严密的组织，国家获得了巨大的赋税和人力资源，对于依然停留在封建制下松散的六国形成优势，取得了一系列战争的胜利，尝到了变法的甜头，商鞅便着手谋划第二阶段更加彻底的变法。如果第一阶段的变法重在组织秦民，把社会编成严格的组织系统，使之宛如一架严密的机器，朝廷得以调动整体社会，形成强大的国家力量，那么，第二阶段的变法则是对于社会阶层的重大改造，意在排除封建阶层，朝一元化的统治体制转型。

第二阶段变法的核心，首先是彻底废除旧的井田制。周朝封建制在乡间落地的基础形态是井田制，诸侯国把土地层层分封给领主，领主以土地换取农民的力役地租。因此，除了国家直属领地，其余广大的土地归领主所有，土地收益也归领主，朝廷通过赋税向领主征收部分收益。商鞅废除井田制意味着剥夺封建领主的土地，收归秦国所有，而且，土地上的农民也从领主转归国家，平时务农，战时当兵，国家全面拥有社会生产资料，同时也掌握着广大的兵源，成为最大的领主，进而成为唯一的领主。

封建领主的经济基础被剥夺之后，将不再构成一个独立的社会阶层，他们或者转而依附于国家，成为各级官吏；或者破产沦落成为自食其力的劳动者。战国时代出现"百家争鸣，百花齐放"的根本动因就是封建领主阶层的衰落，从中游离出一大批有文化的"士"，依靠知识立身谋生，形成各家学说，或从事学术研究，或弘扬道德礼法，能够名显当世者多治政治谋略，以实用进身，商鞅就是其中之一。为了兜售文化，他们把文化变成实用知识，把探究天地人本体及其运行法则的学问变成国内统治术、国家间纵横术等，极尽实用化之能事，游说鼓动，不惜剑走偏锋，以个人飞黄腾达为目的和评价标准，汲汲于功名利禄，只谋当下，不顾后果，迎合各国君主激烈斗争的需要，投其所好。商鞅还改变以前的亩制，变小亩为大亩，以适应农业工具的进步，提高农业生产率。

在商鞅变法中，许多人失去了土地和财产，怒火中烧。其实，这也许正是商鞅想要的。通过剥夺私有财产激发起冲天仇恨，便有了昂扬的斗志。这时候商鞅给秦人开了另一扇大门，那就是把怒气转移到邻国，去战斗，去兼并，在战场上杀敌立功，攻城略地，国家便通过二十等军功爵制度把掠夺来的利益分配给你，使你越战越勇，越战越富，功名利禄尽在其中。以仇恨为动力，以利益为诱惑，加上严格的军事化组织，激发出极大的战斗力，秦国军队变得骁勇善战，一往无前。六国乃至后来的汉朝人经常形容秦军是虎狼之师。它高效率地运转起来，六国所有的军队都无可比拟。六国恐怕还没有真正认识到商鞅变法给秦军带来了何等巨大的变化，不明个中要窍，便在同秦国的兼并战中纷纷败下阵来。而此时战争规则已经改变了，战败不是投降便可了事，胜利者将让他们一无所有。如此彻底的社会民众整编，在六国未曾实行，恐怕也实行不了，这就形成了秦国对于六国的整体性压倒优势，是秦国最终消灭六国的秘密。但是，军国体制的不可持续性，也是秦朝倏忽而亡的根本内因。

其次是普遍推行郡县制。国有土地激增之后，不能再像从前那样作为新的军功家族的领地。周朝封建制下的周天子国、卿大夫邑、农村井田的结构必须彻底打碎，代之以国家地方行政管理的郡县制，从而体现出土地的最高所有权属于国家。商鞅把规模较小的乡邑合并成县，设置县令等官员，第一批设立三十一个县，其后推而广之。县多了以后，就需要设置更高一级的管理机构，这就是郡。从此形成秦国的中央朝廷—郡—县三级制，一元化的国家管理体制建立起来了。郡县既然是朝廷派出的管理机构，其形态与施政皆非地方长官能够自行决定，而是统一由朝廷规定，此即《商君书·垦令》所记载的"百县之治一形"。全国郡县形态整齐划一，不容杂色，此乃高度集权体制的特点。商鞅下令把表示地界的阡陌统统平整掉，重新规划土地，彻底消除井田的痕迹。新的土地单位与国家赋税挂钩，便于收税和征发兵役。

复次是国家税收也进行了相应的变革。以前的井田制按照土地面积收租税，每亩"什一而税"，约合10%。它所依据的是资产：土地等级和面积。郡县制下资产都属于国家，故新税制改用按户、人口征收赋役的办法。《秦律》规定征收户赋，也称作口赋，这就是汉代算赋的起源。由资产税向人头税转变，由按亩征收改变为按户口征收，唐朝宰相杜佑称此变法为"舍地而税人"[1]。人头税一经建立，便几乎贯穿整个中国帝制时代，从秦以后到清朝"摊丁入亩"之前，历朝历代的税收从本质上说都是人头税。这是税收方面发生的重大变化。

再次是破除秦地的戎狄风俗。关中北面和西面存在着多种民族，故秦国是华夏族与其他民族高度混杂的地区，社会生活中混杂着许多戎狄习俗。商鞅变法以破除戎狄习俗的名义，禁止帐落般聚居，父子、兄弟不得同居一室。这实际上是禁止大家族形态，把每个家族拆分为小家庭。而且规定一家有两个男儿却不分家的加倍征税，用惩罚性税收的手段强制秦民分家，其目的在于繁衍人口，增加户数，扩大赋税面和兵员。

在此亦可见郡县制对于民户的控制力有多强，国家法令通过郡县直接贯彻于百姓家中，这在以前不可想象。去掉领主这一中间阶层之后，国家与民户间直接建立起关系。此后历代王朝治理国家的总体目标就是朝着对百姓进行个体人身统治的方向不断迈进。从周朝的封

[1] 杜佑《通典》卷4《食货四》记载："始皇建守，罢侯，贵以自奉。提封之内，撮粟尺布，一夫之役，尽专于己……夫夏之贡，殷之助，周之藉，皆十而取一，盖因地而税。秦则不然，舍地而税人，故地数未盈，其税必备。"

建领主到秦汉的地方豪强，实现了从封建制到帝制国家直接管控的转变；经过魏晋南北朝千家万户组成的门阀士族，在隋唐国家的和平进程中不断被削弱，到宋朝以后已经成为翻不起大浪的乡绅，并且继续缩小。明清时代四世同堂的家族足可称道，但如果放到中古时代则实在小得可怜。这样做的结果就是百姓作为个体，无论有多大功绩和财产，在强大的国家机器面前都无异于蝼蚁。

最后秦国实行全国划一的体制，必然在国家与社会管理的各个方面出现重大改变，例如全国推行统一的度量衡制度，这与后来秦始皇实行的"书同文，车同轨"在同一条逻辑线上。商鞅还把秦的都城迁到咸阳，在此修建宫室，建立新的政治中心。

商鞅变法让秦国迅速地强大起来，达到了富国强兵的目的。然而，商鞅本人的下场相当悲惨，因为推行这套变法同秦国原有的社会规则以及既得利益阶层根本冲突，双方的矛盾水火不容。旧贵族势力处心积虑要铲除商鞅，而商鞅对他们也是恨之入骨。

最早起来反对商鞅变法的是太子。太子故意犯法，商鞅主张在法律面前一律平等，必须法办太子。但是，太子是国家继承人，不能直接动刑，所以商鞅处罚了太子的两位师傅。公子虔触犯法律，商鞅毫不客气地削去他的鼻子。这不啻向旧权贵阶层宣战。太子从此闭门不出，秦国旧势力集结于太子周围，等待时机。终于等到秦孝公去世，太子登基称王，旧贵族势力马上动手，公子虔告发商鞅谋反，派兵卒逮捕他。商鞅闻讯出逃，一路上没有一处敢收留他，因为商鞅变法规定收留坏人者腰斩。商鞅见状十分感慨，说道："法令遗害，竟然到此地步。"商鞅成功逃出秦国，来到魏国。但是，他执政期间用欺骗手段打败魏国，魏国对他怀恨在心，又将他驱逐回国。秦惠王抓到商鞅，采用最残酷的午裂刑罚，将其五马分尸，车裂后再灭其族。可见秦国权贵对他仇恨有多深。

商鞅死了，但是他把秦国带上了严苛统治的道路，让掌权者品尝到了甜头，谁都不想放弃这样巨大的利益。因此，变法的各项政策与军国体制被继承下来，国家继续沿着变法之路富国强兵。

商鞅的悲惨下场，在他生前旁观的智者已经预见到了。赵良曾经在商鞅志得意满的时候求见，商鞅罗列功绩摆好道："秦国旧俗与戎狄无异，父子无别，同室而居。如今我移风易俗，使男女有别，父子分居；大造宫廷城阙，把秦国营建得堪比鲁国、魏国。您看我治理秦国，和五羖大夫相比，谁更有才干？"赵良担心进言受罚，先做预防道："一千张羊皮比不上一领狐腋贵重，一千个人随声附和比不上一个人正义的直言。周武王因为大臣直言敢谏而昌盛，商纣王因为大臣噤若寒蝉而灭亡。您如果不反对武王的做法，能允许鄙人终日直言而不受诛罚吗？"商鞅做出虚怀若谷的求谏姿态，赵良便大胆进言："五羖大夫百里奚是楚国乡鄙之人，听说秦穆公贤明，想当面拜见，却没有路费，自卖给秦人，衣衫褴褛放牧牛羊。一年后秦穆公知道此事，拔擢重用，相秦六七年，东伐郑国，三次拥立晋国君主，一次出兵救楚。教化域内，巴国来贡；德惠诸侯，八戎顺服。由余听闻，敲门投奔。五羖大夫出任秦相，劳累不坐车，酷暑不打伞，走遍国中，不带随从车辆和武装警卫，功名藏于府库，德行施于后世。五羖大夫去世后，秦国男女痛哭流涕，童子不歌谣，舂者不执杵。这是五羖大夫之德行。如今您能够谒见秦王，靠的是宠臣景监推荐，称不上明门正道。身为秦国相却不为百姓造福，而是大建宫阙，谈不上为国家建立功业。惩治太子的师傅，用严刑酷法残害百姓，这是在积累怨恨和祸患。您发布的政令比秦王诏命更深入人心，百姓执行您的命令比贯彻国法还迅速。现在您以左道建立权威，肆意变更君命，这不是在教化百姓。您在封地商、於内南面称寡人，天天绳治秦国贵公子。《诗》称：'相鼠有体，人而无礼，人而无礼，何不遄死。'（相鼠尚得体，人却无礼，人既无礼，何不速死）用这句诗来审视，实在难以

商鞅青铜方升，战国秦，上海博物馆藏

祝福您。公子虔闭门不出已经八年了，您又杀死祝懽，用墨刑惩处公孙贾。《诗》言：'得人者兴，失人者崩。'这几件事皆非得人。您出门时后面跟随数十辆车子，身边有强壮武士护卫，持矛操戟的兵卒夹着车子奔跑。如果没有卫士，您必不出门。《尚书》说：'恃德者昌，恃力者亡。'您危如朝露，还企望延年益寿？您为何不把商、於十五邑封地交还秦国，回归乡野浇园自耕，劝秦王重用隐居山林的贤才，赡养老人，抚育孤儿，敬重父兄，论功行赏，尊崇有德之士，如此或能稍保平安。您若继续贪图商、於的财富，独揽秦国的政教，积蓄百姓的怨恨，秦王一旦去世，秦国臣民明摆着都要捉拿您，您灭亡之日翘足可待。"

赵良以亲历者的身份，当面向商鞅指出变法后的秦国现状，而非背后指责，商鞅也承认这些事实，只是没有接受他所建议的解职归隐，可知赵良的叙述颇可相信。商鞅剥夺有产者，惩办权贵，因而招致他们的仇恨，这可以理解。关键是秦民也怨恨他，亦即其变法除了秦王与朝廷之外，触犯了社会各个阶层的利益，这就需要深刻反思了。

从民众的立场看，变法初期对于乡村的严厉管制，打击了横行于乡间的豪强恶霸，大大改善了社会秩序，故推行十年，"秦民大悦，道不拾遗，山无盗贼，家给人足"[1]。招徕六国农人，开垦田地，使得底层民众获得一定的利益而支持变法。然而，商鞅变法的总目标不是富民，而是强军备战，因此，民众早期获得的利益随着战争的持续进行、军费税收不断增加而丧失，收益甚至远不如从前。哪怕在具体细节上也能够看出秦民所受官吏压榨之苦。唐朝宰相杜佑指出商鞅变法后的秦国赋役，农民必须到县城纳税，到边疆服役，往返千万里，经年累月，无法耕作，家徒四壁，不堪其苦。[2]秦朝完全不顾民生，兵役烦苛，导致其覆灭的陈胜吴广起义就是远服兵役路上爆发的突变，看似偶然，却其来有自。商鞅变法到后期，社会各个阶层都深受其苦，而秦国并未进行客观的总结和改进，而是变本加厉，在这条道路上疾驰，把社会矛盾推到爆发的临界点。从商鞅到秦始皇，变法的逻辑一以贯之，改变了秦穆公以来治国安邦的政治路线，构成秦国后期

[1] 《史记》卷68《商君列传》。

[2] 杜佑《通典》卷4《食货四》记载："秦孝公十一年，初为赋。始皇建守……撮粟尺布，一夫之役，尽专于己。徂春历秋，往还万里，是所得者至寡，所苦者至大。人用无聊，海内咸怨。"

自成篇章的一段历史。变法不能让广大民众受益，其意义何在，切须深思。商鞅变法确实让秦国兵强马壮，数十年间征服六国，但同时也种下了秦朝灭亡的根子。

秦国推行剥夺国内有产贵族的政策，激发社会阶层间的仇恨，同时鼓励对外扩张，从掠夺六国资产中获得补偿，既消灭了国内能够抗衡朝廷的封建贵族，又形成仇富而奋勇争战的巨大动力，整个社会的发展进程从此势不可当地走向高度集权的帝制。它集全国人力物力于征服战，以外战而强国，以强国而扩张，造成互为因果的循环，这个循环不能停止，否则帝国将丧失激发民心的资源和推动社会走向帝制的动力。纵观古今中外的专制帝国，无不猛烈对外征服扩张，其内在逻辑大同小异。并非国强必霸，而是专制必霸，这就是专制帝国的必经之路和必然归宿。

战国时代主持变法者，如申不害、吴起、商鞅等皆为游说之士，奔走于诸国间，以学说谋爵禄，用则留，不用则去，身无祖国，以一己之利定取舍。这是战国游士的共同之处，后述苏秦、张仪、李斯等皆如此。只要需要，他们可以对祖国下重手，无乡土感情，却有职业忠心，热衷于权势，颇似后世的职业经理人。从长远历史考察，由乡谊人情向职业忠诚的推移，正符合封建社会向近代国家社会的演进趋势。

他们都在异国推行变法，而在本国不受待见，颇怀怨恨。原因在于他们的变法并非通过扩大生产以增强国力，而是改变既有社会秩序乃至结构、重新分配利益来实现富国强兵，因此，在本国遭到权势阶层排斥而无法施展抱负。到了异国他乡，恰好遇到急于自强以应对兼并战争的国君，正陷入难以排除国内权贵阶层阻力以增进朝廷集权的困境，这为游说之士开了夤缘攀附之门，遂得晋见，投君所好，一拍即合。于国君而言，无根游士唯有依附王权充当先锋而别无他途，他们可用于破除权贵势力，却无力威胁王权。于游士而言，在异国没有人情、乡论乃至道德责任的羁绊，可以不顾其国历史传统抡起开山大斧，逢祖劈祖，一往无前。何况他们早年受到权贵的轻蔑而心怀恨

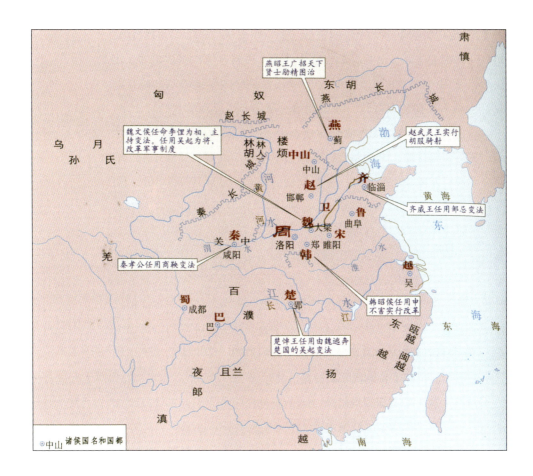

战国时期各国变法。据《地图上的中国史》

意,因此更增添了勇气和动力。他们成功了则扬名立万,失败了则挥手而去,重行游说之路,故其施政行事不留余地,亦不谋远见。

他们都曾经刻苦读书学习,其特长在于把各家学说进行实用化改造,只求效用和效率而不问后果,以出奇制胜。他们对于治国的根本道理并非不懂,甚至了然于胸,却敢于弃之如敝屣。商鞅最先进献的就是治国王道,吴起也对魏武侯论说"形势不如德",一旦执政却都反其道而行。或许他们的性格中皆有峻刻严苛的倾向,如吴起人品饱受诟病即见一斑。无包容之胸怀,讲究绩效而欠缺情商,行事果断,雷厉风行,都是他们的共性。

战国变法对于此后中国社会的走向产生了根本性的影响,极其重要，《史记》给予了大篇幅的记载。秦朝倏忽暴亡，汉朝勃兴持远，司马迁评论变法家，认为韩非以法为准绳，决断事情，明辨是非，用法严酷苛刻，以恶报恶，绝少施恩；[1]认为吴起懂得地势不如施行德政，然而一旦在楚国掌权，便以刻薄、暴戾、少恩而葬送自己；[2]对于商鞅的评论最长，认为他天性残忍少恩，当初用帝王之道游说孝公，夹带虚饰浮说，并非本意。凭借佞幸举荐而进身，及被任用，刑罚公子虔，欺骗魏将公子卬，不听赵良的规劝，足证其刻薄少恩。司马迁自言曾经读过商君的《开塞》《耕战》，其内容与其人行事相似。商鞅最终遗臭秦国，自有缘故。[3]

一个时期先后在各国都出现相同性格的变法人物，其性格得到彰显，个人学识的局限亦暴露无遗，这恐怕不仅是个人的原因，更多是时代造就并做出的选择。残酷的兼并战必然走向急功近利，片面追求效率必定通往偏激和集权，而效率是在牺牲众多方面才获得的孤木突起，不顾一切地奋进把国家带入截然不同的道路。变法运动丢弃了封建制的剧本，拉开了帝制国家的序幕。

当然，这一切还需要通过外交上的折冲樽俎和军事上的大规模征战才能实现，但其结果已经确定了，不可逾越的只是过程。

第三节　弱国外交：合纵联盟

秦国因商鞅变法导致社会转轨，全国变成一部高度组织化的机器，集中了一切资源，国家军事力量迅速强大起来。秦国用二十年完成国内的变革后，东方六国才真正感受到巨大的威胁和压力，他们的社会组织能力和军队战斗力都远逊于秦国，单个国家的实力无法同秦国抗衡。而且，秦国通过征服战，实力还在不断增长之中。司马错建议秦惠王采用先弱后强、先易后难的方策，逐渐蚕食邻近小国，增强国力后，再对付大国。[4]秦惠王依计而行，断然出兵，一举攻克蜀国。以蜀为后方的关中，便是司马迁《史记·货殖列传》分析天下各个区域形势时所说的占有天下财富6/10的区域。凭借此等优势，张仪得以

---

[1]《史记》卷63《韩非列传》论："韩子引绳墨，切事情，明是非，其极惨礉少恩。"

[2]《史记》卷65《吴起列传》论："吴起说武侯以形势不如德，然行之于楚，以刻暴少恩亡其躯。悲夫！"

[3]《史记》卷68《商君列传》载太史公曰："商君，其天资刻薄人也。迹其欲干孝公以帝王术，挟持浮说，非其质矣。且所因由嬖臣，及得用，刑公子虔，欺魏将卬，不师赵良之言，亦足发明商君之少恩矣。余尝读商君《开塞》《耕战》书，与其人行事相类。卒受恶名于秦，有以也夫！"

[4]参阅《史记》卷70《张仪传》。

露骨地警告楚王说:"秦国占有天下一半的土地,兵力相当于周边国家的总和,天下后臣服的国家将先灭亡。"[5]

商鞅变法之后的秦国,同六国之间的力量关系发生了根本性变化,六国要怎么办呢?从苏秦同六国国王的对话可知,他们大多采取了俯首顺从的对策,甚至割地纳贡,以免遭受秦国的进攻。这么做真的能够维持现状吗?当时有识之士已经看出这是一条死路。苏秦对韩王分析道:大王如果向秦国屈服,秦国一定会向您索要宜阳和成皋两地,今年给它,明年它一定会有新要求,继续给,没有那么多的土地;不给,前功尽弃。韩国的土地有限,而秦国的贪欲无边,用有限

[5]
《史记》卷70《张仪传》记载:(张仪)乃说楚王曰:"秦地半天下,兵敌四国,被险带河,四塞以为固……天下有后服者先亡。"

战国时期形势图,据《中华文明地图》

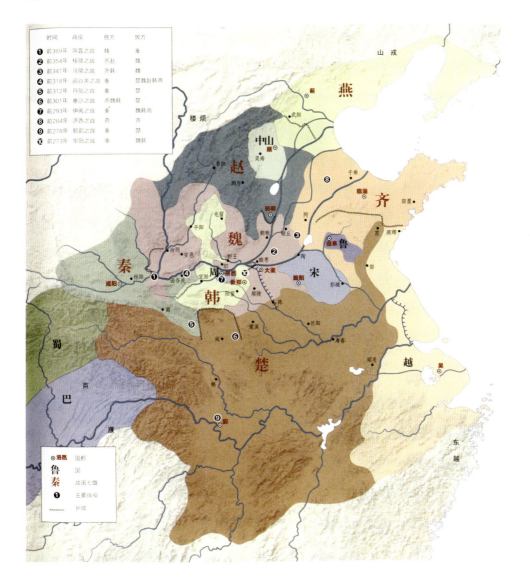

的土地去填无边的欲求，正如世上所说的买怨恨结祸根，还没开战，国土就已经沦丧了。[1]

为什么秦国索求无度呢？因为它已经不再是简单地扩大利益，而有着全局性长远战略，那就是以蚕食为手段，最终征服天下。对于这一点，苏秦看得比各国国王透彻，他直截了当地向楚威王指出："秦国是虎狼般的国家，有并吞天下的野心，也是天下各国的仇敌。"楚威王显然看得没那么远，他只是认为秦国对于巴、蜀和汉中有领土野心。[2]两者的差异极其重要。如果秦国只是局部性地扩张利益，那么满足其要求便可以了，这就是各国政治领袖纷纷采取战术性的绥靖政策的认识基础。如果各国政治领袖都认识到秦国的目的是征服天下，那么他们大概不至于采取绥靖政策。当然，秦国实现的帝国政治改造，决定了它有无尽扩张的内在需要，这种新事物的确难以充分认识，后人因为有许多历史的教训，才能够通过总结而洞察。

政治家每天要处理错综复杂的日常利益关系，使得他们习惯于就事论事、得过且过，即所谓"摆平就是水平"，但这些都属于战术性的实务处理。谋略家（战略家）的优势在于超脱现实利益的纠葛，更能够看透各种伪装之下的真实目的，因而眼光更加锐利而长远。不能把问题看透，就称不上谋略家，而只是投机取巧的战术家，苏秦和他的弟弟苏代的区别就在于此。所以，一个健康的国家，一定要由谋略家做决策，而政务处理则可交给事务官员。国若无智，其行不远。

政治领袖一旦看透秦国最终的目的，必定终止绥靖政策，处存亡之间，只能奋起抵抗。苏秦能够言动天下，说服六国走向"合纵"，并不因为他特别善于危言耸听、舌灿莲花，而是他点破了政治家贪图安逸的苟且之梦，逼使他们面对严酷的现实，所以将苏秦视为摇唇鼓舌的言辩之士，显然眼界太低，也把六国国王看得太蠢了。苏秦能在众多游说之士中脱颖而出，因为他确实是眼光超前的国家关系战略大师。

苏秦是怎样一个人呢？他是东周都城洛阳人，曾经专门跑到齐国求学，拜著名的鬼谷子为师，学习和游历多年，直到身无分文才狼狈地回到家中。家人鄙视他没出息，嘲笑道：别人踏踏实实经营实业，

---

[1] 《史记》卷69《苏秦传》记载："大王事秦，秦必求宜阳、成皋。今兹效之，明年又复求割地。与则无地以给之，不与则弃前功而受后祸。且大王之地有尽而秦之求无已，以有尽之地而逆无已之求，此所谓市怨结祸者也，不战而地已削矣。"

[2] 《史记》卷69《苏秦传》记载，（苏秦）曰："夫秦，虎狼之国也，有吞天下之心。秦，天下之仇雠也……"楚王曰："寡人之国西与秦接境，秦有举巴蜀并汉中之心。"

可以得到20%的利润，早就成家立业了，而你却异想天开，放弃立身之本，要靠搬弄口舌谋生，现在穷困潦倒，真是活该！苏秦被说得面红耳赤，既伤心又羞愧，闭门反思，看着自己读过的一卷卷书籍，自问为什么不能有所成就呢？他悟通了学以致用的道理，从此大有进境，尤其是精研了周朝典籍中的《阴符》，揣摩领会，结合天下形势而思，终于豁然开朗。

成为苏秦学说根基的《阴符》究竟是怎样一部奇书呢？苏秦研读的《阴符》一书，《战国策》称之为《太公阴符》，亦即周朝重要的典籍《太公》。根据《汉书·艺文志》记载，《太公》有237篇，分为《谋》81篇、《言》71篇、《兵》85篇，内容包括宏观谋略、事物道理和兵法奇谋等，内容实用且丰富。相传书的作者为姜太公吕尚，该书是他当年同周文王谋划推翻商朝的种种政治谋略，以及他指挥伐纣作战的军事总结。西汉时代，有关姜太公的传说十分流行，相传张良也曾精研《太公》，由此可见一斑。这部鸿篇巨制的内容未必都出自姜太公之手，《汉书·艺文志》认为其中也包含了后人增加的部分。[3] 显然，苏秦从周朝创建史中汲取了当时的智慧，形成了自己对时局的深刻认识以及长远的战略。作为一位战略谋划家，他要重出江湖，游说君王，实践自己的战略思想，建功立业。

苏秦看到秦国与六国之间力量失衡的严峻局面，而六国却缺乏应有的警觉，竟然在自我麻痹中各自向秦国屈服，面临被各个击破的危险。应该怎么办呢？苏秦是第一位给一强多弱的国际局面提出应对战略的谋略家，他的方案就是弱国联合起来共同对付强国。从当时的地理形势来看，六国联盟将形成从北到南的对秦防线，所以史称"合纵"。

"合纵"战略的根本在于构建国家联盟，用国际体系去对付一个强权国家，这无疑是一个了不起的宏大战略，而不是就事论事的局部战术。战国时代，在苏秦前后都没有人提出过如此宏大的战略构想，所以，苏秦是战国时代最杰出的国际战略家。即使放在世界历史上，他也称得上是国际联盟的先驱战略家。

---

[3] 《汉书》卷30《艺文志》记载："《太公》二百三十七篇（吕望为周师尚父，本有道者。或有近世又以为太公术者所增加也）。《谋》八十一篇，《言》七十一篇，《兵》八十五篇。"

宏伟的战略如何让六国接受并乐意实行呢？苏秦作为一介士人，只能通过游说来推行自己的构想。如何说服六国君主呢？苏秦主要从三个方面做了鞭辟入里的分析。

第一，从国家战略目的上进行长程分析，揭穿秦国蚕食的目标并不是局部地扩张利益，而是并吞六国、一统天下。对于这种具有宏远目标的国家，用战术性的绥靖，也就是割让局部利益以图息事宁人的办法，是死路一条。看透了这一点，大家只有奋起抵抗，别无他途。关于这一点，前面已经讲过，不再赘述。

第二，从地缘政治关系上进行中程分析，分清敌我、主次、轻重等利益关系。

对于弱国燕国，苏秦向燕文侯分析道：燕国为什么能够偏安于东北地区呢？因为它有赵国作为南方的屏障抵挡秦国。秦国如果要进攻燕国，必须北出云中、九原等地，迂回数千里，即使打下燕国也守不住，所以，秦国不构成燕国的心腹之患。邻国赵国则不同了，只要号令一下，十日之内，就有数十万秦军越境而至。两相权衡，燕国怎么可以采取重秦轻赵的外交方针呢？应该和赵国联盟，支持它对抗秦国，燕国才能获得安宁。

对于强国楚国，苏秦向楚威王分析道：楚国是堪与秦国抗衡的大国，两强并存，楚强则秦弱，秦强则楚弱，势不两立，因此，楚国应该联合各国孤立秦国，避免遭受侵犯。否则秦国利用地理上的优越条件，从关中和黔中出兵夹击楚国，则楚国都城将暴露于秦军兵锋之前。

苏秦显然精于地缘政治，能从全局审视各国利害关系，远胜于各国的局部性分析，所以其说辞发人所未发，高妙精辟，合情合理，说服了六国君主及其谋臣。

第三，从地理与国力进行近程分析，掌握战争方向、要冲、策应等具体战略战术问题。

苏秦对赵肃侯建言道：如果秦国进攻楚国，则齐国和魏国出动精锐部队支援楚国，韩国切断秦军粮道，赵军渡过黄河和漳河南下，燕

"子禾子"青铜釜，战国齐。子禾子即战国初年齐国大夫田和，后来取代齐康公成为齐国君主

国守住常山以北地区；如果秦国进攻韩国和魏国，则楚国切断秦军后路，齐国出动精锐部队响应，赵国军队渡过黄河和漳河南下，燕国守住云中；如果秦国进攻齐国，则楚国切断其后路，韩国坚守成皋，魏国阻击其道，赵国渡过黄河和漳河，挺进博关，燕国派遣精锐部队响应；如果秦国进攻燕国，则赵国坚守常山，楚军挺进武关，齐军渡过渤海，韩国和魏国都以精锐部队策应；如果秦国进攻赵国，则韩军固守宜阳，楚军进攻武关，魏军挺进河外，齐军渡过清河，燕国以精锐部队配合。诸侯国如果有不按照约定行动者，则以五国联军共同讨伐之。

六国必须紧密团结，相互配合，如果各自为战，会被秦国各个击破。例如首当其冲的韩国和魏国，如果得不到其他国家的有力支援，会出现什么情况呢？苏秦分析道：韩国和魏国为什么畏惧秦国？因为它们直接同秦国接壤，一旦开战，必定正面对冲，不出十日便决出胜负，韩、魏即使战胜秦军，也将兵力折半，四境不守；如果战败，则

第四章　战国争雄

国家马上面临存亡危机，这就是韩国和魏国不敢同秦军作战而甘心臣服的道理。如果秦国夺取韩、魏两国，那么其他国家将全部暴露在秦军面前，无处躲藏。所以，六国必须结成首尾呼应的长蛇阵，将秦国堵在关中。

六国必须共同对付秦国，也能够同秦国作战，因为各国都有国力支撑。以齐国为例，苏秦对齐宣王分析道：齐国南面有泰山，东面有琅琊山，西面有清河，北面有渤海，可谓四塞之国。国土面积二千余里，战士数十万，粮食堆积如山。三军精良，动若雷霆万钧。临淄一城有七万户人家，每家不少于三个男丁，所以，不需要征调其他县城，光是临淄就有二十一万将士。而且，临淄富庶殷实，老百姓无不吹竽鼓瑟、斗鸡走狗，街上车水马龙，联袂成帷，挥汗成雨，人人士气高昂，天下莫能抵挡。

六国要救亡图存，必须战，而且能够战，所缺者唯在团结，因此，六国"合纵"是必由之道，也是唯一出路。苏秦的分析并非危言耸听，而是建立在冷静且严密的形势分析基础之上，其全局性的解决之策，无出其右者。所以，他能够说服六国，建立起共同抗秦的"合纵"联盟。

苏秦战略的成效，可以用历史来检验。六国接受苏秦的分析和方策，建立"合纵"联盟，都拜苏秦为相，协调各国的共同行动。苏秦把六国盟约向秦国通告，秦国无计可施，只得老老实实龟缩在关中，长达十五年间，莫敢兵出函谷关，六国因此可以舒缓一口气，不必在秦国的威胁下惶恐度日。

苏秦提出"合纵"联盟的创造性战略构想，给后人最重要的启示是对付破坏规则的霸道强权，最有效的遏制手段是建立国家联盟体系，亦即用国际体系去对付强权。这一构想难能可贵，放到世界史上考察，其有效性同样可以证明。关于建立国际体系的重要性，无论中国古代，还是国际社会都在加深认识，并且在反复实践中不断提升。

苏秦建构的"合纵"联盟维持了十多年就趋于瓦解，不是由于其战略构想错了，而是联盟的机制没有建立好，甚至可以说几乎不存在。

在酝酿"合纵"之初,楚威王就提出自己的担心,认为韩国和魏国受到秦国的直接威胁,摇摆不定,不能同它们谋划大事,因为会被它们出卖给秦国。这里反映出非常严峻的现实问题:首先,各国受到秦国威胁的程度不同,国力也不一样,导致利益不完全一致,存在着权利与义务的不平衡,如何协调?其次,六国之间存在国家利益冲突,为了各自一己之私,完全有可能背叛联盟,勾结秦国,获取短期利益。如果出现这种情况,如何实施制裁以维护联盟的团结与稳定?

这些问题都需要有一个强有力的组织架构来解决,亦即必须建立有实力的联盟协调机构。然而,苏秦建立的"合纵"联盟没有这样的机构,六国之间的协调完全交由苏秦一人来承担。他表面上看非常风光,实际上非常脆弱。因为苏秦只是一介游说之士,并非一国实权人物,只能寄寓于权力,而不拥有权力。因此,他没有能力解决上述联盟内部发生的利益冲突。而且,把一个联盟的协调机制系于一人之身,纯属人治,是非常不稳定的,必将导致人亡政息的结果。所以,苏秦的"合纵"联盟,最后不是败于战略构想错误,而是败于没有建立起有效的联盟协调机制。这是"合纵"联盟瓦解留给后人的教训。

第四节 强国外交:连横

六国建立"合纵"联盟对抗秦国强权的扩张,在一段时间内确实抑制了秦国的野心。但是,秦国自有应对之术,那就是通过"连横"之策各个击破。

什么是"连横"之策?秦国地处六国西北地带的黄土高原,必须自西向东扩张。与六国结成南北纵向防堵秦国的盾牌不同,秦国进攻的方向犹如横穿盾牌的长矛,在具体运作上不能张狂到以一敌众,必须渐次拉拢六国中的国家,在盾牌上破洞而出,逐个兼并,这就是秦国的"连横"之策。"合纵"是弱国联合对抗强权国家的战略,"连横"则是强权国家拉此攻彼、各个击破的战略。

秦国从什么时候开始实施"连横"之策的?《史记》在《苏秦列

传》和《张仪列传》这两篇中，提到苏秦最初游说燕国和赵国时，需要有秦国方面的配合，所以用计激怒同学张仪，让他到秦国谋取官职，推行"连横"之策。[1] 这样的叙述确实让故事立体而精彩，实际情况恐怕不然。因为苏秦游说赵国以及后面诸国，一再批评"连横"政策，指出这种政策不啻卖国资敌，可知"连横"之策早已有之。商鞅辅佐秦孝公变法时，曾经建议出兵攻魏，以夺取向东扩张的战略要地，提出"秦据河山之固，东乡以制诸侯，此帝王之业也"[2]，被秦孝公采纳。此时已经确立了东向扩张的战略。秦国强势东扩，导致东方六国内部出现傍秦避祸甚至是联秦攻邻的主张，形成了有利于秦国的态势，这就是苏秦斥责的"连横"政策。

就地形地利而言，秦国扩张的方向必定是河东与河南，取中原膏壤以富国，再占上党要地以俯视山东，高明的战略家都会看到这一点。在具体实施上，分化敌人、各个击破是强国制御弱国的有力手段，故"连横"之策，不必等到张仪才出现。张仪的作用在于将"连横"之策运用成熟，使之成为秦国坚定实行的基本对外政策。

张仪是怎样一个人呢？他是魏国人，曾经和苏秦一道在鬼谷子门下求学，苏秦自认为不及张仪优秀。张仪不能早早建立一番事业，恐怕与其出身贫寒有关。在楚国的时候，相国家丢失玉璧，门下怀疑是张仪盗窃，将他捆起来拷打，得不到口供才释放出来，由此可知其身份贫贱。但张仪个性倔强，心高气傲，苏秦看透了他，采用激将法促其奋起。

那时候苏秦正在说服赵王建立"合纵"联盟，秦国突然进攻魏国。苏秦担心秦军乘胜进攻赵国，使得赵王不敢牵头订立"合纵"之约，便派人劝落魄的张仪投靠自己谋份差事。张仪果然来了，找到老同学苏秦，却被当众狠狠地羞辱一番，他激愤难忍，出走秦国，立志雪耻。他前往秦国的路上，一直有贵人帮助，提前安排好食宿，还有大笔资金供他打通门路，见到秦惠王，陈述平天下大计，得到任用，成为客卿。张仪可谓时来运转，有能力酬报贵人之时，人家先来向他告辞。张仪这才知道一切都是苏秦的安排——通过羞辱他来激发斗志，再安

[1] 《史记》卷69《苏秦列传》记载："是时周天子致文武之胙于秦惠王。惠王使犀首攻魏，禽将龙贾，取魏之雕阴，且欲东兵。苏秦恐秦兵之至赵也，乃激怒张仪，入之于秦。"

[2] 《史记》卷68《商君列传》。

排他获得重用，为的是两人可以唱对角戏，一个唱红脸，一个唱白脸，一个造"合纵"之盾，一个磨"连横"之矛。张仪有机会施展才华，尽心竭力为秦国谋划，越发受到重用，登上相位，主持朝政。他最重要的贡献在于推进"连横"之策，打下了秦国日后一统天下的基础。

"连横"之策说到底是强权国家的对外政策，是破解"合纵"的最有力策略。它能够实施，关键在于两点：

第一是各国之间的利益不一致，甚至是有矛盾。面对强秦，没有一个国家愿意首当其冲，大家都想躲在后面让别国出头，而地理位置造成某些国家不得不直接面对秦国，它们受威胁最大，谁愿意最大限度为它们分担危险呢？所以，一个国际联盟必须有一个大国当头，承担最多责任，同时由它来协调各国，由各国按照国力分担责任。这就是我前面所说的联盟的协调机制，绝非任何个人能够承担得起的。因为每个国家都将自己的利益最大化，这造成联盟内部产生许多矛盾，需要具有约束力的大国在基本合理的基础上做一些硬性的规定与分配，否则联盟会因为内部利益不均而瓦解。古今中外成功的国际体系，毫无例外都有一个不可或缺的领导性国家。所以，在国际体系或者联盟中要求绝对的决策平等，以及不受规则约束，如果不是出于对历史和现实的无知，便是有意的破坏者。当初楚威王为什么特别担心韩国和魏国，就因为这两个国家的地理位置决定了它们将付出最多的牺牲，因此当它们得不到有力的支援时，为了自身利益，向秦国屈服更容易自保，尽管都知道这是饮鸩止渴。但是，对于负责实务的政治家来说，短期利益经常会压倒长远利益。六国之中，赵、齐、楚三国最大，但是它们各自有矛盾冲突，哪一国都不足以服众，所以才造成最重要的国家利益协调工作交由苏秦一人承担。苏秦固然杰出，但他只能依靠说理和个人魅力，"合纵"能够维持十多年，实属不易。"合纵"的致命缺陷被张仪看穿，就找到了破解"合纵"的钥匙。

第二是各国之间根深蒂固的历史恩怨和现实地缘政治的聚散离合。秦国崛起之前，中原各国之间频繁发生征战：燕齐大战，双方都曾经差点置对方于死地；魏齐之战、齐楚之战等，此类大规模交战不胜枚举。乘人之危捞取利益，彼此之间不仅结下深仇，更重要的是造成严重的猜忌，导致互不信任。六国没有在化解仇恨和建立互信方面达成共识，建构起共同的国家利益关系基础，只是出于对秦国的恐惧而聚集在一起，可以视为乌合之众。而且，各国同秦国之间有着不同的交往历史，同秦国合作可以获得即时利益，对于各国领导人都是莫大的诱惑。

"合纵"联盟存在着致命的缺陷，给了张仪操作的空间。他如何瓦解"合纵"联盟的呢？抓住"合纵"的致命弱点，破解的手段无非是威胁和利诱。但说来简单，实行起来却不容易，因为国家战略必须衡量与各国之间利益的轻重，分出各个时期的敌友，确定主攻的方向，才能把握好主次、轻重、缓急关系。

首先，确定秦国扩张的方向，那就是由西向东，从中原突破。据此首先要征服韩、赵、魏三国，以控制天下形势要地，确立不可动摇的胜势。

其次，有利于实现这个目标之国便是要争取的朋友，要通过短期的利益瓜分，让与秦合作的国家尝到甜头，以瓦解"合纵"联盟，实现各个击破。

"连横"是秦国长期的战略，而不是短期的投机性战术。反倒是六国很容易因为眼前利益而被秦国麻痹，为人火中取栗。从根本上说，战术家是战胜不了战略家的。而且，一个强势国家的对外政策运用，要比一群乌合之众推行谋略容易得多。

张仪在此过程中尽情展示出强国外交的手段。他对弱国采取军事威胁的手段，以在"合纵"联盟中打入楔子。张仪就任秦相后，首先对魏国采取行动，向魏王分析形势：魏国地方不过千里，士兵不过三十万，地势平坦，和各国都有道路相通，没有名山大川险阻，南面是楚国，西面是韩国，北面是赵国，东面是齐国，可谓四战之地。从地缘政治来看，魏国亲近楚国，则齐国从东面进攻；亲近齐国，则赵国从北面进攻；失和于韩国，则韩国攻其西面；不亲近楚国，则楚国攻其南疆。

上述形势分析之所以成立，乃基于中原各国间长期相互征伐的历史，它点中了"合纵"联盟内在深刻裂痕的痛处，所以能够打动魏王。接着张仪露骨地威胁道：如果大王不依附秦国，那么秦兵进攻河外，占据卷、衍、燕、酸枣等要地，进而夺取阳晋，造成赵国不能南下，魏国也无法北上呼应的态势，南北交通一旦断绝，魏国形势就危险了。秦国再令韩国进攻魏国，韩国畏惧秦国，必定和秦国联合，到那时魏国的灭亡就在眼前了。所以，魏国的最佳出路是依附秦国，这样一来楚国和韩国不敢轻举妄动，大王便可以高枕无忧了。

张仪的这通分析不可谓无理，也不是虚声恫吓，所以魏王听进去了，脱离了"合纵"联盟，倒向秦国。高明的骗子是用真话行骗，张仪唯一隐瞒的是秦国的最终目的是征服魏国等六国。魏王被诱导选择了眼前的和平而没有意识到将来亡国的结局。

对于强国，张仪采用的是以利行骗的手段。楚国自从吴起变法之后强大起来，一心想跻身中原强国之列，既要扩张利益，又要获得各国尊崇，心骄气傲，逐利忘义。张仪把握住楚怀王的心理，向他开出厚利，答应把商、於六百里土地割让给楚国，还把秦王之女嫁给楚王，让秦楚两国通婚，结为兄弟盟国，以保持长期友好。交换条件是楚国与齐国断交，支持秦国。

张仪的建议满足了楚怀王内心想要取代齐国成为中原领袖国家的欲望，而唾手可得六百里土地的厚利，又具有很大的诱惑，故楚怀王欣然同意。楚臣陈轸看穿了张仪的骗局，向楚怀王指出，秦国重视楚国是因为楚齐联合，如果两国分裂，楚国孤立无援，秦国就不会重视楚国了，怎么还会把大片土地割让给楚国呢？楚齐断交后，秦国甚至可能联合齐国进攻楚国。但是，楚怀王完全被张仪许下的厚利所迷惑，断然禁止臣下议论，关闭齐国边境，授予张仪楚国相印，赏赐珍宝，礼送回国，并派一位将军陪伴，准备接收土地。

张仪回国后，假装从马车上摔下受伤，闭门疗养，三月不出。楚怀王得知这个消息，认为张仪不满意自己对齐国不够强硬，便派勇士到宋国借得符节，向北痛骂齐王。齐王大怒，派人同秦国修好。这时候张仪才上朝办公，楚国将军赶忙索要六百里土地，张仪大吃一惊，说哪有这等事，这样吧，我把自己的封地六里赠送给楚王吧。楚怀王发现自己被骗了，勃然大怒，出兵讨伐秦国。秦国联合齐国反击，歼灭楚军八万，攻占楚国丹阳和汉中之地。楚怀王不服，增兵再战，在蓝田再次遭到惨败，被迫割地求和。

楚怀王失败的教训警醒后人，国家的崛起是一个长期积累的过程，一定要懂得抑制急功近利的浮躁冲动，避免被误导进不利于国家发展的陷阱。

为了分化"合纵"联盟，张仪还善于挑拨离间，牺牲他国，作为诱饵。他在争取韩国的时候，斥责"合纵"谋士用国家利益谋求升官发财的个人利益，指出各国之间相互算计而互不信任，提出同韩国一同瓜分楚国领土，既转移祸害又能强化自我，说得韩王欣然而从。

张仪的一系列运作，成功地打破了六国的"合纵"联盟，还通过个别争取临时的盟友，实现了"连横"策略，为秦国大规模向东扩张确立了基本方向。

第五节　高超的谋略：远交近攻

大变动的时代，在各个领域一定会出现引领这个时代的人物。张仪就是其中之一，他为秦国规划清晰的对外扩张方向与方针，采用"连横"的策略，打破了苏秦倡导的对秦抵抗的"合纵"联盟。从此以后，秦国便沿着这个方向，利用六国之间的利益冲突，挑拨离间，拉此击彼，各个击破。

从商鞅到张仪，乃至后来辅佐秦始皇的丞相李斯，秦国内政外交大战略的制定者都来自六国，他们在秦国被称为"客卿"，扮演着极其重要的角色。这不是个别的或者偶然的情况，秦国在崛起过程中一直都依靠来自六国的人才。对外招揽人才固然应该，但是，这个现象还是折射出多重问题。首先是秦国的文化比六国落后，难以产生支撑性人才。其次是秦国的教育也落后，不能源源不断给国家培养大批有学识的官吏。第三是其人才选拔机制也需要改革,因为秦国重用自己人的时候,往往出现停滞局面,其原因在于权贵的私欲压倒了公心。

张仪遭到秦国权贵的排挤,出走他国。之后一段时间,秦国由王族贵戚当政,虽然也依靠强大的军力向外扩张,但是看不到明确的方向,更多的是因时因地的短期谋略,甚至其背后还有不少出自私利的考虑。例如秦昭王舅舅穰侯当政,资助赵国,一同进攻齐国。秦国和齐国不接壤,必须越过他国才能抵达齐国,即使攻下齐地也守不住;而赵国正面对着秦国,长期敌对,征伐不已,秦国伐齐的获利者必定是赵国。更进一步分析,秦国因征战而疲惫,南方的楚国就可乘虚而动,正所谓牵一发而动全身,故联合赵国进攻齐国可谓失策无谋。但是,秦国当政者没有深谋远虑,只顾贪图威名和眼前小利,四处征讨,招致各国切齿,使自己十分孤立,真正是逞一时之欲而结长远祸根。是冲出困局,广交朋友,还是斗气逞勇,化友为敌,领导人水平的高下,直接影响国家的福祸。

就在秦国对外关系政策发生偏向的时候,又一位来自六国的人登上秦国政坛,拨正了航向,确定了秦国对外扩张的策略。秦国统一中国似乎是命运的安排,所以总能在关键的时刻不断上演偶然的故事,从而紧紧地抓住了历史的机遇。

这个人名叫范雎(?—前255),魏国人,很有才学,却因为家庭贫寒无缘觐见魏王陈说胸中谋略,只能委屈自己服侍魏国中大夫须贾,先谋个出身。有一次,须贾出使齐国,范雎随从前往,在齐国住了几个月,事情一直没有办妥。齐襄王欣赏范雎的雄辩,派人赠送他美酒牛肉,还有十斤金子。范雎作为魏国使节的随从怎敢私下接受礼物,婉拒不收,并向须贾汇报。不料须贾听后勃然大怒,认定范雎一定把魏国的机密出卖给了齐国,才会得此厚赠,命令范雎收下牛肉美酒,退回金子。回到魏国后,须贾向魏相告发此事。魏相名叫魏齐,是魏国公子,居高自傲,看不起下人,所以不做调查就把范雎捆起来拷打,打得没个人形。范雎装死,审讯的人便用芦席将他包裹起来,扔在厕所,让宾客醉酒后朝他便溺,看看叛徒的凄惨下场,以儆效尤。

不知民间疾苦的特权统治者，动辄采用高压暴力手段，将残忍视为有效的威吓方法，处事草率，草菅人命。他们像碾死蚂蚁一样镇压平民和部下，看似屡屡成功。但是，他们不可能完全清除叛逆，相反，每一次的暴力会激起更多人的恐惧和不满，逐渐离心离德。能够在暴力下死里逃生的人必定意志坚强而复仇心炽热，将不惜一切充当掘墓人，范雎就是其中之一。

范雎身心受尽折磨，苏醒过来，思想变得非常单纯，只剩下一个念头：活下去，报仇雪恨。他对看守许下重愿，只要把他弄出去，将来必定厚报。于是看守向魏齐申请将尸首扔出郊外，获得批准。范雎得以借助芦席逃出，又获得郑安平的帮助，更名张禄，藏匿下来。恰好秦昭王派遣使者王稽到魏国，郑安平冒充勤务兵细心服侍王稽，关系熟络起来。王稽询问魏国有没有堪担大任的人才，郑安平顺势推荐了张禄，又说明此人身负仇恨，不宜白天相见。王稽让张禄晚上来，交谈之后，感到确实是个人才，便用自己的车子偷偷将他运出魏国。

王稽向秦昭王汇报使命的时候，推荐张禄为天下辩士，有良策欲进献，以解秦国累卵之危。秦昭王不相信，将张禄安置在简陋的馆舍，待命一年多。当时秦昭王已经登基36年，任用穰侯和两位亲弟弟主持朝政，排斥言辩之士，在国内权贵富于王室，在国外则四处征战——南征楚国，东伐齐国，屡战三晋，有所斩获。范雎眼看献计无门，便径直上书自荐，并且声称如果所言不预甘愿受罚。秦昭王被说动了，召见范雎。

范雎进入离宫，故意走错地方，进入宫内牢房。宦官呵斥他赶快退回去，国王马上驾临。范雎装作惊异，大声说道："秦国有国王吗？我们只听说有太后和穰侯啊。"他希望秦昭王听见，以激怒他。昭王果然听到了，对自己长时间不召见范雎表示歉意，将他请入宫殿内，屏退左右，问范雎有何指教。范雎只是哼哼啊啊，什么也不说。如此再三，昭王说先生真的不愿意指点我吗？这时候范雎才开口说道,我想说的事情关乎君臣骨肉之间的重大利害,虽然想尽心效忠,但不知道大王之心。姜太公为什么垂钓于渭水之滨,那是因为同周文王的交情太浅;后来为什么和文王同驾而归,那是因为所言甚深。交浅言深实为大忌。我说的如果对于秦国有利,虽死无憾。但是,如果我因为直言而被您诛杀,传出去后恐怕没有人敢再来秦国了。

秦昭王颇有感悟,请范雎畅所欲言,上至太后,下及大臣,无所忌惮。

于是范雎说道:秦国有四面关塞,军力强大,有利则进攻,不利则退守,地势优越;秦民怯于私斗而勇于公战,国民优秀。拥有这两大优势,对付各个诸侯国,本应像猛犬捕捉跛脚的兔子。不料秦国竟然闭关十五年,不敢进军山东,这全都是因为穰侯谋国不忠,而您的策略有失误所致。

范雎一下子点到了秦昭王的痛处。接着,他分析形势道:穰侯让您越过韩魏两国去进攻齐国,实在失策。用兵少则不足以重创齐国,用兵多则伤了自身。您想少动用秦军而让韩魏两国倾巢出动,那是不义。邻国与您不亲却要越境进攻,可以吗?以前齐湣王倾力进攻楚国,夺旗斩将,势不可当,攻占楚国千里之地,但结果如何呢?齐国没有增加尺寸之地。难道是不想要这些土地吗?不是,是因为悬隔遥远,守不住啊。齐国非但空手而归,而且因为劳民伤财而造成国内意见分歧,君臣不和,诸侯各国见状起兵攻齐,齐败得很惨。齐国长途出征的做法,等于借兵给盗贼,还要替人家搬运赃物。这就是穰侯给您谋划的战略啊。

秦昭王连连称是,扼腕叹息。范雎这才端出自己的战略,那就是"远交近攻":同远国交好,全力进攻邻国。这样作战,得到的土地全部归属秦国,有功绩,立威名,还得到实利,一箭三雕,何乐不为。

这下说得秦昭王大梦方醒,如获至宝,马上拜范雎为客卿,谋划军事。

范雎的远交近攻实际上是张仪"连横"战略的具体运用,同没有直接利害关系的国家交好,让接壤的邻国失去后援,打破六国的"合纵"，再全力以赴进攻邻国，各个击破，名利双收。一个国家切忌四面出击，到处逞强，同远国叫骂，和邻国交争，施舍钱财给无赖，国困民穷，看似财大气粗，盘算一下却是华而不实，得罪众人还赔了老本。范雎的"远交近攻"合乎地缘政治之道，把秦国对外战略拨正，回归"连横"之路。商鞅把秦国改造成为高度集权的军国，张仪制定了各个击破的战略，范雎又将其具体实施，实为一脉相承。找准了方向，坚定前行，只要不迷茫，不走回头路，秦朝的胜势将越来越明显。

　　一个宏大的战略构想能够被理解和接受并不容易，因为大多数人没有长远的见识，拘泥于眼前的利益。而且，即使听懂了也不等于真正理解了，一旦具体实施马上就会暴露原形。秦昭王就是一个例子。他决定采纳范雎的战略，但是遇到现实问题时又不知道如何着手，茫然地问范雎："我一直想和魏国建立亲密的关系，可是魏国反复无常，无法亲近，请问我们要如何亲近它呢？"

　　魏国和秦国接壤，秦国要想东进就必须经过魏国。所以，秦国总想和魏国联合，打开东进的通道。在范雎看来，这个想法本身就十分幼稚可笑。所以，他告诉秦昭王："您对魏国卑辞厚礼，它不听从的话，就割让土地贿赂，还不行的话，就出兵征伐它。"这只是先礼后兵，重点在于最后一条，那就是出兵征伐。这其实就是秦国对于邻国的方针。所以，范雎上任后马上建议秦昭王对韩国动手，他分析形势道："秦国和韩国的国界像针绣一般交错，韩国对于秦国而言，如同人有心腹之疾，天下太平还好，一旦有变，则韩国是最大的祸害，必须尽早拿下韩国。"范雎还提出了具体的用兵方向，那就是一路进攻荥阳，切断成皋与巩的道路；一路切断太行之路，让上党的韩军不得回援。只要秦王亲自攻打荥阳，则韩国将被切为三截，不亡何待？秦国把中原作为主攻方向，夺取了今日的山西全境，就控制住了通往河北、河南的关口，从太行山上居高临下，随时可以进攻一马平川的华北，加上秦国控制着关中挺进湖北的关口，占尽地利，六国防不胜防，统一中国的宏图已经展现在眼前了。

　　范雎的战略构想既有长远谋略，还有具体实施的方案，比秦国那些年的当政者高明很多，让秦昭王越来越佩服，日益与之亲近。几年过后，范雎确认自己的地位已十分稳固，才找机会悄悄地对秦昭王进言道："臣在山东的时候，只听说齐国有田单，没听说有国王；听说秦国有太后和穰侯、华阳、高陵、泾阳四位权贵，没听说有陛下。太后在内专权，四贵在外擅政，穰侯对外征伐，胜利时利归个人，失败时推祸于社稷。齐国和赵国都曾经出现过权臣擅权的情况，后来国王被害死。现在秦国的局面和齐国、赵国类似，权臣在朝，嫉贤妒能，瞒上欺下，以权谋私，而主君不悟。上自朝廷大官，下至国王左右，遍布相国的人，只有您孑然独立于朝堂，我真为您捏把冷汗，恐怕将来的秦国不再由您的子孙所有。"秦昭王听得后背发凉，断然废了太后，将穰侯等四贵逐出关外，收缴穰侯的相印，提升范雎为相国，将应这个地方分封给他，号为应侯。

范雎之前帮助秦昭王确立远交近攻的战略，获得信任，到此时再说服秦昭王废黜权贵，专制朝政，权力高度集中，他成为一人之下万人之上的相国，便大刀阔斧地开展对外征战。

范雎首先对付的是三晋中比较薄弱的韩国和魏国。他担任相国的次年，秦国进攻韩国，爆发少曲（在今河南济源）之战，秦将白起大破韩军，斩首五万，进而攻占高平。第二年，秦军继续进攻，夺取汾泾，在河边建造广武城，成为将来进攻魏国的重要据点。这一系列的战斗，秦军从今日山西曲沃、晋城到河南济源将韩国拦腰截断。这时候的韩国版图，沿着太行山，南北像个哑铃，最狭窄的地方就是秦军猛烈进攻之地。秦军的作战目标很明显，将韩国截为南北两部分，分别吞并，为今后大举东征打开通道。

打通济源到荥阳，前面正对着魏国。在战国七雄中，除了东北地区的燕国，同秦国相邻的韩国和魏国都比较弱，虽然魏国略强于韩国，但也是半斤八两。秦国一直打着魏国的主意，军事压迫是一个方面，削弱其内部也是一个方面，还有一个借口，那就是范雎的冤案。

前面说过范雎年轻时在魏国被须贾告发，受到魏相国魏齐的迫害，差点丧命。现在范雎飞黄腾达，可以出这口恶气了，拿魏国开刀，兼济公私。

秦国进攻韩国，魏国感受到威胁，便派遣使者须贾到秦国修好。魏国知道秦国的相国名叫张禄，却不知道他就是死里逃生的范雎。须贾到秦国住了下来，突然有客来访，一见大吃一惊，竟然是当年被抛尸野外的范雎。范雎衣衫褴褛，告诉须贾自己逃出来后在秦国给人当佣人，须贾看他可怜，动了恻隐之心，送给他一件袍子，留他吃饭，聊起自己到这里想见秦相张禄。范雎告诉须贾，自家主人和张禄很熟，所以自己也能见到，可以为须贾安排。须贾大喜。

范雎回去不久，声称借了主人的驷马大车，接须贾前往相府。范雎亲自驾车，府中之人见到无不惊诧，避而让之，须贾看着也很奇怪。下车后，范雎说先去通报，许久没有出来。须贾向门房询问范雎，门房说这里没有姓范的。须贾说就是刚才给我驾车的那位啊。这下子才知道原来范雎就是秦相张禄，须贾知道今日大事不妙了，赶忙褪衣肉袒，跪着请门房进去替他谢罪。这时候范雎高坐堂上，传唤须贾进来，历数其罪状，声称今日饶其不死是因为他赠送袍子，还懂得怜惜故人，要他回去告诉魏王，速速将魏齐的脑袋送来，否则将屠灭魏都大梁。

须贾回国后赶忙向魏齐禀报，魏齐惊恐，辞国流亡于赵国平原君之处。秦昭王听闻后，写信给平原君，请他前来聚会畅饮。平原君畏惧秦国，不敢不应邀前来。秦昭王同他喝了几天酒，让他交出魏齐。平原君对秦昭王说："尊贵而交友，为防卑贱之日；富裕而交友，以备贫瘠之日。魏齐是我的朋友，就算在我处也不会交出来，更何况不在我家。"平原君讲的是做朋友的道义，这在春秋战国时代受到社会普遍推崇而成为民间共识，他试图以此拒绝秦昭王的要求。但是，秦国自从商鞅变法以来灭的就是私人间的道义，只讲国家利益，个人必须完全归依于王朝。所以，平原君说得义正词严，在秦昭王听来却是苍白无力。秦昭王扣留了平原君，致书赵王，让他交出魏齐。

赵王害怕了，派兵包围平原君府邸。魏齐连夜逃了出来，去见赵相虞卿求救。虞卿估量赵王不会放过魏齐，自己又不愿意出卖友人，便陪魏齐出逃，投奔当时最负仗义盛名的魏国公子信陵君。信陵君也担心同秦国发生冲突，犹豫踌躇，不肯出来相见，却向身边的侯嬴了解虞卿的为人。侯嬴回答道："虞卿这个人第一次见赵王，就获赐白璧一双、黄金百镒；第二次见赵王，就被拜为上卿；第三次见赵王，拜相封侯。现在这个时候，大家都争着要和他交往，而魏齐来投，他不重爵禄之尊，解相印、舍万户侯而陪他逃亡。士人窘迫来投，您问其为人如何？知人难啊！"信陵君听了非常惭愧，驾车到野外去见虞卿和魏齐。而魏齐已经觉得信陵君不够仗义，怒而自杀了。赵王听说后立刻派人取下魏齐的首级，献给秦昭王，秦昭王才放平原君回国。

这件事情的经过，似乎是在歌颂当时义字当先的风气，平原君、虞卿和信陵君都是战国时代义的典范。从这个视角去看，秦昭王也是如此，对于自己信任重用的部下，为他申冤，也是个人之间的义。但是，这样去看正好是秦昭王所希望的，他要部下感铭的就是仗义仁慈的形象，这其中带有表演的成分。范雎运用秦相的权势报私仇，秦昭王以国家之力追杀个人，应该都是表面现象，他们的目的恐怕更深刻。魏齐是魏国的相国，魏王信任之人，执掌朝政，秦国君臣都必欲去之而后快，则此人在魏国颇为重要。秦国很快要对魏国动手，发生追杀魏齐之事，显然是借着报仇洗冤这种深得社会认同的道义行为，达到削弱魏国内部团结稳定、拔除关键人物的目的。整件事情的过程中，秦昭王的表演得分最高——打击敌人，收揽臣心，树立形象，一箭三雕。

秦国开放，得到六国高人相助，这时真是顺风顺水，水涨船高，君主也越来越强势，即将大举征伐六国。范雎远交近攻的谋略，目标明确，就是由近及远，逐个吞并六国。秦国的战车动起来了，中原大地可以听到战鼓的轰鸣。

第六节　奠定胜势：长平之战

少曲之战后，秦国年年发动进攻，占领了太行山南的南阳（今河南济源、沁阳、孟州一带），接着又攻占野王（今河南沁阳），进一步扩大了战果，将韩国拦腰截为两段。韩国不得已向秦国俯首屈服，愿意献出上党郡（今山西长治一带），以求和平。

上党郡太守冯亭看透了秦国逐步吞并韩国的目的，知道献地求和只能拖延时间，却必死无疑。所以，他建议不要把上党郡献给秦国，而是送给北方毗邻的强国赵国，以转移秦国进攻的目标，让秦赵两国打起来。

这条计策相当阴险，也十分露骨，难道赵国君臣会看不出来吗？事情的结果是赵王欣然接受了韩国的上党郡，派兵据守。后世评论者批评赵王鼠目寸光，贪图眼前的利益而自寻死路。有人喜欢高估自己的智商而做出低估古人的评论。这是明显的转嫁矛盾，赵国平阳君一眼就看出来了，他指出韩国想嫁祸于赵国，所以不应接受。但是，平原君却提出反对意见，指出秦国发百万大军进攻，一年却未能攻下一城，现在我们唾手可得上党十七城，机不可失。赵王采纳了平原君的意见。前面说过平原君畏惧秦国强大不得不俯身前往秦国，遭到扣押。他怎么不知道取上党无异于虎口夺食，必定引来大战呢？既然知道还建议接受上党郡，必定有其道理，这才是我们需要深入思考的。

上党郡对于东方六国都是极其关键的战略要地，位于太行山上，处于中国由西高陡然东低的阶梯边缘上，居高临下，谁若从巍巍太行山向东冲下来，则犹如高山滚石，中原国家难以抵挡。由此北上，控制井陉关，就掐住了进出河北的咽喉。地势如此重要，且秦国欲吞并六国的战略目标已经显露出来，那么，是处处退缩，尽失地利，拖延待毙，还是积极抵抗，扼守天险要地，把秦军阻挡在太行山西侧呢？赵国固然军力不如秦国强大，却也是当时的大国，如果用人得当，战略战术正确，虽然进攻不足却防守有余。而且，上党这块战略要地一直在韩国手中，要不是秦国打得韩国分崩离析，它肯定不会出让。因此，这是一个天赐良机，接替韩国阻遏秦国，等于把赵国的防线推进到高地上，更加有利。更何况秦国对此地久攻不下，可见其地利可凭。基于两国实力的计算，平原君的意见无疑是正确的，属于积极防御，而不是贪图小利。当然，采取积极防御战略，必定引来秦国的进攻，而这场战争迟早都要来，那就应该积极创造一切有利于己方的态势，无所谓迟打早打。赵国君臣并非短视。

秦国攻打多年，却眼睁睁地看着最重要的上党郡落入半道杀出来的赵国手里，岂能善罢甘休。范雎认为秦国不断攻打三晋中较弱的韩国和魏国，不能让它们完全屈服，就因为两国背后还站着一个比较强大的赵国，所以一直盘算着进攻赵国的时机。现在既然赵国出头了，那么秦国就师出有名，所以，范雎力主大举进攻赵国，获得了秦昭王的赞同。

秦国对于同强邻赵国的交战做了精心的部署，派出两支军队，一支进攻韩国缑氏（今河南偃师西南），直趋荥阳，以威慑韩国，防止其趁机出兵支援赵军。同时派出主力部队，由上马治军、下马治民的军政首席大臣左庶长王龁率领，进攻上党。赵军同秦军交战，兵少不敌，退守长平（今山西高平西北）。赵成王闻讯立即派出大将廉颇率领大军增援，发动攻势，企图夺回上党，秦晋大战终于爆发了。

廉颇按照作战方针对秦军发动攻势，首战失利；再战再败，失去了长平周围的两个重要据点。秦军转而进攻，赵军再次战败，丢失西面壁垒，损失较大。作战经验十分丰富的廉颇通过这几次战斗，亲身体会到秦军的强大，明白赵军必须转攻为守，才能有效地阻遏秦军，守住上党一线。他的判断是正确的，也符合赵国的战略方针。赵国进据上党不是要进攻秦国，而是要阻挡秦军东进。廉颇下令部队依托有利地形，筑垒固守，以逸待劳。秦军乘胜进攻，均被赵军打退，而赵军城塞险固，岿然不动。双方进入僵持阶段。

到此为止，可以看出赵国采取积极的防御战略，但在具体执行上颇有失误。首先是低估了秦军，所以进占上党的兵力不足，导致部分地区很快失守。其次是失利后大举增兵，急于求成，采取攻势，企

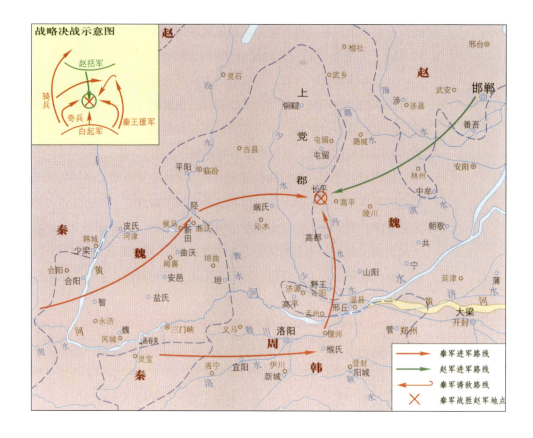

长平之战示意图,据《地图上的中国史》

图打败秦军。这同凭借上党地形阻遏秦军的作战方针是矛盾的。从这里已经看到,一个好的战略,如果没有高超的领导人,同样会败得很惨。赵成王属于无能的类型,这类人的行动轨迹大致呈现为三部曲:第一部是骄狂轻敌,轻启战端;第二部是在初战失利后不顾实际发动攻势,企图挽回面子,急于求成;第三部是在遭受更大打击后认识到敌人的强大,但此时局面已经恶化,因而张皇失措,进退失据,听凭命运摆布。长平之战整个过程展现了赵成王上演的这三部曲。

廉颇守长平绰绰有余,这已经实现了赵国在高地阻遏秦国北上的目标。所以,赵成王只要给廉颇提供可靠的后勤支援,使其长期坚守,秦国便无可奈何。可是,越无能的人越沉不住气,赵成王想赶快结束战争,打算亲率大军同秦军决战。大臣认为廉颇守得住,增兵无益,劝阻了赵王。赵成王从一个极端跳到另一个极端,竟然派遣使者同秦国议和。虞卿建议，如果要政治解决，就应该派遣使者携带珍宝去楚国、魏国活动，让秦国怀疑东方各国正在建立新的"合纵"，才有可能坐下来议和。赵成王却要直接派遣使者去同秦国讲和。虞卿连忙劝谏，指出这样做正中秦国下怀。他们一定会隆重招待赵国使者，大肆张扬，显示秦赵和解，破坏各国"合纵"的构想。急于停战的赵成王没有采纳虞卿的劝谏，派使者到秦国去。果然不出虞卿所料，秦国把两国和谈的事情宣传得沸沸扬扬，而且还答应把韩国的垣雍城（今河南原阳西北）割给魏国，利诱它不去增援赵国。面对秦国的时候，赵国和魏国可以说是相互依存的关系，所以，赵国本来可以积极说服魏国参战。但是，赵成王拙劣的外交，让畏惧强秦的魏国看到赵国三心二意极不可靠，不敢支援赵国。那么，齐国和楚国就更不会来援助赵国了。赵国的外交把自己置于孤立无援的境地，非常失败。对于一个国家而言，外交极为重要，衡量其成败最直接的指标就是增加国家长期利益和实现国家战略目标。没有谋略的、露骨的、泄愤的外交，无异于给自己加套一条绳索。

确定魏国等国家不会援助赵国之后，秦国发动了攻势。到此为止，赵国没有输，反而有所得。赵成王的急躁草率虽然令赵国自陷孤立，但在军事上还有廉颇这根坚固的栋梁可以依靠，他据险不出，一次次瓦解了秦军的攻势，让战争旷日持久。就战争本身而言，进攻的一方消耗大于防御的一方，秦国要是耗不起，就只能承认现状，赵国便得以控制上党一部，阻遏秦国。

正确的意见一定非常理性，而它最容易招致脱离实际唱高调乃至头脑发热之人的猛烈攻击，对于国家而言，无知的狂热是最大的敌人。

盘点一下到此为止双方的得失：赵成王虽然有好的谋士为他策划，借秦国攻打韩国的机会取得了战略要地上党。然而，靠运气赢来的东西，最终会因没本事而丢失。赵成王就是这样一个人，得来的太容易，他就以为秦国可欺，先是在军事上估计不足，兵力太少，很快失去部分到手的上党之地，接着大举增兵，企图速战速决，又连连遭到挫折，于是惊慌，仓促遣使向秦国求和，反被秦国利用，造成各国怀疑赵国而不敢与之联合，使赵国陷入孤立之境。即使到这时，赵国也没有输，因为有经验丰富的老将廉颇固守长平，一再挫败秦国的进攻，令其无计可施，战场形势趋于胶着。如果就这样长期化而固定下来，秦国真是吃亏不少。多年损兵折将，却眼睁睁地看着战果被中途杀出来的赵国夺走，这是秦国绝不能咽下的苦果。影响博弈双方胜负的因素固然很多，但至关重要的只有几条，其中之一就是双方的意志力。秦国志在必得，而赵国却是投机动摇，战斗意志既不坚强，也不愿意付出太多，一心想捞便宜，双方相差甚远。这也暴露了赵成王总在速胜与退缩两端摇摆的原因。为什么花费这么多的篇幅讲解长平之战呢？因为赵成王身上表现出来的并不是孤立的个案，而是六国的通病。低能且不务实的投机主义者，遇到坚定逐利且残酷无情的现实主义者，这是赵国乃至六国先后被征服的战略意志层面的原因。

廉颇经过和秦军的多次交手，对敌我双方的战斗力十分清楚，在正确评估的基础上，他转攻为守，让秦军无计可施。秦国在战场上得不到的东西，只能从其他地方打主意。秦国范雎看透了赵成王的低能且无定力，派人携带千金到赵国去活动，打通赵王左右权臣的关系，散布流言，称廉颇年老胆怯，当缩头乌龟，耗损国家钱粮，其实赵国握有秦国最害怕的王牌，那就是名将赵括，他是年轻的军事天才，可惜赵国不识货。

越低能的人越急功近利，赵成王对于廉颇坚壁固守早已不满，曾派人催促其出战，廉颇不听。现在身边宠幸的权臣指责廉颇，并且提出替代人选，正中下怀，便断然决定派赵括率增援部队前往长平，取代廉颇。除非不得已，临阵换将历来是兵家大忌。但是，赵成王这种草率性格的人不会懂。

赵括能够同时被敌我双方看中，实属罕见。赵括出身名将之门，父亲赵奢，原本地位卑微，因为秉公执法得罪权门平原君，差点被斩，但他正告平原君执法公正才能上下服气，平原君听懂了，将他推荐给赵惠王，从此崭露头角。后来赵奢率领赵军长途增援被秦军围困的阏与，大获全胜，被封为马服君，成为同廉颇、蔺相如齐名的大将，国之栋梁。赵括就是赵奢的儿子，自幼好读兵书，背得滚瓜烂熟，说起排兵布阵的用兵之道，那是一套又一套，曾经和赵奢论兵，把父亲说得无言以对。所以，赵括精通兵法的名声很大，不但赵国上层都知道，而且蜚声国外，秦国亦有风传，无疑是众人瞩目的后起之秀，将门新星。

可是，赵奢不这么看。他临终之时，交代妻子说，将来如果赵国用儿子为大将，必定大败。这又是什么道理呢？赵奢认为战争是双方以命相搏，无所不用其极，所以，必须慎之又慎，如临深渊。而儿子高谈阔论，把什么都看得很容易，这种人统兵必败无疑。这不是书本道理可以讲得清的。其实，真正统兵作战且战绩辉煌的将军，都是懂得畏惧的，只有懂得害怕，才会死里求生，殚精竭虑，有出人意料的谋略。这就是《孙子》讲的多算者胜，少算者不胜，何况无算者。战争靠纸上谈兵和一股蛮勇之气是赢不了的。

范雎是从鬼门关走过来的领导，太懂得这个道理了。所以，他才满心希望赵括来统领赵军。务实且老练的政治家洞悉年轻气盛的理论家的命门所在。范雎能够得逞，归根结底还在于同时看穿了赵成王也是赵括的同路货。

赵括到了长平前线，取代廉颇，果然改变廉颇的部署，撤换将领，命令全军出击，要在决战中一举战胜秦军。秦国听说赵括成为赵军统帅，按捺住心头的狂喜，其实在这一刻已经可以看出秦国胜利在望了。秦国做出的反应是秘密更换前线统帅，让秦国最具实战经验且百战百胜的武安君白起出场。这是一位最令人恐怖的铁血将领，将由他亲自执刀来屠宰赵括这只鲜嫩小鸡。范雎同白起在政治上不合，但是在国家的关键时刻，范雎敢于任用白起，这不能不令人称赞。秦国杀鸡用牛刀，可见万分谨慎。综合以上几点，赵军在劫难逃。

秦军严令不得走漏换帅的消息，在同赵军交战中，节节败退，将赵军引入早已经布好的天罗地网之中。赵括不知是计，还真心鄙视廉颇的胆怯和无能，奋勇挺进，捷报频传。

就在赵成王庆幸自己用对人的时候，赵军的攻势在秦军的坚固壁

虎形金车舆饰,战国晚期,张家川马家塬遗址出土

狼形银车舆饰,战国晚期,张家川马家塬遗址出土

武士斗兽纹青铜镜,战国秦,1975年湖北云梦睡虎地出土

垒面前停顿下来，再也推进不了了。白起布置在两侧的25000名奇兵出击了，对赵军的后路发动猛烈进攻，完全切断了其后勤运输。进攻得手之后，秦军牢牢守住阵地，彻底关上赵军后退之门，赵括的40万赵军成了瓮中之鳖。短短几天，从大胜到身陷重围，骄狂者的大悲总是如同魔影，在大喜之后，转瞬即至。

身陷重围的赵括似乎拿不出平日的诸般妙计，只是命令部队不断突围。这类挣扎行为早在白起的预料之中，不可能得逞。而白起也不急于围歼赵军，因为赵军还有战斗力，现在进攻，己方的损失会很大。他采用围而不打的办法，非常耐心地等待赵军粮草断绝。46天的围困，使赵军内部悲惨到暗相杀食的地步。赵括拼出最后一点劲头，亲自率领精锐突围，结果被秦军漫天飞蝗般的箭雨射死在阵前。暴得大名的未来将星才粉墨登场就伏尸疆场，给自己的骄狂无知埋了单，也给历史留下了夸夸其谈者的沉痛教训。

赵括不足惜，百死难赎其罪，最可怜的是赵国千千万万的百姓。失去统帅的赵军按照战争的法则解除武装向秦军投降。但是，他们太天真了。因为自从商鞅建立军功二十等爵之后，砍一名敌军的脑袋将直接获得田地等物质奖赏，用作政治角力的战争已经变质了，成为胜利者杀人发财的机会。在秦军面前，投降的赵军不是鲜活的生命，每一颗头颅上面仿佛都标记着金钱价格，疯狂的大屠杀必定随之而来。这种物质奖励制度确立后，秦军获得了虎狼之师的名声。历数此后的战争，秦军杀降的事例比比皆是，而且成为难以扭转的恶习，以致继承秦军风格的项羽，在作战中也一再发生大规模的屠杀。军队成为杀人发财的机器，从此堕落。没有道德底线的功利制度必定使人滑入罪恶深渊。或许商鞅本人没有料想到这个糜烂的结果，因为急功近利者从来不做长远的思考，只听从摆平眼前事务的冲动，从而一次次开启罪恶之门，自己最终也沉沦其中。

40万赵军生灵涂炭。我站在长平之战博物馆的玻璃地板上，下面是一个个堆满尸体的深坑。那片被鲜血浸透的土地，随处一挖就是一坑尸骨。40万人几乎是赵国全部的青年男子，全部被杀了！一个家庭失去丈夫，年老的母亲失去儿子，家没了，天塌了。无依无靠的寡妇、老母用菽饭做供菜，把豆腐当成肉，用炉火烧烤，用豆腐渣和蒜泥、生姜调成象征白起脑浆的"蘸头"，和豆腐一起食用，称作"白起肉"；用五谷捏成白起的人形，发着最刻毒的诅咒反复煎炸。这一炸就炸了一千多年，如今成为当地有名的小吃。人们可曾了解其背后的弥天仇恨和悲惨吗？

长平之战落幕了，赵国再也不是秦国的对手，人们可以听到震撼大地的战鼓声，由西向东，势不可当。

第五章　秦朝：最初的帝制王朝

第一节　制造秦始皇

战国时代，秦国颇得上天眷顾，在关键时刻令其国王长时间在位，得以推行重大的变革。例如秦穆公在位39年，让秦国洗脱西戎落后习俗，称霸西部，进而觊觎中原。秦孝公在位24年，保证了商鞅的变法，为秦国打造出高度集权且冷酷无情的军国体制。秦昭王在位56年，坚定贯彻"连横"战略，实行远交近攻，特别是长平之战的胜利，确立了秦国对于东方六国的优势。秦还顺手灭掉了东周，使诸侯各国名义上的共主不复存在。"挟天子以令诸侯"之类伸张霸权的合法性幌子被砍倒了，以往的政治伦理道德遭到摒弃，各国对内对外的政治正确就只剩下追求胜利。制约权力的许多因素被消解，规则被视为羁绊，守信被嘲笑为迂腐。道德底线被击穿后的胜利，本质上都是功利主义的盛宴。正确与否只用结果来判定，而且，大多数人相信它，以此作为价值评判的依据：胜利就是道德，胜利就是规则，胜利代表了一切，是至高无上的正确。从商鞅通过国家权力任意剥夺民间产权，用敌人的首级直接换取功名利禄以来，这一切的发展都符合功利主义的逻辑，最终必然会走到这一步。至于这个逻辑以及这条道路给社会带来的是繁荣安定还是丛林法则下的血雨腥风，人们需要用实践去检验，对它的反思与总结要到汉朝才出现。这一时期是战国的尾声，实现了结晶秦朝的全过程。

鎏金银盘,战国秦昭王三十三年(前274),此器出土于西汉齐王墓周边的陪葬墓,但其造型、纹饰有战国时代特点。银盘上有三种铭文,其字体分别属于战国周人系统、秦人系统和西汉初年样式

秦昭王属于难得一遇的长期掌权者,他给秦国带来了辉煌的胜利,也带来了儿子活不过老子的个人命运,他立的悼太子早在他执政过半时就死去了,只好再立新太子安国君。这位总算活得比老爸长,得以继立为秦文王。他第一年按照礼制守丧,挨过一年,终于除丧即位,才三天就死了。秦文王虽然像流星闪过,但年龄并不小,而且子嗣也都垂垂老矣。亦即秦昭王一个人几乎覆盖了三代人的政治时间。这些平淡无奇甚至无聊的个人历史,似乎与高大上的国家政治没有关系,其实君主政治不可忽略的关键经常在于个人的命运,隐藏在听似八卦的生活逸事中。政治的严肃性往往在于呈现出来的形态上,而真实的内里却生动鲜活。就说苦苦等候接班的太子安国君,在强势父亲之下没有插嘴之地,只能在家努力生孩子,光是儿子就有二十多个,

让国家不至于出现后继无人的危机。他自己都不知道能不能活过爹，也就很难认真安排儿子的前程，孩子被送到其他国家当质子。在古代，国家间通过交换彼此的王子做质子，获得相互保证，司空见惯。安国君有个儿子名叫子楚，在赵国充当质子。

子楚在安国君的儿子堆里，属于最不起眼，也最没有机会的那一类。为什么？因为他既不是可以顺位接班的长子，也不是得父母宠爱的老幺。他位居中间，两头不沾，还被派到时常遭受秦国侵略的赵国当质子，不时有生命之忧，不受待见，住所简陋，手头拮据，虽说是王子，日子过得比乡下人好不了多少。

这个时候，一个经常往来于赵国的生意人吕不韦看到了子楚的窘境。吕不韦是阳翟巨商，阳翟在今河南禹州，曾经做过韩国的都城。吕不韦生意做大了，心里很不安。他很明白古代社会商人必须依附于政客，否则财产越多越危险。当然他也有野心，想把财产转化为政治阶梯，平步青云。这一切都建立在必须有座巨大的政治靠山这个前提下，因为他的生意已经大到一般的高官都庇护不了的规模，所以，吕不韦总把眼光在王孙中扫来扫去。子楚现在一文不名，吕不韦相信凭借着自己的经济实力可以让他咸鱼翻身。把宝押在秦国这个方向，吕不韦没有看错。

吕不韦找到子楚，拍着胸脯说自己能够让子楚光大门户。子楚再落魄也还有公子哥的气势在，笑道："算了吧，你还是先光大自己的门户吧。"吕不韦说："正是，可我的门户必须依赖您的门户才能光大。"子楚听出眼前这个商人懂事，招待吕不韦坐下来深谈。

吕不韦分析形势道："秦王已经老了，立安国君为太子。安国君深爱华阳夫人，可是华阳夫人没有子嗣，这可是一块心头大病啊。现在能够让安国君立后嗣的只有华阳夫人。您的兄弟有二十多位，您居中，不受宠爱，长期质押在外国，一旦大王去世，您凭什么同长兄乃至其他兄弟竞争王位呢？"

子楚不得不承认吕不韦说的都是实情，却无可奈何，只有一声叹息。吕不韦见状，给他打气说："您在这里处境贫窘，内不能出重金进献给华阳夫人,外不能结交宾客。我虽然资产不多,却愿意倾囊相助,替您打通华阳夫人乃至安国君的门路,让他们将您立为后嗣。"子楚听得激动不已,当场承诺一旦被立为太子,愿意与吕不韦共有秦国。吕不韦签下了一生最大的一单生意,恐怕也是历史上屈指可数的大单。他马上拿出五百金给子楚,让他重新整装,花钱延揽宾客,自己则斥巨资买下奇珍异宝,来到秦国都城,进献给华阳夫人的姐姐,告诉她子楚何等聪明贤能,而且用情专深,在赵国宾客如云,却一心想念安国君和华阳夫人,以华阳夫人为天,每每提起来就眼泪纷纷,好不感人,所以自己前来通报。华阳夫人的姐姐被说动了,叹息妹妹虽然得宠,却没有儿子。吕不韦也十分担忧道:"我听说以色事人,色衰而爱弛。所以,华阳夫人要趁现在赶紧在安国君众多儿子中找到可靠之人,收为子息,立他为嗣,这样才能在百年之后不至于失势。现在一切都系于华阳夫人的一句话,若做对了,可成万世之利。不要等到色衰爱弛以后再开口,那时恐没人肯听啊。子楚这个孩子,属于年龄居中的,母亲不受安国君宠爱,根本没有立为后嗣的可能。华阳夫人如果选择这样的人,对他可谓恩重如山,一定会尽心报答,您看我说的在不在理?"高明的人物不靠哄骗,谁听了吕不韦的话都会感到在情在理,因为他既点到别人的软肋,又给出最佳的路径。把人看透了,利害分析精准,处世手法圆滑,这就是水平。

听到姐姐转来的这通分析,华阳夫人也深以为然。她找了个合适的机会,轻声软语跟安国君讲起家事,说到自己不能为安国君生子,泪流满面,十分难过。看安国君动感情了,华阳夫人又说自己将来无依无靠,日子该怎么过。安国君虽说是太子,其实年事已高,老夫少妻,想想身后事,确实可怜华阳夫人。于是华阳夫人怯生生地提出要求,说子楚这孩子厚道有孝,听说在赵国声誉甚好,就让他做自己的儿子,立为后嗣,对秦国、对自己都好。安国君击掌称善,于是,子楚被立为后嗣。吕不韦化腐朽为神奇,让山鸡冲天飞起,宛如凤凰。

吕不韦运用巨大的财力给秦国立了王太孙,真是匪夷所思。如果就此打住,那吕不韦的手段也称不上出类拔群,这种事情中外历史上并非绝无仅有。有大本事的人一定沉得住气，而且还看得比任何人都深远。所以，吕不韦接着谋划第二步，不是让华阳夫人一生得势，而是使他自己稳如泰山。官商勾结同以色事人没有不同，都免不了色衰爱弛的结果。

吕不韦的精明在于洞察人性。从历史上许多活生生的事例观察，身份低下的人容易产生根深蒂固的自卑感，一旦得志会逆反地张扬，而且力图抹去不堪回首的过去，表明自己与生俱来的高贵。在此过程中，在最困难的时候帮助过他的人往往变成必须灭口的对象，更何况这些人不了解这种心理，还要评功摆好，口风不严。子楚在家庭中的处境以及沦落赵国的经历，难道不会让他在当上秦王之后对吕不韦动手吗？吕不韦既然能够运用财力和智谋立一位储君，难道不能再立一位吗？这回要立自己的儿子，儿子总不会背叛老子吧。但再想下去便是无底的黑洞，为了利益，父子相害、骨肉相残的事例也并不少见。如果深挖下去，就只能远离权力场了。可是，吕不韦永远都不会离开，因为无论做商人还是政客，他一生都在追逐利益。因此，他的智谋无法超脱利益的局限。冒充的圣人终究还是个凡夫俗子。

王位的继承最根本的原则在于血统，继承者必须出自国王的血脉。但如果不是改朝换代，吕不韦如何立自己的儿子为王储呢？事在人为。

子楚在赵国处境凄凉，虽是王孙，却生活贫窘。司马迁描述当时赵地民风，称其"设智巧，仰机利"，"赵女郑姬，设形容，揳鸣琴，揄长袂，蹑利屣，目挑心招，出不远千里，不择老少者，奔富厚也"，"女子则鼓鸣瑟，跕屣，游媚贵富，入后宫，遍诸侯"[1]。女子追求的是富贵，不远千里，不择老少，甘愿做妾乃至倡优，所以权贵家中，充斥此等人。如果无权无财，则遭白眼嘲弄。子楚在赵国看尽流莺粉蝶，除了遭人戏弄，便只能干瞪眼，其内心的辛酸苦楚，吕不韦都能明白。这就是攻破血脉壁垒的关键所在。

吕不韦在赵国美女中，精心选中了一位能歌善舞的天香绝色，与之同居，直到确认怀有身孕之后，才让她陪同，在家里宴请子楚。从古人礼仪而言，这种场合不会让此姬出场，如果出于郑重则应由夫人

[1] 《史记》卷129《货殖列传》。

出面，所以，这一定是精心安排的场合。不出所料，多年被美女鄙夷的子楚内心早就点燃了旺盛的欲火，拥有美女，尤其是拥有赵国美女，对于他更是洗刷屈辱和显示尊贵的狂热需要，这驱动着他不顾一切开口向吕不韦索取此女。想一想吧，在自己仰仗的靠山家里向人家索取家姬，是轻易能够做出的事情吗？也不应是有教养的王孙所为。但子楚豁出去了，这不仅仅是色欲的低级层面的问题，还包含着内心要昂首挺胸的被压抑的强烈情感。金钱、权力和美女背后都隐藏着高居万人之上的征服心理。吕不韦导演了这一幕，显然是看穿了子楚。所以，他先做出万分难舍的愤怒，再勉强同意。这番表演的目的在于为美姬争取到尊贵的身份和地位，使她成为子楚的正室夫人。当然，吕不韦和美姬都不会泄露带孕出嫁的真相，做得天衣无缝。

子楚高兴极了，他靠自己的勇气争来了绝美夫人。不久之后，喜上添喜，夫人给他生下一个男孩。老年得子，子楚喜出望外。这孩子长大后便是让山河变色的赫赫人物秦始皇。

如前所述，子楚的父亲即位三天就死了，子楚继位成为新国王，史称秦庄襄王。庄襄王履行了当初的约定，任用吕不韦为丞相，封为"文信侯"，拥有洛阳十万封户。一介商人而位极人臣，且暗中拥有继任国王的法宝，吕不韦何其风光。他算无遗策，恐怕古今投资者都难以望其项背。不过吕不韦沉得住气，他还要洗脱众人都嫌弃的商人铜臭味道和有钱没文化的恶劣形象，把自己包装成饱学之士，俨然商界圣人。所以，他掌权之后，广招宾客，善待文士，因待遇丰厚，门下食客多至三千余人。吕不韦养门客与当时名动天下的四大公子有所不同，他不看好奇技异能、鸡鸣狗盗之徒，而重视有文韬武略的士人。

战国后期时局剧烈变动，许多旧贵族、有产者破落了，他们身上最大的优势在于文化。他们能够分析形势，讲透道理。各国统治者明白掌握文士是获得竞争优势的关键，争相延揽，重金礼聘，请他们前来讲学，培养人才，传播思想。齐国在都城中心为士人建立学宫，荟萃各大流派思想家诸如孟子、荀子等人著书立说，议论政治，给执政者出谋划策，号为"稷下学"，著称于世。秦国文化落后，每一次发展都得益于人才的流入。吕不韦懂得这个道理，也想给秦国建立一个学术文化中心，以同六国抗衡。他聘请文士编纂著作，留下了一部流传至今的《吕氏春秋》，该书博采儒家、道家、名家、法家、墨家、兵家、农家和阴阳家等各家学说，探讨治乱兴废的道理，以及人与天地的关系、社会与自然的法则和遵从法则的社会管理与韬略，上揆之天，下验之地，中审之人，分为"八览""六论""十二纪"，达20多万字，堪称战国末期杂家的代表作。

吕不韦强调的是顺从自然规律而为的社会与国家治理——治国之道，即统治者必须谦虚地学习和领悟天地运行的法则，而不是人为地、自以为是地强制自然和社会屈服于其主观愿望。他认为天地有道，道法自然，顺势而为者昌盛，逆之而动者衰败。

吕不韦对于这部成于众人之手的"私人"著作非常得意，张挂于咸阳城门，上悬千金，宣称有人能够改动一字，赏给千金，这就是"一字千金"的由来。

《吕氏春秋》固然博采众家智慧，却也没有那么伟大，毕竟不是个人一以贯之的思想体系。古往今来博览群书并善加采撷的作者不乏其人，却从来不能成为引领时代的伟大思想家。没人出手摘取吕不韦的悬赏只是给他面子，学术史上也无人赞扬吕不韦是伟大的思想家。这部书倒是透露了一些真情，首先是当时各国执政者都十分尊重文化，对有文化者奖掖有加，所以成就了中华民族第一次波澜壮阔的文化勃兴，形成百家争鸣、百花齐放的盛大局面。纵观古今中外的历史，每个民族、每个国家的蓬勃兴旺时代，一定是文化大开放、人才荟萃、思想繁盛的时期；其次是执政者没有文化上的偏执，他们对于各种主张都愿意倾听，谁能把国家治理好就采用谁的主张，做不好使另请高明，《吕氏春秋》就是这种政治风气下的产物。

然而，这个时代马上就要落幕了，一阵突如其来的狂飙将涤荡一切。

吕不韦既要成功，又要成圣，可是时不我待，他精心扶植上台的庄襄王也就只有三年的王命。秦昭王吃尽子孙风水，儿子即位三天，孙子登基三年，都走了。吕不韦孵育出来的太子登上王位，又一个年少登基的长寿国王来了。

这位年轻的秦王姓嬴，单名政，13岁登上王位。中国古代算的都是今天所谓的"虚岁"，所以他可谓少年天子。在秦国统一六国之后，他建立了秦帝国，秦王嬴政成了中国历史上第一位皇帝——秦始皇。

嬴政一直到即位九年时才行冠礼，这段时间权力掌握在太后和吕不韦手中。嬴政尊吕不韦为相国，称之为"仲父"。吕不韦的所有谋划都变成现实，势不可当。他的成功，关键在于两位女人，前一位是华阳夫人，后一位则是自家美姬，当今的太后，要不是她们的紧密配合，吕不韦的算计岂能美梦成真。可是，吕不韦不一定算得到的是太后旧情难忘，要把吕不韦一直罩在石榴裙下。

吕不韦和太后的关系最初是藕断丝连，吕不韦盘算着可以引太后为大内的坚定依靠，那样必定权位永固，便欣然悦从。可日子一久就感觉不对了，不是太后欲壑实在难填，而是嬴政一天天长大，看得出性格乖张。

前一项根本难不住吕不韦，他派人物色一位超级硕壮的戏子嫪毐，让他在太后面前表演撩人的倡乐，果然吸住太后视线，召唤其入宫。吕不韦串通医生使诈，让不曾阉割的嫪毐充作宦官进入宫中，完全顶替了吕不韦的角色，吕不韦则全身而退。嫪毐身强脑残，张扬跋扈，在太后重赏下竟然坐拥数千家僮，还卖官谋财，权倾一时，这让嬴政颜面何在？

嬴政隐忍了九年，王位稳固，朝政掌控无虞，终于动手了。据说事发于嫪毐和太后密谋政变，企图杀害嬴政，以他们秘密生下的儿子取而代之。这恐怕是嬴政胜利后的说辞吧。毕竟对于自己的母亲动手，得有一个说得过去的理由。总之，嬴政逮捕了嫪毐，从宫内搜出太后与嫪毐所生的两个儿子。证据如山，嬴政诛灭嫪毐三族，杀掉了太后与嫪毐的两个私生子。案子进一步扩大，追出嫪毐乃吕不韦所荐，嬴政当时就想杀掉吕不韦，后来大臣们求情，改为免去相国职

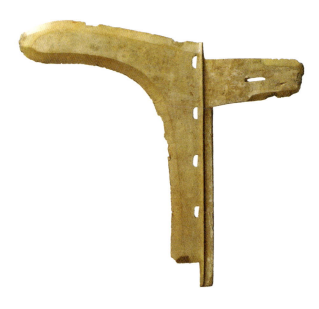

"四年相邦吕不韦"青铜戈,战国秦,1957年湖南长沙左家塘出土,该戈铸造于秦王政四年,即公元前243年

务,谪居河南封地。第二年嬴政又以吕不韦宾客盈门的理由逼他饮鸩自尽。吕不韦没有算到,儿子同样会杀老子。吕不韦死前还看到,在诛除嫪毐的第二年,嬴政又把太后隆重迎接回来,仿佛什么事情都没有发生过,一家和谐圆满,道德无亏。后宫从来不是道德之地,嬴政并不憎恨母后,和国家政治相比,那些都是鸡毛蒜皮之事。大家都小看了嬴政。

说起来嬴政童年时代的日子并不好过。他父亲作为质子在赵国期间,因为有吕不韦的资助,经济才稍微宽裕一点。前面说过,没有钱也没有前途的王孙,平日里遭人冷落,还不时因为秦国侵略赵国而害怕被抓起来,一直担惊受怕。嬴政就在这个时期出生,具体的年份为秦昭王四十八年(前259)。两年后,秦国进攻赵国,赵王动怒要杀掉秦国质子子楚,幸好吕不韦早有预见并做了安排,用重金买通监视的小吏,让子楚潜逃回国。可是家小带不走,妻子是赵国人,带着幼小的嬴政藏匿起来。六年以后,秦昭王去世,安国君继位,子楚被立为太子,赵国趁机送回子楚的夫人和儿子嬴政,想改善两国关系,嬴政总算脱离刀山火海,有了安定的生活。这时候他已经9岁了。

6岁到9岁是人生性格形成的第一个重要阶段。这个阶段的嬴政过着怎样的日子呢？父亲是秦国质子，孩子在赵国也不受待见，不会有王子的尊荣，而且从开始记事的年龄就要躲避官府的追拿捕杀，整日东躲西藏，心惊胆战。这样的日子过了六年，肯定产生了铭心刻骨的影响，因此养成了他什么话都不轻易说，自个儿在心里琢磨，想方设法应付危险的性格，长大以后人们说他城府很深或者阴鸷。儿时，他周围的人都有可能出卖他，因此，他对人不会有感情，看到别人幸福还会嫉妒生恨，故性格残酷或者说残忍，只要能够达到自己的目的，不在乎多少人死亡。

嬴政9岁回到父亲身边，很快成为王位继承人。这三年，会不会有幸福滋润他撕裂的心灵，让他变得温柔一些呢？恐怕事与愿违。父亲大概因长年在赵国过着惊恐且屈辱的日子，身体垮了，即位三年就死去，年仅35岁而已。13岁继位的嬴政，当然轮不到他掌权，内有太后、外有"仲父"吕不韦主政。这两人原是夫妻，现在旧火重燃，不亦热乎。嬴政看在眼里，又能说什么呢？更重要的是宫内一直传说他是吕不韦的儿子，这个打击实在太大了。司马迁作为汉朝太史令，是一位严正的史官，下笔所言皆有根据。他在《史记·吕不韦列传》中明确记载了吕不韦将怀孕的赵姬赠予子楚，又在《秦始皇本纪》开篇明确记载赵姬在邯郸生下嬴政，其根据应该是汉朝宫内的档案。这样的记载或者传说，其来已久，国王拥有国家情报系统，登上王位的嬴政不可能听不到。而且，和眼前的情形对得上。这对于嬴政是莫大的屈辱，谁都希望知道自己真正的爹是谁，而嬴政必须在怀疑中猜测；谁都希望自己的父母堂堂正正，怎么能接受偷鸡摸狗的行为，把国王的自尊和颜面打得荡然无存。他心中仇恨之火将何等猛烈，恐再也难以产生对人的温情。猜忌、隐忍、阴险、残暴，这些性格都是这种生长环境下的产物。嬴政身边重臣尉缭曾经对人介绍道："秦王为人，蜂准，长目，挚鸟膺，豺声，少恩而虎狼心，居约易出人下，得志亦轻食人。我布衣，然见我常身自下我。诚使秦王得志于天下，天下皆为虏矣。不可与久游。"[1]古史关于大人物的记载，往往粉饰得十分

[1] 《史记》卷6《秦始皇本纪》。

秦始皇像 出自《三才图会》

高大，罕见展现个性的评价，故此条是非常难得的亲历者的证言，有很高的参考价值。根据尉缭的介绍，嬴政的长相相当冷峻，高鼻梁，长眼睛，胸骨前凸，亦即俗称的鸡胸，发出豺狼般的声音，待人刻薄少恩，心狠手辣，不得志的时候待人十分谦卑，得志的时候就会轻易吃人。尉缭精明之处在于看人的时候保持冷静，不被表面现象所迷惑。他还能结合自己的情况做分析：自己一介布衣，嬴政却对他屈尊俯就。求人时低三下四，谦卑出了格，那么得志的时候一定嚣张跋扈。因此，尉缭推断嬴政有朝一日得志于天下，则天下之人都将成为他的奴隶。尉缭心存恐惧，断定此人不可长久交往。尉缭的证言与嬴政童年至青年时代的经历完全能够相互印证，他本质上是唯我独尊且十分冷酷之人，至于谦卑不过是不择手段的表演而已。

即位以后，嬴政处境仍然凶险，身边没有能够商量和依靠的人，全凭自己算计伪装。但是，如果条件成熟，他一出手就将是毁灭性的。我们来看看他人生的第一次出击。

嬴政当政的37年，可以分为三个阶段。第一阶段9年，虚位隐忍；第二阶段17年，征服六国，一统天下；第三阶段11年，唯我独尊，改换制度，焚书坑儒。

第一个阶段是他经历磨砺的重要时期，权力不在自己手上，甚至命运也被别人攥着，所以他非常听话，仿佛是一个无意识的傀儡，听任太后和相国为所欲为。太后在宫内包养嫪毐，十分宠爱。嫪毐虽说是假宦官，但名义上却是千真万确的。太后公然破坏国家制度，封嫪毐为长信侯，皇城内的宫室、车马、衣服、园林、猎场统统让他自由使用。这还不够，太后甚至把太原郡赏给嫪毐作为封国，国事都交给嫪毐决定。嬴政一声不吭。国家对外用兵，军队指挥调动，都在吕不韦的掌控之下，嬴政全力配合。按说嬴政长大了，早就该把权力交还给他，可是这几个真正掌权的人舍不得，磨磨蹭蹭到嬴政即位九年，22岁了，实在拖不下去了，才不得不给他行冠礼。嬴政佩戴长剑，总算亲政了。这些拖延的年份里，嬴政竟然没有意见，简直就是一个可以任意搓圆捏扁的人，这样人家才放心让他当一回有点模样的国王。即便如此，嫪毐还不情愿，据说他假借太后的命令调动卫队，企图发动军事政变。这时候憨得可爱的嬴政与平常判若两人，马上命令相国昌平君和昌文君调兵平乱，在都城咸阳大开杀戒，斩首数百人，都城军队统帅、手握实权的嫪毐亲信二十多人被集体枭首示众；嫪毐被车裂，也就是俗称五马分尸的酷刑，并灭其宗族；涉案四千多人流放到蜀地。

嫪毐案件在《史记》中的记载不一致，《秦始皇本纪》称嫪毐矫王玉玺及太后玺发动兵变，《吕不韦列传》则称有人告发嫪毐与太后秽乱后宫，嬴政断然下令逮捕，狱中审出实情，遂灭嫪毐三族。这两种说法差距实在太大了，真相扑朔迷离，在没有强有力的考古证据发现之前，靠现有片段记载去恢复事件经过，都只能是推测而已。我倒认为这是一件谋划已久的事。首先，嬴政的时机选择得出人意料，掌权的人都低估了貌似驯服的他，想不到他才行冠礼，还没有真正控制权力就敢于发动这么强大的攻势。这是对手疏忽无备的时刻，嬴政把握得十分精准。而且，他出手十分迅捷，用宫内丑闻一举击溃太后，嫪毐就根本不在话下了，从而夺取了宫内大权。其次，案件迅速扩大化，整肃了一大批朝中与太后、嫪毐关系紧密的官员，同时让案件牵连到吕不韦。既然是兵变案件，都城必定实行军事管制，那么只有嬴政才有话语权，他说吕不韦涉案，不由分说立即将其贬黜到封地，严格监管，第二年再逼其自杀。一个案件，把全部掌权之人赶尽杀绝了。再次，嬴政在关键时刻任用了昌平君和昌文君。到此事件发生为止，这两人的事迹几乎没有听闻，连名字都没有留下，可见被忽视到什么程度。但实际上他们出自楚国芈姓，是秦王室外戚，由此可知秦国朝廷有史书留名的执事大臣，还有王公外戚的大臣，他们虽然在内政外交上少有建树，却一直处于朝廷重要位置。吕不韦掌权风光，嫪毐恃宠专权，他们忘乎所以，而嬴政却在他们的注视之下，神不知鬼不觉地把王室贵戚拉拢过来，用以对付外来当政者。嬴政的心机不可谓不深。

从嫪毐案件可见，嬴政算计之深、时机把握之妙、出手之狠、打击之精准、行动之迅捷，这都不像是初出茅庐者所为，怎么看都是老谋深算，极其狠辣。历史上最强势的政治人物霹雳般闪现了，他将完全改变中国社会的形态。他将第一次以武定天下，虽然前代秦王已经给他夯实了不可动摇的胜势，但这个果实还得他自己亲手去摘取。

第二节　征服六国

秦王嬴政从一个貌似听话的傀儡熬到行冠礼而成为可以发号施令的国王后，出乎掌权人意料地即刻掀起政坛风暴，通过揭露太后与嫪毐的丑闻而进行大逮捕，枭首车裂政敌，大规模整肃朝臣，甚至牵连到相国吕不韦，贬黜而致其死亡。他闪电般地一击成功，只一瞬间便掌握了秦国大权。

从嬴政隐忍九年，到以雷霆手段清除政敌，这么长的时间里给他印象深刻的是什么呢？是掌握大权的都是六国来的人，亦即外来户，但他们靠不住，对秦国有害无益，最后他还得依靠秦国王室贵戚夺取权力。前面说过，嬴政自幼无依无靠，凡事只能自己琢磨，所以，他城府很深，也非常认死理，心性偏执，眼界狭隘。大凡认死理的人往往性格刚毅，刚愎自用。这种人的成功在于坚韧不拔，失败在于狭隘偏执，成败都基于这个性格。嬴政认定外来户是祸根，便触动了排外的念头，从而引发了关系到秦国发展的一次重大的用人路线讨论。

嬴政雷厉风行，马上下令驱逐所有外来官员，这就是著名的"逐客令"。排外最容易煽动国人，获得广泛支持，历史上的政客经常使用这个手段。但是，清醒的人看得透彻，盲目排外的背后必定是深重的危机。

逐客令要把所有来自外国的官员统统驱逐出境，包括李斯在内。李斯来自楚国，眼见秦国强大起来，就想来混个出头的机会。他先投靠当时最有势力的吕不韦，充当门客。吕不韦觉得他有才干，起用他为郎官。李斯因此有机会见到嬴政并主张充分利用秦国当时的优势地位，征伐六国，一统天下，成就帝业。这个想法很大胆，也非常符合嬴政的心意，李斯因此获得垂青，升任长史。李斯有了一些权力，负责对六国的工作，他劝嬴政暗中派人到六国去，用重金贿赂收买其大臣名士，从内部响应秦国；如有不从者，则实行暗杀，去其忠，扶其邪，用阴谋手段离间其君臣。嬴政大喜，任用他为客卿。

然而，吕不韦倒台掀起了嬴政以及秦国本土势力盲目排外的浪潮，李斯还没坐稳官位就要被驱逐，心有不甘，冒险给嬴政上了一封流传青史的《谏逐客令》。李斯回顾了秦国从穆公以来崛起的历史：重用来自西戎的由余、东方的百里奚等五人，兼并二十国，称霸西戎，打下了基业；此后秦孝公任用商鞅变法，移风易俗，破魏、楚之师，拓地千里；惠王用张仪之计，拔三川之地，兼并巴蜀，南北扩张，破坏六国的"合纵"，逼迫它们向秦国俯首纳贡；昭王任用范雎，罢黜权贵重臣穰侯，远交近攻，蚕食诸侯，成就秦国帝业。外来客卿有什么辜负秦国的呢？相反，如果没有他们，秦国能够强大吗？秦国宫殿雄伟，珠光宝气，这些宝物哪一件是秦国所产的呢？如果非国产不用，那么秦国就要倒退到原始时代。相同的道理，如果不分青红皂白，非秦国人不用，那么秦国就要倒退到愚昧社会。李斯写下了名句："是以太山不让土壤，故能成其大；河海不择细流，故能就其深。"[1] 驱逐宾客出国，等于资助敌国，削弱自己，结怨树敌，危害秦国。

秦国处于文化落后之地，靠着急功近利的政策奋力追赶文化先进的山东六国，表面上看颇有成就，但在骨子里却深深埋藏着不自信。这是后发追赶型国家经常出现的问题，所以，难以保持长期稳定的发展。在发展过程中，不自信往往会以逆反的形态发作，那就是妄自称大和盲目排外。这个病根只有通过长期的文化哺育逐渐发展出强大的

[1] 《史记》卷87《李斯列传》。

文化才能从根本上克服。在中国成功的例子是存在的，例如江南地区被中原诸国视为蛮夷之地，长达千年之久。江南不急不躁，因地制宜，稳步开发，尤其注重在经济发展的同时以更大力度推进文化普及和建设，到了南北朝时代，南方虽然在经济总量上仍比不上北方，却在文化上第一次出现了超越北方的情况。以后江南不断进步，在宋朝以后，不仅成为鱼米之乡，完成了中国经济重心南移，而且，其文化卓尔不群，学校教育十分普及，社会崇尚文化，形成心理上的文化自信。因此，南方不曾出现盲目排外或者浮夸吹嘘的社会潮流。秦国在发展中一直缺乏对文化的培育，因此，排外和吹嘘乃至血腥镇压文化的病根没有去除，在以后的历史上像打摆子一样间歇性发作，祸国殃民。

由此可证，积极发展引领时代的文化、制度、法律和科学技术是形成文化自信的根基，有了文化自信才有包容世界的胸怀，才有民族自信和战略定力。经济发展如果不能推动文化繁荣必定是昙花一现。文化何其重要，嬴政一辈子都没有领悟到，这恐怕不能完全怪罪于他个人。想想他的成长经历，9岁之前是遭人轻蔑和东躲西藏的逃命日子，此后到22岁是傀儡，看遍宫廷政治的黑暗却不敢作声，唯恐被废。他在这些年里不但难以打开心扉接受客观知识和教育，反而必须在内心中挣扎着坚强起来，将对外界的恐惧化为敌视。在这种环境下，他变得十分坚韧，心性却偏执而且狭隘。他在没有完全掌控权力之前可以一定程度地听取意见，但那只是隐忍的表现。所以，虽然嬴政接纳了李斯的上书，停止驱逐来自外国的官员，甚至提拔李斯为廷尉，位列九卿，掌管国家最高的司法与审判，显得虚心纳谏、礼贤下士，实际上，他完全没有接受发展文化的根本道理，才会在一统天下后开创前所未有的焚书坑儒镇压文化的先河。

秦始皇对于文化的真实态度，哪怕在他尚未完全得志之时也可见一斑。看看他是怎么对待韩非的吧。

韩非为韩国贵公子，和李斯等人曾经追随荀子学习，他们两人有共同的思想倾向，就是醉心于刑名法术之学，亦即研究各种管理国家、治理下属的手段。韩非主张用法律惩治非法行为,以权造势统治部下,任用贤能进行管理,反对浮华和贪腐,用功利的业绩进行考核,压制那些非功利的学说和思想,取缔民间武侠勇士,提出一整套统治的法术。嬴政当时初掌大权,热衷于法家权术之学,读到韩非的文章,非常赞叹,恨不能相见。李斯见状,赶紧讨好,告诉嬴政自己和韩非是同学,献计进攻韩国,逼其交出韩非。嬴政终于见到韩非。可是韩非口吃,不善言辞,嬴政不敢信任他。李斯深知韩非水平在自己之上,于是进言:"韩非终究是敌国之人,不会忠于秦国,不用而放归,自遗后患,不如找个借口杀掉。"嬴政深以为然,把韩非逮捕入狱,李斯派人给他送去毒药,令其自尽。

从嬴政下逐客令到韩非的悲惨遭遇,可以看出嬴政的待人之道,他看重的是可为其所用的权谋术数,而不是人,因此,有用时待之甚厚,无用时则无情弃之,倘若有所怀疑或者抵牾必定置之死地。这不正是法家的用人之术吗?彻底的功利主义可以在短期内发挥极高的效率,不管成事或者败事都是如此,人们往往只挑成功的方面来讲。在这方面秦王嬴政堪称卓著。

嬴政整肃政敌,牢牢掌控秦国大权以后,开始了他执政的第二个阶段,也是他最为后人称颂的时期。在这个时期,秦国完成了征服六国的大业,在中国历史上第一次建立起中央朝廷通过郡县全面掌控各地的帝制国家。这和以前的殷、周政权截然不同。殷朝由承认并服属于朝廷的各地方国组成,在很多地方,殷朝的权力难以渗透进去。周朝对于地方的控制力比殷朝有所提升,那些周族人分封的地区,比较严格地推行周的文化制度,但其他部族掌权的地方情况就大不相同了。总体而言,周朝实行的是封建制度,各个诸侯国具有相当大的独立性,各级领主拥有土地所有权,可自主经营。秦国在商鞅变法之后,废除了旧贵族领主的土地所有权,在国家形态上也废除了贵族领主独立行使的地方管制权,实行了朝廷直接控制地方的郡县制度。国家成为全国土地的最高所有者,只有在国家授权之下私人才具有不完整的、有限的产权且国家随时可以剥夺,地方自治权力则完全被取消。在这两个根本点上，以后再无改变。秦朝以后就是一部中央权力不断扩大与集中的帝制史，人们已经习以为常，难以理解秦朝以前，以及以地中海为中心发展起来的封建制国家的历史。虽然大家都使用封建制、帝制、所有权、自治等词汇，但内涵及外延却有着质的区别。没有深入的研究而基于表象的描述，以及共同使用内涵各异的相同词汇，往往造成东方与西方的历史误读。所以，不要戴着各自的有色眼镜去看对方，而应该彼此尊重对方的历史。

秦国对于中国上古社会的改造，始于商鞅变法，完成于秦王嬴政。他即位的第九年和第十年忙于国内政治权力中心的确立，第十一年开始便重新进行对外征伐，第一个被灭的是韩国，把其领土设置为颍川郡。显然，秦国不再分封，所有新征服的地区都将成为国家直辖的郡县。这年为秦始皇即位第十七年，亦即公元前230年。第二年，秦国攻灭了早已被打残的赵国，嬴政欣喜万分，以胜利者的姿态君临邯郸，把当年与其母家作对结怨的所有人家统统活埋，大大出了一口压抑已久的恶气，才扬长而去，回国后准备向东北方向进军，灭掉燕国。升到国君的地位却把往日市井怨仇牢记心头，睚眦必报，品格与境界同权力地位颇不相配，于国于民皆非幸事。

燕国有一位嬴政的老朋友，就是如今的燕国太子丹。当年太子丹作为燕国质子留在赵国，认识了秦国质子子楚的儿子嬴政，那时候嬴政还小，得到太子丹许多照顾。后来太子丹转到秦国做质子，当政的就是嬴政，太子丹高兴而去，没想到嬴政丝毫不念旧情，待他甚薄，甚至有些苛刻。太子丹怨恨不已，偷跑回国，很想收拾嬴政，以解心头怒火。可燕是小国，只能自己出气消火，无计可施。现在秦军推进到燕国南疆，很快将发起攻击，太子丹于国于己都要同嬴政算这笔账。

恰好这时候秦国名将樊於期得罪了嬴政，担心被杀，潜逃到燕国来，太子丹收留了他。太子丹的师傅鞠武知道秦王为人睚眦必报，极力谏阻，太子丹不听，说绝不能迫于秦王淫威出卖穷困来投之人。看来太子丹有点意气用事了。鞠武知道这么对抗下去对于燕国必定是一场灾难，他已经无能为力，便在告退时向太子丹推荐了一位谋士田光，看看他能有什么对策。太子丹马上将田光请来商谈。但是，诚如鞠武所言，做危险的举动却要求平安，造祸而求福，计浅而怨深，结交一人而不顾国家之大害，恐怕找谁都没有办法。田光不是神仙，应召而来也是回天乏术，便推荐了朋友荆轲。

荆轲是一位剑客，同其他剑客不同之处在于他还是读书人，周游各国，结交了不少贤能异才之士，例如在燕国市场上认识了善于击筑的乐师高渐离。筑是起源于楚国的古乐器，有点像琴，但有十三弦，演奏时左手按弦，右手持竹尺击打，声音悲亢而激越。高渐离每每在市上演奏，爱喝酒的荆轲便放声高歌，两人心心相印，成为挚友。

太子丹召见荆轲，跟他讲了古代鲁国将军曹沫在会场上劫持齐桓公，逼他返还侵占的诸侯国土地的故事，要荆轲去秦国劫持秦王，如果秦王不肯尽数归还各诸侯国的领土，那么就刺杀了他。荆轲不敢答应，这个方案实在太离谱了。可是太子丹死缠不放，甚至磕头央求。荆轲本是侠士，想到天下将会亡于暴秦，匹夫也应该有所担当，便热血上涌，答应下来。他深知自己孤身行刺秦王几乎不可能成功，甚至连接近秦王都难以想象。荆轲绞尽脑汁，想到一条计策。秦王不是对樊於期恨之入骨吗？那么自己如果能够提着樊於期的首级加上燕国归顺所献的地图，两件厚礼必定能够打动秦王而受到接见。他把想法同太子丹讲了，不料遭到拒绝，太子丹说不忍心杀害投靠自己的人。说不通太子丹，荆轲直接去找樊於期，提起他一家人惨遭秦王屠杀灭门，樊於期泪如雨下。荆轲把自己的想法对樊於期和盘托出，樊於期比太子丹明白事理，作为军人视死如归，如果能够报仇雪恨，死何足惜！所以，他慨然拔出长剑自刎，把自己的性命交给荆轲去向秦王讨还血债。

荆轲有了见面礼，没有马上动身。太子丹急了，语含责备地询问荆轲是不是后悔了，要不然他先派勇士秦舞阳去行刺。经过周朝数百年的封建时代的熏染，士人性格独立，一诺千金，最忌失信而被人怀疑，故当时侠义之风甚炽。不久之前，太子丹委托田光介绍荆轲的时候,送别时叮嘱田光不要把密谋外泄。田光向荆轲转达了太子丹求见之意后,拔剑自杀,以死斩断太子丹的怀疑,证明自己的人格。这种视人格为生命的堂堂气概是古代中华民族的风骨。现在太子丹又来怀疑荆轲,荆轲内心一定感到巨大的屈辱。

太子丹要派遣的勇士秦舞阳是哪路英雄呢?他是燕国人,13岁在街头打架斗殴,乃至杀人,故街衢衢无人敢直视他。但在荆轲看来,真正的勇士既不是高调的狂呼者,也不是逞勇斗狠的街头流氓,而是捍卫正义、谋划严密、出手果断的侠义之士。他完全不相信秦舞阳这种对乡亲残忍的人会在官威森然的权力殿堂上挺起脊梁,所以,他在等待自己的朋友赶来。没有得力的助手,难以完成万般凶险的刺杀行动。遭人怀疑所造成的屈辱,难以讲清的等待理由,以及太子丹轻举妄动的催促,让本来就千难万险的行动平添了几分不确定性。荆轲和田光一样,为了侠士的荣誉,提前出发了,带上太子丹为他找来的副手秦舞阳,内心的情感五味杂陈,却又如惊涛拍岸。好友高渐离带筑在易水河畔等候荆轲,用全部的感情为他抚曲,荆轲放情吟唱:"风萧萧兮易水寒,壮士一去兮不复还!"身穿白衣前来送行的宾客听得目瞋发指,泪落无声。荆轲慷慨登车,昂然而去,今生最后一次酣畅悲歌,为取义而舍生,再不回首!

荆轲来到秦国,用重金买通宫内关系,禀报秦王燕国前来献地,而且还带着仇人樊於期的首级。嬴政大喜,不战而屈人之兵,何其伟大。他穿上盛大的朝服,召集众臣,在咸阳宫隆重接见荆轲,让天下共同见证这伟大的时刻。面对如此盛大且威严的场面,荆轲坦然前行,秦舞阳却早已吓得面如土色。他不但帮不了荆轲,反而在这一刻几乎用战栗的身体泄露了荆轲的图谋。幸好荆轲早已将生死置之度外,冷静地向秦王致歉,说乡下人见不得天子威仪,算是掩饰了过去。荆轲缓缓走到嬴政跟前,行礼完毕,展开地图,嬴政俯身浏览这片唾手而来的土地。到了地图长卷之尾,荆轲抽出包裹在地图内的明晃晃的匕首,一把拽住嬴政的衣袖,跨步其背后要劫持他。嬴政生性多疑,素来不信任人,故反应也十分敏捷,马上跳起来,奋力一挣,衣袖断了。荆轲劫持不成，飞身便刺，嬴政转身躲过，一边绕着大柱子闪避，一边拔剑。剑太长了，一时拔不出来，只能快步转圈子。大臣们和卫士们从惊悚中反应过来，但秦国有严格的法规，没有国王的命令持兵器上殿者一律处斩，所以没有人敢冲上来。旁观者清，他们看出嬴政拔不出剑的关键，大声呼喊嬴政把剑转到背后，嬴政被点醒，依法而行，果然一下子拔出长剑，顺势劈下，把荆轲一条腿斩断了。荆轲倒地，用最后一口气力把匕首掷向嬴政，被年轻机警的秦王躲了过去。荆轲被众人挥剑狂剁，连劈八刀。荆轲瘫在血泊里，淡然惋惜道："要不是想生擒活拿逼迫你订约以报太子，何至于如此惨败。"荆轲死了，易水萧萧寒风，把燕赵侠义之士席卷而去，世上再无荆轲。

就个人而言，荆轲十分壮烈，侠义报国，值得颂扬。然而，他的死代表着一个时代的结束。封建社会仗义行侠的个人英雄主义时代结束了，以帝制为特点、整合全社会资源的集体主义时代已经揭幕，凭一己之力同国家对抗不啻以卵击石。燕国不去谋划整合国内外力量积极抗秦，而企图用暗杀手段一举扭转局势，既不负责任，也太落伍了，即使秦王被暗杀也改变不了秦国兼并天下的态势。太子丹轻浮躁进更导致孤注一掷的危险行动彻底失败。如果当日刺杀现场上荆轲的助手哪怕稍微发挥点作用，秦王恐怕在劫难逃。

如何评价荆轲刺秦王事件，每个人可以有自己的看法，但其中表现出来的侠义精神令人肃然起敬。一个民族、一个国家乃至人类世界，不能赞颂舍生取义的英雄，就直不起脊梁。荆轲可歌，燕国可悲，太子丹可鄙。

嬴政惊魂甫定，勃然大怒。他从来没有在大臣面前如此狼狈过，此恨必雪。他向屯驻在赵国的秦军增兵，由大将王翦统率，大举征伐燕国。燕国太子丹的刺杀行动大大提前了秦国的进攻，秦国以更大的规模猛烈报复。

或许有人会说秦国迟早都要进攻燕国，既然是躲不过去的事情，迟来不如早到。这种说法过于草率。应该迟来还是早到不是以事情是否会发生做判断依据，而必须根据对我有利与否来决定。如果燕国已经完成对秦作战的准备，而秦军师老兵疲，那么迟打不如早打；如果燕国没有做好准备，那么拖延时间就对燕国有利。现在秦燕双方的情况如何呢？秦军于公元前229年灭亡赵国，赵公子嘉带着宗族部下数百人逃往恒山、燕山和太行山交汇的代，亦即今河北张家口蔚县，自立为代王，联合燕国抵抗秦军。这支力量微不足道，无法构成燕国的外援，从之后的发展来看，代王是个贪生怕死的无义之徒，没起什么好作用。没有外援，燕国必须靠自己抵抗秦军。太子丹的刺杀行动暴露出燕国没有积极防备，反而把希望寄托于侥幸刺杀秦始皇的孤注一掷。没有做好准备的希望，结局总成为虚妄。秦军方面如何呢？攻下赵国之后，秦军在赵国休整了一年，这一年太子丹发动了刺杀行动。第二年，亦即公元前227年，秦军大举讨伐燕国，一举攻克燕国都城蓟城。燕王喜和太子丹率领余部退往辽东，秦将李信穷追不舍。就在燕军败退途中，代王嘉派人紧急送来一封密函，本应团结一致的时刻，代王嘉却在信中向燕王喜讲秦军之所以死命追击，都是因为太子丹的缘故，所以建议燕王杀掉太子丹，将首级呈献给秦王，秦王可以雪恨，燕国可以保全江山，两全其美。在两千年的历史上，每到生死存亡的关头都一再出现这种自我分裂媚敌乞和的主张，应该好好反思。病急乱投医，人到这一时刻马上暴露出本性来。燕王深以为然。这时候太子丹正在躲避秦军的追击，率部隐藏在衍水河畔。燕王派遣使者前来，斩下太子丹的脑袋，送往秦营。秦王根本不领这个情，燕国已经被攻破了，岂容死灰复燃，秦军继续挺进到能力所限之地。燕王虽然逃到辽东暂时苟延残喘，但四年之后，秦军拿下中原和荆楚，再度挥师东北，先后攻占辽东和代，生擒了燕王喜和代王嘉。

消灭赵国至关重要，它是三晋中最为强大的国家，赵武灵王移风易俗，推行胡服骑射的变革，一度让赵国的军事能力获得很大的提升，国土甚至扩张到九原，亦即今内蒙古包头市，从北方虎视秦国，让秦国如芒在背。而且，赵国名将辈出，如乐毅、廉颇、蔺相如、赵奢等，哪怕到赵国末期还有李牧屡破秦军。在赵武灵王之后，惠文王时代，赵国领导诸国，令乐毅统率赵、秦、韩、魏、燕军攻打齐国，盛极一时。

但是，国强生变之端，往往起于国王力图高度集权而猜忌朝中有作为且手握重权的大臣，国王身边的佞幸见机进谗，造成激烈的内部斗争。小人当道和谗言得逞，根本的原因在于国王本人而不在臣下，鸡蛋若非有缝便招引不来苍蝇，世上没有明君与奸臣的组合，臣若奸，君必昏，甚至比奸臣还邪恶。赵王轻浮躁动导致长平之战惨败，前面已经作了详细介绍。国外形势吃紧，国内经济不振，赵王不是检讨失误纠正偏差，而是企图通过加强集权禁止批评来渡过难关，这就只能坚持原有的错误路线，而蝇营狗苟的佞臣谗言必然应声涌现。

长平战败之后，燕国看到赵国青壮多死，起兵进攻赵国。赵国虽然衰颓，但瘦死的骆驼比马大，老将廉颇再度挂帅出战，大破燕军，攻略其地。然而，就在此时，赵王无端猜忌，临阵撤换廉颇，导致他出走魏国。幸好有名将李牧继起，国尚有人。但是，赵王不是与民休养，恢复国力，而是穷兵黩武，屡攻燕国，造成民生凋敝，看似军队能战，其实国家空虚，难以为继。国情越虚弱，内争越激烈。嬴政看透赵国空虚，派王翦大举讨伐赵国，李牧迎战，两大名将相遇，棋逢对手，可赵王又听信宠臣郭开的谗言，说李牧企图造反。赵王再次临阵换将，李牧拒绝受命，赵王派人逮捕李牧，并立即处斩。李牧一死，赵国三个月后就灭亡了。故民间盛传"李牧死，赵国亡"。郭开并不是第一次陷害忠良了，廉颇也是被他斗垮出走乃至报国无门，可赵王就是相信郭开，且不惜国家遭受重创也要内斗到底，说明他们是一路货色。赵国亡于什么呢？君昏生奸臣，内斗致衰败。六国灭亡的时候，毫无例外都是这种情况。

赵国灭亡，秦国在北方没了对手。从中国山川地理形势来看，山东的齐国利于攻而拙于守。齐宣王时期，国盛兵强，张扬跋扈，欺凌邻国，导致韩、赵、魏、燕、秦、楚六国围攻，国都被攻破，从此一蹶不振。楚国方面如何呢？楚怀王被秦昭王设计诱骗后挟持，扣留至死。秦军利用这个机会大举进攻楚国，攻城略地，打掉了楚国的锐

"熊悍"青铜鼎，战国楚，1933年安徽寿县朱家集出土，熊悍即楚幽王

气，楚国此后摇摆于齐秦之间，左右皆不讨好。齐楚不能勇敢地站出来领导各国联合抗秦，各国如一盘散沙，秦国就利用优势给予重创，特别是楚顷襄王十九年到二十二年，亦即公元前280—前277年的四年间，白起攻占了楚国宜昌、汉江之北、黔中等大片国土，甚至攻破都城郢，焚烧了楚国先王陵墓，迫使楚国迁都，遭受重大挫折。齐楚两国皆无斗志，又失去了北方强国赵国和中原的韩魏两国，原来山东六国的形势如同被人斩首（赵国）、开膛（韩魏两国），只剩下胳膊（齐国）和腿脚（楚国），它们的灭亡只是时间的问题。

嬴政不会给它们太多的时间。在破燕后的第二年，嬴政派遣王贲讨伐魏国，包围国都大梁，引水淹城，致城墙坍塌，魏王出降，魏国

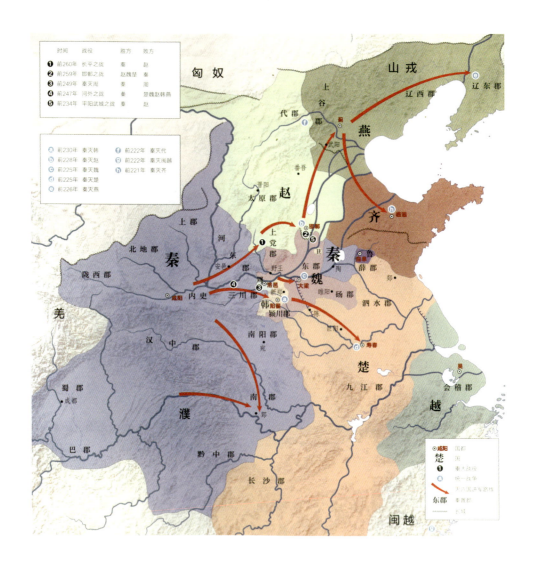

秦灭六国示意图，据《中华文明地图》

灭亡，秦国完全控制了中原。

第二年，嬴政强令老将王翦率军出征楚国。在此之前，楚国连连遭受秦国重拳打击，已经到了生死存亡的关头，但统治者不思自强，热心于争权夺利。楚国末期最有威望的春申君被楚幽王外戚佞臣李园杀害，国内失去了能够聚拢人心的人物。幽王死后，哀王继立，却被庶兄负刍偷袭杀死。楚国内乱频生，秦国岂能放过大好良机。王翦军队大破楚军，俘虏楚王负刍。楚国名将项燕退至淮南，立昌平君为王。大家是否还记得这位昌平君？他是秦楚联姻所生的贵公子，嬴政登上政治舞台的第一步就是依靠他平定了嫪毐之乱，那时他担任秦相国。到自己的祖国遭遇灭亡之时，他选择了保卫国家。但是，楚国大势已去，项燕拥立的昌平君不堪一击，不久被消灭，昌平君身死，项燕自杀。

灭亡了楚国，秦军掉头北上，进军辽东，消灭盘踞于代和辽东的代王和燕王。公元前221年，嬴政发起了征服六国的最后一战，派遣王贲大举进攻齐国。已经毫无斗志的齐王竟然听从相国后胜的劝告，出城投降。实际上后胜早就被秦国收买，派遣众多门客到秦国收受贿赂，回来散布亲近秦国乃至投降的言论，破坏各国"合纵"联盟，让齐国不修兵备，不支持诸侯国抵抗秦军，最后出卖了国家。

这一年，中国第一次完成了全面军事征服而形成了国家统一，中央朝廷实现了对于全国各地的有效统治，这和此前夏商周三代主要是中央政权的更替有着质的不同。

因为是军事征服所建立的政权，以及秦军对各国军民大量的屠杀和镇压，导致尸横遍野，血流成河，所以，除了秦国以外，广大的六国故土民间充满怨仇，其中尤以楚国为甚。楚怀王应秦国邀请前往订立盟约，却被秦国扣为人质。大失基本信义的欺骗虽然赢得了眼前，却因被众人唾弃而将失去未来，楚怀王不肯签订卖国条约而被软禁至死，楚人同情他，也为楚国受骗咬牙切齿，从而大大加深了楚人对于秦的仇恨，在楚国灭亡的时候发下"楚虽三户，亡秦必楚"的重誓。[1]如何化解社会上的怨恨，考验着史无前例的统一帝国的智慧。手握大权的胜利者此刻藐视失败者发下毒誓的坚强意志，鄙笑置之，十四年后却将在狂飙突起的反秦大起义中感受到民心向背的巨大力量。

第三节 秦朝君临天下

公元前221年，是中国历史上巨大分水岭的标志性年份。这一年，中国第一次出现了通过武力征服建立的全国性政权，第一次出现

[1]《史记》卷7《项羽本纪》记载："夫秦灭六国，楚最无罪。自怀王入秦不反，楚人怜之至今，故楚南公曰'楚虽三户，亡秦必楚'也。"

高度集权的中央朝廷一元化统治的国家，从以前的方国联盟、诸侯国联盟等封建制国家转变为帝制国家。国家第一次以人民和土地等一切资源的终极最高所有者身份君临全社会，从此以后，所有人的生命权和财产权都从属于君权，在其限制性规定下存在。人们那时还没有真正明白，从此以后他的一切在根本上都归属于国家，而国家将由皇帝主宰。

秦王嬴政征服全国之后，立即命令大臣们议定国家的性质和最高统治者的称号。大臣们清楚、正确地指出：古代的五帝，土地不过千里，属国来不来朝贡都控制不了。现在灭了六国，秦军无处不达，全国编为郡县，号令统一，这种情况旷古未有。古有天皇、地皇和泰皇，以泰皇为尊。因此建议秦王改称"泰皇"，代表一个新的时代。嬴政把"泰皇"改为"皇帝"，分别取自三皇的"皇"和五帝的"帝"，合称为皇帝，展现出他包吞寰宇、天下至尊的心志。皇帝唯我独尊，万众仰望，必须突出其唯一性，故专用"朕"字为自称，皇帝的命称作"制"，令称作"诏"，一套新的制度从此建立起来。

秦朝皇帝同以往的三皇五帝、周朝天子，以及原来各国的国王有着天壤之别。首先是有限权力同无限权力，其次是权力与义务的对等性同权力扩大至无义务的根本区别。皇帝的权力覆盖一切，代表着绝对的正确，不容置疑。因此，嬴政宣布废除以往的谥号制度。谥号是人死以后对其生平事迹、品德功过的评价，用一两个精练文字加以概括，是盖棺论定。例如雄才大略经天纬地者谥"文"字，残暴无亲者谥"厉"字，纵欲怠政者谥"荒"字。谥号对于君主更显重要，由大臣议定，不仅是对君主的评价，往往也是对一个时代国政的概括。对于统治者而言，能够制约其权力的东西本来不多，但后人对他的评价将定格于历史之上，死后被后人世代唾弃，还是会感到恐惧的。嬴政在一统天下之初就急忙废除谥号制度，说明他对谥号的厌恶，也暴露出他的恐惧。所以，他说谥号制度是让儿子评论父亲，臣下非议君主，有悖伦理，断不可行。那么后人怎么称呼皇帝呢？嬴政提出新的办法，秦朝江山千秋万代不可更替，他作为第一代皇帝，也就是开国

琅琊刻石,秦始皇二十八年(前219)

陶量,秦,1950年山东邹县出土

高奴禾铜石权,秦,陕西西安高窑村出土

秦时期形势图,据《中华文明地图》

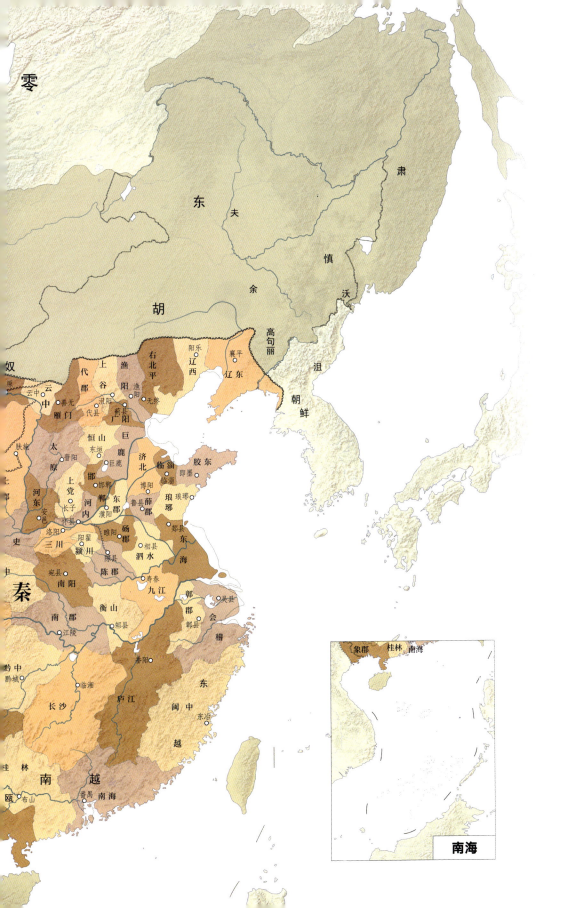

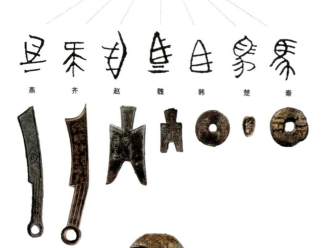

秦统一文字、货币示意图

"半两"青铜钱及陶钱范，秦

始祖，称作"始皇帝"，以后的皇帝依次称为"二世皇帝""三世皇帝"，一直传到万世。谥号取消了，江山就永固了——文字似乎具有魔力。

文字的魔力隐藏着人类对于自然界不可驾驭的力量的畏惧，这种力量以鬼神或者天帝等各种宗教意识形象出现，在商朝表现为鬼神崇拜，在周朝经过人文改造成为天意遵循，都独立于世俗权力之外，甚至更加崇高，在民间影响力更大。这非常不利于建立至高无上的皇帝集权。所以，秦始皇开国二年后上泰山封禅，登琅琊刻石，公开批判五帝三王的鬼神崇拜，斥责道："假威鬼神，以欺远方，实不称名，故不久长。"秦始皇认为在他之前的朝代都国祚不长，道理就在于用宗教整合人心，而不懂得建立对于世俗权力中心皇帝的崇拜，以皇帝崇拜统一民众的思想，用皇帝崇拜取代宗教信仰就可消灭异端，使得山河永固，因此，必须让"群臣相与诵皇帝功德，刻于金石，以为表经"[1]，全国上下要像宗教祈祷一般歌颂皇帝，相信皇帝无所不能，战无不胜，每天唱诵，给自己加油打气，这个信念将变得坚如磐石。

思想要统一，国家行政也必须统一，不容许像六国时代那样，各国因地制宜，各行其是，形态各异，百花齐放。秦朝采取强有力的手段，迅速推进并完成国家制度在各地的落实。最为重要的举措有：

第一是新征服的地区彻底废除封地邑落制度，重新划分为郡县。郡县采用整齐划一的行政制度，作为中央朝廷管理地方的政府机构，完全听命于朝廷，只向朝廷负责。全国划分为36郡，取消地方自治管理，全国一个模子一种样式。行政统一还必须落实到其他方面。

第二是度量衡统一，原来各国自行订立的度量衡标准，在统一国家内不利于货物和钱币的流通，所以，一律采用秦国的度量衡。这项变革要改变各地行之已久的习惯，推行的难度很大，但秦朝强有力的行政力量将它落实了，而且还实现了车轴宽度的统一。古代井陉关驿站旁古道上厚厚的石板路被车子长年碾压形成的两道深深的车辙，可以证明秦以来实现的"车同轨"。

第三是更加重要的文字统一。从商代以来象形文字成为中国通

[1]《史记》卷6《秦始皇本纪》。

秦咸阳宫凤纹砖

行的文字,但各国写法有所不同,随便举个例子,"謨"字的言字旁,有的国家放在下面,变成"𦰩"。这样的例子不可胜数。秦朝强制推行秦国使用的文字,禁止使用六国文字,这有助于推行秦朝文化,抹去民众对于六国文化的记忆。当然,文化不见得能够用暴力完全消灭,各地民间依然保留着原来的写法,这就成为今日汉字中各种各样的"异体字"的源头之一,其实不是"异体"字,而是"异国"字。六国文化的遗迹留存于文字之中。

秦朝统一文字的努力似乎并不成功,除了其倏忽而亡的原因之外,主要是因为其统一使用的为李斯制定的小篆文,这种文字适用面甚窄,难以在社会基层官吏和民众中推广。相较而言,汉代推行的隶书,简明清晰,一望可知,因而迅速成为全社会通行书体。秦字废而汉字兴,道理就在于此。所以,中国古代文字统一的工作是在汉代实现的,以至于今日仍称为"汉字",而非"秦字"。如果就文字起源来命名的话，则理应称作"商字"。甲骨文同秦代的篆文一脉相承，繁复难以辨识，所以，一旦有便捷的文字出现，它就迅速被取代了。

秦始皇推行的这些措施是必然的。既然实行帝制，必然要求思想统一、行动统一、文化统一、制度统一、行政统一、风格统一、样式统一，全国上下如同一人，一个思想，一个声音，穿一样的衣裳，说一样的话，这样的统一将无懈可击，力量无穷，试看谁能撼动？

这样建造出来的世俗权力覆盖一切，旷古未有，举世无双。哪怕外国那些所谓的皇帝也难以望其项背。因为他们权力再大也只能局限于世俗社会，而秦始皇的权力把神也置之辖下，既管世俗社会的民众，也管彼岸世界的神明，亦即它是政权和神权的统一体，无与伦比。到了这等地步，万民匍匐在地，海内山呼万岁。

人被捧在云端，见到不顺从者就无情镇压；都顺从以后，内部的不同意见就变成了心怀异志，同样无情打击。秦始皇三十三年（前214），亦即一统天下第七年，秦始皇南征百越，北逐匈奴，开疆拓土，修筑长城，设立亭障，凿山开路，通往四方。翌年（前213），大功告成，秦始皇兴高采烈在咸阳宫大宴臣下。仆射周青臣敬酒，颂扬秦始皇的丰功伟绩古往今来无人能比。皇帝大悦。这时候博士淳于越站出来批评周青臣面进谀辞，误导皇帝。他认为殷周两代实行封建制，有子弟功臣像群星一样拱卫中央，所以立国数百年十分稳固，而现在秦朝实行郡县制，不按照古代规矩行事，地方上没有捍卫中央的能力，一旦出现危机，如何挽救？淳于越的意见是否正确，可以讨论。他担忧的是秦朝如何长治久安，想劝秦始皇遵循古代成功的经验，动机良好。但他在颂声之后提出不同意见，时机不对。提建议要看脸色，可知这时候的政治风气已经相当严酷了。大臣们都揣摩皇帝的心意说话，丞相李斯看出秦始皇不高兴，马上严厉批驳淳于越，坚决维护郡县制度，同时指出儒生们以历史为依据，批评当代，将危害君主的权威。因此，他提议秦始皇焚烧《秦记》以外所有的历史著作、人文著述，包括《诗》《书》及诸子百家学说，只允许留下医药、卜筮和种树的书；想学习法令者，以吏为师；有人胆敢私下谈论《诗》《书》学问的一律斩首弃世，官吏见到而不举报的按同罪论处，三十天不能烧完书籍者判处苦役。这是前所未有的文化大镇压。在秦始皇焚书以前，我们能够在中国历史上见到此种恶行吗？而在此之后却一再出现。所以，秦始皇焚书是中国踏上思想和文化镇压之路的开端，从此不断有政客仿效。思想被禁锢，探索之路被堵塞，后面的路程有如华山一条道，以下各站是功利主义、拜金主义、唯利是图、损人利己……道德底线一再被击穿，创造力逐渐枯萎，高尚与低贱完全用权力和金钱做尺度来衡量。

坐在权力之巅，有人感到"高处不胜寒"，有人感到极度快乐而恋栈至死。两种感觉都是真实的，反映出人的境界和对于权力的态度。心智正常的人把权力作为工具，争取同工作相匹配的权力，权力越大则义务越重，唯恐自己难以胜任而兢兢业业。另一种人则把权力当作目的，无限攫取权力是为了享受权力，从奴役人中得到快感，从穷奢极欲中获得物质和感官的满足。再简单一点说，权力是用来为民众做事还是用来自我享乐，区别就在于此。

享受巅峰权力获得的快感，不是未登大位者能够体会的。让众人匍匐于脚下，令美女众星捧月，征伐四方而独占世界，倾尽天下物质建造高楼广厦，建构宏伟叙事，非但满足了君主无限膨胀的虚荣心，也让受奴役的民众产生莫名其妙的荣誉感。因此，大兴土木成为政治的需要。越高度集权的王朝越醉心于构建宏伟的都城宫殿，历史一再证明了这一点。

秦始皇三十五年（前212），亦即秦朝第九年，秦始皇嫌咸阳宫廷规模太小，决定重新规划建设大型都城。首先在渭南上林苑建设朝宫，其前殿就是著名的阿房宫。此殿东西长500步，南北宽50丈，里面可坐万人。秦朝收缴全国的兵器，销熔铸成12尊高大的铜人，正好放置于阿房宫前，展示一统天下的强大武力。阿房宫周围建阁道，大殿直通南山，以南山之巅作为大殿的阙楼。从阿房宫渡渭水有复道，在渭水南北建造离宫，这些都是根据天象设计的。[1]

[1] 《史记》卷6《秦始皇本纪》"秦始皇三十五年"条《索隐》注："常考《天官书》曰：'天极紫宫后十七星绝汉抵营室，曰阁道。'"北魏郦道元《水经注》卷19"渭水"记载："秦始皇作离宫于渭水南北，以象天宫。"

秦始皇在政治上公开否定鬼神宗教信仰，其实他的内心非常迷信。阿房宫设计处处拟于天象，此为一例。他给秦朝开国定制之初，就运用五德运历之说，提出周朝属于火德，秦朝取代周朝，故为水德，其色尚黑，法数为六。据此，秦朝的旗帜衣裳都采用黑色，百姓称作"黔首"，官帽定制都是六寸，车宽六尺，步长六尺，御马六匹。水主阴，阴重刑杀，故秦朝用法苛酷，以合其五德运数，这又是一例。秦始皇生前给自己建造的骊山陵墓，选蓝田为址，取"其阴多金，其阳多玉"之义，[2] 在彼岸预存了丰厚的储蓄。至于作为阴宅的墓室，也是穷奢极侈，"斩山凿石，下锢三泉，以铜为椁，旁行周回三十余里。上画天文星宿之象，下以水银为四渎、百川、五岳、九州，具地理之势。宫观百官，奇器珍宝，充满其中。令匠作机弩，有所穿近辄射之。以人鱼膏为灯烛，取其不灭者久之。后宫无子者，皆使殉葬，甚众"[3]。上述工程都根据天象风水设计。由此可见，秦始皇虽然极力用自己来取代神明，但内心私密之处终究向神明低下了骄傲的头颅。所有的专制独裁者归根结底都是迷信之徒，他们大张旗鼓讨伐神明只是为了争取在人间的神权，愚弄民众罢了。

凌驾于天地之上的皇帝，随着地位无比尊崇和年龄增长，内心会产生新的焦虑，那就是如何让时间定格，使自己万寿无疆，永葆尊贵。秦始皇开始了新的征途，求助于通达神明的方士，探寻抗击衰老的方法，祈望以人力胜天。

方士是信仰谶纬学说、擅长祭拜鬼神、炼长生丹兼通医药星占的术士。战国时代，燕齐之地方士尤多。秦朝建立后，秦始皇祈求长生不老，把这些方士异能之人收罗于都城，为其寻找仙药、炼丹求神。方士中最为出名的是徐市，他告诉秦始皇海外有仙山，最出名的是蓬莱、方丈（方壶）和瀛洲，仙山上生长着长生不老的仙草。为何方士多出自燕齐地区呢？此地域围绕渤海，每到春雨霏霏、海雾蒙蒙的季节，经常出现海市蜃楼现象。海边的人们便认定大海深处有神仙居住，传言纷纷，便成为多产方士的沃土。他们把海外仙山说得十分真切，还告诉秦始皇方外有真人，入水不湿，入火不蒸，凌空飞腾，

[2] 郦道元《水经注》卷19"渭水"记载："秦始皇大兴厚葬，营建冢圹于丽戎之山，一名蓝田，其阴多金，其阳多玉，始皇贪其美名，因而葬焉。"

[3] 郦道元《水经注》卷19"渭水"。其描述本于《史记·秦始皇本纪》的记载："穿三泉，下铜而致椁，宫观百官奇器珍怪徙臧满之。令匠作机弩矢，有所穿近者辄射之。以水银为百川江河大海，机相灌输，上具天文，下具地理。以人鱼膏为烛，度不灭者久之。"

与天地同在。说得秦始皇无限向往,甚至不再自称"朕"而改称"真人"。方士再把遇见真人的方法告诉秦始皇:必须像神龙一般见首不见尾,切不可让人知道行踪,才不会招来恶鬼妨碍。于是秦始皇下令将咸阳之旁两百里内270处宫观的复道甬道连通起来,挂上帷幕,多置美女,钟鼓相鸣,自己随处行幸,无人知晓。胆敢把秦始皇行踪透露出去的,论处死罪。[1]这绝非恐吓之言,所以,朝廷重要大臣都会偷偷在皇帝身边安插耳目,打探皇帝的情趣意向,好见风使舵。秦朝丞相是最早做这件事情的人。有一次秦始皇在梁山宫内望见前呼后拥的丞相出行队列,颇为不悦,后很快发现丞相大减随从,秦始皇知道身边有人透露了消息,马上追查,无人承认。于是秦始皇下令把当天在场的侍从全部处斩,以后再没有人敢透露秦始皇的消息了。神出鬼没的修仙同恩威难测的独裁暗合符节,甚得秦始皇之意。

秦始皇寻仙求寿几乎到了痴迷的地步,一统天下之后,秦始皇的五次巡行都与此有关。第一次在一统天下后的第二年(前220),他来到陇西、北地,登鸡头山。秦始皇巡行具有政治意义,为展示秦朝的国威,以震慑刚刚被征服的六国。从这一点考虑,首先应该巡视山东地区,因为当时西北地区没有强敌。但是,如果熟悉秦国历史就可以知道,此地曾经是秦国雍城所在地。相传秦文公时代此地二童子化作神鸡,一只飞到陈仓山顶,一只飞到河南南阳。这一对神鸡,"得雌者霸,得雄者王"。秦文公得雌鸡而霸,故于此地立祠。此传说流传久远,唐朝平定"安史之乱"时,在陈仓山复闻神鸡啼鸣,军心大振而节节胜利,故唐朝将陈仓改名为"宝鸡"。飞往南阳的神鸡后来化作东汉光武帝刘秀,统一中国。秦始皇如果是功成告祖,应该在咸阳都城祖庙中进行,专程跑到鸡头山显然是奔着这个神鸡传说而来,目的在于获得神明的佑庇加持。他回程途中还到渭南,将信宫作为极庙,以象天极[2],更显示出行的宗教目的。

第二次出巡在秦始皇二十八年(前219),到泰山封禅,这既是政治宣示,也是告天的宗教仪式。秦始皇随后拐到彭城打捞周鼎,接着南下衡山去湘山祠,这是尧的女儿、舜的妻子的神庙。秦始皇渡江时

[1] 《史记》卷6《秦始皇本纪》"秦始皇三十五年"条记载:"于是始皇曰:'吾慕真人,自谓"真人",不称"朕"。'乃令咸阳之旁二百里内宫观二百七十复道甬道相连,帷帐钟鼓美人充之,各案署不移徙。行所幸,有言其处者,罪死。"

[2] 《史记》卷6《秦始皇本纪》"秦始皇二十七年"条记载:"始皇巡陇西、北地,出鸡头山,过回中。焉作信宫渭南,已更命信宫为极庙,象天极。"

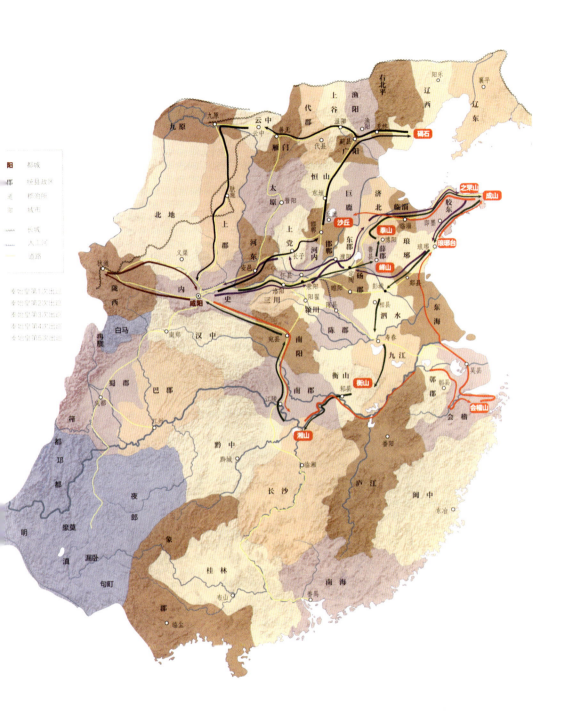

秦代交通及秦始皇出巡路线示意图,
据《中华文明地图》

遭遇大风，璧落江中，被迫折回，怒伐湘山树木，扫兴而归。但他对湘山神念念不忘，以至于秦始皇三十七年（前210）的最后一次巡游专门来到云梦，登九嶷山祭祀。

也就在这一年，秦始皇批准徐市的请求，给他童男童女数千人，入海访求仙人。徐市带这么多年轻劳动力和财物种子出海，明眼人都能看出是一次精心策划的远走他乡，与北方的卫满携众出逃朝鲜性质相同，只是徐市脑子更好，把秦始皇哄骗得深信不疑，任他索取人财物。至于民间流传徐市到日本立国，则是后人想象出来的故事结尾。

翌年（前218），秦始皇第三次巡游，到之罘观海，刻石立碑。

第四次巡游在秦始皇三十二年（前215），来到碣石，让燕国人卢生为他去访问仙人羡门、高誓，求取不死之药，并刻石立碑。

这两次出巡地正是燕齐海滨，亦即仙人所住的神山一带，秦始皇隔海遥祝，祈祷祭祀。

卢生出海没找到仙人，却带回神示称"亡秦者胡也"，吓得秦始皇大举出兵塞外，讨伐"胡"人。可见他内心对于神仙的敬畏。

第五次出巡在秦始皇三十六年（前211），也是他命丧沙丘之旅。行前天降异变，一再出现鬼神预告秦始皇将死，而且世间竟然再现秦始皇失落于湘江的玉璧，作为神示的证明，颇为奇异。故秦始皇此次巡游的目的更加明显，就是祈求神明保佑，延续阳寿，破解他当年将死的谶言。具体行程且待后述，概言之，先南下九嶷山祭祀，转向会稽求神，北上荣成山海边找仙药，再继续巡游燕地，全程都围绕着传说最盛的楚神齐仙所在之地，目的性显露无遗。只是这次巡游最终也没有找到神仙，自己却病死沙丘，引爆秦朝剧变。秦始皇求江山永固和长生不老却命丧荒外，身后秦朝倏忽灭亡，真乃天道恢恢，有所不容。

秦始皇的五次出巡，都忙忙碌碌地试图打通神明，反映出他对于生命短暂的焦虑和永远享受权力的渴望，这激发了其追求成仙的宗教狂热。所以，他从燕齐故地找来一批方士，其中光是占星望气者就多达三百人[1],都厚养于都城,为他接通神仙,找寻不老仙药。方士可以神吹法术,却无法兑现;朝廷大臣对此将信将疑却都一味顺旨逢迎。这本来就是一场闹剧,表演者尽情耍猴,装傻者使劲鼓掌,把主人哄得如醉如痴,最后做成一笔糊涂账了结,皆大欢喜。古往今来这种事情还少吗?可是遇到信以为真的秦始皇,不惜重金一定要见到仙药,这戏就演不下去了。方士们惊慌失措,无法交差。他们中的聪明者如徐市早已远走高飞,留下者既贪婪又愚钝,想不出解脱之术,竟然把责任推到秦始皇头上。卢生等人聚在一起商议,有的说求取仙药必须人品好,可是秦始皇为人刚愎自用,不容置疑,兼并天下,贪得无厌,专任狱吏,用刑杀立威,臣下动辄得咎,人人自危,尸位素餐。有的说皇帝专横残暴,日益骄狂,众臣则当面谀谀,撒谎欺瞒;皇帝好管事,每天称量所批公文,不满百斤一石不休息,下权上夺,事无巨细皆取决于上,则大臣顺风承旨,敷衍了事——如此凶残贪婪之人,不可以为他求取仙药。这帮方士非议一通,仿佛为天下苍生仗义而去,实则黔驴技穷而仓皇逃命。

秦始皇接到禀报,勃然大怒。他想起骗走无数财物的徐市至今未归,更是火上浇油,气血贲张,下令抓捕文学方士,扣上妖言惑众的罪名,下狱拷问。儒生们相互牵连,供出私下议论的言语,案子做大了,株连了460多人,统统在咸阳城活埋,更多牵连者发配边疆服劳役。有人说也就杀了460多人而已,殊不知那时没有印刷术,文章著作全靠人工抄写;没有纸张,文字写在绢帛、木简或者竹简上面,学习文化的成本之高昂,非富贵人家难以支持。明白了这个道理,就知道当时全社会没有多少文士儒生。秦始皇坑杀的儒生几乎网罗了当时的多数精英,加上牵连判刑者,文化阶层几被摧毁殆尽。

秦国是文化落后的后起国家,要通过集中权力和建立军国体制来追赶发达的山东六国,但缺乏文化和集权式的后发追赶模式,很容易走向反文化。高度集中社会资源会伤害各个阶层的利益,引发不满情绪,秦国便采取高压的手段,同时钳制言论,镇压不同意见。因为博士建议采用分封措施巩固秦国,秦始皇便发动了焚书运动;因为

---

[1] 《史记》卷6《秦始皇本纪》"秦始皇三十五年"条记载:"候星气者至三百人,皆良士。"

方士找不到仙药而非议朝政，秦始皇便兴大狱坑儒，"焚书坑儒"的起因真有点无厘头，但暴露了专制集权者从鄙视文化到仇视文化的真实心理。

秦始皇的做法连他的继承人、长子扶苏也看不下去，劝谏秦始皇不要一味严刑峻法造成全国上下骚动不安。秦始皇又生气了，直接把扶苏发遣到北方，和大将军蒙恬一起戍守边疆。极端的高压政策往往造成统治集团内部的罅裂，以及社会沉默的反弹，致使怨气聚集。帝国何去何从？

按照卢生等方士的说法，求仙重在积善，而秦始皇出游前却大规模坑儒，积怨积仇，故难达成出行目的。方士所言与中国上古以来关于人间怨气上达天庭，天庭便降下灾难的传统认识一致，当然不符合自然科学的原理。但是，一味的高压统治必定把统治集团内部以及朝廷同民众的矛盾激化，天仙未可求，天下已是群情汹汹，统治者也内外交困。遥想一统天下时的欢庆场面，才过了十一年就风雨飘摇，怨声载道，甚至有"黔首"在流星陨石上刻下"始皇帝死而地分"。秦始皇派官兵把落石附近的百姓全部杀掉，敲碎刻石，让御用博士为他写了《真人诗》颂扬功绩，传唱天下，驱邪镇魅。这一招似乎没有效果，秦朝使者遇到有人手持玉璧，托他带给水神滈池君，传话说"秦始皇死于今年"，然后飘然不见。秦始皇得到禀报，沉默半天才挤出一句："山鬼只能预知一年之事。"要带给滈池君的玉璧正是前些年秦始皇渡江登湘山时遇风暴而失落之物，真是奇了。至于"滈池君"，指的就是周武王，暗喻秦始皇荒淫残暴，将再度发生"周武革命"，且秦朝属于水德，故预告秦始皇将到水神那里报到。为了破除这些不祥的预言，秦始皇才决定出行祭神。[1] 活着的时候看到死后百姓的恶毒诅咒，他此次出行不知作何感想。

十月，秦始皇带上左右丞相和小儿子胡亥出发了，游历了九嶷山、会稽等地，向神明歌颂自己的丰功伟绩，以正视听。翌年，一行人前往秦始皇心心念念的齐地海滨，射杀了总是作梗不让方士渡海登仙岛的大鱼，舒缓了一口气。夏天继续北上前往燕地，但才到德州就

[1] 以上诸事均见于《史记》卷6《秦始皇本纪》"秦始皇三十六年"。

秦始皇陵兵马俑1号坑兵阵

风云突变，一病不起。神仙没见到，诅咒却真的应验了。秦始皇自知大限已至，传玺书给长子扶苏，令他赶回咸阳主持丧事。

秦始皇独裁专断，把所有讲真话的人清除殆尽，连长子也被打发到边地，身边全是顺旨听话的人。他到死都不明白，高压下的顺从和忠诚最不可靠。掌管皇帝玉玺的赵高压下了给扶苏的玺书，等秦始皇死在沙丘之后，同丞相李斯等几位政要密室商量，唯恐此消息透露会引起诸公子乃至天下变乱，决定秘不发丧，将秦始皇安置在冰车中，照常巡游，百官奏事如故。公子胡亥与赵高有私交，故赵高提出改立胡亥为帝，得到李斯等人的赞同。于是他们立即起草了秦始皇命令李斯立胡亥为太子的遗诏，再派专使持诏书驰往北边，令扶苏和蒙恬即刻自尽。一场惊天政变就在秦始皇未寒的尸骨前高速进行。

第四节　政变迭起与民众暴动

高度集权的帝制，最重要的决策都在极少数人的密谋中敲定，其他人不得怀疑，也不得置喙。百官人人自危，谋求自保，必然极端自私且冷血麻木，没有人关心政权安危和国家兴衰，一心保护自己的官职利益。所以，只要能够左右核心的几个高官，政局随时可能出现惊天逆变。权力没有制度性的分配和保障，便一直处于人治的高危状态，集权程度越高，被颠覆的危险性也就越大。中国古代帝制内部频发的政变，从秦始皇死后就已经开始了。皇帝既要独裁，又要政权稳固，完全没有认识到这两者是相互矛盾的：独裁压制了朝廷百官智慧而让政策偏颇且短视，大臣没有责任心而以权谋私，争宠内斗，党同伐异；寡头垄断完全失去对权力的制度性制约，而镇压言论又失去舆论激发的民情监督。这种状态下无事则已，一旦出现紧急事态，极易发生宫廷政变，政权转眼倾覆。中国历史上这样的教训实在太多了，却从来没有汲取教训，原因不在于统治者太蠢，而在于私心太重，一心想着大权独揽，不断扩权，绝不愿意手中权力和个人私欲受到丝毫制约，只求屹立于权力巅峰的得意，以为人定胜天，权力可以解决一切问题，将用恐怖和利诱手段精心挑选出来的奴才密布内外，便以为万无一失。岂不知权钱面前无傻瓜，有的只是伪装，时机一到马上露出真实面目。秦朝总共维持了十四年，历三代皇帝，实际上完全笼罩在秦始皇的个人权势之下，集权程度极高。秦始皇一死，马上发生政变，二世登基。一年多后再次发生政变，子婴继位。三代皇帝三次政变，政变率竟达100%，秦朝政权制度结构的脆弱性暴露无遗。哪怕是国家政权比较稳固的汉朝，皇帝代际之间的政变或者变故，也远远多于权力的正常交接。中枢政治变乱是帝制的痼疾。

秦始皇出巡队伍在他于七月死后又巡游了两个月，仿佛一切正常。他们从沙丘北上，过井陉关进入草原，直抵九原郡（今内蒙古包头），行程三千里。这段行程并不只是为掩饰秦始皇之死，目的在于北上巡边，特别是到九原一带稳定杀害扶苏和蒙恬后的军队，达到目的后巡行队伍折回咸阳。九月，21岁的胡亥正式即位，安葬秦始皇于骊山。秦始皇陵墓内部极尽奢华，设置了各种机关防备掘墓。历史上曾经发生春秋吴国的伍子胥率军攻入楚国都城，发掘楚平王墓"鞭尸"的事件，让统治者心惊。秦始皇生怕有人也对他掘墓鞭尸，所以墓内部设置了重重机关。施工的工匠了解这些机关所在，故二世命令秦始皇下葬后把所有的工匠封闭于墓中殉葬，以防机密外泄。

二世通过密室阴谋上台，在全国上下引起各种传说，合法性遭到质疑。二世对此十分担心，试图解决这个问题。他最初沿用秦始皇出巡的办法，带着丞相李斯等向东巡游，从会稽至辽东，一路刻石铭功，震慑四方。他很快发现这一招似乎不管用，因为最大的威胁来自内部，首先是秦始皇诸子不服，其次是朝廷百官颇有抵触。他同赵高密商，赵高也诉苦道：大臣都是贤明贵人，自己身份低贱，遭到轻视。文武百官对皇上也是表面恭敬内心不服，因此不能对他们采用文治手段，而应该动用武力，断不可犹豫。赵高建议二世借着出巡的机会查办一批地方官吏，杀掉他们，既威震天下又铲除异己，而且出手要迅速，让大臣们来不及谋划。要打击权贵而提拔低贱，任用疏远而

两诏秦椭量，秦

两诏青铜版，秦

贬黜亲近，颠倒着做让人猜不透，国家就安定了。

二世大为称善，马上实行，逮捕了一批大臣和皇子，严加审讯，株连一大片。六位皇子被拉到杜县处斩，将闾兄弟三人则被囚禁于内宫，使者向他们宣布因为犯下不尽臣道大罪而将处以死刑。将闾大声喊冤，说自己一贯顺从，从未缺席朝廷典礼，恭恭谨谨，没有违失臣节，何罪之有？使者回应道："我没参与定罪，只是奉命行事。"将闾仰天悲鸣，呼叫冤枉，兄弟三人流涕自尽。整个皇族震动，惊恐万状。进谏的大臣按照诽谤罪论处，官员们再也不敢说话了，点头哈腰以保住禄位，百姓更是战栗不已。

看到举国上下鸦雀无声，二世认为大见成效，便放胆施政。他在咸阳视察秦始皇生前大兴土木营建的宫城和骊山大墓两项工程。骊山大墓动用了数十万劳力，算是完工了，而宫城建设动用的劳力更多，民怨太大，在秦始皇死后停了下来。二世认为不继续开工就等于变相承认秦始皇的错误，所以，必须恢复建设阿房宫，以证明秦始皇的决定英明正确。各地的民夫重新被征调而来。秦始皇征抚蛮夷的做法也都被复活,严格按照既定政策执行,一切如旧。宫廷的花销很大,供玩赏的狗马禽兽也需要很多粮食,咸阳仓库的粮食不够用,就从下面各郡县征调。秦朝服劳役的民夫,或者征集的兵士,都属于无偿服役,必须自备粮食等生活用品,所以,转运粮食的民夫也必须自带干粮。朝廷规定咸阳四百里之内不准吃转运的粮食,以确保宫廷的供应,导致运粮者没饭吃,仆毙于道者,比比皆是。这些人保证了宫城建设迅速推进,依山而筑的宫殿一座座拔地而起,巍峨壮丽,秦朝完全遵循秦始皇规划的蓝图,快步前进。二世称得上是秦始皇的忠实继承人。他希望,经过这次权力的继承,开一个好头,二世、三世传至万世的理想逐步变成现实,后面的道路更加顺畅。

二世即位十个月,也就是秦始皇病死沙丘一周年的时候,固若金汤的大秦帝国有条不紊地运转着,还是那么高效,还是那么苛酷,镇压文化,铲除异端,整个社会不敢有一丁点的不同声音。法家治国者最恐惧的是思想,认为它是威胁国家稳定的元凶,如果没有思想,人民就是俯首帖耳的劳动者,毫无欲求,在严格的军事管理下源源不断地生产财富。逶迤蜿蜒的长城、雄伟壮丽的宫殿、四通八达的官道、星汉灿烂的秦始皇陵,以前想都不敢想的巨大工程,都在极短的时间内建成了。山河大地上正一笔一笔地勾勒着史无前例的宏伟画卷,展现着帝国的强大。然而,这一切都在一个风雨交加的夜晚戛然而止。

在那个永远镌刻于历史的夜晚,中原大地上一个罕有人知的大泽乡,亦即今安徽宿州大泽乡镇,来了九百个疲惫的年轻人。他们被滂沱大雨淋得浑身湿透,只能蜷曲身子围坐在破屋里面,为首的名叫陈胜和吴广。这九百人在三个军尉武装押解下,要到遥远的渔阳(今北京密云)戍边。夏天的雷雨实在太大了,这群人不得不停住脚步躲雨,谁也没有想到他们止住的不仅是被迫戍边的步履,竟然是大秦帝国的命运,和肆虐大地的残暴。

陈胜是阳城(今河南驻马店平舆县阳城镇)人,吴广是阳夏(今河南周口太康县)人,他们的家相隔得有点远,但都是贫困人家。陈胜是雇农，给人耕作的时候常常坐在田头梦想自己大富大贵，引来农友们嘲笑，说他不安于本分，性格孤傲的陈胜连连摇头，鄙视身边的农友为麻雀，称自己是飞天鸿鹄。陈胜年轻气盛时的大话，被司马迁精练为"燕雀安知鸿鹄之志"[1]的励志名言。要不是陈胜后来真做出一番轰轰烈烈的大事，这句话便会成为笑柄。吴广也是穷人，但心志没有陈胜那么高远，他善于和人相处，早年事迹宛如微风拂过，了无痕迹。这两位最底层的贫苦农民，衣食艰辛，过一天算一天，哪敢对明天怀抱希望，更同六国贵族企图推翻秦朝沾不上边。

[1] 《史记》卷48《陈涉世家》。

秦朝立国以来，内部大兴土木，外部征伐不已，每次都要征调几十万到百余万农夫，这些人伤亡惨重，以致人口一直在减少。诚然，历朝历代都把苦役摊派给贫苦的劳动者，但从河南征发人丁到河北充军，在交通全靠走路的时代是应该问一个为什么的，难道河北缺乏兵丁吗？为什么不就近征调？陈胜、吴广起义的事迹路人皆知，却没有人对此现象提出质疑。从秦朝全国性的人口调动来看，大量征调原来六国地区的人丁承担各种劳役和兵役，甚至迁徙到边疆等地，让许多人转死于沟壑，都出自一个目的，就是消解对秦朝的反抗，巩固在全国的统治。所以，秦朝给他们订立了十分严苛的法律，路程安排得很紧，只要迟到便处斩。来自原来六国的民夫，或许都被秦朝视为潜在的危险，能消灭就消灭。这种法条背后有着明确的政治用意，而不是法律本身的问题。

高压以立威，是法家的理念。这种简单粗暴的做法，必须辅以愚民，才可能实现把人当作牲畜来管理的目标。法家的命门在于缺乏深思熟虑，只看到人性的恶，主张以更大的恶来管理恶，将暂时性的高压手段长期化，甚至作为不可更改的金科玉律。就像弯弓拉弦，一味强拉到极限，从不考虑满负荷之后便是弦断弓折。而且，被统治者一旦走投无路，就会有人铤而走险，事态便陡然逆转，秦朝就是法家治国的典型例子。

那个夜晚，或者那几个夜晚的躲雨，已经决定了他们的命运。后面再怎么赶都将迟到，因此，这九百人只有死路一条。

当头的陈胜和吴广合计，去也是死不去也是死，与其逃亡被抓捕不如豁出去干一票，还可以落得为国牺牲的美誉。国家到了危险的时刻才能看出政策的效果。秦始皇焚书坑儒，坑的当然不仅仅是儒生，打击的是文化士人阶层。统治者以为言论和学术被彻底禁止了，社会将只有朝廷传出来的声音。可是历史无数次验证的结果是理性的言论被钳制之后，社会上将谣言四起，邪教勃兴，具有很大的蛊惑能力，调动民众起来造反。陈胜开了这个头，之后东汉的黄巾、魏晋南北朝的弥勒信仰、北宋的摩尼教、元明两朝的白莲教、清朝的拜上帝教等，它们都不是正规的教派。只有正声被压制，邪音才会响亮，法家统治者缺乏思想又短视，想给别人刨下大坑却埋葬了自己。

陈胜决意造反，便开始传播政治谣言，称秦始皇要传位给扶苏，被二世篡位了。朝廷的最高政治，田间农夫何以知晓呢？这最多只能反映社会上对于二世继位的广泛怀疑罢了。现在这个传言被陈胜利用了，他继续编造说扶苏非常贤明，没有死。而且，楚国名将项燕抵抗秦军，军功卓著，爱兵如子，深得民望。所以，他大胆打起扶苏和项燕的旗号争取民众，振臂高呼"天下苦秦久矣！"[2]。这声音立即传向各地，宛如空谷响起的惊雷，四面回响。说到底陈胜、吴广起义的根本原因还是老百姓的日子过得太苦了，高压到了极限，反弹开始了。

陈胜用谣言来否定秦二世的政治合法性，当然有一定的宣传效果。但是，具有更大作用的还是宗教的力量。吴广建议占卜问天，陈胜赞同。他们秘密进行占卜。可以想象当时他们这群人在三位秦军尉官的监管之下，不能外出活动，只能从身边的人中寻觅占卜巫师。有人扮演了这个角色，装神弄鬼，得出了大吉大利的结果。更惊人的是从买来的鱼肚子里面发现了神符丹书，写着"陈胜王"。天意如此，这九百人看到希望，有了信心，紧紧抱团。吴广担心大家意志不够坚定，亲自藏身路边野祠里，到夜晚点燃篝火，模仿狐狸叫唤"大楚兴，陈胜王"。大家亲耳听见了，陈胜当新朝国王，自己岂不是开国贵族，深受压榨的仇恨之火，点燃了翻身暴富的梦幻，一场惊天动乱爆发了。

---

[2] 《史记》卷48《陈涉世家》。

队伍是现成的，可兵器去哪里找呢？秦始皇早就收缴并销毁了天下兵器，所以他们只能随手抄起竹竿，从而留下了"揭竿而起"的成语。暴动准备就绪，吴广故意在喝醉酒的秦军尉官面前说要逃亡，激怒他们鞭打自己，让大家目睹秦朝军官的残暴。然后，吴广和陈胜联手夺取尉官的兵器，将他们三人杀死。众人给陈胜、吴广加油，情绪被调动到沸点。这时候陈胜打出造反的旗帜，登坛宣讲造反的理由。一场大雨竟然成为起义的导火索，恐怕谁也预料不到。陈胜高声说道：壮士不死则已，死就要扬名四海，王侯将相不是天生的！他命令砍下尉官的首级祭旗，全体袒露右臂，歃血誓师，自称是扶苏和项燕领导的队伍，打起"大楚"的旗号，陈胜自立为将军、吴广为都尉，冲出大泽乡，冲向蕲县（今安徽宿州）。蕲县曾经是楚国大将项燕抵抗秦军、兵败被杀的地方，今日却成为"大楚"崛起之地。楚人不相信项燕已死，今日他的名字重现江湖，激励了千千万万楚人揭竿而起，吹响埋葬秦朝的嘹亮号角。

陈胜这些衣衫褴褛的乌合之众竟然连战连胜，攻下周围的多座县城，迅速发展为兵车六七百乘、骑兵千余、步卒数万人的大军。江淮民众起义风起云涌，秦朝地方官员闻风逃窜，陈胜召集地方上的三老、豪杰会商大计，他们当场推举陈胜为王，号称"张楚"，以复兴楚国为号召。各地郡县深受秦朝官吏的压迫，这时候都起来了，诛杀秦官，迎接陈胜，楚国大地上形成燎原大火，数千人规模的起义队伍不胜枚举。

秦国在全国的统治开始崩塌，代之而起的是"楚"。在中国古代，直到明代南方政治势力建立的统一全中国的王朝，只有西汉一个。其根本原因在于经济和人口重心都在北方，要到唐朝中后期以后，南方才在这两个方面可以同北方相抗衡，宋朝以后完成了中国经济重心的南移。此后南方势不可当地崛起，而且发展速度日益加快，拉开了南北差距，明朝又是由南方政治集团建立的统一王朝。秦末为什么会出现楚人崛起的特异现象呢？这无法从经济和人口的角度解释。或许可以从秦灭楚国的历史过程中找到线索。首先，秦国采用欺骗的手段把楚怀王骗到秦国签订合约，结果将他扣留至死，并趁楚国混乱之机出兵征伐，楚国百姓对此特别痛恨，也特别不服，直到楚国灭亡时，楚人还发下"楚虽三户，亡秦必楚"[1]的毒誓，可见民怨之深重。所以，在推翻秦朝的大起义中，楚人意志最坚定，战斗力最强悍，项羽在河北大破秦军主力，出乎天下所有人的意料，可见一斑。不管是项羽还是刘邦，最后推翻秦朝的是地方实力最弱的楚国势力，应验了楚人的誓言。其次，秦楚两国社会形态差距太大，秦朝难以在楚地建立有效的地方政权，统治最为薄弱。张良博浪沙暗杀秦始皇后逃到楚地下邳，经常招摇过市，而秦朝全国通缉却捉拿不住，可知秦朝未能确实控制这个地区。陈胜、吴广大泽乡起义事出偶然，但他们利用"楚"来号召民众就非同一般了。这恐怕不是出于他们的政治智慧，而是掌握了社会的民意。统治者手握大权的时候，无视民心，为所欲为，终将获得报应。

楚地成为反秦的中心所在，战鼓擂起，像滚滚春雷，秦朝的命运取决于有多少人起来响应起义，而这正检验着秦朝施政的善恶与成败。国家到了危难的时刻才看出民心向背的巨大力量。

陈胜、吴广在楚地起义的消息传到全国各地，人们纷纷起来造反，杀死各地秦官，拉起队伍，攻城略地，互相支援，声势越来越大。

于是，陈胜和吴广商议，决定以吴广为"假王"统领大军，向西进攻战略要地荥阳，为起义军的主力。同时委任武臣、张耳和陈余北上河北，邓宗徇南下九江，策应吴广，把反秦斗争的火焰烧向全国。

形势发展之快远出意料，陈胜感到秦朝不堪一击，可以快速夺取全国胜利。他起用了周文为将军，直接向都城所在的关中挺进，试图一举推翻秦朝。周文曾经在楚国名将项燕和春申君手下任职，自称熟知军事。他也确实有些本事，一路号召民众起义，势如破竹，竟然迅速推进至关中戏亭，此时手下已经有千辆战车、数十万大军，队伍浩浩荡荡，胜利在望。

面对大变局，秦朝中央不见动静，真的如此淡定吗？原来从东方回来的巡察官员向二世皇帝报告情况，二世听后大怒。皇帝不喜欢听

[1] 《史记》卷7《项羽本纪》。

到坏消息，也不相信造反者真有那等本事，认为是官员夸大其词，便将他下狱治罪。后面回来的官员学乖了，报告皇帝盗贼被地方郡守一网打尽了，无须忧虑。这就对了，二世听了开心，官员从此懂得该如何汇报了。专制到让社会窒息，真相就是皇帝的心情，看脸色说话成为官员的保命晋升术。不要斥责二世，历朝暴君都是如此。社稷坍塌首先源自信息封锁，先是上面不让下面知情，很快变成下面不让上面知情，再后来是上下都不知情，于是一方面形势在迅速恶化，另一方面则是歌舞升平，醉生梦死，直到无可救药。

陈胜、吴广起义演进成为推翻秦朝的大变局，从秦朝的应对而言，第一阶段是轻视甚至鄙视起义为蟊贼造反，以为各级官府能够轻易对付，不当回事，不听坏消息，通过处罚几个官员来推动官府镇压，上级不做认真协调。第二阶段，事态扩大，各级相互欺瞒，以保住官职，直到瞒不住。第三阶段，朝廷这时才正视，事态却已经失控，朝廷因拿不出办法而惊慌失措，便推诿内斗，同床异梦，坐以待毙。洞悉帝制，就对这个变化不会感到诧异。王朝灭亡，大都如此。

二世再次知道反秦起义的真相时，周文已经兵临关中戏亭了。他大惊失色，在朝堂会议上连问大臣怎么办？管理皇帝产业的少府章邯认为起义军声势浩大，已经来不及征调附近各县武装了，不如赦免骊山服苦役的几十万人，组织成军队平叛。这倒是在一片胡乱吹嘘中唯一实在的办法，但是，要让平日饱受折磨的苦役变成忠诚的军队，需要强有力的人物，不然反倒会给自己补上致命的一刀，殷朝就是因为苦役兵卒倒戈而灭于一旦的。命该不该绝，就看还有人物在否？章邯出现了，他成了秦朝最后的续命汤。

章邯凭借非凡的能力在短时间内把苦难深重的苦役组成了军队，并马上拉到战场。军队虽然由新兵组成，但将领却是老练的，他硬生生把这支临时征集的队伍磨炼出来，首先在戏亭与周文接战，一举击溃起义军，追击到曹阳，斩杀了周文，解除了关中险情。二世给章邯派来司马欣和董翳两员猛将辅佐，驰往楚地，在亳州所辖城父击败起义军主力，诛杀陈胜。然后继续东进，在曹州定陶大破项梁，击斩其于阵中。章邯所向披靡，起义军冒尖的势力几乎都被击破，陈胜与吴广先后战死，起义队伍一时群龙无首，秦朝转危为安。

在这次大动乱中，二世的无能暴露无遗。赵高看他蠢，便糊弄他以专权，献计道：先帝长期治理天下，故群臣不敢胡作非为，而您年轻，登基不久，如果和大臣议事时说错话，会被看出弱点。皇帝称"朕"，就应该不让人听闻其声。赵高说的也属实情，二世在宫中长大，不晓世事与民间疾苦，说出来的事情让人哭笑不得。大内深宫的特权贵胄大多如此，后世西晋惠帝遇到灾荒，百姓吃不上饭，他非常同情，垂询为何不吃肉糜？大臣听后说惠帝是白痴，恐怕不然。惠帝在宫内餐餐鱼肉，习以为常，才会奇怪百姓为何不吃，说的是发自肺腑之言。这类事例在纨绔子弟中司空见惯，他们智力没有问题，而是见识如同井蛙。二世也是在宫内坐井观天长大的，经常在议政时出笑话，自己也有所知，故赵高一建议，他马上接受，从此深居宫内，仅同赵高商议，百官难得一见。二世虽然不再出丑，但外界的情况就完全被赵高选择性封锁了，自己成天过着乐呵呵的日子，读读上古圣贤的事迹，颇有心得，自觉堪与比肩。

章邯屡战屡胜，可是各地的叛乱却越来越多，已成燎原之势，左右丞相冯去疾和李斯心急如焚，按捺不住，拉上将军冯劫一起进谏，认为民众不断造反是因为戍边、运输、徭役和赋税的压力太沉重，百姓活不下去了，建议停建阿房宫，减少兵役和各种劳役。二世很不高兴，说尧舜一心为民，日子过得比穷人还苦，何足称道。先帝大兴土木，彰显成功的得意，我也需要修建与身份相适应的设施，不然当皇帝有何乐趣？你们不能禁止盗贼，却要停止先帝营建的工程，上不能报答先帝，也不能对我尽忠，凭什么还身居高位呢？他下令将丞相和将军全都投入监狱，冯去疾和冯劫不愿受辱，自杀了；李斯心存侥幸，结果被拷问后杀死，和他当年陷害同门韩非致死，几无二致。法家人物教人推行暴政，自己很少有好的结局，良足深思。

赵高取代李斯当上了丞相，宦官佞幸也登上了大雅之堂！从皇帝如何用人可知其命运。赵高知道大臣不服，欲立淫威，凡事急于求成，对官吏苛酷追责。章邯在河北遇到起义军劲敌，血战中互有胜负，二世和赵高一再派人督促谴责，章邯恐惧，急战不利，项羽派人劝降，章邯内外交困，终于投降了。秦朝本已握有战场优势，一手好牌被昏暴的二世和赵高打烂了，实在叫人看不懂，也看不下去。

大厦将倾的时候，内斗更加激烈。赵高想直接取代二世。他上朝时拉来一头鹿，说是给二世献马。二世笑了，说丞相您看走眼了吧，这是头鹿啊。赵高一脸严肃地询问朝堂上的群臣是鹿还是马？世故者沉默不语，谄媚者说是马，正直者说是鹿。下朝后，说是鹿的都被陷害惩办了。颠倒黑白到了"指鹿为马"的程度，就没有了是非善恶，也没有了真相实情，只有权力在喧嚣，社会上万马齐喑，秦朝在拼尽全力用最后的狂舞给自己送葬。

章邯投降，刘邦进军关中，曾经扭转过来的形势再度逆转，秦朝打烂了手中的每一张好牌，局面已经难以收拾了。赵高担心二世问责，便同女婿咸阳令阎乐、弟弟郎中令赵成密谋政变。人治的危害在政权危急关头一再暴露其弊端。二世信任赵高，整肃了左右丞相和将军，以亲近程度划线，结果从宫内禁卫到都城武装都掌握在赵高一家人手里，在权力没有制度性制约的体制内，这种人事任命方式鲜有善果。

二世对危急的形势毫无良策，却噩梦频频。他梦见白虎咬其车马，醒来惴惴不安，便到望夷宫斋戒，准备祭祀泾水。赵高借此机会发动政变，阎乐带领千余士兵控制了望夷宫，赵成射下二世的帷幄，二世召唤卫兵护卫自己，却无人敢动。左右跟二世说，陛下不听真话，我们也不敢告诉陛下，不然早就没命了。到这个时候，二世后悔莫及，原来禁言骗不过明白人，却让自己成了瞎子和聋子。二世向阎乐一再求饶，都被拒绝，不得已自杀了。

赵高召集百官，宣告二世之死，改立二世的侄儿子婴，去帝号，仍称秦王。他命令子婴在祖庙持斋，五天后即位。子婴和两个儿子密商道：赵高杀害二世，担心群臣讨乱才立我为王。听说他暗通楚军，密谋灭掉秦王室，自己称王于关中。他们决定冒险一搏。子婴称病，赵高三番五次请他出来都被拒绝，只好亲自登门恭请。子婴就等他来，无人可用的新皇帝只能自己动手，在斋宫里面刺死了赵高，再上朝宣布赵高罪状，并灭其三族。

从秦始皇死去到赵高被杀，不到三年却三次政变，清楚显示了这个政权的高度不稳定。子婴即使杀了赵高，清算了其累累罪行，也完全无法激起秦国的士气，最终也无力回天。陈胜起义仅一年多，扫荡六合的强大秦朝就软绵绵地垮塌下去；当年那股气吞山河的气势，仅仅14年就消耗一空，子婴继位才46天，亦即一个半月，就白车自缚立于道旁，捧着天子玉玺迎接刘邦入城。中国第一个帝制王朝的下场竟如此凄惨。14年，算起来不过任期较短的一届朝廷，就能够将国家的元气耗尽，到底出了什么问题？

秦朝是殷周以来力量最强大的政权。由于人口的增长，各地的逐步开发，以及不断建立与完善的地方政权，国家的控制力在增强。在此基础上，落后的秦国因为断然实行军国体制而建立起垄断土地和社会资源的专制朝廷，获得了强大的国家力量，超越了六国，并随之展开征服战争，最终一统天下，建立了中国第一个高度集权的帝制王朝，对全社会实行强有力的统治，其控制力是周朝无法比拟的。

秦朝最强大的力量是军队，自从推行军功二十等爵制度后，战争成为士兵杀人换取土地和军功爵位的直接手段，极大地激励了他们的作战欲望和凶残的战斗力，当然，后续演变也造成中国古代军队的堕落——兵匪一家，为民众所鄙视。此是后话。[1] 在征服六国的过程中，各国再能征善战的军队都被消灭，所有有组织的武装抵抗都被敉平，当日激战的惨烈程度和秦军的残忍，随着长平之战遗址的发现而重现在世人面前。所向无敌的军队是秦始皇最为骄傲的，也是统治信心的根源。所以，实在无法想象陈胜、吴广这群手持长杆的乌合之众，怎么能够掀起惊天巨浪将秦朝彻底淹没？上百万六国军队都消灭了，区区九百人不是郡守县尉动动指头就能揉碎的毛毛虫吗？难道陈胜是百年未遇的奇才，以致秦朝对付不了？

其实陈胜和吴广在大泽乡起义，并非有解救天下的大志，而是被

[1] 参阅雷海宗《中国文化与中国的兵》，商务印书馆，2001年。

逼得走投无路临时起意，一群人也是萍水相逢的乌合之众，没有什么文化，打算能捞一把是一把。他们没有想到竟然成功了，而且席卷各地，于是纷纷打起小算盘。武臣奉命北上，到邯郸就背离陈胜，自称赵王。陈胜怒不可遏，本欲诛其家室，只因担心秦朝强大不敢再树敌人而作罢。武臣也担心陈胜秋后算账，遂不执行挺进关中的任务，派韩广开拓辽东，壮大势力。韩广到了燕地自称燕王，与武臣分道扬镳。向山东进军的田儋自立为齐王，掉转矛头攻打义军；被击败的义军退往原来魏国之地，立魏室后人为王。进攻荥阳的义军主力，害怕秦军反攻，杀害了吴广。综上可知，这是一个鼠目寸光、谋私自肥的团伙。陈胜没有威信，无力团结并鼓舞他们，故其一旦得利便四分五裂。

  起义军不能形成凝聚力，与陈胜的人品有关。他被推举为王，却不能引领部众树立推翻暴秦以解救百姓的政治目标，故其将领内心畏惧秦朝而急于享受富贵，无非是抱着临死前大捞一把的心态。陈胜也是如此，他厚饰王宫，享受清福。当年的农友听说他富贵了，前来投靠，但门卫森严，差点被捆入大牢。他们只能在街边等候，见到陈胜出来，高声呼喊。陈胜带他们入宫参观，颇为得意。殿堂帷帐，让乡下人开了眼。老乡啧啧称赞，非常羡慕，跟王宫内外的人讲陈胜当年做苦力的诸般往事。这可犯了大忌，陈胜王活脱脱变成了暴发户，这让陈胜恼羞成怒，把宣讲者砍了。老乡惊骇不已，纷纷离去，陈胜成为孤家寡人，身边一个亲信都没有了。权贵人物的陈年旧事是万万说不得的，且不说出身贫贱的陈胜，就算是身为楚国贵族后裔的项羽，因为政治见识低下而被谋士讥讽为"楚人沐猴而冠"，也按捺不住把人家下油锅烹了。可是，杀老乡是背叛自己所在的社会阶层，也暴露了其心胸狭窄和品格不高。所以，就凭陈胜这号人物及其乌合之众也能推翻秦朝？但事实就是如此，人们不禁要问是因为陈胜本事大，还是因为秦朝自己做得太烂而被全社会抛弃呢？结论不言而喻。

  强大如秦朝者却被轻易推翻，反秦起义的当事人也感到困惑，一个朝代仅仅14年就做到无人不想推翻它，问题到底出在哪里？汉朝不断总结秦朝灭亡的历史教训，引以为戒。最著名的分析莫如贾谊的《过秦论》，它写出了秦始皇"鞭笞天下、威震四海"的气势，分析了"秦之盛也，繁法严刑而天下振，及其衰也，百姓怨望而海内叛"的现象，指出秦朝迅速灭亡的原因在于"仁义不施而攻守之势异也"。[1] 贾谊的雄文气势磅礴，结论也掷地有声。

> [1] 《史记》卷6《秦始皇本纪》。

南北朝以前的论说文，讲究的是文章气势，场面铺张渲染，情景烘托到位，一番夸张叙述之后峰回路转，导出颇具震撼的原理性结论，在一片称赞声中戛然而止，令人回味无穷。贾谊的《过秦论》作为汉代论说文的典范名篇，就是这么写就的。这种写作手法与其说是论理，不如说近乎文学。说理的核心在于客观透彻的分析和逻辑推导。就秦朝灭亡的原因而言，贾谊认为在于仁义不施。然而这恰好是需要论证的命题，为什么有了仁义可以长治久安，为什么暴政会危如累卵？其次，即使得出必须施仁义的大原则，也需要具体可操作性的方案，以及对效果的评估。因此，此类论说文给后世治国者的启发不大。这有点像茶馆里面的几位书生，高谈阔论半天，最后得出原则性结论，却因为没有可操作性而不了了之。中国古代历来不缺乏文学性的高谈阔论，却罕见鞭辟入里且富于启发的论著。因为它们都停留于缺乏实证支持的大道理上，所以后人也随性取舍。没有把暴政的后果分析透彻，就会不断有人迷信暴政，推崇不计后果的高压，这种情况到宋朝以后愈演愈烈，导致明清的高度专制和中国社会的闭关锁国。

秦朝自商鞅以来采用法家路线治国，实施严刑峻法，镇压文化，并广征徭役，追求富国强兵，这些问题前面都说过了。因为秦朝留存的史料很少，现在不容易进行全面的分析。这里先从战争、徭役和人口的变化看看当时社会的情况，回应陈胜所说的"天下苦秦久矣"。

商鞅给秦国建立军国体制，推行按人头领赏的军功爵位制度。在秦始皇之前有记录的19次战争中，秦军斩首182万多人，非常惊人。而秦军自己的伤亡也几乎相近。秦始皇大约10年灭掉六国，作战规模更大，斩首、自损和老百姓各种原因的死亡，估计在1000万人左右。

秦末大起义示意图,据《地图上的中国史》

所以,战国后期全国总人口约3200万,秦一统天下时锐减为2000多万。特别需要注意的是战争中死亡的主要是青壮年,一个人的死亡可能带来一个家庭的衰颓,对社会的影响很大。[1]

秦朝建立以后,实行重税制度,"收泰半之赋,发闾左之戍",[2] "泰半"为2/3,亦即66%强;"闾左"为贫穷农民,其劳役和兵役负担都极其沉重。修长城、御匈奴征调40万民夫;戍五岭、平百越征调50万人;建阿房、修骊山征调70万人,其他没有记录的徭役人数也不下于此。全国总人口中扣除妇孺老弱,徭役适龄人口最多不到一半,故徭役征调率很高。而且服徭役期限不算路程,以及役期拖延等,一来一往经常在大半年以上。2/3以上的税率,加上兵役劳役,不但完全破坏了秦朝的国民经济基础,而且让社会民众家破人亡,生产难以为继。

[1] 参阅赵文林、谢淑君《中国人口史》,人民出版社,1988年。

[2] 《汉书》卷24《食货志上》。

推翻秦朝的主力不是六国复辟势力，而是广大劳苦大众，表明法家治理下的秦朝廷已经成为反社会、反人民的政权，这是它被推翻的根本原因，也是无法用二世昏庸能够塞责的。二世调研尚未结束，还没有掌控权力就被赵高杀掉了，拿他做替罪羊不啻为秦始皇开脱。

秦始皇统治，担心士人揭露他，所以采取严酷手段屠杀知识分子，镇压文化，实行愚民政策，以为这样就没人能看懂，可以稳坐江山了。但是，税负沉重是百姓真实的感受，和说不说出来没有关系。更严峻的是严谨的学术文化是社会的智慧所在，正规的宗教给民众以希望，这两者恰好是抑制谣言和邪教最有力的力量。从陈胜、吴广起义来看，造反者利用的绝不是学术文化与宗教，而是谣言、偏激的宣传和邪教的鼓动。铤而走险的敢死者，加上谣言邪教，便组合成为颠覆社会的真实力量。镇压文化本来为了巩固政权，却适得其反。汉朝总结这个教训，解放禁锢，大办教育，提升文化，真正获得了长治久安。唐朝更是大力推动文化繁荣，形成中国古代的盛世。看透了这一点，唐朝诗人章碣（836—905）以一首流传千年的诗篇阐述了其中的奥秘：

竹帛烟销帝业虚，关河空锁祖龙居。
坑灰未冷山东乱，刘项原来不读书。

第六章　楚汉战争

第一节　项家军

秦朝严厉镇压六国贵族官吏，剥夺富人，将他们迁徙到都城和边远地区，还屠杀士人，镇压文化，又对穷人残酷征调高额赋役，把社会各个阶层都伤害遍了，仅仅14年就把全国变成了一个巨大的火药桶，只要一个偶发事件就能将其点燃。身居社会最底层的陈胜、吴广因为暴雨无法赶路而起义，偶发事件果然出现了。然而，陈胜、吴广起义军因为文化水平低下、缺乏政治见识和私欲太重而被秦朝击溃，全国反秦斗争转入低潮。

陈胜、吴广这第一股来自社会底层的反秦力量最重要的作用在于唤醒全社会起来反秦，从而催生了第二波巨浪，那就是原六国官僚贵族势力的崛起。在第二波反秦浪潮中，江南最为积极，起事者众多，很快成为新的起义中心，接过陈胜、吴广的旗帜，继续引领全国的反秦斗争，其领袖是项梁和项羽。

项梁是楚国名将项燕的儿子。陈胜假冒项燕的名义，真把项燕的后人呼唤出来了。项家为楚国名门，项燕为保卫楚国而牺牲，在重视家世门第的古代社会，项家深孚众望，在官场的人脉也很广，这从两件事情可以看出来。项梁曾经犯事入狱，他让别县的法曹给所在县法曹写信，就把案子给结了。后来他杀了人，带着项羽躲到吴中，当地大户名士争相与他交往，每逢征调徭役或者举办丧事都请他主持，可见其影响之大。项梁趁机将吴中子弟按照军队编制组织起来，隐然成为一方之主。楚地是秦朝控制最薄弱之地，反秦意识最强，项梁杀人藏匿于吴中，便能逍遥自在；更让人匪夷所思的是张良刺杀秦始皇未遂，后也藏身于楚地之下邳，还可招摇过市。这些情况都反映出秦朝地方统治的薄弱。

秦始皇用17年的时间吞并了比秦国大好几倍的领土，征服了社会形态差异甚大的六国，但对这些地区的统治绝非易事，尤其是伴随着征服战的大屠杀带来了巨大的仇恨，需要让人民切实获得统一政权的好处，也就是要通过发展民生、消弭仇恨等持续的怀柔政策才能够让秦朝地方统治逐渐扎下根来，获得政权的稳定。秦始皇却背道而驰，强化法家的高压，无限度征调民众服劳役，镇压不满，铲除文化，加深仇恨，使其地方统治徒具形式。秦朝也缺乏大批官吏的储备，只能任用顺从于它的人。这些人真实面目不清，在反秦大动乱中许多人成为起义的支持者，甚至是组织发起者，从中可以看出片面追求速度和效率带来的致命伤。

秦始皇应该也意识到了在六国地区统治的脆弱，所以，他每次求仙的途中都在这些地区隆重巡行，让百姓观瞻，目睹其威荣。项梁曾经带着项羽在会稽道旁观看，项羽竟然丝毫没有感到敬畏，反而口无遮拦地跟项梁说："你可以取而代之。"项梁大惊，赶忙用手掩住项羽的嘴。秦始皇在六国百姓心目中不受尊重，不止这一例，刘邦也曾经发过与项羽相似的观感。

项羽虽说出身贵族，但毕竟是在国破家亡中长大的，又经历了秦始皇煽动的反文化运动，所以身上混杂着贵族的高傲和市井的匪气，显然是那个特殊年代的产物。他叔父项梁教他读书，他不乐意；那就习武吧，他没练几天剑法又放弃了。贵族子弟必备的教养，他都没学会，叔父生气骂他，他却说认字能够签名就够了，剑法不过是单打独斗，没意思，我想学万人敌。叔父以为他是块当将军的料，乐滋滋地教他学习兵法，不料他略知大意又不肯学习了。项羽不爱学习，到他成事之后极大地制约了其眼界与胸襟，注定了其格局与命运。但是，鄙视文化者不独项羽，刘邦乃至当时反秦起义领袖都是如此，可知秦始皇焚书坑儒极大地扭曲了一个伟大民族的性格，留下反复发作的痼疾，其后的每次发作都造成社会的重大倒退，长久难以恢复。

陈胜起义的消息传到江南，会稽郡守作为秦朝地方大员理应起来平叛，可他却在第一时间找来项梁，同他分析天下形势，认为这是天亡秦朝的机会，必须先发制人，希望项梁和另一位楚国名将桓楚为其统兵打仗。项梁难以想象秦朝倚为支柱镇压人民的官僚阶层竟然第一时间背叛朝廷，果真是高压和利诱之下无忠诚。但这种无耻之徒不值得信任与合作，项梁掩盖了惊诧和鄙视，一本正经地告诉郡守，只有项羽知道桓楚藏

项羽像　出自《三才图会》

身之地。郡守让项梁去找项羽。项梁给自己争取到了时间，获得了关键的密谋机会。他把计划告诉项羽，让他佩剑进来，在向郡守汇报时，将其刺杀。项梁举着郡守的首级和印绶，走上官厅，号令军卒，项羽在一旁怒目而视，让人心惊胆战。于是，项梁叔侄成功地控制了会稽郡，将平日暗中组织的吴中子弟整编成军队，一时竟有八千之众。

项梁起义具有重要的意义，它标志着六国势力复起，产生了很大的社会号召力。在封建社会刚刚结束的秦末，大众对于名望世家的崇仰根深蒂固。例如同期在东阳起义的民众，人数多达两万，他们推举县衙狱吏陈婴为领袖，甚至打算让他称王。陈婴的母亲得知后告诫陈婴，我自从嫁到你们陈家以来，就没听说家里出过贵人，现在暴发，必定不祥，你还是老老实实投靠有名望之人。于是陈婴同部众商量，建议投奔项梁，最有力的理由是"我倚名族，亡秦必矣"[1]。大家纷纷

[1] 《史记》卷7《项羽本纪》。

第六章　楚汉战争

赞同，投入了项梁的部队。两万人投靠八千人，这不是人数可以衡量的轻重，社会影响力才是更大的实力。项梁凭借项氏家族的声望，迅速壮大起来。他率部渡过淮河，黥布亦即英布和蒲将军都来投靠，队伍一下子发展到六七万人。项梁起义标志着有社会影响力的阶层起来响应，反秦起义进入第二个阶段，对于秦朝是更致命的打击。

社会号召力是强大的软实力，项梁有文化，有声望，有组织能力，让大家觉得更加牢靠，有眼光和能力的人物纷纷聚集而来。事业成败的关键始终在于人才。项梁阵营来了一位世所罕见的谋士范增，此人的沉浮与项氏的成败正相一致，足可为证。陈胜失败被杀后，全国大起义失去中心，大家感到茫然。这时候范增对项梁分析形势道：陈胜没有声望，又不懂得树立旗帜，失败是必然的。秦灭六国时，楚国最冤，民心不服，曾发毒誓"楚虽三户，亡秦必楚"，可知楚国反秦意愿之强烈。所以，您以楚国名将之后的名义拥立楚王，以复国为号召，就能聚拢人心、号令天下。

项梁深以为然，从民间找到给人牧羊的楚怀王之孙，将他立为楚怀王。这件事做得很有政治智慧。在稍有成就便妄自称王的乱局中，项梁能够听取范增要其放低自我地位的建议，确实不易。他的自我抑制展现出大度与公心，这既有利于团结各路实力人物，又造成了广泛号召民众的效果。拥立楚怀王是反秦大起义从草莽蜂起到有组织的新领导核心建立的转变，自此形成了众望所归的中心和共同的目标，得以汇聚全国之力，奠定了推翻秦朝的基础。

项梁完成政治中心的建构后，开始出征，大破秦军于东阿（今属山东聊城）。楚军继续北上，再破秦军于濮阳（今河南濮阳），项羽和刘邦进至雍丘（今属河南杞县），斩杀秦将李由，三军振奋。李由是秦朝丞相李斯的长子，陈胜、吴广起义后，吴广率主力挺进中原，进攻荥阳，遇到李由的顽强抵抗，久攻不下，最后被秦军反击，全军溃败，吴广惨遭部下杀害。此后，秦军转守为攻，李由配合章邯平定多地起义军，打出威名。李斯在朝中被赵高陷害致死后，李由仍然在外统兵奋力保卫秦朝，成为起义军亟欲拔除的眼中钉。雍丘大捷打出了楚军的士气，反秦战争再掀高潮。项梁踌躇满志，感到秦军并不像传说中的那么可怕，面有骄色，口气也大了起来，行军布阵不如以前那般谨慎了。部将宋义劝谏项梁骄兵必败，项梁不以为然，把宋义打发到齐国征调军队。宋义半道遇到齐国使者，劝他徐行，预计项梁必败，以免殉死。果如宋义所料，项梁崭露头角，引起秦军主帅章邯的注意，率主力压了上来，项梁轻敌，战败而死。陈胜牺牲后打开的局面再度逆转，楚军失去统帅，项羽和刘邦不得不快速收缩到彭城（今江苏徐州），试图保存实力。

南方的楚军实际上是项梁一手打造的队伍，汇聚了不少人才，也聚拢了多路人马。项梁在世，大家对他敬重有加，他一旦死去，众将领各有盘算，最后形成的主流意见是推举非项氏的新领袖。为什么基本属于项家军的队伍会出现这种情况呢？问题出在项羽的为人处世上。

在中国古代历史上的军事统帅中，没有如项羽这般被塑造得顶天立地又率性感人的英雄了。司马迁用全副心血讴歌项羽，与其自身生命的灾厄及感悟密切相关。在司马迁笔下，项羽虽然是贵族子弟，却轻视文化，率性处世。他不愿多识字，也不肯学习单打独斗的剑术，读了一点兵书皮毛便弃之不顾，他倚仗的是一股气吞山河的勇气和蛮力。项羽人高马大，才气过人，身长八尺多，亦即190厘米左右，力大无比，可以扛起青铜大鼎，声若洪钟，在战场上怒吼起来，敌军将士有如五雷轰顶，往往惊悚而逃。他对自己这些特长颇为自负，临终前还对心爱的虞姬自我唱颂道："力拔山兮气盖世。"[1]项羽的英雄样貌让身边的人既仰慕又恐惧。打起仗来，他的勇猛和残忍也令人铭心刻骨。众将领对他畏惧的多，真正信服的少，怀疑粗犷的他是否具备统帅的智慧。因此，项梁死后，大家不但没有推举项羽接班，反而处处压制他。

项梁战死之后，所部收缩至彭城，分为三股，分别由项羽、吕臣和刘邦率领。楚怀王很快也退入彭城，将项羽和吕臣的军队收归自己，任命吕臣为司徒，其父吕青为令尹，主持政务。吕臣原是陈胜部

[1] 《史记》卷7《项羽本纪》。

将,陈胜被叛徒庄贾杀害后,吕臣组织苍头军收复陈县,处死庄贾,而后投入项梁的队伍。楚怀王重用吕臣父子,意在抑制项羽,力图掌控项氏班底的军队。

秦将章邯转战各地,忙于扑灭反秦之火,所以击破一支敌军后马上转攻另一支起义军,在短期内创造了所向无敌的战绩,却也留下致命的隐患。自私牟利的乌合之众被击溃后便走向衰亡,但是,真正有政治目标和组织能力的势力反而在挫折中锤炼得更加坚韧不拔。所以,识别真正的敌人至关重要;正确辨别后必须彻底铲除。章邯不是政治家,充其量只是一位出色的军事家,所以他没能辨别出真正的敌人,在击杀项梁之后以为不足为患了,便掉转枪头赶往河北平定赵国势力。章邯让致命之敌缓过气来,东山再起,他就不再获得老天的垂青了。

楚怀王重整楚军,成为即将倾覆之船的压舱石,稳定了军心。众将认识到前瞻性眼光对于领导人何其重要,想起了挽救齐国使者性命的宋义来,他具有见微知著的识别力,在项梁辉煌的时候能看清其失败在即,而不是马后炮,这种人让大家放心。因此,众将推举宋义为新的统帅。这支队伍毕竟原来是项梁组建的,所以,大家也给项羽留了一个次将的位置,同时让战略家范增担任末将,亦即第三把手,并规定众将皆听命于宋义,称之为"卿子冠军"。在这个新的统帅部里,项羽基本被搁置了。为什么出现这样的人事安排而且能够在项家军中被大家所接受呢?在《史记·高祖本纪》中透露了当年高层讨论的情况:楚怀王身边的老将们都认为项羽为人彪悍鲁莽,攻克襄城后屠城血洗,攻占之地无不残破,所以,入关推翻秦朝必须选任宽厚之人,能够申明正义,告谕天下百姓。[1]由此观之,在众将心目中,项羽不是领袖这块料。这个判断无疑是正确的。而且,众将内心不服,也是项羽称霸后旋告分裂的内因。以恶易恶,用残暴手段推翻残暴的秦朝,这和秦朝有什么区别呢?老百姓从中获得了什么呢?这关系到推翻秦朝以后要建立什么样的政权的根本性问题。楚怀王及其众将做出了方向正确的选择,但这也是处置失当的人事安排,局面所以很快

[1] 《史记》卷8《高祖本纪》记载:怀王诸老将皆曰:"项羽为人强悍猾贼。项羽尝攻襄城,襄城无遗类,皆坑之,诸所过无不残灭。且楚数进取,前陈王、项梁皆败。不如更遣长者扶义而西,秦父兄苦其主久矣,今诚得长者往,毋侵暴,宜可下。今项羽强悍,今不可遣。独沛公素宽大长者,可遣。"

被轻而易举地颠覆了。其失败的关键在于宋义徒具空名，完全镇不住项家军。要知道众将担心的是项羽的残暴和武断，而不是要背叛项家。

楚怀王一众做出大胆的决定，让宋义率领主力北上，救援被章邯围困的赵军。为了策应主力部队作战，任命刘邦率领老弱部队挺进中原，分散秦军注意力，减轻宋义的压力。当时还做了一个约定，分兵出击，谁先打入关中推翻秦朝，天下就归谁领导，亦即历史上著名的"先入定关中者王之"[2]。当时没人看好刘邦这支弱旅[3]，所以这个约定恐怕着眼于胜利后不要对主力有非分之想。众将欣然同意，不料这一约定后来成为极其重要的政权合法性根据。

宋义带兵出征了。这位原来的楚国官僚深谙官场之道，却未必懂得行军作战。用官场的算计指导作战，容易挫伤士气。宋义的大军开进安阳（今山东曹县东南）驻扎下来，一住就是46天。他们要增援的赵军已经被章邯击败，退守巨鹿，被秦军团团围住，四处求援。赵军恐怕是当时尚未被章邯击溃的大股起义军，如果也被镇压下去，那么反秦大起义要跌入谷底，甚至可能失败。所以，各地的起义军纷纷前来增援。但是，他们被章邯的威名震慑住了，试探性的进攻竟然全军覆没，再没人敢于出战，纷纷在巨鹿城北面建筑深沟壁垒，龟缩其中。宋义大概也是畏惧不前，但他还要说大话，仿佛胸有成竹。项羽一再催促他渡河北上，他像开导学生一样地说道：秦赵相争，秦胜则兵疲，我可击其敝；秦若不胜，那时我们再出击，必可破秦。而且，宋义还语带讥讽地说：冲锋陷阵，我不如您；至于运筹谋略，您不如我。在宋义眼里，项羽就是一介莽夫。为了防止项羽抗命不遵，他颁布严厉的军令：不管什么人，哪怕勇猛如同虎狼，胆敢不遵守军令者一律处斩。这道命令明显是针对项羽而发，让他无可奈何。

这时候已是冬季，天寒大雨，士兵们风餐露宿，在黑暗中淋得瑟瑟发抖，还吃不饱饭，宋义的大营中却灯火明亮，觥筹交错。军营四处流传着怨恨的窃窃私语。项羽见状，在将士中抨击宋义隔山观虎斗的策略，指出今年灾荒，军队乏粮，必须尽快渡河进入赵国筹集军

[2] 《史记》卷8《高祖本纪》。

[3] 《史记》卷8《高祖本纪》记载："当是时，秦兵强，常乘胜逐北，诸将莫利先入关。"

饷，合力进攻秦军，否则秦军必定攻克巨鹿，乘胜进攻我军，到那时形势就万分危险了。国家安危在此一举，而宋义竟然不体恤将士，徇私作乐，绝非忠臣！项羽把将士们的怒火烧得旺旺的，待到天亮，他闯入宋义帐中，将他斩首，站在营地高处向全军喊话：宋义谋反，怀王命我杀掉他！将士们本来就敬畏项羽，见他除去大家怨恨的宋义，也就欢呼起来，更有将官站起来说：首倡大义建立楚国的是项将军家，现在您又诛除叛乱，我们拥护您！大家推举项羽为代理上将军。

项羽凭借项家的影响力夺回军权，控制了部队。他派出两拨人马，一拨赶往齐国，杀掉在路上的宋义之子，阻止他联齐作乱；另一拨驰往彭城向楚怀王汇报。楚怀王好不容易掌握在手的军权，因为用人不当，得而复失。他能说什么呢？还是以大局为重吧。他正式任命项羽为上将军，命令其北上伐秦。

项羽经过这次受排挤的考验，用武力夺取权力，赢得了胜利，更加牢固地树立了信念：以武定天下。一切都靠武力说话，"力拔山兮气盖世"，内心不断加重了对于文化和书生的鄙视。他要用铁和血谱写英雄的赞歌。而且，项羽对于楚怀王处心积虑的排挤心怀怨愤，有朝一日必须清算。然而，这将成为项羽生命道路上的一颗地雷。

凭借武力夺权之后，项羽必须向全军证明自己的正确，给消沉的军队带来信心，振奋士气，唯一的出路就是打败秦军。而且，赵国的形势已经危在旦夕，再不出战就只能看着它覆亡了，项羽走上了华山一条道。他先派遣最骁勇的英布和蒲将军率领两万人渡河解救巨鹿，同秦军激战，取得小胜，站住了脚跟。初战得利，项羽感到秦军的战斗力并没有那么强大，于是命令全军渡过漳水。渡河之后，他命令焚毁所有的船只，敲碎炊具，烧掉帐篷，全军将士只携带三天的口粮，全力投入战场。章邯和王离统率的秦军号称四十万之众，屡战屡胜，项羽的军队不但数量上处于劣势，而且不久前曾被章邯击败，对秦军心存恐惧。正因为如此，项羽必须采用决绝手段，自断后路，激励斗志，让全军将士拼死一战，死里求生，从而谱写了"破釜沉舟"的经典战例。

首先同项羽正面相遇的是秦将王离。这场战役没有作战经过的记载，给军事史留下深深的遗憾。中国古人喜欢记载结果，却轻视过程，历史上无数战役都没有详细的记述，这同西方文化颇不相同。例如罗马的恺撒征战欧洲，写下当日战况，《高卢战记》成为传世经典，让后人可以复盘此役。中国古代却有战无史，将军不记录，史家难再现，一场惊心动魄的大战在史书上竟然只有寥寥19个字："与秦军遇，九战，绝其甬道，大破之，杀苏角，虏王离。"[1]细心推敲断片式的简短叙述，还是能够看到项羽威猛的外表下面深藏着细致的心，他并不是光凭一股豪气以卵击石。使气逞凶为莽汉，为之喝彩乃幼稚，战争永远都不是文学。项羽鼓舞的是士气，指挥作战靠的是才智，他攻击的是秦军薄弱的运输线"甬道"，阻击前来增援的敌军，将其孤立，使之难以为继，再发动进攻，取得了九战九胜的战绩。当日场面之壮观，想来热血翻涌。周围的义军增援部队不敢出战，站在壁垒上观战，只见楚军人人奋勇冲锋，呼声震天动地，不用说秦军感到惊恐，连壁上观的友军也都被震慑住了，可见声势滔天，势不可当。那是生命最后关头迸发出来的力量，在军事天才指挥下的精确打击，刀刀劈在要害之处。秦军战场指挥苏角被杀，指挥部被攻陷，主将王离被俘虏，秦军溃败了。从陈胜、吴广起兵以来，天下人从没见过以寡敌众打得如此惊天动地的战斗，以至于秦军溃败之后，友军的将领还沉浸在惊惧中缓不过神来，他们赶到项羽大帐祝贺，走进辕门后不由得跪了下来，爬到项羽面前，不敢仰视。司马迁用19个字塑造了一位犹如天神的大英雄，虽然其中不乏文学夸张。巨鹿之战让项羽一战成名，他从此睥睨天下，横扫千军。他第一次独立登上历史舞台就创造了奇迹，犹如明亮之星划破夜空，闪耀夺目。当时恐怕没有人认识到辉煌造成的偏执武力也让他走上了一条礼炮不绝于耳的死路。

项羽携战胜之威扑向章邯，秦军后退收缩。章邯之前所向披靡的战绩，让二世皇帝和赵高骄傲起来，根本接受不了秦军失败的消息，派人前来指责章邯。章邯派使者进京汇报，赵高不见，使者还差点被

[1] 《史记》卷7《项羽本纪》。

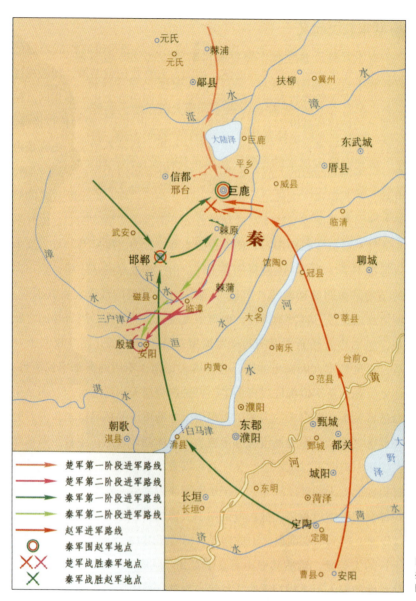

巨鹿之战示意图，据《地图上的中国史》

杀。秦国对将军有卸磨杀驴的先例，长平之战的主帅白起就是被秦王赐死的。章邯功高震主，成功无善果，失败必问责，他进退失据，又被二世和赵高责备，天天惶恐不安。赵将陈余给他写信，用白起等人的悲惨下场劝说章邯投降，并且从国家到个人命运的角度分析秦朝必亡，章邯无力挽救且将被谗害的形势，让章邯更加恐惧。章邯暗地里

362　从封建到大一统

同项羽谈判,想给自己多争取一些利益。项羽看他有所凭恃,便主动发起进攻,大破秦军,迫使章邯投降。秦朝赖以支撑的顶梁大柱倒下来了,只有二世皇帝还沉浸在秦朝不可战胜的自恋中。

项羽方面也遇到一点棘手的问题。起义部队有许多官兵是从骊山等苦役现场跑出来的,比如项羽麾下骁勇的英布,甚至另一路义军统帅刘邦的部将等,他们在服役期间遭受过秦朝官兵的折磨侮辱,现在面对投降的秦军,不免趁机报复。秦降卒窃窃私语道:章将军欺骗咱们投降,如果能够破关推翻秦朝便好,要是打不进去,一定会裹挟我们东撤,那时秦朝肯定会把咱们的家人统统都杀掉啊。有人收集这些议论汇报到项羽那里,项羽招来英布和蒲将军,计议之后,决定把秦降卒全部坑杀,以免后患,仅留下章邯、司马欣和董翳三人。这件事交给英布和蒲将军去办,他们趁着夜色在新安城南活埋了20万秦军官兵。

秦朝用杀敌领赏的办法激发军队的战斗力,项羽也完全继承了秦军的做法。从起义到此时一年多,记在史书上的项羽大屠杀已经三次了,分别是襄城和城阳的屠城,以及此次杀降。[1]屠城和杀降的受害者都是老百姓,会对社会造成巨大伤害,残忍可鄙,而且留下血海深仇,难以消除。项羽后来不选择在关中定都,与此次杀降颇有关系,这甚至影响到其政权的最后灭亡——项羽在胜利的时候给自己挖了一个大坑。

消灭了河北地区的秦军主力,通往关中的道路已经无人能够阻挡了,项羽带着40万虎狼之师,浩浩荡荡挺进关中,准备亲手埋葬秦朝。出乎意料的是楚军推进到关中门户函谷关前时,发现大门紧闭,且把守的军队,竟然不是秦军。到底怎么回事呢?探子回报,策应主力作战的牵制部队在刘邦带领下已经抢先一步进入关中,接受三世皇帝子婴的投降,推翻了秦朝。刘邦的部队把守住进入关中的关隘,接收秦朝府库,置酒高歌,俨然有君临天下的态势。项羽浴血奋战的辉煌战果,竟然被刘邦轻而易举地摘取,如何咽得下这口气?项羽怒火中烧,忘记了分兵出击前诸将之间关于"先入定关中者王之"的约

---

[1] 《史记》卷7《项羽本纪》记载,"项梁前使项羽别攻襄城,襄城坚守不下。已拔,皆坑之";"项梁使沛公及项羽别攻城阳,屠之";"楚军夜击坑秦卒二十余万人新安城南"。

汉函谷关仓库建筑遗址

定，命英布发动攻击，夺取了函谷关。项羽率部推进到咸阳城外戏水之西，与驻扎在城外霸上的刘邦成对峙之势。项羽传令下去，明天凌晨全军饱餐之后发起进攻，踏平刘邦驻地！昔日并肩作战的战友，为了争夺天下而反目，一场大规模的内战已箭在弦上。

这是一场力量悬殊的较量，虽然刘邦先入关中推翻秦朝，但他的胜利不能令人心服。因为大家都看得清楚，如果不是项羽完美地消灭掉秦军主力，让秦朝彻底丧失抵抗能力，刘邦这支弱旅有可能推翻秦朝吗？所以，大家还是把推翻秦朝的功劳记在项羽头上。刘邦之所以抢先一步进入关中，是因为军事上项羽让秦军无暇顾及刘邦，还因为他身边的高超谋士教他避实击虚，见缝插针地躲闪穿插，没有打过像样的硬仗和大仗，赢得颇为取巧。然而，没有经过真正战火洗礼的部队，不会锤炼出强大的战斗力。人生不要一个劲儿寻找投机取巧的所谓"捷径"，当初溜滑而过的路后面都得补走，而且将付出更大的代价，所以，人生的路还是应该踏踏实实地走，该经历的都要经历。刘邦入关时的轻巧，现在走到头了，遇上了真正的对手，那可是打出来的铁军，而且军队具有四倍的人数优势，以前躲过的硬仗，现在变成悬在头上的利剑，叫他如何应对？

第二节 刘邦起义

刘邦是怎样一号人物，如何在反秦大起义中脱颖而出，成为仅次于项羽的起义军领袖呢？

其实刘邦和项羽都是今日苏北老乡，项羽籍贯江苏宿迁，刘邦籍贯江苏丰县，皆为楚人，果真是"亡秦必楚"。他们所处的地方在淮河流域，该地人士兼具南北特长，强悍而精明，世面见得大，也善于组织经营，刘邦和项羽都具有上述特点。所不同者，项羽出身贵族，刘邦则是偏僻乡村的豪强，留下不少逸话。据说在一个雷鸣电闪的日子，刘邦的父亲太公到大泽边寻找妻子，看见她正与蛟龙合欢，回来便有了身孕，生下刘邦。这段故事可以有多种解说，或许是刘邦大贵后的自我神化。但又不太像,因为其父太公也是母亲同赤乌交欢所产之子[1],怎么连续两代人都来自野外神种呢?我主持历史人类学研究亲子遗传基因,统计数据显示自古以来乡间多见野合,且南来北往人口流动频繁、民风强悍的地方,此种情况更为多见。而且,刘邦同其父母的关系也相当微妙。古代一人称尊,往往要追封祖宗数代。刘邦登基后其父尚健在,尊为太上皇,竟然名讳不见诸图录,恐怕是帝制王朝史上唯一名不见经传的太上皇,以至于西汉史官司马迁只能称其父母为"太公""刘媪"。"太公""刘媪"亦即"刘老汉""刘大妈"之属,乡鄙俗称加之于皇尊,岂不怪哉!刘邦曾经在未央宫大宴群臣的时候,一边向老父敬酒,一边问道:"从前你总拿我当无赖,且看今日如何?"[2]这透露了刘邦年轻时颇受其父呵斥管教,一直耿耿于怀。综上诸点,刘邦小时候属于"野孩子",一口粗言恶语,司马迁保留了其最文雅的语言风格,他动辄自称"乃公",亦即"老子",其他不堪入耳的口语只能为他避讳了。史上一直有人说刘邦是流氓无赖出身,就其乡间成长经历来看,不可谓言之无据。

然而,同是流氓,却有云泥之别,刘邦属于极品,非同类所能企及。他的性格豁达大度,有东西喜欢分享。平时不拘小节,有三大爱好:一是捉弄同伴,二是好色,三是贪杯。他常常到王姐和武负开的酒店赊账打酒喝,有钱马上还清,只是他难得有钱。王姐每次见到刘

刘邦像 出自《三才图会》

[1]《史记》卷8《高祖本纪》"父曰太公"文下,司马贞《史记索隐》记载,刘邦父亲一说名为"执嘉",一说名为"煓"。张守节《史记正义》引《春秋握成图》记载:"刘媪梦赤乌如龙,戏己,生执嘉。"

[2]《史记》卷8《高祖本纪》记载:"高祖大朝诸侯群臣,置酒未央前殿。高祖奉玉卮,起为太上皇寿,曰:'始大人常以臣无赖,不能治产业,不如仲力。今某之业所就孰与仲多?'殿上群臣皆呼万岁,大笑为乐。"

邦醉了，像一条龙盘旋在炕桌上，知道反正他还不起账，便悄悄地把满墙的赊欠记录擦干净，腾空好接着记账。所以，刘邦长年有酒喝，日子过得蛮潇洒的。帮助刘邦成就大事的性格，是情商高、大度、讲义气、舍得分人。中国最流氓的职业是盗墓，那必定是父子合伙的营生，因为需一人钻洞进入墓穴，一人在上方垂索钓物，但珍宝价值连城，易起独吞之心，待货尽之时，在上者可趁机填埋盗洞，做掉下去那人，故只能父子一伙。甚至有人进一步考证，下去者必须是儿子，否则照样危险。由此可以洞见流氓独占欲之炽热，到了六亲不认的地步。若说刘邦是流氓，则无人堪与之相比。他知道东西都是抢来的，痛快分掉，大家劲头更高，下次抢得更多。现实中几时见过这种境界的流氓呢？所以，韩信在刘邦最失落的时候鼓励他，说凭着这一点，您就能够战胜项羽。韩信话讲得露骨，换成理论家来说，那便是要有公心，造福民众。心有多大，世界便有多大。性格决定命运，格局决定事业。

刘邦出身卑微，长得倒不错，长颈高鼻，五官开阔，天庭饱满，长须飘飘，看相者称作"龙颜"。身长7尺8寸，约莫1.8米以上，喜欢告诉别人自己左腿上有72颗黑子，颇为得意。据说天上的赤帝也是龙颜，身上多黑子。按照金木水火土分割一年360天，各方得72天，故72黑子恰好对应赤帝，直白地说刘邦要告诉别人他乃赤帝下凡人间。乡下人喜欢看相算命，刘邦有此命相之说，未必都是登基后编造的。身上长一堆黑痣，看相的说是异相，皆大欢喜：长得端庄的称作日角龙庭，长得丑陋的说是人不可貌相，无非取悦相主罢了。问题是古人深信这一套，相互传扬，煞有介事，对事业发展经常有意想不到的作用，刘邦从中获益甚多。他所在的沛县搬来一家姓吕的人家，家里的一个闺女被视若掌上明珠，父亲吕公擅长相术，怎么看女儿都是大富大贵的命相。吕公和沛县令乃好友，故躲避仇家迁居此处。县令好客，呼唤部属设宴招待吕公，其实是变相给吕公筹钱，所以规定来宾送礼，钱不满千的坐到堂下去。具体礼宾事务让县衙主吏萧何来办。官吏懂得给县令面子，纷纷前来道贺。刘邦没钱，依然大大咧咧走进来，谎称送贺礼一万，其实分文未带。吕公以为来了巨富，出来迎接，见到刘邦相貌，啧啧称奇，引至堂上落座。萧何是刘邦的上级，对他知根知底，说此人好吹大牛，很少做成事情。吕公全当耳边风。刘邦竟把自己当作主宾，嬉笑、狎侮客人，后来竟然把人家赶下去，自己坐到上座来，大碗喝酒，旁若无人。这种骗吃骗喝的下人，换个场合恐怕早就被人打脸逐出了，可今日不同，吕公特别青睐刘邦。直到酒阑人散，吕公还不让刘邦离去，拉扯挽留。众人不明吕公为何如此失态，辞别而去。只剩刘邦一人时，吕公十分恳切地说：老夫相人多了，从没见过如您这般的。家有小女，务请让她给您洒扫侍奉。一文不送，还白捡个媳妇，刘邦何乐不为，当场谈定，不得反悔。吕公如释重负，回房间跟老婆吕媪说了。吕媪跳起来大骂：什么老糊涂，你宝贝女儿，县令求亲都不曾答应，竟然许配给刘邦这家伙！吕公只能摇头叹息道：女人不懂事理。吕公的女儿就是后来鼎鼎有名的吕后吕雉，差点篡了汉朝，或许同父亲将她下嫁刘邦的怨气有关，亦未可知。就此时而论，吕雉家门高于刘邦，难免心有不甘。刘邦的相貌确实给他争取到许多好处。

刘邦厌恶农作，在乡游手好闲，不务正业，常被父亲责骂，便去混了个亭长当。亭的外形就像街衢交会处的阁楼，可以从上面瞭望，今日古镇中仍可见到。亭长虽说是官府在乡村的统治末梢，却不属于官人编制，为乡里差役，从地方税收中拿点回扣自养，所以刘邦经常没钱喝酒。收入不多，官府派遣的活还真不少，诸如征发徭役、维持治安，乃至乡里争讼等，大凡国家政策最终落地，都要靠乡里亭长贯彻。例如秦朝修建新都，刘邦就因为押送徭役民夫而到过咸阳，他见到秦始皇出巡的浩荡队伍，羡慕不已，暗中励志说："大丈夫当如此也！"[1] 乡县官吏最懂得基层乡村民情，也最知道朝廷说得情理严正的政策到基层会如何荒腔走板，更善于组织民众控制乡村。别看他们文化不高，却最有实践经验，软哄硬压，花样百出。他们属于反秦大起义的第三股社会力量。

第一股社会力量如陈胜、吴广，是地道的农民，没文化也没宣传

[1] 《史记》卷8《高祖本纪》。

组织能力，被压迫得活不下去时敢于铤而走险，却胸无大志，只想自己富贵，甚至不惜欺压比他们还可怜的贫民大众。他们无法开创新时代，首先遭到了失败。

第二股社会力量如项梁、项羽，是旧贵族，他们熟悉上层社会，懂得国家机器的运作，有文化和教养，弱点在于缺乏乡村根基，不了解民情。出自这个阶层的政治精英如果不能深入基层，体恤民众，他们出台的政策就不接地气，难以解决社会的根本问题，经常出于空想而施政，易造成巨大的社会危害。项羽属于此类典型，故他可以打垮秦朝，却不能成功建立新政权。

第三股社会力量为刘邦等人所代表的，他们扎根于县乡基层，承上接下，既懂民情，又会运营，其杰出人物一旦具有理想情怀，提升了文化、眼界和胸襟，便能够克服旧体制的弊病，建立新的世界。推翻秦朝的胜利最终在刘邦等人手中化为汉朝盛世的丰硕成果，道理就在于此。

刘邦娶了媳妇，白天在乡村巡视，晚上到王姐的店里喝酒，小日子应该如意了。可是，押送民夫到骊山服劳役之行彻底改变了他的人生。

秦朝的劳役和兵役中隐藏着消灭六国可能的反抗的政治意图，大量征发的是原来六国的百姓，他们被投向遥远的各地工程，死伤惨重。正因为如此，老百姓很快就知道了秦朝的徭役几乎是一条不归路。于是，民夫们想尽办法逃跑，挣脱奴役。刘邦押送的民夫才上路不久，走到丰县之西就逃走了许多，估计要不了几天就都跑光了。刘邦在大泽边停了下来，痛痛快快地喝酒，到夜晚将捆绑民夫的绳索全都解开，让他们各自逃命。淮河边的民风强悍而重义气，十多个壮士看着因为他们而将遭殃的刘邦，不免义气陡升，愿意追随刘邦。刘邦带着他们深入大泽之中，前面的人报告，路上有一条大白蛇挡道。刘邦仗着酒气，拔剑上前将大蛇劈为两段，打开道路，潜入芒山（又称"仙女峰"，位于豫、皖、苏、鲁四省结合部的河南永城芒山镇）和砀山（古称下邑，位于安徽最北端，地处皖、苏、鲁、豫四省七县交界处）躲藏起来。吕雉带人一下子就找到了他们。刘邦非常诧异，吕雉说老公头上总有祥云瑞气，她望气寻找，一找就着。据说秦始皇多次到江南巡视，就是因为望气者告诉他东南有天子之气，秦始皇要前去镇压破解。刘邦身上有72颗黑痣，乃赤帝下凡；头上有祥云瑞气应了东南天子气之说；他斩杀的白蛇乃白帝之子，白帝在西方，对应秦朝西来。赤帝属火，白帝属金，火克金。黑痣、斩蛇和东南天子气，把这一串缀合起来，丝丝入扣，应验天意，证明刘邦乃真命天子，下凡来推翻秦朝。或许有人斥之为胡编乱造，这倒不重要，重要的是当时处于水深火热之中的老百姓渴望有真命天子，他们相信的是五行占卜之类的民间传说，非常容易被迷信所鼓动。只要有人善于利用深入人心的民间信仰，便能够宣传组织民众。当理性的教育被封杀，或者不能普及到社会下层，民众缺乏思辨能力，加上生存压力超出忍耐限度的时候，谣言就将伴随着这种人物出现，掀起社会剧变的浪潮。秦朝本以为通过愚民和高压手段可以贯彻帝国意志，没想到被轻而易举地击碎了。陈胜利用跳神，刘邦利用符命，一次次完胜秦朝，把愚民组织成暴民，再训练为军队。这种现象始于专制的秦朝，并反复出现，却在漫长的春秋战国时代不曾出现，非常值得深思。无数惨痛的历史教训让后人明白，社会稳定的基本要素之一是普及大众的理性教育和文化开放。

刘邦和其他各路起义领袖的不同，不是自己活不下去才揭竿而起，乃因同情并放走苦役民夫而不得不逃亡，由此可见刘邦性格中的一面：重义气且富有同情心。而对民众苦难的同情，会引导他致力于建设一个有利于百姓的政权，彻底改变秦朝的暴政。

服劳役和兵役的人逃亡太多了，竟然迸出陈胜暴动的火焰来，一时野火四起，成燎原之势。各地官员眼见民愤滔天，像决堤的洪水，他们中的许多人不是与体制同心，而是直接选择背叛。这些人根本谈不上倾向正义，完全是顺势捞取个人利益。项梁起兵是会稽郡守挑动起来的，刘邦出山也是如此。沛县令也想起兵，他和手下萧何、曹参商量，二人跟他说：您身为秦朝官员，起兵反秦，恐怕军队不会听您的，所以您应该招聚流亡在外的豪杰回来，大约可得数百人，官兵就不敢不听您的话了。县令觉得有道理，派樊哙去召回刘邦。

刘邦时来运转了。他把已经拥有的将近百人的队伍开到了城下。县令冷静一想觉得不对：樊哙是刘邦的连襟，萧何、曹参他们准是串通作乱，赶忙下令关闭城门，抓捕萧何、曹参。他俩闻讯翻城逃往刘邦军中。刘邦向城内父老乡亲喊出"天下苦秦久矣"，同陈胜鼓动群众的喊话一模一样。这是当时社会大众的共同心声，只要喊出这句话，天下立即响应，任何为秦朝辩护的人都应该对此做出解释，不然便是昧着良心和枉顾社会正义。陈胜喊出的是服苦役民众的切身感受，刘邦喊出的是基层官吏目睹实行苛政悲惨的后果的政治觉醒。前者处于感性阶段，后者则提升到了理性的层次。基于对劳苦大众的同情，激发出创建清平世界的志向，第三股社会力量起来了。

沛县民众暴动了，他们杀死县令，开门迎接刘邦，推他为领袖。刘邦不同于粗鄙的陈胜，也不同于高傲的项羽，他遵循民间的信仰习俗，率众祭祀黄帝和蚩尤，打出鲜红的赤旗。祭奠黄帝、蚩尤，乃继承民族大义和历史传统，告天聚民；树立红旗，宣告自己获得天意，乃赤帝下凡，能起到宣传鼓动广大民众的作用。陈胜也好，项梁也罢，起义的时候都不曾做这件事，只有刘邦做了。在军情危急的时候，他还是首先祭天告民，树立自己的政治目标，展现了政治家的眼光和从容不迫。或许我们还记得殷伐夏桀，周伐商纣，都曾举行庄严的祭天誓众仪式，其政治意义和影响，无论在当时还是对于后世都十分深远。

有了立足之地，刘邦在家乡努力拓展地盘，攻占了丰县，投入秦嘉等人的队伍，攻取砀和下邑，发展至五六千人。这时候刘邦听说项梁的部队在徐州薛城，便率领百余骑兵前去相见，项梁颇为欣赏刘邦，拨给他十员将军和五千兵卒。刘邦和项羽并肩作战，连连告捷，特别是在雍丘大破秦军，杀死秦朝大将李由，威名远扬。

这一年，刘邦48岁，项羽24岁。

不久，秦军大将章邯反攻，骄傲的项梁惨遭大败，作战牺牲，刘邦和项羽率部退守徐州。秦军掉头北上进攻河北起义军，楚怀王派遣主力部队在宋义和项羽的率领下，驰援赵军，让刘邦率领侧翼部队进军中原，策应主力作战。其间发生的种种事情，如前所述，于此不再重复。

刘邦率弱旅西进，只能采取灵活机动的战略战术，遇到秦军能打则打，不能打便绕道而过，与秦军互有胜负，却也推进至河南。这一路上，刘邦最大的收获不在于斩关夺隘乃至抢先入关，而在于获得了张良、郦食其等一众高人相助，用熟了招降纳叛的手法，这对于他后来的发展至关重要。如果同项羽做比较，项羽气壮山河，善于连续作战，麾下的军队一往无前，战无不胜，往往取得压倒性的胜利，证明他是不世出的军事天才。刘邦则学会了灵活机动，不在乎一城一地的得失，进退自如，宽宏大量，一路吸纳人才，收编队伍，竟然捷足先登，入关倒秦。虽然很多人不服气，认为刘邦取巧，但是仔细思量，他所取得的胜利并非白捡的便宜，而是非凡的政治成就。

自有了楚怀王与众将的约定"先入定关中者王之"，刘邦便想尽一切办法前进，绕过强敌不停西进的行军路线清楚表现出其亟欲首先夺取关中的企图。西进之初，他攻打曹州昌邑县，没攻下来，便绕道前行至陈留郡高阳。这种战术近乎游击战，飘忽不定，自己没有根，遇到真正的强敌必遭毁灭。此时的刘邦拼老命要的是夺关称王。到陈留遇到郦食其，告诉他不能一味取巧，必须攻占陈留，夺取秦朝粮仓，保证自己的后方。刘邦最大的优点是肯听各方意见，且悟性极高。他马上改变想法，全力攻下陈留，为后续进军打下基础。

在中原，刘邦遇到了比较顽固的抵抗，攻打开封未克，进攻洛阳失利，北冲西突，但都是在探索入关之道。接着，刘邦南下攻占南阳。秦南阳郡守退守的宛城，乃江淮间一大都会，[1]冶铁中心，交通枢纽。刘邦夺得通往武关的路口，就想置宛城于不顾，快速西进，他仍然迷恋着入关称王。这时张良严肃地告诉他：您再急着入关，也不能不顾宛城，秦军众多，贸然入关，强敌在前，宛城之敌在后，两头夹击，十分危险。刘邦克制住心头的狂热，连夜回师包围宛城。宛城郡守没有预料到这一手，突然陷入重围，便想自杀殉国，被部下陈恢

[1] 《史记》卷129《货殖列传》记载，"南阳西通武关、郦关，东南受汉、江、淮。宛亦一都会也。俗杂好事，业多贾。其任侠，交通颍川，故至今谓之'夏人'"；"宛孔氏之先，梁人也，用铁冶为业"。

劝阻。陈恢出城来见刘邦，说道：宛城是大都会，积蓄丰富，城中军民认为投降必死，拼死守城，此城绝非易下；如果弃之不顾，则宛城军民攻您之后，让您两头不可兼顾。所以，为您计议，不如劝降宛城，封赏其郡守，率领其兵卒一同西进，沿途守军见您厚待降卒，便会开门归顺，您可以畅通无阻。刘邦接受了陈恢的建议，封宛城郡守为殷侯，封陈恢千户，率众西进，果然一路望风而下，遂进入关中。

陈留之战让刘邦意识到流寇战术的致命危害，没有任何事业靠投机取巧能够成功，不能只考虑走捷径，没有自己的看家本事和根据之地，否则，"其兴也悖焉……其亡也忽焉"[2]。宛城受降让刘邦见识到政治的威力，真正的敌人只是少数统治者，所以必须争取敌人，团结各方，顺从发展法则，解决社会问题，才能所向无敌。

刘邦这一路过来，不啻上了一所最精彩的政治学校，以其阅历和悟性，大有所得而开始从乡村土豪向开国理政的领袖脱胎换骨。对比巨鹿大捷后项羽简单残暴的杀降，同样的行军作战，刘邦却走出不同的道路。广开言路、善于听取不同意见、用心领悟是刘邦成功的关键。用高压手段简单残暴地解决问题，其实问题没有解决反而增添了新的矛盾，但表面的成功助长了项羽的刚愎自用，埋下了失败的种子。

硬仗锤炼出军事家项羽，谋略造就出政治家刘邦。当他们重新在秦都咸阳会合的时候，人生已是殊途陌路，楚汉战争便在军事家与政治家之间展开。老谋深算的壮年人与血气方刚的青年人捉对厮杀，他们完全不在一个等量级上：项羽叫刘邦出来单挑，他们在体力上不在一档；刘邦要与项羽斗智，他们在经验、胸怀和眼光上也不在一个档次。体力服从于智力，军事听命于政治，稚嫩完败于老成，叫人不得不服。

就在刘邦控制南阳盆地向关中挺进的时候，秦朝发生内乱，客观上帮助了刘邦。赵高发动政变杀死二世，派人前来同刘邦议和，提出分王关中的条件。秦军主力覆没于河北，刘邦兵临武关，秦朝已是危在旦夕，子婴又手刃赵高，夺回政权。朝廷一再政变，导致秦朝守军人心惶惶。刘邦采纳张良的计谋，派遣能言善辩的郦食其、陆贾两

[2] 《左传》"庄公十一年"条。

人同秦军将领谈判,以厚利引诱,趁其不备袭击武关。秦军败退至蓝田,刘邦乘胜追击,连战连胜。公元前207年十月,子婴虽然迎来了秦历的新年,但这一年开的局不是秦朝浴火重生,而是汉朝磅礴于世,万象更新。子婴乘白马素车,自缚于道旁向刘邦投降。

秦国自从秦穆公广招天下贤能而崛起于西部,国势蒸蒸日上。其成功的关键在于积极学习先进文化,对六国开放,不断吸引人才源源而至,到秦孝公时已经跻身强国之列。不断追赶先进国家也造成秦国不择手段的功利主义,没有将发展的成果反哺国内,培育民生富裕、文化繁荣的坚实内涵,而是不断强化军事力量,谋求压倒性的霸权。在无底线的功利主义驱动下,终于出现了商鞅变法,从此走上军国主义道路,以实现征服六国的宏图伟业。经过伤亡过千万人的惨烈战争,全国已是满目疮痍,民不聊生。秦始皇却恐惧六国造反,变本加厉推行愚民高压政策,大兴土木,征伐四方,仅仅14年,饿殍遍野,满路刑徒,人心散尽,子孙授首而亡。这是一段非常值得深入研究和反思的历史。

接受了子婴的投降,并不能消弭民众对于秦朝的仇恨,众将纷纷请求刘邦杀子婴以谢天下。如何处置子婴,如何统治秦国这片被六国百姓视为残暴源头之地,考验着政治家的智慧。千千万万的百姓没有长远的眼光,他们有无数的亲人死于秦朝的苛政之下,推翻秦朝对于他们的意义就是要报仇雪恨,至于将来如何,他们难有理性的思考。项羽接受章邯投降后,马上发生虐待秦军的现象,反映的就是这种情况。项羽顺应民众宣泄仇恨的情感,活埋了20多万秦军将士。这场大屠杀在当时或许得到了喝彩,但是,挑动仇恨无助于真正解决深刻的社会问题,反而造成社会更加严峻的对立。犯下万恶罪行的是秦朝统治者,不应该毫无甄别地屠杀秦国百姓。大战之后最需要的是消弭社会分裂与仇恨,通过反思历史来清算罪行,开启民智,创建和睦的国家。所以,在群情激愤的时刻,刘邦站出来对众将领说:楚怀王派遣我入关,是因为认准我能够宽容对待秦民。现在子婴投降了,杀他不祥。重大的历史抉择都在一瞬之间,这一刻将永远定格,并规定今后的走向。刘邦能够抑制住个人的仇恨，实行社会和解，这一刻已经尽显其领袖的气度，在所有反秦大起义的领袖中，他站得最高，所以，历史最终选择了他。

刘邦把子婴交付司法官员，表明今后将依法清算秦朝统治者。它给将要建立的新政权开了个好头：树立起依法治国的根本原则。构建法律的治国底线和原则，是刘邦在这段短暂时间内做出的重大建树。他进入京城后召集周边各县的父老豪杰，对他们说："大家痛恨秦朝严苛法律已久，因为它竟然有诽谤罪灭族、私下议论者枭首示众这种残忍酷法。我们在进军关中之前有约定，先入关者王之，所以我将治理关中。现在我和你们约法三章：杀人者死，伤人及盗窃者抵罪，其余秦朝酷法统统废除，各级官吏照常工作。我来这里是为民除害，不是来征服抢掠，大家不要害怕。"会后，刘邦派人在秦朝官吏的带领下深入乡村，告谕百姓，让惊恐万状的秦国百姓欣喜不已，争持牛羊酒食慰劳将士。刘邦命令军队不得收取，并向百姓解释，仓库里有粮食，不劳百姓贡献。秦民更是喜出望外，感到终于盼来了体恤爱护他们的领袖，唯恐刘邦不能留下来治理关中。

约法三章的关键在于"约"。秦法为天下痛恨，不仅体现为苛酷残忍，还表现为统治者任意规定。法家主张用严刑峻法治民，要在治民，而不是治国，所以是"刑不上大夫"，特权阶层不受法律的约束，他们遭到惩处不是因为犯法，而是因为权力斗争。刘邦不但废除了秦朝苛法暴政，而且新的法规是与关中父老商量确定的，故称之为"约"，这让老百姓有了参与国家治理的感觉，欣然接受。"约"包含着现代立法的重要原则。

有研究者认为"约法三章"属于军法。当时处于军队进城的混乱时刻，它确实具有临时约法的特点，一来约束军纪，二来防止盗匪抢劫。它内容极简，不足以构成正常社会的法律。但"约法三章"与废除秦朝任意镇压人民的"诽谤罪""偶语罪"[1]同时颁布，反映出刘邦宽仁待民与约束官兵的法治思想。

汉朝重视依法治国。刘邦统一天下之后，萧何随即主持制定了全

[1] 《史记》卷8《高祖本纪》。

面的法律，颁行全国。萧何把国家治理归为九类，分别制定了盗律、贼律、囚律、捕律、杂律、具律、户律、兴律、厩律，涵盖了刑事和民事的主要方面，又特别增加了规范官府行为的法律，构成九个部分，人称"九章律"。其法律架构在古代一直被奉为圭臬，"九章律"成为律令之宗、百代不易之道。纵观中国古代，帝制下的盛世都出现在致力于依法治国的时代。

刘邦这次在关中待的日子很短，但他的做法同秦朝截然相反——给百姓松绑，让大家看到希望，一举收揽了民心。从后来汉朝的国家治理来看，刘邦这段时间的行为并不是戴着假面具的表演，而是治国构想的初次尝试。

当然，刘邦不是天生的伟人。他自幼沾染了贪酒好色的习气，一旦进入大城市不免心花怒放，马上跑进皇宫，见如此奢华，他就想住下来过过皇帝的日子。幸好有张良和樊哙劝谏，更重要的是刘邦肯听，马上搬了出来。至于刘邦手下的将领，就很难约束了，他们带兵查抄府库，收罗珍宝，都想发财富贵。刘邦一看不对，冷静下来，集合部队，要他们把强占的东西还回去，并封存仓库，带着部队退回郊外霸上安营扎寨。

危难考验人，富贵更考验人。在刘邦手下将领迷恋财宝而强占府库的时候，刘邦身边最重要的良弼萧何却对珍宝无动于衷，他第一时间带人控制了秦朝中央档案文件、法规、户籍和地图等。[1] 关键时刻，庸才还是高人立见分晓。庸才看中的唯有形之财物，高人重视的是无形的财产，刘邦撤出咸阳时绝不肯还回去的就是这批文件，它们帮助刘邦了解天下人才、物产和山川形势，成为战胜项羽的重要法宝。

刘邦在关中的所作所为，出乎有识者意料——军队秋毫无犯，关中井然有序，而且民众拥戴有加，这不像是乡鄙流氓会做的事情。项羽消灭秦军主力后破关进驻咸阳郊外，他怒于刘邦竟敢将他拒之门外，所以要收拾刘邦。可他手下最重要的谋士范增却感到无名的惊惧，对项羽说道：刘邦在山东的时候，贪财好色，可今日入关却没有抢夺美女，也没有搜刮财宝，可见他的志向不小，将来必成心腹大

---

[1] 《史记》卷53《萧相国世家》记载："沛公至咸阳，诸将皆争走金帛财物之府分之，（萧）何独先入收秦丞相御史律令图书藏之……汉王所以具知天下阸塞，户口多少，强弱之处，民所疾苦者，以（萧）何具得秦图书也。"

患，切切不可留此祸根。据说范增不但智慧超群，而且善于望气看相，他此前曾经从旁观察过刘邦，看到他身后头顶现五彩气，呈龙虎状，乃天子之气象。范增从刘邦的自我克制和相术两个方面断定此人是真正的敌人。第一时间看清敌人，且拥有压倒性的优势，看来刘邦在劫难逃。问题是范增的惊惧迥然异于项羽的盛怒，项羽所向无敌，从来没有恐惧感，哪怕到生命的最后时刻依然表现得轰轰烈烈。惊惧出自理性，怒火源于感情，项羽和范增完全是两类人，最终无法形成关键的沟通，范增的人生跌宕和刘邦的前途命运，都因为项羽的性情而完成。这一幕马上就要拉开。

第三节　鸿门宴

项羽攻破函谷关，决定发动总攻，灭掉刘邦。在项梁领导义军时期，刘邦和项羽同属一支部队，并肩作战，打了不少胜仗，所以，他们的部下有着密切的关系。现在刘、项反目，项羽阵营中对于即将展开的内战有不同的看法：好不容易推翻秦朝，大家盼望着和平到来，安居乐业，为什么又要拼个你死我活呢？项羽的叔父项伯位居左尹高位，相当于左丞相，属于这一类人。而且，项伯和张良有过命之交，他曾因杀人避难，藏匿在张良处[2]，所以现在不忍见死不救，他当晚策马驰往刘邦营中，招呼张良火速离去。

在长期的封建时代，人不从属于高高在上的国家，而直接隶属于一个个领主，他们构成大大小小的生活共同体，彼此之间固然有社会和经济地位的差距与矛盾，却相互依存，因而形成了非常牢固的人情伦理观念，忠诚于自己的责任和义务，相互负责，这构成了封建社会人际关系的主要纽带，称作"义"。捍卫"义"的原则称作"侠"。

例如常见的忠诚，在封建时代的人际关系上讲的是对于私谊的忠诚、对于责任的承担和义务的履行及遵守与自己身份相应的行为规矩。忠诚基于对职责的恪守，构成人品的最主要方面。所以，忠诚是建立在责任上的道德，是完成人格的必要条件，不在于言说，

---

[2] 《史记》卷55《留侯世家》记载："(张良)居下邳，为任侠。项伯常杀人，从良匿。"有意思的是，张良和刺客一道在博浪沙暗杀秦始皇，未遂，被秦朝通缉，潜逃于楚地。他不仅常在街衢招摇过市，还能够藏匿杀人犯项伯，由此可见秦政权在南方存在形态之一斑。

而在于行为。观察人品在于生活细节，而不在华丽言辞，孔子认为说话格外漂亮的人反而是大伪巨奸，故称"巧言令色鲜矣仁"。[1]一个对本分和本职三心二意，甚至做得一塌糊涂的人，却善于拍胸脯宣誓，人们凭什么相信他呢？完美的忠诚境界应该是怎样的呢？司马迁总结为言而有信，行动果敢，急人所难，为义牺牲，谦虚内敛。[2]

国家逐渐强大起来之后，特别是秦朝帝制集权国家体制建立之后，国家对于个人的控制力日渐增强，不断消减私人空间，将私人间的道义纳入国法之内。这时候经常出现公法同私义的冲突，个人基于私义而对此演进的反抗，遂有"侠以武犯禁"的说法。[3]国家要求每个人遵守公法，将忠诚转移于国家。这种人伦道义由私向公的转变是国家伦理建立的重要基础，如何最大限度吸收私义的优良成分转变为公德，以及国法如何尊重私人空间，是每一个近代国家转型都会遇到的问题，其转换水平的高低将体现为国家伦理的稳固程度。秦朝严酷镇压私义，引起群情激愤，加上短命夭折，所以看不出此种转变。实际上，私义到公法的演变，从战国末期延续到唐朝，是一个渐进消长的漫长过程，汉唐社会迷人的侠义之风，就是其表现形态之一。所以，项伯将私义看得比什么都重，这既不是对项羽的不忠，也不能说他是潜伏的刘邦内奸。这就是项羽明知道项伯把军情泄露给张良，也给予理解与宽容的道理，项羽身上也有相同的气质。不了解社会文化的演变，用遥远后代的价值观去评论古人，难免隔靴搔痒，文不对题。

面对生死，项伯以友为重，张良也一样，他们具有浓厚的封建时代的价值观，彼此的对话都非常坦荡与真诚。张良明确告诉项伯：受人之托，忠人之事，韩王派我帮助刘邦，所以我必须尽责，不能私下逃跑。张良到刘邦帐内把紧急情况做了汇报。刘邦大惊，没想到事情恶化到这等程度。张良询问经过后得知，原来刘邦入关后，部下有人建议关中富甲天下，地势险要，且有当初先入关为王的约定，故此地应该为刘邦所有，不要放项羽进来，争夺胜利果实；刘邦深以为然，遂有派兵防守函谷关之事。这件事决定得非常轻率，甚至不曾征询张

[1] 《论语·学而》。

[2] 《史记》卷124《游侠列传》说："其言必信，其行必果，已诺必诚，不爱其躯，赴士之阸困，既已存亡死生矣，而不矜其能，羞伐其德，盖亦有足多者焉。"

[3] 《史记》卷124《游侠列传》。

良的意见。更严重的问题在于项羽十一月中攻破函谷关,十二月中推进到咸阳郊外戏上[4],在这一个月间,未见刘邦采取措施同项羽沟通以缓和局面,应该是高估了自己,心存侥幸,导致形势急转直下。这不能不说是刘邦的重大失误。没有人能够一贯正确,但问题出现后的危机处理,便是考验水平的时刻。

> [4] 《史记》卷8《高祖本纪》记载:"十一月中,项羽果率诸侯兵西,欲入关,关门闭。闻沛公已定关中,大怒,使黥布等攻破函谷关。十二月中,遂至戏。"

如果不打掉刘邦消极拖延背后的自大心理,危机难以克服。所以张良没有同刘邦争论此事决策的对错,而是直接问刘邦:您自忖我军能够抵御项羽吗?当时项羽拥有四十万钢铁之师,号称百万,携战胜之威席卷天下;刘邦有招降纳叛的军队十万,号称二十万,未经艰苦的战争考验,双方优劣一目了然。实际上如后面的战役所示,哪怕刘邦军队数倍于项羽也一样遭到惨败,因为双方战斗力相去甚远。刘邦不得不冷静下来,沉吟后说道:抵挡不住,怎么办?张良告诉刘邦,现在只能求和了,请通过项伯游说项羽,说您绝不敢忤逆项羽。刘邦显现了他的另一大优点,轻狂之后能够恢复冷静,肯屈尊认错。他让张良将项伯请入帐内,亲自给他斟酒祝寿,约为亲家,解释道:我进入关中秋毫无犯,封存好府库,安辑百姓,都是为迎接项将军所做的准备。派人把守关卡是为了防备其他盗匪窜犯。我日夜引颈盼望项将军到来,岂敢谋反。请您为我在项将军面前解释,万分感谢!

项伯被说动了,但未必是认同刘邦所言。在楚汉相争中,项伯一直秉持和解的立场,不希望看到好不容易推翻秦朝后再陷入战乱的局面,双方又是当年的亲密战友,也不想看到兄弟阋墙。项伯同意为刘邦美言,要求刘邦第二天早上一定要亲自向项羽当面解释,不然他也无能为力。刘邦答应了。中国历史上著名的"鸿门宴"即将上演。

项伯回营后,连夜面见项羽,劝谏道:如果不是刘邦先破关中,咱们怎能轻易进来。刘邦立了大功,杀他不义,不如善待他。还是那个私人之间的"义"字。项羽也认同这个道理,应承下来。

第二天早晨,刘邦带着张良、樊哙等百余骑赶到项羽大营。项羽、范增和项伯早就端坐在里面等待刘邦进见,气氛严肃。刘邦不愧是乡鄙混出来的,一见面便连连作揖,痛心疾首地对项羽说道:

臣下曾经和将军奋力攻秦，将军战河北，臣战河南，真没想到臣先一步入关破秦，得以在此重见将军，只是有小人从中挑拨，让将军对臣有芥蒂。

见到往日并肩作战的战友毕恭毕敬地肃立在面前，不再张口便自称"乃公"，而是规规矩矩地称臣，项羽获得巨大的心理满足。君臣分际已定，刘邦归顺对于天下诸侯具有很大的示范意义。项羽的怒火烟消云散，或许还认为有必要安抚一下眼前的老臣，让他以后更加忠诚，所以对刘邦说道：要不是你手下的曹无伤报的消息，咱们何至于此。刘邦得到意外的收获，确认了内部出卖他的人。

曹无伤是刘邦的重要部将，见到项羽要和刘邦摊牌，他判断刘邦输定了，想转投项羽，暗地里给项羽泄露刘邦内部的机密情报，说刘邦要称王关中，任用子婴为丞相，尽取关中珍宝。[1]这消息致命之处在于透露了刘邦的战略意图，成为项羽对刘邦决策的判断依据。如果确定刘邦企图称王，一统天下，而不是归顺项羽，那么刘邦就成为项羽必须除掉的头号敌人。项羽刚而不挠的个性，以及对己方优势的超强自信，使他对叛徒从无好感，更不善于笼络团结人，所以顺手把一个内心鄙视的小人扔给刘邦做人情。低能的人算的是眼皮底下的得失而不会算造成影响的无形的账。权位越高的人影响越大，所以普通人能做的许多事情，他不能做。把刘邦阵营内部的叛徒扔出去向刘邦做个人情，这种笼络人的手段，项羽这等武夫真的做不好，做了比不做还难看。利益送出去了，敬畏没有换回来，反而被鄙视甚至勒索，那真是肉包子打狗，有去无回。但自作聪明的人偏偏喜欢这么做，叫人无语。曹无伤像臭鱼烂虾被随便扔掉，无异于向刘邦阵营内部的动摇分子宣布项羽不接受投降；而刘邦从鸿门宴逃回来后第一件事情就是立即处斩曹无伤，也向动摇分子做出绝不含糊的警告，项羽简直是完美地配合刘邦坚定军心，凝聚这支拼凑起来的部队。鸿门宴开场小试一招，项羽已经落败，叫旁边辅佐他的军师范增如何不心急如焚，他担心前晚连夜同项羽谋划铲除刘邦的妙招落空，决定哪怕自己动手也不能放过良机。

[1] 《史记》卷8《高祖本纪》记载："沛公左司马曹无伤闻项王怒，欲攻沛公，使人言项羽曰：'沛公欲王关中，令子婴为相，珍宝尽有之。'欲以求封。"

项羽卖了人情，便招呼刘邦入座。项羽和项伯两人坐西朝东，范增坐北朝南，刘邦坐南朝北，张良坐东朝西。这个座次很有趣，项羽称范增为"亚父"，或许出于尊重，项羽让范增居主位。让刘邦坐在卑位，刻意显示其戴罪之身的地位。项羽和项伯坐在尊位上，让张良陪坐。然而双方的主帅恰好都是同对方谋臣面对面，而范增和张良才是本次宴席的灵魂人物。

刘邦能屈能伸，淡然就座。刚才的对话已经消除了项羽的心结，他不再怪罪，刘邦便宽心喝酒。范增着急了，他同项羽讲好在席间问罪，杀掉刘邦，看到项羽不吭声，他一再用目光提醒，举起身上佩戴的玉玦示意项羽动手，项羽却熟视无睹。范增按捺不住，起身到帐外，叫来项羽的弟弟项庄，跟他交代道：项王心肠软，您这会儿进去敬酒，然后舞剑助乐，趁机杀掉刘邦，不然以后我们都会成为他的俘虏。项庄依计行事，得到项羽的允许，在席间舞起剑来，渐渐移向刘邦。在座的项伯看出项庄的用意，也站起身来说道：一个人舞剑没有意思，我陪你对舞吧。项伯故意站到刘邦一侧，用身子挡住刘邦，不给项庄下手的机会。

帐内剑拔弩张，气氛令人窒息。张良起身出来叫樊哙，告诉他形势危险。樊哙拿起盾牌冲过去，门口卫兵交叉长戟阻挡去路，樊哙奋力猛冲，把卫兵推倒在地，径直冲进来，站到张良一侧，怒目圆睁，眼眶都要爆裂，头发根根竖起，死死盯着项羽。项羽跪坐起来，手握剑柄，喝问道：来者何人？张良起身介绍说是刘邦的卫队长。项羽称赞樊哙为壮士，命令给他端上一大碗酒。樊哙谢过后一饮而尽。项羽再命令给樊哙一条生猪腿，樊哙把盾牌覆盖于地上，拔剑切猪腿肉吃了起来。项羽问他还能喝酒吗？樊哙挺起胸膛高声回答道：臣死都不避，还怕酒醉？秦王有虎狼之心，杀人唯恐不尽，刑罚百姓唯恐不够残酷，所以天下都起来反抗。楚怀王和众将有约："先破秦入咸阳者王之。"现在沛公先破秦入咸阳，秋毫无犯，封存宫室，还军霸上，以等待大王您来；而派遣军队把守关卡是防备其他盗匪进来，没有别的意思。沛公劳苦功高，不但没有获得奖赏，还因为您听人挑拨，要

"鸿门宴"壁画，河南洛阳烧沟村61号汉墓壁画

诛杀有功之人，这岂不是重蹈亡秦覆辙吗？我真为您感到不值得啊！一席话说得慷慨激昂，项羽竟然无言以对，只叫樊哙坐下。

这件事情冷静想想，项羽心中有鬼，才表现得如此窝囊。樊哙所谓派兵把守关卡是为了迎接项羽的说法，和刘邦对于项伯的解释如出一辙，显然是刘邦阵营危机处理的统一口径，无疑是谎言，智力再低也听得出来。而且项羽握有曹无伤泄露刘邦阵营机密的确凿证据，为什么没有戳穿他们呢？项羽意在息事宁人，只求刘邦臣服，认可他自己违背当初在楚怀王面前同众将所做的"先入关者为王"的约定，这就是他的软肋。

就现状而言，刘邦拒绝项羽入关，在政治道理上没有错，而且是按照众将的公约采取的行动，可以无所愧疚。如果项羽和众将要入关庆祝推翻秦朝的胜利，合情合理，但不能率领大军前来，更不能强行破关而入。说穿了是项羽违背政治公约而理亏。他敢于横行就是因为拥有军事优势，但这在天下人面前是说不过去的。不要以为国家政治都是凭武力说话，"有理走遍天下，无理寸步难行"，在世界历史上，穷兵黩武者无不惨败，即使一时暴发，也无法维系。在鸿门宴上，刘邦并无过错，只是军力不如人，人在屋檐下不得不低头，而压服埋下的是复仇的种子，这颗种子总要发芽。项羽凭借武力迫使刘邦道歉认错，占了上风。但他于理无据，自己心知肚明，所以不愿意戳破刘邦的谎言。因为谎言无非是给项羽面子，大家圆个场，否则必须大打出手了。但是，项羽这么做，天下诸侯都在看，形成对于项羽的认识，

也会琢磨对付项羽的办法。政权合法性这种无形的力量令人不得不畏惧，古人从无数历史事例中得出"恃德者昌，恃力者亡"的深刻体悟。当然，无知、无识、无德却有实力的人是不会相信这一套的，项羽就不信，他用碾碎一切的实力给历史增加了一个失败的例证，后面还会有许多项羽式的实力人物前仆后继，历史一直是不相信历史者的墓志铭。

帐内喘不过气来的气氛缓和下来，刘邦借机上厕所，张良和樊哙陪着出来，劝刘邦赶快骑马跑回去。刘邦拿出带来的珍贵礼物，请张良回帐内转赠，自己扔下车子，孤身上马急急离去，顺着芷阳抄小路而行，樊哙、夏侯婴、靳强、纪信四人手持剑盾，跟在后面徒步断后。过了一会儿工夫，张良推测刘邦去远了，转身回到帐内，对项羽致歉道："沛公不胜酒力，不能亲自来告辞，托我将一双白璧献给大王，一对玉斗送给范将军。"项羽问刘邦在哪里，张良说刘邦害怕项羽责怪，已经走了，这会儿应该回到军中了。项羽默默地收下玉璧，范增扼腕，抽出佩剑把玉斗敲碎，恨恨道："竖子不足与谋！夺项王天下的必是刘邦，我们都将成为他的俘虏。"范增说对了，这样的决定历史的瞬间不会再来，刘邦和项羽这对战友和对手，鸿门宴成了他们一生中最后一次聚会，再次相逢时已经天人两隔了。

项羽凭借武力不讲道理，却没有把不讲理的事情做完，半途而废。与其如此，不如不做。这样既失信于天下，又放走致命之敌，难怪范增忍不住骂他为"竖子"，韩信嘲笑他有"妇人之仁"[1]。韩信不

[1] 《史记》卷92《淮阴侯列传》。

是歧视妇女,其所谓的"妇人之仁"指的是小事仁慈,大事犹豫,当断不断反受其乱。

刘邦虽然年轻时在乡鄙常有无赖之举,但他遇到大事时的悟性和决断,项羽是远远比不上的。刘邦回到军中做的第一件事,就是把里通外敌的曹无伤拉出来斩了。

鸿门宴落幕了。古人说"宴无好宴",政治上的宴会从来都是举足轻重的激烈战场。鸿门宴自此也成为暗藏杀机的陷阱的代名词,家喻户晓。

鸿门宴之后,刘邦不得不退出关中,失去到手的天下,黯然退入不毛之地。天下之争至此本应打上句号。但项羽凭着霸道性格和鲁莽风格行事,摆不平各方势力,常常一波未平一波又起,他用自己的骄横给各路敌手创造了翻身的机会。面对这样的霸者,耐心等待就有转机,而这正是刘邦之所长。

第四节 破局:项羽失策兼失人

项羽在鸿门宴上压服刘邦,成为无人敢于挑战的天下头号人物。此后的首要任务是建立新的政权,取代秦朝。为新政权开篇布局,每一步都至关重要,甚至决定着安危存亡。项羽因为手握压倒性的军事优势,把问题看得太容易,草率行事,所以从一开始就连犯三个致命性错误,以至于国无宁日,迅速灭亡。一个打出来的军事强权,最初都具有强大的震慑力,再不济如秦朝还支撑了十四年,而项羽的西楚政权竟然连一年安宁的日子都不曾有过,虽然项羽在战场上所向披靡,却在一连串的胜利中走进历史坟墓,这样的历史现象值得深思。

项羽犯的第一个致命性错误是公然违约,杀害义帝。

鸿门宴之后,项羽派人把关中的现状向远在彭城的楚怀王汇报,希望楚怀王识相,依据实力和功劳决定谁当新的天下领袖。在项羽看来,这是不言而喻的事情,楚怀王不过是个橡皮图章,只能承认现状，收拾一下退位让贤。结果使者带回来的楚怀王的旨意是遵守原来的约定，这让项羽一下子火冒三丈，愤恨地说道：打下天下是我和众将的功劳，怀王不过是我们项家立的，有什么资格主持裁定呢？项羽公开否定了楚怀王的旨意，甚至否定了楚怀王的地位。

这件事非常重要，因为关涉项羽政权的合法性来源。当初陈胜死了，群龙无首，项梁推出楚怀王统一群豪，树立推翻秦朝的共同政治目标，从而构成起义的最高原则。现在秦朝被推翻了，楚国理所当然应成为新的国家政权，这是群雄必须承认的事实，谁不承认，谁就背叛了起义，问题只在于由谁来主持新政权。

楚怀王深知自己是项家树立的旗帜，更符合实际的说法应该是招牌，甚至是幌子。但当初若不是他，群雄势必四分五裂，所以楚怀王还是颇得众望的。他的权威建立在其成为众豪杰的最大公约数上面。这个情况不改变，他的权威就不会消失。项羽虽然夺取了天下，但他还没能改变山头林立的实际情况。楚怀王也知道自己没有实力基础，只是过渡性人物，取得胜利后必须让位，才十分聪明地在分兵击秦时同众将做了约定——不凭实力，只凭功劳，谁先推翻秦朝，谁就成为领袖。当时大家都同意，它便成为产生领袖的规则，也就构成新政权的合法性基础。这是楚怀王向新领袖的权力让渡。楚怀王一开始就主动让权，赢得了大家的尊敬和爱戴。现在项羽公然鄙视楚怀王为傀儡，践踏规则，便失去了人心。合法性的一个重要根据是要以理服人，而不能只凭实力说蛮横无理的话。众人不服，便是自我削弱。

项梁死后，众将抬高楚怀王的用意十分明显，便是压抑项羽，所以项羽对此一直耿耿于怀，心中压着无名怒火。但这不是人际关系，而是政治权力关系，它可以改变，但不能说破。项羽现在挑明楚怀王为傀儡，把窗户纸捅破，打了各股势力的脸。问题是他的实力没有强到压倒一切的份儿上，所以才需要去获得楚怀王的裁决。掌控全局都要说话合理，何况力有不逮，说蛮横的话是缺乏实力、自信和引起众怒的愚蠢之举，并不会增加自己的力量。

分析了楚怀王不可侮辱的道理之后，再来看项羽的手法。他太高估自己了，以为压服刘邦后众人噤若寒蝉，自信楚怀王这个傀儡更不敢忤逆自己。如果他没有那么轻狂，就会考虑到楚怀王再弱也是名义上的天下共主，有自己的立场。楚怀王靠众人的相互牵制而稳居王位，他必须做得公正，否则便失去存在的基础。既然与众将有约在先，维护约定便是他必须恪守的原则，不可能随随便便自我贱卖。项羽轻视别人，所以无法理智地分析形势，更谈不上技巧了。他不事先做楚怀王的工作，甚至也不探明楚怀王的态度。这一切都不做，仅一纸告知，便要楚怀王就范，根本不考虑出现相反结果的可能性。高估自己者危，低估对手者败。与其得到楚怀王否定其称王的结果，不如当初不要去请示汇报。项羽这回是动蛮成拙，后悔莫及了。

楚怀王的旨意传回来，项羽陷入无比难堪的境地。他肯定不会遵循这个旨意，但实力又不允许他弃之如敝屣。最后项羽采取一个不得已的临时处置方法，尊楚怀王为义帝，自己实权在握。这看似聪明，实则自套枷锁。因为把不同心的楚怀王推上尊位，将来收拾起来就会变得罪孽深重。真是搬起石头砸自己的脚。

楚怀王没有认可项羽的领袖地位，项羽无法南面称尊。他恨透了楚怀王，不久便忍耐不住，派人强迫义帝从彭城迁往长沙郴县，途中让手下将他杀害于江中。楚怀王死了，项羽出了一口恶气，却在天下人面前坐实了弑君大罪，其政权的合法性完全丧失，在众人眼里就是一个军事强权。军事强权既无合法性，又始终处于高危状态，谁强谁就可以夺权，丛林法则下其灭亡指日可待。而且，楚怀王没有真正死去，他阴魂不散，一直纠缠着项羽。刘邦就因为打出为义帝发丧的旗帜，一时天下云集，其势如火如荼，仿佛反秦大起义的场面再现，项羽成为千夫所指，人人得而诛之。

项羽犯的第二个致命性错误是劫掠关中，定都彭城。

楚怀王否定项羽称王关中，项羽倒也无所谓，他本来就不想定都于此。对于秦国的老巢，项羽借着天下百姓向秦朝复仇的怒火，肆意抢掠。他杀掉秦朝三世皇帝子婴，在咸阳屠城，搬空府库，搜刮皇宫，再放一把火烧掉。近年考古发掘发现，秦朝的阿房宫没有建成，但秦朝宫殿留下了燃烧的证据。宫殿遗址发掘出来的板瓦、筒瓦、瓦当上有大火烧过的痕迹，还有大量被火烧毁的墙皮残块出土，证明秦朝宫殿曾经被大火吞噬。

秦始皇征服六国时，每破一国，便在咸阳仿建其王宫，渭水北岸先后建成了各具特色的六国宫殿，加上秦朝自身的皇宫，宫殿建筑多达数百座，且各宫之间用复道、甬道连接，构成规模宏大的皇宫建筑群。项羽这一把火整整烧了三个月，《史记》的记载得到考古的印证。

项羽的军队满载着搜刮来的金银财宝和女人东归，军队所过之处，无不被摧残，数百年的王城毁于一旦，富甲天下的关中遭受了有史以来最大的劫难，秦国百姓对项羽恨入骨髓。项羽把关中一分为三，分封秦朝三大降将章邯、司马欣和董翳为王，镇守三地，监管刘邦。后来刘邦起用韩信兵出汉中，顷刻灭此三人，一举夺取关中，其根本原因是秦民起来响应。跟随章邯等三人出征的关中子弟，投降后统统被坑杀，只有章邯等三人活着回来，还盘踞在关中称王称霸，他们该如何向失去丈夫、儿子的秦国百姓交代。项羽火烧咸阳，自毁统治根基，残暴行为加上欺侮民心的用人，不失去关中便无天理。

关中乃中国第一形胜之地，从西周到唐朝总被选为京城之地，其中道理前面已经反复说过，不再重复。项羽既然是最强大的力量，其手下当然有一流的人才。有谋士认为项羽撤出关中为不智，向他分析山川形势说，关中四大要塞，阻隔山河，蔚然一国，土地肥沃，可以雄视天下。项羽回应道：富贵不还乡，就像人穿着锦绣衣裳夜间出行，没人看得见啊。谋士听得惊愕不已，自己辅佐的大英雄竟然有一颗儿童般幼稚好胜的心，所有的努力就是为了赢得儿时玩伴的敬佩。谋士与他人说道：人说楚人是穿衣戴帽的猴子，果不其然啊！闻者把话讲给项羽，项羽将谋士抓来，直接下了油锅。

低能的人最嫌恶别人评头论足。平心而论，项羽确实有童稚的一面，毕竟此时他才二十五六岁，但要做出一番惊天动地的事业，绝不能仅凭想衣锦还乡的智商和胸怀。坑杀20多万秦军将士，再烧杀抢掠咸阳，关中已对他形同针毡，无法安坐。但寻找到适宜定都之地绝非易事。唐末放弃长安作为都城之后，北宋一个半世纪都在寻找合适的都城，却始终没有找对，足资证明。项羽利用大众复仇的情绪，图一时之快，后面只好为自己的行动埋单了。

屠咸阳失去了民心，弃关中丢掉了地利，但项羽不信这些，他要用自己的神勇与天斗，与地斗，与人斗，走完生命的历程。

他选择了自己的家乡彭城为都城。彭城为华北大平原上东西南北交通的枢纽，控制东部的战略要地，自古以来为兵家所必争，但从帝制政权的风水而言，属于下下之地。打个比方，彭城宛如人来人往的十字路口，喧嚣不安，怎么能够成为静观天下谋篇布局之地呢？更不用说无险可守，属于大会战之地，何以自处？历史上除了项羽之外，没有一个全国性王朝于此建都。项羽相信他的力量能够改变一切，那我们就看他如何运作吧。

项羽犯的第三个致命性错误是分封唯亲，赏罚不公。

首先是如何安置义帝。因为义帝要求项羽遵守入关前众将之间的约定，项羽假装无私，尊其为义帝，内心却恨得直咬牙。此前向楚怀王请示谁称王关中是轻狂的错误，尊楚怀王为义帝则是自作聪明的错误，纯属画蛇添足，可谓一错再错。项羽又没有耐性，很快就发作了。他召集众将说道："起义之初暂时拥立楚王后人，是为了推翻秦朝。实际上披坚执锐拼死血战的是我和诸位。义帝虽然没有功劳，咱们还是应该分一块地让他称王，大家以为如何？"分配胜利果实的时候，大家都想多得，怎会替义帝说话呢？于是就这样定下来了。刚刚被尊为义帝，转眼被扫地出门，封到边荒的长沙郴县，让人感到出尔反尔，而这是当领导的大忌，经常如此，会被部下看轻。况且对于义帝的处置关乎项羽政权的合法性，前面已经详细论述过。

其次是处置刘邦。刘邦已经服软，不便进一步加害。项羽也不想背上违约的恶名，找出一块绝妙之地封给刘邦，便是巴蜀。那时候的巴蜀水患成灾，人烟稀少，开发落后，经济难以自立，秦国将它作为流配罪人之地。而且，南北进出蜀地的道路，南面的三峡，处处是激流险滩，常常可见触礁沉没的船只，沿途山高林密，抬头难见天日，虽景色绝美，但路途绝险。北面从葭萌县（今四川广元昭化区昭化镇）走崎岖陡峭的金牛道可通往汉中，但其道路宽度仅容一人通过，在剑门关前，山顶呈现雄伟奇观，南面山坡平缓，北面的悬崖则犹如刀劈出来，小道蜿蜒盘旋于山间，除此之外，别无他途，且正面挡住了自北南下的通道。唐朝诗人李白生长于蜀中，对于当地道路状况有亲身体会，写了名篇《蜀道难》，称"蜀道难，难于上青天"；蜀道上的关卡更有"一夫当关万夫莫开"的险峻。巴蜀被秦国吞并之后，一直附属于关中。刘邦被分封在这里，不啻被关进天造牢笼，插翅难飞；而且，巴蜀属于关中，项羽不算违约。这回刘邦真是哑巴吃黄连了。

显然项羽身边有高人指点，但是，高人必须搭配明白的领导才能真正起作用。成为明白的领导必须具备阅历和悟性。项羽太年轻、太自负，走的地方太少，对于中国的山川地理和风俗民情太不了解，前两点让他把什么事情都看得很容易，后两点让他易于被蒙骗。刘邦身边也有高人，指点他同项羽争斗，争取再拿下汉中。

汉中同样附属于关中，去过的人都知道，此地乃秦岭和大巴山结合部的山中小平原，四面八方全是崇山峻岭，只有几条山间道路，如陈仓古道、褒斜道、米仓道、金牛道、傥骆道、子午道悬在山腰，路隘险峻，只要卡住关隘，就能完全封死进出道路。三国时代诸葛亮屡屡冲关，均告失败。但汉中这几条崎岖山路却将巴、蜀和关中连接起来，汉中成为山中的枢纽。此处形似死地，但关键看在何人手中，遇到高人便可成为挺进关中的踏板，这就有了日后韩信"明修栈道，暗度陈仓"的妙笔。如果没有这块前进基地，出蜀更难。刘邦即刻明白了其中的含义，拿出重金交给张良，让他献给项伯，去疏通项羽，反正是犄角旮旯的山地，就都划给刘邦吧。项羽居然同意了。[1]大概他狠狠地欺负了刘邦一把，而刘邦所说的汉中山地同属于关中确有道理，就不想欺人太甚了吧，所以没有认真评估便答应了。曾经有一位著名的政治领袖说过：领导人不可以在对外关系上犯错误。项羽的这

[1] 《史记》卷55《留侯世家》记载，"汉王赐（张）良金百镒，珠二斗，（张）良具以献项伯。汉王亦因令（张）良厚遗项伯，使请汉中地。项王乃许之，遂得汉中地。"

个错误是十分严重的。

因为把汉中分给了刘邦，刘邦得以将其封国都城确定在南郑，亦即今日的汉中市，国号称作"汉"。元朝以前的统一王朝国号都源自起家之地的名号。汉统一全国后，建立了汉朝。汉朝的统治得到广大民众的真心拥护，故其国民称作"汉族"，取代了以前的"华夏族"名称；使用的文字称作"汉字"，其文化称作"汉文化"，等等。这些东西中国早已有之，到汉朝以后都统一冠以"汉"，可见汉朝对于中国贡献之大、影响之深。中国帝制政权真正扎下根来，并不是在秦朝，而是在汉朝。秦朝的影响被人为地无限夸大了，但后世有哪些是以"秦"冠名的呢？有"秦族""秦字""秦文化"吗？这个影响深远的"汉"，竟是在项羽轻狂疏忽中分给刘邦的，历史的细节往往深藏着丰富的内涵，不能不用全部的心智去领悟些许。

把刘邦关进天笼，还得有人看守。项羽分封秦朝三大降将章邯、司马欣和董翳为雍王、塞王和翟王，他们三分关中，合力将刘邦堵在牢笼之中。

把敌人打发了，接着分封各路诸侯，有魏王、河南王、韩王、殷王、代王、常山王、九江王、衡山王、临江王、辽东王、燕王、胶东王、齐王、济北王。项羽自封为西楚霸王，拥有九郡之地，总统诸王。他定都彭城，完成天下重构，诸王各自归国。

近人撰写的历史书认为项羽分封天下是倒退，所以很快灭亡了。刘邦坚持中央集权的帝制国家，所以胜利了。从这个意义上讲，楚汉战争是统一与分裂、进步与倒退的斗争。这种观点恐经不起推敲。刘邦胜利后一样分封天下，先是分封诸侯，后来改为分封宗室为王，而且长期延续，哪怕到了汉武帝也只是削弱诸侯王，并没有取缔分封制。刘邦和项羽在实行分封上是一致的，不存在分封与反分封的斗争，更不能一路推演出分裂与反分裂、进步与倒退的斗争。

刘邦和项羽都实行分封制，说明什么问题呢？任何制度的出台都基于两个方面的考虑，一是历史教训，二是社会现实。当时推翻秦朝的各路领袖都极其痛恨秦朝的集权专制，老百姓也极其痛恨秦朝繁

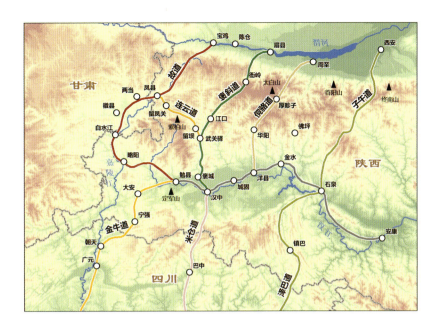

汉中古道图
李晶绘

重的税收和徭役。对比六国封建制度，天下有共主周天子，统领宏大的中国；下面是各国自治，层层分配土地和收益，自我管理，各自经营，虽然良莠不齐，但重税乱政只是局部的现象，不会造成全国性的灾难。所有的认识都是在比较中得出来的。两相对比，分封制优于帝制，这是第一点。舍身推翻秦朝的将士，从上到下图的是什么呢？百姓希望分得田产，安居乐业；将领希望论功行赏，掌控一方，谋求的都是胜利果实，这就是当时的社会现实，谁都必须予以满足，不然顷刻间就会被推翻。所以，实行分封制是人心所向，也是势在必行，既是对秦朝的否定，也是现实的需要。

那么帝制就一无是处了吗？恐怕未必。管理这么大的国家，一定程度的中央集权是必要的，但以前因为力量不足而做不到。到战国末期人口增长到了三千多万，加上周天子名存实亡，也确实需要一个能够把中国统一起来的中心，这就是秦朝帝制的合理性。问题是秦朝建立了一个不受任何制约的巨大集权体制，实行肆无忌惮的皇帝一人专制，亦即彻底的人治，造成了巨大的社会灾难。秦亡之后，如何重建这个统一的中心便成为必须解决的问题。刘邦和项羽都保留了这个权力中心,项羽虽然没有称帝,但他自封西楚霸王统治着诸侯王,实际上就是没有加冕的皇帝。刘邦惩于项羽的失败,加强了中央权力,建立汉朝,称帝治天下,构成以皇帝为核心、分封与郡县双轨运行的国家体制,企图兼取封建制和帝制的优点。而且,从推翻秦朝到楚汉战争,国家军队征战各地,中央对于地方的控制力已非春秋战国时代可比,也远远胜于秦朝,因此具备了实行帝制的坚实基础。

项羽不是因为分封而失败的。自从他杀害义帝以后,在众人面前已经成为赤裸裸的军事强权,没有什么合法性。再加上分封赏赐不公,调解诸侯间利益冲突的手法粗暴,合法性危机马上爆发,新一轮纷扰战乱烽烟再起。此时项羽业已失去拥有形胜之利的关中,处于四面受敌的境地,虽然年轻神勇,力拔山,气盖世,所向披靡,却只是作困兽犹斗的挣扎,不过不自知而已。匆匆时日,败招迭出,皆因张狂所致,完全是咎由自取。

刘邦屈服于项羽的军事优势,被打发到汉中。项羽对他不放心,派出三万大军随行,名为护送,实为押解。楚国和诸侯中仰慕刘邦追随他去巴蜀的人,多达数万。看来刘邦很有人望,这就非常要命了。刘邦已经被项羽视为威胁,又得到许多人拥护,项羽会怎么想呢?轻薄的政客渴望虚名与歌颂,成熟的政治家懂得谦逊和低调,不会因为过多张扬而招致许多无妄之灾。张良非常担心,但又不能拒绝热情的追随者而失去人心,怎么办呢?张良建议刘邦进入汉中后立即烧掉栈道,向项羽表示自己没有出关争霸天下的雄心了。[1]

烧掉栈道要有很大的决心。进入汉中直至巴蜀全是山路,许多地段危崖绝壁,无路可通。古人缺乏凿石利器,只能用火烧岩壁,再骤然泼上冷水,运用热胀冷缩的原理让岩石开裂,再一点点凿出深洞,将一根根大木钉入,上面铺就木板,在峭壁上"种"出一条狭窄的路来,这就是栈道。栈道工程之浩大,建造之艰难,耗时之长久,现代人是想象不出来的。栈道烧了,出来的道路也就没了,要想重修那是旷日持久之事。所以,刘邦要下这个决心,真把自己置身于牢笼之中,可谓至难。但刘邦还是这样做了。断绝了后路,几乎等于葬送了

[1]《史记》卷55《留侯世家》记载:"汉王之国,(张)良送至褒中,遣(张)良归韩。(张)良因说汉王曰:'王何不烧绝所过栈道,示天下无还心,以固项王意。'乃使(张)良还。行,烧绝栈道。"

希望，刘邦的人生及其政治生涯进入了至暗时刻。

追随刘邦起义的多为东南地方的百姓，他们觉得，好不容易推翻秦朝要过上好日子了，却被打发到边荒绝地，希望成了泡影。因此，乡愁传唱为哀歌，士气低落，人心惶惶，不少意志不坚定的人沿途逃走了。到汉中以后，偷跑的人越来越多，刘邦无可奈何。他能做什么呢？草民看不到希望便会离去，不能都怪他们，只能怪自己没本事，把大家带进坑里了。想通了就会宽容一些，分别时多留点温情，作为日后的怀念，或许今生还有再聚的缘分。中国文化绵延不绝是因为充满人文情怀和优秀传统，哪怕君子绝交也不出恶言。从另一方面来说，刘邦一路取巧入关，没有经过艰难困苦的锤炼，现在必须补上大浪淘沙这一课。想走的走掉，留下的便构成坚强的核心，这才是真正的精华所在。刘邦后来同项羽进行了实力悬殊的四年战争，其间核心成员英勇顽强，屡败屡战，紧密团结，这都要感谢汉中这块断人希望的绝地。没有了不切实际的希望，更直白地说是幻想甚至妄想，人心将变得单纯而坚定，更加脚踏实地，披荆斩棘去开创明天。上天是公平的，明天永远留给坚强而实在的人。

在大浪淘沙的时刻，有一个人前来投奔，却差一点和刘邦失之交臂，最后又成就了刘邦的辉煌胜利。这个人就是和刘邦同乡的韩信。

韩信出生于今江苏淮安，贫寒子弟，少年时一点也不出众，当不成小吏，又没有谋生能力，既不会种田，也不会做生意，到处寄人篱下混饭吃。有一度在亭长家里吃饭，一吃就是几个月。亭长并非地方官，其生活是相当拮据的。亭长的老婆不高兴了，每天早早做饭，全家赶在韩信到来之前吃完。韩信一怒而去，从此绝交。

韩信做不了农活，还有爱读书的习惯，在乡下人眼中简直就是一个游手好闲的人，只是韩信不知道而已。他经常在城下河边读书，没吃没喝，有一位洗衣妇人见他可怜，省下一口饭给他吃。这一吃就吃了好几十天，韩信非常感激，对妇人说将来一定厚报。妇人怒道："大丈夫不能自己养活自己，我看你可怜才给你饭吃，谁稀罕你的报答！"原来这妇人也看不起读书人，不明白韩信为什么不去工作，读什么书啊？

秦始皇焚书坑儒，扭曲了民众对于文化的观念，社会上产生了相当普遍的相信读书无用的反文化现象，项羽认为读书只要学会签名即可，刘邦见到文化士人就要摘人家的帽子撒尿以示侮辱，以及马上就要发生在韩信身上的事情，都从各个社会层面反映出这种情况的普遍存在。项羽的文化观还反映出另一个侧面，即使承认读书有点用，也仅仅局限于实用知识，从而将启发思想的文化阉割为实用性的知识。这种思想会极大地束缚整个民族的想象力，以及文化的深度和广度，把学校变成工厂一般的实用零件制造所。所以，中国思想文化在春秋战国时代的百花齐放、百家争鸣的高潮之后，逐渐失去理论思考，越变越实用，也日渐萎缩。

韩信就在众人鄙视下躲在人烟稀少的地方读书，但是，人家还是不会放过他。有一天，韩信在街上迎面遇到一个青年屠夫，将他拦下，喝道："小子长得这么高大，又佩戴刀剑，其实却是个胆小鬼！有本事杀了我，没本事就从我的胯下爬过去。"韩信望着恶少，慢慢地蹲了下去，从他的胯下爬过，引来满街人放声嘲笑。韩信没有得罪人，只因为爱读书便受到乡下人的侮辱，社会风气可见一斑。

家乡待不下去，韩信就出去做事。他投入项羽的部队，担任郎中，也就是侍从参谋。他曾经多次向项羽提出建议，都没被采纳。如果看看项羽的用人和行事风格，就可以明白项羽青睐的是如他一般的猛将，手下哪有韩信这种儒士风格的将军呢？所以韩信不可能受到重用。韩信看明白了，便自行离去，从山路来到汉中。他没有关系，得不到推荐，委屈地在部队当个接待官，不久因为犯事被判死刑，前面13人一个个被斩首，轮到韩信，他仰天长叹道："汉王不想得天下了吗，为什么斩杀壮士？"监斩的官员是刘邦的亲信滕公夏侯婴，觉得韩信与众不同，现在正是将士感到前途渺茫而纷纷逃亡的时候，此人却有雄心，便给韩信松绑，交谈起天下形势。韩信不同凡响的见解让夏侯婴折服，便向刘邦举荐。刘邦提升韩信为治粟都尉，负责后勤，并没有引起重视。恐怕此时的刘邦想要的是能够和项羽匹敌的勇猛战将，所以一样不看好文质彬彬的韩信。

韩信因为后勤工作的缘故得以同上司萧何相处，聊起胸中的战略构想，萧何听后非常惊异，觉得眼前这位中级行政军官是极其罕见的军事天才，赞赏不已。他应该也向刘邦举荐过韩信。刘邦手下的几位奇才，例如郦食其、陈平等人都不是一开始就受到重视的，可知刘邦不属于慧眼识人，而属在实践中逐步识人的类型。没有见到韩信的业绩，刘邦怀疑夏侯婴和萧何等人的举荐是否属实。韩信做了一段时间，感觉前途更加暗淡，甚至不如在项羽手下，道一声无奈，出走了。萧何闻讯，立刻策马来追。有人报给刘邦说萧何也跑了，刘邦又惊又怒，有如断臂，感到钻心的疼痛和无以名状的萧瑟落寞。萧何是刘邦起家的基本班底，行政总管，不可或缺的核心成员，他跑了，那刘邦的队伍真要散架了。过了两天萧何回来见刘邦，刘邦声色俱厉责骂："你为什么逃亡？"萧何说是去追回韩信。刘邦更怒了，说天天有许多人逃亡，没见你追过一个人，却来骗我说是追韩信。萧何郑重说道："其他人都不重要，只有韩信是天下无双的奇人，如果您想常住汉中，让韩信走也无所谓；如果您想争天下，非韩信不能成事。我虽然把他追回来了，您不能重用他，他还会逃走的。"刘邦从未见萧何如此执拗地施压，还有夏侯婴也一再举荐，但自己怎么没看出韩信的才干呢？这是刘邦事业的又一处分水岭，也是人生最难把握的地方。大凡成大事业者必有过人的眼光和感觉，但不时也有看走眼的情况。过度自信或许铸成大错，过于轻信也将陷入灾难，这已经超越了理性判断的范围，而是生命的抉择，我不敢在此妄作评论。刘邦沉吟一下，问道："我提升韩信为将军如何？"萧何回答："用为将，必逃走。"刘邦咬咬牙说："那我任命他为大将。你去喊他进来。"看来刘邦心有不甘，对韩信的本事还是有所怀疑，却又在一定程度上相信萧何和夏侯婴的判断，所以心意不坚。毕竟要把大军交给一个他不熟悉，也没多少人看好的中级军官，火箭般地超常提拔，会是什么后果呢？在用人问题上，这恐是刘邦一生最难做出的决定。在一旁的萧何丝毫不领情，批评刘邦说："您待人总是无礼，拜大将如同呼唤小儿一般，这就是韩信为什么要走的道理。您必须挑选吉日，沐浴斋戒，立坛拜将，依照拜将礼仪做才行啊。"刘邦再一次委屈自己，决定照萧何说的办。

萧何传令全军，择日拜将。众将们人人自喜，以为必是任用自己。看到拜将坛上隆重登场的是韩信时，不少人仿佛被电击一般，怎么会呢？从刘邦到众将都用怀疑的眼光看着韩信，他真能打开内外交困的局面吗？

拜将仪式完毕后，刘邦把韩信叫到帐内单独谈话，想摸摸底，掂量一下他有什么真本事，竟让萧何不惜顶撞也要极力举荐。

刘邦开门见山问韩信："丞相一再举荐将军，将军有什么计策教寡人的呢？"听得出刘邦内心有不服之气。韩信表示感谢之后问道："您东向争天下，莫不是要同项羽斗？"这话也很直接。谈历史如果抽掉时间和空间，那就失去了意义。当时天下已定，项羽是新政权的领袖，和项羽斗便是叛逆。这话直白地说便是你要谋叛吗？成大事的人必定讲实在的话，直击问题本身，而不是不着边际地说大话空话。所以刘邦也毫不含糊地回答："对！"那就好，韩信接着问道："您自忖在勇、悍、仁、强四个方面，和项羽比谁更强？"这岂不是在出刘邦的丑吗？一个拔山举鼎，一个醉酒贪色，还用问吗？刘邦真的很难堪，沉默了好一会儿，回答说："我不如项羽。"这让人顿时对刘邦肃然起敬，一个勇于面对自己，并且敢于对部下说出自己缺点的领导，几人有幸遇到过？知耻而后勇！刘邦的自信和勇气，非常人能及。而韩信不依不饶向刘邦道贺，说我也认为您不如他！这段对话够直截了当了吧，其交锋的激烈程度真可谓于无声处听惊雷。

韩信直接戳穿刘邦的面子，是为了打掉刘邦的傲气，还是要羞辱领导呢？恐怕都不是，否则以后如何在刘邦领导下指挥作战呢？说这段话，韩信显然是有备而来，我认为用意有二：第一，正视敌人的强大，不靠自吹自擂来给自己壮胆。凡是低估对手的妄自尊大都是吹着口哨走夜路，最后会走进坟墓。这是一场力量悬殊的生死大拼搏，容不得一丝一毫的轻狂，刘邦必须对此有充分的认识。第二，要确认刘邦给自己的授权空间。如果刘邦自认为胜过项羽，哪怕是平分秋色，他都会充满自信地瞎指挥，胡乱干涉，自己除了打下手外什么也做不成。如果刘邦认为自己不如项羽，需要找高人帮忙，充分授权，韩信才有宽阔的挥洒空间。对于主帅而言，这一点非常重要，《孙子》曾说"将在外，君命有所不受"，说的无非是独立指挥的权力。刘邦自我检讨就等于同意给韩信充分的授权。这是高人之间的心灵沟通，其中并没有羞辱对方的恶意。

韩信确认了这一点，他们便展开了下半场的对话。韩信给刘邦鼓劲，分析克敌制胜的因素，说道："我曾经在项羽手下任职，深知他的为人。项羽一声怒吼，千人吓成木鸡，但他不能任用贤能统兵，所以只是匹夫之勇；项羽对人恭敬慈爱，言语温和，部下生病，他流着眼泪把自己的食物分给别人，但人家立下大功应当封赏爵位的时候，他却拿着印信翻弄，舍不得封出去，所以只是妇人之仁；项羽虽然称霸天下，却不居关中而建都于彭城，失了中国的山川形势；项羽背弃与义帝当初的约定，失信于天下；项羽封亲信为王，诸侯不平，失去公正；项羽驱逐义帝于江南，诸侯纷纷效仿，驱逐其国王，导致失序而乱；项羽所过之处无不残破，百姓怨恨，都不顺服于他，仅仅被他的威压劫持而已。项羽虽然称霸，却丧失了天下人心。所以，他的强大很容易衰弱。您如果能够反其道而行之，任用天下勇士，何所不诛！拿天下城邑封赏给功臣，何所不服！起义兵率领思乡东归之士，何所不破！而且，称王于三秦的这三个人都是原来的秦朝将领，统率秦军数年，伤亡不可胜数，又欺骗将士投降，二十万降卒被项羽坑杀，唯独这三人没事，秦地百姓恨透了他们。您攻入武关，秋毫无犯，废除秦朝苛法，与秦民约法三章。按照当年诸侯们的约定，您理应成为关中之主，关中百姓都知道这件事情。您被剥夺这一权利，秦民无不痛恨。现在您举兵东征，三秦可以传檄而定。"韩信这通分析，从项羽的性格缺点说到他的种种失策及所造成的各路诸侯与百姓离心离德的后果，指出了刘邦如果坚持正确的做法，必定取得胜利。韩信说得如此透彻合理，刘邦不得不服，也深受鼓舞，内心自责识人过晚，从此坚定地重用韩信，与他一起谋划推翻项羽的大局。[1]

韩信的精辟之见，给人很深的启发——要成为天才的军事统帅

---

[1] 韩信事迹，详见《史记》卷92《淮阴侯列传》。

必须有一流的政治头脑。在战场上浴血奋战要靠韩信，而他在盘算双方形势的时候，并不只盯着军队的数量、装备的优劣等物质因素，更加看重战争背后的决定性因素，大到人心顺逆，中到战略运用，小到将帅性格，都计算在软实力中。所以这场长期且艰巨的战争，韩信敢打，也敢于胜利，他的自信建立在看懂并顺应时代潮流之上。同样作为军人，对于天下形势的透彻分析，项羽逊于韩信。可惜项羽不悟，临死前总结自己一生打了70多场仗，没输过一场，责问老天为何如此不公。说来也是，项羽对刘邦有数十场战斗，打得刘邦妻儿老父都成为俘虏，刘邦的胜率为零；可项羽对韩信一生只有一仗，他败得命丧乌江，再无可输的东西了，胜率也是零。由此看来，项羽获得的众多胜利都只有局部的意义，而韩信获得的却是一锤定音的胜利，让项羽之前得到的胜利全部失去价值。

让项羽成为历史的是中国历史上无与伦比的军事家韩信，而他原是项羽的部下。楚汉战争中涌现出来的一批天才，都曾是项羽的部下。自大和狭隘让项羽把人才一个个送给敌人，为自己送葬。真正的领袖与徒有其名的头目的区别，在于是否善于识人、容人、用人和把众多人才整合为一体，齐心协力。看一国现在是否强大，不看财产而看拥有的人才。看国家间强弱的消长变化，关键看人才的流向。人才与资本的流向从来没有欺骗过历史，其流向之地，必是最强，或者将成为最强。

项羽拿自己做尺度选将，把韩信送给了刘邦；再以狭隘的政治迫害，把另一位旷世奇才彻底推入刘邦阵营，此人就是张良。

张良是韩国贵族公子，经历了国家灭亡的惨痛，走遍四方寻求复仇的机会，在此过程中大开眼界，比在叔父庇护下长大的项羽有更多独立处事的磨炼，高明太多了。他走上反秦道路是因为秦始皇灭亡了其祖国韩国，他立志复国，修炼武功，甚至招徕勇士一道在博浪沙（今河南原阳县城东郊）刺杀秦始皇，未遂而逃亡。秦末大起义，张良马上起来响应，在项梁的队伍中竭尽智慧献计献策，并借着项梁拥立楚怀王的机会，说服项梁立韩王成，带一支队伍光复韩国。

张良智慧超群，是历史上无与伦比的战略家。他把超人的谋略同项梁、项羽以及众多起义领袖讲述，没人听得懂，虽然点头称赞，却不见采纳，出乎意料的是遇到的这位粗识文字的草莽英雄刘邦，不但听进去了，而且能够体悟精妙之处，立即实行。张良认为遇到了生命中的知音，引刘邦为朋友，帮他谋划了一些事情，颇有成就。但张良不是刘邦的部下，虽然在鸿门宴上助过刘邦一臂之力，主要还是出于情感上的亲近。他真正辅佐的一直是韩王。

刘邦被封为汉王，很多人心里为他鸣不平，张良也是如此，亲自送刘邦走到汉中，依依不舍地告别，因为他必须回韩国担任丞相。张良回到关中，才知道项羽因为他帮助刘邦而生气，扣住韩王成，不让他回国就职。张良赶快找项羽疏通，告诉他刘邦已经烧掉栈道了，表明没有东山再起的念头，所以不用担忧，还是让韩王归国吧。显然张良和项羽关系也不错，能够说得上话，仿佛是项羽和刘邦两人之间居中调解之人。

政治是妥协的艺术，高明的政治家在手中握有筹码的时候为自己赢得更加有利的妥协，蹩脚的政客要到筹码输光了才愿意坐下来谈判，但那时已根本没有谈的资格了。这些根本性道理对于项羽过于高深了，他小心眼作怪，不善于团结人，也就算了，但至少不要把张良彻底推向刘邦阵营。项羽只为出气而惩罚韩王成，将他从关中带到彭城，降级为侯，还不解气，竟然把他杀了。张良再次沦为亡国之臣，没有归属之地，只能再度踏上复仇之路。他藏匿起来，潜入汉中，成了刘邦的第一谋士，给项羽规划败亡之路。

刘邦说过自己因为得到张良、萧何与韩信才获得了天下。三大奇才，刘邦自有萧何一人，项羽送来两人。三人同心，其利断金。灭亡西楚的三大高人会聚到刘邦旗下，完成了核心人才的准备。

此时的刘邦坐困汉中，表面上看十分失意，前途暗淡。其实在迅速发展之后有一次静下来反思的机会极其难得。想清楚自己的政治目标，并在动摇者纷纷离去的时候精练内功，招揽顶级人才，刘邦在这些方面都获得了重大突破。特别是他凝聚了张良、韩信、萧何等人构成了核心团队，只要机会一到，就可以同项羽展开竞争。

机会总是留给有准备的人，而且来得很快。项羽杀义帝、弃关中、封赏不公平，一系列的重大错误把自己至尊地位的政治合法性丢光了。既然只是一个军事强权，那么诸侯起而反抗就是必然的。他分封甫定，山东齐国首先起来造反了。

齐国在反秦大起义中常闹独立，项梁多次要调齐军合力攻秦，都被齐国实力人物田荣拒绝了，所以项羽对齐国没有好印象，分封的时候把田荣所立的齐王田市改封为胶东王；被秦国灭亡的旧齐国王建的孙子田安，在秦末拉队伍攻下几座济北城池，随后投降项羽，项羽封他为济北王；齐将田都追随楚军，参加巨鹿之战，带着部队进入关中，成为项羽的亲信，被封为齐王。齐国真正的实力人物田荣因为多次违抗项梁和项羽的意旨，所以未被封王。但田荣摆不平，山东就难以安定。当然项羽不这么想，他拥有强大的军事实力，谁敢不服？

田荣当年敢不听项梁调度，现在更不会把项羽放在眼里。他听到田市被改封到胶东，勃然大怒，马上起兵占据齐地，迎头痛击田都，田都狼狈逃回楚国。田市反正在谁手里都是傀儡，他更害怕项羽的强大，所以不敢领田荣的情，自己偷跑到胶东去上任，田荣知道后大怒，一路追赶过来，将他杀死在即墨（今属山东青岛辖区），干脆自己称王，向西进攻济北，杀掉济北王田安，囊括三齐之地，任命彭越为将军，在梁地（今山东南部到河南东部地区）反楚。齐国从东面直接威胁项羽的都城彭城，兹事体大。

麻烦的是河北也乱起来了。当年大梁（今河南开封西北）人陈余和张耳结为刎颈之交，后来投身陈胜的队伍，共同反秦，先后拥立两位赵王。后面拥立的赵王歇和张耳困守巨鹿，顽强抵抗秦将章邯、王离的猛烈进攻，直到项羽赶来大破秦军才得以解围。当时陈余统率赵军在城外，见秦军过于强大，交手皆败，束手无策。张耳在城内十分危急，一再催促陈余出战，哪怕全军覆没。陈余认为贸然决战，徒死无益，不肯听令。项羽取得巨鹿大捷后，张耳和陈余会师，张耳严厉责备陈余，陈余伤心挚友的不理解，两人从此绝交。陈余交出兵权，游走于乡间。项羽分封时，封赵王歇为代王；张耳为常山王，统治赵地；封给陈余南皮附近三个县（今河北沧州）。陈余当然不服，便派遣使者找到田荣，游说道：项羽分封不公，把原来的君主封在差地方，把依附于自己的臣下封在好地方，把赵王驱逐到代国，我深以为不可。现在听说您起兵反抗，希望您接济我部分兵力，进攻常山王，恢复赵王，成为您的拱卫之国。田荣正希望有更多的人反楚，欣然同意，分兵帮助陈余。陈余会合自己所属三县的兵力，大破张耳，迎回赵王歇，竖起反旗。赵王感谢陈余，封他为代王。张耳的部下劝说他投往刘邦。

如前所述，分封是当时起兵反秦的各路诸侯的共同要求，不得不实行，此乃天下大势。在此前提下分析项羽的分封构想，他一来想仿效西周分封以安定天下，二来又想通过分封改变权力结构，使各王完全顺从于自己。这两者间存在着需要调和的重大矛盾，但项羽没有政治手腕，既仿效不来西周，又处理不好眼前的诸侯关系。项羽同周武王面临的局面有共同点，就是诸侯并非全都出于自己的部属，而是各地群豪，无法完全掌控。周武王采取的办法是尽量在道义上和现实利益上做得公平，例如追封商朝以前的历代圣贤后人，尽量照顾商朝贵族利益，尊重既有秩序，获得公道的赞誉，使天下归心。他把商朝贵族同周朝贵族组合起来分封到各地去开拓，根据全国形势布置周族封国等，颇具智慧。项羽则不然，他凭借武力强行改变既有政治秩序，贬低原来的君主，拔擢其部下，颠倒并强力操控其关系，以图全面控制。实际上，项羽的实力并没有那么强，由此引起的强烈冲突，即使能够镇压下去，自己也会伤筋动骨。加上他分封时任人唯亲，让自己人占据好地方，不喜欢的人驱逐贬黜，或者封给恶地，众人皆以为不公平，明里暗里怨气冲天，图谋反抗。分封不但没有造成全国形势的和缓与安定，反而使得危机四伏，处处冒烟。项羽从此东征西讨，居无宁日，直至灭亡。

分封不出数月就发生叛乱，说明项羽政策的失败。他应检讨失误，应先从政治上进行调整，止损反正，而项羽却是一条道走到黑，强力镇压。但是，项羽也是有顾忌和犹豫的，他原本认定刘邦是心腹大敌，盯得死死的。没想到田荣却充大头，首先冒出来顶替刘邦的位置。项羽不知道该从哪一方着手，一东一西，宛如跷跷板。这时候张良起作用了。前面说过张良送刘邦到汉中，劝他烧掉栈道后回到项羽处，告诉项羽刘邦已经死心，无须在意。更厉害的是张良不知道从什么渠道收集到田荣造反的"反书"，将此第一手有力证据提交给项羽[1]，推动项羽下决心东征，平定田荣。

项羽派遣部将萧公角攻打彭越，大败而归。项羽亲自出征，进军山东，田荣也不示弱，尽点精锐前来决战。恶霸同鲁莽相撞，胜负立判，田荣大败，凄惨逃到平原。田荣把山东百姓拖入同强国对抗的陷阱里，没多少人支持他，见他逃亡，就将他杀了。山东的叛乱往后只要善加安抚便可平定，但是遇到项羽，什么好牌都要打成烂局。项羽认为要给山东百姓好好立威，怕他到心头，再不敢起异心，便带兵一路北上，直到北海，烧遍齐国城市，活埋田荣士卒，掳掠妇女，其状惨不忍睹。山东的民意变了，大家聚集起来抵抗项羽，田荣的弟弟田横收集逃散士兵数万，在城阳顽强抵抗，抵挡住项羽的攻势，连连数仗，打成胶着态势。

项羽深陷山东，刘邦翻身的机会来了。汉元年（前206）八月，刘邦命令韩信率部出征，夺取关中。韩信派兵砍伐山木，大张声势修复栈道，声言大举出兵。楚国守将看了发笑，他们对于韩信本来就不以为然，认为他在项羽手下那么多场恶战中都没有战绩，如此平庸的小参谋被刘邦任命为大将，莫非实在无人可用？现在更证实了这一点，在山间修复栈道，非十年八年不可。大家嘲笑一通，回去高枕无忧——让韩信慢慢修吧。汉军日夜不懈地工作，楚军越看越放心。其实韩信早就侦察清楚，陈仓古道可以迂回到宝鸡一带冲出来，他每天做着徒劳无益的工作，就是要让对手看低自己而松懈，等判定楚军没有防备的时候，他突然隐身不见，带领精锐部队一举冲出崎岖的山地，进入关中平原。章邯猝不及防，在韩信凌厉的攻势下三战皆败，咸阳失守，关中最主要的部分重新落入刘邦手中。塞王司马欣、翟王

汉中古栈道　艾绍强摄

[1]
《史记》卷55《留侯世家》记载："（张良）乃以齐王田荣反，书告项王。项王以此无西忧汉心，而发兵北击齐。"

董翳投降。刘邦分遣诸部向西北进军，一支攻占陇西、北地、上郡，一支出武关，下南阳。汉军像旋风一般夺取三秦，摧毁了项羽的精心部署，席卷西北。

韩信"明修栈道，暗渡陈仓"的战术和刘邦还定三秦的快速胜利，取决于三个因素。第一是民心的支持，秦民痛恨项羽及章邯等三降将，积极向汉军提供情报、带路馈运，壶浆箪食，再一次证明了战争最伟大的力量源于民众。第二是刘邦善于捕捉机会，利用

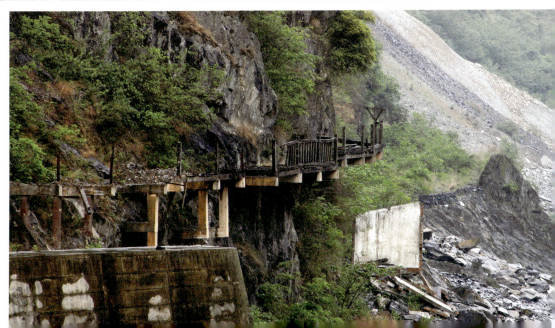

项羽东征而果断出兵，用敌人的失误成就自己。第三是韩信才华出众。在历史上冲出汉中夺取三秦的典范战例就是此役。三国时代诸葛亮六出祁山都冲不出来，可知其难度之高。两军对决，双方主帅的优劣极为关键。

这一仗完全改变了双方的战略态势，刘邦像是困在浅滩的巨鲸重归大海，经营关中和西北让他获得了稳固的大后方，民众铁了心的支持让汉军得以坚持四年损耗巨大的战争。项羽一方则从号令天下瞬间变成两头被攻，顾此失彼：拿不下山东则后方不稳，不能把刘邦堵在关内，则中原尽在敌人兵锋之前，项羽像战神一般穿梭于东西两端，年轻而神勇，战无不胜，却不能给敌人以致命打击，扑不住的野火越烧越旺，项羽终于筋疲力尽，用武力撑起的强权在军事胜利中衰竭崩溃。

第五节　正合奇胜

刘邦冲出山区，一举夺取了关中，而项羽正陷在山东胶着的战场上，进退两难。山东的田横兵卒不多，似乎快要被消灭了，不能让他死灰复燃。但是刘邦的进展很快，其战略意图是什么呢？是不是应该放下山东回头去对付刘邦呢？就在项羽犹豫不决的时候，刘邦派遣张良经略韩国故地，同时给项羽送去一封至为重要的信，宣称刘邦失去以前约定的关中王位，所以很想夺回关中，如果项王愿意遵守旧约，那么汉军就立刻止步，不再向东挺进。同时还把齐、梁两地的反书送给项羽，透露齐国要和赵国一起灭掉楚国的意图。

这两点信息很重要，一是表明刘邦没有争天下的意图，仅仅想要夺回失去的关中而已，故其军事行动是有限的；二是给项羽指出他的主要敌人是齐、赵两国，要灭亡楚国，无疑是首要敌人。犹豫时刻送来的信息坚定了项羽的决心：留在山东作战，消灭齐、赵两股势力。项羽真的相信刘邦了吗？恐怕未必，他的难处在于山东战局难以脱身，否则前功尽弃。另外一点也必须注意，就是项羽身上有贵族气，相信庄重的政治承诺和条约，后来同刘邦在鸿沟订立停战条约，也证明了这一点。可是刘邦从来没有遵守过条约，其承诺往往是一风吹。用贵族的规则同痞子斗，能不吃亏吗？

有人说项羽输就输在讲规则上，那倒不是，用底线和规则行骗，失信于天下者必败。项羽失败的根本原因是我在前面一再分析的不守道义和迷信暴力，从而失去政权合法性而沦为单纯的军事强权。项羽背信弃义和杀害义帝等行为给自己树立了毫无诚信的形象，在天下人眼中他更像是痞子，大家反而觉得刘邦用痞子手段对付痞子无可非议。经过无数血腥的战争之后，人类为什么能够建立遵守规则和道义的基本底线，就在于无底线竞争必定带来尽皆毁灭的血腥，结局极度残酷，为了人类自身的生存，必须建立起基本规则和道义的底线。在有底线的社会中，背信弃义将遭到唾弃并失败。所以古代先贤一再告诫人们，人无信不立，国无信不立。项羽失了政治大信却要同刘邦讲规则小信，本身就有点可笑。

项羽和刘邦双方其实都在争取时间。项羽争取时间平定山东，刘邦争取时间稳定关中，准备东进。河南王投降，东进之门正在打开。刘邦告谕项羽派来对付他的韩王昌倒戈，被拒绝了，便命令韩信进攻韩王，将其击破，扫清东进道路。

在军事斗争的同时，刘邦采取了一系列政治措施争取广泛的支持。汉二年（前205）初，刘邦发布命令，凡率兵万人或者以一郡投诚者封赏万户，向项羽一方发出招降的号召。命令开放秦朝圈占的苑囿园池，也就是朝廷所有土地，分配给民众耕垦，救济民生。宣布大赦天下，解放秦朝的罪犯。还下令废除秦朝社稷，亦即国家神社，建立汉朝社稷。显而易见，刘邦非常注重政治和军事并重，强调给老百姓实在的利益，用仁政替代秦朝甚至项羽的暴政，而不是以暴易暴，用一个甚至更坏的政权取代暴政，使民众只受其苦而未得其利。回头看看，项羽占据关中的时候为什么没有开放秦朝官有土地给民众呢？难道他想全盘继承秦朝的遗产？不管什么原因，他不给老百姓好处，怎能得到民众的支持？刘邦是从项羽手中夺取秦朝苑囿的，所以开放的是楚国的苑囿，两相对比，谁真正推翻了秦朝暴政，谁解放了民众，大家有切身的感受，因而关中成为刘邦坚定可靠的后方，民众节衣缩食，送儿郎参加汉军，确保了汉朝的胜利。

三月，刘邦从临晋渡过黄河，魏王豹领兵前来会合，汉军攻克河内，俘虏殷王，设置河南郡。接着南下，占领洛阳。此时刘邦聚合了塞、翟、魏、河南、殷五诸侯，兼并雍、韩士卒，联合常山、齐国，手握56万大军，声势浩大，共伐楚国。

此时刘邦又做了一件大事，为死去的义帝发丧。刘邦亲临祭坛，袒露身体，哀伤恸哭，布告天下称："天下共立义帝，项羽竟将其杀害，实乃大逆不道。我亲自为义帝发丧，诸侯白衣缟素，起兵征伐残害义帝的楚国凶犯！"刘邦抓住项羽自弃道义的致命伤，大加鞭挞，彻底否定其政治合法性，根本不承认项羽的西楚霸王地位，而将他列为残杀义帝的凶犯，以激起公愤，使全国共讨之。他同时赋予自己正义之师的性质，说是为天下讨公道，而非为一己之私。项羽被置于政治的被告席上，刘邦成为主审法官。

正义之师所向披靡，刘邦的军队快速推进，仅仅一个月就攻占了项羽都城彭城。刘邦已经是第二次攻占敌人都城了，上一次是秦朝都城，这一次是项羽都城。占领都城标志着胜利，一生推翻两个政权，战绩何其辉煌。刘邦似乎感到大功告成，便欢天喜地，也故态复萌，收缴了彭城的金银财宝以及众多美女，天天在宫殿里面置酒高会，尽情欢乐。这回好像没有人能够劝得动刘邦搬出来，是不是大家都认为项羽已成丧家犬？

项羽在前线接到刘邦大举伐楚的情报，明白自己被对方蒙骗了，必须迅速回援，便把山东作战的任务交给手下将领，自己点了三万精兵从山东赶回。但为时已晚，都城已经被攻克。这时候楚军仅有项羽所率领的三万，而汉军有数十万，双方军力对比悬殊，但项羽毫不畏惧，继续推进，来得十分迅速，很快到达彭城周围。汉军布下三道防线，阻击项羽。项羽把部队带往彭城西面，亦即从汉军的背后发动进攻，这恐怕出乎汉军意料。项羽的部队善于打硬仗和惯于连续作战的特点，在这次战斗中再次充分表现出来。清晨，项羽从萧县发起进攻，突破汉军第一道防线，一直冲到彭城城下。战至中午，汉军坚持不住了，军阵被攻破，士卒四下逃跑，不少人掉进彭城南方的谷水和彭城东方的泗水淹死，被歼灭十余万。汉军逃向南面，企图利用彭城南部山区稳住阵脚，但项羽岂容敌军喘息，猛烈追击，一路斩杀，打到灵璧（今安徽灵璧县）东，把汉军逼入睢水，再歼敌十余万，睢水中出现一条由尸体堆成的大坝，河水为之不流。

汉军完全崩溃，前几天还统率56万大军的刘邦，身边仅剩下少量残余部队，被楚军三重包围，陷入绝境。刘邦该后悔了吧。打入咸阳那阵子幸好有张良、樊哙把他从咸阳宫拽出来，不曾狼狈。这回没人拦得住，果然吃苦头了，估计性命不保。他每骄傲放肆一次，老天就让他吃一次苦头，放肆愈甚，惩罚愈重，让他铭心刻骨，磨去乡鄙流氓习性。要没有这场令他胆魄俱裂的恶战，刘邦怎会脱胎换骨呢？

历史从来没有那么多的必然，也不按照人类思维形成的逻辑线性运行，它变幻莫测，不以人的意志为转移，我只能无奈地称之为偶然吧，而偶然的发生却改变了历史的进程。就在楚军马上要活捉刘邦之际，突然天昏地暗，狂风从天而降，吹倒房屋，拔起大树，扬沙飞石，直扑楚军，致其大乱，铁桶阵势散了开去。刘邦马上抓住机会，率领数十骑冲出去，一路狂奔。他打算顺路经过家乡沛郡带走家小，楚军早已料到，抢先扑过来捉拿，一家人四散逃亡，老父亲和吕雉途中遇到楚军，被押解到项羽处，项羽将他们关在军中。刘邦庆幸在逃跑路上遇到儿子和女儿，亦即后来的孝惠帝和鲁元公主，载上车继续向西逃命。

司马迁在此插入一个花絮，写到楚军骑兵追赶上来，越来越近，刘邦惊慌，怪儿女坐在车上，负重而行缓，遂将他俩推下车去。护卫的夏侯婴将孩子捡上来，不一会儿刘邦又将他们推下车去，如此再三。这个情节不但出现在《项羽本纪》，还出现在夏侯婴的传中，可见司马迁非常重视，希望大家都能看到。司马迁想说什么呢？古人说"虎毒不食子"，刘邦连儿女都能残害，真比虎狼还狠。

可是仔细想想，恐怕不对。刘邦再怎么说也是经历过许多战斗的人，怎会乘车让骑兵追赶呢？那绝无逃脱的可能。所以，紧急逃命的时候，他们必定是骑马而不是坐车，夏侯婴等卫兵在马上搂紧孩子奔跑，不会有推子女下车的情形。

司马迁因为讲了几句真话，就被汉武帝处以宫刑，从此认清了帝制的残暴。他要痛斥专制却不能发声，而且认为汉武帝的流氓手段必有祖传，所以在刘邦事迹中随处插入这类花絮及其痞子腔调，属于神来之笔。汉武帝被写成什么样子，现在已经见不到了，因为《史记》传世之初，《武帝本纪》已经被抽掉而失传。阅史未可尽信，这段记载只可当作司马迁对专制的控诉，小小失真无损于《史记》整体的真实与深刻。

死里逃生的刘邦一路败退到河南鸿沟才止住脚步，巨大的失败给他什么教训，对于今后的楚汉战争将产生什么影响呢？

刘邦退到河南荥阳，各路败兵也都溃退至此。韩信赶来同刘邦会合，收拢散兵，重新编组。

彭城之战让刘邦体会到项羽骑兵的凶猛，所以在荥阳他立刻集合原来秦军的骑兵作为基本班底，委任作战勇猛的灌婴为统帅，秦骑将李必、骆甲为副将，组建了汉军的骑兵部队。这支部队在此后对楚作战中发挥了重要的作用，它利用骑兵速度快、行程远的特点，屡屡打击项羽的后勤运输线，最后在乌江追杀项羽的便是这支部队的将领，分别是杨喜、王翳、吕马童、吕胜、杨武五人。为什么这支骑兵战斗特别勇猛呢？如果注意到骑兵将领大多出自关中，便豁然而解。项羽坑秦卒，屠咸阳，原秦军中出自关中地区的将士对他恨之入骨，故对楚作战时个个拼死复仇，他们从组建的第一天起便建立了重要的功勋。韩信有了这支突击力量，便在京索之间，也就是以荥阳为中心、成皋与广武山环抱的平原地区，阻击追击而来的楚军。新组建的骑兵部队在汉军大溃败的颓势下，打出第一场胜仗，遏止了楚军长驱追奔，鼓舞了汉军士气，让刘邦得以在荥阳一线稳住阵脚。

从总的形势来看，刘邦的处境仍在恶化之中。汉军大败，投降汉王的诸侯纷纷反戈，塞王欣、翟王翳重新回归项羽阵营，连齐和赵也同楚国讲和归顺。魏王豹向刘邦请假回家探视生病的亲人，到后立刻宣布降楚反汉，派兵封锁蒲津关（在今陕西大荔县东），切断刘邦同关中的通路。刘邦进军彭城犹如一场豪赌，大败后，招降的诸侯纷纷反水，连原来反抗楚国的盟友也丢失了，各封国无不畏惧项羽惊人的战斗威力，蹑足屏息。刘邦是该好好反思一下了，说到底领导权还是建立在实力基础之上，没有那份实力却要迅速取代霸主项羽，采用招降纳叛快速发展，拼凑出声势浩大的联军，实际上只能吓吓人，刘邦却将它当真，结果在硬碰硬的较量中土崩瓦解，可知收买盟友这条"捷径"其实是给自己挖的陷阱，让你头脑发热而自坠其中。现在刘邦尝到苦头了。

刘邦在危难中展现了他性格上的过人之处。落入陷阱后，他不是拼命挣扎，而是冷静反思，总结教训，找出破解之道，这在历史上的领导人中，殊不多见。

如果最终依靠实力取胜，那将是一个发展的过程，必须有耐心和定力，切忌追求速胜的盲动主义。刘邦两次速胜，两次惨败，再不懂得洗心革面，恐怕"事不过三"了。

刘邦这回想清楚了，现在首要任务是稳住阵脚，打通后方道路。他派遣辩士去争取魏王豹，被拒绝后，让韩信出马收拾他。八月，韩信被任命为左丞相，率军直抵蒲坂对岸。魏王在临晋关严密防守。这里地形险要，兵力难以展开。韩信在岸边集结船只，摆出强渡的姿态，吸引魏军的注意，另外派遣一支精兵悄悄进至夏阳（今陕西韩城南古少梁遗址），单兵坐在木桶里渡过黄河，奔袭魏国都城安邑（今山西运城盐湖区）。魏王豹大惊，引兵来战，被韩信俘虏。刘邦将魏地改设为河东郡，解除了后顾之忧，得以专心应对项羽的进攻。

项羽的军事优势非常明显，战斗力也远胜于汉军。冷静下来的刘邦转而采取持久作战的方针，以图逐渐削弱楚国，扭转劣势，这样便形成了总体战的战略。这在中国历史上是首次提出来而且十分成功的

广武涧上的霸王城 艾绍强摄

广武涧 艾绍强摄

军事思想，对现代的解放战争也多有启发。

刘邦的总体战思想，是把全国作为一个整体，把各个局部战场有机融入总体战中，彼此遥相呼应，密切配合。刘邦把全国主要分为三大战场：

第一是正面战场，以荥阳为中心，坚守广武山鸿沟一线。

荥阳古城属于地理上山地与平原的分界点，荥阳以西多为崎岖山地，北靠广武山，面临黄河，利于凭险扼守。荥阳东面为黄河冲积平原，便于大军展开，车骑攻战。广武山西有成皋之险，东北有敖仓之粟，南有重镇荥阳，为古代的交通咽喉、兵家必争之地。山间有一条自南向东北的巨壑"广武涧"，楚汉两军隔涧对垒，连番争夺，进行激烈的攻防战。最后楚汉达成以鸿沟为界中分天下的和约，指的就是这条"广武涧"，它的两侧遗留下了汉王城、霸王城的历史遗址，引来历代文人游客到此凭吊，诗文佳作迭出。

正面战场采用坚守不战的战略，由刘邦亲自指挥，抵挡项羽猛烈的进攻，目的在于吸引项羽的主力顿兵于坚城之下，以损耗其国力，给侧面战场创造广阔的空间。

第二个战场是楚国后方的游击战场，用于拖住项羽的后腿。田荣反楚的时候，任命彭越在梁地不断骚扰楚军。刘邦起兵初期，曾经同彭越并肩作战，结下情谊；打入彭城的时候，彭越率领三万部队前来会师，刘邦封他为魏国丞相，全权统兵经略魏地；刘邦败后，彭越收缩兵力，攻击楚军后勤运输线，攻城略地，让项羽十分头痛。项羽曾经派手下大将镇压彭越，遭到惨败，只有项羽亲自前来，彭越才不敌而退。项羽就因为从荥阳前线回师镇压彭越而丢失了战略据点成皋，得了东面便去西面，疲于奔命。

纵观楚汉战争的全部战例，可以看出项羽用人的重大弊病，他以自己为尺度选择用人，部下全是悍将。他亲自打的仗都赢了，他不在而让手下大将独当一面时都输了，对彭越如此，对刘邦也是如此。一个模子选出来的人，只会一代不如一代，足可为戒。

刘邦溃败于彭城的时候，深深感到同项羽实力上的巨大差距和无

楚汉鸿沟对峙
李晶绘

助,骑在马上悲叹道:"我想用整个东部做奖赏,谁能够和我一起共成大业呢?"张良回应道:"九江王英布是楚军骁将,和项羽有芥蒂;彭越据梁反楚,这两人可以马上用起来。而您手下将领只有韩信能够委以重任,独当一面。封赏给这三人,则楚国可破。"

张良说的九江王英布,出自底层,犯法受刑,后来又被征调到骊山服劳役,纠集团伙为盗,响应陈胜起义,后转入项梁的队伍,极为彪悍。项羽大破秦军的巨鹿之战,英布充当先锋;坑杀秦降卒,由他执行;害死义帝,是他下的手,可谓项羽第一打手。项羽分封天下,英布被封为九江王后,发生了很大的变化,不再拼死拼活,而图安逸享福。项羽讨伐田荣之乱,命他从征,他竟然称病不从,仅派数千人支援,让项羽非常生气;刘邦反楚,进军彭城及败走,英布始终袖手旁观,更让项羽大为愤怒,多次派人前往指责,英布感到害怕,两人有了心结。张良掌握了这情报,硬生生要在外人看似紧密的关系中打入楔子,进行策反。

刘邦手下各种人才都有,这是他强大的地方。他派遣随何去游说英布。随何到九江,英布三天都不见他,随何请英布左右传话称:如果说的不对，愿意受死。英布召见随何，随何分析形势道："您和项羽本为同僚，现在屈尊为臣，必定是因为楚国强大。可是，项王讨伐齐国，您理应为先锋，却只派四千人协助，这是做人臣的道理吗？汉王进攻彭城，您竟然没有派一兵一卒参战，是托人佑庇所应该做的吗？您名义上臣属于楚国，却只顾扩充自己，我倒觉得是失策。您不愿意背离楚国是因为楚强汉弱。楚国虽强，却因为撕毁盟约和杀害义帝而背负不义之名，自恃武力而坐大。汉王集合诸侯，坚守成皋、荥阳一线，依托蜀汉的粮食，深沟高垒，控制要塞，从梁地攻击楚国后方，令其进战不得，攻城不下，老弱千里运粮，所以楚国坚持不下去。如果楚国赢了，诸侯人人自危而相救，其强大只会导致天下兵连祸结。所以从天下走势可知，帮楚不如帮汉。您不投靠自得万全的汉而投靠危亡的楚，我真为您感到困惑不解啊。您虽然不能灭亡楚国，但如果出兵攻楚，项王必定被牵制，他被羁绊几个月，汉军便可以夺取天下，大家就都安全了。所以，我认为您应该归附汉王，那样必定获得裂土分封，范围岂止淮南，请您深思吧。"英布被说动了，私下答应转向刘邦，但须保密。

正好楚国来使催促英布发兵，随何直接闯入楚国使者所住的驿馆，当着英布的面对楚使说道："九江王已经转向汉了，楚国凭什么征兵？"英布愣住了，楚使慌张退出。随何对英布说："话已经说出去了，您赶快杀掉楚国使者，不要让他们跑回去，起兵和汉王相呼应吧。"随何一半游说，一半勉强，把迟疑动摇的英布逼上反楚的道路。

英布起兵反楚，迫使项羽分兵镇压，双方相持数月，拖住了项羽全力进攻刘邦的步伐。虽然不久后英布被打败，走归刘邦，但项羽后方不稳的形势更加严重。

在刘邦对项羽总体战的构划中，大手笔落在第三战场，它决定着双方的胜败，正所谓"凡战者，以正合，以奇胜"。

第三战场由韩信开辟，他率领偏师从太行山上迂回挺进河北，孤军深入敌后，目标是夺取整个北方，逐步扭转大局，形成对于项羽的战略优势。这个任务从出发时来看几乎是不可能的，从好的方面说是宏大的构想，但如果不成功便是狂想。战略的对错取决于成功与否，而其关键在于有没有令其实现的人才，亦即伟大的战略构想取决于天才的人物。

刘邦即使认识到韩信的杰出，也因为手头的军事实力太差而不能给他充足的兵马去完成任务，一切只能靠韩信自己了，这是刘邦的无奈。更严峻的是刘邦非但帮不了韩信，反而每每从韩信获胜之师抽调精兵补充正面防线，逼得韩信总以寡敌众打极度危险的仗。

韩信破魏王豹打通关中与中原之路后，刘邦调走精兵，让他继续北进。韩信成了刘邦无底的提款机。韩信和张耳带着数万部队进入井陉关，试图打开通往河北的门户。对手是张耳曾经的刎颈之交陈余，此人善于用兵，前面介绍过他向田荣借兵，以三县兵力击破张耳拥有的常山国，一举夺取全赵之地。这回老对手张耳回来，陈余看不起他，主帅韩信更是后起晚辈，不足挂齿。陈余这份自信还建立在手头拥有20万大军的实力基础之上。

山西同河北之间的井陉关，山高路隘，关前道路仅容一车通过，关前山中有河水流过，犹如天然的护城河。此地易守难攻，我曾经在此听当地百姓介绍，当年八国联军追击清军时，法军在此吃了败仗，据说是清军唯一的胜利，可以从旁佐证此处地形的险要。陈余以数倍的兵力据守险要的关隘，韩信不是前来送死的吗？陈余部下广武君李左车却不这么想，他向陈余进言道："韩信一路连破魏国和代国，身边有熟悉河北的张耳辅佐，乘胜而来，去国远斗，其锋不可当。但他们的软肋在于后勤运输线太长。井陉关的道路，车子不能并行，骑兵无法成列，山路细且长，粮食必在后面。所以，我愿意带领三万奇兵从小路切断其辎重部队，而您在前面深沟壁垒，不同他们作战，令其进退不得，不出十日定可斩下韩信、张耳的首级进献。请您务必重视我的意见，否则我们将被他们俘虏。"陈余不以为然，说道："兵书说十倍于敌则包围之，两倍于敌则迎击之。现在韩信号称数万部队，实际只有几千人，千里来袭，疲惫已极，这样的敌人都避而不击，将来遇到强敌要如何对付呢？大家看我们胆怯，便会轻易来讨伐。"拒绝了李左车的建议。

韩信最担忧的就是李左车的方案,派人探听侦察,知道未被采用,非常兴奋,大胆推进到距离井陉口30里处安营扎寨,半夜悄悄派遣两千将士打着红旗从小路埋伏在关隘所在的山上,令其见赵军倾巢出击时夺取关隘,拔除赵旗,换上汉帜。然后传令全军饱餐,宣布今日击破赵军。大家都不相信。韩信带领一万部队出发,渡过泜水结阵。背水结阵岂不是自投死地吗?赵军看得哈哈大笑。天亮后,韩信亲率先锋部队前进到关前,赵军出战,双方激烈拼杀,汉军渐渐不支,退入背水阵内,赵军追击而至,汉军没有退路,顽强抵抗。这时候埋伏在关隘附近的汉军袭击空虚的关城,换上汉军旗帜。赵军攻不下汉军阵营,打算退回修整再战,却望见关上全是汉军旗帜,以为被汉军包围了,顿时慌乱失措,各自逃窜。汉军前后夹击,大破赵军,斩陈余,俘虏了赵王歇和李左车等人。

这一仗十分重要,韩信拿下赵国,控制了大半个河北地区,楚国失去了北方屏障。楚汉双方的天平在逐渐逆转。

韩信亲自给李左车松绑,置之上座,执以师礼,虚心请教下一步攻取燕齐的方略。李左车拒绝道:"败军之将不可以言勇。"韩信说:"我听说百里奚在虞国而虞国灭亡,在秦国则秦国称霸,并非他在虞国愚蠢而在秦国变得聪明,关键是掌权者听与不听、用与不用。如果陈余听了您的计策,我已经成为俘虏,因为他不听,所以我才能够伺候您。"这话说得在理且谦虚。大获全胜却越发谦虚,这样的人物在历史上实不多见,若非底气十足且智慧超群,必定自矜夸耀,更不会向手下败将躬身求教。韩信不是项羽那类骁勇悍将,而是智慧型的大将,过人之处在于悟性极高且深知人力的局限。如何对待敌人呢?因为对手高明而恨之入骨,贬低辱骂,亟欲千刀万剐,还是有棋逢对手之感而油然敬重?此可谓优秀人物品格的试金石。

李左车被感动了,分析形势道:"将军连破魏代,半响消灭赵国20万大军,名闻海内,威震天下,这是汉军的长处。但打到现在,已经师老兵疲,难以为继。将军若以倦敝之兵顿于燕国坚城之下,力不能拔,且粮草匮竭,区区弱燕都拿不下,则齐国必定严守边境。燕齐之地旷日相持,则楚汉难分高低,这是将军的短处。善战者不以短击长,而应以长击短。所以,将军应该休整部队,安抚赵国,做出北上伐燕的态势,然后派遣辩士持书入燕,向其分析利害,燕国必定顺从。接着让使者将燕国归顺的消息告谕齐国,齐国也一定跟风归顺。兵法说用兵先声后实,正是此计啊。"韩信连连称善,按其计策招降了燕国,禀报刘邦,请立张耳为赵王,镇抚河北。

韩信在河北连连告捷的时候,正是刘邦在正面战场十分危急的关头。荥阳被项羽突破,刘邦死里逃生,向南败退到南阳一线;收英布兵马,回守成皋,又被项羽包围猛攻。刘邦手中没有可增援的部队了,形势再度危急。刘邦带着夏侯婴从山道迂回通过井陉关,秘密进入赵地,自称是汉王使者,凌晨驰入赵军大营,张耳和韩信尚在睡梦之中,刘邦进入他们的卧帐收缴印信,然后召集众将领开会,宣布人事大调整,把赵军主力调往成皋正面战场。这时候张耳和韩信才睡醒赶来,大权已经被夺。刘邦命令张耳留守赵地,韩信收拢赵国各地武装进击齐国,任命他为赵国相国。刘邦亲自统率赵军奔赴成皋。刘邦和韩信的关系变得相当微妙,后面再做分析。

韩信通过血战壮大起来的精锐之师被带走了,留给他的还是老弱拼凑而成的队伍,他仿佛命中注定要当魔术师,一次次无中生有地变戏法,且不能失败,否则后退无门。不管韩信做何感想,他出发了。这时候传来消息,刘邦派遣的使者郦食其已经说服齐王投降了,韩信真有被当头打了一记闷棍的感觉。

韩信身边的高人李左车,看出借战胜的军威足以震慑燕齐归顺,点拨了韩信。刘邦身边更有高人,岂能看不出来。郦食其就觉得刘邦无须依靠韩信,自己足以招降齐王。刘邦也被点醒了,马上让郦食其前往齐国陈说利害,厚封招诱,齐王果然投降刘邦了。韩信兵马已动,却陷入进退两难的境地。

正在为难之时,有一位在韩信生命中极其重要的谋士出现了,看来韩信人格魅力的影响力不小,有各种人物蚁集而来。此人为范阳辩士蒯通，他对韩信说道："您受命出击齐国，又没有接到停止进军的命令，为什么要停下来呢？郦食其仅凭三寸之舌招降齐国七十余城，您统率数万军队一年多苦战才拿下赵地五十余城，两相比较，您不是比一介儒生还不如吗？"不究原因，仅凭结果做评论，狐假虎威的狐狸无疑比老虎威猛，韩信会被比得黯然失色。蒯通深谙政治权术和政客的手段，已经看破新萌生的形势，那就是刘邦对韩信有戒心，正在争取第三条战线的主导权。蒯通建议韩信乘齐王投降后的无备，断然出兵灭齐。韩信依计而行，袭击齐军，连战连捷，攻克齐都临淄，一路追奔到高密。齐王以为自己被郦食其出卖了，怒而烹之，可怜过人奇才郦食其没能为刘邦贡献更多智慧就匆匆化作冤魂。以他的聪明，在韩信发动袭击的瞬间就应该明白自己成了刘邦同韩信主导权之争的牺牲品。刘邦应该也会感觉到韩信身边定有高人。刘邦灭楚建汉后数年的纷乱，在此已现端倪。

　　齐王别无选择，重新投入项羽阵营。项羽委派大将龙且率领20万大军前来救援，被韩信击破于潍水，龙且战死于阵中。汉四年（前203），韩信完全平定齐国，逆转了楚汉双方的形势，从北方和东方构成对楚的战略大包围。

　　这一时期，正面战场打得十分艰苦，刘邦拼死顶住项羽的全力进攻，但险象丛生。自从败出彭城后，刘邦痛切感受到项羽的强大，改变以往的轻敌躁进，在荥阳、成皋一线构筑坚强的防线，拖住项羽，给韩信挥洒的空间，用时间来逐步扭转形势。项羽一方则判定正面战场是胜利的关键，"擒贼先擒王"。项羽的作战方针得到范增的支持。汉三年（前204），刘邦曾向项羽求和，以荥阳为界东西两分天下。项羽本想答应，回师楚国，范增劝说道："现在力量强大的时候不灭掉刘邦，将来后悔莫及。"项羽听从范增意见，全力攻打荥阳，汉军虽然顽强抵抗，却难以抵挡，眼看城守不住，刘邦身陷重围之中，部将纪信挺身而出，假扮刘邦投降。刘邦让两千女兵出东门，楚军蜂拥而上，纪信坐在黄屋车内随后而出，声称城中无粮，汉王投降。楚军山呼万岁。趁着楚军涌向东门观看的机会，刘邦带着几十名骑兵从西门逃了出去，十分狼狈。项羽挑开黄屋车帷，见不是刘邦，知道受骗了，一把火将纪信活活烧死。

荥阳失守了，刘邦跑到南阳，收了英布的部队，回到成皋，力图重建正面防线。项羽当然不能让刘邦得逞，西进攻击成皋，汉军防线再度告急。刘邦带着夏侯婴从北门逃走，渡过黄河，一路北上进入韩信的军营，夺取兵权，恢复了元气。

项羽攻下成皋，后方却遭到彭越的攻击，大将薛公阵亡，不得不回援。他把成皋交给大将军曹咎，让秦朝降将司马欣辅佐，叮嘱他们不要出战，只要坚守15天，自己就能打败彭越回来。前面说过，项羽用人都与自己同一个模子，个个性情暴躁，经不起挑逗。刘邦见项羽回援，派兵天天在城下辱骂，曹咎果然气不过，率部出战，才渡汜水一半，已经落入汉军圈套，遭到猛烈的攻击，曹咎和司马欣战败，自刎于阵前。

项羽听到这个消息，放下被击退的彭越，火速赶了回来，但要塞成皋已经被汉军夺回去了，只能重新发动攻击，力图再夺回来。汉军坚壁死守，楚军后方的彭越又发动进攻，切断了后勤运输线。汉军东西呼应，像拉锯子一般，让项羽东西救援，疲于奔命。更致命的是韩信完成了对代、赵、燕、齐四国的征战，席卷半个中国。项羽虽强，却如老虎落入牢笼，呈现困兽犹斗的态势。

战争进行了两年多，楚军尽显疲敝，项羽再英勇也经不起如此消磨。说来还得怪他自己，凡事皆以武力敉平，反映在用人上则表现为仅以悍勇取人，十分狭隘。打得他狼狈不堪的众多高人，像儒将风格的韩信、迭出奇计的陈平等智慧型的人物，原来都是项羽的部将，他们或被排斥，或遭冷遇，失意转投刘邦而获得重用，得以展现旷世奇才。

项羽身边也有奇人异士，例如范增才智过人，兼善卜筮，给项羽很多关键性的战略建议，并且在第一时间判定刘邦才是真正的对手，力主在鸿门宴上除此心腹大患；在项羽遇到多地叛乱的时候，又是他区分轻重缓急，力主全力消灭刘邦这个主要敌人，其余因为分配利益不均而造反的乱局便可迎刃而解。范增过人的洞察，不被项羽理解，因为他们不在一个层次上。挥舞大棒的项羽轻视刘邦，看到的是其年老滑头的痞子气，而范增则看透刘邦的远大志向与雄才大略。如何看人至为关键，成宏业者识人之长，败大事者见人之短。项羽恐怕难以明白范增为什么如此看重刘邦，觉得似乎是危言耸听，过于夸张。他几次饶过刘邦，就因为视其不足成事。对于事到临头才能明白的人，预察先机而吹哨者最是讨嫌。

项羽同范增由于见识的落差，关系微妙。聪明过人的陈平看出来了，他原先是项羽的部下，对其性格看得很透，故向刘邦建议使反间计拆散他们。楚国使者来谈判的时候，他们隆重款待，美酒盛宴，入席后问明身份，知道是项羽派来的，刘邦马上变色，撤去佳肴，换上粗劣食物，说是误会了，以为是范增派来的人。使者回来禀报，项羽猜疑范增同刘邦私下有什么交易，便削夺其权力。范增马上感受到了，愤然辞职。但那恐怕也是一种试探吧，未必真的想走。可他万万没有想到项羽竟然一口答应，让他颜面俱失，心如刀割，悲愤离去，才出彭城就发病而死。项羽绝对意识不到这件事的意义。不就是走了一个夸大其词的聒噪老头吗？可是，对手刘邦听到这个消息时内心狂喜几欲手舞足蹈了。刘邦后来评论项羽失败时，指出其关键在于失去范增。项羽一介武夫，打击的是刘邦的军力；刘邦以政统军，打击的是项羽的头脑，致命一击打在对手没有醒悟到的命门上。

项羽攻城不下，无计可施，派人把刘邦的父亲捆起来，放在跷跷板上，下面是沸腾的油锅，向刘邦喊话，再不出战就烹其父亲。拿人家属做要挟的流氓手段，刘邦见多了，所以他冷冷地回应道："当初我和你结拜为兄弟，所以我父亲就是你父亲，如果你要烹自己的父亲，请分我一杯汤喝。"项羽是贵族耍流氓，稚嫩手段碰到了此道高手，气得哇哇叫，还得自己收场。他亲自到城下，约刘邦下来单挑，省得祸害百姓。这又是孩子般的意气用事。刘邦抓住机会，在城头上高声宣布项羽的十大罪状，从残害义帝犯上作乱到屠城杀降，背信弃义，以权谋私，强梁霸道，简直是劣迹斑斑，罪大恶极。一路数落下去，项羽不但自讨没趣，还当众受辱，暴跳如雷。他下令射手放暗箭，正中刘邦胸膛。刘邦倒下去时高喊射中了我的脚，稳定住军心。

楚汉战争的形势已经发生根本性的转变，项羽失去半个天下，双方都打得筋疲力尽，不得不坐下来议和，约定以鸿沟为界，平分天下。项羽释放了刘邦家属，开始东撤。刘邦身负重伤，也想回关中休养并整军。张良和陈平劝阻刘邦，分析楚国兵疲粮尽，诸侯大多弃楚归汉，此时不灭楚，则养虎遗患。刘邦深以为然，向韩信、彭越等下达总攻项羽的命令，自己率军追击撤退中的楚军。没想到韩信和彭越根本没来会师，刘邦被项羽打反击，大败而归，计无所出。张良分析其中原因是胜利在望了，韩信和彭越等立下赫赫军功的大将没有得到封赏，不知消灭项羽之后刘邦会如何对待自己，所以他建议刘邦与主将相约，分封天下。由此可知，秦朝建立的帝制时日短浅，不得人心，而天下共主的中央朝廷对诸侯国进行分封深入人心，在很多人心中，推翻秦朝是要回到分封制的周朝体制下。中央集权的帝制同诸侯建国的封建制的关系，将成为汉朝统一后必须解决的首要问题，迫在眉睫，关乎存亡。

韩信、彭越等人得到刘邦分封的保证，立刻起兵。汉五年（前202）十月，韩信部灌婴首先攻破彭城，迫使回师途中的项羽向东南撤退，在垓下（今安徽灵璧县）筑垒安营，休整部队。从四面赶来的30万汉军，在韩信的指挥下迅速完成对10万楚军的包围。此时已是十二月，天寒地冻，白天激战后的楚军疲惫不堪，韩信发动宣传战，命令汉军将士在夜晚唱起楚歌，勾起楚军的思乡之情，使其军心涣散，纷纷溃逃。项羽终于意识到大势已去，在帐内对着陪伴身边的虞姬慷慨悲歌："力拔山兮气盖世，时不利兮骓不逝。骓不逝兮可奈何，虞兮虞兮奈若何！"[1] 相传项羽放开坐骑，骏马长嘶，不肯离去；他要掩护虞姬突围重生，虞姬拔剑自刎。项羽把失败归罪于天时不利，对着漫漫长夜唱的是盖世英雄无力回天的愤懑与无奈。

借着夜幕的掩护，项羽率领八百精骑突围南下。韩信天明时发觉，令灌婴率领骑兵急追，驱驰数百里，在长江支流的乌江边上重

[1] 《史记》卷7《项羽本纪》。

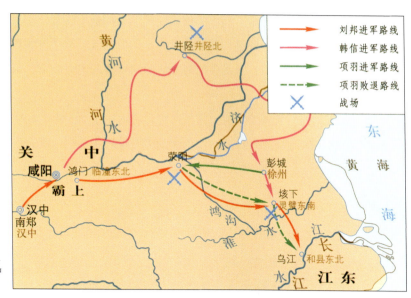

楚汉之战示意图,据《地图上的中国史》

新包围住迷路的项羽。项羽身边仅剩28骑,被数千汉军骑兵团团围住。项羽对部下说:"我从反秦起兵以来八年,历经七十余仗,所向无敌。今日落到这等境界,非战之罪,是天要亡我。现在我们痛痛快快打一仗,我将三次冲破汉阵,斩将夺旗,让你们亲眼看到是天要亡我。"项羽把28骑分成四队,四面冲击,他飞马冲向铜墙铁壁的汉军阵营,一声怒吼,如雷轰鸣,汉军惊恐而退,阵被撕开,项羽枪挑汉将,首夺军旗,如此反复,如天神,似旋风,手刃敌军数十人,回到会合处,项羽麾下仅仅损失两骑,部众无不折服。

项羽带着他们冲向江边,乌江亭长驾小船要接项羽过江,以图东山再起。项羽笑了,说道:"我带着江东八千子弟兵出来,现在只有我一人回去,纵然大家不说,我也无颜见江东父老!"他跳下马来,把五年的坐骑交代给亭长——他舍不得这匹生死与共的千里马战死沙场,然后返身步战。这是英雄告别人世的谢幕,他尽管身上创伤累累,却死战不退,又击斩汉军兵卒数以百计,杀到汉将跟前,发现曾经是他的部下,项羽住手了,他对汉将说道:"听说刘邦下重赏杀我,可得千金,且封侯,念在我们曾经君臣一场,我成全你吧。"项羽用手中的利剑，有尊严地自杀于乌江。他曾经的部下却毫不客气，涌上来争抢项羽的尸体，相互残杀，死了几十人。最后由五员骑兵将领杨喜、吕马童、吕胜、王翳、杨武各抢到一块项羽尸体，回去领赏，分别封侯。

项羽死了，他所代表的六国贵族反秦势力也退出了历史舞台的中央。司马迁把项羽写得轰轰烈烈，大概在古史英雄列传之中，没有更加伟岸丰满且激动人心的篇章了。宋朝词人李清照被感动得作诗凭吊：

生当作人杰，死亦为鬼雄。
至今思项羽，不肯过江东。

第七章　汉朝：帝制的扎根与定型

第一节　推行文治，与民休息

战胜项羽，刘邦统一了中国，汉朝取代秦朝成为新的帝制王朝。从中国帝制王朝形成与巩固的历史进程来看，秦朝开创了帝制王朝之始，却因其极度残暴而迅速灭亡，留在人民心中的伤痕既深且痛，它与其说是代表中国的统一政权，不如说更像是西部奴役东方六国的征服政权，故遭万民唾弃。以什么精神原则立国，建立什么样的新政权，成为取得胜利的刘邦必须迅速做出回答的重要问题。

数年大战之后，社会凋敝，百废待兴，汉朝的国家建构千头万绪，从建国之初便采取了迥异于秦朝的治国理念及政策，现举其大者述论于下。

第一，废除愚民政策，重视文化治国。

秦朝是前车之鉴。对于汉朝而言，认真客观地总结秦朝历史是重塑国家精神和政策最直接有效的途径，这就是汉朝数百年间每遇到国家重大问题时总要检讨秦朝失败教训的原因。秦朝基于军国体制发展出来的专制帝制，具有狭隘的排他性，视一切不同于秦朝做法者为敌，并采用残暴的高压手段将之碾碎。因此，它在文化上必然采取禁锢思想、镇压异端的政策，鼓励实用，反对人文，概言之，以反文化的极端手段作为朝廷文化政策的基础。这种反文化、贱视文人的风气，在社会上迎合了没有文化的底层，以及艰辛创业的第一代人，具

西汉时期形势图，据《中华文明地图》

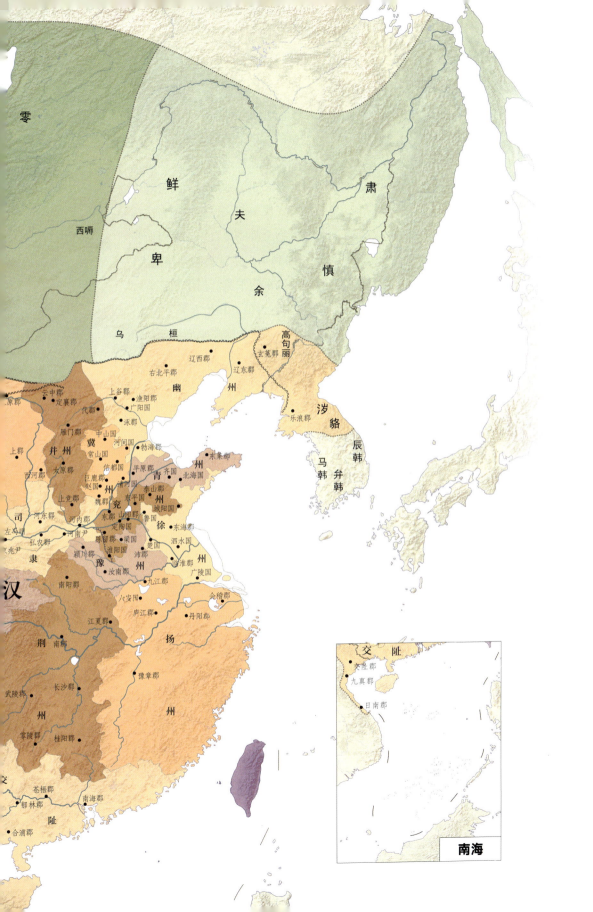

有很大的影响力。如前所述，连贵族出身的项羽都受此影响而颇为轻视文化，至于起自基层的刘邦，在这方面表现得更加露骨。

刘邦年轻时混迹于乡村，沾染了一身痞气，尤其痛恨文人，喜欢摘儒生冠帽撒尿来作践人。起兵之后，刘邦更加坚信天下全靠实力说话。这不是刘邦一人的特例，而是当时所有义军统帅的通病。身处中原高阳城的郦食其，年过六十，也想投身于反秦起义，但见来来往往的各路义军统帅如陈胜、项梁等数十号人物全都刚愎自用，骄横而听不进话，只好继续等待，直到刘邦这一路到来。他觉得刘邦年纪大，虽然傲慢，却有韬略，愿意追随左右，便到军门求见。门房通报有位身着儒生衣帽者来访。刘邦拒绝道："出去告诉他，我忙着天下大事，没工夫见儒生。"郦食其知道刘邦轻贱儒士，便自称高阳酒徒，让门房再次通报。听说是壮士，刘邦来了精神，让他入内相见。郦食其进来一看，刘邦倚坐高台，两位女子正为他洗脚。如此会客，够撒野的吧。郦食其向刘邦作揖，责备道："您是想帮助秦朝攻打各路义军，还是想率领义军推翻秦朝呢？"刘邦见到来人正是儒生，一肚子怒气，被这么一数落便发作起来，大骂"竖儒"。郦食其面不改色，继续责备刘邦道："如果您真心领导义军讨伐无道暴秦，就不可以这般倨傲接见长者。"郦食其教训刘邦无礼，教他如何用兵以破解秦朝严密防线，让刘邦肃然起敬。这大概是刘邦一生中上的第一堂真正的文化课，他开始见识了文化的力量和礼仪规范。[1]

此后刘邦在同项羽的较量中，优于项羽之处就在于他善于利用文士进行游说，例如让郦食其劝降齐王（已见前述）。再如他兵败彭城后，派遣随何去游说英布，鼓动英布背楚向汉，这无异于在楚军柔软的腹部插上一刀。后来荥阳被攻破时，刘邦遁走南阳收英布余众再战，便获得了有利的支撑。汉朝完胜项羽之后，刘邦在酒席间同将军们评论功绩时，贱视文士的老毛病又犯了，当面骂随何为"腐儒"，大言要儒生有什么用！随何徐徐向刘邦问道："陛下攻打彭城的时候，如果项王没有带兵讨伐齐国，咱们调动步兵五万、骑兵五千，能够夺取淮南吗？"刘邦回答做不到。随何接过话说道："陛下那时只派我

[1] 郦食其投奔刘邦的事迹，分别见于《史记》卷97《郦生陆贾列传》，卷8《高祖本纪》。

带二十人出使淮南,我一到便说服英布归顺,让陛下如愿以偿,我的功劳是不是比五万步兵加五千骑兵还要大呢?"刘邦听了觉得有道理,提升了随何的官职。

这类文士建功立业不亚于军人的事例,刘邦冷静的时候也会反思,自己的想法也随之发生变化。思想上如果没有真心实意依靠文化来建设新国家彻底转变,汉朝不可能获得成功。项羽败就败在以暴易暴,去一强秦,来一暴楚,社会有什么进步呢?如果刘邦在灭楚之后重新走上践踏文化、高压治国的道路,一定会被推翻。集权的帝制,最后的决断者和最大的责任人都是皇帝,他的转变至关重要,能引领国家的转型。天下苦秦久矣,老百姓推翻秦朝为了什么呢?恐怕刘邦尚未认真地思考过,需要有人来点醒他。

刘邦是个聪明人,他知道项羽以己取人的组织路线必将导致败亡,故反其道而行之,汇聚各类人物,其中不乏文士儒生,陆贾亦是其中一员。陆贾善于辩论,刘邦不时派他出使,游说宣传,平日放在身边,并不器重。这种情况在帝制时代最为多见,把文人当作跟班,平日取笑助兴,写些吹捧文章帮闲,出出点子,还可以迁怒做替罪羊,总之,都只做实用主义的利用,反映出统治者对于文化的蔑视。然而,古今中外的盛世绝非如此,必定把文化作为立国之本,重用而非利用。陆贾在刘邦身边受气的事情一定不少,但他很拧,一旦得闲总要向刘邦讲诗书道理,有一次把刘邦讲烦了,破口大骂道:"老子骑马打天下,要什么狗屁诗书!"陆贾竟然反问道:"武力得天下,能够武力治天下吗?商汤周武创建国家,武力夺天下而以文治天下,文武并用,所以长治久安。吴王夫差因为穷兵黩武而灭亡。秦朝严刑酷法夺取天下,如果统一之后懂得改弦易辙,推行仁义,效法先圣,陛下能够夺得江山吗?"试想如果秦朝不是以武治天下,犯下滔天罪行,导致民怨沸腾,无论是陈胜、吴广,还是项羽、刘邦,谁能够推翻秦朝夺取政权呢?不是造反者因聪颖而崛起,而是统治者因施暴而自毁,是前人的错误成就了后人。唐初贤臣魏征也曾对唐太宗讲过这个道理,打天下并不难,因为前朝暴虐而导致其灭亡,打天下只是实践这个过程而已，就像是结论已经明确的求证过程，虽然惊心动魄，结果却毋庸置疑。这样的事情很多人都做得来。就其实质而言，是统治者自己推翻了自己，不过假借他人之手而已。

可是，这个道理要明白人才听得懂。如果讲给自视至高无上的开国草莽之类的人物听，必定被当作贬低丰功伟绩的大逆不道而惨遭酷刑。陆贾万幸遇到了悟性过人且真正充满自信的刘邦，听了这些话以后虽然脸上有点儿挂不住，却马上改变态度，虚心问陆贾能不能给他编写一本总结秦朝失败、汉朝继起道理的书，希望该书能够一直追溯到古代各国的兴亡成败。陆贾欣然受命，采撷历史，辨兴亡，论治道，分门别类，写成十二篇。每总结出一篇，便给刘邦上课，详细讲论，刘邦听后连连称善，茅塞顿开，左右随从见皇上欣欣然，山呼万岁。陆贾将这十二篇汇集成书，便是垂范后世的名著《新语》，它受到历代执政者的重视，传阅至今。

从尿人帽子到潜心学习，刘邦身上潜移默化地发生了质变——粗话少了，行为有礼了，从匪气十足的军事统帅快速变为习文重道的执政者。汉初频发的叛乱让刘邦必须拖着年迈的病体驰骋于战场，身负重伤，来不及把晚年所悟完全实施。他痛惜天不假年，临终时给继承人惠帝留下遗诏，披沥心路历程及感悟，说道："我遭遇乱世，当时秦朝禁学，我窃窃自喜，以为读书无用。自从我登基以后，不时翻阅图书，这才明白作者著书的寓意，回想以前的所作所为，犯的错误太多了。"[1] 这是英雄用一生获得的感悟。从贱视文化到遗训子女好好读书以作为治国理政之基，他的转变带来了国家的转型，开启了一个尊重文化礼制、轻徭薄赋的盛世。

第二，以民生富庶作为立国之基。

建设一个新国家，满足人民推翻残暴秦朝的要求，应该树立怎样的治国理念，怎么做，从何着手？这些问题在楚汉战争即将取得胜利的时候已经一件件浮现出来了。刘邦的回应出自两种认识基础，一是出自切身的感受，是建立在感性基础上的个人领悟；二是从历史和理论的高度进行深入的理性分析，对前因后果与实行后的利弊

[1] 《全上古三代秦汉三国六朝文》收录刘邦遗诏："吾遭乱世，当秦禁学，自喜，谓读书无益。洎践祚以来，时方省书，乃使人知作者之意，追思昔所行，多不是。"

彩绘灰陶仓,汉代,中国国家博物馆藏

得失认真权衡而做出的决断,建立在理性基础之上。先从刘邦的直觉判断说起。

他的第一个紧急救恤措施是让百姓存活,重建社会。经过多年的战争,社会民生已经破产了,惨到一石米价飙升到五千文钱,乡村富庶之家也吃不起,遍地饿殍,死者过半,甚至到处可以见到人吃人的惨剧。作为临时性紧急措施,刘邦下令老百姓可以卖儿鬻女,先求存活,同时开放蜀汉之地收容饥民,要求各地相互救济,减轻灾害的程度。以后,汉朝不断开放秦朝在各地圈占的山林川泽和园池产业,交给贫寒的农民开发耕种。

秦朝残酷的劳役和沉重的赋税，以及接踵而至的战乱，使国家实际上已经沉沦为奴隶社会，大量的百姓为求生存而自卖为奴婢。刘邦下令解放所有因为饥馑而沦为奴婢者，恢复他们的平民身份。[1] 此举涉及的民众甚多。还有一大批百姓不甘坐以待毙，拿起武器占山为王，他们没有政治目标，没有参加反秦起义或者楚汉战争，属于地方割据，只求自保，甚至自肥，往往骚扰一方，究其作乱的原因是秦末暴政。这样的队伍数量众多，分布于各地。刘邦采取赦罪与和解的政策，让他们放下武装回归社会，既往不咎；同时要求各地官府妥善安抚他们，交还他们原有的田产，不得治罪与羞辱。这两项政策，大大缓和了社会矛盾，堪称一次民众大解放。

第二个措施是恢复社会生产，富裕民生。刘邦进行军队的大复员，宣布将士凡留在关中者免除赋役12年，回乡者免除赋役6年。实际上，汉初的军事形势仍然吃紧，内有不断发生的叛乱，外有匈奴的压迫。但是，刘邦还是断然复员军队，恢复社会生产，甚至对匈奴采取屈辱的媾和政策，以保证裁军和复员的落实。这反映出刘邦的认识：强大的国家必须建立在社会生产大发展的繁荣基础之上，而且切忌轻浮躁进，必须有相当长的建设时期。只有民生富裕，才有真正的国家强大。这个深刻的认识应该是汲取了秦朝国强民敝的教训。埋头发展社会民生，从刘邦确定为国策之后，历经惠帝、文帝、景帝三代坚定贯彻，给汉武帝进行国家文化与国际关系的重大建设打了十分丰厚的经济基础。

军队复员虽然提供了大量的劳动力，但束缚社会发展的重大障碍还在于国家税负太重。所以刘邦断然实行大减税，规定国家税收为十五税一，即税率为6.6%。经历过秦朝收"泰半之税"的老百姓，认为汉朝的税收政策近乎免税，形成了极其深刻的印象而真心实意拥护汉朝。仅仅免税并不够，还必须大大提升民众的社会身份，让他们享受到更多优惠。刘邦宣布普遍赐爵位，将士有罪获得赦免的，以及没有爵位的，全部授予大夫爵位，这属于20等军功爵位的第5等；大夫以上者加一级爵位；第七等的七大夫以上者享受食邑，亦即从国家税

[1] 楚汉战争胜利后刘邦采取的一系列社会政策，《史记·高祖本纪》有记载，而《汉书·高帝纪》及《食货志》记载更加详细。

收中取得规定的收入；七大夫以下者免除本人及其家属的户赋徭役。通过提高民众的社会地位，使之获得国家法律权利下的保护和优惠，培育出庞大且稳定的中产阶层，防止他们在经济民生凋敝的时代快速破产沦落。刘邦扶植自立民户的社会政策，在深度、广度和力度上都前所未有。

第三个确保社会长期稳定发展的政策是大力压缩官府的权力、经费，厉行节俭，依法施政。恢复生产固然重要，但在产品经济价值不高的农业社会，产值增长缓慢，而朝廷大型工程、官吏急剧膨胀带来的俸禄猛增，以及对外关系紧张造成的军费开支巨大，令朝廷全年税收养不起这三只大"老虎"，于是税外收费，层层盘剥，导致民生凋敝，最后内忧外患并发，导致王朝灭亡。秦朝灭亡的教训历历在目，所以刘邦厉行节俭，自己乘坐的车舆，从"天子驾六"减到驷马，且无纯色，亦即降低规格，仅用四匹杂色马拉车。汉军有强大的骑兵，怎么可能找不出四匹纯色的骏马呢？由此可见刘邦自律之严。他带了头，百官谁敢奢侈？将相大臣都乘坐牛车，这在古代帝制王朝中极其罕见。而且，从皇帝到分封的王侯一律不领俸禄，从封地税收中自养，严格限制特权阶层。还采取一系列严格的节流措施，比如每年从关东转运到咸阳的漕运量压缩至几十万石，由此可见朝廷开支节省之一斑。

第三，制度法定，克服人治。

再好的人治都是暂时的，长治久安只能依靠法治。汉朝建立后，刘邦把这些节俭的政策用法律规定下来，"约法省禁"。不久，右丞相萧何主持制定的汉律公布了，国家治理走上了法治的轨道。就财政而言，汉朝有两点特别值得肯定，那就是官吏的编制和俸禄法定，每年要制定国家财政支出的总额，由开支来决定税收。当然，这同近代国家量出制入的财政预算原则不可相提并论。这样做的好处在于国家开支节约下来，便能够体现在老百姓的税收减免上面，既可形成制约，又能让民众享受到节俭的好处。[2]

建汉数年之后，刘邦北上征伐匈奴和平定韩王信叛乱，回都城

---

2 ——
《汉书》卷24上《食货志上》记载："汉兴，接秦之敝，诸侯并起，民失作业，而大饥馑。凡米石五千，人相食，死者过半。高祖乃令民得卖子，就食蜀汉。天下既定，民亡盖臧，自天子不能具醇驷，而将相或乘牛车。上于是约法省禁，轻田租，什五而税一，量吏禄，度官用，以赋于民。而山川园池市肆租税之入，自天子以至封君汤沐邑，皆各为私奉养，不领于天子之经费。漕转关东粟以给中都官，岁不过数十万石。"

时，见到城市变样了，东阙、北阙、未央宫、长乐宫都建好了，雄伟壮丽，很有帝都气派。它们给刘邦脸上增光，主事者应该受到嘉奖吧。可谁都想不到，刘邦大怒，问责主持营建的丞相萧何。刘邦对萧何说："天下苦战多年，你怎可如此挥霍！"萧何回答道："正因为如此，才需要盖得雄伟，以加强天子威严，还要防止子孙将来大兴土木啊。"原来国家穷，萧何才故意张扬声势。从这件事情可以看出刘邦忧国忧民的拳拳之心。

刘邦原来是秦朝的亭长，乡村基层的属吏，地位虽低，却直接了解民情。他切身体会过百姓生活之贫困——赋税太重，乡村破产，劳役苛酷，农民挣扎在生死线上。秦朝那些富丽堂皇的都城建设等巨型工程，非但没有利民，反而把社会坑苦了。

刘邦超越其他义军领袖之处在于他有政治良心和良知，始终心系民众，哪怕称王称帝，依然想着给民众办事。看看当时的陈胜、吴广、项羽、田横等，再从整个古代史来观察，出自底层的领袖胜利后真心让民众过好日子的帝王曾有几人？"天下苦秦久矣"，刘邦喊出这句话的时候，他个人的生活并没有那么苦，而是他押送去服劳役的民众太苦了，引起他的政治觉醒。他走上武装起义的道路，为的是改变民众的悲惨处境，念兹在兹，所以一旦成功便付诸实行。与之相比，不少身受压迫的人仅仅哀叹自己命运的悲惨，起而反抗，要改变的是自己的命运，所以他们可以通过控诉"现在"的暴政来吸引民众，说的堂堂正正，内心真正想的却是取代统治者，独占胜利果实，反过来奴役百姓。停留于对自身痛苦的感性批判，与升华为政治觉醒的社会改造，出发点不同，结果也截然相反。为一己之私者为政客，心系百姓者为政治家，历史将给他们公正的评价与定位。

刘邦文化程度不高，提出来的口号非常实在，那就是"与民休息"，其后继者进一步把它提升到理论的高度，形成汉武帝之前行黄老之道、无为而治的国策。

刘邦是一个出自底层的凡人，做的都是老百姓翘首盼望的实事，在统治者的特权和劳动者的生存权之间，他维护了后者，满足了老百姓推翻暴政、安居乐业的富裕民生的要求，他把朝廷权力用来为社会创造良性发展的政治与经济环境，力行小政府、大社会、低税收、不扰民，给各个地方相当大的自主发展空间，以至于汉朝百姓往往只知道县令却不知道皇帝，士农工商各务其业。这种良性的社会管理非常重要，它保证了政治安定和经济活力，从而让中央集权性质的帝制国家体制扎下根来。秦朝基于军国征服体制发展出来的帝制失败了，汉朝集中管理型的帝制国家体制成功了，可以说中国的帝制国家始于秦而成于汉。中国需要刘邦这类接地气的"凡人"政治家，正是他们干出了利国利民的大事业。

第二节　从经验主义向理性主义的转变

刘邦治国理政的理性提升，得力于身边的谋士和他善于听取意见的品格。从感性认识到理性认识的发展，是政治家走向成熟的标志。

在楚汉战争相持的艰险时刻，谋士郦食其曾经向刘邦建议分封六国后裔，则其君臣百姓必定感恩戴德，助汉灭楚。刘邦大以为然，马上派人镌刻六国王印，准备付诸实行。这种建议属于拍脑门出点子的感性判断，在日常生活中最为常见。这种点子并非没有道理，但却是根据经验和直觉，以及对于对手心理和反应的主观推测，抓住了事物的某个方面，预判一种可能性，再推及整体而做出大胆的判断。其成功有赖于对手恰好做出与其预判相符的行动，具有很大的侥幸成分。经常靠点子取胜的人会越发自信，成为坚定的经验主义者。其致命的缺陷在于低估了对手，所以一旦幸运不在，他们便因点子而失败。刘邦没有什么文化，但领悟力强、点子多，正是经验主义类型的领导人，所以他很容易采纳别人新奇的点子。

刘邦性格的另一面是谨慎，所以他在实行分封的前一刻向张良询问。张良大吃一惊，马上劝阻刘邦，分析道："商汤、周武能够实行分封，是因为能够置对手于死地，而您没有制服项羽的能力，也不具备偃武行文、表彰圣贤、振恤民生的实力与时机，一言以蔽之，您不是最强者，故一旦实行分封，受封者各谋其私，四散而去，您必将惨败。"封赏能够激励人心而增强凝聚力，却也会造成获利了结的离散后果，只看到问题的一面便属于点子型的经验主义者，能进行全面且冷静分析的则是理性主义者。刘邦听后恍然大悟，立刻停止分封计划。

不少书据此认为张良反对分封制，进而衍生出许多基于价值判断的颂扬。但只要好好读读司马迁的记述，便可看出这些都属于望文生义的过度解释，甚至是强加于史的曲解。张良没有反对汉朝胜利后的分封制，甚至在楚汉战争期间还建议刘邦封疆土给韩信、彭越和英布，何来反对分封制之说呢？他所反对的是刘邦在居于下风时对六国后裔的分封，因为不具有掌控他们的实力，便会出现离心离德的结果。陈胜分封部将造成各自独立的结果，就发生在昨天。无数历史教训，一再证明在不处于领导地位，也不具有威信的情况下，花钱买朋友最好的结果是当冤大头，更差的结果是被敲诈和出卖。

刘邦通过这件事情，应该学习了理性分析的方法。每一个人都需要在具体实践中超越自我而逐渐成熟，选择都城地点的经过，对于刘邦也是一次深刻的学习。

灭楚之后，刘邦选择洛阳为都城，齐人刘敬劝他迁往关中，刘邦并未听从，在心里琢磨，洛阳为什么不能作为都城呢？从位置而言，洛阳处于天下之中，便于各方往来，反过来也有利于控制四面。而且，东周以来都城就在洛阳，有长久的历史依据。历史形成的传统必有其内在的合理性，它可能不易为人一眼觉察，但依据历史来做事往往事半功倍，道理就在于此。所以，刘邦选择洛阳为都城有相当的理性思考，比项羽定都彭城高明多了，有何不可？

刘邦身边的人大多出自山东，他们都支持定都洛阳，向刘邦分析其利道："洛阳东面有成皋为据点，西面有崤山为依靠，北面以黄河为阻断，便于控制中原大地，属于定都之地形。"这些分析增强了刘邦的自信心。这时候，有来自基层的戍卒娄敬求见，向刘邦进言道："陛下取得天下之道与周朝不同，所以定都洛阳多有不便，应该到关中去，得秦朝地利之固。"[1] 所谓取天下之道不同，说的是周朝十余代积善积德，顺应民心讨伐商纣，且取得政权后实行大分封，照顾好了各方的利益，实现了社会大和解，从而得到大家的拥护，都城无须重兵防守，故可定都于地利不足的洛阳。刘邦则不同，推翻秦朝是顺应民心，但楚汉战争却是义军内部争夺天下，有多少正义性呢？可这场战争造成的生灵涂炭、家破人亡则是空前惨烈，社会破产，冤魂遍野，人心不服，唯力是恃，与周朝取天下之道迥然而异，因此必须选择山川险固之地以利于防守。政治一旦失去道义必将失序而纷乱不已，汉初一再发生的叛乱，足可验证娄敬的预见性。

娄敬说的是真话，可忠言逆耳。在刘邦胜利的时候非但没有进献颂词，反而指出其道义的匮乏，换成底气不足的皇帝恐怕就要大祸降临了，更何况娄敬只是个小小的"戍卒"。刘邦接见并听他进言，史所罕见，弥足珍贵。刘邦没有怪罪娄敬，还直接封他为"奉春侯"，赐给帝室的"刘"姓。一年之计始于春，汉朝定鼎因娄敬，真可谓一言以兴邦，故称其为"奉春"，给予至高的赞扬。虚怀若谷，择善而从，是刘邦克敌制胜的法宝和真正伟大之处。

刘邦对定都洛阳依然有念想，便去征询张良的意见。张良赞同迁都长安，还进一步指出洛阳周边山川包裹的土地仅有数百里，而且贫瘠，既不足以支撑都城，也不足以构成战略空间，非用武之地，远不如关中"金城千里，天府之国"。[2] 这下子刘邦再无疑义，当天宣布迁都长安。在此事中，刘邦受到了更高境界的理性思考的教育。

经验和理性，武力和文治，江湖义气和礼仪制度，是完全不同的世界，能不能实现从前者向后者的转变，决定着国家走向长治久安还是暴起骤衰。善于斗争的刘邦在垓下之战胜利后突然面对治理国家的重大课题时曾经不知所措，烦闷苦恼。战争期间，他同部将关系十分亲密，一起喝酒，称兄道弟，不分彼此。胜利之后，国家议政的朝堂还像往常一样热闹，群臣饮酒争功，喝醉了高声狂呼，甚至拔剑击柱，没有秩序，没有威严，没有礼仪，如此则不可能形成制度和法

---

[1] 娄敬进言，见于《史记》卷99《刘敬叔孙通列传》。

[2] 《史记》卷55《留侯世家》。

律。朝廷的法令遇到功臣拿伤口论功摆好便失去了效力；议事争论时拔刀相向，政权必定在嘈杂喧闹中内讧纷乱；非强龙无以压住群豪，长此以往必定走向人治而灭亡。

汉初论功行赏，刘邦认为萧何的功劳最大，要不是他超群绝伦的组织能力，调集后方一切资源不断送往前线，保证汉军的兵源和粮食补充，怎可能赢得四年的战争呢？这显然是非常客观理性的道理，长期战争拼的就是国力与组织调动能力。但是，在前线拼命的将领并不这么想，他们看到的是浴血奋战的军功。萧何与曹参本是同乡至交，是刘邦集团的核心成员。可是为了评军功，曹参不服气萧何没上战场却评第一，拿身上七十多道伤口争辩，闹得两人绝交，刘邦也无可奈何。这样的事例在汉初比比皆是，表明制度建设已经成为首要任务了。定规则、修法律、建制度这些需要高度文化前瞻性的工作，正是刘邦的最大缺陷。

刘邦善于网罗人才，三教九流无所不包，其中当然也有一些文士儒生，收留他们的初心大概是用来装点门面，因为刘邦直至晚年才逐渐重视文化，改变以往动辄羞辱文人的痞子恶习。这些文士儒生在楚汉战争过程中，除了郦食其之类个别人物，都属于弃之不用的边缘存在。前述的陆贾，下面将介绍的叔孙通都为此辈。叔孙通原为秦朝待诏博士，身居中央朝廷，目睹统治者饰非拒谏的种种恶行，故善于同武夫周旋。他先投靠项羽，后来转投刘邦。从秦二世、项羽到刘邦，个个贱视文化，逞勇斗狠，尤其以刘邦为甚，见到儒生打扮就要生气，叔孙通便十分乖巧地穿起士卒军装，讨得刘邦欢心。追随他投靠刘邦的儒生得不到任用，常发牢骚，叔孙通劝他们要忍耐，等到战争结束就一定有出头之日。这一点他看得很准，到和平年代刘邦就摆不平身边粗鲁放肆的武将了。这些人像往日一样对刘邦直呼其名，又是拍肩膀，又是喝酒骂娘，刘邦心里老大不舒服，却不知如何是好？精明的叔孙通在一旁看出来了，顺势进言道："儒者难与进取，可与守成。"[1]他自告奋勇率领弟子们一起制定朝仪，训练大臣礼仪。刘邦将信将疑，自己都管不住的武夫，叔孙通行吗？想想还是放手让他试一试吧。

[1] 《史记》卷99《刘敬叔孙通列传》。

叔孙通获得授权，征召一批鲁地儒生、亲炙弟子以及皇宫内有文化的随从人员，集中到郊外学习并操练上朝礼仪。一个多月后，叔孙通请刘邦前来观看，刘邦大为赞叹，让叔孙通据此训练大臣们。汉七年（前200），新岁朝贺仪礼举行。东方破晓，百官已经在礼宾官员指引下整齐列队，按尊卑贵贱依次站位；两旁是宫廷卫队夹道，旗帜招展，刀戟鲜明，礼宾官喊"趋"，则百官应声迈步；功臣将军由西向东，文官丞相由东向西，鱼贯而前，内官侍卫簇拥皇帝乘辇缓缓出来，前导传警；诸侯王至百官依次奉贺，庄严肃静。礼毕，皇帝上殿，近侍伏地仰望，献酒祝寿……整个仪式冗长而庄严，有不合规矩者马上被礼宾官带出去，无人敢喧哗失礼。一整套上朝仪礼建立起来后，君臣的距离突然被拉到遥不可及，皇帝的威严变得至高无上，百官震悚，纷扰无序的朝廷瞬间秩序井然，构成一部运转协调的国家机器。礼制把秩序深植于人们心中，威力之大，出乎刘邦的意料，他不由感叹道："我今日才真正体会到皇帝的尊贵。"

打天下的时代，胜利就是硬道理，必须依靠不讲道理的武将；治天下的时代，规则才是硬道理，必须依靠讲道理的文臣。国家的稳定与长治久安不可能通过人治实现，人民的意志和保证社会良性运转的要求，要通过法律、制度、礼仪和文化表现出来，并落到实处。对于每一个人来说，就是必须按照规则办事：法的规则、制度的规则和文化的规则。好的国家治理不但要让所有人，包括最高统治者遵守规则，还要让大家真正理解所制定的规则的文化意涵，切实认识到遵守法制才能确保个人乃至社会整体的根本利益，才能真正限制无法无天的权力滥用、恃强凌弱。在汉朝从打天下到治天下的历史转变中，叔孙通成功地把儒家的礼制及精神糅入制度中，并为以后进一步向儒家治国发展开了先河，故而被称为汉代儒宗。

刘邦再一次看到了文化的力量，感受到从打天下到治天下的转型必要，获得了理性的提升。司马迁在叙述陈胜失败的原因时，指出国家需要地形险阻、兵革刑法和仁义道德三大支柱。[2] 兵革本是刘邦所长，而且，他很早就超越了兵革的境界，在最初入关推翻秦朝时已

---

2 《史记》卷48《陈涉世家》记载："褚先生曰：地形险阻，所以为固也；兵革刑法，所以为治也。犹未足恃也。夫先王以仁义为本，而以固塞文法为枝叶，岂不然哉！"

经提升到"约法三章"亦即依法治理的高度。所以，他执政后萧何很快制定了系统的国家法令，提供了治国理政的法的依据。地形险阻这一条因为娄敬和张良的点拨，使得刘邦正确地选定关中为都城所在之地。仁义道德方面，刘邦出于自发的政治良知和公心，通过超大幅度的减税等惠民政策，开了好头，只是他年事已高，且屡受重伤，来不及完成此项重任便辞世了。其继承人惠帝、文帝和景帝，坚定不移地贯彻"与民休息"的富民政策，并将之进一步上升到"黄老之治"的指导思想，使之成为国家发展的政治保证，其后汉武帝确立了以儒家学说为基础的伦理道德，汉朝一直朝着文治的方向坚定而扎实地迈进，使得中央集权的国家体制真正落地扎根。

第三节　制度结构性矛盾：帝制与封建制

秦朝十四年的统治，让全社会都深刻体会到不受制约的专制权力肆无忌惮为所欲为的危害，其对民众压榨之深重，奴役之残酷，前所未有。因此，反秦武装起义同时也是反对帝制、力图恢复西周封建制的社会运动。项羽一统天下后没有称帝，实行封建制，自己仅称"西楚霸王"，以示高于众诸侯，但仍属于"王"。这是一次彻底否定帝制的尝试，结果很快失败了。诸侯们认为是因为项羽分封不公平所致，其实其根本原因要深刻得多，只是被不公平的表面现象掩盖了。很多人找到表面的原因就不愿意进一步深究，所以，问题始终没能解决，甚至周而复始地反复发作。

刘邦建立汉朝当初，也立即进行分封，封功臣韩信、英布、彭越、张耳（张敖）、韩王信、臧荼、卢绾等人为王，南方部族助汉灭楚者，如吴芮、亡诸亦奉为长沙王和闽粤王，此皆为异姓王。功臣封王者中臧荼于刘邦称帝当年以谋反罪被诛，改立卢绾为燕王；加上闽粤王常被视为另类，故汉人称"诸侯非刘氏而王者七人"[1]。刘姓宗亲封王者九人。封国辖地大者五六郡，数十座城池。汉朝中央则直辖十五郡，远远大于项羽直领之九郡。此为汉初分封的情况。[2]

1 ——
《史记》卷93《韩信卢绾列传》。

2 ——
《史记》卷17《汉兴以来诸侯王年表》记载："内地北距山以东尽诸侯地，大者或五六郡，连城数十，置百官宫观，僭于天子。汉独有三河、东郡、颍川、南阳，自江陵以西至蜀，北自云中至陇西，与内史凡十五郡，而公主列侯颇食邑其中。"

刘邦因为把陈胜、吴广、项羽等各股势力全都荡平了，所以分封时无须顾虑太多山头的平衡，只要将主要功臣分配好即可，应该说比项羽容易得多。实际情况如何呢？

从汉朝建立的汉高祖五年（前202）开始，朝廷同诸侯王的斗争接连不断。当年有臧荼谋反。翌年（前201），诱捕韩信，贬黜为淮阴侯；韩王信投降匈奴作乱。汉九年（前198）逮捕赵王，废为宣平侯。汉十年（前197），陈豨反。汉十一年（前196），诛灭韩信三族；彭越反，夷灭三族；英布反。汉十二年（前195），先后追斩陈豨、英布。卢绾反，逃亡于匈奴。是年，刘邦去世。从这个时间排列来看，刘邦建立汉朝之后直到去世，亦即他生命的最后八年一直在同分封的诸侯作战，最后与他们同归于尽。显然，刘邦也摆不平这些诸侯，那么就不应该仅仅停留于苛责项羽分封不公平的表象，应该有更加深层的问题。

如果把汉朝分封的同姓王国也纳入考察，从刘氏取代异姓诸侯王到吴楚七国之乱，再到削藩的"推恩令"³，刘姓诸侯同样与中央激烈冲突，最后被朝廷彻底削弱，所余大国不过十余城，在朝廷的严密监视下，势卑力微，仅能自养祭祀，再也不足为患。中央与诸侯国的矛盾显然也超越了同姓与异姓的血缘层次，属于结构性的矛盾。据此可知，在帝制国家体制内分封，其矛盾之尖锐，甚至可谓水火不容。

为什么在周朝行之有效且带来长久稳定的封建制在秦汉时代变为不可实行呢？

还是先客观考察事件过程再做思考吧。

在中央与诸侯王的矛盾中，韩信的遭遇颇具代表性。韩信取得垓下之战胜利后，刘邦突然免去韩信齐王之封，旋改封为楚王。⁴当时的齐国拥有平原、千乘、东莱和齐四个郡，为东方大国，刘邦颇为担心。实际上，韩信以少胜多拿下赵国时，刘邦也曾突然降临韩信军营夺取兵权，显露出对于韩信势力坐大的担忧。后来命令诸侯合击项羽的时候，他们都没有响应，更让刘邦感到指挥不动而忧心忡忡。所以，消灭项羽之后刘邦首先做的事情就是再次剥夺韩信的权力，以防出现新的项羽。这些动作都具有合理性。

---

3 ——
《史记》卷112《平津侯主父列传》记载，主父偃向汉武帝建议："愿陛下令诸侯得推恩分子弟，以地侯之。彼人人喜得所愿，上以德施，实分其国，不削而稍弱矣。"汉武帝采纳后，于元朔二年（前127）开始实行，中央与地方诸侯的形势发生重大改变，《史记》卷17《汉兴以来诸侯王年表》记载："天子观于上古，然后加惠，使诸侯得推恩分子弟国邑，故齐分为七，赵分为六，梁分为五，淮南分三，及天子支庶子为王，王子支庶为侯，百有余焉……齐、赵、梁、楚支郡名山陂海咸纳于汉。诸侯稍微，大国不过十余城，小侯不过数十里，上足以奉贡职，下足以供养祭祀，以蕃辅京师。而汉郡八九十，形错诸侯间，犬牙相临，秉其阸塞地利，强本干，弱枝叶之势，尊卑明而万事各得其所矣。"

4 ——
《史记》卷92《淮阴侯列传》记载："项羽已破，高祖袭夺齐王军。汉五年正月，徙齐王信为楚王，都下邳。"

其合理性在于秦灭六国是中国第一次征服全国的战争，相隔十四年之后的推翻秦朝与楚汉战争，都是全国规模的战争，势力强大的一方具备征服全国的军事能力和野心。这表明时代变了，后来的这些战争已不同于商汤、周武革命这类方国推翻中央王朝的战争。殷和周夺取政权之后通过与众多方国的斗争与妥协成为新的方国领袖，没有经历全国规模的战争，王朝的统治无法贯彻到各地，各国在政治上附属于中央王朝，在领地内实行独立的地方自治，各国政治上相互制约，加上宗法关系的伦理纽带，形成共同维护天下共主的共识，但没有一国具备征服全中国的能力和实力。

铁犁铧、铁犁壁，西汉，1967年陕西咸阳窑店出土

统一中国如此广大国土的能力，取决于三点：人口、材料和工具。

周朝封建制带来长期的和平安定，各国的人口迅速增长，特别到战国中后期已经出现数十万人规模的战争，这是上个时代难以想象的事情，所以，人口问题不存在了。

材料主要体现为铁器的普及。无论是兵器还是农具，铁器带来的飞跃变化已经不是铜器时代所能比拟，以前无法开垦的地区被开辟出来，明显表现在中国南方丘陵水网地带的开发日益加速，农业生产显著提升，构成足以支撑全国规模战争的生产力；武器方面进步到制造出了可以承受巨大冲击力的长枪马刀，改变了以往小规模对阵的战争形态，军队的组织及战法也都发生了质的改变。实际上，人类历史上的每一次级差式的飞跃都有材料革命的根本性因素在起作用。

工具方面最显著的变化是骑兵的大量引入，例如赵武灵王的胡服骑射可以视为典型的例证。这表明战斗形态由战车步战转变成以骑射为主要突击力量。骑兵可以进行快速冲锋、深入迂回、远程奔袭与穿插包围，使得作战的规模和空间成倍增大，百里之遥近如咫尺，而同骑战相适应的锻打铁制兵器能够大规模生产，也使得组建大规模的骑兵部队成为现实。

这三方面的变化组合在一起，造成战国后期战争形态的质变，构成了武力统一中国的现实可能性，以及统一后有效行使统治权的有力保障。

秦朝以后，形势的演变显现得更加清楚，短短十几年间接二连三发生统一全国的战争，表明统一中国已经不是可能不可能的问题了，而变成了必须达到的目标。具备此种能力，且以之为强烈的政治意志，以前割地自保、共尊天子的封建制便难以实行了。所以，刘邦对于韩信和各异姓王的戒心具有合理性。[1]

前述娄敬劝谏刘邦定都长安，指出刘邦夺天下与周不同，靠的是武力征服而不是积德于世，亦即诸侯国共尊王朝天子的政治道义和伦理道德都不存在了。统治者既然无恩于诸侯、无德于社会，那么对其尊崇与忠诚的情感基础也就消失了，剩下的实质上只有政治服从而已，那么对于推翻中央王朝的政治道义、伦理道德乃至诸侯国联盟等制约就都不存在了，只剩下权力的法则了。能力与道义制约这两大维系西周封建制的支柱都倒了，恢复西周封建制只能是号召起义和争取民众的画饼。一旦成功了，统治者就变得现实，他们会亲自粉碎自己许下的承诺，回归现实利益关系的法则。刘邦平定异姓诸侯王与汉朝后来不断削藩，表现的正是王朝从造反到建政的成熟。

王朝道德权威的缺失，诸侯国具有征战全国的战争能力，以及不存在制约反叛的国家联盟机制，三者皆备，所以在帝制前提下实行西周封建制是完全不可行的。中央王朝和地方诸侯处于强弱消长的博弈关系中，汉武帝时代的谋臣主父偃对此看得很清楚，[2]故主张削弱诸侯的地盘和实力，实行著名的"推恩令"。其实从汉朝建立当初，刘邦就不断寻找各种借口打击异姓诸侯，在生前将他们全部铲除。根据《史记》相关记载，这七位异姓诸侯王的叛乱，可以说都是刘邦强加的罪名。韩信是因为有人上书告发他企图谋反而被捉拿，后来被吕后

---

[1] 例如刘邦对韩王信也充满担忧。《史记》卷93《韩信卢绾列传》记载："上以韩信材武，所王北近巩、洛，南迫宛、叶，东有淮阳，皆天下劲兵处，乃诏徙韩王信王太原以北，备御胡，都晋阳。"此猜疑导致韩王信投降匈奴反汉。

[2] 《史记》卷112《平津侯主父列传》记载："古者诸侯不过百里，强弱之形易制。今诸侯或连城数十，地方千里，缓则骄奢易为淫乱，急则阻其强而合从以逆京师。"

以勾结陈豨谋反的罪名夷灭三族;彭越是称病不参加刘邦平定陈豨的作战而受苛责,无缘辩白,又被部下告发,由刘邦的特使逮捕,后遭诬告而族诛;英布是拿到刘邦将彭越煮成的肉糜,十分恐惧,再遭属下诬告而造反,兵败身死;韩王信抵御匈奴时,被怀疑通敌而投降匈奴。卢绾谋反的事例最能看出真相。他与刘邦同乡里,父辈为至交,同日而生,一起读书玩耍,相伴成长,同甘共苦,亲密无间。卢绾为刘邦起义元从,可以出入卧内,屡立军功。汉朝建立后,卢绾参与平定燕王臧荼之役,被封为燕王,可以说是刘邦亲密无间的心腹。后来担心刘邦铲除异姓王而自己地位不保,遂宽纵陈豨、借重匈奴。陈豨被镇压后,其部将交代卢绾与陈豨的往来,卢绾被认定谋反。卢绾带家人与部下逃往长城边外,打算等刘邦大病痊愈后回来辩明自己不曾谋反,不料刘邦很快去世,他只好投降匈奴,抑郁而卒。

以上异姓王谋反事件,都是由朝廷发动的,显示刘邦欲在有生之年借中央强大之势铲除异姓诸侯的政治意图。这是他看到诸侯王势力坐大后推翻汉王朝的现实可能性而做出的政治决断,反映出来的是帝制与封建制的结构性矛盾,不应仅从诛杀功臣的情感角度做评价。

从诸侯国的角度如何看待与中央朝廷的关系呢?

最早认识到诸侯国居于劣势只能相互依存的政治人物是齐国谋士蒯通,在韩信拿下齐国后,他力劝韩信拥兵自立,以成三足鼎立之势。他分析认为,帝制下君主对于部属具有生杀废立的能力,臣下想获得安全必须依靠相交之结义和君臣之忠信,亦即封建时代的社会道义这类具有相当私人性质的道德感情。道义这种无形的力量在于能够唤起众人的共鸣而群起捍卫之,遂演变成有效的制约。在众人具有独立的私有经济的基础上,规则与道义才会得到高度重视。在专制帝国内人民的生存高度依赖国家,封建社会的道义基础已经被严重瓦解,不讲道义和规则的强权得不到有效的制约,必定肆意横行。这时候韩信信任刘邦会善待他的私谊和忠诚只是一厢情愿,极其虚弱无力[1],完全抵不过"功高震主"的威胁。韩信席卷半个中国,展现

[1] 《史记》卷92《淮阴侯列传》记载,韩信对蒯通说:"汉王遇我甚厚,载我以其车,衣我以其衣,食我以其食。吾闻之,乘人之车者载人之患,衣人之衣者怀人之忧,食人之食者死人之事,吾岂可以乡利倍义乎!"是故"韩信犹豫不忍倍汉,又自以为功多,汉终不夺我齐,遂谢蒯通。蒯通说不听,已详狂为巫。"

出"功无二于天下，而略不世出者"的超凡能力。这种能力本身已经对垄断性的君主权力构成巨大的潜在威胁，不是任何私谊或者忠诚能够消解的。人的情感会随着社会存在条件发生变化，君王会变，臣下也会变，现实中闻名当世的张耳、陈余的"刎颈之交"不是变成生死相搏了吗？忠诚无二的文种不也被越王勾践残杀了吗？所以，不要企图用情感去平衡权力。私谊和道义用以保证规则得到遵守，充满着变数，而主宰权力运作的利益则践踏规则追求无限扩张，它们之间有着不可调和的矛盾。洞彻了这一点的蒯通认为，帝制下诸侯最安全可靠的保证是相互间的势力平衡，趁项羽、刘邦和韩信彼此实力相当之时，三分天下，哪一方都不敢轻举妄动，大家都能获得安全。[2] 蒯通对付超强帝制的办法就是诸侯国相互借重，平衡朝廷的力量。这个思路影响久远。

> [2] 蒯通对韩信的建议，详见《史记》卷92《淮阴侯列传》。

汉初诸侯国都面临巨大的险境，朝廷要找茬铲除异姓王，他们该怎么办？这不是通过反复向刘邦表示忠诚就能够解决的问题。刘邦削藩有权力的理性，诸侯王应对之策只有势力平衡。但汉初异姓诸侯王不具备这种能力，一是因为刘邦铲除异姓王的动作来得迅速果断；出乎他们的意料；二是因为他们之间没有结成联盟的紧密关系。最重要的三大将领中，彭越是刘邦起义之初的战友，英布是从项羽阵营策反而来者，韩信一直在河北作战，他们三人天各一方，独立作战，不曾有过从属关系，没有多少接触，难以结成平衡朝廷的呼应关系，最多只是惺惺相惜、兔死狐悲。原楚国令尹道出英布反叛的原因："往年杀彭越，前年杀韩信，此三人者，同功一体之人也。自疑祸及身，故反耳。"[3] 随着消灭异姓王的进程，诸侯中有人悟出了借力制衡的道理。卢绾是刘邦的心腹，追随其左右，看懂了权力的运作。汉初平定燕王臧荼后，他被封为燕王。陈豨叛乱，卢绾竭尽全力参战镇压。陈豨派遣使者向匈奴求援，卢绾也派遣张胜争取匈奴。张胜在匈奴处遇到原燕王臧荼的儿子臧衍，臧衍劝说张胜道："燕国之所以存在，是因为诸侯叛乱，战火不熄。你们如此急迫地要消灭陈豨，陈豨败后便轮到你们被收拾了。所以，不如放过陈豨，联合匈奴，燕国可以长久

> [3] 《史记》卷91《黥布列传》。

第七章　汉朝：帝制的扎根与定型

称王。"张胜颇以为然，私下劝匈奴帮助陈豨攻击燕国。卢绾怀疑张胜勾结匈奴，上请朝廷族诛张胜。张胜回来后对卢绾讲明个中利害关系，卢绾醒悟过来，再上书为张胜开脱，派遣范齐到陈豨处暗通款曲，企图借重匈奴与陈豨来保持自己的诸侯地位。卢绾并非要投降匈奴，或者支持陈豨叛乱，他根本上是忠诚于刘邦的。可是被封为燕王之后，他有了自己的利益，刘邦诛灭异姓王的举动让大家看到诸侯的利益得不到保障，自己又无力同朝廷抗争，便有了借重敌人平衡朝廷以自保的策略，这与前述蒯通的思路相同。由此可知，帝制的集权与封建的分权是问题的症结所在，而不是个人谋反这么简单。

刘邦似乎没有看透帝制与封建制的结构性矛盾，简单以为是非骨肉宗亲所致，故以刘氏宗亲取代异姓王，便可无虞。他生前完成了从异姓王到刘氏王天下的置换。然而朝廷与诸侯的矛盾变得更加棘手。因为是宗亲，故诸侯王之间感情亲近，联系频繁，同病相怜，面对来自朝廷的压迫很容易结成一团，景帝时代的"吴楚七国之乱"即是明证。所以，景帝以后，朝廷更加果断有力地削藩，到武帝时实行了"推恩令"，诸侯王或废或罚，惶惶不可终日，基本上成为荣爵恩养的寄生集团，在国家政治运作中变得无足轻重。

诸侯同朝廷的权力冲突固然是一大问题，但是封建制也有优点。刘邦坚持实行分封有借鉴历史和现实考虑两大因素。秦朝实行彻底的帝制，朝廷的一元化统治直达郡县，在灭亡过程中暴露出缺乏地方拱卫中央的力量的问题。[1] 这是刘邦从秦朝灭亡中汲取的历史教训。在现实考虑方面，刘邦晚年感觉到吕后政治势力的强大，思考着中央集权帝制在朝廷出了问题时如何补救，如果有可靠的地方诸侯存在，就既能拱卫朝廷，也能对中枢变乱形成有力的制约。这些思考都非常现实，非常重要。刘邦逝世之后，吕后专权，差一点倾覆了刘氏政权，最后依靠诸侯王响应朝廷中拥刘派大臣，在吕后死后镇压诸吕而安定了汉朝，可以算作拱卫朝廷的成功例证。此事件也强化了文帝、景帝时代对于分封刘氏的肯定。中国古代的王朝一直都在讨论分封问题。东汉灭亡后，西晋汲取教训而恢复封建制，诸侯国拥有军队，结果酿

---

[1] 《史记》卷52《齐悼惠王世家》太史公曰："以海内初定，子弟少，激秦之无尺土封，故大封同姓，以填万民之心。"

成"八王之乱";唐朝也多次讨论过分封问题;明朝实行分封,发生"靖难之役",等等。所以,是否实行分封绝不能简单定性为统一与分裂的斗争,统治者都绞尽脑汁维护王朝统治,何以把分封定性为开历史倒车的分裂行为呢?随便扣帽子,理性的思考就被粗暴地扼杀了。

这里不妨来看看陈豨叛乱是如何形成的。陈豨的经历不详,汉初平臧荼和韩王信,他追随刘邦立下功劳,被封为列侯,以赵相国身份督统赵、代两国边防部队。出人头地的陈豨回乡省亲的时候,有许多宾客随从,车乘千余,旅舍皆满。陈豨待客谦和,恭敬有礼。赵相国周昌把这情况向刘邦汇报,并说陈豨在外带兵多年,恐怕有异图。于是刘邦开始追查陈豨宾客非法敛财等案子,大多牵连到陈豨,让陈豨很害怕,便和韩王信旧部暗中联络,伺机而动。不久刘邦的父亲去世,召陈豨入朝参加丧事,陈豨不敢前来,遂起兵造反。

从事件的经过来看,陈豨原来是刘邦信任的将军,引起怀疑是因为喜爱搞排场,出入前呼后拥,招摇过市,至于统兵多年会有异志则属于过度联想。从平定韩王信算起,陈豨统兵也就三年左右,真实原因还是皇帝对于统兵在外的将领颇有猜忌,燕王卢绾不也是如此吗?从忠臣到叛将往往在皇帝一念之间,一旦心里起疑便传召入京,因为有诈捕韩信的前车之鉴,受怀疑之人莫敢应召,只好铤而走险,称兵作乱。

从战国末到汉初仅二十年左右,这一代人其实都经历过战国时代,目睹过封建诸侯的存在状态。封建制下,诸侯与周朝之间的权力和义务有规定,诸侯王在自己的国度享受相当充分的自主权限。所以在汉初诸侯王心目中,自以为可以过上这样的日子,享有较大的自主性。就陈豨宾客填巷这一条而言,在战国时代恐怕不足为奇,更构不成谋反,结果却招来杀身之祸,根本原因是刘邦没有按照封建诸侯对待他们,只是给了他们空头名义,实际上完全当作郡县官吏看待。郡县官吏属于朝廷官员,当然不可以要求自主独立性,而养客拥众更是违犯规矩。区分清楚封建诸侯与郡县官吏的权限差异,则汉初异姓王谋反的事件便可豁然明朗。一言以蔽之,汉初有分封之名,却无分封之实。异姓王的某些举动，在封建制下是正当的，但若以郡县官吏的纪律绳之，则可视为叛逆。

整部中国古代历史证明，在帝制条件下，分封诸侯让他们拥有武装力量来拱卫中央朝廷，但除了个别成功的事例外，基本都失败了。历史一再证明，企图杂糅帝制与封建制，此路不通。其根本问题首先出在朝廷靠武力定天下，政权合法性建立在实力基础上，造成有实力者敢于觊觎大位的现实；其次是获取权力的规则没有深入人心而得到切实遵守；第三是朝廷与诸侯之间的权力和义务的界限不清，遂演变为此消彼长的博弈。就西周的经验来看，对各方权力进行制度、法律的规定和制约，并且形成深入人心的合法性观念等文化力量，才有可能实现朝廷集权下的地方分层权力结构，令国家长治久安。

封建制通过分层权力结构、地方自主管理来贯彻国家权力，中央朝廷通过诸侯国之间相互的权力制约与平衡而稳固；帝制则建构一元化的权力金字塔来整齐划一地贯彻国家统治。由此可以看清封建制同帝制属于完全不同的两条道路和两种政治逻辑。帝制下的封建制一方面要诸侯完全听命于朝廷，取消了分层权力结构，另一方面要诸侯拥有实力在朝廷危难时挺身挽救，即希望在特定时刻复活分层权力结构，这种割裂事物整体过程、支离破碎毫无逻辑的思维方法，完全是实用主义者的想入非非。然而，"既要马儿好，又要马儿不吃草"的思维方式，在历代统治者中反复出现，暴露出缺乏整体性历史认识和系统性理论思辨的巨大缺陷。

那么，帝制条件下的分封意义何在？如果分封不仅仅是养育寄生性特权阶层，那么其积极意义在于因地制宜地管理各个地方。中国疆域辽阔，各地自然形态、风俗民情和经济发展水平差异很大，用一种模式进行治理完全行不通，只能放手让各地区根据自身的特点和发展水平进行管理，调动各地的积极性，发展出各自的特色，形成多样化的局面，这就需要给地方较大的自主权。帝制下的封建制同西周封建制最重要的差异在于分封诸侯应在政治上完全服从于朝廷，不具有政治独立性，也不拥有军队，而朝廷则应该给予他们较大的社会管理的自治权力,把双方的权力和义务用法律和制度进行严格的规范,并建立有效的监督保障机制。如此则可以避免无端的政治猜忌,防止陈豨悲剧的重演。从中外发达国家的管理经验来看,加强国家的政治统一和发挥地方自治的优势,找到合理的平衡,不断优化,为普遍遵循的路径。在中央集权的国家体制内,可以最大限度吸收封建制的长处,却不可能恢复封建制。

据此可知,秦末大起义对于帝制的彻底否定和恢复封建制的努力,与社会发展的进程存在重要的冲突,故先后失败了,汉朝不得不对封建制进行重大调整,乃至其名存实亡。封建制的某些优点一直吸引着历代统治者,所以被反复提起甚至实行。他们认识到完善的地方自治对于集权体制的中央朝廷颇有裨益,可以防止中枢权力"脱轨"而肆意扩张泛滥;地方还可以通过合理的制约而具有一定程度的纠错功能,有助于最高权力不被篡夺,以及万一被篡夺后进行匡正。但是由于皇帝不想本人的权力受到制约,因此朝廷与地方的权力分配很难达成,遑论法律与制度的规定。权力自身的逻辑是无限扩张,再好的处方良药也只能在清醒时试试,甚至只停留于空谈,最终往往被废弃。在中国古代始终没有真正探索出帝制下朝廷与地方权力合理分割与平衡的佳径,建构起法律与制度的框架,个中原因值得认真探讨。

第四节 治国理念的提升:从"与民休息"到"黄老之治"

汉朝建立后,刘邦治国的思想比较朴实,那就是从反秦大起义以来的八年战乱导致社会疲惫不堪,民不聊生[1],当务之急是让大量的兵士解甲归田,与民休息,所以采取了一系列安定社会、力减税赋的政策,恢复社会经济。官府不生事,百姓便可安心生产。前面对汉初采取的这一系列政策做过介绍,由此看出刘邦的出发点有二,一是革除秦朝暴政弊端;二是涵养民生,恢复社会元气。其治国思想源于亲身的经历与体会,没有太多的理论认识,但他宽厚为政与儒家行仁政在精神上颇为契合。

[1] 《汉书》卷1《高帝纪》记载:汉五年正月,刘邦下令:"兵不得休八年,万民与苦甚,今天下事毕,其赦天下殊死以下。"

如前所述，帮助刘邦从打天下的草莽英雄到治天下的皇帝的思想转型者为陆贾。陆贾并不是一味安于学术的学者乃至思想家，而是学以致用的儒者，他以其所学衡诸秦朝而感悟其失败的原因，认为首先是威刑至上的法家政治，其次是苛捐重税下的国强民敝，使社会不堪承受。因此，陆贾作《新语》予以总结，反对法家虐行，提倡儒家仁政，针对秦朝骄奢繁役而指出"夫道莫大于无为"。[1]虽然陆贾也讲到"无为"，但从其治国主张来看，提倡的是儒家仁政，其"无为"之说是要克服秦朝统治者酷法重税的乱作为，与道家理论不是一个路子。

汉十二年（前195），刘邦病逝，惠帝继位，任用曹参为相，接替去世的相国萧何。曹参原来是沛县令的辅官，与萧何为同僚。萧何负责人事，居辅官之首，曹参负责司法刑狱。他们两人都有一定的文化，熟知基层政府的运作和社会管理，也深知官场内幕与黑暗，与其部属亭长刘邦都是前文分析的反秦的第三股力量，亦即基层官吏僚佐和小业主，他们既不同于作为第一股力量的胸无大志的无业贫民，也不同于作为第二股力量的脱离社会底层的倨傲贵族。这个阶层中具有拯救社会的公心和宣传组织能力的杰出人物，往往构成推动社会变革的中坚力量，甚至成为领导者。秦末革命最后由他们取得胜利并非偶然。

既然怀有拯救民众于水火的公心，在汉初百废待兴之时，他们立刻采取一系列减税安民的政策，废除暴政苛法和官僚特权，与民约法而治。这些都是必然之举，是出于挽救时弊的感性认识和重建国家的现实需要，其思想认识反映在汉初建政谋士陆贾的话里："虐行则怨积，德布则功兴。"[2]这是对政治现实的朴素总结，尚未提升到更加成熟的治国理论。

国家的管理是动态的，必须根据不同的时势而调整变革，不能墨守成规，切忌把当初临时性的措施奉为金科玉律，哪怕它们在当时行之有效，时过境迁也会走向反面，成为社会发展的障碍。所以，国家安定下来之后，必须对国家政策的成效进行总结，提高对于社会发展有前瞻性的理论认识，抓住根本性的方面，大幅度放松过多的行政

[1] 陆贾著，王利器校注《新语校注》卷上《无为第四》，中华书局，1986年。

[2] 《新语校注》卷上《道基第一》。

干预，把国家的全副力量投放在建设保障社会发展的制度与法律环境上，积极推动文化大发展，用法治和道德文化两个轮子共同确保社会良性运行。简言之，国家制造环境，让社会蓬勃生长。从西汉前期的国家治理中可以看出这一演进与提升，承前启后的重要贡献者是曹参。

曹参为司法狱吏出身，在刘邦起义军中扮演着无敌大将军的角色，前期在刘邦、后期在韩信麾下战功卓著，为全军一致推崇。汉初评定军功时，众推曹参第一，刘邦硬是推举萧何为魁首，曹参身负七十余道战伤而屈居第二，两人关系从此不睦。刘邦把萧何留在朝廷担任相国，让曹参到齐国为相，去治理战略意义重大且经济繁荣的山东，将两人分开，各施所长。

萧何在中央建立制度，制定法律，施政惠民，论者甚多，均给予很高的评价。大凡讨论汉初之政皆叙萧何，随手可拾，故请自行参阅。萧何之后，曹参继任相国三年，几乎被一笔带过，仅仅留下"萧规曹随"一语，似乎尸位素餐，无足称道。大概在后人心目中曹参就是一员武将，以军功坐镇相位以保朝廷安稳，不瞎折腾便是大功，忘记了曹参原来也是文吏，谙于政务。故其为政三年，并非可有可无的存在。

萧何在朝廷主政期间，曹参在齐国并非碌碌无为。齐国在古代一直是经济开放、农商手工业多元化经营的模范地区，不同于西部偏向单一农业经济，因此有着比较先进的发展经济思想和管理方法。曹参到任后，不是居官为尊，自行其是，而是放下身段，广泛听取意见。齐国有数以百计的儒生，还有各界长老，曹参将他们全都请来，询问安辑百姓和发展经济之道。人各异言，曹参耐心倾听，从中琢磨出道理。更加难得的是，他深入访求人才，知道有高贤异能者不喜趋炎附势，隐而不露，便细心寻找。听说胶西有称作盖公的高人，曹参派专人捧献厚礼，隆重接来，与之深谈。

盖公擅长黄老之道，对曹参讲解了"无为而治"的原理。世上有许多事情是官府为了政绩主观制定的规划，对社会民生并无益处，却大张旗鼓地做起来。秦朝短短数年间开建许多大型工程，检视起来，大多非社会需要而为，却因为兴师动众、劳民伤财，强大的国家毁于一旦，教训极为惨重，从反面证明了老子主张的治国道理的过人之处。老子认为治国之道重在官府不要没事生事，而应该让喧嚣的社会归于清静，则老百姓会自己安定下来，专心从业，社会自然生机勃勃。[1] 曹参听了茅塞顿开，深感意犹未尽，便把官邸正堂让出来，留盖公居住，让盖公经常给他讲授黄老之道。《史记》的记载非常简练，仅有"治道贵清静而民自定"寥寥九字，但从其记载可知曹参是系统地向盖公学习，因此绝非一时感触之言。此事颇为重要，因为曹参后来入主朝政，其国家治理已经提升到了理论的高度。刘邦治国处于朴素的"与民休息"层次，到了曹参才正式提高到"黄老之道"的理论层次，这是一次重要的升华，堪称里程碑。

曹参运用"黄老"学说治理齐国七年，社会繁荣，被誉为"贤相"。其"黄老之道"的精髓是什么呢？史无明载，但透露了一个重要的情节，必须细细品味。萧何病逝，曹参接任，即将离开齐国时，继任者向他请教如何治齐，他的回答非常简短："不要扰乱监狱和市场。"继任者没明白，再问道："没有比这更重要的事情吗？"曹参开导他说："是的。监狱和市场并存相容，如果扰乱了它，那么坏人无处容身，所以我首先要将它们治理好。"[2]

曹参的话非常精练，不易领悟。从其话中可以看出他对于国家治理有着洞察根本的理论认识，那就是社会运行有着自己的规律，不以人的意志为转移，也不被人所完全认识，所有的人都只能抓住一个方面难以看清全貌，这全貌就是老子所说的"道"。自以为掌握了"道"，并讲得清清楚楚的都不是"道"，只是它的某一面。不能认识到这一点，越以为自己掌握了宇宙真理，就越容易偏执，以偏概全，从而否定自然和社会规律，自以为是，任意创造规律，最终酿成惨痛的后果。从"道"的前提出发，人们的正确做法是尽最大努力遵循"道"，遵从规律做事。就国家而言，最重要的是发展民生和严格法治。发展经济依靠市场，惩治犯罪用监狱，让劳动生产者在市场活跃，把破坏法律规则的罪犯关在监狱，经济规律要尊重，法律制度要

---

[1] 《史记》卷54《曹相国世家》记载："孝惠帝元年，除诸侯相国法，更以参为齐丞相。参之相齐，齐七十城。天下初定，悼惠王富于春秋，参尽召长老诸生，问所以安辑百姓，如齐故[俗]诸儒以百数，言人人殊，参未知所定。闻胶西有盖公，善治黄老言，使人厚币请之。既见盖公，盖公为言治道贵清静而民自定，推此类具言之。参于是避正堂，舍盖公焉。其治要用黄老术，故相齐九年，齐国安辑，大称贤相。"

[2] 《史记》卷54《曹相国世家》记载："（惠帝二年曹）参去，属其后相曰：'以齐狱市为寄，慎勿扰也。'后相曰：'治无大于此者乎？'参曰：'不然。夫狱市者，所以并容也，今君扰之，奸人安所容也？吾是以先之。'"

维护，不要人为去扰乱它，这就是最有力的社会管理，从根本上说就是建立并维护让社会遵循其规律运行的机制。懂得遵从"道"，就不会乱作为；抓住根本，则一切顺畅，这就是悟道高人的表现——不轻言，不妄动，看似无所作为，实则紧扣要害，一顺百顺。古人用渔网的纲和目来比喻根本之道与具体事务，则可看出高人举纲，庸人治目。所以老子劝诫世人道：

> 天下多忌讳，而民弥贫；民多利器，国家滋昏；人多伎巧，奇物滋起；法令滋彰，盗贼多有。故圣人云："我无为，而民自化；我好静，而民自正；我无事，而民自富；我无欲，而民自朴。"[3]

这就是行"黄老之道"的"无为而治"，其精髓在于要真正洞察根本所在，遵循事物的规律和原理，而不人为胡来。这是理论认识到达化境者才能做到的，一般人难以企及，尤其是历代皇帝出自深宫，娇生惯养，从小享受特权，待人颐指气使，自以为是，怎懂得世间"至道"？情商、智商都不高，只能将看得见、摸得着的人为设定视为"积极进取"，甚至把扰乱社会的权术当作治理的秘籍，而将"无为而治"视为消极无用的东西，弃之如敝屣。然而历史告诉我们，中国古代第一个帝制盛世就是从"无为而治"开始的。

一位优秀的国家领导人必须牢牢把握正确的方向，重大决策犯错误的后果甚于犯罪。而且，还必须善于掌控节奏，超脱于复杂的利益冲突之上，具有洞察问题本质的静气和战略定力，在领导艺术上也做到"无为而治"。曹参在这方面表现得相当突出。他入主朝政，权力大了，各种矛盾汇集于一身，如果缺乏定力就容易被卷入其中而迷失，随着闲言碎语甚至挑拨离间起舞。曹参是怎么做的呢？他首先慎重选择官员，协助他处理政务，他选的全是拙于言辞的厚重长者，善于追逐声名政绩、办事刻薄的刀笔吏则弃而不用，这也体现了宽仁的从政风格。官场是利益交集之处，充满飞短流长，曹参除了处理政务

---

[3] 《道德经》第57章。

外一概不听，大凡有人来谈公务以外之事，他便拿出醇酒招待，喝了再说，待要开口言事时，再喝一碗，直到喝醉便送客出门，亦即不让来者有说闲话的机会。虽说相国位高权重，曹参却十分谨慎，以礼杜口，由此可以窥见帝制下官场之凶险。

不听流言，循规蹈矩，既不生事，又为避开是非经常喝酒，仿佛碌碌无为。惠帝看了着急，却因为曹参是呵护自己成长的前辈，不便直言，于是采用迂回之策，让曹参在朝廷任职的儿子曹窋回家规劝。曹窋好不容易逮到一个父亲心情好的时刻进言，不料曹参马上翻脸，把儿子捆起来暴打一顿，叫他回去老老实实工作，不要插嘴朝政。曹窋带着一身伤回去向惠帝汇报，惠帝只好亲自出马，告诉曹参是自己派曹窋劝谏的。曹参一边谢罪，一边问惠帝，咱俩同刘邦、萧何相比，谁更贤明？惠帝说我们当然比不上啦。曹参说道："陛下所言极是。高帝和萧何定天下，法令既明，我遵循守职，陛下垂拱而治，不就对了吗？"[1]

国家绝不能为做事而做事。刘邦宽政惠民的治国方向是对的，萧何制定的制度与法律是好的，那就不要胡乱生事，为了揽权或者政绩而乱改一气，而应该长期坚持。一项好的政策并不会实行了就落地生根，而需要长期的呵护与培育，才能使之深入民心，成为大家遵守的规则，起到移风易俗的作用。例如汉朝轻徭薄赋的政策推行之后，一直坚持不动摇，甚至成为后世王朝确定税率的重要标杆。好的国家治理要达到的目标是让民众安下心来，专注于做好本职工作，农民安心务农，工匠认真制作，学者埋头于文化事业，官员依法治国，这样社会才能宁静而和谐。秦朝就是因为统治者乱作为而造成全社会骚动不安，民不聊生。汉朝的国家治理一直在总结汲取秦朝失败的教训，从建国当初的"与民休息"就体现出对于秦朝治国方向的纠正。曹参看似无所事事，其实是大有作为，他用朴实的语言把道理讲透了，把治国方向提升到"黄老之道"的理论层次，让汉朝从战争废墟中迅速恢复过来，民众安居乐业，"载其清净，民以宁一"[2]。发展快并不是一路狂奔，在错误的路上回头，在正确的路上行稳，高品质的均衡发展才是快。

[1] 《史记》卷54《曹相国世家》记载："惠帝怪相国不治事……至朝时，惠帝让参曰：'与窋胡治乎？乃者我使谏君也。'参免冠谢曰：'陛下自察圣武孰与高帝？'上曰：'朕乃安敢望先帝乎！'曰：'陛下观臣能孰与萧何贤？'上曰：'君似不及也。'参曰：'陛下言之是也。且高帝与萧何定天下，法令既明，今陛下垂拱，参等守职，遵而勿失，不亦可乎？'惠帝曰：'善。君休矣！'"

[2] 《史记》卷54《曹相国世家》。

曹参以后，汉朝遵循"黄老之道"治理天下长达半个多世纪，直至汉武帝当政才出现新的转变，以儒家学说为本建构了大一统帝国的国家意识形态和文化教育体系。

第五节　国家意识形态的建立

从打天下到政权稳定走上正常轨道的转变，在于结束毁坏现存事物的思想和运动。狂热退去，代之以新的秩序和法律制度，其成熟的标志是与知识分子建立和谐共荣的关系，建立起新的文化。我曾经在叙述唐太宗治国的时候指出，统一有五个递进的层次，从最初的军事统一，依次经历制度统一、法制统一、经济统一，最后到达文化统一，而宣告完成。[3] 在其中任何一个层次停滞不前，则属于未完成的统一。

文化统一表现为民族认同与国家认同，形成共同的价值观和世界观，从而凝聚在一起。到达此阶段将出现空前的文化繁荣而宣告统一的成功。因此，每一个盛世必将以文化繁荣为标志，而且，留在后人心中的时代记忆也必定是其文化，而非强权。西周因其封建制而聚拢四面方国，初步形成"中国"格局，[4] 共尊天下共主的天子，制定了一整套礼仪规范，封建与宗法制度，构成了封建时代的文化传统，一直影响至今。秦朝以高度集权的帝制取代了西周封建制，取得了军事上的胜利，并且建立起全国划一的国家政治制度和法律，却以镇压文化来贯彻统治，其经济统一未能完成，文化统一彻底失败，除了留下秦始皇自吹自擂的巡行铭文外，并未促成民众的国家认同。秦末农民大起义的时候发生于孔子家门的事情颇为典型。

《史记·儒林列传》记载，秦始皇焚书坑儒后，"六艺"缺失，诸子百家学说遭受毁灭性打击，儒家尤甚。所以，陈胜揭竿而起之初，鲁国的儒生闻风响应，持孔氏之礼器投向陈胜，陈胜任用孔子八世孙孔甲为博士。可惜陈胜纠集的乌合之众，仅半年就失败了。孔甲没有逃跑，而是与陈胜共同赴难。孔甲代表的是秦朝知识阶层的政治态度。

---

[3] 参阅韩昇《唐太宗治国风云录》，中国方正出版社，2014年；修订后改名《盛唐格局》，中国方正出版社，2020年。

[4] "中国"一称首见于西周成王建都洛邑（洛阳）而铸造的何尊，铭文称："余其宅兹中或（国），自之乂民"。

秦朝镇压文化等于自己断送了未来，其统一的夭折与王朝的灭亡实属必然。当时各支反秦起义武装无不受到反文化的荼毒。刘邦虽然也鄙视儒生和文化，但他善于容纳各色人士，麾下收揽了不少儒生。灭项羽后，汉军包围鲁国，城中儒生竟能无惧战火，从容淡定"讲诵习礼乐，弦歌之音不绝"[1]，让刘邦赞叹不已，切身体会到文化对于稳定人心与提升社会品质的力量。故汉兴之后，废除了秦朝镇压文化的政策，重振文化教育事业，儒者可以传业授徒，里邑恢复乡饮酒礼，讲习射御，叔孙通等大儒还为汉朝制定了礼仪制度，国家和社会的秩序逐步建立起来，开始从以武平天下向以文治天下转变，国家政权趋于稳定。在此过程中，朝廷争取到知识阶层的倾力支持，使其完成了最终统一的巨大成就。统治者与知识阶层的关系是政权稳定与社会成熟的标志。

刘邦优容文化的态度，开汉朝文化建设之端，其发展的过程历历可见。惠帝时代确立的黄老治国思想，深入统治者心中，直至汉武帝时代前期的窦太后，执掌权柄者仍崇尚黄老。文帝和景帝时代侧重于国家制度与法治的建设，以稳固根基，到汉武帝真正掌权后便开始了从以黄老之道治国向以儒家学说治国的进一步发展。

从黄老之道到儒学的转变，最根本的意义在于建立国家意识形态，这是帝制扎根并成熟的表现，其后它在整个古代长期深刻地左右着人们的价值取向和思维、行为模式。

汉武帝即位时，汉朝已经埋头发展了将近70年，法制健全，经济发达，人给家足，上下府库皆满。[2]这是汉朝长期坚持以遵循社会经济规律治理国家的成果。但是也出现了新的问题，那就是老子主张尊崇人性而顺其自然，既不是消极不作为，也不是纵欲胡来，但这种深奥的道理不是一般人能够领悟的，他们需要看得见摸得着的东西。而且，社会也需要有伦理道德的规范。所以，清晰易掌握的儒家学说显现出优势来，成为汉武帝建立国家意识形态的不二之选。

汉武帝是一位敏锐察觉汉朝到了提高国家治理水平的新时代皇帝，其外御匈奴、内张儒学都是应运而生的大作为，而非基于个人的

[1] 《史记》卷121《儒林列传》。

[2] 《史记》卷30《平准书》描述汉武帝初年的汉代社会情况称："至今上即位数岁，汉兴七十余年之间，国家无事，非遇水旱之灾，民则人给家足，都鄙廪庾皆满，而府库余货财。京师之钱累巨万，贯朽而不可校。太仓之粟陈陈相因，充溢露积于外，至腐败不可食。众庶街巷有马，阡陌之间成群，而乘字牝者傧而不得聚会。守闾阎者食粱肉，为吏者长子孙，居官者以为姓号。故人人自爱而重犯法，先行义而后绌耻辱焉。"

汉武帝像 出自《三才图会》

心血来潮。

汉武帝时代的重大转变,可以从官员任用上显现其端。汉朝建立以来的官员任用,主流是从军功之臣中选拔,此基本精神一直没有大的改变,故文景时代拔擢实务官员,不重视其文化学养。[3]汉武帝执政后,发生很大的变化,招揽"方正贤良文学之士"[4]成为经常之制,以改变官吏队伍的文化水平。中国帝制时代的教育一直围绕着入仕展开,没有独立的学术,只为敲开仕宦之门。但是,开启以学入仕之途,毕竟是秦朝建立帝制以来未曾有过之事,天下学子应声响应,激起了文化勃兴的浪潮,儒家经典炙手可热,还形成了名闻天下的流派,例如《诗》有鲁国申培公、齐国辕固生和燕国韩太傅三家,《尚书》有济南伏生,《周礼》有鲁国高堂生,《春秋》有齐鲁的胡毋生、赵国的董仲舒两家,他们各自聚徒讲学,培养人才,其中不少为朝廷所吸纳。崇尚黄老之说的窦太后死后,汉武帝公开抑制黄老和刑名之学,延揽文学儒者数以百计,任用《春秋》经师公孙弘高居三公之位,封为平津侯,作为儒士竞逐的榜样。知识阶层与汉朝统治者密切结合,致力于推动文治繁荣,汉朝的盛世出现了。这个局面既是汉武帝积极推动的,也顺应了社会发展的需要。

汉朝的治国理念一直通过汲取历史经验和秦朝失败教训而不断调整,与时俱进。从黄帝历经尧舜禹夏商周的数千年间,国家治理的成功经验首先强调"敬授民时"[5],亦即遵循自然规律而动,春耕

[3] 《史记》卷121《儒林列传》称:"孝惠、吕后时,公卿皆武力有功之臣。孝文时颇征用,然孝文帝本好刑名之言。及至孝景,不任儒者,而窦太后又好黄老之术,故诸博士具官待问,未有进者。"

[4] 《史记》卷121《儒林列传》。

[5] 《史记》卷1《五帝本纪》。

第七章 汉朝:帝制的扎根与定型

夏种秋收冬藏，疏水开路，致天下之民，聚天下之货，人聚而物流则国强民富。其次，国家如何长期保持安宁呢？"何以守位曰仁，何以聚人曰财"[1]，必须实行公正、公平、厚待百姓的仁政，以及将赋税用于民生的财政政策，以财聚人，以仁治国。第三，在分配财富的时候必须严防贫富悬殊，即所谓"不患寡而患不均，不患贫而患不安"[2]。第四，社会安定富庶之后，就要高度重视伦理道德的教育和提升，从中央到地方要建立各级学校体系，富而教之，这是社会不发生重大偏差的保证。以上的认识体现在汉朝建立以来休养生息、黄老之治的政策上。

在强国富民方面，开垦田地，增殖人口，被历朝历代的统治者作为最重要的政绩予以高度重视。秦国自不例外，还依靠农战政策取得了征服六国的成就。但是，在同样的政策下，秦朝却为何迅速灭亡了呢？汉朝建立后做了许多反思，认为秦朝除了对外扩张、对内苛酷等原因外，在治国理念上也存在着根本性错误："贵诈力而贱仁谊，先富有而后礼让"[3]，亦即片面强调物质成果，只要能够成功，便可不择手段，欺诈无信，恃强凌弱，践踏仁义，为追求财富而抛弃礼让，争抢互害，急功近利，极度自私自利，丧失爱心，对别人的不幸麻木不仁甚至幸灾乐祸。以上所列都属于人伦道德的文化问题。战国以来以军事胜利为竞争目标的征服战，驱使各国统治者先后走上这条道路，其中秦国做得最为彻底，给社会带来的后果也最为严重。人之所以为人，在于超越弱肉强食的动物法则，形成相互依存的人类规则，如行为规则、伦理道德等文化自觉。中国自上古以来便演化出以家庭伦理为基础的仁义礼智信文化传统，它们维持着社会安定与发展。秦朝在文化上的失败在于用强权抹杀道德，使得整个社会重新回归丛林法则。汉朝政论家贾谊在《过秦论》中深刻地指出了这一点，痛心疾首地告诫人们只追求强权和物质利益，哪怕能在短时间内暴发最终也必定衰败，如果每个人都被物欲所吞噬，最后不是因骄奢而破败，便是在相互残害中沉沦。汉朝人的反思把国家的文化建设提升到了治国之本的高度，同时探索与帝制国家相适应的文化精神。

[1] 《汉书》卷24《食货志上》。

[2] 《论语·季氏》。

[3] 《汉书》卷24《食货志上》。

汉朝建立以来实行恢复生产、重建社会的政策是对的，富裕起来后需要高度重视文化教育，用道德和规则约束逐利的经济活动，不让它朝着恶性方向反噬社会。古人主张富而教之，春秋时代的管子善于治国，告诉人们"仓廪实，则知礼节，衣食足，则知荣辱"的道理。[4] 汉武帝时期正处于从恢复社会经济走向建设国家文化的历史关头，幸运的是汉武帝本人对儒家文化有深深的爱好，身边有应运而生的文化领导人物，使得汉朝没有一味在逐利的道路上狂奔，也没有走回秦朝暴政的思路，而是开启了文化大建设的新时代。

在此历史进程中，有两位文化领导者做出了杰出贡献，一位是被汉武帝拔擢为三公的公孙弘，一位是新儒学的创造者董仲舒。

汉武帝元朔年间（前128—前123），公孙弘在回答汉武帝制问劝学兴礼时，建议给朝廷的博士官配置弟子五十人，免其赋税，这些人由负责宗庙仪礼的太常机构从民间选拔18岁以上品行端庄者担任。同时命令地方各级官府发现爱好人文学习、敬重长老、遵守政教、和睦乡里、言行合乎所学者，推荐到所在郡国详加考察，确实优秀者则与各地选拔的博士弟子一起进入太常受业学习，一年后经过考试，通一艺以上者录用为文学掌故，优等者具名上报，擢为郎中。[5] 汉武帝采纳了公孙弘的建议，开启了学优致仕的官吏考选之路。

郎中和文学掌故分别在朝廷或者地方郡国撰写官方文书。官府文件的文风、辞章体现文化水平，其对政策的历史依据和现实需要的讲解则体现出治理的水平。它们要引导民众讲道理、尊礼义、守制度，从而提升国家治理水平，真正建成文明社会。孔子早就指出，单靠法律约束的社会，民众缺乏道德；只有道德和法律双轨并重，才会建成真正的文明社会。秦朝则提供了反面的例证：官府滥用权力动辄处罚，高压暴政下必定让社会充满戾气和刁民。在文化稀缺的古代，提升社会文化道德需要官府来领导，做出表率，而大批具有高度文化修养的人士进入官府，日积月累，将极大改变官吏队伍的素质和面貌。从汉初到武帝时代的官吏任用可以清晰地看出从军功到干吏再到文化精英的逐步提高的三个脚印。

---

[4] 黎翔凤《管子校注》卷1《牧民》，中华书局，2004年。

[5] 参阅《史记》卷121《儒林列传》。

重视国家治理和官吏素质的文化内涵，更显著的社会效应在于造成全社会崇尚文化的风气。一个思想必须成为时代潮流时才能真正引起重大的社会变革，而风潮涌起则为真正的巨人出现创造了条件。

董仲舒是广川（今河北省衡水市景县广川镇）人，以精通《春秋》而闻名，是赵国的一大家，景帝时被征召为博士，传道授业，深受弟子尊崇。武帝时以贤良对策出众而受到褒奖，出任江都相。董仲舒治学重视学以致用，虽说是儒家，却精研阴阳、五行之说，将这几家学说综合起来推演《春秋》所载的灾异，皆可吻合。他运用阴阳变化原理，以为关闭诸阳则下雨，关闭诸阴则止雨，依此行法，在其国皆得应验。于是董仲舒信心满满，撰写专著解释灾异背后的天道。当时建在辽东的高庙发生灾变，他据其理论做出解释，被同朝为官的主父偃检举告发。武帝命令诸儒一起讨论其著作，这种以阴阳推演《春秋》的附会之说，儒生从未听过，甚至连董仲舒的学生都未曾听闻，故诸儒判为下愚之妄言，当处死刑。汉武帝怜惜其才，赦免了他。经过这场劫难，董仲舒学乖了，再不敢与人谈论灾异。

董仲舒像　出自《三才图会》

董仲舒不墨守陈说，常出新意，且人品刚正廉洁，言谈举止非礼不行，潜心于学问，著书立说，居官不置田产，这都不合于官场常规，颇遭人忌。公孙弘也以治《春秋》名世，然学问不及董仲舒，便暗地里使坏，建议武帝任命董仲舒为胶西王相。胶西王是武帝的哥哥，骄奢不法，害死了好几个大官，令人谈之色变。公孙弘想借刀杀人，董仲舒心知肚明却无可奈何，只好前往赴任。俗话说一物降一物，董仲舒名望高，胶西王居然待之以礼，敬重如宾，董仲舒则以持正应对，数有匡谏，不久告病还乡，全身而退。此后居家著书，寿终于家。就其生平而言，在官场并不显赫，在学界亦未独尊，故其儒学领袖地位乃身后不断升高所致。这个演变在史书记载中也透露出来。司马迁为汉代最重要的治国儒士专门立传，有郦食其、陆贾、娄敬、叔孙通、主父偃，甚至为辞赋家司马相如单独撰写长传，却把董仲舒仅仅置于《儒林列传》之中，可知司马迁之时对董仲舒的评价尚未十分尊崇；到东汉前期班固撰写《汉书》时，已经给董仲舒单独立传，表明董仲舒身后声望日隆，被尊为汉代思想领袖。

董仲舒虽然不似公孙弘与现实政治结合紧密，却对汉朝乃至整个古代王朝意识形态贡献殊伟，其思想价值越来越被发掘出来。董仲舒学术立身之本为《春秋》公羊学。公羊学派擅长解释儒家经典的微言大义，在此过程中杂糅各种学说和自己的主张，以适应时代与社会的变迁。自古以来，以儒家经典为历史依据推行社会变革的政治人物几乎都出自公羊学派，道理就在于此。董仲舒吸收战国时代阴阳家、五行家甚至道家等诸子学说思想，还将社会上流行的谣谶灾异等糅合进来，建构了比战国时代的儒家更为庞杂的新儒学理论体系，全面阐释天地自然与社会演进的各种问题，以适应大一统国家的时代变局。

董仲舒在给汉武帝的对策中提出三代都遵循"道"，"道"令人欣然尊崇而社会不乱，反复实行而不厌，此乃治国的根本原理。"道"从何来呢？"道之大原出于天"，它原来是天意的显现，故"天不变，道亦不变"。[1] 这就给国家治理建立起了终极的政治原则。人类社会的"道"源于"天"，"天"是天地运行万事万物之本；[2] 把"天"放在至高无上的位置，并将它人格化，能够显现其意志，亦即"天意"，它耳聪目明，体察人间情感，代表光明和正义，判定是非曲直，无比正确。这些说法自先民以来毫无异议，因此很容易被吸收进理论体系之中，且为人信服，董仲舒借此完成了造神工作。

本书从一开篇就追根溯源指出从黄帝以来，我们的文化便缺乏神的存在。且不去论说神的宗教意义——其可作为绝对性的化身而成为人类最终的精神依靠。尤其当单个人面对强大的自然与集团化的人

---

[1] 《汉书》卷56《董仲舒传》。

[2] 《汉书》卷56《董仲舒传》记载，董仲舒对策称："臣闻天者群物之祖也，故遍覆包函而无所殊。"

群时，孤独无力至极，只能祈求超强能力的神的佑庇。国家形成之后，神构成了政权合法性的来源和强大支撑。在这一点上，中国因为没有神的位置，故世俗政权缺少了这根重要的精神支柱。商朝祭神问卜，力图在人之上安置神，却没能形成一套令人信服的宗教理论。西周代之以"天"，提倡"敬天保民"，却把具有神格的"天"的内涵用人伦道德替代，故周人的"天"介于抽象神与人文之间。战国时代的儒家学说更加倾向于人文方向，降低了"天"的神性。秦始皇则否定"神"，斥之为欺骗，企图以己代之，但败得很惨。此思想演变的历程成为汉代思想家反思的材料。董仲舒应该从秦的失败中看到了神的重要性，对于帝制国家而言，神更显重要。因为封建制与宗法制配套达成众多诸侯之间的权力制衡，加上同宗共祖的伦理支撑，软硬两方面都颇具力量。帝制则只有集权这一根支柱，既没有神的加持，也缺乏合法性的共识，只能靠"德"做补救。而国家的"德"最后变成政绩，常常在强国和富民两端摇摆，秦朝走强国路线而惨败，汉朝行富民之道而安定，但经济增长难以长久持续，尤其在小康之后，故政绩对于合法性的支撑颇有限度。因此，政权获得具有绝对性的神的加持极为重要。看透了这一点，董仲舒把战国以来不断被弱化乃至否定的"天"搬出来重新塑造，赋予其许多人格力量，让抽象变得具体，让民众乐于接受。幸运的是董仲舒遇到了看得懂他的汉武帝，良苦用心没有打水漂，亦未遭受迫害。

董仲舒塑造的"天"神不同以往之处在于揭示了天道的运行规律和天意的神秘预告。在这里他大胆吸收了阴阳和五行学说，论述天地运行分阴阳两面，遵循五行轮替的规则。易理自问世以来，经过千百年的阐论和运用，已经发展得非常成熟，广为社会接受。对于组成世界的基本元素的认识，世界古代文明都存在，大同小异，中国则表述为金木水火土五种，其相生或者相克的诸般运行规则，尚在不断发展过程中，但同样获得广泛认同。三者结合起来，"天"不但神圣，而且可以为人所知，人类只有遵循其规则才能生存，顺之者昌，逆之者亡。国家治理也不例外，故圣人从遵循天地运行规则提炼出国家治理的"道",[1] 这就说通了"天不变道亦不变"的道理，天地运行同国家治理的依存和从属关系打通了，仿佛任督二脉畅通周行，为"天人感应"提供了理论基础。

天地的阴阳与五行可以做原理性的阐释，泛泛而谈，却不易为一般人感受领悟，需要高人点破才能明白，并运用于现实社会。这种领悟天意的人物至关重要，由他来辅佐"天子"，必将出现宏大的治世，董仲舒就是这种人物。前面介绍其生平事迹的时候已经指出他有此专长，善解吉凶灾异之变，故其所论获得现世事迹的支持，不被视为书生荒诞之言。战国以来，方士谶纬之说流行，上至天子下至庶民皆信之不疑。秦始皇晚年谶言称"始皇帝死而地分""亡秦者胡也"等[2]，秦始皇为求逃脱劫难而出游求神，刘邦所谓赤帝下凡之身暗合东南有天子气之说等事例，随手可拾，可以为证。汉武帝信之亦笃，故同董仲舒一拍即合。

董仲舒的新儒学实际上已经改变了战国儒学的人文主义方向，这倒不是因为吸收了阴阳五行诸说，而是神学的改造。阴阳五行属于认识世界运行规律的理性分析，儒家经典《易》为其渊薮，其融入可谓丰富了儒学，从而具备更加广泛的解释性。但是，神格化的"天"与谶纬灾异之变，则明显属于非理性的东西，与先秦理性主义、合理主义正相冲突，并使之偏离乃至脱轨，以致董学兴盛之后，汉代理性思辨遭到重重阻滞而陷入谶纬深渊，政治伦理亦日益推崇反人性的道德主义而沉沦于虚伪，终致衰败。

董仲舒的高明之处在于吸收儒学人文理性及适应家族社会基础的人伦道德规范，获得知识界的认同；他在关键之处糅入反理性主义的神，亦即"天"，构成"终极真理"，补上了中国文化自始以来所缺的创世神；再用阴阳五行解释谶纬灾异，以显现神秘主义的"天意"，完成了其新儒学的创建。他用神学覆盖于理性思辨的儒家等诸子学说之上，以阴阳灾异搭建与"天"沟通的独木桥，再有了不世出的通天意的高人[3]，"天人合一"的世界便落成了，而且，它一直就是我们所在的世界，只是人们未曾认识到而已。众人听到这里恍若觉悟迷津，

---

[1] 《汉书》卷56《董仲舒传》所载其对策说："(天)建日月风雨以和之，经阴阳寒暑以成。故圣人法天而立道，亦溥爱而亡私，布德施仁以厚之，设谊立礼以导之。"

[2] 《史记》卷6《秦始皇本纪》。

[3] 领悟天意的所谓"高人"不是巫师式的预言者，而是现世的精神领袖，虽然具有某些神化的特异能力，却非巫师所能比拟。

第七章 汉朝：帝制的扎根与定型

豁然明朗，便毫无扦格地接受了他的理论。如果董仲舒进一步建构人们死后的世界，其新儒学便可再突破而成为宗教神学。但它没有达到这一境界，还属于此岸的神学。要到达彼岸，看来有待于外来宗教诸如佛教的降临。

然而，此岸的神学正符合大一统帝国的需要。帝制国家一元化的权力覆盖于全国，汉朝削平诸藩之后，深切意识到国家意识形态对于维护统一的紧迫性与重要性。在史书记载中，汉武帝不同于此前的文帝、景帝之处，在于他放弃黄老的"无为而治"，崇尚儒学，喜好辞章，向往天堂，且雄心勃勃，好大喜功，显然属于"另类"皇帝。但他在当时出现，恰好领导了汉朝七十年休养富庶后在政治上积极进取、文化上"立心"的转型。个人的性格爱好同时代需要相呼应，令他大有作为。汉武帝一生做了两件大事，一是驱逐匈奴，解除了来自北方的重大威胁；二是独尊儒术，建立了帝制国家的意识形态。两相比较，前者属于水到渠成之事，而后者则重要得多，甚至影响至今。从刘邦到汉武帝，祖孙五代皇帝近乎完美地实现了三个阶段的跨越——刘邦打天下，文景治天下，汉武成就天下，亦即我在前面指出的从军事统一，历经制度统一、法制统一、经济统一而最终达到文化统一，形成了共同礼俗与价值观的民族认同，把繁多的族群凝聚成国族"汉族"。

汉武帝从小就不是一个循规蹈矩的良家子弟，各种荒唐的事情没少做过，或许称得上劣迹斑斑。但他具有过人的洞察力和理解力，所以能够从数以百计的贤良文学对策中独具慧眼地选中董仲舒，并与之反复讨论治国之本及得失成败等问题。董仲舒新儒学中糅入的宗教性观念，非常符合王朝的需要。帝制大一统必须至高无上，不可动摇，董仲舒提出的神格化的"天"正满足了汉武帝的政治绝对性，构成了强有力的精神支撑，用绝对的"天"支持了必须绝对的政权。而且，董仲舒圆满地回应了武帝的政治需要，把皇帝立为代表"天"行使权力的"天子"，其治国所本乃源于"天"的"道"，从理论上确立了"天道"与"王道"的关系。或许董仲舒希望皇帝能够法天立道，但皇帝在心里从一开始就认为"王道"即"天道"，反正"天道"谁能说得清呢？两者一旦打通，俗世权力就穿上了袈裟而神圣化了。

董仲舒还给了汉武帝成为开山世尊的理论依据。他在对策中说"道"源自"天"，故万世都没有弊病。这就把"王道"绝对化了，符合造神的逻辑。紧接着他又说道，先王之道有偏颇或者不及之处。偏颇或者不及不就是弊病吗？一句话内自相矛盾。为什么出现抵牾呢？因为将"道"绝对化是为了把自古以来的治国原理和传统奉为至尊。可是，如此一来如何定位汉朝呢？董仲舒吸收了孔子的思想："人能弘道，非道弘人。"[1] "道"要靠人去弘扬光大，人居于积极主动的地位，这是理性的逻辑。董仲舒据此认为先王之道的偏颇或不及要靠人去纠正，这就为汉朝以及武帝留下了历史地位。怎么做呢？继承治世则延续其正道，继承乱世则纠正其偏失。汉朝继承的是秦朝乱世，所以应该改弦更张，承圣王，更立道统，改正朔，易服色，以顺天命。[2] 虽说是顺应天命，回归正道，却也是万象更新，开启帝制国家的道统，堪与尧、舜、禹及夏商周开基之主相比肩，在中国王道传承上的地位不可谓不尊，难怪汉武帝欣欣然而接受。至于儒家人文思辨与神学，亦即理性主义同绝对主义的逻辑冲突，则是用人文学说做基础建筑神学殿堂的必然。它之所以畅通无阻，在于战国以来逻辑思辨早早地被排斥而夭折。[3] 没有一以贯之的逻辑，就事论事，牵强附会，把事物割裂得支离破碎，将矛盾的东西杂糅在一起，言者和听者不加思考地接受，逐渐变得见怪不怪，习以为常。乃至衍生出用碎片化思考去否定整体性逻辑的论述，完全没有认识到就事论事的破碎思路将各个断片联系起来时所呈现的自相矛盾和混乱。每个掌权者各执一端，各视之为终极真理，奋力推行，不但造成社会管理的碎片化，还导致了政策间的冲突和紊乱。没有系统性逻辑思辨的提升，人们的思想将停

---

[1] 《论语·卫灵公》。

[2] 《汉书》卷56《董仲舒传》收录董仲舒对策说道："臣闻夫乐而不乱，复而不厌者谓之道；道者万世亡弊，弊者道之失也。先王之道必有偏而不起之处，故政有眊而不行，举其偏者以补其弊而已矣。三王之道所祖不同，非其相反，将以救溢扶衰，所遭之变然也。故孔子曰：'亡为而治者，其舜虖！'改正朔，易服色，以顺天命而已；其余尽循尧道，何更为哉！故王者有改制之名，亡变道之实。然夏上忠，殷上敬，周上文者，所继之救，当用此也。孔子曰：'殷因于夏礼，所损益可知也；周因于殷礼，所损益可知也；其或继周者，虽百世可知也。'此言百王之用，以此三者矣。夏因于虞，而独不言所损益者，其道如一而所上同也。道之大原出于天，天不变，道亦不变，是以禹继舜，舜继尧，三圣相受而守一道，亡救弊之政也，故不言其所损益也。繇是观之，继治世者其道同，继乱世者其道变。今汉继大乱之后，若宜少损周之文致，用夏之忠者。"

[3] 诸如公孙龙子"白马非马"这类颇具逻辑思辨的学派，被斥为"诡辩"而无法展开，迅速湮灭。

留在感性的直觉上，容易被迷惑而以众为归依。

"王道"的社会必须依据事物的属性与运行规律才能治理得好。那么，人类社会的属性是什么呢？董仲舒采用阴阳学说来定性，说上为阳，下为阴，君、父、夫为阳，臣、子、妻为阴，他们之间的对应关系如同五行运转，臣事君如同地事天，子事父如同土事火，应该阴顺于阳，倒过来便是以下犯上。[1] 他把解释自然的阴阳五行学说转用于人类社会，奠定了"天人合一"社会理论的根基，这对于孔子及先秦儒家的思想有关键性篡改。孔子认为人际关系是相对的，例如"君使臣以礼，臣事君以忠"，[2]《礼记·礼运》归纳为"父慈、子孝；兄良、弟弟（悌）；夫义、妇听；长惠、幼顺；君仁、臣忠"，此称为"人义"。从相对主义的立场阐述人伦关系乃先秦儒家的相同之处，《孟子·离娄下》也说："君之视臣如手足，则臣视君如腹心；君之视臣如犬马，则臣视君如国人；君之视臣如土芥，则臣视君如寇仇。"董仲舒则采用绝对主义的立场，固化君父夫的强势地位，强化等级伦理，以符合集权体制的需要。汉朝沿着他的学说形成了"君为臣纲，父为子纲，夫为妇纲"的三纲。[3]

古代国家伦理为什么必须采用儒家学说呢？法家调动人性之恶为动力猎取即时性的胜利，因不择手段，而无法持续，这已经由秦朝的失败得到证明。道家适用于开悟之人以自律去遵循自然法则，遇到未臻此境界的芸芸众生，则失去必要的社会约束。儒家通过仁爱和睦群体使之安居乐业，用礼仪规范社会使之井然有序，在中国诸子学说中最适合用于国家治理。只要补上"天"的神圣性、"道"的正统性以强化统治者不可更易的地位，即可建构成为国家意识形态。而且，儒家伦理道德是从中国以家族为核心的农业社会中提炼出来的，易于获得民众广泛的认同与接受。董仲舒从儒家礼仪文化中提炼出"仁、谊、礼、知、信"五个方面，首次将它称作"五常"，[4] 构成新的文化核心与社会规范。三纲构成权力纵向贯彻的经，五常则为横向联系的纬，以此编织成了一张国家文化的大网。

董仲舒的纲常说法有利于建构等级制的集权社会。近代人的解

[1] 苏舆撰《春秋繁露义证》之《王道通三》，中华书局，1992年。

[2]《论语·八佾》。

[3] 东汉班固所撰《白虎通》已经列出"三纲"，其以阴阳五行论述人伦关系，本于董仲舒的学说。

[4]《汉书》卷56《董仲舒传》所载其"贤良三策"中说道："夫仁谊礼知信五常之道，王者所当修饬也；五者修饬，故受天之佑，而享鬼神之灵，德施于方外，延及群生也。"

放，在社会意义上是从森严的身份等级中破除桎梏，强调人在身份、法律、职业、人格尊严等方面的平等，包括人在国家制度面前的平等，把社会的纵向关系朝着横向关系化解重构。然而，对于帝制国家而言，需要的是通过纵向的等级制度来建立稳固的特权体制，使得人与人之间只有上尊下卑的顺从，而不支持以下犯上的行为。因此，尊卑等级是统治意识形态的刚性骨架，不可动摇。

权力高度集中于皇帝手中，将产生新的严重问题。就历史观察，无论是夏商周天子，还是诸侯国君，昏君暴君荒诞者居多，杰出者无几。如果把整个古代的国君天子全部进行统计，恐怕更有甚之。权力越大的人对国家政权造成的破坏也越大，而特权家族后嗣乏善，这将对整个统治体制造成巨大的危机。怎么办呢？董仲舒的理论体系是神化圣王和维护集权，因此不可能形成自下而上乃至平行的权力制约思想，他只能求助，神通过自上而下的规劝来弥补。在这个层面，他采用的是儒家以仁义为本的理论。

董仲舒认为天和人一样有喜怒哀乐，故"仁，天心"[5]。天有感情，那就是对万物的涵育和对人类的悲悯，儒家总是讲上天有好生之德[6]，所以，见到人主做得好、行得正，便风调雨顺，予以褒奖。如果做得不好，视程度与性质降下不同的天灾，向人间示警。这一点吸收了自古以来视灾害为人祸的说法，为社会广泛认同，所以古代君主遇到灾荒就要躬自反省。董仲舒借用到他的理论体系中，结合天有阴阳、四时、五行的属性与运行法则，[7]完成了"天人合一"的学说。

君主法天施政，遵循天道则天下大治，逆天而动则天下大乱。所以，君主不是拥有了权力便可以肆意妄为，而必须克己修身，让自己的言行符合天道，喜怒必须依据道义而发[8]，天下治乱的根源在于人主的施政。[9]这些论述明显是借天的威力规劝人君不要作恶。而且，他还从秦朝覆灭的历史教训方面论述人君作恶的后果，试图强化劝导的力道。苦口婆心的劝诫反映出董仲舒甚至是儒家学说的政治困境与内在矛盾。神化天道圣王作为新儒学的核心支柱，讲的是绝对化的逻辑。但是，历史反复证明不受制约的权力必定为恶。要绝对化权力，

---

[5] 《春秋繁露义证》之《俞序》。此外，在同书《阴阳义》说道："天亦有喜怒之气，哀乐之心，与人相副。"

[6] 《春秋繁露义证》之《王道通三》说道："天覆育万物，既化而生之，有养而成之。"

[7] 《春秋繁露义证》之《五刑相生》说道："天地之气，合而为一，分为阴阳，判为四时，列为五行……故为治，逆之则乱，顺之则治。"

[8] 《春秋繁露义证》之《阴阳义》说道："与天同者大治，与天异者大乱。故为人主之道，莫用在身之与天同者而用之，使喜怒必当义而出，如寒暑之必当其时乃发也。"

[9] 《汉书》卷56《董仲舒传》所载其"贤良三策"中说道："故治乱废兴在于己，非天降命不可得反……废德教而任刑罚。刑罚不中，则生邪气；邪气积于下，怨恶畜于上。上下不和，则阴阳缪戾而妖孽生矣。此灾异所缘而起也。"

又要限制权力作恶，内在逻辑正相冲突，如何做得到呢？董仲舒利用高于人君的天来规劝人君，同时也借用了儒家一贯提倡的修身养性方法。无论是先秦儒家还是董仲舒，他们讲的修身积德都是针对人君与统治阶层的，但实际效力如何呢？徐复观《两汉思想史》指出，在董仲舒的学说中，被人君坚决采用的是神化圣王的绝对化逻辑，完全被弃置不用的是"仁"的说教。[1] 统治者都非常实用，只取所需，其余弃之如敝屣。儒生则在被自己神圣化的巨大权力面前显得渺小而无力，甚至被嘲弄和碾压。企图用"天"或者历史教训来制约绝对权力，基本无效。

董仲舒启用阴阳五行解释儒家经典，却引出意想不到的后果。阴阳互动，五行循环，既可转化，又可以正反逆转，五行相生为一种转动，五行相克又成另一种转向，因此导出众说纷纭的天意解释，随意性极大，装神弄鬼以吸引广大无知的信众，于是董仲舒之后谶纬更加盛行，用阴阳五行解释儒经成为风尚，牵强附会之说纷纷泛起，各种怪力乱神粉墨登场，撰著众多的"纬书"，到东汉更是一发不可收拾。绝对化走到极盛，画下的道德之饼巨大，而东汉的统治又因为外戚和宦官轮流坐庄而一路腐败下去，遂造成高尚的道德追求与沉沦的统治现实的激烈冲突，最终因"党锢之祸"而信仰崩溃，社稷倾覆，陷入中国古代历史中最漫长的分裂。

[1] 徐复观著《两汉思想史》第二卷，华东师范大学出版社，2001年。

下编

空间轴线上的自然与社会

只有在每一个截面上才能看清时间包含的内容。每个截面并不等值,通过一个个截面,人们才能看到似乎杂乱无章的事物之间的普遍联系性,看出主次轻重。我们把这个截面称作『空间』,时间则是空间的叠加。

第八章　历史地理与风土人情

第一节　九州攸同

中国是在不同历史阶段渐次形成的，国土的核心框架形成于禹至夏商，此为地域中国；民本主义的政治文化传统形成于周代，它开启了以文化为标准的民族融合历程，遂由多元构建了一体性的"国族"，至汉朝定型为"汉族"，此为民族中国；其后出现了更大范围的民族融合而形成空前盛大的唐朝，它汇聚世界精华，造就文化大繁荣，此为文化中国。要了解数千年文明积累之丰厚，不仅要随历史长河追踪其成长的经历，还必须从一个个截面观察机理的构成，领悟深刻的内涵。

在地域中国形成过程中，禹成为第一座丰碑。《史记》记述了黄帝以来的五帝世系：黄帝为有熊氏，颛顼为高阳氏，喾为高辛氏，尧为陶唐氏，舜为有虞氏。至禹而别氏，此后夏、商、周三代分别以姒、子、姬为姓。由此传承亦可看出，禹别开生面，是一个时代的开启者。数千年民间口碑中，人们赞颂大禹治水，治水几乎成为其象征。然而，在司马迁眼里，禹的功绩远胜于此。是他让九州融为一体，光大了尧舜的事业，以高贵的仁德聚合起周边各族，构成华夏大家族。[1]由此可见民间的看法和历史学家的认识有很大的落差，老百姓更加重视具体业绩，而历史学家则非常重视其背后的意义和长远影响。在有深刻见识的历史学家看来，治水的成就再大也只是技术性、

---

[1]《史记》卷130《太史公自序》说："维禹之功，九州攸同，光唐虞际，德流苗裔。"

功利性的，属于"术"的层面；更加重要的是事情背后的意义是否具有本质性、原理性，是否可以作为基本原则遵循的"道"。

如果拿禹之治水同其父鲧的治水做比较，或许能够理解得更清楚。鲧治水为何失败呢？是因为他采取了堵的办法，结果堤坝崩溃了，祸害巨大。由此可知就水治水（就事论事）的功效，仅限于摆平眼前问题，属于"术"的层面，如果不能发现并遵循客观规律，往往只是把问题推到后面，眼下仿佛解决了，却后患无穷。禹的成功在于通过疏导的方法，顺势利导，把河水引到海里。由此可以总结出治水的根本道理，那就是水必须导而不能堵。这样的话，就必须从整体上进行规划，突破以前小部落、小区域限制，把各个部族打通，联合起来，彻底地掌握山川地理形势，控制从江河源头到出海口的广大区域，才能有效进行治理。这属于"道"的层面。凡人重术看热闹，高人重道看门道。一个人注重什么，就知道他的领悟力在什么境界与层级。从治水推而广之，发现治国也是同一个道理，要遵循社会经济发展的规律，顺应民心，让各行各业按照自身规则运行起来，这样才能使社会呈现出勃勃生机。无论是与自然社会相生共处，还是管理人类社会，都必须致力于发现其运行的法则，遵循其"道"，如此方能和谐顺畅，长治久安。大禹通过治水领悟到国家社会的治理之"道"，奠定了此后治国理政的基本方向与原则。

因为是在谋划全局的大格局下进行治水，看透了治水背后的根本原理，禹进行了历史上第一次山川地理的大规划、大勘察、大治理，其结果不但是江河得到了治理，而且使山脉通行、江河疏浚、湖泽治理、四海一家，四境皆可安居，中国的文化因此传播四方，实现了"九州攸同"。[1]

治水把各地多起源的原始部族联系起来，同时还因为观察山川走势而懂得了地理风水，顺其自然形成了中国各个区块的划分。每个区块的自然环境不同，造成的人文亦不相同，它们各自在大中国的格局中起到了不同的作用。要把偌大一个中国整合在一起，首先必须对各地自然形势及其人文有深刻的了解。从世界古代史来看，不同地理区

[1] 《史记》卷2《夏本纪》记载："于是九州攸同，四奥既居，九山刊旅，九川涤原，九泽既陂，四海会同……东渐于海，西被于流沙，朔、南暨：声教讫于四海。于是帝锡禹玄圭，以告成功于天下。天下于是大平治。"

块内形成的族群往往各自立国，而中国却能在远古将不同区块的族群整合在一起，颇为罕见。

在上古时代，中国的发展主要沿着三条大河展开。北面是黄河，中部是淮河，南面是长江。水的流向是由地势决定的，那就要讲到山。古人主要活动的区域，大致上北面从燕山山脉到阴山山脉以南，南面从武夷山脉到南岭以北。中部的太行山分割东西，东面是绿油油的华北大平原，西面是延伸到中亚的黄土高原。秦岭和淮河分割南北，长江以南是丘陵水网地带。山决定水的走向，水把各个片区联系在一起，而季风带来水分，决定着年降雨量，也就决定了农耕与畜牧的分野。例如中国主要区域的年降水量为400毫米，适合农耕，而低于这个降水量的地方则成为畜牧区。古人讲风水，其道理源自山川风土所决定的自然环境与自然规则。上面讲的就是中国风水的基本格局。认识中国，如果不懂得山川风土、地理形态，便属于空谈。

禹就是根据自然风水来把握中国的。我们先沿着他治水的足迹走一遍中国。《史记·夏本纪》记载，禹是从冀州起步开启他的宏伟事业的。

1. 冀州。得名于古冀国（今山西河津市冀亭）。相当于今日山西全省，河北省的西部、北部，河南省北部，辽宁省西部。土壤泛白，肥瘠度属于第五等，税赋属于第一等，部分地区属于第二等。

2. 兖州。相当于今日山东省西部、河北省东南部、河南省东北隅。黑土，土地肥瘠度属于第六等，税赋属于第九等。

3. 青州。相当于今日山东省中部、东部，土壤灰白，土地肥瘠度属于第三等，税赋属于第四等。

4. 徐州。相当于今日山东省南部、江苏省北部、安徽省北部。棕壤黏土，土地肥瘠度属于第二等，税赋属于第五等。

5. 扬州。相当于今日浙江、江西、福建省及江苏、安徽、河南省南部，湖北省东部，广东省北部。潮湿泥地，土地肥瘠度属于第九等，税赋属于第七等。

6. 荆州。相当于今日湖北省中南部、湖南省中北部、四川和贵州的一部分。潮湿泥地，土地肥瘠度属于第八等，税赋属于第三等。

中国地势图

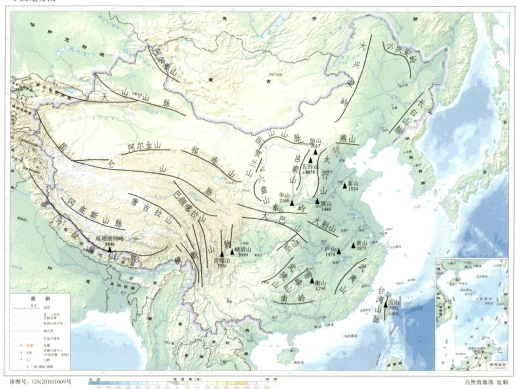

中国山川地图

7. 豫州。相当于今日河南省黄河以南部分、湖北省北部、山东省西南隅及安徽省西北部。表层黄土，下层为黑色硬土，土地肥瘠度属于第四等，税赋属于第二等。

8. 梁州。相当于今日四川省东部和陕西、甘肃省南部。青黑沃土，土地肥瘠度属于第七等，税赋属于第八等。

9. 雍州。相当于今日陕西省中部、北部和甘肃省大部。黄色泥土，土地肥瘠度属于第一等，税赋属于第六等。

这是按顺时针方向把中国走一圈，划分出九州来。中国又称"九州"，根据就在于此。如此广大的区域，在禹之前从未有过。禹通过治水活动，大大拓展了中国疆域，这个新出现的"东渐于海，西被于流沙，朔、南暨：声教讫于四海"的泱泱大国[1]，构成了古代中国的基本区域。

[1] 《史记》卷2《夏本纪》。

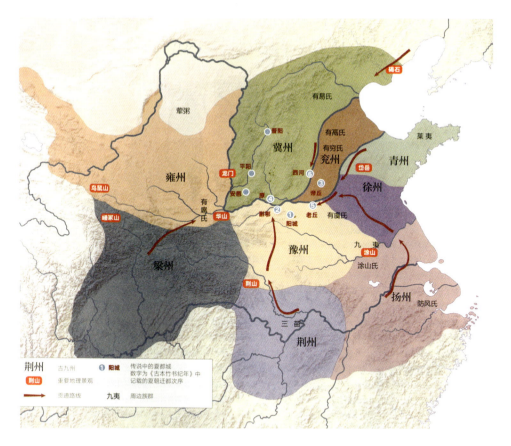

禹贡九州示意图，据《中华文明地图》

禹距今约4000年，在那么遥远的时代建立如此辽阔的国家，世界史上绝无仅有。司马迁根据什么记述了这段历史呢？他基本采用了《尚书·禹贡》的文字，只是稍加修改而已，这表明他认同《禹贡》的记载。

关于《尚书》记述的时代，甚至其真伪，汉代以来就争论不休。现代学者顾颉刚以从文献考订到历史传说形成过程的综合研究，辨析《尚书》各篇，分组归类，推断其成文的年代。[2] 据其研究，《禹贡》形成于战国至秦汉时代。此推论的年代或许过晚，因为新出现的西周中期的《燹公盨铭文》与《禹贡》文辞甚近，[3] 那么，"九州"所反映的应该是周朝以来的疆域，难以断定禹时代已经有了"九州"的划分。当然，西周的疆域并非骤然而成，乃禹治水以后逐步开发成熟的，故可理解为禹肇始其端。《史记》从尧到周的记述，不少采自

[2] 顾颉刚《尚书研究》(1932)、《尚书辨》(1933)，景山书社出版；收入《顾颉刚全集》，中华书局，2010年。

[3] 参阅裘锡圭《中国出土古文献十讲》第二讲，复旦大学出版社，2004年。

第八章　历史地理与风土人情

遂公盨内底铭文
目前所知中国最早的关于大禹及德治的文献记录。遂公盨现藏北京保利艺术博物馆

《尚书》，司马迁对于《尚书》真伪及其叙事年代必有辨析。夏人活动的范围比较广，曾经建立八处都邑，分别在今陕西、山西、河北、河南、山东地区[1]，故采用"九州"说有一定的合理性。

"九州"的记载是文献所见最初的国情调查，这里根据《禹贡》所述山川地理形势，按照九州加以考察。

[1] 参阅丁山《古代神话与民族》，商务印书馆，2005年。

北方（黄河流域，含黄淮流域）有四州：

冀州：河北平原、山西高原及辽河平原。　　田五等，税赋一等

兖州：黄河与济水之间。　　田六等，税赋九等

青州：山东半岛。黄河以南，泰山以东。　　田三等，税赋四等

雍州：甘肃、青海、宁夏、内蒙古西北部地区。　　田一等，税赋六等

中部（淮河流域）有二州：

徐州：河淮平原。泰山以南，淮河以北。　　田二等，税赋五等

豫州：荆山以北，黄河以南的中原地区。　　田四等，税赋二等

南方（长江流域）有三州：

扬州：淮河以南，长江下游及岭南地区。　　　　　田九等，税赋七等
荆州：湖北以及长江中游。　　　　　　　　　　　田八等，税赋三等
梁州：陕西、秦岭以南与四川盆地。　　　　　　　田七等，税赋八等

这样一排列可以看得很清楚，夏商两代主要在冀州、豫州、徐州活动，加上周代的雍州，这四个州构成上古中国的中心区域，属于土地最为肥沃的地域，实际上是河川田地整治得最好的地方，承担主要的税赋。

中心区域对于全国性政权，尤其是帝制王朝，至关重要。中心区域的构成要具备地理、经济、人员、文化四大要素。在地理方面，应具有比较完整的山川形势，山环水绕，其最佳者莫过于关中，它四面环山，三面环水，进可攻，退可守。如本章将展开叙述的，对于疆域辽阔的中国而言，中心区域还必须包括相当宽阔的腹地。在整个中国古代，前2000年的中心区域在以咸阳、长安为中心的关中地区，后1000年的中心区域在以北京为中心的华北区域，详见后述。经济方面，中心区域的开发成熟度、经济总量都应具有优势，据司马迁所述，西汉时代关中地区拥有天下6/10的财富。[2]人员方面包括众多的人口，还必须拥有大批精英人才。经济发达会吸附四方人口，教育发达才能培育优秀人才。受教育人才在人口中的占比，决定着人口的质量。文化方面表现为文化的宽容度、学术的自由度，能形成百花齐放、百家争鸣的繁荣局面。例如齐国统治者洞察到大国竞争的核心是人才竞争，故于都城大办学宫，形成名动天下的"稷下学"，延揽各国文化精英，如孟子、荀子、淳于髡、邹衍、田骈、慎到、申不害等大家，汇聚道、儒、法、名、兵、农、阴阳、轻重诸家，蔚为大观，将齐国推向繁荣强盛。四个方面综合而成的中心区域，对其他区域拥有明显的优势，从而在各个方面支撑了中央王朝，并据以控制着其他区域。[3]中央王朝选择中心区域作为都城所在之地，又赋予其政治中心的地位。即使上古时代屡见迁都之事，例如商朝，但其迁移范围仍在中心区域之内。

夏商周三代的中心区域基本位于北方，清楚表明南方开发的落

---

[2] 《史记》卷129《货殖列传》说："故关中之地，于天下三分之一，而人众不过什三；然量其富，什居其六。"

[3] 中心区域的概念受到冀朝鼎《中国历史上的基本经济区与水利事业的发展》（朱诗鳌译，中国社会科学出版社，1981年）的启发。冀朝鼎提出"基本经济区"的概念，指出："其农业生产条件与运输设施，对于提供贡纳谷物来说，比其他地区要优越得多，以致不管是哪一集团，只要控制了这一地区，它就有可能征服与统一全中国。这样的一种地区，就是我们所要说的'基本经济区'。"基本经济区仅表达了区域经济优势的要素，实际上地理形势乃首选，从刘邦君臣关于定都何处的讨论便可知晓。而且，古代经常出现经济中心与政治中心的脱节，如东汉以后基本经济区在华北，而隋唐仍然维持关中为中心区域；宋代以后基本经济区在江南，且比重日增，但中心区域仍在华北。由此可知中心区域并不完全由经济决定。

后，北方对于南方具有压倒性的优势。

有了扎实的国情调查，治水的重点区域和各地的治理对策就容易制定了。

禹将各州的河流导入黄河、淮河和长江，再疏通三大河流入海。根据地势，筑陂治湖，蓄水灌溉，发展生产。治水必须通道路，使东西贯通，南北交接。治水和修路让以前不宜居住的地方被开辟出来，促进了各地的开发，使得九州连通，形成各地纳贡、四海来会的局面。此盛况不仅见于《史记》，在新发现的青铜器铭文及战国竹简中均有记载。《燹公盨铭文》说上天命令禹整治土地，削平山岗，疏浚河流，区划分类，设五行之官管理。[1]从楚简《容成氏》来看，禹治水的成就不仅在于疏通河流，让九州减少水患，还在于"敷土"，即把土壤开发出来，成为可以居住与生产之地[2]。治水的结果是许多土地被开辟出来，这大大拓展了华夏的疆域，各地之间的联系更加紧密，促进了更大规模的民族融合，无怪乎古人称中国为"禹域"。

治水与敷土，把各地区紧密联系起来，构成了更加广大的华夏地区。然而，问题也就随之而来，因为这个区域实在太大了，各地的差异超乎想象，试图用某一地区的标准去管理各地，必定造成灾难性后果，必须将它细分成一个个更小的区块才能实施良好的治理。

相对独立的区块是根据什么来划分的呢？显然不是人为分割的，因为只要是人为的东西，就可以人为地改变，必然有很大的随意性，难以持久。这个划分必须以合理且稳定的要素为根据。这就是自然条件，它主要由山和水的走势来决定。古人将这方面的道理归纳为"风水"的学问，实际上就是自然环境造就风俗民情，进而影响人们的生命、生活、居住和生产等方面的知识。古人驾驭自然的手段落后，因此更加强调对于天文地理的观测并力图与之协调。前述尧的主要功绩之一是观测天时，制定历法；而禹则是治理水患，开辟疆土。一个顺天时，一个得地利，都是在调适与大自然的关系。他们成功的经验告诫后人，办事一定要顺应三大要素，那就是天时、地利、人和，也就是顺应自然与社会的规则。顺之而动就事半功倍，诸事畅通；逆之而

[1]
《燹公盨铭文》释文："天命禹敷土，堕山浚川，乃畴方设正，降民监德"。其论考见裘锡圭《中国出土古文献十讲》第二讲，复旦大学出版社，2004年。

[2]
战国楚简《容成氏》记载："禹亲执畚（畚）耜，以陂明都之泽，决九河之□（阻），于是乎夹州、徐州始可处也。禹通淮与沂，东注之海，于是乎竞州、莒州始可处也。禹乃通蒌与易，东注之海，于是乎□州始可处也。与乃通三江五湖，东注之海，于是乎荆州、扬州始可处也。禹乃通伊、洛，并瀍（瀍）、涧，东注之河，于是乎豫州始可处也。禹乃通泾与渭，北注之河，于是乎□州始可处也。"收录于《上海博物馆藏战国楚竹书》（二），上海古籍出版社，2002年。禹所通者九州，与通说同，唯州名有异。参阅陈伟《竹书〈容成氏〉所见的九州》，载《中国史研究》2003年第3期。

东汉十三州图　李晶绘

动则事倍功半，命运多舛。九州的区划就是根据这个道理，其稳定的决定性因素是黄河、淮河和长江三条大河，以及阴山、秦岭、太行山等主要山脉。山和水结合，形成了一片片相对独立的区块，成为划分九州的依据。按照古人的说法，就是由风水决定的。

九州是上古时代对于中国地域比较粗略的划分，反映出开发水平的低下。随着人口的增加和生产力水平的提高，更加精细的划分必然出现。西汉从冀州分出并州和幽州，从雍州分出凉州，从扬州分出交州，成为十三州。

并州主要包括今山西省，东西恰好是两大山脉，东面太行山，西面吕梁山。幽州处于辽河流域东北平原。凉州处于河西堆积平原。交州在岭南，包括今广东、广西和越南北部、中部。新设的州也都是根据自然地形构成的比较独立的区块。十三州的划分要比九州精细一些了，而且，越往后划分得越细致合理。

在自然区划内生活的人群，会形成相对独立的风俗民情，这便是自然对于人文的影响。在同一个区域内，人们的生活样式和习俗礼

第八章　历史地理与风土人情　　477

节，乃至价值观会逐渐趋同，自然区域遂转变为文化区域。一旦形成文化区域，便具有了排外性，从而出现不同区域之间的相互歧视，大则如关中与山东，小则如齐鲁之间。充分了解各个区域的自然与文化特点，无论是对生活、生产，还是治国理政，都至关重要。

司马迁自己走了中国的大部分地区，所以，对区域文化有亲身的了解。结合书本上的知识，他没有按照当时的十三州区划，而是根据自然文化区域的实际情况对中国重新进行更加细致的划分，并做了生动的介绍。从历史地理的角度，借助司马迁的考察，下文将分析介绍各个地区。只有了解了各个区域的状态，才能够真正理解中国，读懂中国历史文化。

第二节　得关中者王天下

对历史进行起源性的追溯，中国上古时代的中心区域应该在今山西、河南一带，也就是汉代所称的河东、河内和河南的三河地区。但是，后起的周文化一直影响着其后的中国，而且，从西周到唐朝，最主要的王朝建都于关中的长安，所以，中国古代的前半段，其中心区域在关中地区。为什么该时期各大王朝要定都于此呢？

关中地区从地形地势而言属上上之地。其南面有东西走向的秦岭山脉，陕西境内的秦岭东段，海拔在1500—2600米，北岳华山号称"奇险天下第一山"。通往中原的崤山，秦人在其北麓谷中修建了函谷关，谷道仅容一车通行，深险如函，故称函谷关。函谷关西据高原，东临绝涧，南接秦岭，北塞黄河，扼住咸阳到长安的咽喉，易守难攻，守住这里，中原的势力便难以进入关中。当年楚怀王曾经率六国联军叩关，被秦军打得"伏尸百万，流血漂橹"。[1]由此往北，与河南省三门峡市及山西省运城、临汾和吕梁地区隔着黄河相望，东岸有中条山和吕梁山，它们连成完整的自然屏障。继续北行，出陕北，便是区分草原与农耕地区的阴山山脉，它构成北面坚固的天然防线。从这里折向西面南下，贺兰山与六盘山相连，把整个西面严严实实地挡

[1] 贾谊《过秦论》。

住,并与秦岭相接。发源于青海巴颜喀拉山支脉的黄河,沿着贺兰山北上至阴山,折向东流,至河口镇南下,顺着吕梁山脉直到潼关,出晋陕峡谷,转而向东,穿过华北大地,奔流入海。黄河从西、北、东三面如马鞍形环抱关中地区,而秦岭、六盘山、贺兰山、阴山和吕梁山脉将它紧紧包裹起来,一条大河,四面环山,这么完整的区域天下无双。

进出关中的主要通道,有四座雄关把守,东汉所建之潼关,取代了前面介绍的函谷关,为关中东大门,地处黄河渡口,位居晋、陕、豫三省要冲,扼长安至洛阳驿道的要冲,素称"第一关"。武关为关中的南大门,北面依靠险峻的少习山,其余三面直临河谷绝涧,山环水绕,险阻天成。刘邦从这里入关推翻秦朝。散关为关中的西大门,地处大散岭上,此处山势险峻,层峦叠嶂,它卡住了秦岭咽喉,控扼川陕交通。韩信明修栈道,暗渡陈仓,就是从这里挺进关中的。萧关为关中的北大门,在六盘山口依险而立,深谷险阻,扼守自泾河方向进入关中的通道,成为抵御西北游牧民族进犯的前哨。进出关中之路崎岖狭隘,构成关中易守难攻的有利地势。

在中国古代,这种具有封闭性的区域往往是重要的文明据点。如果包裹的地区较小,则为大家族崛起并盘踞之地;如果包裹的地区足够大,便成国家兴起之地。关中地域广阔,从汧、雍二县以东至黄河、华山,膏壤沃野方圆千里,号称"八百里秦川",其中心地长安,有八条河水绕行,风调雨顺,得天独厚,关中足可撑起一大国家。从夏代以来都把这里作为上上之地,开辟成最为富庶的农业地区,西周在这里崛起,秦国在这里壮大,汉朝在这里定都,长期的中心都城传统造成百姓有先王遗风,重视田产,勤于耕作。农业生产决定了定居的生活形态、有序的乡村共同体,以及互助合作的人际关系,物产富饶使人民安居乐业,此地域民风敦厚,把邪门坏事看得很严重。

关中同时又是西北和西南的交通要道,出萧关西去,经过河西走廊可通往中亚。西部各族同关中的往来十分频繁,深受其影响,天水、陇西、北地和上郡地区和关中风俗相同,其西面有羌中的地利,

关中地形图
李晶绘

关中四关图
李晶绘

北面有戎狄的牲畜，畜牧业居天下首位。

走散关南下，进入巴蜀之地。该地区南面要从激流险滩的三峡出长江，山高谷深，常常船毁人亡，难以通过，故人们更多从北面出关中。虽然金牛道、米仓道和荔枝道山路崎岖，蜿蜒曲折，但通行可靠性高得多。交通的原因让蜀地依靠着关中。所以，司马迁把巴蜀划到关中区块里。以成都为中心的蜀地，一片沃野，盛产栀子、生姜、朱砂、石材、铜、铁和竹木类器具。而且，从这里还可以进一步通往云贵高原，可以提供马、牦牛和人力资源。大西南成为关中地区的后方依托。

陇西和巴蜀的人员物资源源不断地流向关中，四方荟萃，使该地商业发达，特别是骑马的行商长途贩卖东西方的商品，联通世界，关中又成为中国最重要也是人员往来最频繁的东西交流之地。司马迁评价道：关中之地占天下1/3，人口不过3/10，但是，这里的财富却占天下6/10。

了解了关中地区的历史、地理、经济和文化等方面，就懂得了为什么从西周到唐朝，中国强盛王朝都定都于长安。此地环山带水，固若金汤，幅员广阔，安全富庶，进可攻，退可守，故有"得关中者王天下"之说。

第三节　鼎立中原

从中国历史起源看，今日的山西、河南地区兴盛得很早。山西省临汾市陶寺遗址的发掘，用确凿实物证据验证了历史文献的记载，让很多考古学者推测这里是尧舜都城所在之地。

陶寺遗址位于山西省襄汾县陶寺村南，1978年以来，考古工作者在这里发掘了一千多座墓葬，其中包括九座大贵族墓，确定了陶寺文化中期城址，呈圆角长方形，东西长1800米，南北宽1500米，总面积达280万平方米，属于中原地区龙山文化遗址中规模最大者。其东北部发现宫城城墙，呈长方形，东西长约470米，南北宽约270米，面积近13万平方米。陶寺遗址出土了许多青铜器物，如鼎、豆、鉴、壶等，青铜制作的乐器铜镈、铜钮钟等。还发现了扁壶残片上的文字，把中国文字出现的年代从商代的殷墟向前推进了七八百年。城墙、青铜器、乐器、文字组合在一起，构成了古代国家的基本要素。而且，陶寺遗址还出土了玉器、彩陶礼器等，表明当时已经出现了巫文化和祖宗崇拜。显而易见，陶寺文化已经进入文明阶段。

在陶寺遗址发现的情况，同《史记·货殖列传》中关于三河地区历史文化的记载相吻合。

自古以来，自然区域基本依据山川河流区隔而成。所谓三河地区，指的是河东、河内与河南三地。将陕西与山西区隔开的黄河，在内蒙古河口地区掉头，由北往南而下。这里是高山峡谷地带，河床变狭，河水被约束其中，到达龙门时河床变宽，被挤压的河水内蓄之力骤然迸发，咆哮奔腾而下，冲向峡谷尽头的龙门口，撞在峭壁上荡起凌空雪浪，翻转回旋后，再掀怒涛，形成龙门三激浪的雄壮景观。游人赞叹的壶口瀑布便在此地。再往前到达潼关，黄河恢复东流，朝东北方向滚滚而去。以此为界，黄河东面直到太行山地区，称为河东，大致相当于今日山西省。黄河南边为河南，大致相当于今日河南省。黄河以北，太行山东南到卫河这片地区称为河内，在今日河南省西北部。河东与河内，以太行山为界，河内与河南以黄河为界。

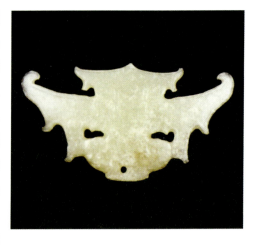

玉冠，陶寺遗址出土

三河地区是典型的"风水宝地"，是华夏文明的发源之地和成长的摇篮，它们合起来便称作"中原"，被视为中心之地，"中国"由此而得名。如果以都城所处的位置来看，中国古代历史可以分为前后两大段，前段在黄土高原，后段在华北平原。从黄帝直到北宋，都城中心区域都在长安、洛阳为主的关中——三河地区内，安阳、开封都处在这条线上。北宋以后，中国的政治、经济和文化中心完全东移，都城也找到了新处所，那就是北京，从元朝以后基本定都于此。

河东是理解北方中国最关键之处，其地形十分特殊，东西两面由两道南北向的山脉组成，东面是太行山脉，自此而东，是绿色的华北大平原，肥沃而广阔；西面是吕梁山脉，由此向西，是延伸至中亚的黄土高原，土质松软且多原地。黄土是地质时代的第四纪期间由风力搬运来的黄色粉土沉积而形成的厚厚土层，连续分布在中纬度的气候温暖地带。对于远古时代使用石器、木器的人类而言，黄土地最容易

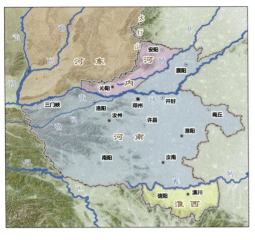

三河图　李晶绘

开发利用，即使到了金属时代，黄土地带的发展仍然优于其他地区。世界远古文明多起源于黄土地，中国也是如此。《史记·货殖列传》说，上古时代，唐尧定都于河东，殷人定都于河内，东周定都于河南，都在三河地区。尧都所在虽然还不能完全确定，但陶寺遗址考古发掘的重大发现，使得考古学家多数倾向于此，也就是今日山西省临汾市襄汾县陶寺村一带。[1]此地如同葫芦的腰部，有高山峡谷激流，容易发生水患。大禹从这里开始治水，首先开凿建设壶口工程，然后治理梁山、岐山，修整太原，进一步沿着黄河向东推进。[2]尧舜禹活动于三河地区，毋庸置疑。

从山西临汾前往陕西，要经过龙门壶口，黄河河床的变化使河水在这里反复改道。此地诞生了两位伟大的历史学家：在黄河西岸（即今陕西韩城），出了《史记》的作者司马迁；往东至山西夏县，则是司马光（1019—1086，北宋政治家、史学家、文学家，著有《资治通鉴》）的家乡。这个地区不但文化积累深厚，自然环境也让他们对很多事物的理解更为深刻。例如熟语"三十年河东，三十年河西"，说的就是此地真实的自然景观。黄河由北向南流，河东一侧地势低，则水从此流过，带来的泥沙沉淀，抬高了河床，于是河水改从河西一侧流过，大约三十年变换一次，反复改道。目睹"三十年河东，三十年河西"的人们，从中悟出了世间万事万物盛衰变化的道理，劝诫世人兴旺之时不要骄傲，因为世道变迁，往往盛极而衰，人世沧桑，又何尝不是如此。自然、人文与亲身的从政经历相结合，遂激荡出对历史至深的理解，从而诞生出优秀的历史学家。

河东像楔子一般打入中国北方，将西部的黄土高原与东部的绿色平原区分开来。此地山脉连绵，易守难攻，因此，古人会选择这样的区域作为安居之地。人群定居下来，文化便逐渐形成。群山所包裹

[1] 参阅中国社会科学院考古研究所、山西省临汾市文物局编著《襄汾陶寺——1978—1985年发掘报告》，文物出版社，2015年。

[2] 《尚书·禹贡》记载："既载壶口，治梁及岐。既修太原，至于岳阳……"《史记·夏本纪》沿袭此说。北魏郦道元《水经注》卷4《河水》更有详细记载，称："梁山北有龙门山，大禹所凿，通孟津河口，广八十步，岩际镌迹，遗功尚存。"

山西地形示意图
李晶绘

之地的大小,决定着文明的先后及其规模。在远古时代,人群尚未壮大,尧选择山西临汾一带作为中心区域,大小正相匹配;随着人口繁衍,便逐渐地向东拓展,沿着黄河进入河南,禹治水的足迹正反映了这段历史。到国家规模相当大之后,河东山区的腹地太小,而河南又地形开阔难以防守,故来自西部的周部落崛起后,都城就长期设在关中。将关中盆地与临汾相比,可以看出腹地大小具有决定性的作用。到了大规模的国家形成之后,腹地较小的地区,便成为世家大族崛起并扎根之地,例如河东、太原,乃至山东临沂地区,分别诞生了柳氏、王氏、萧氏等,皆其典型。

由此可见,河东地形决定了其举足轻重的地位,它是争夺天下的战略要地。如果和西面的关中、东面的华北联系在一起,更能看清其价值。河东由太行山和吕梁山两道南北向的山脉包夹而成,并将中国分为东西两段。秦统一中国时，首先力争河东地区，因为河东与关中合为一体，就具有对东方的优势。同样，如果河东地区支持东方，则东方便获得了挺进西部的重要根据地，至少可以让关中成为封闭之地，所以，河东地区在中国北方的东西关系中极为关键，它支持西部，则西部胜，支持东部，则东部赢。秦得河东，站在太行山上便可俯瞰华北，居高临下，将六国收入囊中。楚汉战争，韩信从河东挺进河北，略定北方，奠定了汉朝胜势。草原民族南下，占据河东便可将中国截为两段，故常择此为突破口。五胡之乱，匈奴、羯族首先攻占河东，获得战略优势。晋北历来是兵家重镇，大同北面的白登山，忻州的雁门关、楼烦关（宁武关）和偏头关三大雄关，是抵御来自草原攻击的要塞，汉朝的飞将军李广、北宋的杨家将等，都曾在这里建功立业。正因为河东地位重要，自古以来争夺激烈，故发生过无数次大战。

禹治水的结果是广大的土地被开辟出来，发展的主要方向是顺着黄河向东，进入今日的河南地区（包括了汉代的河内与河南）。这里是华夏族的摇篮，有8000年前的裴李岗文化遗址[1]、7000年前的仰韶文化遗址[2]、5000年前的龙山文化遗址[3]、4000年前的二里头文化遗址[4]。从新石器时代以来，人类活动在这个地区没有中断过，文化遗址连续而且完整，非常珍贵。

河南适宜农业，土地宽阔，这是经济上的优点，却也是军事上的缺点，故乃四战之地，人口流动性大，战火频仍，文物古迹难以保存。所以，其历史虽然悠久，但地面保存的文物并不如人意。幸好仍有部分历史古迹掩埋于地下而得以留存下来。禹曾经建都于阳城。考古工作者在河南郑州登封告成镇西北发掘的王城岗古城，占地面积约30万平方米，现存面积约1万平方米，属于新石器时代的重要都邑，很可能就是阳城古都。[5]

河南同河东一样，由多个区块组成，各地的风情颇不相同。《史记·货殖列传》将之分为河内与河南。河内是太行山与黄河、卫河夹出来的地区，背山环水，南通河南，北连河北，进可攻，退可守，属于河东、河北与河南三大板块的过渡区域，战国时代属于魏国，汉朝

[1] 参阅开封地区文管会、新郑县文管会《河南新郑裴李岗新石器时代遗址》，《考古》1978年第2期。

[2] 参阅巩启明《仰韶文化》，文物出版社，2002年。

[3] 张学海《龙山文化》，文物出版社，2006年。

[4] 杜金鹏、许宏主编《偃师二里头遗址研究》，科学出版社，2005年。

[5] 河南省文物研究所、中国历史博物馆考古部编著《登封王城岗与阳城》，文物出版社，1992年。

于此设立河内郡，治所在今河南沁阳。河内人口殷实，不但有发达的农业，还有畜牧业，能够向国家提供马匹。东汉光武帝起兵，把河内视为刘邦赖以成功的关中根据地，交给亲信寇恂镇守，在此制作武器，转运军粮战马，贡献卓著。河内特殊的地理位置，使它成为河南与河北、河东与华北平原的枢纽地区。

三河地区从尧舜禹到夏商周时代，一直是中心区域。唐尧建都于河东，商朝在河内，周朝在河南，皆居天下之中，三地如同大鼎的三足，支撑起中国三千年历史的中心舞台。中心区域发展迅速，人口大量繁衍，土地日益不足，因而形成讲究节俭的风气，显得有些小气。权贵豪门来往不息，使人们见识了各种事件，得以开眼界，见世面。特定的地理形态，以及同相邻区域的关系，使其内部各地区的民风习俗颇不相同。正确掌握这些情况，对于区域的管理至关重要。总的来说，三河地区南北风气差异甚大。河东的中部、河内中南部，交通畅达，可以相互贸易，也可以外出到关中，甚至北上到边疆民族地区经商。所以，这些地方的人颇有经济头脑，商业发达。从中部到北部，民风越来越强悍——因为他们同匈奴接壤，屡屡遭受掠夺。为了保卫自家生命与财产，人们习惯征战，性格刚强，说话率直，讲义气，行侠犯案，不愿意从事农商。幸好这些地区有军队驻扎、来往，军需物质常有剩余，可以利用。晋国本来对于强直的民风就已经深感担忧，到了战国赵武灵王时，借助游牧民族的习俗来推行变革，胡服骑射，促使当地的风气更加剽悍。再往北去，到了赵国中山地区，也就是今日河北正定这一带，百姓性情急躁，仰仗投机取巧度日谋生。男人经常相聚，游戏玩耍，慷慨悲歌，白天纠合在一起杀人抢劫，晚上挖坟盗墓，制作赝品，私铸钱币。容颜美丽的男子多去充当歌舞艺人，女子则弹奏琴瑟，拖着鞋子，到处游走，向权贵富豪献媚讨好，有的被纳入后宫，这种情况遍及诸侯之家。[1]

中原的重要地位还体现在它长期保持着文化上的优势。此地为夏商周三代中心所在，自古号称多士，文化一直比较发达。

士从何而来？来自旧贵族家庭。在封建制转变为帝制的过程中

[1] 《史记》卷129《货殖列传》。

家道衰败了，很多贵族失去了土地，也就失去了生存的根基，他们转而依靠文化立足于世，形成"士"的阶层。其上层人士著书立说，向各国统治者兜售学问，出谋划策，获得高官厚禄；下层则或依附于权贵，充当门客，或行走世间，以学谋生。因为古代学习文化的成本很高，有文化的士人很少，所以他们大多成为需要文化知识的行业中的中坚乃至执牛耳者。

中原开发较早，乃都城及众多城市所在之地，故士人多出。其次，此地区教育发达，聚集的文化资源最为丰厚，故其文化发展长期处于全国的领先地位。早期的教育主要为贵族的家庭教育，封建贵族没落后，私人办学勃然而生，官方亦兴办学校，培育学生。孔子门下有学生三千，师生周游列国，主要的活动区域在中原国家，可见中原文化优势之一斑。

第四节　百里不同风

从中原北上，越过黄河，便进入了河北地区，此为赵国和燕国之地。古代的河北，不是今日的河北省，而是指更加辽阔的黄河以北地区。这是古代北方的主要区域，与关中、河东相仿，也是地势相对完整的区块。自古燕赵多出"慷慨悲歌之士"，荆轲以一己之力奋勇刺杀睥睨天下的专制君主秦始皇，留下"风萧萧兮易水寒，壮士一去兮不复还"的诀别悲歌，给这块土地烙上鲜明的性格印记。

河北地区的北面是燕山山脉，它向西与阴山山脉相连，向东则一直延伸至渤海之滨，构成北方的天然屏障。从蒙古草原，或者从东北南下进入华北，必须通过燕山山脉，成吉思汗三次进攻金国中都（今北京），皇太极数度叩关，都在此激战。河北地区的西面是太行山脉，东面则依靠渤海，南面有黄河，形成两山、一海、一河环绕的区域。同关中、河东地区相比，河北地区的地形不太严整。太行山的地形有利于西部，自古从河东挺进河北比较容易，韩信就是从这条路通过井陉关，席卷河北的。相反，从河北进攻河东比较艰难。河北地区南面的黄河，无法同天堑长江相比拟，冬天还会冰冻，阻挡不住大军通过。东面临海，无险可守。幸运的是，宋朝之前，南方远弱于北方，加上古代没有发展出强大的海上军事力量，水军基本只有内河船舰，无法对北方构成真正的威胁。这两点在相当程度上弥补了河北地形上的弱处。因此，在古代，地域广阔的河北成为关中与中原之外又一重要区域。当中国经济中心区域自关中向东转移之后，河北的重要性日益显现出来，元朝选择北京作为京城，此例一直延续至今，自有其自然地理上的理由。在高度集权的帝制时代，能不能选择正确的地点建立都城至关重要。唐朝以前基本选择长安，元朝以后选择北京，国家都比较稳定。北宋太祖原来选择长安，后来为形势所迫而将就居于开封，他早就意识到黄河沿岸城市不适合作为都城，定都于此类城市必将拖累国家。元明清三朝定都北京，足见河北在中国格局中的重要地位。

河北地区的东北部属于燕国，都城在蓟，也就是今日北京。沿着北面的长白山脉，燕国修筑的长城一直到达大同江。它与东北各个民族交界，北面与乌桓、夫余族相邻，东面控扼涉、貊。商朝末期，忠臣箕子进谏遭黜，佯狂为奴。周灭商后，箕子不愿出仕新朝，遂远走燕国境外，与商朝移民一起建立朝鲜，史称箕子朝鲜。后来，秦始皇暴政致使百姓流亡，卫满率领他们进入朝鲜，取代箕子后裔，建立了新的朝鲜国，史称卫氏朝鲜。

此地距中原遥远，人烟稀少，经常遭受北方民族的侵扰，冲突不断，故民风凶悍，不爱思考，行动敏捷，大有豪侠气概。

春秋时代，晋文公称霸，赵氏因为辅佐有功，主掌朝政。赵盾虽然手握大权，却遇到荒淫无道的君主晋灵公，晋灵公视百姓如同草芥，在高台上用弹弓射行人取乐，杀害没煮熟熊掌的厨师，劣迹斑斑。赵盾看不下去，屡次进谏，晋灵公不胜其烦，想干脆杀了他。赵盾出逃，赵家人赵穿刺杀了晋灵公，迎回赵盾，重掌朝政。继立的晋成公畏惧赵家势力强大，不敢追究赵穿弑君之事，还将自己的姐姐嫁给赵盾的儿子赵朔。赵氏不会总是走好运，到下一代君主的时代情况骤然生变。晋景公重用屠岸贾为司寇，主管司法。屠岸贾可是晋灵公曾经宠幸的近臣，一心想着报复赵家，便旧事重提，要治赵盾弑君之罪（史书所记）。那时赵盾已经死了，屠岸贾株连家族，把赵盾的子孙尽行诛杀。朝中大臣韩厥事先向赵朔通风报信，劝他出逃，赵朔不走，他不愿意牵连别人，宁可以死担责，只求韩厥帮助他给赵氏保存一点血脉。赵朔的夫人逃入宫中，身怀着赵朔的骨肉。赵氏门客公孙杵臼和赵朔的朋友程婴商量，如果赵夫人生下男儿，就由程婴抚养。

赵氏香火不该绝，夫人生下来的果然是男孩子。屠岸贾得到密报，进宫搜索，没有找到。公孙杵臼和程婴料定屠岸贾一定会再次搜查，他们两人做了生死分工，一位以死救孤，一位忍辱育孤。当屠岸贾再次搜查的时候，公孙杵臼抱着新出生的婴儿藏匿到山中，而程婴却向屠岸贾告密，带着士兵来到公孙杵臼躲藏之地，果然搜出男婴，并将其残忍刺死。公孙杵臼骂不绝口，也被杀害。屠岸贾这下子放心了，因为赵氏被斩尽杀绝了。

十五年后，晋景公身患重病，占卜者告诉他是大族香火中断，冤魂作祟而造成的。景公害怕，韩厥趁机诉说赵氏冤案，称百姓很同情他们，应该给其家继绝承袍，并且透露了赵氏孤儿当年未死，活了下来，当年被杀死的是假冒赵氏孤儿的公孙杵臼的孩子。景公知道了这消息，赶忙派人将赵家孩子偷偷接入宫中，让韩厥率部在朝廷做了布置，上朝时带出来与百官相见，宣布给赵氏平反，恢复家业。赵氏孤儿名叫赵武，他和程婴一起攻灭了屠岸贾一族，报仇雪恨。更感人的是，程婴当年"告密"，原来是为了忍辱偷生养育赵武，现在任务完成了，他便同赵武诀别，毅然决然地自尽，登彼岸与公孙杵臼相会。

这是流传千百年的大义故事，颂扬的是舍生取义的崇高品质。做人有情有义，生命才有价值。受人嘱托，许下诺言，就应该用生命去完成。公孙杵臼和程婴为义而生，为义而死，揭示了生命的意义，这不是贪生怕死之人所能理解的。在拜金与物欲横流的时代，有人以苟且偷生作为最高伦理而指责公孙杵臼和程婴，主张为了活下来应该出卖赵氏孤儿。这样的人，讲述历史，却不懂历史真谛，不知道中华民族能够几千年长存不败，就因为以信义为支撑。

搜孤救孤的故事真实地发生在赵国，今日陕西省韩城市还有纪念馆，用以反映赵地的历史文化传统及民风，亦即司马迁所说的侠义之风。

从河北东边沿着渤海湾南下，就来到了山东半岛。这片区域大致上可以分成两大块，突出海中的山东半岛，亦即历史上的齐国；从半岛连接黄河、淮河的地区，亦即历史上的鲁国。齐鲁两国大致以泰山分界，泰山南部是鲁国故地，北部是齐国故地。

春秋时代，齐国已经是东方大国，富饶而强大。但是，大家可能不知道当初这里可是盐卤之地，人烟稀少，经济落后，民生贫苦。姜太公辅佐周文王、武王推翻商朝，功勋卓著，被封于齐地，来到营丘，亦即今山东省临淄市临淄区，着手建立齐国。面对着这片贫瘠的土地，足智多谋的姜太公并不发愁。他不是在没有多少发展前途的农业上下死力，而是另辟蹊径，别开生面。他让百姓下海捕鱼，煮海制盐，把鱼盐贩卖到各地，换回各国的物资钱财。同时，他鼓励妇女努力纺织，提倡工艺技巧，刺绣纹饰，制作华丽的服装，输出各国。而齐国在发展的过程中，也越来越重视冠冕服饰，大家打扮得高雅庄重，形成了一套礼仪规范，物质文明提升为精神文明，齐国渐为礼仪大邦，从经济发展跨越到文化输出，一方面向各国提供冠带衣履，另一方面则令诸侯国穿戴合仪到齐国朝拜，学习文化。

找到一条适合自己的发展道路，积极推动经济生产，富裕民生，这是国家发展的第一阶段。这个阶段固然重要，但一定要明白，任何物质生产的发展都有限度，而且很容易因为社会制度与文化发展的滞后而导致国家的衰败。齐国走出了更具有重要意义的第二步，把经济发展提升到文化发展的高层次，从纺织服饰上升到衣冠礼仪，成为天下崇仰的礼仪制定中心，并据此推动国家制度建设，奠定文化大国的地位，极大地影响了周边国家，甚至成为与中原相匹敌的一极。国家走到这个层级，便具有了文化凝聚力和荣誉感以及长治久安的稳定性。

从齐国向西走出半岛，迈向内陆，这里属于"九州"的兖州、徐州区域，是春秋时代的鲁国。西周初，这片地区分封给了周公。周公当时正在辅佐周武王，不可能分身前来，便让儿子伯禽治理封地。伯禽来到鲁国，带来了西周一整套礼仪文化，跟山东风俗很不一样。西周发展出来的是农业文明，伯禽将它搬到鲁国，要移风易俗，让周朝礼仪制度扎根在这块土地上。效果如何呢？姜太公治理齐国，半年大治；而伯禽治理鲁国，整整花了三年时间才有点成就可以回周朝汇报。周公听后，感觉到鲁国发展不如齐国，而且，将来国家走势恐怕也不如齐国。因为齐国走的发展道路是将周文化同当地风俗民情相互调适，因地制宜，融会贯通，同时把齐国的经济生产上升到文化层面，治理得十分顺畅，故发展迅速。鲁国则是硬性移植周朝礼仪文明，要排除万难，做得很辛苦。但是，伯禽把这件事看得特别重，完全按照西周都城的礼仪制度来改造鲁国。坚持不懈的长期培育使得鲁国风气厚朴，百姓重文化、行周礼，出现许多礼仪之士，诸如孔子、孟子等，鲁国最终成为礼仪之邦。从血脉关系而言，鲁国和周朝同出一源，关系特别亲近，因此地位特殊，可以打着周天子旗号，享受某些周天子的待遇。

齐地被山海环抱，方圆千里一片沃土，适宜种植桑麻，人民多生产彩色丝绸、布帛和鱼盐。临淄也是东海与泰山之间的一个重要都市，乃富饶之地，当地民俗从容宽厚，通情达理。由于有了富裕的经济，能够养读书之人，便出现一批喜欢议论天下大事的、足智多谋的士人。北边渤海一带雾气浓厚，经常出现海市蜃楼现象，仿佛有神山仙人，若隐若现，引起许多遐想，因此诞生了一批方士，自称能够通天求仙，炼取仙丹，吸引了许多信众。这些奇技异能传入权贵阶层，尤其是大权独揽的帝王耳朵里，正好迎合了他们希望长生不老、垄断权力财富的渴望，所以延揽访求，置之身边，宠信重用。这种情况在秦始皇以及其后的皇帝时颇为常见，齐鲁学说也随之传扬于各地。总体来说，齐地富裕，人们乡土观念很重，不愿外迁流动。司马迁还发现当地人怯于聚众斗殴，而敢于暗中伤人，常有劫夺别人财物者。齐为大国，士、农、工、商、贾五民俱备。

邹、鲁两地濒临洙水、泗水，还保留着周公传留的风尚、民俗，喜好儒术，讲究礼仪，所以当地百姓小心拘谨，颇多经营桑麻产业，而没有山林水泽的资源。土地少，人口多，人们节俭吝啬，害怕犯罪，远避邪恶。但等到衰败之时，人们爱好经商，追逐财利，比周地百姓还厉害。

齐鲁两地人民的共同之处，在于重视礼仪。这两地皆由周人开发立国，姜太公和周公之子伯禽在移植周文明的过程中，吸收了当地的文化，培育衣冠礼仪，形成了自己的特色，成就了东方礼仪之邦。用文化来提升产业，造就古代齐鲁地区非常重视文化的风气。战国后期，齐国还专门招揽各国学者到此讲学，在都城设立学宫，形成稷下之学，建成了蔚为大观的文化之都，足以同中原相抗衡。

齐鲁之人非常重视衣冠之礼，以区别文明与野蛮，展示人的尊严与体面。孔子的学生子路，虽非齐鲁出生，却因为长期生活于此而深受当地文化习俗的浸染。子路性格刚强，为人直爽，爱打抱不平。孔子认为他好勇逞能，借着子路询问君子崇尚勇敢问题时，开导他说："君子更崇尚义，光是好勇而不崇尚义，就会叛逆作乱；小人好勇而不崇尚义，就会变成盗贼。"亦即君子也好，小人也罢，勇敢背后必须有义的支撑。而且，孔子还对子路讲解治理尚武难治之地的对策：恭谨谦敬，可以驾驭勇武之人；宽厚清正，可以团结民众；恭正而静，可以报效上司。[1] 这些教导对于子路影响很大。子路曾经在卫国大夫孔悝手下任职。卫灵公宠姬南子和太子蒉聩不和，导致太子出逃。卫灵公死后，大臣们立蒉聩之子继位，亦即卫出公。蒉聩勾结孔悝潜回国内发动政变，驱逐儿子卫出公，登基执政。子路觉得此事无理，挺身而出，前去质问孔悝。很多人劝阻他别去送死，子路坚持原则，万死不辞。蒉聩和孔悝派遣两个武士制止子路，与之搏斗。子路身负重伤，帽顶之缨被砍断了。子路临死前郑重系好帽缨，整理衣裳，尊严地死去。[2] 子路整衣系缨行为表现出对于衣冠文明的重视，其背后正是士可杀不可辱的精神。子路的故事有助于理解古代齐鲁的衣冠文明。此文明深深地影响着中国。

[1] 《史记》卷67《仲尼弟子列传》记载："子路问：'君子尚勇乎？'孔子曰：'义之为上。君子好勇而无义则乱，小人好勇而无义则盗。'"又记载："子路为蒲大夫，辞孔子。孔子曰：'蒲多壮士，又难治。然吾语汝：恭以敬，可以执勇；宽以正，可以比众；恭正以静，可以报上。'"

[2] 《史记》卷67《仲尼弟子列传》。

齐国和鲁国这片区域在中国大格局里面固然重要，但是，它无法像河北地区最后成为都城所在，具有举足轻重的地位。这和齐鲁的地理形势有很大的关系。齐国南面有泰山，东面有琅琊，西面有清河，北面靠渤海，亦可称作"四塞之国"。[3]然而，这些山和水不能将其严整包裹起来，山与山之间有很大的间隙，山与水也不连接，难以构成东西之间完整的屏障，拱卫山东半岛。齐国所在的山东半岛大部向东突出于海中，南北东三面环海，在水上力量微弱的古代，可以无虞；西面的沂蒙山区构成天然门户，是据守齐国的关键所在。就军事地理而言，西面的沂蒙山地一旦被突破，东面便是大平原，一马平川，无险可守，一打就被打穿了。因此，历史上一再上演山东战场大进大退的战事。例如燕国伐齐，乐毅在济西击败齐军后，一口气夺下齐国七十余座城池，把齐国压缩在两个据点之内，几乎亡国；后来齐将田单复国，在即墨城下用火牛阵大破燕军后，追亡逐北，也是一口气收复七十余座城池。总体而言，山东半岛防御不易，难以固守。

这个地形首先决定了山东地区的特点：只能往外拓展，而不能固守本地。固守本地，山东会越守越弱。如果向外拓展，则因为山东半岛乃富饶之地，可以作为后方依托，故可大有作为。从历史考察，山东在经济和文化上若积极进取，便兴旺发达，反之则日趋萎缩。

其次，山东的地势也决定了它不可能成为决定中国命运的政治或者经济中心。就地形而言，首先不如最为完整的关中，也比不上差强人意的河北，因此，没有一个全国性王朝将都城置于齐鲁之地。齐国可以发展得十分富庶，也颇为强大，但只能是北方的重要区域，而不可能成为全国政治与经济的中心区域。

复次，古代山东对全国影响最大者莫过于文化。孔孟等文化大师辈出，奠定其礼仪之邦的领袖地位。西汉兴起，制定礼乐制度的仍主要为齐鲁儒士，他们执国家文化之牛耳。[4]五胡十六国北方板荡，齐鲁受到的打击尤甚，唐朝杜佑《通典·州郡十》喟然感叹其文化式微："自五胡乱华，天下分裂……数百年中，无复讲诵。"这种情

---

[3] 《史记》卷69《苏秦列传》记载苏秦游说齐宣王道："齐南有泰山，东有琅邪，西有清河，北有勃海，此所谓四塞之国也。"

[4] 《史记》卷121《儒林列传》叙述春秋战国时代齐鲁地区学风之盛，即使秦始皇焚书坑儒，"然齐鲁之间，学者独不废也"，感铭"夫齐鲁之间于文学，自古以来，其天性也"。

况长期没有改变，甚至日趋严重，以至于山东谚语称"教书的比念书的多"。文化衰落则豪强并起，鲁地由文化之乡渐次蜕变，乃至匪患不断，以"梁山"闻名于世。其实，中原及北方的衰落，大都与文化衰败同步；相反，南方崛起亦与文化教育勃兴密不可分，近世之江浙即其一例。由此可见，在区域板块的诸因素中文化因素至关重要。

第五节　南北不同俗

走出鲁国，沿着淮河——中国划分南北的河流，继续西行。淮河的重要性不仅仅在于它是地理上的标志，更造成南北地域间社会人文的差异。为了说明这个问题，我们还需要进一步南行，越过长江，从南方的开发历史入手，这样才能观察得更加透彻。

长江两岸，尤其长江以南是丘陵水网地带，潮湿温润，云天雾气，非常适合植物生长。今天南方已经全面开发，给人们留下鱼米之乡的深刻印象。然而，这里在上古时代又是怎么一幅光景呢？这里古树参天，山林茂密，飞禽走兽出没，蟒蛇蝼蚁密布，枯木尸骨腐烂，林间瘴气弥漫，疾疫流行，死亡率甚高，并不适宜人类居住。而且，可耕之地很少，许多地方罕有人迹，即使到了汉代，有些县的人口仍不足万。地理环境使得南方在很长的历史时期里完全不能同北方抗衡。

南方最主要的问题在于开发不易。那些长满树木的土地如何开发成为农田呢？有人想出很好的主意，放火烧山。其实，古人一直都在这么做，甚至到后世还保留着"刀耕火种"的传统。但是，在当初这一招不灵，因为火只能烧掉地表的植物，却无法去掉其根部。而树根是最难去除的，只能一棵一棵地拔除，一棵树一个大坑，否则就无法垦辟为农田。因此，南方的开发必须在一个点上面集中大批的劳动力，年深日久地开荒。这又需要充足的财力支撑，供养一大批劳动力，经得住多年没有什么产出的开发，不至于生田尚未改造成熟田就财力枯竭,半途而废。

明白了这个道理,就懂得了为什么南方呈现出来的是散布于各地的庄园形态。它说明南方的开发大多是在实力强大的世家大族组织下进行的。在六朝时期的第一次江南大开发中,涌现出了大批庄园,还形成了山水诗歌的浪潮。这些庄园往往田连山岗,导渠引流,阡陌纵横,"僮仆成军,闭门为市,牛羊掩原隰,田池布千里"[1]。不过,庄园内部固然繁盛,但在南方大地上它们也仅仅是一个个散布的小点,这些点连接起来才成为片。六朝三百多年,开发成片的也不过是长江中下游南岸细细的一条,主要集中在太湖流域。此后到了宋朝,对南方的开发才整体越过浙江、江西、湖南中部,即大致在北纬27°线上下。此后向南方的成片开发,大约每300年推进一个纬度,虽然南宋以后这个速度在逐渐加快,但总体上依然缓慢,可见南方开发之艰难。由点连线,逐步成片而逐步南下的状态,是整个南方开发的基本特点。

由于开发艰辛,投入颇大,所以,必定要追求单位面积的产出,才能取得投入与产出的合理关系。为此必须精耕细作,而且还要尽可能选择经济价值高的作物,提高经济效益。在六朝庄园中常常可以见到果树等经济作物[2],其经济价值要高于粮食作物。后来南方发展出了专事经济作物生产的农户,例如种桑养蚕,养鱼种果等等,背后的驱动力都基于这个原理。

经济作物必须紧紧依靠市场流通转化,所以随着南方的开发很快形成了广泛的市场,货币使用的规模和成熟度都远远高于北方。南北朝时代乃至唐初,北方钱币流通甚少,而南方却经常因为钱荒而出现大量伪烂钱币,可见南方市场交换之活跃与货币流通之普遍。

这一切都需要投入大量的人力,以形成劳动密集型农贸业,这样遂吸引了远近人口前来从业,引起了源源不断的北人南迁,逐步推动了经济重心南移。这是近两千年来中国地域经济开发的总体轨迹,由经济规律所推动,非人力能够改变。当代学者冀朝鼎(1903—1963)在1936年勾勒出从秦朝至清朝中国的基本经济区从关中向东转移至

---

[1] 葛洪著,杨明照撰《抱朴子外篇校笺》卷34《吴失》,中华书局,1997年。

[2] 例如《晋书》卷43《王戎传》记载其庄园种植李子,果实硕美,唯恐他人得而种之,遂亲自钻破果核后出售。此事未必尽然,但庄园多种水果等经济作物当可无疑。

华北、再转而南迁至长江下游的轨迹[1];随着南方成片开发出来,经济重心南移的演进越来越快。胡焕庸(1901—1998)则在1935年划出一条从黑龙江黑河到云南腾冲的斜线,指出中国2/3以上的人口和财富都集中在这条线的东面,而西面的2/3国土只拥有1/3的人口和1/3的财富。[2]实际上,人口和经济、文化技术向东南的转移越来越快,1978年以来的四十多年间东南集聚效应极为显著,呈现为从北京到广州的一条线,黄河下游经济带出现颓势,而长江中下游经济带和珠江经济带成为中国经济与科学技术发展的火车头。

追求单位面积的产出,对南方人的生活和思维都产生深刻的影响,那就是注重成本与经济核算,做事情讲究提高技能,专注而节俭,地尽其利,物尽其用,甚至显得"小气""精明",因而常常让北方人看不顺眼。为什么呢?其实人们在生产活动中总是找寻最便捷低廉的途径。北方的黄土地带,土壤松软干燥,在上古使用木器或者铜器等落后工具的时代,比较容易耕垦,具有很大的开发优势。开垦南方的潮湿黏土则需要坚韧的工具,所以南方直到铁器时代才得到真正的开发。世界古文明大多诞生于黄土地带,诸如两河流域的美索不达米亚、古埃及、非洲中南部等,道理就在于此。土地容易开垦,北方人想要提高产量最简捷的方法是扩大农田面积,而不是在单位面积上加大投入,精耕细作。生产方式极大地影响了人们的行为与思维模式,南方人与北方人的分歧由此形成。北方人追求量的扩大,显得豪迈大气,轻视南方人的"小气";相反,南方人看不起北方人有量无质,拍胸脯说大话却内涵粗糙。南北方的地域歧见源于环境与生产方式的不同。透过现象看到本质,许多南北问题就可以迎刃而解了。

如果把黄河以北,包括关陇地区作为比较典型的北方,长江两岸及其以南作为比较典型的南方,那么,淮河流域介于两者之间而具有自己的特色,那就是不南不北,又南又北。这个地区平原居多,无险可守,难以像关中和河北那样成为主宰中国命运的政治性中心区域。

淮河是中国南北的分界线,在南北分裂的时代,南方必须守住淮河,才有北上的可能,一旦被压到长江,便无争夺天下的力量了。因

[1] 冀朝鼎著,朱诗鳌译《中国历史上的基本经济区与水利事业的发展》,中国社会科学出版社,1981年。原著于1936年由伦敦乔治·艾伦和昂温有限公司出版。

[2] 胡焕庸《中国人口之分布——附统计表与密度图》,载《地理学报》,1935年。

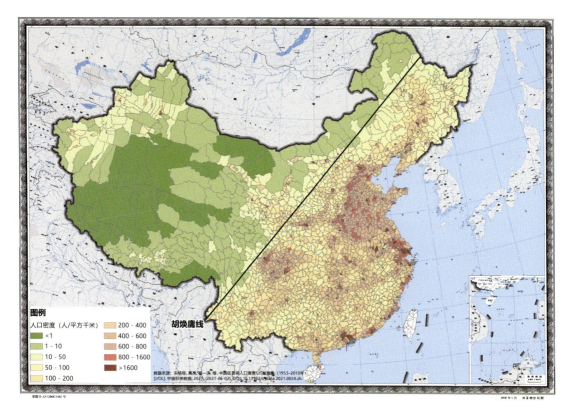

中国人口密度图（2010）

此，淮河流域一直是南北交争之地，战事频仍，且南来北往，人口流动性大。南北通婚使得该地区的人在体格上具有北方人的高大，性格上则兼具南北，既有北方人的豪迈，又有南方人的精细；思维上既有北方人的宏大，又有南方人的理性。自古以来，淮河流域人才辈出，文武兼备。灭亡强秦的是出自苏北的项羽、刘邦、张良、萧何、韩信等将帅，直到近代李鸿章组建的淮军，基本面没有变化。

带着对中国南北区域人文深刻理解的眼睛，我们走出山东，走进淮河两岸的中国中部地区。这一区域中有三个重要的点要掌握，第一个是东部的彭城，第二个是中部的荥阳，第三个是西部的洛阳。

先从中心节点讲起。荥阳在今河南中部，这里有一条古代的运河，连通黄河与淮河，称作"鸿沟"。它自魏惠王十年（前361）开始兴建，沿途打通济、濮、汴、睢、颍、涡、汝、泗、菏各条河流，并在南面经淮河、邗沟进入长江，沟通了黄河、淮河与长江三大河流，东西南北，四通八达，使得中原一举成为全国水路交通的中心地区。

鸿沟背靠洛阳、邙山，东临大平原，北有黄河可依，南有中岳嵩山可以把守，颇具军事价值，为历代兵家必争之地。刘邦与项羽争夺天下，正面主战场就在这一带，后来双方约定以鸿沟为界，平分天下。鸿沟遂成为在中原划分东西的标界，家喻户晓，以至于后人常用"鸿沟"比喻事物间明显的界限，还成为中国象棋的中界。

从鸿沟东行，在芒山、砀山以北，直到巨野，也就是现在河南永城到山东菏泽这片地区，历史上分属梁国和宋国。这里是华夏族兴起之地，相传尧从成阳起家，舜曾经在雷泽打鱼，这两处都在今山东菏泽境内。商朝创立者汤所定都的亳州，在今安徽亳州，与河南永城紧紧相邻。这些历史表明这一带发展得早，曾有圣明的君王治理，所以，当地民俗还保留着相当浓厚的先王遗风，人民宽厚庄重，文化素养高，多出君子，百姓致力于农业生产，安居乐业。从地利物产来看，虽然谈不上富饶，但因为人们省吃俭用，也做到了衣食无忧、家有余财。

再往东走就来到了楚地，其中心在彭城，也就是徐州，它地处华北平原东南部、长江三角洲北翼，是中国南北交通在东部的主要节点，东西交通的要地，四通八达，所以也是四战之地。周围多为水网地带，不利于重装备部队通过。控制了徐州就掌握了河北、山东、中原与江南的交通，因此，决定性的战争常常在此进行，人们记忆犹新的淮海战役就是围绕着徐州展开的。向前追溯，刘邦同项羽最后的决战，也在这里进行。

以徐州为中心分出的东、西、南三个区块，便是东楚、西楚和南楚。

西楚包括的地区，东面从淮阴、洪泽湖一带向西，即今安徽北部，河南东部、南部，直到驻马店，南面靠近长江北边，也就是古代中原以东直至徐州的广阔地区。¹战国时代，这里属于楚国，淮阴原来称作楚州。从土地是否丰饶的角度来看，这里土地贫瘠，百姓生活不易，少有积蓄。但是，一定程度的贫瘠反而会刺激人们奋发向上，力图改变生活状况，容易形成比较强悍的民风和不服输的性格，办事

1　《史记》卷129《货殖列传》划分三楚："夫自淮北沛、陈、汝南、南郡，此西楚也……彭城以东，东海、吴、广陵，此东楚也……衡山、九江、江南、豫章、长沙，是南楚也。"其中西楚包括南郡，亦即荆州一带，恐怕有误，因为南郡悬隔，不应属于西楚。《史记》卷7《项羽本纪》，《集解》引孟康注："旧名江陵为南楚，吴为东楚，彭城为西楚。"可知南郡属于南楚。

三楚地图 李晶绘

2
《史记》卷7《项羽本纪》。

3
关于"三户"的解释，见《史记》卷7《项羽本纪》的注释。将"三户"作地名解者，难以解决多地有"三户"之名，或在河南之南阳郡，或在河北之邺城，乃至更多。注家附会项羽自漳水三户津渡河破秦军立说，颇为牵强。

4
《史记》卷7《项羽本纪》记载："(项羽曰)富贵不归故乡，如衣绣夜行，谁知之者！"

麻利，行动敏捷，却容易发怒。当年秦灭楚的时候，楚人曾经发下重誓："楚虽三户，亡秦必楚。"² 对这句话有不同的解释，通行的解释是楚国哪怕只剩下三户人家，或者昭、屈、景三大姓所代表的楚人后裔子孙，将来也一定要复仇灭秦。另一种解释是把"三户"当作地名，也就是说楚国哪怕只剩下三户一地，将来也一定要灭亡秦国，报仇雪恨。³ 不管哪一种解释，表现的都是楚人不屈的意志。历史的事实是，不久之后挺身而起领导灭秦战争者，如刘邦和项羽，乃至萧何、韩信、曹参等人，都出自楚地，正应验了这句誓言。在中国古代历史上，直到元末，从未有过南方统一中国的情况，唯有西汉这一次例外，果真是亡秦必楚。南方无力统一中国的原因在于其人口、经济和文化都远逊于北方，直至宋朝经济重心南移之后南方才逐渐强势崛起，进而统一中国。刘邦、项羽合力推翻了秦朝，从南北实力对比上确实难以得出符合理性分析的解释，但它是事实，可见楚人坚强的意志何其重要。而此坚强意志源于楚人亡国之恨。楚怀王曾经被诓骗入秦，软禁至死，楚人羞愤；其后秦军攻破楚国郢都，火烧其先王陵墓，屠杀其军民，楚人避战祸东迁，聚于西楚之地，国仇家恨，义愤填膺，终致灭秦。

推翻秦朝之后，项羽选择了这个地区作为自己的国土，号称"西楚霸王"。这里是其桑梓之地，衣锦还乡的欲望促使他不顾一切地选择了这片土地。⁴ 我以为项羽作为推翻秦朝的起义领袖，格局眼光不至于如此狭小，西楚的地理优点应该是他考虑过的因素。

首先，此地位于今河南东部和南部，也就是原来的"陈"国地区，恰好衔接中原华夏与东南荆楚，货物流通、人员往来相当频繁。

在交通要道上掌控物流，本身就具有地理优势。

其次，由此往南是楚国旧地，南通巫县、巴郡，东有云梦，而以云梦为中心的楚地恰是物产富饶的区域。

复次，此地民风民气足堪使用，前面已经讲过亡秦之楚人意志何等坚强。司马迁也曾亲往考察，以为当地民风清廉苛严、信守诺言，颇可信赖。项羽生于此地，了解淮河流域精明强悍的民气，故以此为都城，有其道理。

彭城犹如担子的中间，立足于家乡，可挑起东西两头，东头是齐鲁，西头是中原，左右逢源，两边得利。这恐怕是项羽的如意算盘。

所以说项羽"楚人沐猴而冠"[1]未免太小觑他了。项羽还不至于仅仅为了衣锦还乡而定都彭城。然而，领导者竞争的是胸怀、眼光和格局，西楚的优点远远不足以支撑起统一的大国，亦即不能作为国家的中心区域，只能是局部枢纽，是各家必争之地、干戈扰攘的战场。王朝把都城放在四方交争的旋涡之地，不亡何待？只看到对自己有利的方面，偏听偏信，又一意孤行，乃领导人之大忌，这暴露了项羽不读书所造成的偏执与无知。选择乖离中心区域的西楚立国，项羽自招灭亡。

徐州东面就是东楚，地域包括古代的吴郡、广陵和东海郡，也就是今山东临沂南部与江苏东北部，一直到扬州、苏州一带。东楚北临山东，南接越地，西邻西楚，东濒大海，人员交杂，风俗差别甚大。靠近山东的地区，风俗与齐地相同；靠近西楚的地区，风俗与西楚相似；南部地区，风俗与越地无异。区域内风俗差别这么大，可见当时其内部的整合度较低。然而，东楚内部的自然条件很好，东面濒海，盛产海盐，还有章山铜矿；南边的太湖流域就像聚宝盆，是江南地区最早开发成熟之地。汉初分封宗室，汉高祖刘邦将最为亲近的异母弟刘交封为楚王，定都彭城，分封随其平定英布叛乱的侄子刘濞为吴王，吴楚两王控制着东楚。由此可见，楚地出生的刘邦非常重视该地区，派宗室内最有才干的人前来掌控。从经济开发的角度观察，东楚的潜力很大。这一点刘邦没有看错，吴楚两国发展迅速，特别是吴

[1] 《史记》卷7《项羽本纪》。

王刘濞煮海为盐，行销各地，获利颇丰。而且，当时发现的铜矿多在南方，主要在广陵和会稽，亦即今日扬州、绍兴一带，那里是当时冶炼锻造的中心地。刘濞凭借豫章郡（今江西南昌）产铜的自然优势，开炉铸钱，在西汉全境流通，遂称雄于江南。由于经济富足，刘濞给国内百姓减免赋税，差役付佣，得到广泛的支持，这成为他后来发动"吴楚七国之乱"的资本。

如前所述，南方开发需要两大条件：雄厚的资本和丰富的劳动力，所以，南方的统治者一直在积极吸引人力。春秋末期吴王阖闾向各地招引人口，工商农人、游说之士，纷纷迁徙而来；吴亡楚盛，春申君以招贤养客名扬天下；西汉刘濞招揽亡命之徒，铸铁煮盐，财政收入大增，甚至让中央朝廷羡慕。春秋末期吴国短暂的崛起显现了东楚的经济潜力，然而，江南开发是一个漫长的过程，直到两汉它也未成为举足轻重的经济区域。

对于南方开发而言，中央王朝的瓦解往往带来莫大的机会。每次中原战乱，北方人为了躲避兵燹而集团性地南迁，都带来人才、资本和技术，大大推动了南方的开发。三国时代，东吴政权得益于此，取得了长足的进步，在赤壁之战中显示出初具抗衡北方的实力。此后西晋灭亡，北方丧乱，东晋继立于江东，北方人大举南迁，高达百万之众，南方迎来了第一次移民造成的大开发。有实力的移民集团集中在太湖区域，江东一流名门士族聚居于会稽，二流士族则沿着长江下游分布开去，从首都建康（今南京）到会稽，由点连线，颇具规模。长江中游沿线和离开长江稍远的内地也有不少点状的开垦。东晋南朝维持了将近三百年，偏安的环境让社会平静，南北文化得以在碰撞中交融，中原官话与南方各种方言，加上外来的梵音，推动了语言学和音韵学的大发展，音调格律、山水田园，孕育了以"永明体"为代表的诗歌文学的繁荣；外来的佛教信仰与新起的道教，深入地探究了性灵与生命的本质，进而对人的存在和社会现实进行了理论思辨。思想解放，桎梏打破，南方第一次取得了对于北方的文化优势，增强了自信。当然，这还只是开了一个头，此后数百年的人口南迁与开发，形成了中国发展的新走向：从汉唐时代的由西向东的发展，逐渐转变为唐宋时期由北向南的转移，到宋朝确定了中国经济重心的南移，遂有了明朝的由南方统一中国。演至近代，新思想、新文化的勃兴中，南方贡献颇巨。在这个大变化中，东楚的地位和作用越来越重要，成为整个南方的龙头。当然，其所处的东南方位，能带来旺盛的生机，却也容易因富庶而偏安，故强大的王朝都不以此作为都城所在的政治中心。

从东楚西行，来到南楚。它主要包括今江西、湖北、湖南及安徽中南部地区，向南延伸到番禺（今广东广州）。这里物产丰富，豫章（今江西南昌）产黄金，长沙产铅和锡，只是储藏量不大，开采成本太高。至于竹子、木材资源，则非常丰富。其北面的合肥，在长江和淮河之间，兼得其利，成为皮革、鲍鱼、木材的汇聚之地。南面的番禺，是珠玑、犀角、玳瑁、水果、葛布之类的集中地。南楚地域广阔，地势低下，气候潮湿，男子寿命不长。其各地民情相差甚大，礼俗属于南方型，受扬、越地区影响颇大。

南楚北部在长江中游。南北分裂时代，北方军队南下，往往选择在这一带用兵。因为中游比较容易渡江，防御也相对薄弱，一旦得手，便可将南方切割开来。曹操发动的赤壁之战、西晋灭吴之战、前秦苻坚发动的淝水之战、隋朝平陈之战，毫无例外都在长江中游布置重兵，试图由此突破，可知此地为南北交争的战略要地。和平年代，此地为人员南来北往的区域，商贸繁盛。南楚居民善于辞令，说话乖巧，但少有信用。

对于南方政权而言，荆楚之地势在必得。因为长江之水向东而流，失去荆楚，则敌人顺流而下，江东岌岌可危。如果占有荆楚，就可以据守三峡，关闭巴蜀南下出口，方得安心。三国时代，东吴不惜撕毁孙刘联盟而必欲夺取荆州，刘备则倾尽全力要攻克夷陵，道理就在于此。

河南南阳盆地位于中原联系南方的交接地带，其重要性凸显。此地西接汉中，东临江淮，北上洛阳，南下荆州。其西北的武关，南面

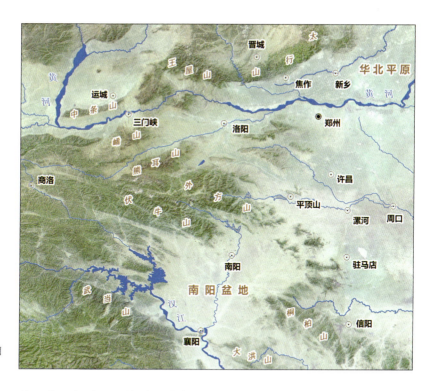

南阳盆地地形图
李晶绘

的汉水和方城山,分别是关中和荆楚的门户。故此地是南北双方的前进基地,交通要冲,历史上围绕南阳、襄樊发生了许多激烈的战争。

颍川(今河南禹州)、南阳一带原是夏朝之都,属于最早开发的地区,又同东周、东汉的都城洛阳相邻,深受其影响,文化昌盛,养育了众多名门望族,人才辈出。动乱时期,政治中心洛阳局势混乱,京城士人散出,但不愿远离,便居此观望。北人南迁,也不乏隐居于此者,例如山东琅琊有诸葛亮躬耕于南阳、结庐在隆中的故事。

夏人为政崇尚忠厚朴实,风气流传,故颍川人敦厚老实。南阳在颍川西南,古称宛,秦朝末年,曾经迁徙不法之民到这里,故当地人好事,风俗混杂,多以经商为业,爱打抱不平,以抑强扶弱为己任,所以,到西汉时代还被称作"夏人"。东汉光武帝在此发迹,故南阳号称"南都""帝乡"。

从南阳北上,便来到中原重中之重的三川地区。这里是黄河、伊河、洛河冲积出来的小平原,其中心就是洛阳。洛阳三面环山,北面黄河，南向伊阙，西有函谷之险，东阻成皋鸿沟。隔在西安与洛阳之间的崤山，对于关中的东征或者河东的西讨都是艰险之地，秦晋崤山之战，唐朝安禄山大败哥舒翰，都选择以此地为战场。东面的鸿沟是坚守洛阳的战线，刘邦集结主力在这里死死顶住了项羽的进攻，不仅为韩信挺进河北、席卷山东创造了条件，也使自己不至于被项羽压缩至关中，难于向东施展力量。

西周至唐朝，中国王朝的首都经常设在关中。关中固然易守难攻，但是，对于广袤的华北地区难免鞭长莫及。故西周在洛阳再设一都城，形成两京制度，便于控制东部，显现出洛阳的战略价值。然而，三川地区的腹地太小，洛阳地形看似天险，但周边险要之地一旦被敌人占领，就会因为腹地太小而难于回旋，反而变成牢笼，难以挣脱。刘邦建国之初，本想以洛阳为都，张良指出洛阳地势险要不如长安，难以长期固守，令刘邦作罢。唐太宗则看破洛阳地势不利之处，不直接进攻洛阳，而是尽占周边险要之处，围城打援，一并消灭据守洛阳的王世充和前来增援的窦建德，成为经典战例。由此可见，洛阳要在中国全局中发挥重大作用，必须以关中作为依托。故西周和隋唐两京之洛阳，只是关中西京向东延伸的副都。

司马迁以中原为中心实地探访的足迹到此而止，到任官之后才有机会奉命出使蜀地。西南之巴蜀滇僰，亦即今四川、云贵等地，在《史记》讲述各地风情的篇章中，只作为关中的附庸，略有叙述。直至司马迁在世的西汉武帝时代，西南的开发仍远远落后于中原。然而，刘邦以蜀汉为根据地夺取全国，可见其自有特色，巴蜀之地虽进取不足，难以左右全国，却为西南天府之国，可称举足轻重。

巴蜀中心位于成都平原。若从关中南下，自汉中跋涉到广元，一路皆为崇山峻岭，路隘林深，地势险要。好不容易到达广元剑门关，见到的却是山岩壁立，盘旋于高山之巅，叫人插翅难飞。剑门关上的岩壁堪称内柔外刚的卫士，其南面为缓坡，便于当地居民上山，北面则如刀劈，数十米高的岩壁耸立于山顶，难以攀缘，令外来者一筹莫展。李白曾望而兴叹："蜀道难，难于上青天……黄鹤之飞尚不得过，

洛阳地形图
李晶绘

猿猱欲度愁攀援。"南面通道为三峡，全是急流险滩。记得我1987年第一次乘船自重庆出三峡，虽然过峡者都是机动船，但入晚皆停船等待天明。行船中，船夫于两侧用长杆仔细撑船，以免搁浅触礁，颇为艰辛。所以大队人马欲由此路出入蜀地，未免过于凶险。当年陆逊在夷陵大败刘备而不穷追，不是放敌人生路，而是担忧自己深陷绝境。在历史上，只有东汉创立者刘秀创下自三峡挺进蜀地的成功战例，再无其他。

巴蜀地形易守难攻，南北两头都很难进入，与此同时，要从此地出来也很难，加上地涝水患，巴蜀开发比较落后。战国时代李冰任蜀郡守，大规模治理岷江，凿建都江堰，使得成都平原由水患之地变成天府之国。整个四川盆地在中国地形中宛如天坑，富庶却交通不便，养成当地人安于现状的心态，小富即安，并不热衷于钻营功名利禄，故有"少不入蜀"之说，是担心少年不思进取。

蜀地进出困难，但比起湍急的三峡，陆路交通要牢靠些。所以在很长的时间内，蜀地向外的通道连接关中，这就是司马迁把蜀地附属于关中的道理。按照司马迁的介绍，西汉时关中加巴蜀占有天下6/10

巴蜀地形图
李晶绘

的财富，蜀地为关中的经济后院。不仅如此，蜀地还是定都于关中的王朝政治上的后路，一旦出现重大危机，便可择蜀地避难，再谋复兴。唐朝遭"安史之乱"时，玄宗入蜀乃为一例。

总括而言，南方地广人稀，开发落后于北方。但是，南方颇有地利，沿海煮盐捕鱼，获利颇丰。其水源丰沛，便于发展农业，所以很早就培育出了水稻，刀耕火种，瓜果桑麻，食物丰足，没有饥馑之患。同时，因为生存容易，故人们不会太努力，财富也比较平均，江淮以南地区，既无挨饿受冻之人，也无千金富户。与此形成对照的是沂水、泗水以北地区。此地适合种植五谷桑麻，饲养六畜，地少人多，经常遭受水旱灾害，生存不易，故百姓喜好积蓄财物。北方大部分地区，从关中到中原、山东地区，普遍勤于农业而重视人民。齐、赵地区的居民聪明灵巧，善于经商贸易以获得财利。

环境对于个人乃至族群的塑造至关重要。西周以来，大中国的格局已经奠定，并且随着周礼文化的传播推广，以及后续帝国向周边的

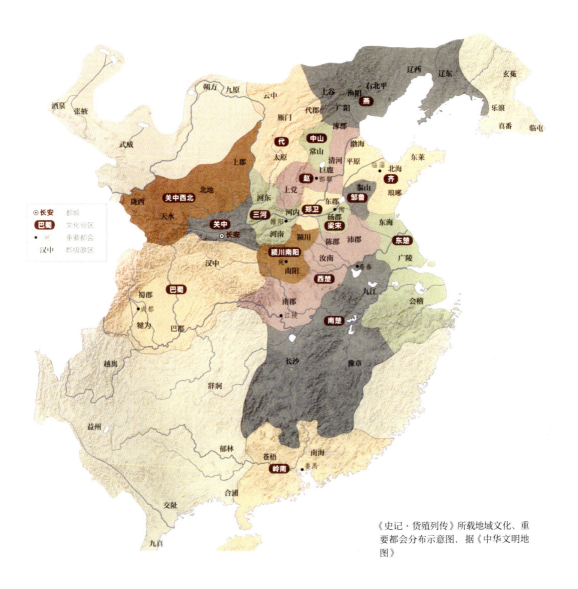

《史记·货殖列传》所载地域文化、重要都会分布示意图，据《中华文明地图》

拓展，中国在不断扩大。统一国家通过统一的政治制度、法律、礼仪规范国民，将中心区域的文明向周边推广而强烈地影响着各个地区，因此，从总的方面来看，一个国家、一个民族在基本文化上将愈发趋同。国土和人口规模不大的国家和民族，会迅速达成文化观念上的同一，而对于像中国这样幅员辽阔、自然环境相差甚大的国家，这个进程就要缓慢得多。实际上中国由多个区域板块组成，这些区域板块乃由大自然的山和水分割而成，故古人所谓"风水"，自有其合理性。山和水构成的自然环境决定了当地人的生活方式和生产方式，也就决定了其思维方式和习俗。不同区块的人，思考问题的路数不一致，是非常自然而合理的，不深入理解这一点，必定造成严重的误解和冲突。所以，要想认识中国，必须深入到每一个区域板块进行认真的考察和思考。读万卷书，行万里路，方能有所领悟。将如此复杂的区块及其风俗民情，聚拢在一起，必须兼收并蓄，同时建立最大公约数的共识，使之成为凝聚的纽带，西周的封建制度和宗法制度恰好是这两方面的产物，从而衍生出了渗透力极强的西周礼仪文明。帝制时代，汉武帝弘扬以天人合一为主线，杂糅阴阳、五行于儒学的国家文化，是与时俱进的发展。尊重差异性，谋求共同性，始终是自然与民情错综复杂的大国面对新时代时会遇到的重大问题，如何开辟出新路，考验着每一代人的智慧。

第九章　商人与侠士：永远的利益和变动的道义

第一节　经济法则与商业伦理

稳定的农业社会，例如西周封建制下的井田制度，一夫百亩，自给自足。农夫能否拥有一百亩土地，无从考证。但他们之安于农事，倒是在《诗经》农夫的吟诵中得到反映。低产农业所能提供的产品和财富，以及所能维持的家庭生活，都相当贫乏。《孟子·梁惠王上》介绍了一般农夫的家庭生活情况：50岁可以穿上帛衣，70岁可以吃肉，风调雨顺，统治者不去扰民，则数口之家可以不挨饿。这样的生活水准确实低下。生活贫困需要用精神来弥补，故孟子接着强调要加强学校教育，培育孝悌之心[1]，尊老爱幼，农村便可安定，进入理想的状态："死徙无出乡，乡田同井。出入相友，守望相助，疾病相扶持，则百姓亲睦。"[2] 乡民通过互助，相亲相爱，安于现状，不生妄想，则一片祥和。孟子理想中的乡里社会，与老子所述无异。[3] 司马迁在记载迄至西汉的社会经济活动时，引用老子描述的理想社会作为榜样称："至治之极，邻国相望，鸡狗之声相闻，民各甘其食，美其服，安其俗，乐其业，至老死不相往来。"儒家和道家的描述如此一致，反映出这种农村景象及其追求的目标，无疑是上古的方国邑落的投影，并且在西周封建制下延续下来。对于农业国家的统治者而言，追逐财富将造成社会的骚动与分化，而安定才是治理之本，生活的不足可以通过精神来弥补，因此，教育的核心内容必须是农业社会的人

---

[1] 《孟子·梁惠王上》说："五亩之宅，树之以桑，五十者可以衣帛矣；鸡豚狗彘之畜，无失其时，七十者可以食肉矣；百亩之田，勿夺其时，数口之家可以无饥矣；谨庠序之教，申之以孝悌之义，颁白者不负戴于道路矣。"

[2] 《孟子·滕文公上》。

[3] 《老子》第80章说："使有什伯之器而不用，使民重死而不远徙。虽有舟舆，无所乘之；虽有甲兵，无所陈之；使人复结绳而用之。甘其食，美其服，安其居，乐其俗。邻国相望，鸡犬之声相闻，民至老死不相往来。"

伦礼制，目的在于安定社会。

从铜器到铁器，随着金属工具的进步，生产力得到很大提高，社会分工日益细化。就大者而言，周代以来形成了农、虞、工、商四大类。农工商为大家所熟悉，"虞"则是自古以来就存在的山林狩猎业者，与农业并为古代基础生产领域。此字始见于西周金文，在西周金文及典籍中多用作掌管山泽禽兽的职官名，亦即国家将山林狩猎纳入管理之下，可见其重要。世界的多样性造成分工的多行业性，每个行业都相互依存。周朝已经深谙此理，指出农民不种田则粮食匮乏，工匠不做工则工具器物短缺，商人不做买卖则吃的、用的和钱财三宝都断绝，虞人不开发则资源不足，从而陷入恶性循环之中。[1] 分工是社会生产的必然分化，因此，每个行业的存在都具有充分的合理性，不可或缺。强化某个行业，打压某个行业，都是人的主观所为，根本上都违背了客观规律，只会阻滞经济发展，终将失败。从古代打压商人到近代通商变法的转变，历史演进的过程让人可以看清每一个阶段的得失成败。产业可以通过相互依存的力量冲破人为的阻碍，自然调节到相互平衡的合理状态。人们所能做到的是发现并遵循经济法则，顺势而为，这需要深刻的洞察力和很高的操作水平。

产业分工形成了社会大生产的产业链，从劳动者个体到生产行业乃至国家，都是链条中的某个环节。产业相互依存，分工的人类自然也须相互依存。从产业而言是生产链条，从人类而言是命运共同体。不管利益分配上有多少矛盾，谁也离不开谁，只能合作面对外部世界的挑战以谋求生存与发展，而不能自相残杀，古人所谓"吴越同舟"揭示的就是这个道理。同舟共济要求船上的人各安其业，努力做好自己的事情，而不能看别人过得好便去争抢，跨行业竞争，那必定造成内讧而破局。利益的分配遵从供需关系而调整，劣质的跨界乃产业杀手，损了别人，毁了自己，根本谈不上产业链和命运共同体。因此，生产者应该"各劝其业，乐其事"[2]，恪守本业，做强自己。今日高精尖的产业没有一蹴而就者，都发生于具有千百年工匠传承历史、强调

[1] 《史记》卷129《货殖列传》记载："《周书》曰：农不出则乏其食，工不出则乏其事，商不出则三宝绝，虞不出则财匮少。"

[2] 《史记》卷129《货殖列传》。

精益求精的族群与地区。

有了社会分工,必定产生产品的交换,人们日常生活不可或缺的东西需要通过商业交换才能互补而获得满足。因此,商业是联系各行各业的纽带。商业发达还将推动各地特产的广泛流通而丰富人类的生活,从维持生存到思想艺术创作,其功甚伟。一个社会的商业繁荣程度反映了产业分工的发达、经济的活跃与成熟,以及生产链条的构成状况。从社会分工到商品交换是生产活动的必然结果,既非人类刻意创造,也非人类可以扼杀。人类顺从经济规律则繁荣昌盛,违逆而动则阻滞社会发展,但最终结果必定是违逆者被淘汰。

发达的商业实现了社会资源的配置,对于每位个体生产者而言,商品交换都是为了谋求利益。但个体有意识的逐利活动却无意识地达成了社会生产资源的理性配置,这是个体融入整体过程中出乎人们意料的结果,揭示了一个重要的道理,任何事物的运行都有其法则,人们当初乃至永远都无法充分认识,而只能逐渐地感受到。在事物运行规律方面,人类总是后知后觉,且无法完全掌握之。既然是规律,就不是人类所能够创造的,而只能逐渐去发现,并随着认识广度和深度的提升而了解的更多一些。但是,一旦自以为完全掌握了规律乃至真理,认识过程便终止,人类便陷入自我欣赏的谬误之境。贤者老子的《道德经》早已告诫世人:"道可道,非常道。"

规律法则无关乎价值,因此,对其做价值判断也将使人们陷入自我封闭和妄自尊大的灾难之中。还原事物的本相往往相当单纯,生产者与商贸业者的驱动力来自逐利的动机,故司马迁引用古语道:"天下熙熙,皆为利来;天下壤壤,皆为利往。"看穿人性是进行一切活动最重要的认识基础,前提一错则后面的所有建构都将出错。在司马迁笔下,社会芸芸众生都在追逐利益,谋求富贵。

在庙堂上出谋划策的贤能之人,隐居山林自命清高的守信死节之士,都在谋求富贵;官员清廉、商人公平,也都是为了做得长久,以获取更多财富。求财是人的本性,无须学习激发。战士作战奋不顾身,赴汤蹈火,是重赏所致;街头少年拉帮结伙抢劫犯奸,盗墓铸币，杀人越货，违法犯罪，往死路上快马奔驰，往往只是为了钱财。赵国、郑国女子打扮靓丽，弹琴舞蹈，搔首弄姿，挑逗勾引，不择老少，不远千里，招徕男人，也是为财奔忙。游手好闲的贵族公子衣帽光鲜，车马成行，无非在摆显。猎人渔夫起早贪黑，冒着霜雪奔跑在深山大谷，为的是捕获各种野味。赌场里面斗鸡走狗，争得面红耳赤的人，志在必得，看重的是输赢。医生方士以及各种靠技艺谋生的人，劳心伤神，尽其所能，是为了得到更多的报酬。衙门内的刀笔吏舞文弄墨，私刻公章，伪造文书，不避斫脚杀头，是因为受人贿赂。至于农、工、商、贾储蓄增殖，原本就是为了谋求增添个人财富。如此绞尽脑汁，终究都是为了不遗余力地争夺财物。[1]

诚如上述，所有的人都在追逐名利，但层次有所不同。逐利首先出自生存的需要，获得满足之后很快转为追求感官的愉悦，口欲尝美味佳肴，人欲拥美女帅哥，这些都在生存繁衍的延长线上，属于比较原始本能的欲求，普遍存在于众人之中。有些人追逐五音六色之美[2]，进而升华为艺术；有人则吟咏思索终极，进而发展为学术。究其发端，皆源自官能。故逐利乃人类最初的原动力，无所谓善恶，非要用价值判断去定性，必然沦入虚伪。人们应该做的是充分调动逐利的原始本能以谋求更大的发展，与此同时，则要通过基本的人伦道德规范之，使之不至于肆意扩张而危害他人乃至社会。

逐利有形而上与形而下之分，它们形成了社会不同的阶层，"故君子富，好行其德；小人富，以适其力"[3]。一生都在追逐财富的人占绝大多数，只要"求之有道"，于道德并无亏欠，就无可指责。倒是富裕后明白金钱只是工具而不是目的的人居于少数。他们能驾驭财富来实现文化艺术的升华，以及对人文信仰的追求，启发大众，管理社会，建立伦理道德，规范世人行为，致力于让人类社会更加美好崇高。这部分人难能可贵，但不应该要求世人都达到他们的境界。孔子称前者为"小人"[4]，后者为"君子"，指出："君子喻于义，小人喻于利。"[5]齐国公子孟尝君养客三千，待之甚厚，一旦失势，门客作鸟兽散。后来孟尝君东山再起，门客又都回来。孟尝君好不心寒，恨恨

[1] 《史记》卷129《货殖列传》。

[2] 《仪礼》卷27《觐礼》："设六色：东方青，南方赤，西方白，北方黑，上玄，下黄。"

[3] 《史记》卷129《货殖列传》。

[4] 孔子此处所称之"小人"，并非骂人之语，而是指平民百姓。

[5] 《论语·里仁》。

道:"这些人有何脸面来见我,我要唾面羞辱之。"帮助孟尝君复起的冯驩当即批评他说:"您明白事理吗?富贵的人多宾客,贫贱的人少朋友。人们早上争先恐后挤进市场,傍晚头也不回地离开,并非他们喜欢早晨而厌恶黄昏,而是因为得不到所要之物的缘故。"[6] 言下之意,对于草民而言,无利可图便弃之不顾乃世间常情,不可以道义要求他们,即使这么做也是徒劳的。

中国古人还认为道德并非凭空而来的高谈阔论,必须具有物质基础,"仓廪实,则知礼节;衣食足,则知荣辱",[7] 并以食不果腹却奢谈道德为耻。司马迁鄙视道:"穷到不能养家糊口,不能祭祀祖宗,甚至连自己都无衣无食,还不感到惭愧,真可谓无耻之极,尤其是没有高人奇士的品行本事,长期处于贫贱地位,却喜欢高谈仁义,足以羞愧。"[8] 贫穷并不可耻,穷则思变,奋发而起,谋求富裕,则逐利成为动力。儒家治国强调先富民,再教化。发展经济是提升人的道德境界、走向文明社会的坚实基础。

经济发展了,文化道德跟不上,则是执政者的失职。鲁国原以礼仪文明著称,当地人十分节俭,其中以曹邴氏尤甚。此家族冶铁致富,子孙数代精于算计,低头抬头都要有所得,行商放贷,锱铢必较,引来周边民众纷纷效法,谋财逐利,导致鲁国人弃文从商,诗书荒废。经济和文化本应互相促进,相得益彰,经济发展到一定程度,没有文化相辅相成,以至于世人更加趋利,汲汲于敛财,则必为昙花一现。从历史上看,齐鲁地区因兴文而盛,废书而衰,屡试不爽。

从逐利分化出礼义,在这里物质生产和精神创造也出现分工,社会越成熟,分工越细致。所以,作为社会管理者,不应该用狭隘偏执的价值观去阻碍社会发展,而应该促进各行各业蓬勃发展,视之为物质与精神财富之源,源愈大,则愈富饶;反之,把源做小了,则日益贫乏。中国古代社会走向衰落的教训就在于伪道学家所倡导的道德主义,用虚伪且反人性的道德高调抑制商业的发展,歧视劳动创造,以致落入浮夸与自闭的深渊。

---

[6] 《史记》卷75《孟尝君列传》。

[7] 《管子》卷1《牧民》。《史记·管仲列传》引文为"仓廪实而知礼节,衣食足而知荣辱"。

[8] 《史记》卷129《货殖列传》。

安于本业，则业者自然追求生产出最佳产品。这既是职业的追求，也是竞争的需要，优质商品包含着这两方面的要素。至于把社会各行各业紧密联系在一起的商业，则在追逐利益的最大化，从销售的速度与数量到获取的利润，无不服从于商业理性的需要。利益最大化表现为效率，商业理性则驱动资源根据成本做合理的配置。完全听任市场规律运转经济，优胜劣汰，则强者愈强，弱者愈弱，首先给能力低下的人带来贫困。司马迁指出"巧者有余，拙者不足"的现象[1]，这是人生来能力与智力差距造成的结果。其次，财富本质上是既往劳动的积累，必将重新投入市场以变现并增值，由此带来社会贫富差距进一步拉大的社会问题。这就需要政府从社会均衡的角度进行调节，扶持贫弱。如果市场是一股讲求效率、造成财富集中的力量，那么，政府就应该是强调公平、分散财富以均衡社会各阶层的力量。正是这两股看似截然相反的力量相互辅助、相互制约，推动了社会的良性发展，哪一方都不应该做另一方的事，而必须各尽其职。

商业的规则是最大限度地逐利。所谓"最大限度"亦即有限度，说明商业同样存在底线。第一条底线在于相生共存，而不能无限度逐利造成互害，最后同归于尽。所以，商业的道德是两方面的，既讲最大限度的利益追求，同时也强调互利共生，相互依存。战国时代的智者计然按照当时农商两业相互依存所需的利益分配，指出双方获取利益的上限在80%，下限在30%。[2]在这个限度内属于双方依据实力进行谈判协商的范围，归于商业行为。超过这两个限度，变成你死我活的博弈行为，结果不是农业灭亡，就是商业衰败。擅长经商的人一定反对这种做法，中国古人常言"和为贵""和气生财"，讲的就是这个道理，成为中国古代的商业道德。

第二条底线是商业要向社会提供优良产品，计然称之为"务完物"[3]，其中包括优质的服务，这是生产者的义务和对消费者的责任，也是商业的底线。商品价格的竞争根本上必须是资源配置与劳动效率的竞争，它促进生产的合理化，让经济更加理性。相反，用牺牲质量来降低成本，以次充好，价格欺诈，坑蒙宰客，都是违背商业道德的

---

[1] 《史记》卷129《货殖列传》。

[2] 《史记》卷129《货殖列传》记载："计然曰：'……夫粜，二十病农，九十病末。末病则财不出，农病则草不辟矣。上不过八十，下不减三十，则农末俱利，平粜齐物，关市不乏，治国之道也。'"

[3] 《史记》卷129《货殖列传》。

行为。支撑商业存续并繁荣的是信用,战国时代的计然、陶朱公,后世的关公,他们被供为商神的原因都是诚信。商业通过向社会提供优质的商品而获得信任,因而担负起联结各个行业乃至每一个人的职责。商业经济的发达带给社会的是道德的提升,商业道德的缺失则会造成社会的相互猜疑与争斗。因此,经济是社会道德的基础,商业则是观察一个社会道德水平的绝佳窗口。

而且,从事经商活动,乃至进行商品生产的产业对于民众而言未必都是好事,因为大作坊或者大商店的开设往往会破坏所在地业已形成的社区和谐,在带来就业的同时也造成失业,在创造价值的同时也攫取了财富。这就是古往今来底层民众对于商人的痛恨超过爱戴的原因。战国时代的范蠡明白这个道理,所以,他在各地经商,因眼光独到而三次发大财,但他成功之后便将财富赠送给贫穷之人,世人将他作为"富好行其德者"[4]。乐善好施只是表面现象,企业家的捐赠其实也是对社会责任的担当。因此,一人致富能否造福一方,体现了企业家的社会责任心,衡量了经济发展是否良性。

追逐利益驱动农民多产粮,商人多销售,造成商品过剩,使得价格低落,货物变得不值钱。这个常识揭示了经济活动的规律,那就是供求关系造成价格的波动,进而调节各个行业的产能,使之趋于平衡合理。古人最早也最彻底了解的市场规律就是供求关系。因此,计然通过观察供应的过剩或者不足,准确判断市场价格的涨落,告诫经商者货物贵的时候千万不可持有囤积,而应视之如粪土,出手唯恐不及。相反,货物便宜到一钱不值的时候,就应视之如珠玉,大量购入。[5]

从供求关系,计然进一步认识到金融的特点,指出货币和货物一样,都不应该停滞不动,货物要通过交换才能实现价值,钱币同样必须通过流动才能增殖。因此,要让钱币像水一样不间断地流动。[6] 显然,计然并没有把钱看作目的,而是认识到钱的本质既是过去劳动的标志,也是进行再生产的工具。前一条表明钱与一般商品无异,必须在交换中实现自身的价值;后一条则认识到财富要通过不断再生产才

[4] 《史记》卷129《货殖列传》。

[5] 《史记》卷129《货殖列传》记载:"(计然曰)以物相贸,易腐败而食之货勿留,无敢居贵。论其有余不足,则知贵贱。贵上极则反贱,贱下极则反贵。贵出如粪土,贱取如珠玉。"

[6] 《史记》卷129《货殖列传》记载:"(计然曰)无息币……财币欲其行如流水。"

第九章 商人与侠士:永远的利益和变动的道义

能扩大。所谓"钱生钱"只是表象，实质是用过去的劳动推动并扩大现在的生产。因此，金融业者并非不劳而获的寄生虫，而是驾驭古今的再生产者。计然遵循经济与市场规律治理国家，短短十年间，国家富裕，有充足的军费养兵，辅佐勾践称霸于中原。

司马迁在论述经济活动的《货殖列传》中，首先写了计然和陶朱公的事迹，在朴素的叙述中，传达的是对于商业道德的尊重和对经济规律的认识。

第二节　商人的逐利活动

产业有底线，经商守道德，交易重信用，这三条构成了古代农、林、工、商经济生产的文化基础，商人在此之上展开逐利活动。由此可知，自从封闭自足的封建土地井田制瓦解之后，社会分工和商业活动活跃起来，但古人并非放任自流，听凭逐利活动肆意扩张，而是通过对于经济规律的认识，构建产业道德加以规范，正所谓"君子爱财，取之有道"。

守信用的商业才能长久，商人靠什么赚钱呢？

第一是懂得自然规律。西周以来中国进入典型的农业社会。农业是最重要的基础产业，基本靠天吃饭，因此，认识自然规律无比重要。中国人早在新石器时代就对于天地运行规律进行严密观察，发现了二十四节气，并以此指导了千百年的农业生产。对于天象的观测发现，岁星（现代天文学称之为木星）处在天空中不同的位置，将决定当年的水旱丰歉。例如岁星在金的位置，预示是个丰年；在水的位置则是灾年；在木的位置将发生饥馑；在火的位置则将发生旱灾。知道了这个规律，就可以提前做好准备，掌握先机。如此则无论何种年份都有商机，这靠的是超过常人的自然认识。

能够通过认识规律发财者，必有过人之处。例如预先知道是个大旱之年，应该做什么准备呢？众人想到的一定是造车，迁徙运输都需要；同理，遇到水灾之年一定是造船，逃生避难不可或缺。大家都这么想,也都如此准备,就不会有过人的机会了。高人在于能够看得比常人更远一步,不仅想到防备即将到来的灾荒,还先人一步想到灾后的光景。按照自然规律,旱灾之后将是水年,水灾之后将是旱年。所以,旱年不仅要和常人一样备车,更要抢先一步备船;相反,水灾时不仅要备船,还要预备之后所需的车子。"旱则资舟,水则资车"[1],出人意料,堪称神妙,宛若天神。相似的故事在东西方上古时代都存在。《旧约·创世记》中,讲述了风调雨顺的日子里,诺亚一家在干旱无海的大地上辛勤打造一艘大船,邻人全都看不懂。七天以后,倾盆大雨自天而降,整整下了四十昼夜,淹没了高山,灭绝了生灵,唯有得到上帝预告的诺亚一家得救。这个故事原来说的是上帝要惩罚作恶多端的世人,但它反映的是中东地区水旱交错的真实世界。

第二要顺应市场规律,洞察供求关系。当物价高的时候,表明求大于供,则人们会增加生产,而且还会寻找便宜的供货商,形成异地交易,从而增加供应量,推动各地的开发。相反,物价太低会抑制生产。因此,物价贵的时候不要囤积居奇,而应尽快出手,转买便宜的货物。魏国商人白圭善于观察市场行情变化,丰收年收购粮食,出售丝和漆;蚕茧结成时买进绢帛绵絮,出售粮食。他总是在价低时购进,价高时抛售,而且,善于用自然规律预判年景,决定进货与库存的量,不断加以调节。总结他成功的经验便是"乐观时变,故人弃我取,人取我与"[2],亦即比别人看远一步,总能抢得先机。

第三要洞察形势演变。古往今来,从来没有单纯的商业,经济一直同政治关系密切,而且受到极大的影响。帝制建立以后,只存在政治经济,因此,认清政治形势变化至关重要。任氏原来是秦朝地方管理仓库的小吏,秦朝垮台时,天下大乱,强者争抢金玉,任氏则尽量贮藏粮食。不久之后,楚汉战争爆发,双方在中原粮食主产区交战,对峙于荥阳,进退拉锯长达四年,农民无法耕种,粮食奇缺,一石米竟腾贵至万钱。当年的强人不得不用金玉换粮,财宝尽归于任氏。

明察大势,正确判断发展趋势,才敢于做出大胆的决断,化危为机。汉朝建立后,刘氏诸侯王实力强盛,特别是地处东南的吴楚七

[1] 《史记》卷129《货殖列传》。

[2] 《史记》卷129《货殖列传》。

国,开山铸钱,煮海为盐,兵强马壮,大有凌驾于朝廷之上的架势。汉景帝时终于爆发声势浩大的"吴楚七国之乱",人心惶惶。汉朝派兵镇压,长安城中的列侯贵族从军出征,需要大量的金钱,便去贷款。商家认为这些列侯的封地都在关东,而关东胜负未定,所以不肯放贷。只有无盐氏准确判断朝廷必胜,大笔放贷。三个月后,朝廷大获全胜,平定叛乱。无盐氏一年之中获得十倍的回报,称富于关中。无盐氏的事例颇似风险投资,风险越大,收益越高,成败取决于对形势的准确判断。

第四要善用地利。如果把上述第一、二条归为"天时",则"地利"亦不可或缺。陶朱公范蠡帮助越王勾践称霸后,急流勇退,隐姓埋名转投商业。他首先选中的是陶这个地方,亦即今山东菏泽,道理何在?如前面评述项羽定都彭城(徐州)时所论,此地处于华北平原,是东西南北交通枢纽,各国人员来往,货物集散,量大且品种多,颇得商贸地利。因此,他在此开业,与时逐利,十九年之中,三次发大财。在什么样的地方做什么事,不可错位。项羽以市为都,败得凄惨;范蠡在市经商,大获其利。天下没有绝对坏或者绝对好的地方,关键是善于因地制宜。前述姜太公开发盐卤之地齐国的成功事例,亦是一证。

善用地利则可坐拥财富,立于不败之地。秦朝征服赵国,剥夺富人财产,将他们强制迁徙到蜀郡边荒之地,卓氏夫妇亦在其中。大家争相用所剩无几的财物贿赂押解的秦吏,争取发配到近一点的地方。卓氏夫妇认为大家所求之地物产贫瘠,反倒是边远的汶山肥沃富饶,便自告奋勇迁徙到那里。到了临邛,他们雇用滇蜀之民开矿铸铁,行销遐迩,重新崛起,富甲一方。

能够知天时,察规律,用地利,都是做大事业的人物所为。就一般社会人士而言,如何挣钱呢?可以分为三个层次,最低层次是一无所有的人靠体力努力工作,高一层次的人因为资本不足,便依靠智力和技巧,再上一个层次的人已经富足了,便通过学习,明察规律来运作。

三个层级，渐次提升，有一点却是共同的，那就是始终保持勤俭朴实的精神。成功的商人大都节俭，近乎吝啬。被奉为"治生之祖"的白圭和劳作的僮仆同甘共苦，饮食清淡，衣裳朴素，节制嗜欲；前述善察时变而发大财的任氏极其节俭，不管周围富人如何摆阔奢侈，他都坚持勤俭不易，为人低调朴实，亲自耕种放牧。并且，他把勤俭树立为家规：不食用农牧耕作所出产以外的东西，公务未毕不喝酒吃肉。亦即自食其力，先公后私，工作重于享乐。中国数千年历史留下"富不过三代"的沉甸甸教训，究其原因皆为心骄纵欲所致。勤俭培育毅力，奢靡消磨意志。日子过得太舒适的家庭，孩子难有奋发之志，而且不知道生活艰辛与民间疾苦，故豪门子弟多无同情之心。我略做统计，通过政治与经商两条路发家的富豪，三代亦即百年之后，依然长盛不衰者，寥寥无几，百不存一二。所存者必定是悟通了为人处世之道、拥有良好家风、坚持勤俭行善之家。在难能存世的家族祠堂大门上，往往悬挂着大匾，写着"耕读传家"。[1]

　　勤奋是工作态度，天道酬勤，农业社会的传统一贯把依靠劳动谋生作为"正道"。[2]节俭的关键是不花不应该花的钱，讲求花钱的合理性，其掂量的根据是成本核算。所以，节俭不是吝啬、小气，真正懂得节俭的人不制造也不购买低劣产品，该花的钱大方地花。比如上述任氏，个人和家族日常生活简朴，但是，在购买田产和牲畜的时候，绝不买众人争抢的低价货，一定挑选最好的田畜，尽管价格高些，但核算下来，低廉质次的货实际上更贵。真正懂得了这一点，凡事都从长远的眼光做精细的成本核算，便养成理性主义精神。这才是真正的商业精神。理性主义的商业精神推动现代社会的出现，马克斯·韦伯在《新教伦理与资本主义精神》中有精深论述。但这种精神在中国很早就出现了，唯须待被社会普遍接受方能产生巨大的作用。

　　一种文化精神，犹如一颗种子，没有种子肯定不会发芽，播下了种子还需要合适的条件才能发芽。尤其是道德文化的培育，无法速成，时间的因素非常重要。一项事业，一个家族，一个企业，要扎下长久之根，需要时间。如果只有一年的时间，只能种稻谷；如果有十

---

[1] 详见韩昇《良训传家——中国文化的根基与传承》，生活·读书·新知三联书店，2017年。

[2] 《史记》卷129《货殖列传》说："夫纤啬筋力，治生之正道也。"

年的时间，可以种树；如果有百年的时间，就可以立德。只有到立德的层次才能影响周边，成为众人楷模而根深叶茂。没有经过相当长时间跌宕起伏的考验，不足以称作成功。

人是目的。如果挣钱是为了人的提升，便可脱俗；如果是为了快速致富，那么，农业不如手工业，手工业不如商业，刺绣锦文不如倚门买卖。古人把农业作为本，把商业作为末，而挣快钱显然本不如末，商业是穷人致富的捷径。[1]

挣钱后想守住钱财，常保富庶，农业社会最安稳的莫过于拥有土地，故称"以末致财，用本守之"。用武力得到的东西，最终还得靠文化才能拿得住。[2]经济最终还将回归于文化。农业无法迅速富裕，却能够使家业安稳、子孙有成。就短期而言，商业乃捷径；就长期而言，则农业为上。从事哪一行业并无善恶之分，用长时段计算，所得难分高下。所以，司马迁总结道："是故本富为上，末富次之，奸富最下。"[3]

众人都想挣快钱，但不是人人都能成功。商业看起来回报丰厚，但是，对于从业者的要求更高，入错了行可能颗粒无收，甚至有倾覆之灾。商业神人白圭对于想通过经商发大财的人提出四点要求："智不足与权变，勇不足以决断，仁不能以取予，强不能有所守。"[4]据此可知，在商海如鱼得水者，非常人所能及。

然而，有不少人眼见商人仿佛轻易发财，纷纷跟风效仿，跑起生意。洛阳出了一位长途贩卖发大财的商人师史，生意遍布各郡诸侯之中。于是街巷贫民也跟着出外行商，他们中间虽然未见出富商，却相互吹嘘自己如何过家门而不入。跟着做生意，不管成不成功，最重要的是有一股穷则思变的气势，师史对他们表示称许，聘用了他们，把生意越做越大。更多起而经商的贫民则没有这份机缘，又不具备独立经商的素质，便出现分化，走上各不相同的两条道路。

第一条是劳动之路，本分的人用一技之长从事人们看不起的职业，也获得了立足之地。他们中的绝大部分人小本经营，或养家糊口，或至小康；其中有人特别成功，出类拔萃。例如行走叫卖被视

[1] 《史记》卷129《货殖列传》说："夫用贫求富，农不如工，工不如商，刺绣文不如倚市门，此言末业贫者之资也。"

[2] 《史记》卷129《货殖列传》说："以末致财，用本守之，以武一切，用文持之，变化有概，故足术也。"

[3] 《史记》卷129《货殖列传》。

[4] 《史记》卷129《货殖列传》。

为卑贱的活，雍乐成好好经营却也发了大财；贩卖油脂更是被视为耻辱的行当，雍伯靠它挣到千金。至于依靠小手艺谋生的人则比比皆是，张氏贩卖水浆，获利千万；郅氏开刃磨刀，家境堪比鼎食之家；浊氏卖羊肚杂烩，富至车马成行；张里从事兽医，家人奏乐餐食。从小手艺到行业称雄，他们的共同特点是无惧职业歧视，一心一意做好自己的本业，能够在不同程度上获得成就。现代社会的重要突破之一是打破古代的职业歧视，而专心致志做事的传统保留下来，成为难能可贵的工匠精神。精益求精，一丝不苟，才有高精尖的技术突破。

第二条是不择手段赚钱的路，从事各种非法活动。田叔依靠盗墓发家，桓发经营赌博致富，这些都是奸邪之事，更有偷盗、欺诈、勒索、劫掠等直接危害民众与社会的行为，为人所耻。极端自私、毫无忌惮、损人利己、损公肥私的人，或有點智，或有蛮力，他们构成社会的流氓无赖阶层，每逢危机出现，往往成为打手，挑起事端，甚至裹挟民众，呼啸而起。古往今来，这个阶层一直存在，并且成为社会治理的晴雨表。秦朝十四年专制统治，造成这个阶层的急剧扩大，明眼人从中已经看到了社会大动乱的前兆。

秦朝的统治，权力覆盖至商业领域，官府掌控所有资源，于是出现了新的经商形式：官商勾结。这种行为在政治领域被称作腐败，在经济领域表现为权力寻租。因此，当权力能够掌控经济资源的时候，这种行为必然出现。支倮原本经营畜牧业，马牛成群，为了进一步扩张，他不惜重金寻购天下奇珍异宝，暗地赠送给戎王，讨得欢心，获得十倍的资源回馈，使他急剧膨胀，牲畜布满山谷。进入秦代，他同样迎合秦始皇，甚受青睐，获得特权，得以同大臣们一起上朝，位比封君。这是以商贿政，以政资商。巴郡寡妇清，先世垄断涪陵产丹的矿产。像这种垄断一方的富商，秦始皇大多剥夺其财富，迁徙到偏僻之地。然而寡妇清不但没有受到冲击，反而能让自己的事业传入秦始皇的耳中，可见神通广大。秦始皇竟然没有铲除她，还封她为"贞妇"，以客礼待之，为她修筑"女怀清台"，名扬天下，继续垄断丹矿，雄踞西南。[1]

从察知天时地利，到非法经营，商业有百态，商人所求无非利益。利与时变，则兴衰荣枯循环不息。而且，利益与风险同为一体。表面上看，获得政治上的官职权力，甚至封土授爵，依靠俸禄租赋收入，最为稳定，荣耀显赫。实际上官场风险不比商场小，乃至更有甚之。像司马迁因为说了一句真话而差点丢掉性命的人，对此体会更深。当然，看懂的人也不在少数，尤其从秦朝极盛到轰然垮塌的剧变，更加体会到政治的风云莫测。于是有人从商业的眼光衡量权力，当官无非谋取利益，如果自己拥有与之相当的财富，岂不过得更加逍遥自在，堪比爵禄封君吗？若加以统计，则发现出生入死、位极人臣的开国元勋，如萧何、曹参等封侯，不过拥有四万封户，其他侯爵大者万家，小者五六百家。到汉武帝时代，这些侯门仅存五家。[2] 军功达到封侯何其难，淘汰率何其高。论其收入，若取中间侯爵计算，则千户的封君，一年租税收入为二十万钱。民间农工商业者，按照20%的利息计算，有一百万钱的人家，每年利息可得二十万钱，堪与千户侯相埒。按照这个标准，可与千户侯相等者列示如下。

[1] 《史记》卷129《货殖列传》。

[2] 《史记》卷18《高祖功臣侯者年表》。

牧马五十匹	（交通发达的大都市）年酿一千瓮酒；一千缸醋；一千甀饮浆
养牛一百六七十头	屠宰一千张牛羊猪皮；贩卖一千钟谷物；一千车柴草
养羊二百五十只	总长千丈的船只；一千株木材；一万棵竹竿
草泽里养猪二百五十口	一百辆马车；一千辆牛车；一千件涂漆木器
鱼塘产鱼一千石	一千钧铜器；一千担原色木器、铁器及染料
山里有成材大树一千株	二百匹马；二百五十头牛；一千只猪羊

安邑有千株枣树	一百个奴隶
燕、秦有千株栗子树	一千斤筋角、丹砂
蜀、汉、江陵地区有千株橘树	一千钧绵絮、细布；一千匹彩色丝绸
淮北、常山以南和黄河、济水之间有千株楸树	一千担粗布、皮革；一千斗漆
陈、夏有千亩漆树	一千瓶酒曲、盐豆豉
齐、鲁有千亩桑麻	一千斤鲐鱼、鮆鱼；一千石小杂鱼；一千钧腌咸鱼
渭川有千亩竹子	三千石枣子、粟子
国内万户名城的郊外有亩产一钟（十斛）的良田千亩；或者千亩栀子、茜草；千畦生姜、韭菜	一千件狐貉皮衣；一千石羔羊皮衣；一千条毛毡毯
	一千种水果蔬菜
	一千贯放高利贷的资金；促成牲畜交易的捎客的佣金

看来达到一般列侯经济收入并非遥不可及。而且，人不在官场，生活更加自在，胜于列侯封君。所以，人们把这类民间富豪称作"素封"。"素"是空的意思，亦即无封地却堪与封君相比。如果有人经营产业，自己不必到市面察看，不用外出奔波，安居家中坐收其利，丰衣足食，闲来读书吟唱，身有处士之名，家有万贯财富，恐怕当再大的官都要羡慕不已。

历来只有官权力笼罩商界，然而，司马迁却反过来给官吏标价，反映出汉代的官权力尚未笼罩全社会，民间还有较大的经济自由，财富受到社会的羡慕，农林工商业者通过自己的努力获得相当的经济地位，可以对官权力保持一定的独立和自尊。

反过来说，用官作为标尺衡量商人，说明社会评价以官为荣。如前所述，官权力对于经济的干预出于社会政策乃至权力寻租的考虑，势必扭曲甚至大大抑制商业理性的成长。只要理性主义不能占主导地

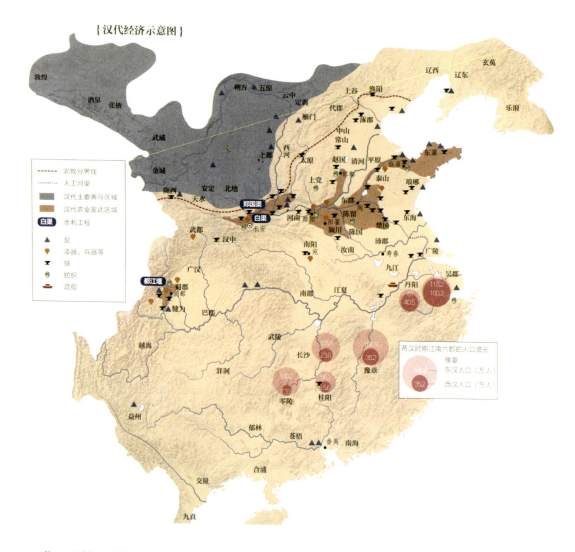

汉代经济示意图,据《中华文明地图》

位,即使有看似繁荣的商业,也难以形成以科学精神为指导的技术突破和社会形态的变革。

第三节 上古伦理的义和侠

商业受价值规律支配,商人的逐利活动自然受到约束而遵循伦理法则,利和义相互制约又相互促进。商业活动表面上看是不断地追逐利益,但支撑其持续发展的却是一个社会所形成的价值伦理观及其道德规范。越往古代，国家的社会控制力越弱，更多依赖于人伦道德凝聚并维系族群。尤其在西周封建制下，社会最主要的财富土地以及权力层层分封，构成分层权力结构，人与人的关系非常依赖于伦理道德。这种人际关系在政治层面表现为宗法关系，各个政治族群用血缘乃至模拟血缘关系统合在一起；在非血缘的社会层面则形成"义"的伦理精神。

"義"（义）字出现甚早，见于商代甲骨文，可知是最早的社会伦理观念。此字上部为"羊"，象征着美好的道德，《诗·大雅·文王》之"宣昭义问"，"义"作"善"解，乃上古的用例。

什么是"义"之"善"呢？首先是正义。韩非子批评商汤和周武王自以为正义而弑君[1]，故称得上"义"者，必须是正义的，符合公理和道德规范。孔子说："不义而富且贵，于我如浮云。"[2] 从社会正义的角度考察，"义"还应该具备有利于社会大众的公共性，故称为"义举"的行为，其体现的精神必须有利于伸张公理正义，至于一般性的个人间善举则难以称作"义"。

西周封建制度下，诸侯、卿大夫拥有自己的土地，交给家臣来管理。诸侯国的臣子具有家臣性质，不同于帝制国家的臣下，卿大夫家中更是如此。土地和权力一层一层分配下去，责任也一层一层承担起来，上下之间存在着权力与责任的关系，彼此负责，形成超越于法律与制度之上的伦理道义。义起到的作用远远超过刚性的法律和制度，既是责任，更深含感情，具有巨大的心灵约束力，可以让人拔剑而起，慷慨赴义。

义包含两个方面——伦理和情感。其中，情感更加重要，也更加感人，令义士赴汤蹈火，令性情之人气血翻涌，前仆后继，塑造起一个民族的气节和一个时代的社会风气。

义的第一个根基就是"信"。信既是伦理，更重情感，古人视之为人格之本。孔子直言"民无信不立"[3]，指出治理国家需要具备足食、足兵和诚信三大要素，不得已仅能保存一项的话，那就是诚信。亦即国家没有诚信，得不到百姓的信任是立不住的。因此，小到做人，大

---

[1] 《韩非子》卷20《忠孝》说："汤、武自以为义而弑其君长。"

[2] 《论语·述而》。

[3] 《论语·颜渊》记载："子贡问政。子曰：'足食，足兵，民信之矣。'子贡曰：'必不得已而去，于斯三者何先？'曰：'去兵。'子贡曰：'必不得已而去。于斯二者何先？'曰：'去食。自古皆有死，民无信不立。'"

第九章　商人与侠士：永远的利益和变动的道义

到治国,信都构成立足之本,故"信义"往往连称。

信不存,人亦不在,只是行尸走肉而已。在信的方面受人怀疑,毋宁死也要辨明。战国后期燕国太子丹面见义士田光,请他引荐荆轲去刺杀秦王。谈话完毕,太子丹送田光出去时叮嘱交代,希望他保守国家机密,千万不可泄露。田光完成推荐荆轲的任务后,慨然道:"士人处世不能让人怀疑,而我让太子丹起疑,算不上节义侠士。"于是以死自明。[1] 同样的道理,怀疑别人的品行也是对人莫大的羞辱。齐国孟尝君喜好养客,食客数千人,不分贵贱,同席餐饮。有一次进晚餐的时候,有人遮住灯光,席上一位食客认为遮挡光线是为了给某些人分美食,怒而辍食,径自回房。孟尝君见状,端着自己的餐食给他看,完全相同,这位食客为其无故怀疑别人而深感内疚和羞愧,自刭谢罪。[2]

信的重要性,是人脱离动物界的重要标志之一,古人在造字时已经体现无遗了。动物发出的声音,飘向空间,再无着落,例如狗发声称作"吠";人的不同在于言必有信,故将亻(人)+言合为"信"字。如果言而无信,则与"吠"无异,诸如谎言、吹嘘等,皆属此类。人做出的承诺必须兑现,此所谓"一诺千金"。齐桓公在与鲁庄公盟会的时候,遭到鲁国陪臣曹沫持匕首挟持,不得已答应归还齐国侵占之地。曹沫放了齐桓公,齐桓公马上想反悔。为齐国谋划霸业的管仲连忙阻止齐桓公道:"被劫持而许诺,释放而食言,杀掉曹沫只是逞一时之快,却背信于诸侯,将失去天下的拥护,切不可行。"照理说被胁迫的允诺缺乏法理依据,但是,深谋远虑的管仲看到的是失信于天下的后果。齐桓公连受胁迫而做出的承诺都遵守,反而坏事变成好事,让诸侯感到齐桓公诚信如山,对他信赖有加,遂成为他实现称霸的厚实基础。战术家看重眼前的得失,战略家则注重长远的宏图大略,绝不肯用一城一地的胜利伤害立身之本,而取信于天下者莫过于履行承诺。

义的第二个根基是责任,对上对下,对远亲近邻,都负有责任。尤其对于没有血亲关系的朋友和弱者尽心尽责照顾保护,最受称赞。

[1] 《史记》卷86《刺客列传》。

[2] 《史记》卷75《孟尝君列传》。

魏国相国魏齐早先听汇报而不做调查，拷打部下家臣范雎，使其濒临死亡。后来范雎逃了出去，在秦国受到重用，当上相国，被封为应侯，权势熏天。范雎要为自己报仇雪恨，通牒魏国使者，令魏王斩魏齐之头来献，否则秦军将攻屠魏国都城大梁。魏相恐惧，大概也为了祖国，出走赵国，藏匿在赵国平原君家中。平原君是战国后期名动天下的四大公子之一，担任赵国相国。秦昭王听说此事，站出来为自己的大臣撑腰，派人送信召平原君到秦国来陪自己喝酒，平原君畏惧秦军之强，不敢不来。喝了几天酒，秦昭王严肃说道："范雎就像我的管仲，我把他当作叔父。范雎的仇人魏齐现在您家里，您尽速派人把他的头颅送来，不然就不放您回去。"秦国历来敢说敢做，言而无信，连楚怀王都敢扣留至死，岂在乎平原君。但是，平原君断然拒绝，理由是贫贱之交不可忘。不忘贫贱时的朋友历来受到称颂，而且，人穷来投时须尽保护之责，这都是义的重要原则。平原君为义而不惜沦为阶下囚。秦昭王见威胁平原君无效，便直接去警告赵成王。赵成王与魏齐非亲非故，马上派兵包围平原君府邸。魏齐听到消息，连夜出逃，投靠赵国相国虞卿。虞卿估计无法说服赵王，便自解相印，陪魏齐逃亡到魏国信陵君家。信陵君以信义著称于世，但他畏惧秦国强大，没有马上收留魏齐。他的门客侯嬴劝谏道："虞卿不惜舍弃万户侯保护朋友，您却踌躇不决？"信陵君大惭，亲自到郊外迎接。但是，魏齐最初听到信陵君不敢收留自己，怒而自刭。[3]

[3] 《史记》卷79《范雎蔡泽列传》。

魏齐一人逃亡，历经三国，托庇于三位相国，他们都为义舍弃自己的权位富贵，尽到保护朋友的责任。可知当时重义成风，不分贵贱，扶弱抑强、仗义助人成为评价人品的重要标准。信陵君的门客甚至为此当面批评他，让信陵君深感惭愧。朋友之间的义气甚至重于公室职责，正所谓"情义无价""义薄云天"。

责任感还表现为受人之托而忠人之事，形成忠于职守的精神。前面详细讲述过赵盾门客程婴和公孙杵臼接受了赵氏托孤重任，程婴不惜牺牲自己的婴儿救出赵氏孤儿的事迹，用生命承担起责任，一直是

"义"的重要内涵,千古流传。

义的第三个根基是知恩图报。魏国信陵君为了救援遭到秦军围困的赵国,力劝魏王出兵,遭到拒绝,信陵君门客侯嬴指点他找魏安釐王宠妃如姬帮忙。如姬早年父亲被人杀害,悬赏破案,三年抓不到凶手。如姬转而请求信陵君帮忙,信陵君门客眼线遍布国内,很快帮她找到了仇人,斩首回报。报杀父之仇的大恩,如姬铭刻于心。在信陵君无法说动魏王而陷于困境的时候,如姬出于报恩而偷出魏安釐王发兵之符,交给信陵君,让他得以矫命夺取魏军指挥权,北上援赵,解了秦军之围。

在信陵君救赵的过程中,还出现了一位来自社会底层的人物,名叫朱亥,他在市场上从事屠宰生意,因为信陵君每每以礼相待,不把他当作下人,令其心生感激,总想找机会报答。知道信陵君要只身入魏军大营夺取军权,便奋勇相随。到了魏军大营,朱亥用大铁椎刺杀魏军统帅晋鄙,报答了信陵君的知遇之恩。古人常言,"滴水之恩,当涌泉相报"。知恩图报的事例在古代随手可拾,是构成义的主要品德内涵,"忘恩负义"辄成为丧失人品的千夫指。

报恩与报仇是义的一体两面。晋国义士豫让因为主君智氏被赵氏所灭,誓言为主报仇,留下流传千古的名言:"士为知己者死,女为悦己者容。"[1]他变易姓名,成为刑徒到宫内清理厕所。赵襄子上厕所时感觉有异,拿下他审问,果然是企图行刺的豫让。封建时代人们非常看重义,赵襄子欣赏豫让为义士,释放了他。豫让并没有因此住手,他自残肤体,吞炭为哑,毁容行乞,在赵襄子外出时,埋伏在桥下。赵襄子过来时,坐骑惊起,卫士搜捕了豫让。赵襄子审问他:"你先后侍奉过范氏和中行氏,智氏灭了他们,你为什么不替他们报仇,反而追随智氏,执念为其献身。"豫让直截了当地说出了义士的为人原则:"范氏和中行氏以常人待我,所以我以常人回报;智氏以国士待我,所以我以国士回报。"赵襄子前次义释豫让获得重义之名,豫让则以万死不辞行侠报仇被誉为义士,最后赵襄子满足豫让的要求,脱下衣裳给他刺了三刀,以告慰智氏在天之灵,

[1] 《史记》卷86《刺客列传》。

豫让然后从容自杀。² 豫让所言所行中,既有知恩图报,同时还有平等的精神,颇具中国特色。知恩图报,不避生死,这种义气极具个人恩义的属性,其价值判断颇受个人情感左右,并非一律,在封建时代备受赞赏,到帝制时代以及现代国家体制下,则成为被镇压的原因。

义的第四个根基是急人所难,扶助老弱,除暴安良。鲁地的朱家和刘邦是同期人士,亲身经历过秦朝暴政,目睹乡民之悲惨,因此奋起拯救贫民。他从最贫贱的乡民开始,多方接济施舍,而自己家无余财,身着旧衣,粗茶淡饭,一心只想着救助别人的危难。秦末动乱,他藏匿救活数百壮士豪杰。刘邦战胜项羽之后,全国通缉项羽麾下骁将季布。季布藏匿到朱家,朱家动用关系,向刘邦心腹大将夏侯婴力陈乱世各为其主的道理,认为不应该追究,而且捉拿急了,季布如果跑到匈奴或者南越去,后患就大了。夏侯婴认为有道理,找了个合适的机会劝谏刘邦。刘邦悟性奇高,赦免了季布,还任命为官,身份显贵。于是朱家自动远离,再不见面。因为朱家不阿附权贵,救人不为出仕扬名,所以备受民间尊崇,据称关东之人无不引颈而待,盼望与其结交。³

义士受人尊敬的品格,一般具有仗义疏财、不趋炎附势和行善不留名的特点。不求闻达,表明其所为不具有功利目的,纯属义举。

用强力伸张大义称作"侠",在社会上行走打抱不平,称作"游侠"。侠本义为武艺高强且见义勇为、豪迈而讲义气、舍己助人、扶弱抑强之人,有这种气质,哪怕手无缚鸡之力,也可称为有"侠气"。显然,在秦汉以前,侠多带褒义,而且具有美好的意思,⁴ 受人敬畏。同样孔武有力之徒,若或强宗结党,或依仗权势,欺凌孤弱,敛财纵欲,则不属于义士游侠之列,且为侠士所不齿。司马迁总结侠义之士的人品性格为:"其言必信,其行必果,已诺必诚,不爱其躯,赴士之厄困,既已存亡死生矣,而不矜其能,羞伐其德。"⁵ 游侠风貌,跃然纸上,多有美誉,其中亦含司马迁心往神追之情。这股侠气,并非武勇侠士所独具,在百家争鸣时代的士人身上皆有体现,"居天下之

---

² 《战国策》卷6《赵策·晋毕阳之孙豫让》。豫让事迹十分著名,司马迁将其收录于《史记》卷86《刺客列传》。

³ 《史记》卷124《游侠列传》。

⁴ 《汉书》卷97《外戚传上》记载,汉武帝思念李夫人,作赋:"乱曰:佳侠函光,陨朱荣兮,嫉妒闟茸,将安程兮!"孟康注:"佳侠犹佳丽。"

⁵ 《史记》卷124《游侠列传》。

广居，立天下之正位，行天下之大道。得志，与民由之；不得志，独行其道。富贵不能淫，贫贱不能移，威武不能屈，此之谓大丈夫。"[1]以学术振世，坚守真理，乃精神之侠士。

[1] 《孟子·滕文公下》。

留存于文献记载的战国时代士人，具有颇为强烈的个性，他们向往平等，即使经济上贫穷，但在精神上不甘屈服。齐国孟尝君养客三千，冯骥来投，留居客舍。冯骥却嫌餐食无鱼，弹剑诉怨。孟尝君提高他的等级，他依然抱怨没有车马，甚至抱怨没有家室。冯骥并非贪得无厌之人，他的抱怨其实是在维护自己的身份，亦即保持士人的自立与平等地位。孟尝君让他到乡下收租讨债，他却将一贫如洗的农户所欠债契当众烧毁。冯骥亦非忘恩负义之徒，他认为要不回来的债不如大方捐与贫民，反而有利于孟尝君。因此他敢做正确合理的事情。等到孟尝君落难的时候，平时看好的门客纷纷不辞而别，反倒是冯骥为之奔走诸侯，令其荣誉归来，重登齐国相位。同平日顺承颜色讨得欢心的门客相比，敢于追求平等与个性的冯骥，身上才真正有义的精神。所谓忠诚，如果是在威武之下的顺旨承风，在风云突变中必定消失，乃至倒戈，只有建立在平等之上的忠诚才具有可靠性。

魏国信陵君礼遇侯嬴也反映了当时人崇尚的平等。侯嬴年届七十，在魏国都城大梁看门，传闻他颇有才学，贵公子信陵君备办厚礼，专程去访问他。侯嬴拒绝收礼，声称自己修身洁行数十年，不能因为看门工作贫困而收受财物。这表现出追求人格平等的意志。信陵君不但尊重他的意思，而且摆酒席大宴宾客，自己亲自驾车前往迎接，请侯嬴坐上座。侯嬴毫不谦让，身着敝衣端坐车上，堂皇过市。更意想不到的是，他中途要求下车访问市场屠夫朱亥，让信陵君在一旁等候，自己同朱亥说个没完，其间偷偷打量信陵君，见他依然恭谨，这才重新上车。到了席间，信陵君引他上座，向满座权贵介绍这位看门人，大家吃惊不已。信陵君以礼贤下士著称，号称"士无贤不肖皆谦而礼交之，不敢以其富贵骄士"，[2]故其行为可以理解。但侯嬴的行为显得过分，即便是朋友也不能故意让人在市场上久等，那显然是对自己低下身份的逆反表现。侯嬴夸张的行为再次表现出对于权贵

[2] 《史记》卷77《魏公子列传》。

亦要求平等的意愿。

对于平等的执着追求，颇具中国古代的特色。战国百家争鸣中，除了法家主张君主对于臣下有绝对的支配权，甚至握有生杀大权，亦即权力无限大，却不必承担任何责任之外，其他各家学说都认为权力同责任、义务有对应的关系。孟子表达得十分清楚："君之视臣如手足，则臣视君如腹心；君之视臣如犬马，则臣视君如国人；君之视臣如土芥，则臣视君如寇雠。"[3]战国时代的社会阶层大变动，激起了思想大解放的学术勃兴，追求人身平等之风甚炽。

如果同日本古代的尊卑关系做对比，可以看得更加清楚。日本武士时代的下级武士，要与主人家确立主从关系，成为家族之一员，而为之驱驰尽忠，讲的是主从关系的"恩义"。中国战国时代崇尚的则是平等关系上的"道义"。日本古代属于内在的集体主义，中国则属于外在的集体主义，每个人的骨子里崇尚和追求的是自我，但未必是个人主义。

第四节 侠义的式微

义的伦理观念形成于中国上古方国至封建时代，对应于那个时代权力、财产的分层结构，当时形成了权力与义务对应、人与人彼此负责的关系。由于地广人稀，当时绝大部分地区国家权力难以进入，社会管理主要通过各个方国进而到商周时代的诸侯国来实现，它们同样采用权力与财富层层往下分配的方式来贯彻。所以上至周天子，下到井田领主，都聘用臣子来管理其产业。例如周天子，是全国的最高政治领袖，但在封建制度下，他直接拥有的就是其辖地，公权和私利是截然分开的。他管理国家政务，乃至私人田产，都通过所聘任的臣子来进行。这些臣子原则上是其私属，对其负责，而不是诸侯国君的上司。诸侯国君和卿大夫的家业亦是如此。在这个意义上，服务于周天子、诸侯国君等的都是"家臣"，与帝制时代官员统统属于朝廷的情况大相径庭。这种管理形态高度依赖人与人之间的信赖关系，能否尽

[3] 《孟子·离娄下》

心尽责忠于职守，决定着管理的水平。在这种体制培育的人的职业忠诚和责任感，构成了贯穿于社会伦理的"义"的基础。因此，严格而言，义属于封建时代的道德规范，扎根于财产所有权和个人的独立性。

具有了义的社会伦理道德基础，便塑造出了封建时代人的价值观。人的观念在很大程度上是由社会塑造的，大多数人所具有的共同价值观，构成族群的时代性。

当一个时代瓦解的时候，其经济基础和生产方式首先改变，造成社会阶层的激烈变动。从沉沦的阶层析出的一部分人，依然秉持原有的伦理观念，对新的社会变迁难以适应，按照自身的价值判断行事，游走于社会，宛如旧的伦理道德的回响，余音袅袅，虽趋式微，却绵延不绝，唤起人们对于旧时代的美好怀想。战国后期出现的百花齐放、百家争鸣，就是从封建制向一元化国家演变进程中旧领主阶层没落的反映。失去了土地与特权，他们依靠学养行走于世，形成新的"士"阶层。

士的学养源于周代的六艺教育，包括礼、乐、射、御、书、数六科。六艺强调知识与技能相结合，学兼文武。专精于学术者，因社会剧变而激荡出济世拯民的学说，他们游走于诸侯间，希望己见被采纳而大展宏图。"士"几乎成为这类人的通称。另一群人则擅长武艺，在世间行侠仗义，主持公正，遂成为"游侠"。追本溯源，"士"与"侠"虽文武分途，却根脉相同。只是"侠"的入行门槛低，因此，其中掺杂的不少来自农工林业的勇武大汉，带动了此阶层快速向下移动，到西汉文景时代所见到的侠，基本上来自社会底层。若论当初，则士人胸中有侠气，侠客心里存道义。

"士"与"侠"以各自所长力图救世，他们坚信自我，个性张扬，故而往往不畏强权，甚至藐视国法，使得秉持国家专制理论的法家对他们无比痛恨。韩非指斥道："儒以文乱法，而侠以武犯禁。"[1]这一点不正是封建时代各国君主所敬重的"士"与"侠"的风骨吗？

侠客大量出现，标志着社会的演变和未定型，古今中外皆如此。

[1] 《韩非子》卷19《五蠹》。

士侠同源，张良是一个好例子。他原来是韩国相国之子，家世显赫，家有僮仆三百人。秦灭韩国，张良立志报国仇，散尽家财招募刺客。张良本人受过很好的教育，学习诗书礼乐，也有武功，曾经在下邳遇到无礼待他的老翁，便想动手殴击，可见其年少气盛之一斑。而且，他多与侠士交友，后来在鸿门宴上救他的项伯就是此时结交的侠友。项伯杀人潜逃，是张良藏匿了他。当时张良刚刚刺杀秦始皇未遂，负罪在逃，却能够藏匿项伯。仅此即可知社会上侠风甚炽，民间以义气为重，高于王法。张良还找到力士，一起埋伏在博浪沙行刺秦始皇，民间颇以之为报国耻家仇的侠义壮举。秦朝虽实行高压酷法亦无可奈何，这些侠士总能得到民间庇护，无从捉拿。

贵族出身的侠士不在少数。楚国名将项燕抗秦牺牲，其子项梁有家难归，遂成游侠，曾经杀人，携项羽避仇于吴中。因为项梁有名，所以吴中大夫经常请他主持乡政，使他得以暗中组织民众，为后来的起义打下了基础。

古代朝廷的地方政权，一般只建立到县一级，且其中吏员多为当地衙门自行雇用，至于县以下的乡里，全赖民间强宗有力之人管理，令地头蛇有了武断乡间的广阔空间。刘邦即属此类，项羽麾下骁将季布兄弟亦是如此。他们都是楚人，"为气任侠，有名于楚"。季布的弟弟季心与之齐名，号称"气盖关中……为任侠，方数千里，士皆争为之死"[2]。季心曾经杀人，逃亡吴地，被袁丝收留，结拜了一群兄弟。季布以重信用、季心以武勇，闻名于关中。这些人有侠士之名，以武震慑地方，威信甚高，具有不容小觑的社会影响力和民众动员能力。动乱年代，他们呼啸而起，威震八方，成为一股政治力量。秦末社会大起义中，以项梁、项羽、季布兄弟为代表，侠士起兵者不在少数。在和平年代，行侠虽然是个体行为，但他们在两个方面与国家政权形成冲突。

第一，插手乡里民事的处置，在地方上拥有莫大的影响力，与国家的地方统治构成矛盾。即使到帝制国家站稳了脚跟的西汉，仍未能完全消除侠士的地方影响力。中原中心地洛阳，活跃着名叫剧孟的

---

[2] 俱见《史记》卷100《季布列传》。

侠士，势力颇大，诸侯多与他结交。其母身故，远近前来送葬的车马数以千乘。汉景帝年间爆发"吴楚七国之乱"，朝廷派遣大将军周亚夫前往镇压，周亚夫率军东进至洛阳时，即刻将剧孟召入麾下，庆幸道："吴楚七国举兵叛乱，却不懂得争取剧孟，我料他们成不了大事。"[1] 由此可以察知侠士之重要性。能够让朝廷如此念念不忘，则如何削弱乃至铲除他们，必是统治者心心念念之要务。汉朝多次采取强力镇压的手段，均未能完全铲除民间之侠。显然，暴力手段治标不治本，最终的解决须待人口增多、交通发达、地方政权力量增强和法治贯彻到乡村时才能完成。从中国古代来看，前期对侠的镇压带来了意想不到的后果，代之而起的多为地痞。直到宋代以后，社会经济的繁荣才基本上解决了这个问题。

第二，侠所维护的"义"，与国家倡导的意识形态乃至法律多有冲突。行侠仗义所讲求的"义"，不同时代、不同主体的定义各不相同，最重要的是国家与私人的理解迥然各异，因而随着国家的强大，特别是秦朝建立起高度集权的帝制之后，两者之间的冲突日益激烈。

司马迁归纳游侠特点的时候，称"其行虽不轨于正义"[2]，亦即不符合"正义"。这里所说的"正义"，并非翻译自西文的"justice"，而是政府规定的义，包括国家意识形态和法律制度精神。这个问题在汉武帝时代凸显出来，因为此时已完成了国家意识形态的建构，独尊儒术成为主流。这时的义同以往诸侯国各自定义且受到民间很大影响的义，已不可同日而语。

而且，民间所讲的义，其内涵受到各地民风民俗左右，颇有不同。东汉字典《说文》解释"侠，俜也"，意为轻财放任而称雄；"俜，使也"，本义为放任，注家解释道"轻财则任性也"[3]。从汉代对于侠的定义亦可看出，侠的意涵和标准有相当的随意性。从以上分析可知，侠这种封建社会的伦理，最重要的是强调人际关系，源于个人之间的权力与责任、义务的道义承担，具有强烈的感情色彩，并非出于法律合同之类的理性规约。因此，当时对于侠义的解释颇为"任性"。

[1] 《史记》卷124《游侠列传》。

[2] 《史记》卷124《游侠列传》。

[3] 汤可敬《说文解字今释》（增订本），上海古籍出版社，2018年。

不确定性并不是侠义同国家冲突最主要的方面。最让国家不能容忍的是其私人性质。封建社会的国家权力是分层且分散的，私人性质的义在其中发挥了重要的社会作用，以实现各个层级的管理职能。统一的国家建立之后，义也需要统一的定义，必须完成由个人间的责任与忠诚向公义，亦即对于国家的责任和忠诚的转变。由私向公、由个人感情向公共理性过渡，这是统一的国家必须完成的要务。没有共同认可的价值观，以及据以建设的文化至民族性格，统一的国家便处在途中，始终不可能稳定。

前述刺客豫让，他的忠诚是根据个人间对等的原则形成的，智氏以国士待他，他便以死相报，情感占据主导地位。而且，私人间情感性质的义，往往凌驾于国法之上。义受人称道的一个方面是不畏强权，对于侠士而言，国家也是一种强权，会自觉或者不自觉地产生与之抗争的豪情。在国法与民情有冲突的地方，侠士的抗争反而会获得百姓的喝彩，乃至附和拥戴。在公与私、法与情的抉择时，侠士往往根据个人感情选择后者。赵灵王要杀赵盾的时候，王宫卫士竟然反戈护卫赵盾，就因为他以前在桑树下饥饿欲绝的时候，赵盾救活了他。从根本上说，义的根基在民间，侠士的感情和忠诚也在民间，这同帝制国家乃至现代法治国家，均构成冲突。

秦末大起义的参加者，成分十分复杂。其领导者中间，有战国以来的贵胄侠士，也有乡里的游侠和痞子。不管哪一股势力都尽其所能调动民间的侠义豪情来宣传和组织民众，谁争取到最多最优秀的士，包括文士与侠士，谁就拥有人力优势。在这方面刘邦尤其突出，麾下聚集了各种人才，其中不乏侠义之士。然而，刘邦从自身以及民间侠士身上，看到了侠对于统一国家的威胁。西汉建立后的多场叛乱，多为民间侠义出身的部将发动，表现出现实的威胁性。刘邦来不及处理这个问题，惠帝时代陷入吕氏政争的旋涡，也无暇顾及，到文帝、景帝时代，中央政权逐渐稳定下来，便开启了国家与民间侠义的斗争。

"吴楚七国之乱"的时候，周亚夫为争取到侠士剧孟而感到庆幸，汉景帝感到的恐怕是忧惧。所以，当下属向他汇报济南的瞯氏、原陈国的周庸等人亦以豪侠闻名于世，景帝当即批示，遣使四出，尽诛此辈。汉景帝此举绝非心血来潮，而是基于汉朝长期一贯的政策。

秦朝从建立帝制政权之时起，就把六国贵族官吏、地方富商和有影响力的民间士人强制迁徙到边荒地带，以利于一元化政权的建设，其中就包括了这里讨论的侠士。汉初迫于形势，这项措施稍有缓和。但是，朝廷稳固之后，再度实行压制地方豪侠的政策。从政治学考察，能够左右一地的人物与集权制国家的矛盾是结构性的，无法调和。这个问题也难以从根本上解决。汉景帝镇压既有的豪侠之后，朝廷十分无奈地看到新的豪侠犹如野草再生，数量甚至更多。[1] 用暴力手段试图解决根深蒂固的社会问题，多为徒劳，甚至可能产生更加糟糕的结果。

民间侠士的大量存在，究其原因，与当时国家地方政权网的空疏密切相关。如上一章所述，透过《史记·货殖列传》对于各地风土人情的介绍，结合人口与行政史的研究，可以看到中原地区开发程度最高，地方政权机构也最密，因此，侠士相对在减少。相反，在地广人稀的楚地，侠士显得特别多。如果看看汉代郡的设置，南方一个郡的地域范围，等于中原几个郡之和，而人口却只有中原的几分之一。所以，离开政权中心越远的地方，百姓越没有国家存在的切身感觉，他们只知道有县官，却不知道有皇帝，正所谓"山高皇帝远"。对于乡里百姓而言，连县官都十分遥远，和他们的日常生活几乎没有关系。然而，在乡里的侠士却是活生生的存在，直接与百姓的生存状态相关。司马迁指出，乡民难免遇到急难之事，这时候乡里的侠士就起了很重要的作用。他们急人所急，助人为乐，廉洁自好，不邀赏求名，而是功成身退。其行为或许有违国家法律，却符合民间通行的道义，解决了乡里民众的利益纠纷和社会秩序等问题，颇有值得称道的地方。中国古代相当长的时期里，乡村的问题是通过宗族乡绅处理的。这表明侠士的存在具有相当的社会合理性，只要这个合理性存在，他们就将继续存在，而不会被暴力手段轻易消灭。只有社会越来越繁荣，国家法律权力

[1] 《史记》卷124《游侠列传》记载："是时济南瞯氏、陈周庸亦以豪闻，景帝闻之，使使尽诛此属。其后代诸白、梁韩无辟、阳翟薛兄、陕韩孺纷纷复出焉。"

能够有效解决乡村问题了，豪侠左右乡村的局面才会真正解决。

相反，如果社会普遍暴力化，乃至发生动乱，或者外族入侵，乡里豪民顿时就有了巨大的施展空间。东汉灭亡之后的动乱时期，以及五胡十六国时代，流离失所的民众拥戴豪帅，建立自己的武装，占据一地自保，其所形成的"坞壁"，遍布整个北方。[2] 这时期豪侠势力猛烈扩张，加上曹魏推行九品中正制垄断官吏铨选，两者结合，出现了长期的门阀士族政治时代，其消解有待于唐宋漫长的发展过程。

秦始皇、汉景帝对于豪侠的压制和打击，没能将其彻底铲除，反倒是出现了侠士出身日益往下层移动、侠义成分逐渐减少而强梁霸道越发增多的总趋势。从郭解身上可以看出这种变化。

郭解为河内轵（今河南济源轵城镇）人，祖父看相，父亲任侠，可见属于乡里游闲家世，并非士人阶层。其父在汉文帝时代因为游侠而受诛，他前仆后继，少年时横行乡里，作奸犯科，盗墓铸钱，杀人劫掠，罪行累累，与前代侠士相去甚远。长大以后有所醒悟，待人有礼，生活节俭，喜欢行侠，以德报怨，获得乡民推重，亦为众多少年仿效的榜样。他的外甥被人刺死，可谓家中大事。他前去处理，了解到是外甥仗势欺人，强行灌酒，被灌酒者不堪忍受才拔刀反抗。郭解认为是自家理亏，放过了凶手。这件事办得在理，符合江湖道义，获得广泛称赞，令他名声远扬，追随他的人大增。

郭解出入之时，街衢行人尽皆避让，唯有一人踞坐傲视他。郭解十分诧异，派人去问其姓名。手下想杀了这家伙，被郭解制止，说自己不被比邻尊敬，是修德不够。于是，郭解暗中嘱托县吏为他免役。所以，每次轮到他服劳役时都直接跳了过去。那人知道是郭解对他的照顾，感激涕零，肉袒谢罪。乡里的年轻人更加敬佩郭解。

洛阳有两家人结下深仇，当地贤豪居中调停十多次都不被接受。有人前来向郭解叙述经过。郭解夜间到洛阳会见两家，双方看在他的面子上答应和解。郭解要他们保密自己前来调解的事，以免让当地贤豪没面子。他连夜回去，交代双方等当地贤豪再来调停时方答应和解。

郭解为人低调，恭敬待客，从不乘车到县衙门，以示尊敬。到别

[2] 参阅韩昇《魏晋隋唐的坞壁和村》，《厦门大学学报（哲社版）》1997年第2期。

的郡国替人办事，能办的一定办好，不能办的也尽量让当事人感到满意，然后才敢吃人酒饭。

郭解的事迹，让人感觉到的是江湖大佬的形象，或者像近世讲规矩的帮会头目，与战国后期的侠士已经相去颇远了。如荆轲那般为大义献身，知其不可为而为之的侠士，随着萧萧易水寒风一去不复返。

侠义与侠士的式微，最主要的原因是与时代不合；其次是政府的打压——虽然无法铲除它，却令其蜕变为民间会党之类的角色。这个进程来得相当快，历经秦朝十四年，西汉建立至景帝约半个世纪，当年睥睨天下、叱咤风云的侠士已经变成东汉史家荀悦笔下的形象："立气齐，作威福，结私交，以立强于世者，谓之游侠。"[1]让人荡气回肠的侠气消失了，沦落为恃强立世、钻营利益的团伙。

这种妨碍国家地方权力贯彻的所谓"游侠"，一直是朝廷打击的对象。汉武帝继续强制迁徙地方豪强富商到荒地，郭解也在押解之列。若以家产衡量，郭解财产不超过中等人家，但因为他的名气太大，还是被强制迁徙。卫青替他向汉武帝求情，理由是他家贫寒，不够豪富的标准。汉武帝回应道："郭解一介布衣竟然能够让大将军替他说话，可见并不贫寒。"汉武帝是明白人，很清楚强制迁徙地方豪富政策的目的。这不是人情问题，而关乎国家权力的贯彻，不容含糊。倒是郭解之流不明白世道转变的潮流，依然故我，按照以往的步调行事，看似不畏强权的勇士，实为逆势而动的落伍者。

郭解家乡人杨季主的儿子为县吏，举报郭解说他应当被迁徙。郭解侄子砍了他的头，两家结下血海深仇。杨家人上京控诉，又被人杀死在宫门前。事情闹大了，皇帝下令通缉郭解。郭解安顿好老母，潜逃出关，进入太原，追捕了很长时间才捉住他。

郭解在家乡乃至北方各地名气很大，徒众颇多，不少人甘愿为他赴汤蹈火。他被迁徙到关中后，当地认识或者不认识郭解的豪门，仰慕其名，争相与之交往。他被捉拿归案后，家乡的儒生陪同朝廷办案专使，听到有人赞誉郭解，便反驳道："郭解专事作奸犯法，有什么可以称贤的呢？"郭解的徒众听到后，杀死儒生，截断其舌。法官审

[1] 《史记》卷124《游侠列传》卷首所引《集解》。

问郭解，追查下来上述几件命案都不是郭解犯的，他甚至都不知道，而且，凶手也消失得无影无踪，无从核实，于是判定郭解无罪，上报朝廷。朝廷最高司法官员御史大夫公孙弘认为郭解一介布衣，玩弄手段，为一点过节而杀人，这几件命案虽然他不知情，但比他亲自犯案还要恶劣，属于大逆不道。公孙弘的裁定已经达到最高司法层级，无从上诉，郭解被满门抄斩。公孙弘的断案，从今日司法角度审视，显然缺乏证据。但是，这一结果代表的是铲除地方游侠的国家意志，同时也反映了帝制国家法律服从政治的现实。

郭解一案在汉武帝时代具有典型意义，故司马迁不惜笔墨予以详述。然而，杀掉郭解似乎没有起到震慑社会、令游侠销声匿迹的效果，反而出现老虎一死，狐狸遍地的情景。[2] 国家同地方豪强的斗争呈现长期化的状态，侠士也在国家强力打压下向在地化和流氓化转变，难以继续称"侠义"。

国家打击侠士，一方面出于政治的需要，另一方面则是出于建构国家文化和树立对国家的忠诚的需要。如前所述，战国时代的侠士具有仗义疏财、然诺有信、不畏强权、勇于承担、主持公道的品格。这几点明显具有个性特征，属于私人情怀。从封建制演变为统一国家后，必须建构与之相适应的统一的国家意识形态。因此，侠士所具有的私人情怀，必须改造为国家情怀，私人间的诚信与忠诚必须转变成为国家献身。

法家最早从国家层面推进这一转变，并以制度加以固定。秦国变法的时候，倡行者指出秦国的民情是勇于私斗，怯于公战。这不仅是秦国的情况，在当时是普遍现象。因为封建制下的卿大夫百姓，眼睛盯着的就是自己的那一份利益，并殊死捍卫，至于遥远的公家利益，与他们没有直接的利害关系，他们不甚关心。然而，法家变法所要建立的是统一国家，因此，国家利益必须与所有国民的利益紧紧捆绑在一起，最重要的是让民众树立起国家利益至上的观念。在制度上，商鞅通过废井田剥夺有产者，让国民全都依附于国家；同时建立军功二十等爵制度，把对外战争获得的利益奖赏给建立军功者，在制度

---

[2] 《史记》卷124《游侠列传》记载："遂族郭解翁伯。自是之后，为侠者极众，敖而无足数者。然关中长安樊仲子，槐里赵王孙，长陵高公子，西河郭公仲，太原卤公孺，临淮儿长卿，东阳田君孺，虽为侠而逡逡有退让君子之风。至若北道姚氏，西道诸杜，南道仇景，东道赵他、羽公子，南阳赵调之徒，此盗跖居民间者耳，曷足道哉！"

上落实国民只有依靠国家才能发展的目标;同时,严厉打击"死斗"者,这必然要压制私人间的"侠义",取而代之以国家利益和国家忠诚。这是时代变迁的必经历程。

无论从文或者武的方面,这个转变都伴随着文士或者武侠割舍旧观念的艰难过程。既要顺应时代的变化,还要破除长期形成的"侠义"观,破私立公,必然引起内心痛苦的挣扎。很多人不能适应,依然坚持旧的观念,终于遭到国家的无情镇压。国家需要的不仅是个人的转化,而且是整个知识阶层的认同和转变,从而形成社会共识。汉朝对于侠士的重手镇压,与建构国家意识形态几乎同时出现。汉武帝时代独尊儒术,通过董仲舒成功建立起新的国家意识形态,"天人合一"以及天地人、国家与个人都被编入了这个理论架构之中,封建时代的儒家道德被上升为国家伦理,并且日益取得社会共识。个人与国家的关系,借用后世林则徐的诗句可表达得淋漓尽致:"苟利国家生死以,岂因祸福避趋之。"[1]

建构国家意识形态,汉唐两朝最为成功。汉朝第一次建立起帝制大国的国家认同,唐朝则把多民族融为一体,建立民族认同。在国家文化建设中,知识阶层起着关键作用。统治者不能得到知识阶层的认同,国家就不可能获得真正的稳定。

侠士日趋式微,但是侠义精神作为个人崇拜却长存于世,受到赞颂,并且在不同的时代重新泛起。经历五胡十六国南北朝的长期分裂,周边民族纷纷进入中国,至民族与文化集大成的唐朝建立,侠义之风再度风靡。在整个中国古代,西汉和唐朝是个性最为张扬,也是民间侠义之风最盛的时代。侠士重出江湖,往往在社会剧变的时代。隋末唐初豪侠再现,《旧唐书·刘武周传》记载其骁勇善射,交接"豪侠";《新唐书·窦建德传》说他力大无穷,重视诺言,喜好"侠节"。中唐人物亦见相似记载,如《新唐书·刘义传》称他为"节士",有"侠行"。查考他们的侠行,窦建德是听说乡里人家贫无以葬亲,便辍耕前去帮忙[2];刘义则是少年放肆,饮酒杀人[3]。此类例子不胜列举,事迹大同小异。若以战国时代的侠士做标准来衡量,唐代这些人恐怕都够

[1] 林则徐《赴戍登程口占示家人二首》,收入《林则徐全集》6,海峡文艺出版社,2012年。

[2] 《旧唐书》卷54《窦建德传》记载:"窦建德,贝州漳南人也。少时,颇以然诺为事。尝有乡人丧亲,家贫无以葬,时建德耕于田中,闻而叹息,遽辍耕牛,往给丧事,由是大为乡党所称。"

[3] 《新唐书》卷176《刘义传》记载:"刘义者,亦一节士。少放肆为侠行,因酒杀人亡命。"

不上"侠士"，充其量就是乡里义气之人，甚至是不务正业的恶少。但是，在比较自由宽松的时代，人们对于个性昂扬有着热烈的向往，遂崇尚远逝的侠义之士，颂扬讲义气、重然诺、乐善好施的人。对于侠气的推崇，会造成时代风气的刚健，甚至尚武。古今中外，强盛的国家，民气无不阳刚尚武，汉唐皆如此。李白乃诗人，胸中却是侠气万丈，腰悬宝剑，做梦都想当侠士，故而写下脍炙人口的《侠客行》：

赵客缦胡缨，吴钩霜雪明。
银鞍照白马，飒沓如流星。
十步杀一人，千里不留行。
事了拂衣去，深藏身与名。
闲过信陵饮，脱剑膝前横。
将炙啖朱亥，持觞劝侯嬴。
三杯吐然诺，五岳倒为轻。
眼花耳热后，意气素霓生。
救赵挥金槌，邯郸先震惊。
千秋二壮士，烜赫大梁城。
纵死侠骨香，不惭世上英。
谁能书阁下，白首太玄经。

这不是李白个人的爱好，而是整个唐朝普遍的现象：推崇铁肩担道义的侠客。侠士虽然在现实中难以寻觅，却在幻想的世界里神入化，因此诞生了众多激动人心的传奇小说。诸如虬髯客，仗义行天下，意欲推翻暴隋，在太原见到李世民气度非凡，便通过李靖馈赠家产巨万，帮助李唐兴起。小说里重现了为天下苍生行大义的侠士。而且，在雄健的唐朝，不仅男子汉威武挺拔，美貌女子亦不计须眉。"安史之乱"以后，河北藩镇割据，相互攻伐，魏博镇节度使田承嗣图谋袭击潞州，潞州节度使薛嵩家婢红线女自告奋勇，夜行七百里，潜入戒备森严的魏博镇节度使府邸，从睡梦中的田承嗣枕边取走写有其生身甲子与北斗神名的金盒，再由薛嵩送还，让田承嗣知难而止，避免了一场血战。女侠的出现，突破了性别的限制，为战国侠士所未见，反映出唐朝开放的风气和女性地位的提高。这类女侠在唐代传奇中颇为多见，再如聂隐娘，幼时得女尼传授剑术，身轻如风，能白日刺人于无形，被魏博镇节度使聘用，前去刺杀陈许节度使刘昌裔。聂隐娘敬佩刘昌裔，遂转投其门下，为其破解魏博镇两度派来的高手精精儿和空空儿的刺杀。[1] 聂隐娘的法术武功已神化，令唐人读得心向往之。

> [1] 汪辟疆《唐人小说》，上海古典文学出版社，1955年；上海古籍出版社，1978年。

汉朝和唐朝，社会风气推重侠义。然而就侠士而言，战国时代豪情悲壮的侠士，在汉朝的镇压下已经大大矮化为乡里义气之徒，虽然在五胡十六国以来草莽崛起、游牧民族入据中原的背景下侠义之风再炽，然而，一旦站稳脚跟，国家依然持续予以压制，故现实中的侠士难寻，至唐朝基本已经遁入小说的世界里，只留下义薄云天的侠气令世人荡气回肠，心往神追，唏嘘不已，感叹侠士的仗义和国家的无情。然而，这是社会变迁的结果，天若有情天亦老，人类社会的演进并不为感情所支配。

属于一个时代的美好，终将随着那个时代的结束而远逝，留下的是被不断粉饰的追忆。虽然侠士已经被时代所淘汰，但是，只要人身上的血性还在，人们将永远缅怀侠士，并且将其塑造得更加高大，成为正义和硬汉的象征，而离真正的侠士越来越远。每个时代赞颂的侠士，都是那个时代人们的向往和寄托。

侠士已经远去，侠义的精神却在世间回响。

后　记

　　已经超过40万字，不能再写了。虽然下编的专题讨论还有好几个问题本想展开，看来只能打住，尽管带着几分缺憾，月如无恨月常圆。

　　两年多以前，三联书店"中读"音频APP约我讲《史记》，我当即答应了，一来是喜爱《史记》，二来是出自内心深处尘封的感情。20世纪60年代中叶，凄风苦雨的家中，被无端批斗的父亲回来了，他望着没有被抄走的古籍，拿出线装的《史记》，唤我到跟前，开始逐字逐句地讲述。故事精彩，波澜起伏，听得我入迷，更多是似懂非懂。自己读时，满纸生字，不认得几个。老一代人教书，一次就讲一两个字，字形如画，组合精妙，十分有趣，其余的就先背下，不多解释，所谓"书读百遍，其义自见"。父亲没有被关押的时候，就教我读书，断断续续，读了若干篇《史记》，背了百来首诗词。我经常妄自作解，父亲大多一笑而过，或者稍加纠正。他相信最终要靠我长大以后的阅历和心智才能领会其中深意，过早讲解，无助于自己去体悟，甚至容易囿于一说，固步不前。母亲出自福州名门，在严格的家教环境中长大，见过世面，常常用家族兴衰的故事告诉我严于律己、宽以待人的道理，讲了不少长幼辈分与待人接物的规矩。我后来走了不少地方，经常能够遇到母亲家的亲戚，才明白家族通婚的网络关系构成，这是旧门的社会影响所在。所以，我指导博士生研究中国中古社会士族的时候，一再要求他们必须从社会网络的角度进行综合考察，而不应该单做士族个案的探讨，否则意义和价值不大。母亲明白父亲在严酷的环境下偷偷教我读古典的良苦用心。因为父亲出自江苏如皋，后来他的家乡划归海安市，所以籍贯也就做了变更。他因为抗战而冒死出逃，惊险地跑到福建山区，进入厦门大学读书，当时身无分文，一身染疾，靠着坚强的毅力，教富裕同学古诗文换得些许钱粮有上顿没下顿地熬了过来，九死一生，但坚信文史不灭，国家不亡。留在家乡的家人，出了一位名人叫韩国钧，与父亲同辈，在抗战最艰难的时候，一再邀请国共领导人到家中商谈大计，促成双方合作抗日，最后不屈服于日伪军的软禁而死。对他们而言，历史的传统与凛然的气节是民族与国家存立之本，至死不可移。

幼年受到的熏陶、培养的情怀，一生相随。以后不管在农村田头，还是工厂车间，不论走到哪里，我总是靠阅读文史书籍打发闲暇时光，尤其喜爱《史记》，从王伯祥《史记选》到中华书局点校本，买了不知多少本，一遍遍翻阅摩挲，爱不释手。上大学研究生课程，听老师讲解《史记》，每每听来都有旧地遇新友的惊叹，反思自己为何之前总是擦肩而过？跌宕起伏的情节固然扣人心弦，然而，平淡的寥寥数语又深藏着惊心动魄的万钧雷霆，例如韩信让刘邦同项羽对比勇悍仁强四个方面，"汉王默然良久，曰'不如也。'信再拜贺曰……"短短十五个字，包含的信息之多，积蓄欲发力量之大，不亚于项羽拔山盖世的斩将夺旗，真可谓于无声处听惊雷。这时候我由衷地感谢父母的教育，明白了深刻的道理需要自己去领悟，刹那间的灵光闪现，来自朗朗上口的吟诵和心智阅历的增长。经典的力量在于常读常新，而开窍后的领悟全凭心路上的修行。至于讲述中展现出来的肤浅，则源于自己水平的不高。我不推诿，盼望大家的指教。

就这样，我应承了"中读"的邀请，整整讲了一年左右。然后进行全面的思考，又用将近一年的时间重新撰写了这部书。循着司马迁铺就的路，走了两千多年的历程，从中国上古方国林立的时代出发，到诞生了黄帝、炎帝和尧、舜、禹，形成方国联盟的夏、商两代，再进入西周封建制度，从制度、伦理软硬两方面把中国凝为一体，此乃上古之一大变,其文化传统影响至今。第二大变化出现在战国时代,经过漫长的征服战导致集权国家的形成,最终六国为秦所征服,从此把中国带入帝制国家时代。第三大变化在西汉,秦朝以暴政倏起倏亡,教训之深刻,让刘邦等汉朝建立者触目惊心,苦苦思索,遂反秦之道而行,令一元化国家体制扎下根来,并且历经军事统一、政治统一、制度统一而在汉武帝时代达到最为重要的文化统一,完成了从封建到大一统的历史演变。此国家形态一经定型,便绵延不绝,内容虽有修补,框架不曾改易。所以,从黄帝到汉武帝的两千年,是国家、民族和文化最重要的形成与奠基时代,历史波澜起伏,外呈壮阔,内现深刻,所积淀下来的思想文化精髓,独树一帜,傲然立世。如果把这个推演延展到唐朝,则多民族国家排空继起,多元文化再现辉煌,把东方文明推向高潮,影响遍及东亚。这段后话,容待后论。

写完这本书,算是对早年学习的一个小结。探索虽然辛苦,有所得亦欣欣然。每有感触,常在散步时向内人叙述,切磋玩味,亦有启发。学术虽说是个性化的产物,然而,个人却是在社会教育熏陶下成长起来的,背后众人的添砖加瓦,则是无形之中的助推之手。故此向所有教育、帮助和关心我的师生友人们谨致谢忱。再聚有日,砥砺前行。